铁路轴承应用技术

李景贤 编著
李 芾 主审

西南交通大学出版社
·成 都·

图书在版编目（CIP）数据

铁路轴承应用技术 / 李景贤编著. -- 成都：西南交通大学出版社，2025.2. -- ISBN 978-7-5774-0373-1

Ⅰ.U270.3

中国国家版本馆 CIP 数据核字第 202501DP28 号

Tielu Zhoucheng Yingyong Jishu
铁路轴承应用技术
李景贤　编著

策 划 编 辑	胡　军
责 任 编 辑	李　伟
助 理 编 辑	左廷亮
责 任 校 对	左凌涛
封 面 设 计	墨创文化
出 版 发 行	西南交通大学出版社
	（四川省成都市金牛区二环路北一段 111 号
	西南交通大学创新大厦 21 楼）
营销部电话	028-87600564　028-87600533
邮 政 编 码	610031
网　　　址	https://www.xnjdcbs.com
印　　　刷	四川森林印务有限责任公司
成 品 尺 寸	185 mm × 260 mm
印　　　张	24.75
字　　　数	618 千
版　　　次	2025 年 2 月第 1 版
印　　　次	2025 年 2 月第 1 次
书　　　号	ISBN 978-7-5774-0373-1
定　　　价	88.00 元

图书如有印装质量问题　本社负责退换
版权所有　盗版必究　举报电话：028-87600562

前 言
PREFACE

滚动轴承是广泛应用并且已标准化的机械基础件，广泛用于各种轨道车辆中。滚动轴承也是轨道车辆走行部的一个关键部件，要求其使用寿命长、可靠性和安全性高、免维护周期长。在高速铁路迅猛发展的今天，轴承的可靠性与安全性直接影响动车组的运行可靠性与安全性。

作者具有 30 多年从事轴承应用设计、轴承研发、基础研究、技术服务的经验，其中将近 20 年是面对铁路客户，了解滚动轴承在国内几乎所有类型的轨道车辆中的应用情况。国内轨道车辆对滚动轴承需求市场非常巨大，接触或使用滚动轴承的人员很多，包括轨道车辆制造厂家的设计工程师、安装使用与维护人员、轨道车辆运营和检修部门的技术人员，但是他们能够接触到关于滚动轴承的书籍除了轴承厂家的产品样本和设计手册以外，关于滚动轴承在轨道车辆应用技术方面的书籍寥寥无几；作者在与轨道车辆制造及维修相关的技术人员接触过程中发现他们对滚动轴承的基本概念、基本原理、设计选型、结构设计、安装使用维护（包括润滑）等方面的认知和操作习惯还存在一定的不足，这些对轴承的使用寿命和性能会产生不利的影响。

本书共分为 14 章，主要内容包括滚动轴承基础知识、滚动轴承的基本原理与计算、滚动轴承的材料及表面处理技术、滚动轴承的主要尺寸及公差、滚动轴承的额定载荷与疲劳寿命、滚动轴承的选用、滚动轴承的应用设计、轨道车辆与轴箱轴承、轨道车辆牵引电机轴承、轨道车辆驱动系统轴承、滚动轴承的润滑、滚动轴承的安装与拆卸、滚动轴承的失效分析、滚动轴承的故障诊断等内容。

本书由李景贤编著，河南科技大学轴承专业的研究生王浩然、楚孟良、李兰兰、王宇硕、董璞、董帅豪、谢文超、王冠能、姚嘉同学绘制了书中的图表，舍弗勒贸易（上海）有限公司韦剑飞、赵艳英、丁向阳，戚墅堰机车车辆有限公司魏春阳，株洲电力机车有限公司陈国胜对本书的编写提出了许多宝贵建议，著名机车车辆专家，西南交通大学李芾教授在百忙之中审阅了全书，在此一并表示感谢。

本书编写遵循实用性、可靠性和先进性的原则。实用性是指力求用通俗易懂的语言介绍滚动轴承的基本概念和原理，在介绍滚动轴承的应力分析、承载能力和寿命计算时省去烦琐的公式推导，从工程实际出发，着重介绍轴承的设计选型计算以及安装使用维护方法，以深入浅出的方法分析滚动轴承的故障诊断及失效分析。通过阅读本书，使读者对滚动轴承的基本概念、基本原理有清晰的认识，在轴承支承结构设计计算与运用维护中遇到的问题能够找到答案。可靠性是指本书中所有计算方法和数据都准确、可靠、无误，对轴承的主要结构尺寸、主要性能参数都取之于有关标准；但为了避免篇幅过于冗长，只列举了必要的尺寸和性能参数表格。先进性是指力求反映轨道车辆用滚动轴承设计与应用方面的最新技术和最新理念，比如本书系统地介绍了高速电机轴承打滑的原理及应对措施、电机轴承电蚀的机理及防范措施、动车组轴箱轴承单元的结构及其关键技术、智能集成化轴承单元、滚动轴承疲劳寿命的修正计算等。

本书可以作为轨道车辆制造企业的设计工程师、轨道车辆运营维护技术人员对滚动轴承应用设计选型、运行维护、分析滚动轴承运转性能和失效分析时的参考资料，也可以作为与轨道车辆相近专业的本科生和研究生的教材，还可作为轴承销售及技术服务工程师的参考资料。

作 者

2024 年 7 月

目 录
CONTENTS

第1章 滚动轴承基础知识 ………………………………………………………………… 1
  1.1 滚动轴承的分类及特点 …………………………………………………………… 1
  1.2 滚动轴承名词术语 ………………………………………………………………… 3
  1.3 滚动轴承的代号 …………………………………………………………………… 4
  1.4 常用滚动轴承的结构及特点 ……………………………………………………… 14
  1.5 保持架 ……………………………………………………………………………… 31

第2章 滚动轴承的基本原理与计算 …………………………………………………… 36
  2.1 简单运动分析 ……………………………………………………………………… 36
  2.2 接触角 ……………………………………………………………………………… 42
  2.3 滚动轴承的游隙 …………………………………………………………………… 47
  2.4 接触面及表层应力分析 …………………………………………………………… 57
  2.5 滚动轴承的弹性变形 ……………………………………………………………… 61
  2.6 滚动轴承摩擦力矩的计算 ………………………………………………………… 66
  2.7 滚动轴承的许用转速 ……………………………………………………………… 70
  2.8 滚动轴承的预紧与调整 …………………………………………………………… 74
  2.9 滚动轴承的最小载荷 ……………………………………………………………… 81
  2.10 圆柱滚子轴承的轴向承载能力 ………………………………………………… 83

第3章 滚动轴承的材料及表面处理技术 ……………………………………………… 86
  3.1 轴承钢的性能要求及选择 ………………………………………………………… 86
  3.2 常用轴承钢性能及其用途 ………………………………………………………… 91
  3.3 轴承钢的热处理工艺 ……………………………………………………………… 95
  3.4 表面处理技术 ……………………………………………………………………… 103
  3.5 保持架材料 ………………………………………………………………………… 106
  3.6 新材料 ……………………………………………………………………………… 109

第 4 章 滚动轴承的主要尺寸公差及精度测量 … 111
4.1 滚动轴承主要尺寸 … 111
4.2 滚动轴承主要装配尺寸 … 114
4.3 滚动轴承的精度等级与公差 … 120
4.4 滚动轴承测量 … 134

第 5 章 滚动轴承的额定载荷与疲劳寿命 … 145
5.1 滚动轴承的额定静载荷 … 145
5.2 滚动接触疲劳 … 147
5.3 滚动轴承的寿命 … 148
5.4 滚动轴承的额定动载荷和当量动载荷 … 150
5.5 滚动轴承疲劳寿命的修正计算 … 163

第 6 章 滚动轴承的选用 … 171
6.1 滚动轴承的选用 … 171
6.2 滚动轴承尺寸的确定 … 175
6.3 滚动轴承的磨损寿命 … 183

第 7 章 滚动轴承的应用设计 … 187
7.1 滚动轴承的支承结构 … 187
7.2 滚动轴承的配合 … 194
7.3 配合表面及端面的形位公差和粗糙度 … 200
7.4 滚动轴承的轴向定位装置 … 200
7.5 相关部件的设计 … 217
7.6 滚动轴承的密封 … 219

第 8 章 轨道车辆轴箱轴承 … 226
8.1 轨道车辆轮对及轴箱轴承 … 226
8.2 动车组轴箱轴承 … 238
8.3 轴箱轴承的设计计算 … 245

第 9 章 轨道车辆牵引电机轴承 … 254
9.1 牵引电机轴承的选型 … 254
9.2 电枢轴的支承设计计算 … 259
9.3 牵引电机轴承常见故障分析 … 263

第 10 章　轨道车辆驱动系统轴承 ············266
10.1　轨道车辆驱动系统概述 ············266
10.2　轴悬式驱动装置 ············267
10.3　架悬式驱动装置 ············273
10.4　牵引电机体悬式驱动装置 ············277

第 11 章　滚动轴承的润滑 ············283
11.1　滚动轴承润滑理论 ············283
11.2　润滑方式及润滑剂 ············289
11.3　润滑脂润滑 ············302
11.4　润滑油润滑 ············309

第 12 章　滚动轴承的安装与拆卸 ············313
12.1　安装前的准备工作 ············313
12.2　滚动轴承的安装方法 ············315
12.3　滚动轴承的拆卸 ············324
12.4　特殊装置轴承的安装 ············327
12.5　滚动轴承的储存 ············334

第 13 章　滚动轴承失效分析 ············336
13.1　滚动轴承的主要失效形式与机理 ············336
13.2　滚动轴承失效分析方法 ············359

第 14 章　滚动轴承的故障诊断 ············363
14.1　滚动轴承故障诊断概述 ············363
14.2　滚动轴承的振动 ············364
14.3　基于振动信号的滚动轴承故障诊断技术 ············371
14.4　滚动轴承的噪声分析 ············378
14.5　基于声发射的滚动轴承故障诊断技术 ············383
14.6　温度监测技术 ············384

参考文献 ············387

第1章 滚动轴承基础知识

1.1 滚动轴承的分类及特点

轴承是静止机械零件与运动机械零件之间的连接环节,具有支承及引导运动件、把载荷传递给相邻结构件的功能,其中,将滚动体在滚道上滚动并在两个相对运动面之间传递载荷的轴承称为滚动轴承。

滚动轴承一般由内套圈、外套圈、滚动体及保持架组成,如图 1-1 所示。根据设计需要,有些轴承套圈一侧或两侧会带密封圈或防尘盖,轴承内部会填充润滑脂。

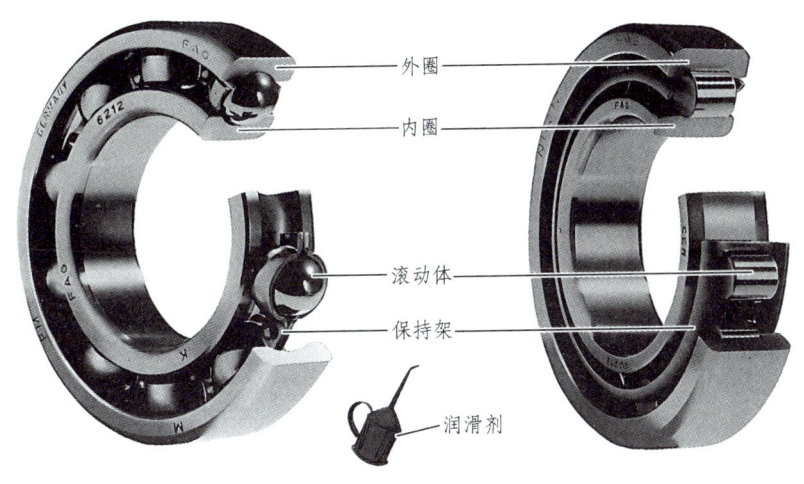

图 1-1 滚动轴承的构成

1.1.1 滚动轴承的分类

滚动轴承的分类方法很多,如按照滚动体形状、承载能力、滚动体列数、外径尺寸大小以及是否可以分离等进行分类。

滚动轴承按滚动体的形状可分为球轴承和滚子轴承。滚子轴承按滚子种类分为圆柱滚子轴承、滚针轴承、圆锥滚子轴承和调心滚子轴承。

图 1-2 是按照滚动体类型分类。

滚动轴承按其所能承受的载荷方向或公称接触角的不同分为向心轴承和推力轴承。其中,向心轴承又分公称接触角为 0°的向心轴承、公称接触角大于 0°到 45°的向心轴承两种。推力轴承分为公称接触角为 90°的推力轴承、公称接触角大于 45°但小于 90°的推力轴承两种。

滚动轴承按滚动体的列数分为单列轴承、双列轴承和多列轴承。

滚动轴承按其部件(套圈)能否分离分为可分离轴承和不可分离轴承。

001

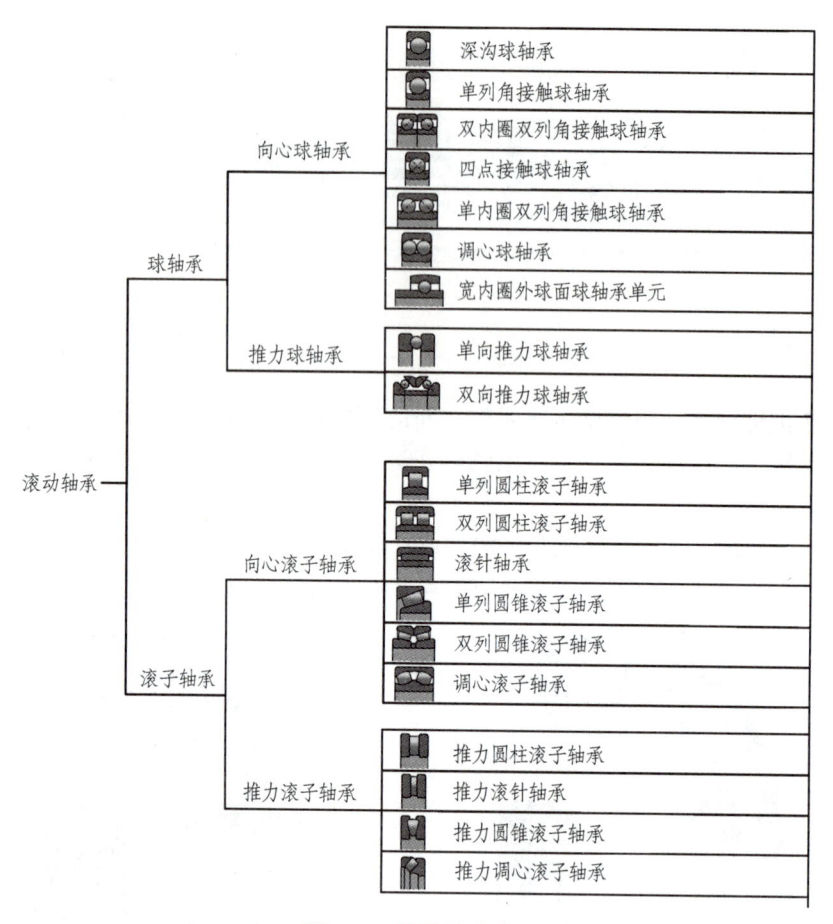

图 1-2 轴承的分类

滚动轴承按其外径尺寸大小分为微型轴承（<26 mm）、小型轴承（28~55 mm）、中小型轴承（60~115 mm）、中大型轴承（120~190 mm）、大型轴承（200~430 mm）和特大型轴承（>440 mm）。

除了以上的分类方法，更多的时候是按其结构类型进行分类，可分为深沟球轴承、调心球轴承、角接触球轴承、圆柱滚子轴承、调心滚子轴承、鼓形滚子轴承、圆锥滚子轴承、推力球轴承、推力滚子轴承和推力调心轴承等。

在许多实际应用场合，为了适应与滚动轴承相配套的机械装置自身结构或应用功能上的特殊需求，派生出一些专门用途的特殊结构的滚动轴承，如无内圈或无外圈轴承、三套圈轴承、带防尘盖或密封圈轴承、剖分轴承等。

1.1.2　滚动轴承的特点

（1）摩擦阻力小，运转灵活，功耗小，效率高。
（2）尺寸标准化，具有互换性，安装使用方便，维护成本较低。
（3）加工精度高，对润滑要求不高，磨损较小，使用寿命较长。
（4）部分轴承具有自动对中调心性能，可以补偿制造及安装造成的不对中。
（5）适用于自动化大批量生产，产品质量稳定，生产效率高。

1.2 滚动轴承名词术语

1.2.1 滚动轴承名词术语

滚动轴承已经标准化，其主要零件及其结构（见图1-3）的不同部位名称也已标准化或规范化。

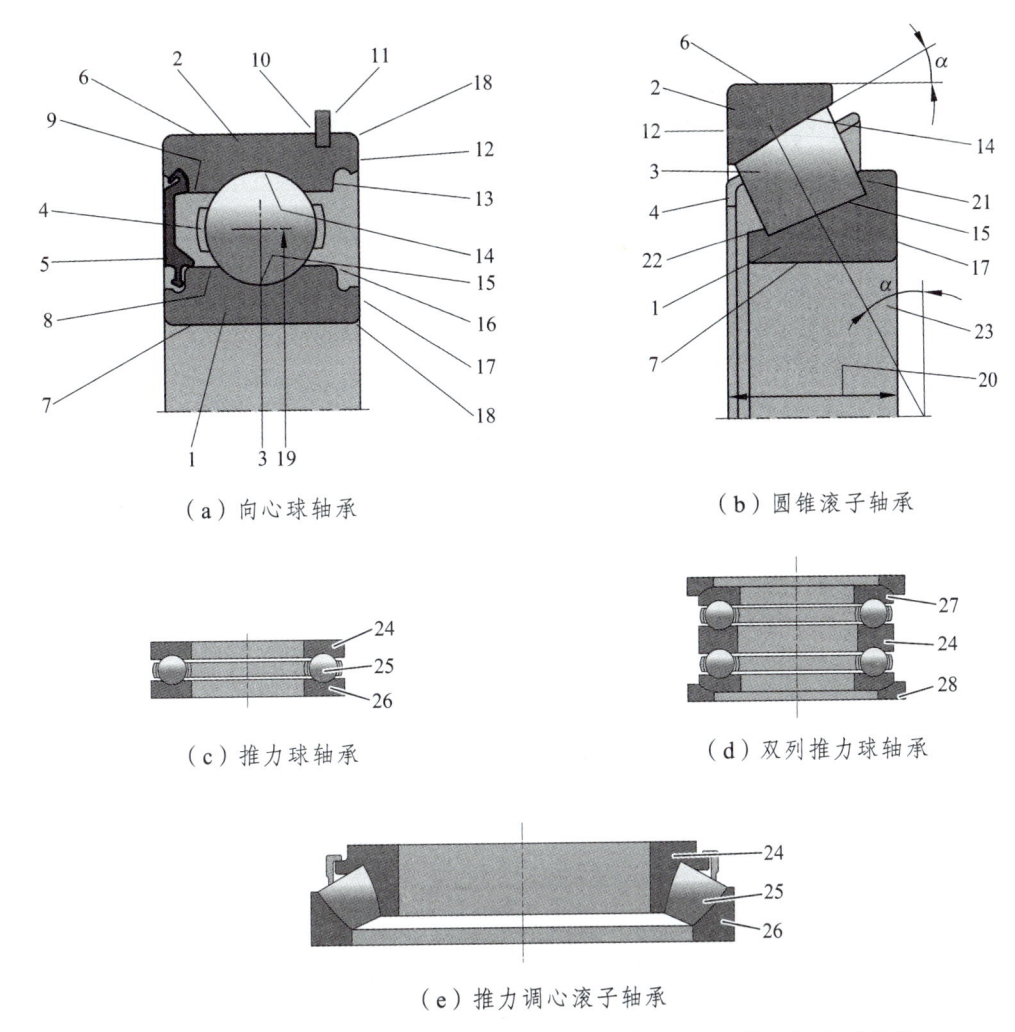

（a）向心球轴承

（b）圆锥滚子轴承

（c）推力球轴承

（d）双列推力球轴承

（e）推力调心滚子轴承

1—内圈；2—外圈；3—滚动体（球、圆柱滚子、圆锥滚子、球面滚子）；4—保持架；5—密封装置（由弹性材料制作，分接触型或非接触型）；6—外径；7—内径；8—内圈轴肩直径；9—外圈轴肩直径；10—止动环槽；11—止动环；12—外圈侧面；13—密封紧固槽；14—外圈滚道；15—内圈滚道；16—密封槽；17—内圈侧面；18—倒角；19—轴承平均直径；20—总轴承宽度；21—引导挡边；22—定位挡边；23—接触角；24—轴圈；25—滚动体和保持架组件；26—座圈；27—带球面基座表面的座圈；28—调心座垫圈。

图1-3 滚动轴承主要零件及其结构

1.2.2 滚动轴承配合部件的名词术语

如前所述，与轴承相配合的部件（见图1-4）或部位名称也已相应的规范化。

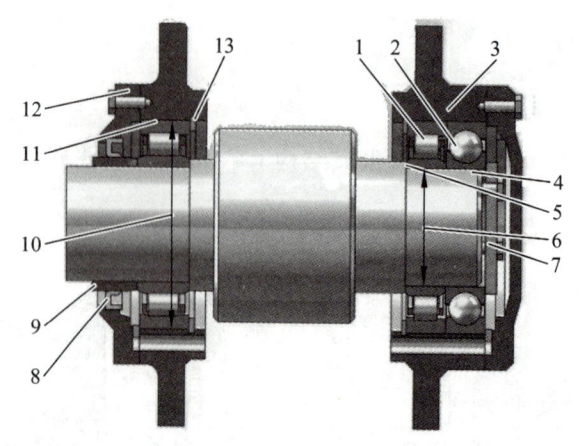

1—圆柱滚子轴承；2—四点接触球轴承；3—轴承座；4—轴；5—与内圈接触的轴肩；6—轴径；7—轴端压板（盖）；8—轴密封件；9—定距环；10—轴承座孔径；11—轴承座孔面；12—轴承端盖；13—止动环。

图 1-4　与轴承配合部件的名词术语

1.3　滚动轴承的代号

1.3.1　代号组成

标准规定滚动轴承的代号由字母与数字组成，表示滚动轴承的结构类型、尺寸系列、内径尺寸、公差等级和技术性能等特征。轴承代号由基本代号、前置符号和后置符号三部分组成，见图 1-5。

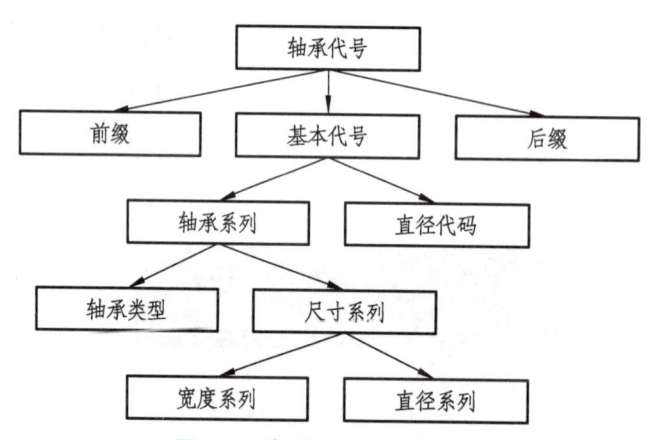

图 1-5　滚动轴承代号的组成

基本代号包括轴承系列代号和轴承内径代号。前置符号一般表示整套轴承的轴承零件或特殊结构要求。后置符号释义特殊结构和特征。

1.3.2　前置代号

前置代号通常用来命名单个轴承部件，如表 1-1 所示。

1.3.3　基本代号

轴承类型代号：轴承类型代号用字母或数字表示，见表 1-2。

表 1-1 轴承前置代号表示方法

代号	表示意义	举例
F	凸缘外圈的向心球轴承（仅适用 $d \leqslant 10$ mm）	F618/4
L	可分离轴承的可分离内圈或外圈	LNU207
R	不带可分离内圈或外圈的轴承（滚针轴承仅适用 NA 型）	RNU207
WS	推力圆柱滚子轴承轴圈	WS81107
GS	推力圆柱滚子轴承座圈	GS81107
KOW	无轴圈推力轴承	KOW51108
KIW	无座圈推力轴承	KIW51108
LR	带可分离的内圈或外圈与滚动体组件轴承	-----
K	滚针和保持组件	K81107

表 1-2 轴承类型代号

代号	轴承类型	代号	轴承类型
0	双列角接触球轴承	6	深沟球轴承
1	调心球轴承	7	角接触球轴承
2	调心滚子轴承	8	推力圆柱滚子轴承
2	推力调心滚子轴承	N	圆柱滚子轴承，双列或多列用字母 NN 表示
3	圆锥滚子轴承		
4	双列深沟球轴承	U	外球面球轴承
5	推力球轴承	QJ	四点接触球轴承

尺寸系列：滚动轴承的尺寸系列包括直径系列与宽度系列，长期以来对直径系列是用"特轻""轻""中重""重"来描述的，对宽度系列则用"窄"和"宽"来描述。但是，因为这些概念在扩展尺寸表时不够用，所以改用数字来描述。所规定的向心轴承采用数字 7、8、9、0、1、2、3、4、5 表示直径系列，用 8、9、0、1、2、3、4、5、6、7 表示宽度系列，如表 1-3～表 1-5 所示。每个直径系列包含一定的宽度系列。

表 1-3 向心轴承尺寸系列代号表示方法

直径系列		宽度系列		直径系列		宽度系列	
代号	名称	代号	名称	代号	名称	代号	名称
7	超特轻	1	正常	1	特轻	2	宽
		3	特宽			3, 4	特宽
						5, 6	特宽
8	超轻	0	窄	2	轻	8	特窄
		1	正常			0	窄
		2	宽			1	正常
		3, 4, 5, 6	特宽			2	宽
						3, 4	特宽

续表

直径系列		宽度系列		直径系列		宽度系列	
代号	名称	代号	名称	代号	名称	代号	名称
9	超轻	0	窄	2	轻	5, 6	—
^	^	1	正常	^	^		
^	^	2	宽				
^	^	3, 4, 5, 6	特宽	3	中	8	特窄
				^	^	0	窄
				^	^	1	正常
				^	^	2	宽
0	特轻	0	窄	^	^	3	特宽
^	^	1	正常				
^	^	2	宽				
^	^	3, 4, 5, 6	特宽				
1	特轻	0	窄	4	重	0	窄
^	^	1	正常	^	^	2	宽

表 1-4　推力轴承尺寸系列代号表示方法

直径系列		高度系列		直径系列		高度系列	
代号	名称	代号	名称	代号	名称	代号	名称
0	超轻	7	特低	3	中	7	特低
^	^	9	低	^	^	9	低
^	^	1	正常	^	^	1	正常
1	特特轻	7	特低	^	^	2	正常
^	^	9	低	4	重	7	特低
^	^	1	正常	^	^	9	低
2	轻	7	特低	^	^	1	正常
^	^	9	低	^	^	2	正常
^	^	1	正常	5	特重		
^	^	2	正常				

表 1-5　向心轴承尺寸系列组合

直径系列（横截面高度增大）		8	9	0	1	2	3	4	5	6	7
^	5	—	—	—	—	—	—	—	—	—	—
^	4	—	—	4	—	24	—	—	—	—	—
^	3	83	—	3	12	23	33	—	—	—	—
^	2	82	—	2	12	22	32	42	52	62	—

续表

直径系列（横截面高度增大）		8	9	0	1	2	3	4	5	6	7
	1	—	—	1	11	21	31	41	51	61	—
	0	—	—	0	10	20	30	40	50	60	—
	9	—	—	9	19	29	39	49	59	69	—
	8	—	—	8	18	28	38	48	58	68	—
	7	—	—	—	17	27	37	47	—	—	—

轴承内径代号：轴承内径代号的表示方法如表1-6所示。

表1-6 轴承内径代号表示方法

轴承公称内径/mm	内径代号表示方法及举例
0.6~10（非整数）	用公称内径mm数值直接表示，尺寸系列代号与内径代号之间用"/"分开；例深沟球轴承618/2.5
1~9（整数）	用公称内径mm数值直接表示，对7，8，9直径系列的深沟球轴承及角接触球轴承，尺寸系列代号与内径代号之间须用"/"分开；例625，618/5
10，12，15，17	分别用00，01，02，03表示
20~480（22，28，32除外）	用5除公称内径mm数值的商数表示
≥500，以及22，28，32	用公称内径mm数值直接表示，尺寸系列代号与内径代号之间用"/"分开，例深沟球轴承62/22，调心滚子轴承230/500

1.3.4 后置代号

后置代号分组如表1-7所示。

表1-7 后置代号分组

分组代号	后置代号							
	1	2	3	4	5	6	7	8
表示意义	内部结构	密封与防尘套圈变型	保持架及其材料	轴承材料	公差等级	游隙	配置	其他

按照轴承后置代号的顺序，表1-8~表1-14列出了表示内部结构、密封与防尘、轴承零件材料改变、轴承配置、轴承润滑及其他后缀的表示方法。

表1-8 内部结构代号

代号	含义	示例
A、B C、D	（1）表示内部结构改变； （2）表示标准设计，其含义随不同类型、结构而异； （3）表示无中挡圈实体保持架； （4）表示滚子引导方式有改进	B：（1）角接触球轴承公称接触角$\alpha=40°$，7210B。 （2）圆锥滚子轴承接触角加大，32310B。 C：（1）角接触球轴承公称接触角$\alpha=15°$，7005C。 （2）调心滚子轴承C型，23122C。 D：剖分式轴承

续表

代号	含义	示例
E	负载加强	内部设计改变，加强型结构 NU207E
AC	角接触轴承公称接触角 α = 25°	7210AC
D	部分式轴承	K50×55×20D
ZW	滚针保持架组件双列	K20×25×40ZW

表 1-9　密封、防尘与外部形状变化代号及含义

代号	含义	示例
K	圆锥孔轴承，锥度 1:12（外球面球轴承除外）	22320K
K30	圆锥孔轴承，锥度 1:30	24122K30
R	轴承外圈有止动挡圈（凸缘外圈）（不适用于内径小于 10 mm 的深沟球轴承）	30307R
N	轴承外圈有止动槽	6210N
NR	轴承外圈有止动槽，并带止动环	6210NR
-RS	轴承一面带有骨架式橡胶密封圈（接触式）	6210-RS
-2RS	轴承两面带有骨架式橡胶密封圈（接触式）	6210-2RS
-RZ	轴承一面带有骨架式橡胶密封圈（非接触式）	6210-RZ
-2RZ	轴承两面带有骨架式橡胶密封圈（非接触式）	6210-2RZ
-Z	轴承一面带防尘盖	6210-Z
-2Z	轴承两面带防尘盖	6210-2Z
-FS	轴承一面带毡圈密封	6203-FS
-2FS	轴承两面带毡圈密封	6203-2FS
-RSZ	轴承一面带有骨架式橡胶密封圈（接触式），一面带防尘盖	6210-RSZ
-RZZ	轴承一面带有骨架式橡胶密封圈（非接触式），一面带防尘盖	6210-RZZ
-ZN	轴承一面带防尘盖，另一面外圈有止动槽	6210-ZN
-ZNR	轴承一面带防尘盖，另一面外圈有止动槽，并带止动环	6210-ZNR
-ZNB	轴承一面带防尘盖，同一面外圈有止动槽	6210-ZNB
-2ZN	轴承两面带防尘盖，外圈有止动槽	6210-2ZN
U	推力球轴承带球面垫圈	53210-U

保持架的代号：凡轴承的保持架采用下列规定的结构和材料时，不编制保持架材料改变的后置代号。

表 1-10　不同类型、不同尺寸段轴承的保持架结构及材料

序号	轴承类型	保持架的结构和材料
1	深沟球轴承	$D \leq 400$ mm 时，采用钢板或黄铜板冲压保持架 $D > 400$ mm 时，采用黄铜实体保持架
2	调心球轴承	$D \leq 200$ mm 时，采用钢板冲压保持架 $D > 200$ mm 时，采用黄铜实体保持架

续表

序号	轴承类型	保持架的结构和材料
3	圆柱滚子轴承	$D \leqslant 400$ mm 时,采用钢板(带)冲压保持架 双列圆柱时,采用黄铜实体保持架
4	调心滚子轴承	对称调心滚子(带活动中挡圈)采用钢板冲压保持架 其他调心滚子轴承,采用黄铜实体保持架
5	滚针轴承 长圆柱滚子轴承	采用钢板或硬铝冲压保持架 采用钢板(带)冲压保持架
6	角接触球轴承	分离型采用酚醛层布实体保持架 双半内圈或双半外圈(三点、四点接触)球轴承采用铜制保持架角接触及其变形: 当 $D \leqslant 250$ mm,$\alpha = 15°$、$25°$时,采用酚醛层布实体保持架 $\alpha = 40°$时,采用钢板冲压保持架 当 $D > 250$ mm,采用黄铜或硬铝实体保持架 5、4、2级公差轴承采用酚醛层布实体保持架 锁扣在内圈的角接触球轴承及其变形采用酚醛层布实体保持架 4级双列角接触球轴承采用钢板冲压保持架
7	圆锥滚子轴承	$D \leqslant 650$ mm 时,采用钢板冲压保持架 $D > 650$ mm 时,采用黄制实体保持架
8	推力球轴承	$D \leqslant 250$ mm 时,采用钢板冲压保持架 $D > 250$ mm 时,采用实体保持架
9	推力滚子轴承	推力圆柱滚珠轴承,采用实体保持架 推力调心滚子轴承,采用实体保持架 推力圆锥滚子轴承,采用实体保持架 推力滚针轴承,采用实体保持架

保持架在结构形式、材料与表1-10不相同时采用下列代号。

(1)保持架材料。

① F—钢、球墨铸铁或粉末冶金实体保持架,用附加数字表示不同的材料。如 F1—碳钢;F2—石墨钢;F3—球墨铸铁;F4—粉末冶金。

② Q—青铜实体保持架,用附加数字表示不同的材料。如 Q1—铝铁锰青铜;Q2—硅铁锌青铜;Q3—硅镍青铜;Q4—铝青铜。

③ M—黄铜实体保持架。

④ L—轻合金实体保持架,用附加数字表示不用的材料。如 L1—LY11CZ;L2—LY12CZ。

⑤ T—酚醛层压布管实体保持架。如 TH—玻璃纤维增强酚醛树脂保持架(管型);TN—工程塑料模注保持架,用附加数字表示不用的材料;TN1—尼龙;TN2—聚砜;TN3—聚酰亚胺;TN4—聚碳酸酯;TN5—聚甲醛。

⑥ J—钢板冲压保持架,材料有变化时附加数字区别。

⑦ Y—铜板冲压保持架,材料有变化时附加数字区别。

⑧ SZ—保持架由弹簧丝或弹簧制造。

（2）保持架结构形式及表面处理。

H—自锁兜孔保持架。

W—焊接保持架。

R—铆接保持架（用于大型轴承）。

E—磷化处理保持架。

D—碳氮共渗保持架。

D1—渗碳保持架。

D2—渗氮保持架。

C—有镀层的保持架（C1—镀银）。

A—外圈引导。

B—内圈引导。

P—由内圈或外圈引导的拉孔或冲孔的窗形保持架。

S—引导面有润滑槽。

注：本条的代号只能与"（1）条"结合使用。

例：MPS—有拉孔或冲孔（窗形保持架）的黄铜实体保持架，外圈或内圈引导，引导面有润滑油槽。JA—钢板冲压保持架，外圈引导。FE—经磷化处理的钢制实体保持架。

C、V—满装滚动体（无保持架）。

例：6208V—满装球深沟球轴承。

表 1-11　轴承零件材料改变的代号

后置代号	含义	示例
/HE	套圈滚动体和保持架或仅是套圈和滚动体由电渣重溶轴承钢（军甲钢）ZGCr15 钢	6204/HE
/HA	套圈滚动体和保持架由空冶炼轴承钢制造	6204/HA
/HU	套圈滚动体和保持架由不可淬硬不锈钢 1Cr18Ni9Ti 制造	6004/HV
/HV	套圈滚动体由可淬硬不锈钢（/HV-9Cr18，/HV1-9Cr18Mo，/HV2-GCr18Mo）制造	6014/HV
/HN	套圈和滚动体由耐热钢（/HN-Cr4Mo4V，/HN1-Cr14Mo4V，/HN2-Cr15Mo4V，/HN3-W18Cr4V）制造	
/HC	套圈滚动体和保持架或仅是套圈由渗碳钢（/HC-20Cr2Ni4A，/HC1-20Cr2Mn2MoA，/HC2-15Mn）制造	
/HP	套圈和滚动体由铍青铜或其他防磁材料制造。材料有变化时，用附加数字表示	
/HQ	套圈和滚动体由不常用的材料（/HQ-塑料，/HQ-1 陶瓷）制造	
/HG	套圈和滚动体或仅是套圈由其他轴承钢（/HG-5CrMnMo，/HG1-55SiMoVA）制造	

表 1-12　公差等级代号及含义

代号	含义	示例
/P0	公差等级符合标准规定的 0 级，代号中省略不表示	6203
/P6	公差等级符合标准规定的 6 级	6203/P6
/P6x	公差等级符合标准规定的 6x 级	30210/P6x
/P5	公差等级符合标准规定的 5 级	6203/P5
//P4	公差等级符合标准规定的 4 级	6203/P4
/P2	公差等级符合标准规定的 2 级	6203/P2
/SP	尺寸精度相当于 P5 级，旋转精度相当于 P4 级	234420/SP
/UP	尺寸精度相当于 P4 级，旋转精度高于 P4 级	234730/UP

表 1-13　游隙代号及含义

代号	含义	示例
/C1	游隙符合标准规定的 1 组	NN 3006K/C1
/C2	游隙符合标准规定的 2 组	6210/C2
---	游隙符合标准规定的 0 组	6210
/C3	游隙符合标准规定的 3 组	6210/C3
/C4	游隙符合标准规定的 4 组	NN 3006K/C4
/C5	游隙符合标准规定的 5 组	NNU 4920 K/C5
/CN	0 组游隙。/CN 与字母 H、M 或 L 组合，表示游隙范围减半，或与 P 组合，表示游隙范围偏移。 例如 /CNH 0 组游隙减半，位于上半部； /CNM 0 组游隙减半，位于中部； /CNL 0 组游隙减半，位于下半部； /CNP 游隙范围位于 0 组的上半部级 3 组的下半部。	
/C9	轴承游隙不同于现标准	6205-2RS/C9

公差等级代号与游隙代号需同时表示时，可进行简化，取公差等级代号加上游隙组号（0 组不表示）组合表示。

例：/P63 表示轴承公差等级 P6 级，径向游隙 3 组。/P52 表示轴承公差等级 P5 级，径向游隙 2 组。

配置的代号：

配置组中轴承数目。

/D—两套轴承；

/T—三套轴承；

/Q—四套轴承；

/P—五套轴承；

/S—六套轴承；

配置组中轴承排列。

B—背对背；

F—面对面；

T—串联；

BT—背对背和串联；

FT—面对面和串联；

BC—成对串联的背对背；

FC—成对串联的面对面。

配置时的轴向游隙、预紧及轴向载荷分配代号。

在配置代号后加文字表示轴承配置后具有：

G—特殊预紧，附加数字直接表示预紧的大小；

GA—轻预紧（深沟球轴承及角接触球轴承）；

GB—中预紧（深沟球轴承及角接触球轴承）；

GC—重预紧（深沟球轴承及角接触球轴承）；

用于角接触球轴承，"G"省略。

例：7210 B/DBA—背对背配置时具有轻预紧的角接触球轴承。

CA—轴向游隙较小（深沟及角接触球轴承）；

CB—轴向游隙较 CA 大（深沟及角接触球轴承）；

CC—轴向游隙较 CB 大（深沟及角接触球轴承）；

CG—轴向游隙为零（圆锥滚子轴承）；

R—径向载荷均匀分配。

示例：

7210 C/DBA—接触角 $\alpha = 15°$ 的角接触球轴承 7210C，成对背对背配置，有轻预紧。

6210/DFGA—深沟球轴承 6210，修磨端面后，成对面对面配置，有轻预紧。

7210 C/TFT—接触角 $\alpha = 15°$ 的角接触球轴承 7210C，三套配置，两套串联和一套面对面。

7210 AC/QBT—接触角 $\alpha = 25°$ 的角接触球轴承 7210AC，四套成组配置，三套串联和一套背对背。

NU 210/QTR—圆柱滚子轴承 NU 210，四套配置，均匀预紧。

7210 C/PT—接触角 $\alpha = 15°$ 的角接触球轴承 7210C，五套串联配置。

表 1-14 其他特性的代号

代号	含义	示例
/Z	轴承的振动加速级极值组别，附加数字表示极值不同	6204/Z1
	Z1—振动加速级极值符合标准规定的 Z1 组	6205-2RS/Z2
	Z2—振动加速级极值符合标准规定的 Z2 组	
	Z3—振动加速级极值符合标准规定的 Z3 组	
/V	轴承的振动速度级极值组别	6306/V1
	V1—振动速度级极值符合标准规定的 V1 级	

续表

代号	含义	示例
/V	V2—振助速度级极值荷合标准规定的 V2 级 V3—振动速度级极值符合标准规定的 V3 级	6306/V1
/ZC	轴承噪声级极值有规定，附加数字表示极值不同	
/T	对启动力矩有要求的轴承，后接数字表示启动力矩	
/RT	对转动力矩有要求的轴承，后接数字表示转动力矩	
/S0	T1 轴承套圈经过高温回火处理，工作温度可达 150 ℃	NJ220/S0
/S1	T2 轴承套圈经过高温回火处理，工作温度可达 200 ℃	NU222/S1
/S2	T3 轴承套圈经过高温回火处理，工作温度可达 250 ℃	NU224/S2
/S3	T4 轴承套圈经过高温回火处理，工作温度可达 300 ℃	NU226/S3
/S4	T5 轴承套圈经过高温回火处理，工作温度可达 350 ℃	NU214/S4
/W20	轴承外圈上有三个润滑孔	
/W26	轴承内圈上有六个润滑孔	
/W33	轴承外圈有润滑油槽和三个润滑油孔	
/W33X	轴承外圈上有润滑油槽和六个润滑油孔	
/W513	W26+W33	
/W518	W20+W26	
/AS	外圈有油孔，附加数字表示油孔数（滚针鞋承）	
/IS	内圈有油孔，阳加数字表示油孔数（滚针轴承） 在 AS、IS 后加"R"分别表示内圈或外圈上有润滑孔和沟槽	
/HT	轴承内冲特殊高温润滑脂，当轴承润滑脂的装脂量和标准不同时，附加字母表示 A—润滑脂装填量小于标准值 B—润滑脂装填量多于标准值 G—润滑脂装填量多于 B（充满）	
/LT	轴承内充特殊低温润滑脂，附加字母的含义同 HT	
/MT	轴承内充特殊中温润滑脂，附加字母的含义同 HT	
/LHT	轴承内装填特殊高、低温润滑脂，附加字母的含义同 HT	
/Y	Y 和另一字母或再加数字组合用来识别无法用现有后置代号表示的非成系列的改变	

1.3.5 滚针轴承代号

滚针轴承的代号由类型代号和表示支持安装配合的基本尺寸构成。表示配合安装特征的尺寸用尺寸系列、内径代号或直接由内径数值（mm）表示。具体见表 1-15。

尺寸直接用毫米数表示时，如果内径<10 mm，前面加 0，如 8 mm 用 08 表示。内径≥10 mm 时，表示方法与滚动轴承的直径表示方法一样。

表 1-15 滚针轴承的代号

轴承类型		简图	类型代号	配合安装特征尺寸表示		轴承基本代号	
滚针和保持架组件	滚针和保持架组件		K	$F_W \times E_W \times B_C$		$KF_W \times E_W \times B_C$	GB 5846
	推力滚针和保持架		AXK	$D_{C1}D_C$		$AXKD_{C1}D_C$	GB 4605
滚针轴承	滚针轴承		NA	用尺寸系列代号、内径号表示		NA4800	GB 5801
				1)尺寸系列代号 484969	2)内径代号按表 5	NA4900 NA6900	
	穿孔型冲压外圈滚针轴承		HK	F_WB		HKF_WB	GB 290
	封口型冲压外圈滚针轴承		BK	F_WB		BKF_WB	

注:表 1-15 中,F_W 为无内圈滚针轴承滚针内包络直径或滚针保持架组件内径;E_W 为滚针保持架组件外径;B 为滚针轴承宽度;B_C 为滚针保持架宽度;D_{C1} 为推力滚针保持架组件内径;D_C 为推力滚针保持架组件内径。

1.3.6 ISO 355 和 ISO 10317 规定的公制圆锥滚子轴承的代号

图 1-6 为一套公制圆锥滚子轴承代号的结构(尺寸系列按 ISO 355 的规定,代号按 ISO 10317 的规定)。

3 代表接触角范围;第一个字母(这里是 F)表示直径系列,每个直径系列具有一定的比例 D/d(外径与内径之比);第二个字母(这里是 E)表示宽度系列。每个宽度系列具有轴承宽度 T 与轴承横截面高度的一定比例。

通过附加前置符号 T(为圆锥滚子轴承)和末尾针对内径(以 mm 计)的三位数字(这里是 120)得出一套圆锥滚子轴承完整的代号。

1.4 常用滚动轴承的结构及特点

1.4.1 深沟球轴承

深沟球轴承是一种用途最为广泛的轴承,如图 1-7 所示。深沟球轴承由外圈、内圈、球与保持架组件构成。

深沟球轴承类型有单列和双列两种,深沟球轴承还分密封和开式两种结构。开式是指轴承不带密封结构。

深沟球轴承因其摩擦阻力小,因此其适用于高速工况。深沟球轴承结构简单,与其他类型的轴承相比,易于实现较高的加工精度,便于大批量生产,制造成本较低,所以使用也比较普遍。

按ISO 10317规定的代号
按ISO 355规定的尺寸系列

| T | 3 | F | E | 120 |

圆锥滚子轴承特征字母 → T

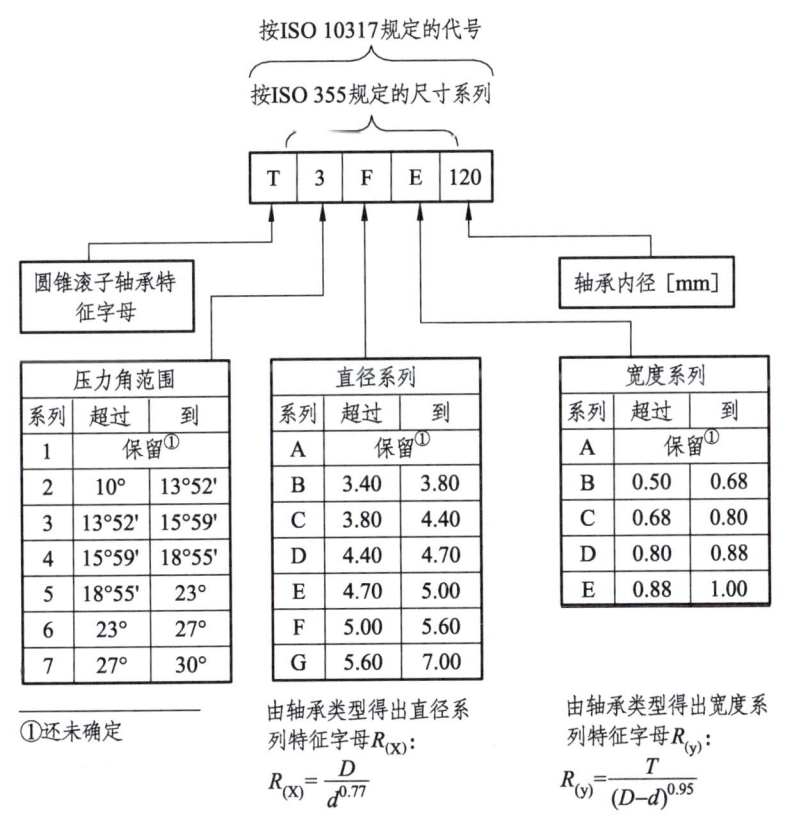

轴承内径 [mm] → 120

压力角范围

系列	超过	到
1	保留①	
2	10°	13°52'
3	13°52'	15°59'
4	15°59'	18°55'
5	18°55'	23°
6	23°	27°
7	27°	30°

① 还未确定

直径系列

系列	超过	到
A	保留①	
B	3.40	3.80
C	3.80	4.40
D	4.40	4.70
E	4.70	5.00
F	5.00	5.60
G	5.60	7.00

由轴承类型得出直径系列特征字母 $R_{(X)}$：

$$R_{(X)} = \frac{D}{d^{0.77}}$$

宽度系列

系列	超过	到
A	保留①	
B	0.50	0.68
C	0.68	0.80
D	0.80	0.88
E	0.88	1.00

由轴承类型得出宽度系列特征字母 $R_{(y)}$：

$$R_{(y)} = \frac{T}{(D-d)^{0.95}}$$

图1-6 公制圆锥滚子轴承代号

图1-7 深沟球轴承的组成

单列深沟球轴承：最常用的滚动轴承，见图1-8，内外圈上的深沟构成滚动体的滚道，外圈和内圈的沟曲率半径 r_e 和 r_i 大于滚动体的半径 $D_w/2$。这样球与两个滚道的接触通常仅为一个点（接触椭圆）。

单列深沟球轴承主要承受径向载荷，同时承受较小的轴向载荷。当其仅受径向载荷时，接触角为零。当深沟球轴承具有较大的径向游隙时，具有角接触轴承的性能，可承受较大的轴向载荷，深沟球轴承的摩擦系数很小，极限转速也很高。与其他类型轴承相比，不耐冲击，不适宜承受重载荷。

为了保证轴承无打滑运转，必须对轴承施加最小径向载荷，对于高速、高加速度的工况尤为重要。在连续运转条件下，最小径向载荷满足 $P/C_r \geq 0.01$，对于带保持架的球轴承来说是必需的。

图 1-8 单列深沟球轴承

单列深沟球轴承的不对中补偿能力有限,所以轴承必须准确定位。不对中将导致滚动体处于不利的滚动状态,轴承内部应力增加,从而缩短轴承的工作寿命。为了将轴承的附加应力限制在较低范围内,对于单列深沟球轴承仅允许很小的倾斜角(取决于载荷大小),见表1-16。

表 1-16 单列深沟球轴承允许的倾斜角

系列	允许倾斜角	
	轻载荷	重载荷
62、622、63、623、64	5′~10′	8′~16′
618、619、160、60	2′~6′	5′~10′

深沟球轴承一般采用钢板冲压保持架或黄铜实体保持架,有时也采用尼龙架。当外径小于 400 mm 时,采用钢板冲压保持架,当外径大于 400 mm 时多用黄铜实体保持架。钢球引导黄铜实体保持架的轴承后缀为 M,后缀 Y 表明轴承保持架为冲压黄铜。

单列深沟球轴承除了基本类型外,还有其他变形结构,如带防尘盖的深沟球轴承、带密封圈的深沟球轴承,如图 1-9 和图 1-10 所示。

防尘盖

图 1-9 带防尘盖的深沟球轴承

(a) 径向接触式密封圈　　(b) 轴向接触式密封圈　　(c) 径向接触式密封圈　　(d) 轴向接触式密封圈

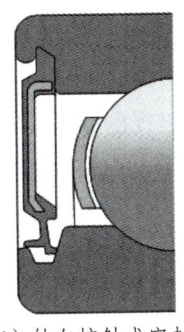

图 1-10　带接触式密封的深沟球轴承

带密封圈的深沟轴承的性能及用途与带防尘盖的深沟球轴承基本相同。不同的是防尘盖与内圈之间有较大的间隙，非接触式密封圈轴承的密封唇与内圈之间的间隙较小，接触式密封圈轴承的密封唇与内圈之间没有间隙，密封效果较好，但摩擦阻力也较大。

带密封和防尘盖的球轴承主要用于小型电机、空调器、风扇、汽车和拖拉机等领域，采用的是全寿命一次性润滑，使用期间不需要再添加润滑脂。注入润滑脂的量和性能可以满足一般工况条件的使用要求，客户在安装使用前，没有必要清洗重新添加润滑脂。

对于有低噪声要求的场合，需要采用低噪声轴承。低噪声轴承可以是开式或者带密封和防尘盖的球轴承。

带止动槽的深沟球轴承，后置代号为 N，带止动槽并带止动环的深沟球轴承后置代号为 NR。止动环可以防止轴承轴向位移。

带装球缺口的深沟球轴承，标准型的有装球缺口的深沟球轴承，有 200、300 两个直径系列，这种轴承在轴承一侧的内外圈上有缺口，可以由此装入更多的球，轴承的径向承载能力得到提高，但其轴向承载能力较低，且不适合高速运行。如果有较大的轴向载荷，需要与一套普通深沟球轴承配合使用。

深沟球轴承主要用于汽车轮毂轴承、汽车变速器、电气装置部件、通用电动机、家用电器、建筑机械、装卸搬运机械、农业机械等。

双列深沟球轴承：在结构上相当于一对单列深沟球轴承，见图 1-11。双列深沟球轴承比单列深沟球轴承承受更高的载荷。双列深沟球轴承可以适用很高的转速，用于单列深沟球轴承的承载能力达不到应用要求的部位。

由于其内部结构特点，双列深沟球轴承没有不对中补偿能力。在使用此类轴承时，不允许出现倾斜角。

深沟道和较大密合度使其能够承受双向轴向载荷。因为轴承也能承受由倾覆所产生的载荷，所以它适用于只用一套轴承支的特别短的轴，即悬臂式支承。

图 1-11　双列深沟球轴承

双列深沟球轴承的保持架由玻璃纤维增强尼龙制成（后缀 TVH）。双列深沟球轴承没有带防尘盖或密封的结构设计。

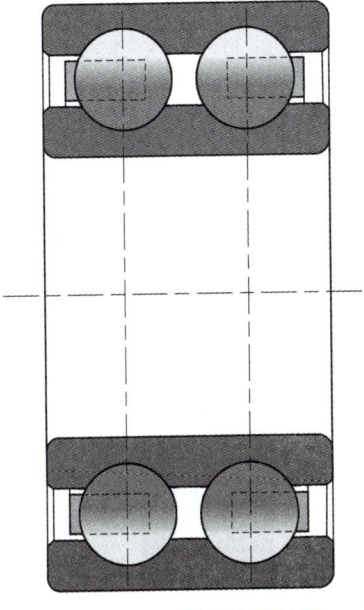

1.4.2 角接触球轴承

角接触球轴承由内圈、外圈、滚动体与保持架组成，如图 1-12 所示。在实际应用中支承上所出现的常常不是纯径向载荷，而是联合载荷，即由径向力与轴向力所构成的载荷。这样力的作用线与径向平面成一个夹角，因此角接触球轴承可适用于同时承受径向载荷和轴向载荷（联合载荷）作用。与深沟球轴承相比，角接触球轴承内外圈上的滚道是与轴向轴线方向成倾斜配置的。所以角接触球轴承更加适合有径向载荷和轴向载荷同时作用的工况。

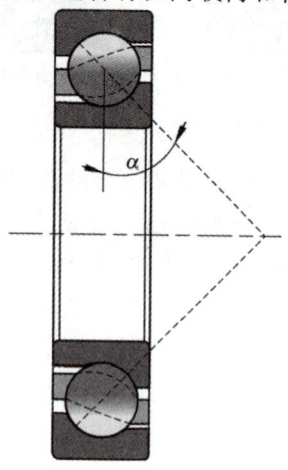

α = 接触角。

图 1-12　单列角接触球轴承

单列角接触球轴承：能够承受单向的轴向力和较大的径向力。轴向承载能力取决于接触角的大小。即接触角越大，轴承所能承受的轴向载荷越大。

若需要配对使用，需采用万能配对设计的轴承。配对轴承的套圈宽度加工精度是严格控制的，可以 O 型、X 型或串联配置等任意方式组合，见图 1-13。在轴承配对安装后，按照所选择的结构形式，即具有所期望的轴向游隙或预紧。普通设计的角接触球轴承不适合配对使用，一般情况下是一端一个轴承。

O 型配置时由压力线所构成的压力锥尖朝外，而 X 型配置时其压力锥尖朝内。由于 O 型配置其压力锥尖之间的距离大于 X 型配置的距离，所以 O 型配置的抗倾覆刚度较高。

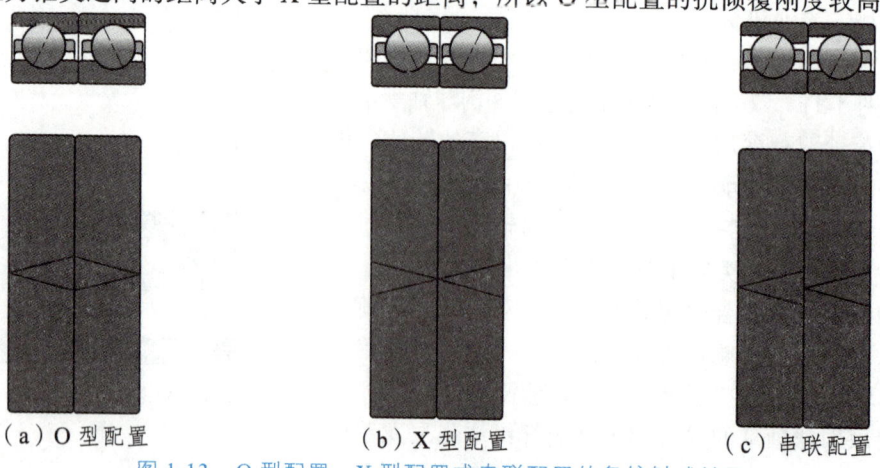

（a）O 型配置　　　　（b）X 型配置　　　　（c）串联配置

图 1-13　O 型配置、X 型配置或串联配置的角接触球轴承

机床主轴轴承：具有更高精度的单列角接触球轴承，接触角为 15°的轴承特别适用于高转速，接触角为 25°的轴承轴向刚度更大。

当轴承转速较高时，滚动体会出现较大的离心力，这种离心力与工作载荷相叠加会对轴承的高速适应能力产生影响。为了减小离心力和提高转速，可以使用具有普通外形尺寸而钢球较小的轴承。球与滚道之间的特殊接触使轴承的摩擦和工作温度保持很低。对于更高转速，则考虑使用混合陶瓷轴承（装陶瓷球的轴承）。

双列角接触球轴承：在结构上相当于一对 O 型配置的单列角接触球轴承，见图 1-14。双列角接触球轴承的特点是可以同时承受径向和轴向载荷，所以特别适用于对轴作刚性轴向定位，限制轴的轴向位移，其极限转速较高，刚性好，承受较大的倾覆力矩，被广泛用于汽车轮毂轴承。

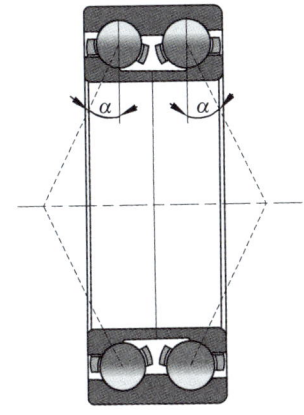

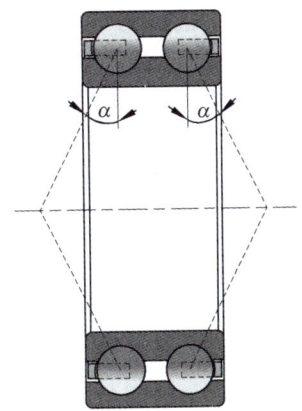

（a）接触角大的剖分内圈轴承　　　（b）接触角小的整体内圈轴承

图 1-14　双列角接触球轴承

较小的双列角接触球轴承没有装球缺口，所以可承受两个方向的轴向相同大小的载荷。其保持架采用玻璃纤维增强尼龙 66 制造。较大的双列角接触球轴承，其装球缺口的位置决定载荷方向，轴向力应由无装球缺口一侧的一列球承受，其保持架采用钢板冲压或黄铜实体保持架。

双列角接触球轴承也有两侧带防尘盖或密封圈的结构。

为了承受交替作用的高轴向力，采用带两个内圈的双列角接触球轴承，这种轴承具有较大的接触角，不带装球缺口。

角接触球轴承的主要用途：

单列：机床主轴、高频马达、燃汽轮机、离心分离机、小型汽车前轮、差速器小齿轮轴、风机、水泵、空气压缩机等。

双列：主要应用于油泵、罗茨鼓风机、空气压缩机、各类变速器、燃料喷射泵、印刷机械。

需要注意的是：不同品牌角接触球轴承的接触角可能不同，接触角对轴向承载能力和适应的转速和刚度有影响，不同品牌的替换要尽量保证内部结构一致，这样才能确保其运转性能。

1.4.3　四点接触球轴承

四点接触球轴承由实体外圈、可分离内圈、球和保持架组件组成，保持架由黄铜或聚酰胺材料制作。双半内圈可以容纳较多的球，见图 1-15。四点接触球轴承为开式设计。

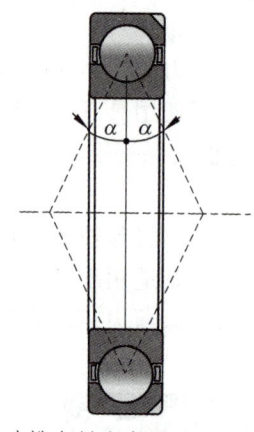

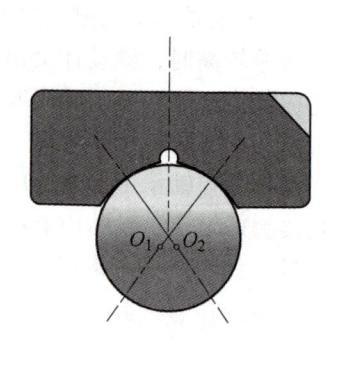

（a）带止动槽和剖分内圈的四点接触球轴承　　　　（b）滚道的几何形状

α = 接触角；O_1，O_2 = 外圈滚道的曲率中心。

图 1-15　四点接触球轴承

四点接触球轴承从结构上讲属于单列角接触球轴承，但就其功能来说等同于双列角接触球轴承，因此与双列设计结构相比，轴向所需的空间相当小。但是，其内外圈圆弧形滚道上相互错置的曲率中心使球在径向载荷下与套圈滚道呈四点接触。两个套圈中的内圈是剖分的，易于装球。

四点接触球轴承可承受交变的纯轴向载荷，或主要为轴向载荷，这时球与内、外圈仅各为一点接触，就像承受轴向载荷的单列角接触球轴承一样。四点接触球轴承的接触角通常为 35°，可以承受较大的双向轴向力。

四点接触球轴承经常与一个径向轴承组合使用，用作推力轴承且和轴承座有径向间隙。为了快速且可靠定位，大尺寸的四点接触球轴承外圈有两个定位槽且相隔 180°。这些轴承带有后缀 N2。

四点接触球轴承不适合轴承座孔的不对中或由于轴挠曲造成的角度不对中。轴承套圈的倾斜会增加运转噪声，增大保持架的应力并对轴承寿命造成有害的影响。

四点接触球轴承的主要应用领域是出现双向轴向载荷，且又要求精确轴向引导的传动及动力装置，如传动齿轮箱、电机、水泵、燃汽轮机等。

1.4.4　调心球轴承

调心球轴承通常是双列调心球轴承，由一个大球面沟道的外圈、一个双沟道的内圈、两列滚动体和保持架组成，见图 1-16。调心球轴承主要承受径向载荷，在承受径向载荷的同时，也可以承受轴向载荷，但是不能只承受轴向载荷，否则会使一列滚动体承受载荷，另外一列滚动体不受力。

由于外圈滚道呈球面形，调心球轴承对轴与轴承座之间的同心误差以及轴的挠曲不敏感，并且以此补偿旋转轴系的静、动态角度误差。

其优先使用范围是矿山设备、物料加工设备、农业机械、提升设备、简单的木材加工机械和鼓风机。双列深沟球轴承还用于飞机机架构件中，如操纵机翼、尾翼的连杆两端，轴承采用全寿命润滑。

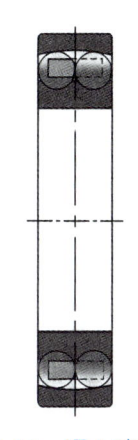

图 1-16　调心球轴承

1.4.5　圆柱滚子轴承

单列圆柱滚子轴承由外圈、内圈、一组滚子和保持架组成，属于可分离型轴承。圆柱滚子轴承用作轴向游动轴承或轴向定位轴承，其安装拆卸比较方便。

P0 级的圆柱滚子轴承按照 ISO 5753 的规定，其可分离的套圈应能实现同型号的互换。此类轴承主要承受径向载荷，与同尺寸的深沟球轴承相比，具有较高的径向承载能力。由于其补偿不对中的能力较差，一般是 2′~4′，因此要求与之配合的轴及座孔的加工精度也较高。

圆柱滚子轴承滚道及滚动体经优化设计后，具有较高的承载能力，挡边和滚子端面的新型结构设计，不仅提高了轴承的轴向承载能力，同时改善了滚子端面与挡边接触区域的润滑条件，提高了轴承的使用性能。

常用的基本型圆柱滚子轴承如图 1-17 所示。

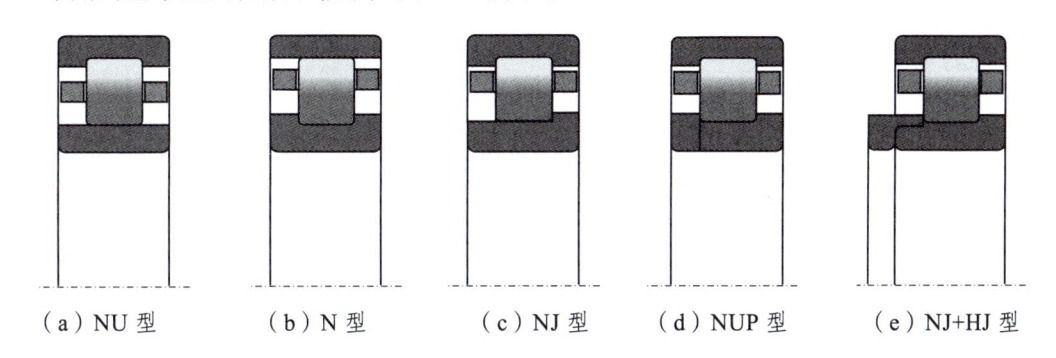

（a）NU 型　　（b）N 型　　（c）NJ 型　　（d）NUP 型　　（e）NJ+HJ 型

图 1-17　圆柱滚子轴承的基本类型

NU 型：内圈无挡边，内圈可与滚动体和保持架组件分离；
N 型：外圈无挡边，外圈可与滚动体和保持架组件分离；
NJ 型：内圈单侧带挡边，内圈可与滚动体和保持架组件分离；
NUP 型：内圈一侧带挡边，另一侧带平挡圈，内圈可与滚动体和保持架组件分离；
NJ+HJ 型：内圈一侧带挡边，另一侧带斜挡圈，内圈可与滚动体和保持架组件分离；
轴向游动轴承：N 型和 NU 型圆柱滚子轴承可以作为轴向游动轴承，只承受径向力。NU 系列的轴承外圈有两个挡边，内圈无挡边。N 系列的轴承内圈有两个挡边，外圈无挡边。无挡边的套圈用于补偿，例如由于温度差所引起的轴的长度变化。

单向定位轴承：NJ 型圆柱滚子轴承可以用作单向定位轴承，除承受高径向力外，还能承受单向轴向力，所以可以在一个方向上轴向引导轴，在另一侧，安装同样的 NJ 轴承，可以实现所谓的两侧单向定位支撑设计。

NUP 型圆柱滚子可以用作轴向定位轴承，除承受高径向力外，它还能承受双向轴向力，所以可对轴作双向轴向引导。外圈有两个挡边，L 形内圈有一个紧固挡边和一个分离型平挡圈。

一般情况下，圆柱滚子轴承都带有保持架，带保持架的圆柱滚子轴承有许多结构形式和尺寸系列。所有标准结构的圆柱滚子轴承至少有一个套圈上有两个挡边来引导保持架和滚动体组件的运动，该套圈与保持架和滚子构成一个安装单元，另一个套圈可以取下，这样内、外圈可分别安装。两个套圈均可采用过盈配合。过盈配合可以提高支承刚度，并能实现对轴的径向精确定位和引导。

现在各个商家提供的主要是内部加强型结构设计。加强型设计用后缀 E 标示，非加强型的轴承不带后缀 E。二者相比，外形尺寸相同，但其滚子的直径和长度都比较大，所以其承载能力明显增大。

装满滚子的圆柱滚子轴承：可以作为轴向游动轴承、支承轴承和轴向定位轴承，可以是单列轴承或者多列轴承，没有保持架，见图 1-18。没有保持架可使轴承中能够装入更多的滚动体。因无保持架而具有特别大的径向承载能力，这些轴承因装入的滚动体最多而具有特别大的径向承载能力，刚度很大，并适用于占据空间特别小的结构。但由于滚动体之间的相互摩擦作用，这种轴承达不到装有保持架的轴承所具有的高转速。

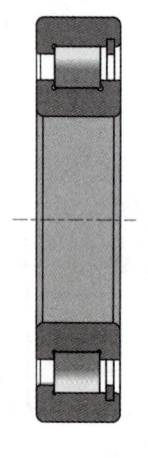

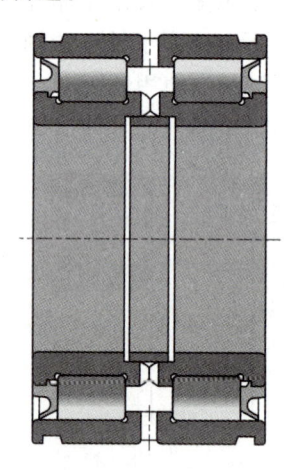

（a）单列　　　　　　　　（b）双列，外圈带环形槽，带密封

图 1-18　装满滚子的圆柱滚子轴承

单列圆柱滚子轴承主要用于大中型电动机、轨道车辆、机床主轴、内燃机、电机、发电机、燃气涡轮机、减速箱、冶金设备、造纸机械、矿山机械、工程机械、振动筛、装卸搬运机械、各类产业机械以及起重运输机械等。

多列圆柱滚子轴承：根据需要，圆柱滚子轴承可以设计成双列和多列滚子等不同结构。双列圆柱滚子轴承属于游动轴承，其可分离性使安装和拆卸都很方便。两个套圈均可以采用紧配合。双列圆柱滚子轴承几乎不允许有倾斜角。双列圆柱滚子轴承有 NN 型和 NNU 型，该类轴承具有结构紧凑、刚性大、承载能力大、受载后变形小等优点，该类型轴承的保持架多采用车制实体黄铜保持架。

双列圆柱滚子轴承多用于要求薄壁轴承的机床主轴、轨道车辆轮对、轧钢机械的轧辊及印刷机械的滚筒等。对于机床主轴，多采用内圈带锥形孔的轴承，将其安装在锥形轴上，通过内圈的压入量调整径向游隙。

四列圆柱滚子轴承结构紧凑，刚性好，径向承载能力高，但不能承受轴向力。这类轴承的结构便于安装使用和检修、清洗。此类轴承可获得较高的加工精度，轴承本身的摩擦比四列圆锥滚子轴承较低。四列圆柱滚子轴承采用黄铜实体保持架。

四列圆柱滚子轴承特别适用于要求高速和高精度的轧辊，如线材轧机、型材轧机和薄板冷热轧机、开坯机等的支承。

1.4.6 圆锥滚子轴承

圆锥滚子轴承有单列或多列轴承，由一个带有两个不同高度挡边的内圈、一个无挡边外圈和一个截锥形滚子组件构成，见图 1-19。保持架将滚子组件和内圈组合在一起，保持架一般是整体结构，由钢板冲压制作，或者由玻璃纤维增强聚酰胺制造。较大型轴承也使用实体保持架，其外圈可以和内圈组件分离，按照 ISO 圆锥滚子轴承外形尺寸标准的规定，任何一个标准型号的圆锥滚子轴承外圈或内圈组件应能和同型号的外圈或内圈组件实现互换，即同型号的外圈除外部尺寸、公差需符合 ISO 492 标准规定外，内圈组件的圆锥度、组件锥体直径等也必须符合互换的有关规定。

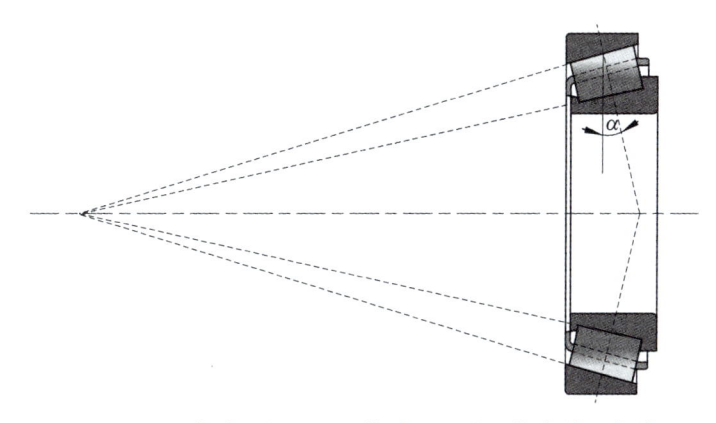

图 1-19 圆锥滚子轴承、圆锥滚子的外形轮廓线延长线

圆锥滚子轴承属于分离型轴承，按所装滚子的列数分为单列、双列和四列圆锥滚子轴承等不同的结构形式。圆锥滚子轴承主要用于承受以径向载荷为主的径向与轴向联合载荷。与角接触球轴承相比，承载能力大，极限转速低。单列圆锥滚子轴承能够承受一个方向的轴向载荷，能够限制轴或外壳一个方向的轴向位移。当轴承承受径向载荷时，将会产生一个轴向分力，所以当需要另一个可承受反方向轴向力的轴承来加以平衡时，通常需要第二套对向安装的轴承（X 形配置或 O 形配置）。

圆锥滚子的外形轮廓线延长线与内外圈滚道的延长线相交于轴承轴线上一点，见图 1-19。利用这种几何特殊性避免了滚动体接触处的强制性滑动。

内圈挡边具有各种功能：小端挡边与保持架一起将滚子保持在内圈滚道上。大端挡边承受由滚子的圆锥形状所产生的部分轴向分力。

圆锥滚子在滚道上滚动的同时也在大挡边上滑动。为了能在接触区形成一层能承受载荷的润滑膜，将滚子端面设计成球面形状，并使挡边面与滚子端面形成曲面接触。

轴向承载能力与接触角有关，即接触角越大，轴承能承受的轴向载荷越大。多数轴承系列的接触角在 10°~20°之间。特殊系列的轴承则约为 28°，这种结构形式适用于承受特别大的轴向力。单列圆锥滚子轴承可以在安装过程中调整游隙的大小。

单列圆锥滚子轴承主要用途：汽车变速器、差速器小齿轮轴、机床主轴、建筑机械、大型农业机械、矿山设备和铁路车辆传动齿轮箱等。

双列圆锥滚子轴承如图 1-20 所示，其外圈（或内圈）是一个整体，两个内圈（或外圈）小端面相近，中间有隔圈，游隙通过隔圈的厚薄来调整，也可用隔圈的厚薄来调整双列圆锥滚子轴承的预过盈量。轴承的内部游隙出厂前已调好，须将同一生产型号的零件按符号要求组装使用。双列圆锥滚子轴承由于滚子列数增加，径向载荷能力增大，同时，也能承受较大的双向轴向载荷，可限制轴（或外壳）两个方向的轴向位移，因此可用作双向轴向定位，主要用于承受以径向载荷为主的径、轴向联合载荷。其主要用途包括在轿车的前轮轮毂中，以及铁路机车车辆的轮对轴承、轧机和矿山设备等。

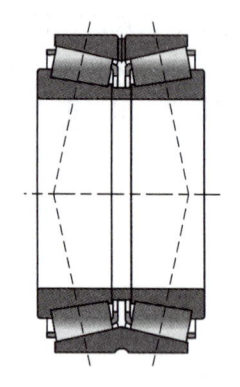

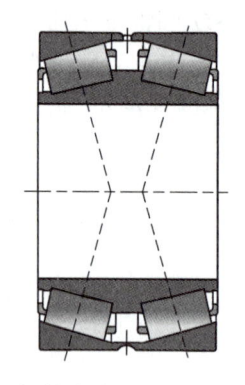

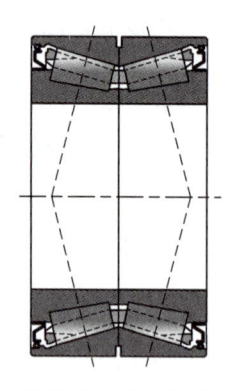

（a）剖分内圈，O 形配置　（b）剖分外圈，X 形配置　（c）特殊圆锥滚子轴承，剖分内圈和剖分外圈，O 形配置，两侧密封，游隙预调

图 1-20　双列圆锥滚子轴承

1.4.7　调心滚子轴承

如图 1-21 所示，调心滚子轴承由一个双滚道的内圈、两列球面滚子、保持架和一个大球面的外圈组成。

调心滚子轴承装有两列球面滚子，球面滚子的轴线相对轴承的旋转轴线有一些倾斜，与调心球轴承一样，外圈滚道呈球面形。滚道的型面与球面滚子的型面非常匹配。

上述结构特点使调心滚子轴承具有很大的径向承载能力，并具有比球面滚子轴承更高的轴向载荷能力。利用外圈的空心球面形状，当出现同心误差和轴挠曲时，球面滚子可在外圈滚道中进行摆动调整。调心滚子轴承补偿不对中误差为 0.5°~2.5°。不对中误差对承载能力有影响，角度不同，承载能力也相应变化。当需要动态承受强大的径向冲击载荷并且存在同心误差及轴的挠曲较大时，应该使用调心滚子轴承。

为了便于注入润滑剂，一般在外圈上两列滚子之间设置一圈带径向孔的环形槽，在轴承运行过程中可以通过注脂孔添加润滑脂，这样可以确保轴承具有良好的润滑状态。

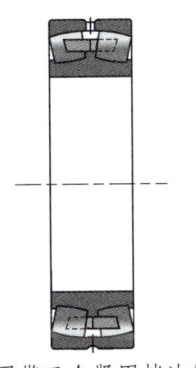

(a) 内圈带三个紧固挡边的轴承　　　(b) E型调心滚子轴承　　　(c) 轴向剖分的调心滚子轴承
（不带紧固定挡边的加强型结构）

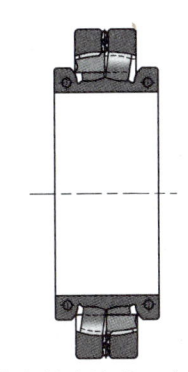

图 1-21　调心滚子轴承

下列情况使角度不对中补偿能力减小：

如果外圈旋转，内圈做摆动运动，则轴承允许的调心角将变小；

若轴承带密封，补偿能力会降低。

图 1-21 为调心滚子轴承的几种基本类型。

图 1-21（a）为内圈带有三个固定挡边的调心滚子轴承，其中挡边利用其端面引导滚子。当内圈带着滚子组件摆出外圈时，内圈两边的挡边引导或保持滚子。这类轴承的每列滚子都有一个指状黄铜实体保持架或钢板冲击保持架，朝外敞开的保持架便于润滑剂供给。

图 1-21（b）为后缀带 E 的调心滚子轴承。这种结构的轴承没有固定挡边，在轴承外形尺寸相同时滚子的厚度和长度都大于后缀符号不带 E 的轴承，从而提高了这种轴承的承载能力。

图 1-21（c）为轴向剖分的调心滚子轴承。对于安装和拆卸非常困难的支承部位，采用轴向剖分的调心滚子轴承，在进行维修和保养时，能够快速更换轴承，见图 1-22。这样就不再需要拆卸和拆开整个轴承，只要将支承部位上安装的轴承分开，取下并将新轴承的两个半外圈装上就可以了。

图 1-22　轴向剖分的调心滚子轴承

调心滚子轴承的保持架主要有冲压钢板型保持架、玻璃纤维增强型聚酰胺66保持架、机加工两片式黄铜保持架（指状开式）。

内部保持架挡边引导滚动体。内部保持架挡边宽度的公差很小，对两列滚子来说，它所起的作用就像一个游离的中挡边一样，当内圈摆出的保持架也用于保持滚子。

调心滚子轴承按滚子截面形状分为对称形球面滚子和非对称形球面滚子两种不同结构，非对称调心滚子轴承属早期产品，新设计主机时则很少选用非对称形球面调心滚子轴承。新型设计内部结构经过全面改进及参数优化，与早期生产的调心滚子轴承相比，能够承受更大的轴向载荷，这种轴承的运行温度较低，故可适应较高转速的要求。

为了便于客户装卸和更换轴承，轴承厂家提供内孔带有锥度的调心滚子轴承，锥孔锥度为1：12，以后置代号K表示。为了适应特殊用户的要求，也可提供内孔锥度为1：30的轴承，其后置代号为K30。内孔带锥度的轴承可用锁紧螺母将轴承直接装在锥形轴颈上，也可借助紧定套或退卸套将轴承安装在圆柱形轴颈上。

调心滚子轴承的主要应用领域是重型滚轮和支承型滚轮、船用推进轴和舵柄、岩石破碎机、曲柄、传动装置、振动筛、连铸机、粉碎机和破碎机。

1.4.8 滚针轴承

滚针轴承使用滚针作为滚动体。在滚动轴承技术中，若滚动体直径≤6 mm，并且滚动体直径与滚动体长度的比例<1/3时，将这样的圆柱形滚动体称为滚针。滚针轴承径向结构紧凑，其内径尺寸和载荷能力与其他类型轴承相同时，外径最小，特别适用于径向安装尺寸受限制的支承结构。

所有的滚针轴承是基于滚动体直径小而具有很小的径向尺寸。由于其线接触而特别适用于径向结构空间有限、要求具有高径向承载能力和较高支承刚度的场合。

向心滚针轴承只能用作轴向游动轴承。常用的滚针轴承有：滚针保持架组件、冲压外圈滚针轴承、机加工套圈滚针轴承。

1. 滚针保持架组件

除装满滚针的滚针组件，滚针保持架组件是结构形式最简单的滚针轴承，见图1-23。滚针保持架组件有单列或双列结构，由保持架与滚针组成。

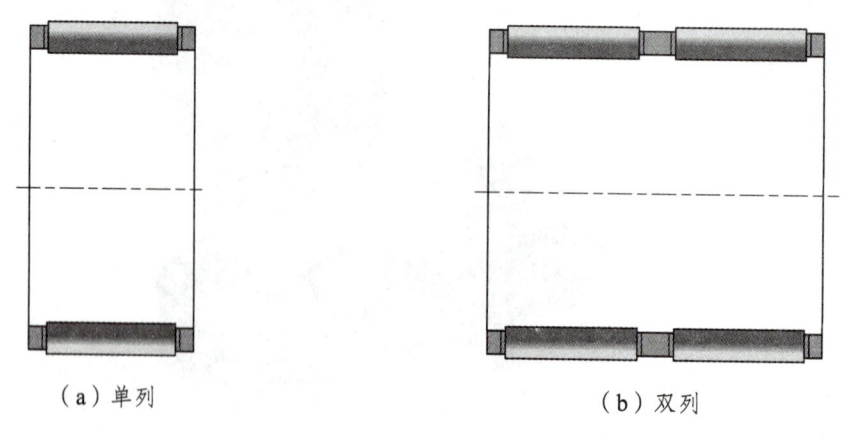

（a）单列　　　　　（b）双列

图1-23　滚针保持架组件

当选用滚针和保持架组件时，与轴承相配的轴颈表面和外壳孔表面直接作为轴承的内、外滚动表面，为保证载荷能力和运转性能与有套圈轴承相同，轴或外壳孔滚道表面的硬度、加工精度和表面质量应与轴承套圈的滚道相匹配，其滚道必须经过淬硬和磨削。

滚针的直径较小，滚针保持架组件可允许最小径向结构空间，同时在形状精确的滚道上可达到高运转精度。轴与轴承座公差以及滚针的类别对轴承径向游隙存在影响。

2. 冲压外圈滚针轴承

冲压外圈滚针轴承有冲压外圈的敞口型滚针轴承和封口型滚针轴承两种结构，是径向结构尺寸最小的滚针轴承，它们由非切削成型的薄壁外套与滚针组件构成，共同组成一结构单元，见图1-24。

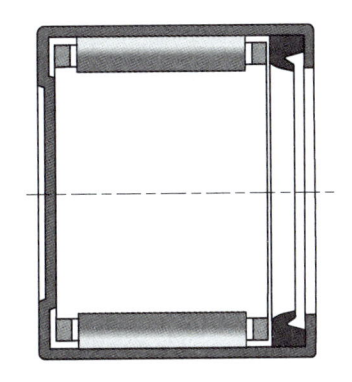

（a）开式冲压外圈的滚针轴承　　　　（b）闭式冲压外圈的滚针轴承

图1-24　只有冲压外圈的滚针轴承

除带有保持架的结构外，还有满滚针的无保持架冲压外圈滚针轴承，这种结构系列因装入的滚针数量多而以最小结构空间具有较高的径向承载能力，但其在高速转速下使用受到限制。

开式冲压外圈滚针轴承的两侧是敞开的，而闭式冲压外圈滚针轴承的一侧是封闭的，所以，闭式滚针轴承能很好地适用于轴端支承，它可防止旋转轴受到损伤，防止润滑剂逸出，并防止运转系统受到污染物和湿气的污染。

如若轴上不能设计滚道，则轴承可与内圈组合使用。

3. 机加工套圈滚针轴承

外圈带挡边的滚针轴承：这种滚针轴承的外圈与滚针保持架组件构成单列或双列组合式结构单元，见图1-25和图1-26。外圈上的挡边轴向引导滚针保持架组件。轴承可以带可自由取出的内圈，也可以不带内圈。

无挡边滚针轴承：该结构单元由无挡边外圈、滚针保持架组件与可取出的内圈构成，见图1-27。因为轴承是非组合式结构，所以外圈、滚针保持架组件和内圈可分开安装。

轴承有带和不带内圈以及单列和双列结构，挡圈担负轴向引导滚针保持架组件的任务。

其主要用途：汽车发动机、变速器、泵、挖土机履带轮、提升机、桥式起重机、压缩机。

(a)无内圈　　　　　　　　　　　　(b)带内圈

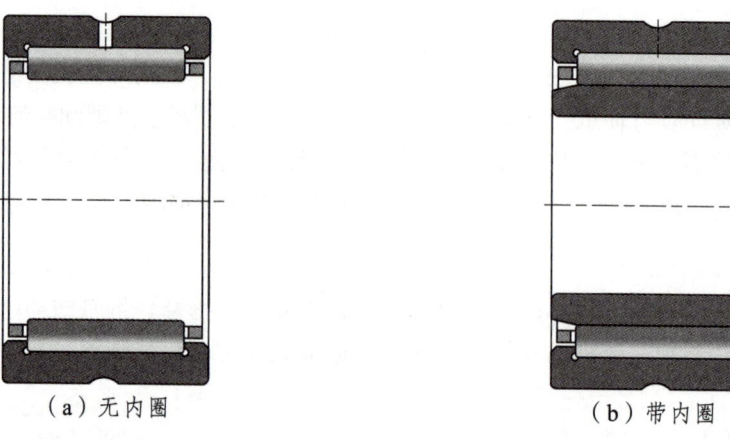

图 1-25　外圈带挡边的单列滚针轴承

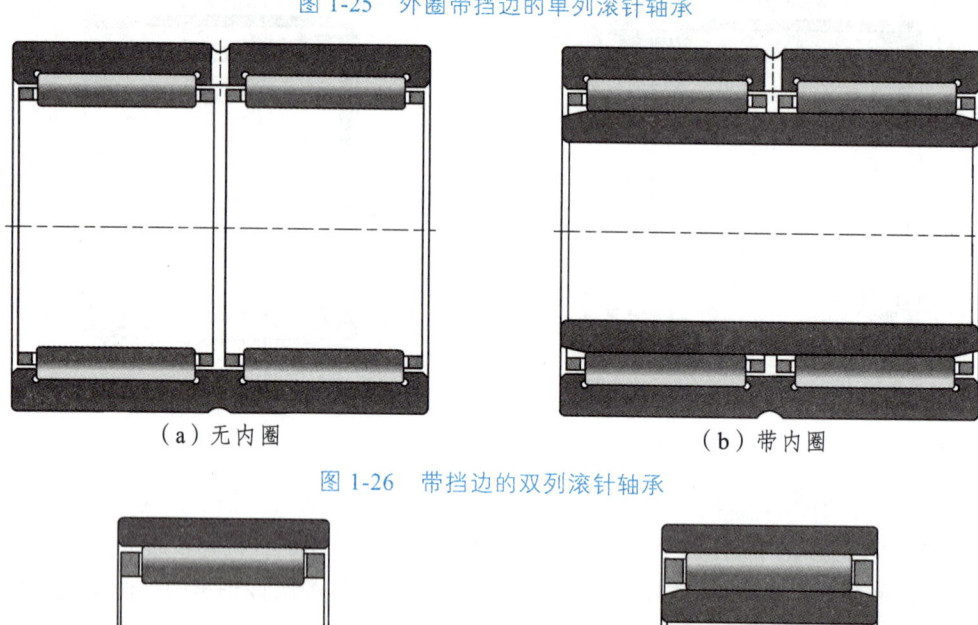

(a)无内圈　　　　　　　　　　　　(b)带内圈

图 1-26　带挡边的双列滚针轴承

(a)无内圈　　　　　　　　　　　　(b)带内圈

图 1-27　无挡边滚针轴承

1.4.9　推力轴承

推力轴承是用来承受轴向力的专用轴承。推力轴承也称作止推轴承，推力轴承分为推力球轴承和推力滚子轴承。

推力球轴承：如图 1-28 所示，推力球轴承是一种分离型轴承，推力球轴承由座圈、轴圈和滚动体保持架组件组成。与轴配合的称轴圈，与外壳配合的称座圈。轴圈、座圈可以和保持架、钢球的组件分离。单向推力球轴承是只能承受一个方向的轴向载荷，双向推力球轴承可以承受两个方向的轴向载荷；双向轴承可以限制两个方向的轴向位移。推力球轴承不能限制轴的径向位移，单向推力球轴承可以限制轴和壳体的一个方向的轴向位移，推力球轴承只能承受轴向力，不能承受径向载荷。中、小型推力球轴承采用钢板冲压保持架，较大型轴承采用钢或黄铜实体保持架。

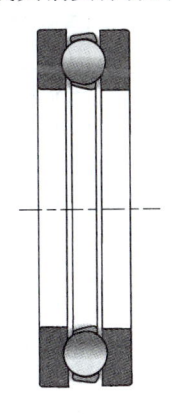

（a）单向作用　　　　（b）单向作用，球面形座圈和垫圈　　　　（c）双向作用

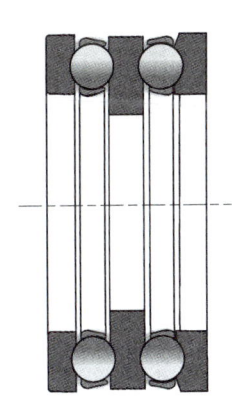

图 1-28　推力球轴承

除带平座圈的结构系列外，有球面连接面的推力球轴承用于补偿静态角度误差。这种结构形式一般与垫圈一起使用，并允许轴相对轴承座存在静态同心误差，但不适用于轴的摇摆运动，因为在球面连接面上的磨损过大。此类轴承主要应用于汽车转向机构、机床主轴。

推力球轴承主要用于起重机吊钩、立式水泵、立式离心机、千斤顶、低速减速器等。轴承的轴圈、座圈和滚动体是分离的，可以分别装拆。

双向推力角接触球轴承：如图 1-29 所示，双向推力角接触球轴承是一种可分离的精密轴承且公差等级为 SP，包括实体轴圈、一个隔圈、一个座圈和两个球与实体黄铜保持架组件，接触角多为 60°，所以轴向承载能力高。这种高刚度推力角接触球轴承可以承受很高的双向轴向力。

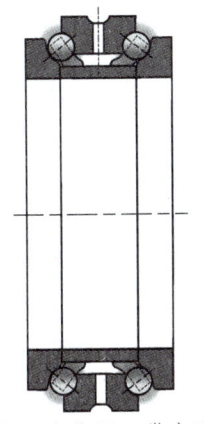

（a）双向作用，带定距环　　　　（b）双向作用

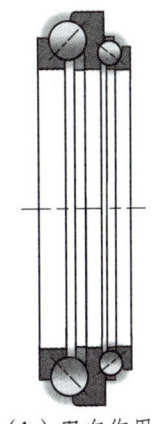

图 1-29　推力角接触球轴承

这种双向高精度轴承特别适合应用在机床主轴的轴承布置中。在这种情况下，推力角接触球轴承与一个只承受径向力的圆锥孔双列圆柱滚子轴承组合使用。

推力滚子/滚针轴承：这种结构的推力轴承是单向或双向作用的滚子或滚针推力轴承。

推力滚子/滚针轴承由其中间装有推力滚针组件或推力圆柱滚子组件与无挡边平面轴圈和推力座圈构成，见图1-30。其轴向结构高度相当于滚动体直径加上推力座的厚度。轴向承载能力大，刚度大，能承受一个方向的轴向力。

（a）推力滚针轴承　　（b）带定心套环的推力滚针轴承　　（c）单列推力圆柱滚子轴承　　（d）双列推力圆柱滚子轴承

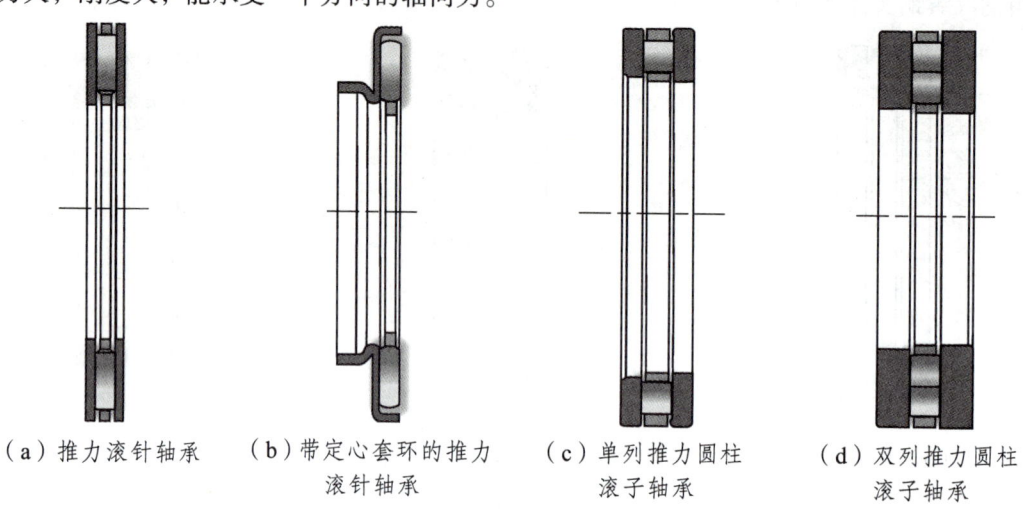

图1-30　推力滚针轴承、推力圆柱滚子轴承

标准设计的推力圆柱滚子轴承的窗孔实体保持架由玻璃纤维增强聚酰胺或黄铜制造。滚子由保持架引导。根据用户要求，也可采用其他形式或材料的保持架。

推力圆柱滚子轴承属分离型轴承，只能承受一个方向的轴向力和轻微冲击，能够限制轴（或外壳）一个方向的轴向位移，因此可用作单向轴向定位。径向力必须由其他部件承受。推力保持架组件与轴圈或座圈一起使用或直接将其集成在相邻结构上。如果不与推力轴承垫圈一起使用，则它们的滚道需要按照滚动轴承的滚道加工。

推力圆柱滚子轴承适用于转速低的场合，因为滚子滚动时，滚子两端线速度不同，使滚子在套圈滚道上不可避免地产生滑动，因此，此类轴承的极限转速较推力球轴承低，通常仅适用于低速运转场合。

推力圆柱滚子轴承主要应用于石油钻机、冶金机械、重型机床、大功率船用齿轮箱、石油钻机、立式电机等机械中。

推力圆锥滚子轴承：如图1-31所示，常见的推力圆锥滚子轴承轴圈的滚道是圆锥形，座圈的滚道是平的，也有具有两个圆锥形滚道的单向作用轴承。

标准设计的推力圆锥滚子轴承采用车制金属实体保持架，根据用户要求，也可采用其他形式或材料的保持架。

为了不出现如推力圆锥滚子轴承中的滑动运动，对滚子锥角作如下选择：即使其外形轮廓线延长线相交于轴承轴线上，滚子由轴圈挡边引导，大多用黄铜实体保持架。相同尺寸条件下，推力圆锥滚子轴承的许用转速稍高于推力圆柱滚子轴承。

推力圆锥滚子轴承主要用于起重机吊钩、石油钻机转环和轧机辊颈。

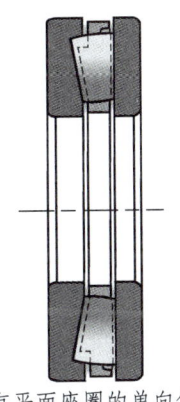

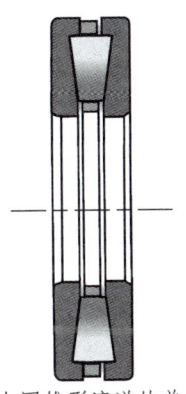

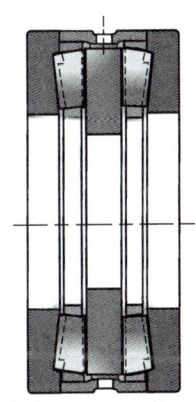

（a）具有平面座圈的单向作用轴承　　（b）具有两个圆锥形滚道的单向作用轴承　　（c）双向作用轴承

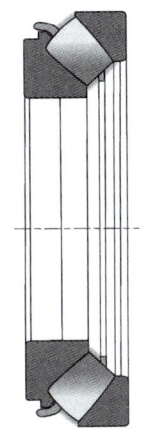

图 1-31　推力圆锥滚子轴承

推力调心滚子轴承：由座圈、轴圈与非对称球面滚子构成，见图 1-32。

图 1-32　推力调心滚子轴承

推力调心滚子轴承与调心滚子轴承同样，座圈滚道面是以轴承中心轴线上的某一点为中心的球面，该类轴承滚子为球面型，因此，具有自动调心功能，对同轴度和轴的挠曲不甚敏感。因为与轴承轴线相倾斜的载荷从一个滚道传递到另一个滚道上，所以轴承在承受轴向载荷下不宜承受太大的径向载荷（$F_{rmax}= 0.55F_a$）。

推力调心滚子轴承能够在极重的载荷场合使用，允许的转速较高，使用时一般采用油润滑。在一般使用场合下，允许最大倾角为 2.5°。

推力调心滚子轴承主要用于起重机支柱支撑、船舶推力轴承、大型器械中的回转柱支撑、发电厂空气预热器垂直轴支承、重型蜗轮蜗杆传动装置支承等。

1.5　保持架

保持架是滚动轴承中一个非常关键的部件。

1.5.1　保持架的作用

- 滚动轴承保持架的主要作用是使滚动体保持分离和均匀分布，避免相邻的滚动体直接接触及滚动体相互间的滑动摩擦，以降低轴承的摩擦和发热；
- 保持架引导滚动体在非承载区仍与轴承轴线平行运动；
- 对于可分离的轴承和可摆动的轴承，如圆锥滚子轴承和调心滚子轴承，保持架可以防止滚动体从轴承中掉出来；
- 滚动体和保持架组件可作为一个整体进行安装和拆卸；
- 机加工铜保持架和塑钢保持架具有存储润滑剂的功能，确保轴承良好的润滑。

1.5.2 保持架的结构类型

保持架按照其采用的材料和加工方法分为金属薄板冲压保持架和实体保持架。

金属薄板冲压保持架：如图 1-33 所示，这些保持架主要由钢板冲压成型，因此也叫冲压保持架。与金属实体保持架相比，其质量较轻，离心力较小。

因为金属薄板保持架在内外圈之间占有很小的空间，润滑剂易于进入轴承内部并保留在保持架内。通常，如果冲压钢板保持架不是轴承的标准保持架形式，轴承型号中会包含冲压钢板保持架代号。

（a）浪型保持架　（b）铆钉铆接保持架　（c）窗孔保持架　（d）圆锥滚子用窗孔保持架　（e）推力调心滚子用窗孔保持架

图 1-33　钢板冲压保持架

实体保持架：根据材料不同，实体保持架又分为金属实体保持架和非金属实体保持架。金属实体保持架是采用机加工成型的，金属实体保持架具有更高的强度和刚度，若轴承用于高速、振动与冲击载荷较大和高温的场合，应采用金属实体保持架。

作为保持架材料，除金属（如钢、铝和黄铜）外，还用夹布胶木和玻璃纤维增强聚酰胺。胶木保持架尤其用于转速高和工作温度高的轴承中。

玻璃纤维增强聚酰胺保持架又称为塑钢保持架，采用注塑法制造，可以实现不同的结构。塑钢保持架具有良好的弹性，其质量轻，并且具有很好的滑动性能和防摩擦性能。因而能降低轴承中的离心力，适应于高速、冲击载荷大、运行过程中具有大的加速度或减速度的场合。塑钢保持架还具有良好的滑动特性和应急工作特性。玻璃纤维加强型塑钢保持架持续工作温度不超过 +120 ℃。

轴承采用油润滑时，润滑油中的添加剂对保持架的使用寿命会有影响。老化的润滑油在高温时会降低保持架的使用寿命，因此注意必须遵守润滑油的更换周期。

图 1-34～图 1-40 列出了常见的金属和非金属实体保持架的结构。

（a）铆接实体保持架　（b）窗孔保持架　　（c）铆接保持架　（d）碾压黄铜保持架（e）机加工黄铜保持架

图 1-34　机加工黄铜实体保持架

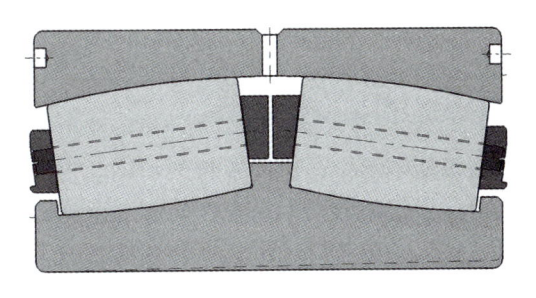

图 1-35　机加工钢保持架　　　　　　　图 1-36　机加工穿销保持架

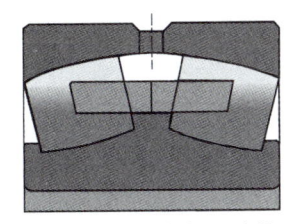

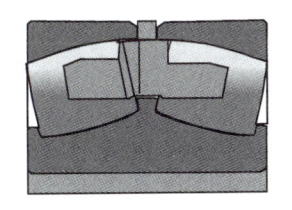

（a）指状开式内圈引导　　（b）指状开式外圈引导　　（c）钢板冲压内圈引导

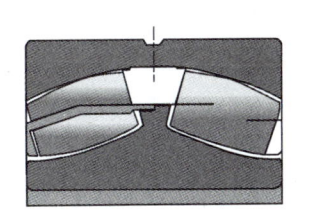

图 1-37　调心滚子轴承用保持架

图 1-38　圆锥滚子轴承用机加工保持架　　图 1-39　推力调心轴承用机加工黄铜保持架

（a）单列角接触球轴承用窗孔保持　（b）圆柱滚子轴承用窗孔保持架　（c）圆锥滚子轴承用窗孔保持架

图 1-40　玻璃纤维增强聚酰胺保持架

1.5.3　保持架引导方式

在滚动轴承中，保持架与滚动体、内外套圈之间都存在间隙，受的约束较小。滚动轴承转动时，保持架沿三个垂直方向和三个旋转方向都存在运动的可能性，当轴承运行速度较低时，这些运动趋势对轴承的运转性能影响不大；但是当轴承的运行速度较高时，这些运动趋势对轴承的运行性能会产生较大的影响，速度越高影响越严重，比如摩擦力、离心力、惯性力、碰撞力的叠加作用会导致轴承的振动、噪声、摩擦、磨损、发热，甚至是保持架的断裂等。

为了保证保持架在高速运行时的稳定性，需要对保持架采取引导措施，如图 1-41 所示，通常有外圈、内圈或滚动体引导三种方式。内、外圈引导在轴承后缀以 A 或 B 表示，滚动体引导时没有后缀。

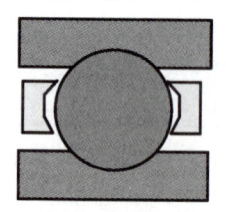

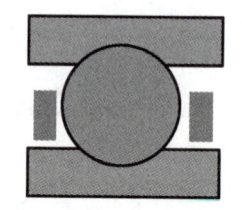

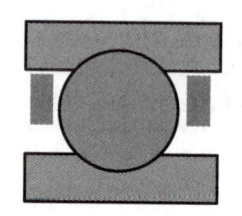

（a）滚动体引导　　　　　　　（b）内圈引导　　　　　　　（c）外圈引导

图 1-41　保持架的引导方式

滚动体引导：轴承最常见的引导结构是滚动体引导。滚动体引导的轴承保持架位于滚动体中间部位。轴承运行过程中保持架和轴承内、外圈都不接触和碰撞，保持架和滚子的碰撞修正滚动体运动，同时将滚动体分隔在一定的等间距位置。

滚动体引导时，滚动体与保持架引导接触面较小，保持架承受冲击的能力较小，因此，保持架容易受冲击和振动载荷影响。由于上述原因，滚动体引导适中于中速、中等载荷、中低振动以及中低加速环境。

滚动体引导的保持架主要是由金属薄板冲压成型的，或者是塑钢（工程塑料）制作的实体保持架。

外圈引导：外圈引导的轴承保持架位于滚动体靠近外圈一侧，在轴承运行的时候，轴承保持架有可能和轴承外圈发生碰撞，从而修正保持架位置。

外圈引导并不是说保持架与滚动体的兜孔之间没有间隙，是兜孔间隙大于保持架与外圈之间的间隙。

相对滚动体引导，外圈引导具有更高的引导精度，可以抑制保持架的振动，引导接触面较大，同等载荷下，接触应力更小。外圈引导更适应于高速、振动及加速度较大的情况。

外圈引导时，润滑脂比较难进入引导面，推荐油润滑。套圈挡肩内孔面需要磨削加工。

内圈引导：内圈引导的轴承保持架位于滚动体靠近内圈的位置，在轴承运转的时候，保持架有可能和轴承内圈发生碰撞，从而修正保持架位置。

内圈引导的特点和外圈引导基本相同，但是大多数情况下轴承是内圈旋转。高速时，高速旋转的内圈挡边与保持架接触时会产生摩擦和噪声，因此，高速时不建议采用内圈引导。内圈引导的保持架主要是金属实体保持架和塑钢制作的保持架。

由于外圈引导适合于高速，滚动体引导适合大多数普通工况，所以，内圈引导相对使用较少。三种保持架引导方式在不同类型的轴承都可能出现，其中有性能原因，也有轴承本身的设计、制造以及经济性原因。设计师可以根据实际工况进行选择。

但是无论如何，设计师设计选型时必须要注意保持架的引导方式。比如：高速齿轮箱中，轴承转速高，通常采用润滑油润滑，可以尽量选择外圈引导的轴承。在常规电机中，轴承转速中等，电机通常选用润滑脂润滑，建议尽量选择滚动体引导。高速电机需要采用外圈引导，但是添加润滑脂和补充润滑脂时要确保润滑脂进入滚动体与滚道的接触面，以保证轴承的良好润滑。振动电机用于振动设备，振动大，可以选择保持架外圈引导的轴承，但是需要优化轴承的润滑补充时间。

第 2 章 滚动轴承的基本原理与计算

2.1 简单运动分析

滚动轴承的运动学主要是研究滚动体的运动规律和分析方法。从外部看，滚动轴承的运动是很简单的，一般情况下内外圈是定轴转动。但从内部看，滚动体的运动却十分复杂，滚动体绕轴承轴线进行公转的同时，还要绕自身轴线进行自转。接触角大于零的轴承中，存在滚动体相对滚道绕接触点法线方向的自旋转动。高速角接触球轴承中由于陀螺力矩作用，钢球还可能发生陀螺枢轴进动。自旋和陀螺旋转都是有害的滑动。高速轻载轴承中还容易发生打滑现象。只有清楚了解滚动体的运动规律，才可以从设计和使用方面加以改进，尽量控制轴承中的滑动摩擦。此外，要对轴承进行受力分析、寿命计算和打滑计算，也需要知道滚动体的运动。

对中低速轴承进行运动分析时，因为自旋摩擦影响小，一般也不会发生陀螺旋转和打滑，所以，可以忽略这些因素的影响，只考虑滚动体纯滚动时的公转和自转，从而简化运动分析。高速轴承分析时，特别是高速角接触球轴承，其运动学比较复杂，精确计算需要同时考虑轴承的受力、变形、润滑等因素的影响，需通过建立非线性方程组，并采用计算机进行求解。

下面将以普通转速的滚动轴承为例介绍运动分析，为了简化计算，假定滚动体在接触处为纯滚动状态不发生滑动，同时，忽略其惯性力的影响。

2.1.1 保持架与滚动体的运动分析

为了便于理解，除了第 1 章已经出现的符号外，本章有关符号约定如下：

n——转速，没下标时只表示外圈静止内圈旋转的角速度，如果和不同的下标组合使用，则表示不同部件的角速度，r/min。

v——线速度，本章内要和不同的下标组合使用，表示不同部件不同位置的圆周速度，mm/s。

ω——角速度，没下标时只表示滚动体自转角速度，如果和不同的下标组合使用，则表示不同部件或者不同面内的角速度，rad/s。

R、r——回转半径，mm。

下标：

i——内圈。

e——外圈。

c——保持架。

w——滚动体，与 v、n 组合使用，v_w 表示滚动体在接触点相对于其中心的圆周速度，n_w 表示滚动体绕其中心的自转转速。

R——滚动体绕接触点切线方向的转动。

S——滚动体绕接触点法线方向的转动。

其他新出现的符号和下标,以及符号与下标的组合使用会在图表或者公式说明中解释。

首先讨论,滚动轴承的两个套圈以相同的转动方向运转,内圈转速为 n_i,外圈转速为 n_e。设逆时针方向转动为正向(+)。

以角接触球轴承和圆锥滚子轴承为研究对象,假定工作接触角为 α,且滚动体和滚道之间无滑动是纯滚动。圆锥滚子轴承的内圈滚道与外圈滚道具有不同的角度 α_i、α_e,见图 2-1。因为滚子角度 γ 一般很小,所以,在进一步论述中即采用工作接触角为 $\alpha[\alpha=(\alpha_i+\alpha_e)/2]$。

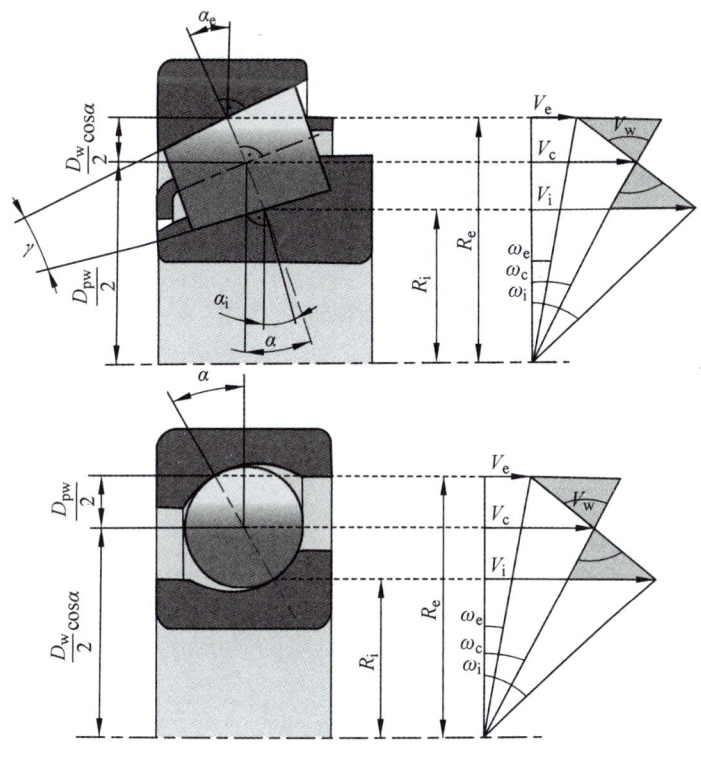

图 2-1 滚动轴承保持架和滚动体运动分析

如果物体以速度 $n[\min^{-1}]$ 围绕轴线旋转,则由式 2-1 求得角速度 ω [rad/s]。

$$\omega=\frac{2\cdot\pi}{60}\cdot n \tag{2-1}$$

若与旋转轴线的距离为 R [mm],则按式(2-2)求得圆周速度 v [m/s]。

$$v=\frac{2\cdot\pi}{60\times1\,000}\cdot R\cdot n \tag{2-2}$$

由式(2-1)和式(2-2)以及图 2-1 可以得出与旋转轴线的距离 R_i 和 R_e:

与旋转轴线的内距离:$R_i=0.5\cdot D_{pw}-0.5\cdot D_w\cdot\cos\alpha$ (2-3)

与旋转轴线的外距离:$R_e=0.5\cdot D_{pw}+0.5\cdot D_w\cdot\cos\alpha$ (2-4)

若将 R_i 和 n_i 代入式(2-2),可以得出内圈与滚动体接触点的圆周速度 v_i。

$$v_i=\frac{\pi\cdot n_i}{60\times1\,000}(D_{pw}-D_w\cdot\cos\alpha) \tag{2-5}$$

相应地，可以得出外圈与滚动体接触点的圆周速度 v_e。

$$v_e = \frac{\pi \cdot n_e}{60 \times 1000}(D_{pw} + D_w \cdot \cos\alpha) \tag{2-6}$$

1. 保持架的圆周速度和转速

保持架的圆周速度 v_c 指的是离轴承轴线 $D_{pw}/2$ 距离处保持架的圆周速度，所以，v_c 也就相当于滚动体中心的速度。

在承受径向和轴向联合载荷的深沟球轴承中，各个球的接触角大小是不同的。因此，这些球在运转过程中相对保持架或超前，或滞后，但这些速度变化对保持架圆周速度的影响一般可以忽略不计。

当接触角 α 不变时，根据图 2-1，保持架速度 v_c 可作为圆周速度 v_i 和 v_e 的算术平均值得出。

$$v_c = \frac{v_i + v_e}{2} \tag{2-7}$$

代入式（2-5）和式（2-6），对保持架圆周速度 v_c 可得

$$v_c = \frac{\pi \cdot D_{pw}}{60 \times 1000}\left[\frac{n_i}{2}\cdot\left(1 - \frac{D_w \cdot \cos\alpha}{D_{pw}}\right) + \frac{n_e}{2}\cdot\left(1 + \frac{D_w \cdot \cos\alpha}{D_{pw}}\right)\right] \tag{2-8}$$

因为 $v_c = \pi \cdot D_{pw} \cdot n_c / 60000$，可以得保持架转速 n_c。

$$n_c = \frac{n_i}{2}\cdot\left(1 - \frac{D_w \cdot \cos\alpha}{D_{pw}}\right) + \frac{n_e}{2}\cdot\left(1 + \frac{D_w \cdot \cos\alpha}{D_{pw}}\right) \tag{2-9}$$

若只有一个套圈（内圈或外圈）转动，则式（2-8）和式（2-9）可简化为式（2-10）和式（2-11）。

$$v_c = \frac{\pi \cdot D_{pw}}{60 \times 1000}\cdot\frac{n}{2}\cdot\left(1 \mp \frac{D_w \cdot \cos\alpha}{D_{pw}}\right) \tag{2-10}$$

$$n_c = \frac{n}{2}\cdot\left(1 \mp \frac{D_w \cdot \cos\alpha}{D_{pw}}\right) \tag{2-11}$$

式中，"−"号适用于内圈旋转的情况，"+"号适用于外圈旋转的情况。

2. 滚动体的圆周速度和转速

这里所讨论的也是内、外圈转动方向相同的一般情况。就角接触球轴承来说，其前提条件是，球的转动轴线与滚道切线平行，则按照式（2-12），并根据图 2-1 中的矢量图，由滚动体与外圈接触点的外圈圆周速度 v_a 与该点保持架的圆周速度的差值，即得滚动体圆周速度 v_w。

$$v_w = v_e - \omega_c \cdot \frac{R_e}{1000} \tag{2-12}$$

由于 $\omega_c = \frac{2 \cdot \pi}{60}\cdot n_c$，分别代入 n_c、R_e 和 v_e，则由式（2-12）得滚动体相对其中心的圆周速度 v_w。

$$v_{\mathrm{w}} = \frac{\pi \cdot D_{\mathrm{w}}}{60 \cdot 1000} \cdot \frac{n_{\mathrm{e}} - n_{\mathrm{i}}}{2} \left(\frac{D_{\mathrm{pw}}}{D_{\mathrm{w}}} - \frac{D_{\mathrm{w}} \cos^2 \alpha}{D_{\mathrm{pw}}} \right) \tag{2-13}$$

利用 $v_{\mathrm{w}} = \pi \cdot D_{\mathrm{w}} \cdot n_{\mathrm{w}} / 60\,000$，由式（2-13）得滚动体自转转速 n_{w}。

$$n_{\mathrm{w}} = \frac{n_{\mathrm{e}} - n_{\mathrm{i}}}{2} \left(\frac{D_{\mathrm{pw}}}{D_{\mathrm{w}}} - \frac{D_{\mathrm{w}} \cos^2 \alpha}{D_{\mathrm{pw}}} \right) \tag{2-14}$$

若只存在一个套圈转动，则式（2-14）可简化为

$$n_{\mathrm{w}} = \mp \frac{n}{2} \cdot \left(\frac{D_{\mathrm{pw}}}{D_{\mathrm{w}}} - \frac{D_{\mathrm{w}} \cos^2 \alpha}{D_{\mathrm{pw}}} \right) \tag{2-15}$$

"-"号适用于内圈旋转的情况，"+"适用于外圈旋转的情况。按照前述所作的定义，正 n_{w} 值表示滚动体逆时针方向转动。

2.1.2 滚动接触次数与应力循环次数

1. 滚动接触次数

滚动接触次数是指单位时间内滚动轴承每转一圈，内、外圈滚道上的某一点经历与滚动体接触的次数。为了计算轴承的理论使用寿命，需要知道轴承的一个套圈旋转一圈时，有多少个滚动体经过套圈滚道的某一点。

滚动接触次数可由滚动体个数 Z、保持架与有关套圈的相对运动求出。显然，当一个套圈相对于保持架和滚动体组件转过一圈时，将有 Z 个滚动体通过套圈上的某一点。如果两个套圈同时旋转，单位时间内内圈上某一点与滚动体接触次数为 $(n_{\mathrm{i}} - n_{\mathrm{c}}) \cdot Z$。同理可以得到单位时间内外圈上某一点与滚动体接触次数为 $(n_{\mathrm{e}} - n_{\mathrm{c}}) \cdot Z$。

假定内圈旋转，外圈静止，轴的转速为 n，即 $n_{\mathrm{i}} = n$，$n_{\mathrm{e}} = 0$；当保持架相对内圈或外圈旋转一周时，有 Z 个滚动体通过内圈或外圈的某一点。因此，当内圈旋转一周时，通过内圈和外圈某点的滚动体个数为：

$$u_{\mathrm{i}} = \frac{Z}{2} \cdot \left(1 + \frac{D_{\mathrm{w}} \cdot \cos \alpha}{D_{\mathrm{pw}}} \right) \tag{2-16}$$

式中　u_{i}——内圈滚道某点的滚动接触次数。

$$u_{\mathrm{e}} = \frac{Z}{2} \cdot \left(1 - \frac{D_{\mathrm{w}} \cdot \cos \alpha}{D_{\mathrm{pw}}} \right) \tag{2-17}$$

式中　u_{e}——外圈滚道某点的滚动接触次数。

2. 应力循环次数

应力循环次数是指在滚动轴承运转的一定转数内，滚道上某点承受应力的次数，因此应力循环次数与在接触区内承受载荷的滚动体个数有关。注意：不要把滚动接触次数与应力循环次数相混淆。

假定只有一个套圈旋转，轴承的承载区所对应的中心角为 2ψ，旋转一圈，内、外圈的应力循环次数如表 2-1 所示。

表 2-1　旋转一圈，内、外圈的应力循环次数

旋转套圈	内滚道的应力循环次数	外滚道的应力循环次数
内圈	$Z(1+\gamma)\dfrac{\psi}{360}$	$\dfrac{1}{2}Z(1-\gamma)$
外圈	$\dfrac{1}{2}Z(1+\gamma)$	$Z(1-\gamma)\dfrac{\psi}{360}$

表中：$\gamma=\dfrac{D_w\cos\alpha}{D_{pw}}$，$\psi$ 为载荷范围角的一半。

2.1.3　滚动轴承的打滑

1. 打滑的机理

大多数情况下滚动轴承是内圈旋转，通过内滚道对滚动体的摩擦拖动，使滚动体在内外滚道间滚动，在高速运行时，由于离心力作用，滚动体压向外滚道，滚动体与内滚道的接触力小于滚动体与外滚道的接触力，使内滚道对滚动体的拖动力不足，保持架和滚动体公转速度减小，内滚道相对滚动体发生滑动，这种现象称为公转打滑。发生打滑时轴承的摩擦磨损加剧，温升高，易烧伤滚道。公转打滑是高速轻载轴承存在的主要问题之一。

滚子的运动如图 2-2 所示，在以下三个区间循环进行：

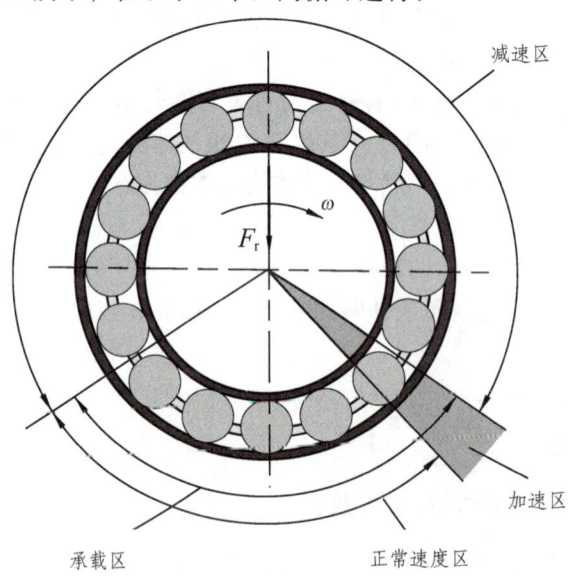

外圈固定，内圈旋转

图 2-2　滚子自转速度的变化

（1）减速区：当滚子离开承载区时，滚道对其控制力逐渐减小，滚子靠保持架驱动运动，速度逐渐减小，打滑现象逐渐明显。

（2）加速区：当减速区的滚子再次进入承载区时，受滚道控制力影响，使其突然获得加速，由于这一区间段速度差很大，因此打滑现象最严重。

（3）正常速度区：滚子通过加速区后，随着接触应力增大，运动状态趋于稳定，只存在轻微打滑现象。

轴向载荷、径向载荷或弯矩共同作用的球轴承，轴向载荷较小时存在承载区和非承载区，非承载区的球靠保持架推动，承载区内受载较小的球也可能发生打滑。只受轴向载荷作用的球轴承，各个球的受力和运动状态完全相同，轴向载荷较小时球的拖动力较小可能引起打滑。对于仅受轴向载荷的球轴承，球公转转速和保持架转速相同，保持架的滑动即代表了球的打滑，可用保持架的滑动率分析判断球是否打滑。

滚动体与滚道接触载荷不足可以导致打滑，另一方面，任何作用在滚动体和保持架上阻止其运动的外载荷都将加剧打滑。这些外载荷中最重要的就是轴承空腔内作用在滚动体和保持架上的润滑剂的黏性阻力。所以泡在油中的高速轴承更易发生打滑，若油膜厚度足够大，把两个表面分开，就不会发生擦伤。

打滑是一个表面相对另外一个表面发生明显的滑动。如果润滑油膜不能将两个表面分开，接触表面将产生非常大的剪切应力，使表面产生擦伤，如图2-3～图2-6所示。擦伤是一种严重的磨损现象，其特点是两个金属表面发生多个微凸体直接接触、焊合、撕裂、材料转移。擦伤的表面变得粗糙，摩擦力及摩擦热增大，温度升高；继而导致磨损、温度持续升高，甚至烧伤或黏着。

图2-3 打滑导致的磨损

图2-4 打滑导致的微点蚀

图2-5 打滑导致的撕裂

图2-6 打滑导致的烧伤

打滑易发生在高速轻载轴承中，低速轻载也有可能。当轴承型号、转速及外载荷一定时，打滑与轴承的自身承载能力没有太大关系，不同品牌轴承承载能力的差异不是导致打滑的主要因素。

当双列向心轴承承受较大的轴向载荷时，会出现一列滚动体承受载荷，另外一列卸载的情况。若两列滚动体的保持架是一体的，卸载一列的滚动体其公转速度与受载一列滚动体的公转速度相同，但是滚动体的自传角速度却不同，卸载一列的滚动体与滚道之间有较大的滑动，这种现象也是打滑。

2. 防止打滑的主要措施

（1）对轴承施加预载荷，增大滚动体与滚道之间的法向载荷以提高拖动力；

（2）采用空心滚动体，减小离心力；

（3）减少滚动体数目，增加接触载荷。

当由于设备结构原因，需选用较大内径的轴承时，为了减少轴承额定动载荷，可以采用如图 2-7 所示的球/滚子调心轴承，即便轴承外载荷较小，钢球仍然可以承受足够的载荷，钢球可以起到驱动作用，防止打滑；载荷增大时，滚子也承受载荷，确保轴承有足够的承载能力和使用寿命；同样可以采用如图 2-8 所示的间隔的空心大滚子轴承，当轴承外载荷较小时，只有较大外径的空心滚子承受足够的载荷，驱动滚动体和保持架组件转动，防止滚子与滚道之间的打滑，载荷增大时，空心滚子的刚度较小，产生一定的变形，实心滚子在承载区内也承受载荷。

图 2-7　球/滚子调心轴承（球直径大于滚子直径）

图 2-8　间隔的空心大滚子轴承

为了减小打滑的危害，在条件允许的情况下可以选用油性较好或黏度较大的润滑剂。油性好或黏度大都有利于形成润滑油膜，防止滑动过程中表面擦伤。但要注意：润滑油或润滑脂基础油黏度太大时，会导致温度升高。

对滚动体或滚道进行涂层处理，也可以减缓打滑引起的损伤。滚道及滚子表面的发黑处理可以增大摩擦力，同时也可以减轻打滑对接触表面的损伤。

2.2　接触角

2.2.1　接触角的定义

接触角是滚动轴承的一个重要参数，在分析轴承受力、变形、运动关系及确定轴承的承载能力时，都会用到接触角这个参数。接触角是指在轴承轴向平面内，滚动体与滚道接触面共法线与轴承径向平面的夹角。一般滚动体载荷作用在接触区的中心与接触面垂直，所以，接触角即指接触面中心与滚动体中心连线与轴承径向平面的夹角，见图 2-9。

图 2-9　载荷作用线线与接触角

滚动体与内外圈的接触角可以不等，如图 2-10 所示。接触角的大小对轴承的承载能力有影响，$\alpha = 0$，表明轴承只承受径向力，不承受轴向力；当 $0° < \alpha < 90°$，轴承可以同时承受径向和轴向载荷，α 越大，轴向承载能力越高；$\alpha = 90°$，轴承只承受轴向力。

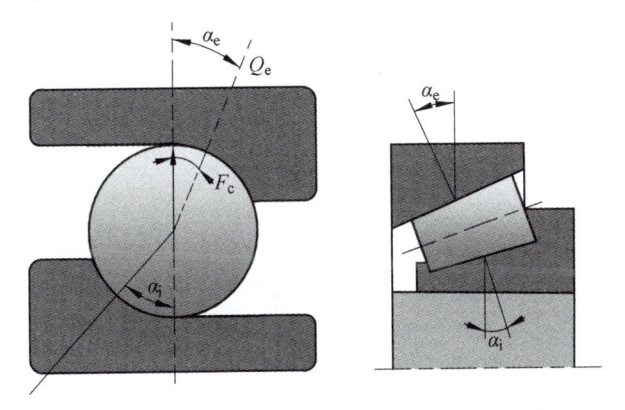

图 2-10 滚动体与内外圈的接触角可以不等

当内外圈接触角不等时，名义接触角或公称接触角指滚动体与外圈接触角 α。

因为接触角随载荷和轴承零件的弹性形变而发生变化，所以可分为原始接触角 α_0 和工作接触角 α。

原始接触角 α_0 指的是滚动体与滚道之间没有载荷作用时的接触角；工作接触角 α 指的是滚动体与滚道接触处承受一定的载荷并产生一定量的弹性变形时的接触角。

2.2.2 原始接触角的计算

深沟球轴承的原始接触角：深沟球轴承一般设计成在无载荷作用时具有一定的径向游隙，所以轴承也存在轴向游隙，轴向游隙消除后，滚动体与滚道之间形成一定的接触角，根据结构参数及轴承原始游隙，可求得原始接触角。

由图 2-11 可以得到径向游隙 S_r 与原始接触角 α_0 之间的关系。

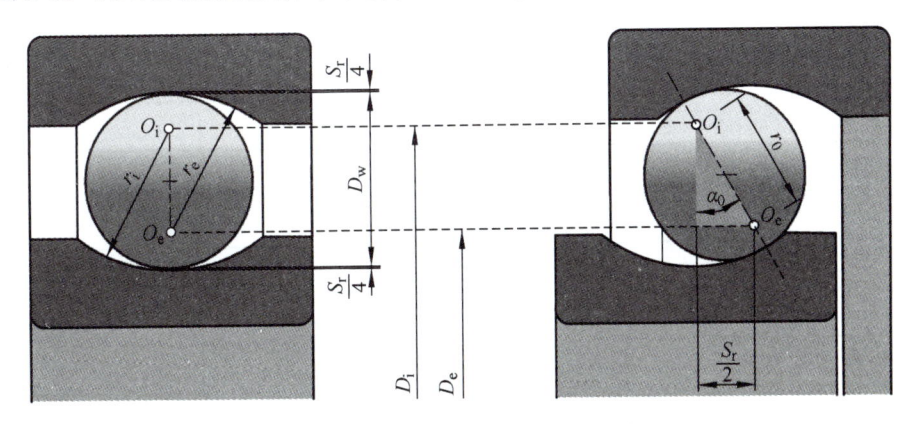

图 2-11 原始接触角 α_0 与径向游隙 S_r

根据几何关系可以得出深沟球轴承原始接触角。

$$\cos\alpha_0 = 1 - \frac{S_r}{2 \cdot r_0} \tag{2-18}$$

这样，对每套深沟球轴承均可用径向游隙 s_r 来确定原始接触角 α_0。

角接触球轴承的原始接触角：角接触球轴承是专门为承受轴向力而设计的，轴承组装后，滚动体与滚道之间就形成了接触角。根据图 2-12 所示的几何关系可以得出角接触球轴承的原始接触角。

$$\cos\alpha_0 = \frac{D_i - D_e}{2 \cdot r_0} \tag{2-19}$$

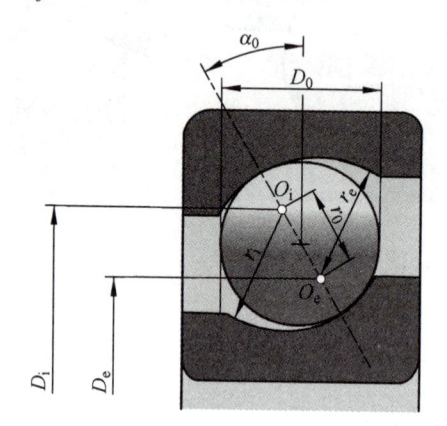

图 2-12 计算原始接触角 α_0 的有关参数

当滚动体组尺寸与公差完全相同时，轴承的原始接触角 α_0 越大，其轴向承载能力越强。表 2-2 给出了有关各类轴承的原始接触角。

表 2-2 各类轴承的原始接触角

轴承类型		原始接触角 $\alpha_0/(°)$	图例
深沟球轴承	径向移动	0	图 2-11
	轴向移动	5~15	图 2-11
角接触球轴承	单列	15~40	图 2-12
	双列	25~45	—
调心球轴承		5~20	—
圆柱滚子轴承		0	—
滚针轴承		0	—
圆锥滚子轴承		9~30	参考图 2-13
球面滚子轴承		0	—
调心滚子轴承		4~18	—
推力球轴承		90	—
推力角接触球轴承		60	—
推力调心滚子轴承		50	参考图 2-13
推力圆柱滚子轴承		90	—

圆锥滚子轴承和推力调心滚子轴承：圆锥滚子轴承和推力调心滚子轴承的内圈滚道与外圈滚道的倾斜度不同，见图 2-13。其原始接触角 α_0 指的是在无挡边套圈上测量的与滚子的原始接触角。

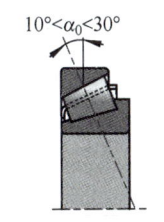

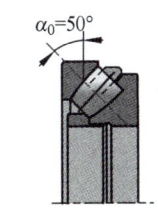

（a）圆锥滚子轴承　　　　　　　　　　（b）推力调心滚子轴承

图 2-13　圆锥滚子轴承和推力调心滚子轴承的原始接触角

2.2.3　工作接触角

一般情况下，处于工作状态的球轴承，由于原始游隙发生了变化，其接触角也发生变化。工作接触角 α 是指轴承在旋转状态下，滚动体与滚道之间有载荷作用，并在接触处产生一定弹性变形后的接触角。

圆柱滚子轴承和圆锥滚子轴承的接触角在载荷作用下不会发生变化，原始接触角 α_0 与工作接触角 α 相同，所以，这两种轴承也被称为接触角不变化轴承。调心滚子轴承和调心球轴承也可归属于此类型，因为它们的接触角仅会发生微小变化。

深沟球轴承和角接触球轴承的工作接触角 α 都会或大或小不同程度地偏离原始接触角 α_0。一般情况下随着轴向载荷的增大，工作接触角也增大。

接触角变化会影响到球轴承的各种性能，要精确分析计算轴承的性能，就必须要分析轴承实际工作接触角的变化，简单的办法就是计算出轴承工作时的游隙，然后利用上述有关公式求出工作接触角。

图 2-14 是具有普通组径向游隙的深沟球轴承 6210 的工作接触角 α 随轴向载荷增大而发生变化的情况。横坐标为轴向载荷 F_a 与轴承额定静载荷 C_0 的比值。影线区域内的曲线适用于未安装轴承径向游隙 s_r 的公差范围。

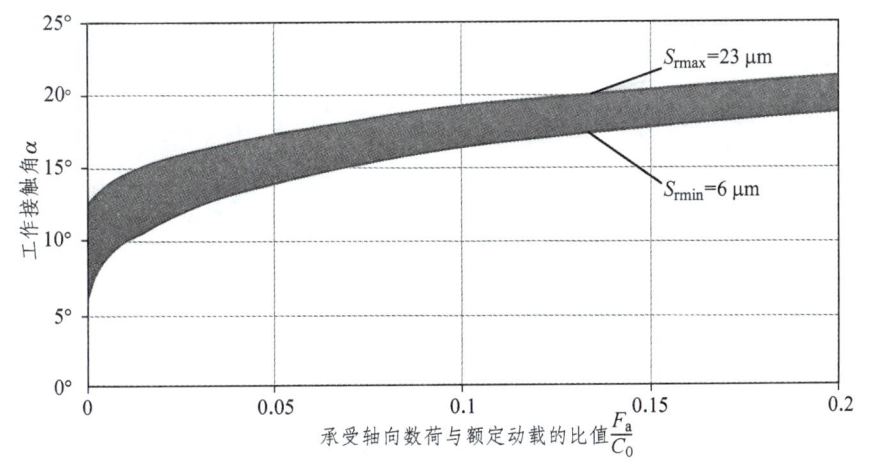

图 2-14　承受轴向载荷的深沟球轴承 6210 的工作接触角

图中，s_r 为径向游隙（普通组），s_{rmin} 为最小径向游隙，s_{rmax} 为最大径向游隙，α 为工作接触角，F_a 为轴向载荷，C_0 为额定静载荷。

纯轴向载荷或联合载荷下的工作接触角：在纯轴向载荷下，每个滚动体的工作接触角 α 都相同，压力线相交于轴承轴线上一点。在径向和轴向联合载荷下，深沟球轴承各个球的接触角 α_i 不同，见图 2-15。所以，压力作用线不再相交于轴承轴线上同一点。

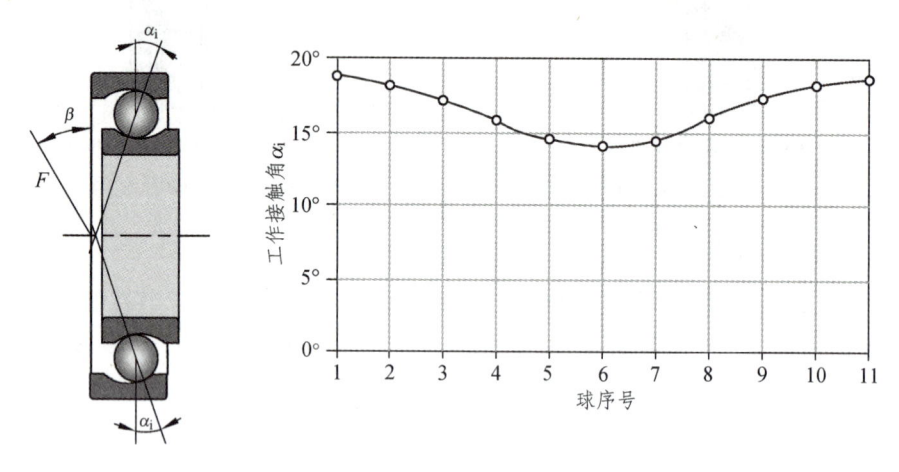

图 2-15 承受轴向与径向载荷的深沟球轴承的工作接触角

2.2.4 离心力对接触角的影响

当转速很高时，球的离心力也会改变接触角，此时，外圈处的接触角 α_e 会变小，而内圈处的接触角 α_i 会变大，见图 2-16。

图中，Q_e 为滚动体与外圈的作用力，Q_i 为滚动体与内圈的作用力，F_c 为离心力，α_e 为外圈处的接触角，α_i 为内圈处的接触角。

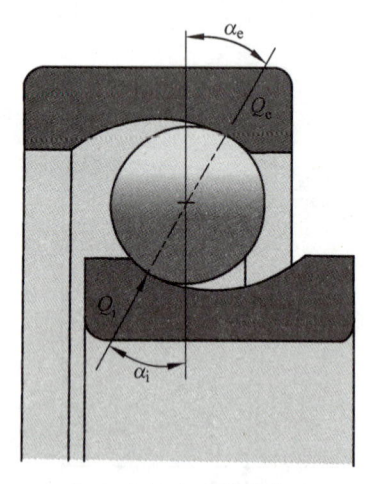

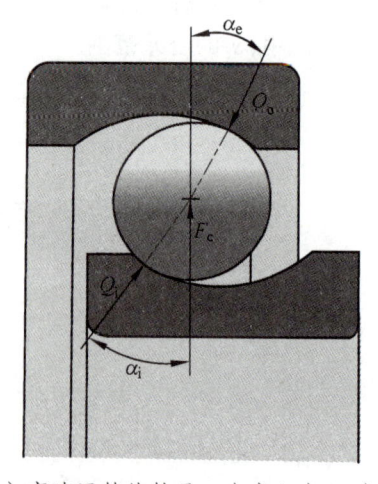

（a）中低速运转的轴承　　（b）高速运转的轴承，有离心力 F_c 存在

图 2-16 离心力对接触角的影响

2.3 滚动轴承的游隙

2.3.1 滚动轴承游隙的定义与分组

游隙是滚动轴承的一个重要参数,在实际使用中,游隙对轴承的接触角、载荷分布、振动与噪声、摩擦力矩和使用寿命等有直接影响。

如图 2-17 所示,轴承游隙是未安装轴承的套圈在无载荷作用下,沿径向方向(轴承径向游隙)或轴向方向(轴承轴向游隙)从一个极限位置到另一个极限位置所能移动距离的算术平均值。有些轴承的内、外圈是可以分离的,对于这些可以分离的轴承,无所谓游隙,如圆锥滚子轴承和推力球轴承。圆锥滚子轴承在组装后,通过调整内圈和外圈的相对位置就可以获得一定的轴向和径向游隙。

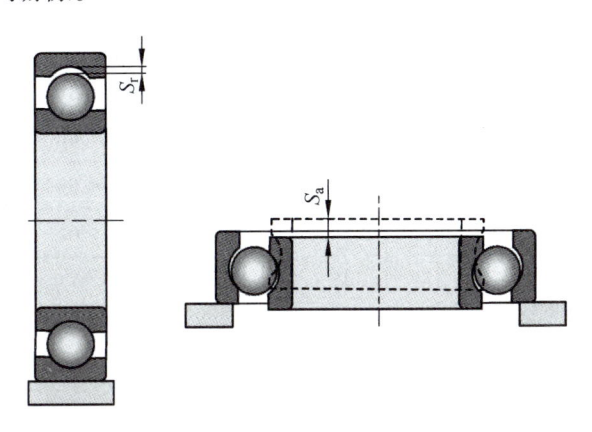

图 2-17 轴承的游隙

在 ISO 5753—1 和 GB4601.1—2012 中规定了轴承游隙组,并用字母 C 和一个数字组成的符号来表示,见表 2-3。

表 2-3 轴承径向游隙组

轴承游隙组	意义	标准	应用范围
C0	普通轴承游隙 C0 在轴承代号中不列出	ISO 5753—1 GB 4601.1—2012	标准游隙,用于普通的轴和轴承座公差及一般工作条件
C2	轴承游隙<CN		用于与摆动运动相关的较大交变载荷
C3	轴承游隙>CN		用于压配合的轴承套圈和内、外圈之间较大温度差
C4	轴承游隙>C3		
C5	轴承游隙>C4		

在轴承生产厂家的产品样本中列出了轴承结构类型的径向游隙组和轴向游隙组的值。对四点接触球轴承和双列角接触球轴承给出轴向游隙组的数值,因为这些轴承在多数安装情况下承担轴向引导作用,所以应按其轴向游隙进行选择。

表 2-4 ~ 表 2-13 列出了常用轴承的游隙。

表 2-4　深沟球轴承径向游隙　　　　　　　　　　　　　　　　　　单位：μm

| 内径 d/mm || 2 组 || 0 组 || 3 组 || 4 组 || 5 组 ||
超过	到	min	max	min	max	min	max	min	max	min	max
2.5	6	0	7	2	13	8	23	—	—	—	—
6	10	0	7	2	13	8	23	14	29	20	37
10	18	0	9	3	18	11	25	18	33	25	45
18	24	0	10	5	20	13	28	20	36	28	48
24	30	1	11	5	20	13	28	23	41	30	53
30	40	1	11	6	20	15	33	28	46	40	64
40	50	1	11	6	23	18	36	30	51	45	73
50	65	1	15	8	28	23	43	38	61	55	90
65	80	1	15	10	30	25	51	46	71	65	105
80	100	1	18	12	36	30	58	53	84	75	120
100	120	2	20	15	41.	36	66	61	97	90	140
120	140	2	23	18	48	41	81	71	114	105	160
140	160	2	23	18	53	46	91	81	130	120	180
160	180	2	25	20	61	53	102	91	147	135	200
180	200	2	30	25	71	63	117	107	163	150	230
200	225	2	35	25	85	75	140	125	195	175	265
225	250	2	40	30	95	85	160	145	225	205	300
250	280	2	45	35	105	90	170	155	245	225	340
280	315	2	55	40	115	100	190	175	270	245	370
315	355	3	60	45	125	110	210	195	300	275	410
355	400	3	70	55	145	130	240	225	340	315	460
400	450	3	80	60	170	150	270	250	380	350	510
450	500	3	90	70	190	170	300	280	420	390	570
500	560	10	100	80	210	190	330	310	470	440	630
560	630	10	110	90	230	210	360	340	520	490	690
630	710	20	130	110	260	240	400	380	570	540	760
710	800	20	140	120	290	270	450	430	630	600	840
800	900	20	160	140	320	300	500	480	700	670	940
900	1 000	20	170	150	350	330	550	530	770	740	1 040
1 000	1 120	20	180	160	380	360	600	580	850	820	1 150
1 120	1 250	20	190	170	410	390	650	630	920	890	1 260

表 2-5　圆柱孔圆柱滚子轴承径向游隙　　　　　　　　　　　　　　　　单位：μm

| 内径 d/mm || 2 组 || 0 组 || 3 组 || 4 组 || 5 组 ||
超过	到	min	max	min	max	min	max	min	max	min	max
	10	0	25	20	45	35	60	50	75	—	—
10	24	0	25	20	45	35	60	50	75	65	90
24	30	0	25	20	45	35	60	50	75	70	95
30	40	5	30	25	50	45	70	60	85	80	105
40	50	5	35	30	60	50	80	70	100	95	125
50	65	10	40	40	70	60	90	80	110	110	140
65	80	10	45	40	75	65	100	90	125	130	165
80	100	15	50	50	85	75	110	105	140	155	190
100	120	15	55	50	90	85	125	125	165	180	220
120	140	15	60	60	105	100	145	145	190	200	245
140	160	20	70	70	120	115	165	165	215	225	275
160	180	25	75	75	125	120	170	170	220	250	300
180	200	35	90	90	145	140	195	195	250	275	330
200	225	45	105	105	165	160	220	220	280	305	365
225	250	45	110	110	175	170	235	235	300	330	395
250	280	55	125	125	195	190	260	260	330	370	440
280	315	55	130	130	205	200	275	275	350	410	485
315	355	65	145	145	225	225	305	305	385	455	535
355	400	100	190	190	280	280	370	370	460	510	600
400	450	110	210	210	310	310	410	410	510	565	665
450	500	110	220	220	330	330	440	440	550	625	735

表 2-6　圆柱孔调心球轴承径向游隙　　　　　　　　　　　　　　　　单位：μm

| 内径 d/mm || 2 组 || 0 组 || 3 组 || 4 组 || 5 组 ||
超过	到	min	max	min	max	min	max	min	max	min	max
2.5	6	1	8	5	15	10	20	15	25	21	33
6	10	2	9	6	17	12	25	19	33	27	42
10	14	2	10	6	19	13	26	21	35	30	48
14	18	3	12	8	21	15	28	23	37	32	50
18	24	4	14	10	23	17	30	25	39	34	52
24	30	5	16	11	24	19	35	29	46	40	58
30	40	6	18	13	29	23	40	34	53	46	66
40	50	6	19	14	31	25	44	37	57	50	71
50	65	7	21	16	36	30	50	45	69	62	88
65	80	8	24	18	40	35	60	54	83	76	108
80	100	9	27	22	48	42	70	64	96	89	124
100	120	10	31	25	56	50	83	75	114	105	145
120	140	10	38	30	68	60	100	90	135	125	175
140	160	15	44	35	80	70	120	110	161	150	210

表 2-7　圆锥孔调心球轴承径向游隙　　　　　　　　　　　　　　　　　　　单位：μm

内径 d/mm		2 组		0 组		3 组		4 组		5 组	
超过	到	min	max	min	max	min	max	min	max	min	max
18	24	7	17	13	26	20	33	28	42	37	55
24	30	9	20	15	28	23	39	33	50	44	62
30	40	12	24	19	35	29	46	40	59	52	72
40	50	14	27	22	39	33	52	45	65	58	79
50	65	18	32	27	47	41	61	56	80	73	99
65	80	23	39	35	57	50	75	69	98	91	123
80	100	29	47	42	68	62	90	84	116	109	144
100	120	35	56	50	81	75	108	100	139	130	170
120	140	40	68	60	98	90	130	120	165	155	205
140	160	45	74	65	110	100	150	140	191	180	240

表 2-8　圆柱孔调心滚子轴承径向游隙　　　　　　　　　　　　　　　　　　单位：μm

内径 d/mm		2 组		0 组		3 组		4 组		5 组	
超过	到	min	max	min	max	min	max	min	max	min	max
14	18	10	20	20	35	35	45	45	60	60	75
18	24	10	20	20	35	35	45	45	60	60	75
24	30	15	25	25	40	40	55	55	75	75	95
30	40	15	30	30	45	45	60	60	80	80	100
40	50	20	35	35	55	55	75	75	100	100	125
50	65	20	40	40	65	65	90	90	120	120	150
65	80	30	50	50	80	80	110	110	145	145	180
80	100	35	60	60	100	100	135	135	180	180	225
100	120	40	75	75	120	120	160	160	210	210	260
120	140	50	95	95	145	145	190	190	240	240	300
140	160	60	110	110	170	170	220	220	280	280	350
160	180	65	120	120	180	180	240	240	310	310	390
180	200	70	130	130	200	200	260	260	340	340	430
200	225	80	140	140	220	220	290	290	380	380	470
225	250	90	150	150	240	240	320	320	420	420	520
250	280	100	170	170	260	260	350	350	460	460	570
280	315	110	190	190	280	280	370	370	500	500	630
315	355	120	200	200	310	310	410	410	550	550	690
355	400	130	220	220	340	340	450	450	600	600	750
400	450	140	240	240	370	370	500	500	660	660	820
450	500	140	260	260	410	410	550	550	720	720	900
500	560	150	280	280	440	440	600	600	780	780	1 000

续表

内径 d/mm		2组		0组		3组		4组		5组	
超过	到	min	max	min	max	min	max	min	max	min	max
560	630	170	310	310	480	480	650	650	850	850	1 100
630	710	190	350	350	530	530	700	700	920	920	1 190
710	800	210	390	390	580	580	770	770	1 010	1 010	1 300
800	900	230	430	430	650	650	860	860	1 120	1 120	1 440
900	1 000	260	480	480	710	710	930	930	1 220	1 220	1 570

表2-9 圆锥孔调心滚子轴承径向游隙　　　　　　　　　　　　　　　　　　　　单位：μm

内径 d/mm		2组		0组		3组		4组		5组	
超过	到	min	max	min	max	min	max	min	max	min	max
18	24	15	25	25	35	35	45	45	60	60	75
24	30	20	30	30	40	40	55	55	75	75	95
30	40	25	35	35	50	50	65	65	85	85	105
40	50	30	45	45	60	60	80	80	100	100	130
50	65	40	55	55	75	75	95	95	120	120	160
65	80	50	70	70	95	95	120	120	150	150	200
80	100	55	80	80	110	110	140	140	180	180	230
100	120	65	100	100	135	135	170	170	220	220	280
120	140	80	120	120	160	160	200	200	260	260	330
140	160	90	130	130	180	180	230	230	300	300	380
160	180	100	140	140	200	200	260	260	340	340	430
180	200	110	160	160	220	220	290	290	370	370	470
200	225	120	180	180	250	250	320	320	410	410	520
225	250	140	200	200	270	270	350	350	450	450	570
250	280	150	220	220	300	300	390	390	490	490	620
280	315	170	240	240	330	330	430	430	540	540	680
315	355	190	270	270	360	360	470	470	590	590	740
355	400	210	300	300	400	400	520	520	650	650	820
400	450	230	330	330	440	440	570	570	720	720	910
450	500	260	370	370	490	490	630	630	790	790	1 000
500	560	290	410	410	540	540	680	680	870	870	1 100
560	630	320	460	460	600	600	760	760	980	980	1 230
630	710	350	510	510	670	670	850	850	1 090	1 090	1 360
710	800	390	570	570	750	750	960	960	1 220	1 220	1 500
800	900	440	640	640	840	840	1 070	1 070	1 370	1 370	1 690
900	1 000	490	710	710	930	930	1 190	1 190	1 520	1 520	1 860

表 2-10　圆柱孔双列圆柱滚子轴承径向游隙　　　　　　　　　　单位：μm

内径 d/mm		1组		2组		3组	
超过	到	min	max	min	max	min	max
	24	5	15	10	20	20	30
24	30	5	15	10	25	25	35
30	40	5	15	12	25	25	40
40	50	5	18	15	30	30	45
50	65	5	20	15	35	35	50
65	80	10	25	20	40	40	60
80	100	10	30	25	45	45	70
100	120	10	30	25	50	50	80
120	140	10	35	30	60	60	90
140	160	10	35	35	65	65	100
160	180	10	40	35	75	75	110
180	200	15	45	40	80	80	120
200	225	15	50	45	90	90	135
225	250	15	50	50	100	100	150
250	280	20	55	55	110	110	165
280	315	20	60	60	120	120	180
315	355	20	65	65	135	135	200
355	400	25	75	75	150	150	225
400	450	25	85	85	170	170	255
450	500	25	95	95	190	190	285

表 2-11　圆锥孔双列圆柱滚子轴承径向游隙　　　　　　　　　　单位：μm

内径 d/mm		1组		2组	
超过	到	min	max	min	max
	24	10	20	20	30
24	30	15	25	25	35
30	40	15	25	25	40
40	50	17	30	30	45
50	65	20	35	35	50
65	80	25	40	40	60
80	100	35	55	45	70
100	120	40	60	50	80
120	140	45	70	60	90
140	160	50	75	65	100
160	180	55	85	75	110

续表

内径 d/mm		1 组		2 组	
超过	到	min	max	min	max
180	200	60	90	80	120
200	225	60	95	90	135
225	250	65	100	100	150
250	280	75	110	110	165
280	315	80	120	120	180
315	355	90	135	135	200
355	400	100	150	150	225
400	450	110	170	170	255
450	500	120	190	190	285

表 2-12 四列圆柱滚子轴承径向游隙（圆柱孔） 单位：μm

内径 d/mm		2 组		0 组		3 组		4 组		5 组	
超过	到	min	max	min	max	min	max	min	max	min	max
80	100	15	50	50	85	75	110	105	140	155	190
100	120	15	55	50	90	85	125	125	165	180	220
120	140	15	60	60	105	100	145	145	190	200	245
140	160	20	70	70	120	115	165	165	215	225	275
160	180	25	75	75	125	120	170	170	220	250	300
180	200	35	90	90	145	140	195	195	250	275	330
200	225	45	105	105	165	160	220	220	280	305	365
225	250	45	110	110	175	170	235	235	300	330	395
250	280	55	125	125	195	190	260	260	330	370	440
280	315	55	130	130	205	200	275	275	350	410	485
315	355	65	145	145	225	225	305	305	385	455	535
355	400	100	190	190	280	280	370	370	460	510	600
400	450	110	210	210	310	310	410	410	510	565	665
450	500	110	220	220	330	330	440	440	550	625	735
500	560	120	240	240	360	360	480	480	600	—	—
560	630	140	260	260	380	380	500	500	620	—	—
630	710	145	285	285	425	425	565	565	705	—	—
710	800	150	310	310	470	470	630	630	790	—	—
800	900	180	350	350	520	520	690	690	860	—	—
900	1 000	200	390	390	580	580	770	770	960	—	—
1 000	1 120	220	430	430	640	640	850	850	1 060	—	—
1 120	1 250	230	470	470	710	710	950	950	1 190	—	—
1 250	1 400	270	530	530	790	790	1050	1050	1 310	—	—

表 2-13　双列和四列圆锥滚子轴承径向游隙　　　　　　　　　　　　单位：μm

内径 d/mm		1组		2组		0组		3组		4组		5组	
超过	到	min	max	min	max	min	max	min	max	min	max	min	max
—	30	0	10	10	20	20	30	40	50	50	60	70	80
30	40	0	12	12	25	25	40	45	60	60	75	80	95
40	50	0	15	15	30	30	45	50	65	65	80	90	110
50	65	0	15	15	30	30	50	50	70	70	90	90	120
65	80	0	20	20	40	40	60	60	80	80	110	110	150
80	100	0	20	20	45	45	70	70	100	100	130	130	170
100	120	0	25	25	50	50	80	80	110	110	150	150	200
120	140	0	30	30	60	60	90	90	120	120	170	170	230
140	160	0	30	30	65	65	100	100	140	140	190	190	260
160	180	0	35	35	70	70	110	110	150	150	210	210	280
180	200	0	40	40	80	80	120	120	170	170	230	230	310
200	225	0	40	40	90	90	140	140	190	190	260	260	340
225	250	0	50	50	100	100	150	150	210	210	290	290	380
250	280	0	50	50	110	110	170	170	230	230	320	320	420
280	315	0	60	60	120	120	180	180	250	250	350	350	460
315	355	0	70	70	140	140	210	210	280	280	390	390	510
355	400	0	70	70	150	150	230	230	310	310	440	440	580
400	450	0	80	80	170	170	260	260	350	350	490	490	650
450	500	0	90	90	190	190	290	290	390	390	540	540	720
500	560	0	100	100	210	210	320	320	430	430	590	590	790
560	630	0	110	110	230	230	350	350	480	480	660	660	880
630	710	0	130	130	260	260	400	400	540	540	740	740	910
710	800	0	140	140	290	290	450	450	610	610	830	830	1 100
800	900	0	160	160	330	330	500	500	670	670	920	920	1 240
900	1 000	0	180	180	360	360	540	540	720	720	980	980	1 300
1 000	1 120	0	200	200	400	400	600	600	820				
1 120	1 250	0	220	220	450	450	670	670	900				
1 250	1 400	0	250	250	500	500	750	750	980				

2.3.2　滚动轴承游隙的选择

1. 游隙选择的原则

工作游隙是轴承安装后在运转工况下，达到稳定的工作温度时所具有的游隙。工作游隙取决于初始内部径向游隙，并受安装过盈配合和工作状态下温度变化的影响。工作游隙值与轴承的工作条件和安装条件有关，工作游隙值对轴承的载荷分布、振动、噪声、摩擦、使用寿命和机械的运动精度等有很大的影响,所以应根据具体情况选择合适的游隙。

为了确保轴承的良好运行,径向游隙十分重要。从理论上来讲,轴承在稳定的工作状态下,工作游隙为负值,即轴承处于轻微的预紧状态工作,这时承受载荷的滚动体个数较多,有利于延长轴承的疲劳寿命。如果负游隙值太大,或导致轴承工作温度升高,反而使轴承使用寿命降低;如果轴承的工作游隙较大,会产生振动和噪声,甚至降低轴承的使用寿命。

一般的选择原则:对于球轴承,最适宜的工作游隙是趋于零;对于圆柱滚子轴承或调心滚子轴承,在工作时可以保有少量的游隙。在支承刚度要求较高的场合,如机床主轴、小型电机轴承、汽车齿轮箱轴承则需要负游隙,即轴承需要预紧。

小于 CN(0 组)的工作游隙只在特殊工况下使用,如高精密轴承布置。通常用 CN 组游隙即可获得普通工作游隙;对于大轴承,如果满足推荐的轴和轴承座公差,大都可选用 C3 组游隙。

当轴承采用推荐的常规配合,与球轴承内孔配合的轴公差带不得超过 j5、k5(轴),座孔为 J6;对滚子轴承,与滚子轴承内孔配合的轴的公差带一般为 k5、m5,座孔为 K6,轴承的运转温度为室温,采用基本游隙组 CN(0 组)就可适应上述运行条件。

当采用较紧配合,内外圈温差较大,需要降低摩擦力矩,以及深沟球轴承承受较大的轴向力或需要改善调心性能的场合,可以采用大游隙。

如果热是通过轴传递的,轴有挠度或出现不对中时,必须选用较大的工作游隙。

高速旋转的电机或发电机轴承宜采用大组别的游隙;高速旋转或环境温度较高的场合,如传动齿轮箱的高速端轴承用大组别的游隙;在旋转精度及运转平稳性要求高的场合,宜采用小组别的游隙。

2. 工作游隙的计算

精确计算轴承在不同条件下所需的原始游隙是非常困难的。当套圈采用过盈配合时,套圈也就处于弹性变形状态(压缩或膨胀),相对应轴承的内部游隙就会减少,具体的减少量与过盈量大小有一定关系,减少量可以根据轴承的结构类型、尺寸、轴和轴承座孔的形状及材料进行计算。当内圈采用过盈配合时,通常粗略地认为减少量是过盈量的 80% 左右。

此外,在工作中如果内圈旋转(多数情况下为内圈)且发热高于外圈的话,则径向游隙因轴承套圈的热膨胀不同而减小。

工作游隙计算公式: $S = S_r - \triangle S_P - \triangle S_T$ (2-20)

式中　S ——运行时正常温热轴承的径向工作游隙,μm;

　　　S_r ——内部径向游隙,μm;

　　　$\triangle S_P$ ——由于配合引起的径向游隙的减小量,μm;

　　　S_T ——由于温升引起的径向游隙的减小量,μm。

径向游隙的减少是由于内圈的膨胀和外圈的收缩引起的。

$$\triangle S_P = \triangle d + \triangle D \tag{2-21}$$

式中　$\triangle d$ ——内圈膨胀量,$\triangle d \approx 0.8U$,U 是内圈与轴的理论过盈量;

　　　$\triangle D$ ——外圈收缩量,$\triangle D \approx 0.7U$,U 是外圈与座孔的理论过盈量。

理论过盈量是指过盈配合时,每个配合面的最大实体偏差减去其公差带的 1/3 后,所得到的这两个尺寸偏差的差值。其中考虑了装配时接触面间互相挤平的数值。

对薄壁轴承座和轻金属轴承座,必须通过安装测试来确定内部径向游隙的减少量。

如果内外圈温差较大,径向游隙也会变化,由于温差引起的径向游隙减少量为

$$\triangle S_T = 1\,000\alpha d_M(T_{IR} - T_{AR}) \tag{2-22}$$

式中　α——钢材的热膨胀系数;

d_M——轴承平均直径;

T_{IR}——内圈工作温度,℃;

T_{AR}——外圈工作温度,℃。

通常情况下,内外圈的温差是 5～10 ℃。

对高速运行的轴,应选用径向游隙较大的轴承,以保证轴承、轴和轴承座之间有足够的热补偿量。

圆锥滚子轴承、角接触球轴承以及内圈是锥孔的轴承,可以在安装或使用过程中调整游隙。

2.3.3　径向游隙与轴向游隙的关系

图 2-9 所示的是具有径向游隙 s_r 的深沟球轴承的套圈,可由对称位置沿轴向方向相对移动 $s_a/2$ 至无载荷接触位置;同时,该深沟球轴承的套圈也可以相反方向移动相同的量,见图 2-18。

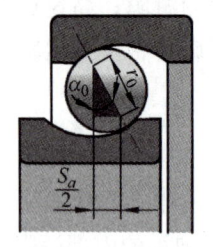

s_a—轴向游隙;r_0—曲率中心的距离;α_0—原始接触角。

图 2-18　轴承套圈的轴向位移

轴向游隙:从一个终端位置移动到另一终端位置的总的轴向位移量,即为轴承的轴向游隙 s_a,见图 2-18 和式(2-23)。

$$S_a = 2 \cdot r_0 \cdot \sin\alpha_0 \tag{2-23}$$

若将式(2-18)的 $\cos\alpha_0$ 引入式(2-15),则得式(2-24)。

$$S_a = 2 \cdot r_0 \cdot \sqrt{1 - \left(1 - \frac{S_r}{2 \cdot r_0}\right)^2} \tag{2-24}$$

双列轴承的轴向游隙与径向游隙:接触角不变的双列轴承,诸如双列圆锥滚子轴承、调心滚子轴承和调心球轴承,其轴向游隙可按照式(2-25)和图 2-19 由径向游隙算出。

$$s_a = s_r \cdot \cot\alpha_0 \tag{2-25}$$

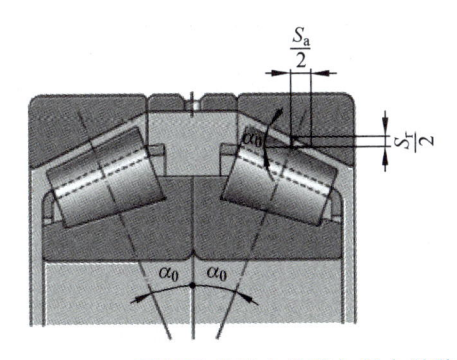

图 2-19 双列轴承的轴向游隙与径向游隙

表 2-14 中列出了不同类型轴承的 s_a/s_r 值。对于原始接触角 α_0 不同的轴承系列，以 Y_0 的若干倍给出 s_a/s_r 值。该静态轴向载荷系数 y_0 同样也与原始接触角 α_0 有关，并在轴承产品样本中给出。

该表列出的角接触球轴承和四点接触球轴承的游隙值仅为近似值。严格说来，与深沟球轴承的情况一样，必须考虑密合度。但事实情况表明，对原始接触角 $\alpha_0>30°$ 的轴承采用表中列出的值已达足够精确。

表 2-14 轴向游隙与径向游隙之间的关系

轴承类型		s_a/s_r	附注
调心球轴承		$2.3Y_0$	Y_0 值见第 5 章
调心滚子轴承		$2.3Y_0$	Y_0 值见轴承样本
圆锥滚子轴承	双列	$2.3Y_0$	Y_0 值见轴承样本
	单列，成对配置	$2.3Y_0$	单列轴承 Y_0 值
角接触球轴承	双列，系列 32 和 33	1.4	—
	单列，系列 72B 和 73B，成对配置	1.2	—
四点接触球轴承		1.4	—

2.4 接触面及表层应力分析

2.4.1 剪切应力与主应力的关系

赫兹理论的分析结果仅适用于垂直作用于表面的集中力引起的表面压应力，事实上引起滚动轴承表面疲劳失效的起始点是在距离受力表面一定深度的某一点，对轴承解除疲劳起决定作用的是接触表面下与接触表面垂直的平面内的剪切应力。因此，确定次表面的剪切应力大小对分析轴承的失效是非常有意义的。

如图 2-20 所示，Z 轴是深度方向，Y 轴是椭圆短轴方向，也是滚动体滚动方向，X 轴是椭圆长轴方向且与轴承轴线平行；XZ 平面是轴平面，YZ 平面是径向平面。图 2-20 和图 2-21 中符号意义：p_0 为最大表面压力，b 为压力面半宽，z 为深度，τ_H 为主剪应力，τ_{yz} 为正交剪应力，σ_y 为半轴方向主应力，σ_z 为接触深度方向主应力。根据接触力学的分析，表层内的应力状态可归纳如下：

主剪应力：正应力为负值即压应力，因而 Z 轴上的正应力为主应力。通过研究得知，表面处的应力 σ_z 与 p_0 相等；表面下的应力 σ_z 随深度 Z 的增大而慢慢减小。而应力 σ_y——接触宽度 $2b$ 方向的应力——却随 Z 的增大而迅速减小，如图 2-20 所示。在离接触中心较远处（理论上是无穷远处）3 个主应力的数值为零，在 Z 轴上它们的数值为最大值。

滚动接触中，包含椭圆短轴的滚动平面即 YZ 平面，由 σ_z 和 σ_y 可算出主剪应力 $\tau_H = (\sigma_z - \sigma_y)/2$。沿 Z 轴一定深度出现最大剪切应力，最大剪切应力是脉冲应力，它与表面成 45°角。

对于线接触，在深度 $z = 0.78b$ 处，$\tau_{max} \approx 0.3p_0$，对于点接触在 $z = 0.567b$ 处，$\tau_{max} \approx 0.33p_0$。最大剪切应力 τ_{max}，最先被用作接触疲劳准则，即认为当最大剪切应力达到一定值时将产生接触疲劳磨损。

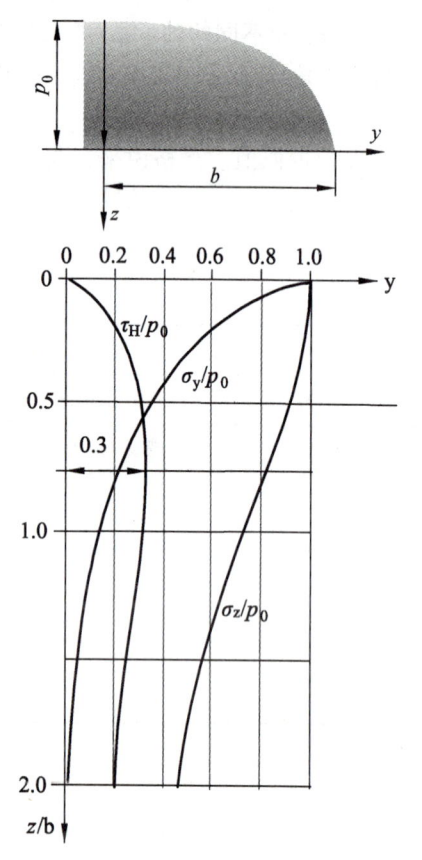

图 2-20　主应力和主剪切应力随接触深度变化

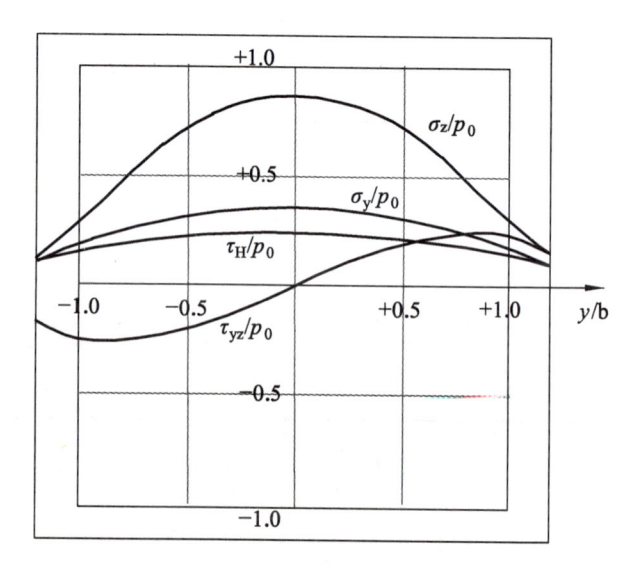

图 2-21　主应力、主剪切应力、交变剪切应力随接触半轴方向的大小变化

正交剪应力：正交剪应力 τ_{yz} 与外载荷成直角，即与表面平行。图 2-21 所示的是压力面宽度 $2b$ 上的应力变化，在线接触中，在深度 $z = 0.5b$ 时出现最大正交剪应力 τ_{yz}，其双幅值为 $0.5p_0$；点接触时表面下的应力分布情况与线接触时的相似，出现最大正交剪应力的深度为 $0.35b$，双幅值为 $0.43p_0$。

在包含椭圆短轴的滚动平面中，在滚动过程中正交切应力 τ_{yz} 的变化是：从远离接触中心处的零值增加到接近 Z 轴处的最大值 $+\tau_{yzmax}$，再降低到 Z 轴上的零值。随后应力反向，再逐步达到负的最大值 $-\tau_{yzmax}$，而后又变化到零。所以每滚过一次，正交切应力 τ_{yz} 的最大变化量为

$2\tau_{yzmax}$。

应当指出，虽然正交切应力的数值通常小于最大切应力，然而滚动过程中正交切应力的变化量却大于最大切应力的变化量，即 $2\tau_{yzmax} > \tau_{max}$。由于材料疲劳现象直接与应力变化量有关，所以 ISO（国际标准化组织）提出的滚动轴承接触疲劳计算都采用最大正交切应力准则。

2.4.2 表面剪切应力的影响

在上述应力分析中，只考虑在表面垂直载荷作用下的表面及次表层应力分布，没有考虑接触区内的摩擦，实际上，即便是在非常理想的润滑条件下，滚动接触面内也存在表面切向应力。全膜润滑状态下的表面切应向力计算及混合或边界润滑状态下表面切应向力的计算是个非常复杂的问题，要确定在表面法向应力与切向应力联合作用下次表面的应力状态就更加困难，必须借助于数值计算方法。大量的研究表明：当表面存在切向应力作用时，次表层下的最大主应力和最大剪切应力均呈增大趋势，并且最大应力的位置也向表面趋近。

2.4.3 滚子修型分析

对于滚子轴承，有限长的滚动体和比其略长的滚道接触时，由于各种原因，滚子端部会出现严重的应力集中，如图 2-22 所示。边缘应力集中的长度占滚子长度的 8%～15%。应力集中容易导致轴承的早期疲劳失效，降低轴承的使用寿命。

边缘应力集中的主要原因是由于直母线滚子的边缘效应和具体应用中的轴线偏斜引起的，赫兹线接触理论假设两个相当长且长度相等的平行圆柱体接触时（长度远大于物体的曲率半径），表面压应力呈半椭圆分布。而实际的滚子轴承的接触长度不是远大于滚子直径与滚道直径，且滚道母线长度大于滚子长度，因此滚子与滚道的接触不符合赫兹理论的假设，表面压力分布不是理想的半椭圆体。对于边缘效应的解释如图 2-22 所示。受滚子挤压作用，滚道材料处于受压变形，滚子以外的材料没有受压变形而处于受拉状态，增加了材料的抵抗压缩变形的能力，压缩变形较小。因此当滚子和套圈之间产生趋近量时，滚子两端的变形必然要大些，这就可以理解为什么端部会出现应力集中。

图 2-22　滚子素线为对数曲线的压应力分布示意图

为了消除边缘应力集中现象，延长滚子轴承的使用寿命，必须修正接触母线的形状，减小或消除边缘应力。一般的修正方法是使滚子或滚道的中部略微凸起，使接触母线变为凸起的曲线，或修正滚子两端的形状，如图 2-22 所示。经验证明，经过修正接触母线的滚子轴承可以增大承载能力或提高轴承的寿命。

图 2-23 所示为直线母线及不同凸度或修型的滚子应力分布，图中（b），（c），（d）分别是全凸度设计、部分凸度设计及对数曲线轮廓设计，这 3 种设计都可以减小边缘应力集中，但还是有各自的局限性。全凸度设计在轻载情况下，不能充分利用滚子的长度以提高承载能力，在重载情况下，全凸度设计虽然可以在大多数情况下避免边缘应力，但接触区中心的应力远

大于直线母线接触区的应力，会减低滚子的耐久寿命。部分凸度设计在轻载情况下，接触应力小于全凸度设计在相同载荷下的应力，在重载情况下，与全凸度设计相比，部分凸度设计的滚子由于其接触区中部的应力较小，其耐久性能较好。但是必须注意直线与弧线的过渡区，以避免应力集中。

经过多年的开发研究，国际上知名的轴承厂家研制出了一种对数曲线轮廓，其轮廓曲线用对数函数表示。如图 2-23（d）所示，这种轮廓设计在大多数工况下可以充分地利用滚子的有效长度，使应力分布达到比较理想的状态，提高滚子的承载能力及其耐久性，即便在轴线偏斜时，也可以有效地避免边缘应力。

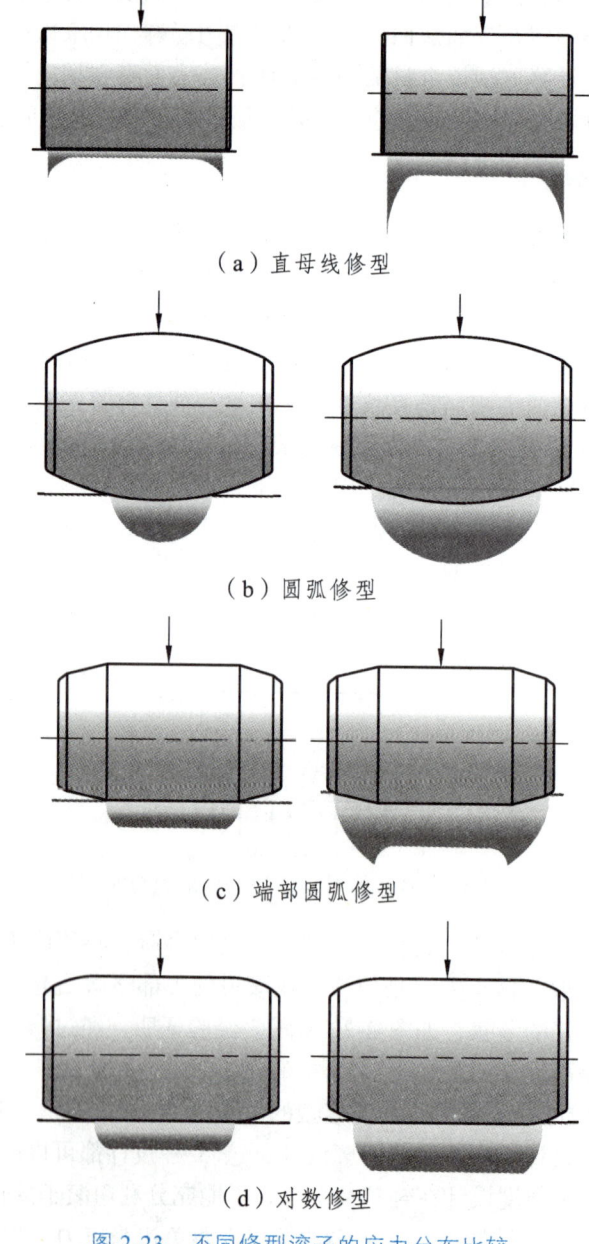

（a）直母线修型

（b）圆弧修型

（c）端部圆弧修型

（d）对数修型

图 2-23　不同修型滚子的应力分布比较

2.4.4 滚子端面与挡边的应力分析

在圆柱滚子轴承中,滚子端面通常是一个带倒角的平面,倒角圆弧与滚子轮廓的凸度连接。套圈的挡边一般情况下是个平面,这是最原始的设计,但这种设计非常不利于滚子端面与挡边之间传递载荷及润滑油膜的形成。为了改善滚子端面与挡边之间的润滑状态并且提高其轴向承载能力,有时会把滚子端面设计成球面,挡边设计成斜面,如图 2-24 所示。但是这种设计会影响挡边对滚子的引导能力,这种情况下出现滚子歪斜的情况时,主要靠保持架来适当的引导与控制。

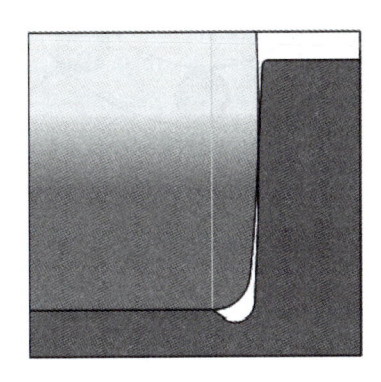

图 2-24 滚子端面与挡边的接触几何形状

球形端面与斜挡边的接触,可以近似利用赫兹理论进行有关接触应力及变形的计算。当几何形状不合理或滚子过度歪斜时,有可能导致弹性接触椭圆被挡边越程槽或滚子倒角所截,这时就不能用赫兹理论进行分析计算。设计时应进行分析计算避免这种情况的出现,否则会导致很高的边缘应力,同时也会使润滑状态恶化。

平端面与斜挡边的接触,属于面接触副,不能进行简单的接触应力计算,必要时可以利用有限元进行应力分析计算。

2.5 滚动轴承的弹性变形

2.5.1 滚动轴承位移和弹性变形

变形是指接触区内或接触区附近物体(质点)在载荷作用前后沿载荷作用线方向的位置变化,如图 2-25 所示,滚动体与内、外套圈接触区附近由于径向载荷的作用,滚动体与内圈接触点与滚动体与外圈接触点的相对位置发生变化。

接触区的变形会导致远离接触区的同一物体其质点的位移,例如轴承内圈中心从 O 点移动到 O'。可见,位移可以是远离接触区的,一般情况下所说的位移是指沿外载荷方向的位移。

位移与变形的关系:轴承在承受径向、轴向载荷和力矩的作用时,内外圈会发生径向位移、轴向位移以及角度位移。这些位移由轴承受载前游隙和受载后的变形组成,如图 2-26 所示的向心轴承,轴承没有承受载荷前的径向游隙为 S_r,在径向载荷的作用下,轴承沿径向的位移量为

$$\delta_r = \delta_{max} + \frac{S_r}{2} \tag{2-26}$$

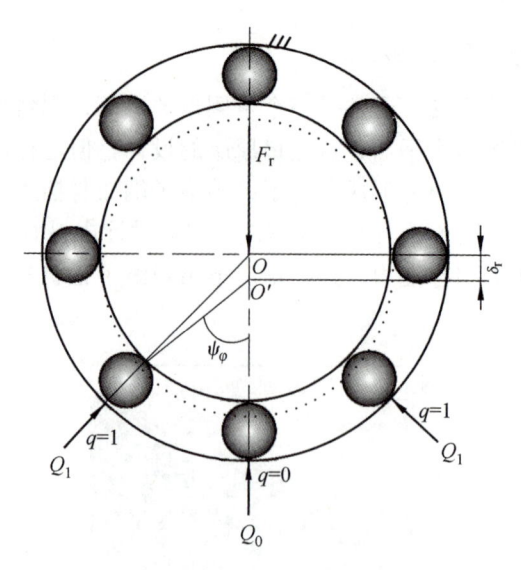

图 2-25　径向游隙为零时轴承的变形与位移

式中　δ_r ——轴承在径向载荷作用下的径向位移量，mm；

　　　δ_{max} ——在径向载荷作用下的滚动体与内圈滚道之间的最大径向弹性变形量，mm；

　　　S_r ——轴承在承受径向载荷作用之前的径向游隙，mm。

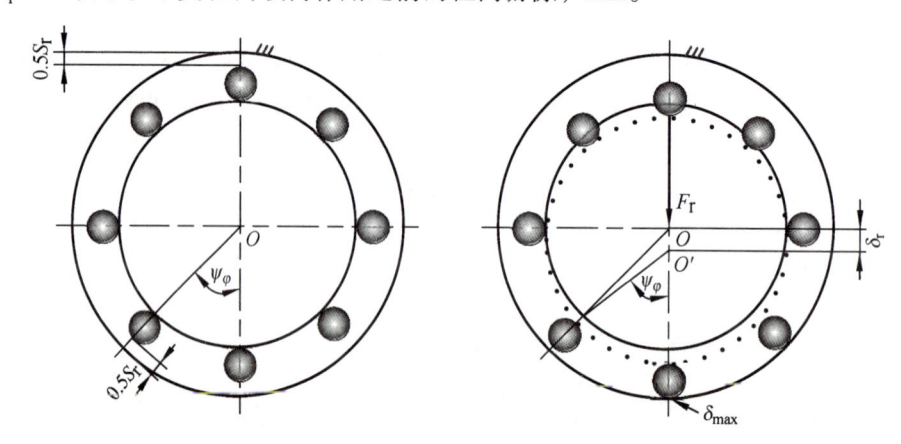

图 2-26　存在径向游隙时轴承的变形与位移

公式（2-26）说明：位移量与变形量有一定的关系，但又不完全相同。当径向游隙为零时，轴承的径向位移与径向最大弹性变形相等。即

$$\delta_r = \delta_{max} \tag{2-27}$$

2.5.2　滚动轴承弹性变形的计算

滚动体与内、外滚道接触处的弹性变形量之和即为滚动轴承的变形，其计算公式为

$$\delta_n = \delta_i + \delta_e \tag{2-28}$$

式中　δ_i ——滚动体与内圈滚道接触处的弹性变形量；

　　　δ_e ——滚动体与外圈滚道接触处的弹性变形量；

δ_n——滚动体与两圈滚道接触处的弹性变形量。

对点接触,如为钢制的轴承,滚动体与内、外滚道接触处的弹性变形量之和,则总的变形为

$$\delta_n = KQ^{2/3} \tag{2-29}$$

式中,K 是轴承的弹性接触常数,各类钢制轴承弹性接触常数 K 的计算公式列于表 2-15 中。对一个给定的轴承来说,因为主曲率已知,所以 K 是一常数。

对线接触,如为钢制的轴承,滚动体与内、外滚道接触处的弹性变形量之和,可得

$$\delta_n = 3.84 \times 10^{-5} \left(\frac{1}{L_{wi}^{0.8}} + \frac{1}{L_{we}^{0.8}} \right) Q^{0.9} = KQ^{0.9} \tag{2-30}$$

式中 $$K = 3.84 \times 10^{-5} \left(\frac{1}{L_{wi}^{0.8}} + \frac{1}{L_{we}^{0.8}} \right) \tag{2-31}$$

作用于轴承上的载荷,一般都可分解为两个分量,即轴向载荷 F_a 和径向载荷 F_r。轴向载荷 F_a 是指通过载荷作用中心,沿着轴承中心线方向的载荷分量。径向载荷 F_r 是指通过载荷作用中心在于径向平面平行的平面内的载荷分量。

轴向载荷 F_a 和径向载荷 F_r 的合成向量 F 与轴承径向平面之间的夹角 β 称为载荷角,如图 2-27 所示。

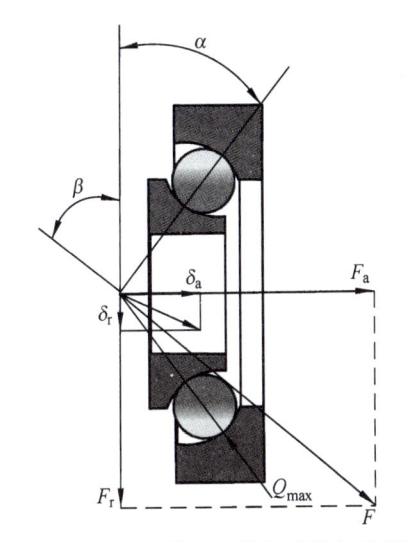

图 2-27 角接触球轴承的载荷与变形

由图 2-27 可得

$$\tan \beta = \frac{F_a}{F_r} \tag{2-32}$$

当轴承承受载荷时,由于滚动体和套圈滚道之间的弹性变形,轴承内圈中心相对于外圈中心将移动一定距离。如图 2-27 所示,在轴向载荷 F_a 和径向载荷 F_r 的作用下,轴承内、外套圈将相对移动 δ_a 和 δ_r。一般轴承套圈相对于外圈中心移动的方向(即 δ_a 和 δ_r 的合成向量)和 F_a 与 F_r 的合成向量方向是不重合的。

如图 2-28 所示，如果轴承内、外套圈相对平移了 δ_a 和 δ_r，内圈中心 o 移动到了 o_1，在距离承受载荷最大的滚动体为 ψ 角的滚动体与套圈滚道接触处 A 点移动到了 A_1，沿接触法线方向总的弹性变形量为

$$\delta_{\max} = \delta_a \sin\alpha + \delta_r \cos\alpha \cos\psi \tag{2-33}$$

在承受载荷最大的滚动体套圈滚道接触处，$\psi = 0$，沿接触法线方向总的弹性变形量为

$$\delta_{\max} = \delta_a \sin\alpha + \delta_r \cos\alpha \tag{2-34}$$

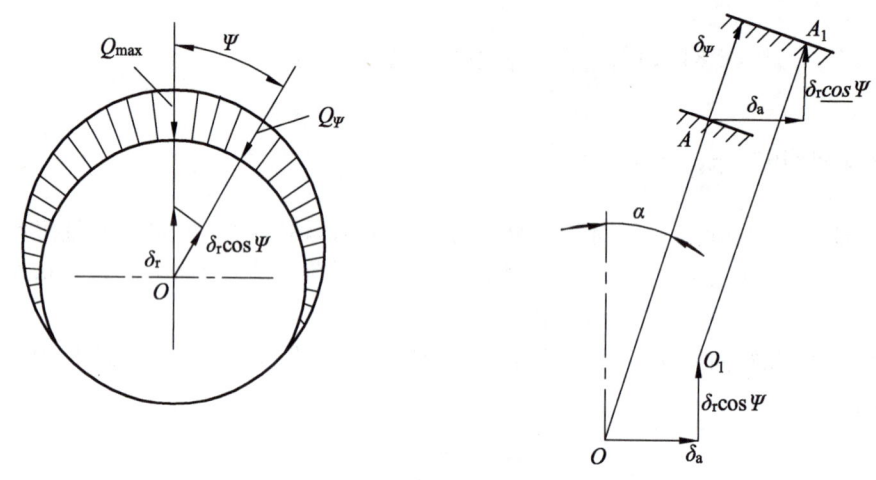

图 2-28 角接触球轴承的径向与轴向变形

如果仅有纯径向位移，则 $\delta_a = 0$，可得

$$\delta_r = \frac{\delta_{\max}}{\cos\alpha} \tag{2-35}$$

如果轴承仅有纯轴向位移，则 $\delta_r = 0$，可得

$$\delta_a = \frac{\delta_{\max}}{\sin\alpha} \tag{2-36}$$

对点接触：

$$\delta_r = \frac{K}{\cos\alpha} Q_{\max}^{2/3} \tag{2-37}$$

$$\delta_a = \frac{K}{\sin\alpha} Q_{\max}^{2/3} \tag{2-38}$$

对线接触：

$$\delta_r = \frac{K}{\cos\alpha} Q_{\max}^{0.9} \tag{2-39}$$

$$\delta_a = \frac{K}{\sin\alpha} Q_{\max}^{0.9} \tag{2-40}$$

式中，K 为轴承弹性常数，标准设计的各类钢制滚动轴承的 K，近似由表 2-15 中查出。

表 2-15　标准准设计各类钢制滚动轴承的 K 值

轴承类型	K
深沟和角接触球轴承	$0.00044/D_{\mathrm{w}}^{1/3}$
调心球轴承	$0.00069/D_{\mathrm{w}}^{1/3}$
推力球轴承	$0.00052/D_{\mathrm{w}}^{1/3}$
圆锥滚子轴承	$0.000077/l_{\mathrm{we}}^{0.8}$
圆柱滚子轴承	
推力滚子轴承	

根据表 2-15 中所列的各类钢制滚动轴承的 K 值，可以得出在纯径向载荷或纯轴向载荷作用下不同类型钢制滚动轴承的变形计算公式。

在纯径向载荷作用下（径向游隙、轴向位移以及角度位移为零），滚动轴承的径向变形计算公式如下。

单列向心和角接触球轴承：

$$\delta_{\mathrm{r}}=\frac{0.00044}{\cos\alpha}\left(\frac{Q_{\max}^{2}}{D_{\mathrm{W}}}\right)^{1/3} \tag{2-41}$$

双列向心球面球轴承：

$$\delta_{\mathrm{r}}=\frac{0.0007}{\cos\alpha}\left(\frac{Q_{\max}^{2}}{D_{\mathrm{W}}}\right)^{1/3} \tag{2-42}$$

一个滚道为点接触，另外一个滚道为线接触的滚子轴承：

$$\delta_{\mathrm{r}}=\frac{0.00018}{\cos\alpha}\left(\frac{Q_{\max}^{3/4}}{L_{\mathrm{We}}^{1/2}}\right) \tag{2-43}$$

两个滚道均为线接触的滚子轴承：

$$\delta_{\mathrm{r}}=\frac{0.00077}{\cos\alpha}\left(\frac{Q_{\max}^{0.9}}{L_{\mathrm{We}}^{0.8}}\right) \tag{2-44}$$

在轴向载荷作用下（径向位移以及角度位移为零），钢制滚动轴承的轴向变形计算公式：

$$\delta_{\mathrm{a}}=\frac{\delta_{\max}}{\sin\alpha} \tag{2-45}$$

式中，$\delta_{\max}$ 的推导与前面相同。

单列向心和角接触球轴承：

$$\delta_{\mathrm{r}}=\frac{0.00044}{\sin\alpha}\left(\frac{Q_{\max}^{2}}{D_{\mathrm{W}}}\right)^{1/3} \tag{2-46}$$

一个滚道为点接触，另外一个滚道为线接触的滚子轴承：

$$\delta_{\mathrm{r}} = \frac{0.00018}{\sin\alpha}\left(\frac{Q_{\max}^{3/4}}{L_{\mathrm{We}}^{1/2}}\right) \qquad (2\text{-}47)$$

两个滚道均为线接触的滚子轴承：

$$\delta_{\mathrm{r}} = \frac{0.00077}{\sin\alpha}\left(\frac{Q_{\max}^{0.9}}{L_{\mathrm{We}}^{0.8}}\right) \qquad (2\text{-}48)$$

推力球轴承：

$$\delta_{\mathrm{r}} = \frac{0.00052}{\sin\alpha}\left(\frac{Q_{\max}^{2}}{D_{\mathrm{W}}}\right)^{1/3} \qquad (2\text{-}49)$$

在纯径向载荷作用下，球轴承和滚子轴承的滚动体最大载荷：
对于球轴承：

$$Q_{\max} = 4.37 F_{\mathrm{r}}/Z \qquad (2\text{-}50)$$

对于滚子轴承：

$$Q_{\max} = 4.08 F_{\mathrm{r}}/Z \qquad (2\text{-}51)$$

在纯轴向载荷作用下，各类轴承的滚动体最大载荷为

$$Q_{\max} = F_{\mathrm{a}}/Z \cdot \sin\alpha \qquad (2\text{-}52)$$

考虑到轴承游隙的存在，受载区域会减小，最大滚动体载荷会增大，下面给出考虑游隙存在是最大滚动体载荷的计算方法：
对于球轴承：

$$Q_{\max} = 5 F_{\mathrm{r}}/Z \qquad (2\text{-}53)$$

对于滚子轴承：

$$Q_{\max} = 4.6 F_{\mathrm{r}}/Z \qquad (2\text{-}54)$$

式中　$Q_{\max}$——受载最大滚动体载荷；
　　　F_{r}——轴承承受的纯径向载荷；
　　　F_{a}——轴承承受的纯轴向载荷；
　　　Z——滚动体个数。

2.6　滚动轴承摩擦力矩的计算

由各种摩擦因素构成的对轴承运转的阻力矩称为滚动轴承的摩擦力矩。轴承摩擦力矩具有多因素和随机性的特征。图 2-29 表示同一轴承在同一条件下摩擦力矩的变化情况。从图中看到启动时摩擦力矩比运转过程中大得多，在运转中摩擦力矩也有很大波动。在滚动轴承应

用中人们关心的是几个特征值，即启动力矩、平均力矩和运转中的最大力矩。有关定义如下：

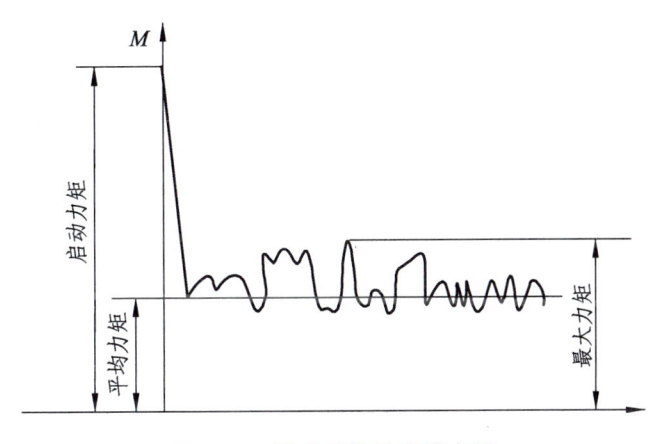

图 2-29　滚动轴承的摩擦力矩

（1）静态力矩（启动力矩）：轴承两套圈从静止状态到开始相对转动的一瞬间所需克服的摩擦阻力矩。

（2）动态力矩：轴承两套圈相对转动时所需克服的摩擦阻力矩。在测量时可提取最大力矩、平均力矩和力矩差作为评定轴承动态摩擦性能参数。

总的来说，客户希望各种轴承的摩擦力矩越小越好。但不同的应用还有不同的要求，连续运转的工况，希望其平均力矩小，频繁启动或反向旋转的抽承应用要求启动力矩小，精密仪器仪表轴承不仅要求平均力矩要小，还要求启动力矩和运转中的最大力矩也要小，并在使用期间要求摩擦力矩保持稳定。

因为构成轴承摩擦的因素太多太复杂，不可能给出一个计算轴承摩擦力矩通用的精确公式。下面介绍的两种计算方法是在大量实验的基础上得到的经验公式，这些公式适合于计算中等载荷、中等转速和润滑良好工作条件下的平均摩擦力矩。

2.6.1　近似计算

从摩擦力矩的组成及其影响因素来看，轴承的摩擦力矩值就是一个随机变量，应用计算方法，根本不可能准确获得轴承实际运行时的摩擦阻力，但为了便于工程设计的计算分析，可以采用下面近似计算公式：

$$M = P \cdot d_m \cdot \mu \tag{2-55}$$

式中　M——轴承摩擦力矩；
　　　μ——滚动轴承摩擦系数；
　　　d_m——滚动体中心圆直径；
　　　P——当量载荷，kN。

从上述公式可以看出，计算所得到的力矩值是个定值，而且不能区分动态摩擦力矩或静态摩擦力矩。

一般条件下滚动轴承稳定旋转时的摩擦系数参考值如表 2-16 所示。

表 2-16 滚动轴承的摩擦系数

轴承型式	摩擦系数 μ
深沟滚动体轴承	0.001 0 ~ 0.001 5
角接触滚动体轴承	0.001 2 ~ 0.002 0
调心滚动体轴承	0.000 8 ~ 0.001 2
圆柱滚子轴承	0.000 8 ~ 0.001 2
满装型滚针轴承	0.002 2 ~ 0.003 5
带保持架滚针轴承	0.002 0 ~ 0.003 0
圆锥滚子轴承	0.001 7 ~ 0.002 5
调心滚子轴承	0.002 0 ~ 0.002 5
推力滚动体轴承	0.001 0 ~ 0.001 5
推力调心滚子轴承	0.002 0 ~ 0.002 5

2.6.2 较准确的计算

较准确的摩擦力矩计算方法考虑了载荷引起的摩擦和润滑剂引起的黏性摩擦两个部分。对于中等载荷、中等转速和润滑正常的滚动轴承，其计算方法是把摩擦力矩区分为一个所谓无关载荷的力矩 M_0，以及一个由载荷决定的力矩 M_1，然后把两个力矩相加：

$$M = M_0 + M_1 \tag{2-56}$$

式中 M_0——与轴承类型、转速和润滑剂性质有关的摩擦力矩，N·mm；

M_1——与轴承所受载荷有关的摩擦力矩，N·mm。

这个方法一直用到现在。但是，如果按摩擦来源的种类，而不是按同载荷的关系来区分，那可以还有更精确的计算方法。实际上，M_0 代表额外的外部摩擦来源，再加上滚动摩擦中的"流体动力"成份，而这一成份中也有一部分与载荷相关。

1. M_0 的计算

M_0 反映了润滑剂的流体动力黏性损耗，可按下式计算。

当 $nv \geq 2\,000$ 时，$M_0 = 10^{-7} f_0 (n \times v)^{2/3} d_m^3$ （2-57）

当 $nv < 2\,000$ 时，$M_0 = 160 \times 10^{-7} f_0 d_m^3$ （2-58）

式中 d_m——轴承节圆直径，mm；

f_0——与轴承类型和润滑方式有关的系数，从表 2-17 中选取；

n——轴承转速，r/min。

v——在轴承工作温度下润滑剂的运动粘度（mm²/s）。

表 2-17 系数 f_0 的数值

轴承类型	油雾润滑	油浴润滑或油脂润滑	立式轴油浴润滑或喷油润滑
单列向心球轴承	0.7 ~ 1	1.5 ~ 2	3 ~ 4
双列向心球面球轴承	0.7 ~ 1	1.5 ~ 2	3 ~ 4

续表

轴承类型		油雾润滑	油浴润滑或油脂润滑	立式轴油浴润滑或喷油润滑
单列向心推力球轴承		1	2	4
双列向心推力球轴承		2	4	8
向心短圆柱滚子轴承	带保持架	1~1.5	2~3	4~6
	满装滚子	—	2.5~4	—
双列向心球面滚子轴承		2~3	4~6	8~12
圆锥滚子轴承		1.5~2	3~4	6~8
推力球轴承		0.7~1	1.5~2	3~4
推力短圆柱滚子轴承		—	2.5	5
推力球面滚子轴承		—	3~4	6~8

2. M_1 的计算

M_1 反映了与载荷有关的各种摩擦损耗，按下式计算：

$$M_1 = f_1 P_1 d_m \tag{2-59}$$

式中 f_1——与轴承类型和所受载荷有关的系数，从表 2-18 选取；
P_1——确定轴承摩擦力矩的计算载荷，N，计算方法见表 2-18。

表 2-18 f_1 和 P_1 的计算公式

轴承类型		f_1	$P_1$①
单列向心球轴承		$0.0009(P_0/C_0)^{0.55}$	$3F_a \sim 0.1F_r$
双列向心球面球轴承		$0.0003(P_0/C_0)^{0.4}$	$1.4yF_a \sim 0.1F_r$
单列向心推力球轴承		$0.0013(P_0/C_0)^{0.33}$	$F_a \sim 0.4F_r$
双列向心推力球轴承		$0.001(P_0/C_0)^{0.33}$	$1.4yF_a \sim 0.1F_r$
向心短圆柱滚子轴承	带保持架	$0.00025 \sim 0.0003$②	F_r
	满装滚子	0.00045	F_r
双列向心球面滚子轴承		$0.0004 \sim 0.0005$②	$1.2yF_a$
圆锥滚子轴承		$0.0004 \sim 0.0005$②	$2yF_a$
推力球轴承		$0.0012(P_0/C_0)^{0.33}$	F_a
推力短圆柱滚子轴承		0.0018	F_a
推力球面滚子轴承		$0.0005 \sim 0.0006$②	$F_a (F_{rmax} \leq 0.55F_a)$

① 若 $P_1 < F_r$，则取 $P_1 = F_r$。
② 轻系列时，取偏小的值；重系列时，取偏大的值。

表 2-18 中，P_0 是轴承当量静载荷，单位为 N；C_0 是轴承额定静载荷，单位为 N；y 是当 $F_a/F_r > e$ 时的轴向载荷系数，从轴承样本中选取。

若向心短圆柱滚子轴承受径向和轴向载荷同时作用，则应考虑附加摩擦力矩 M_2，即轴承总摩擦力矩为

$$M = M_0 + M_1 + M_2 \tag{2-60}$$

$$M_2 = f_2 \cdot F_a \cdot d_m \tag{2-61}$$

式中 f_2 ——与轴承结构及润滑方式有关的系数，见图 2-30；

F_a ——轴向动载荷；

d_m ——轴承平均直径；

轴承系数 f_2 范围很宽（见图 2-30），上述值仅对油量充分的循环油润滑有效。

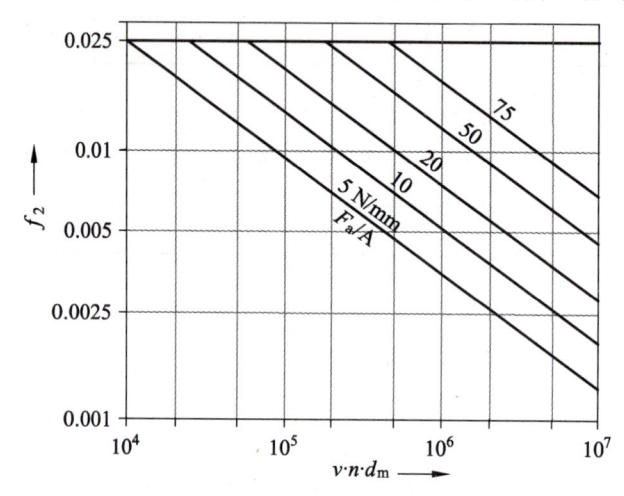

图 2-30　轴承系数 f_2 与运转参数的关系曲线

2.7　滚动轴承的许用转速

滚动轴承的许用转速是机械设计师在进行轴系支撑装置设计时非常关注的一个轴承性能指标。

轴承的许用转速受到各种不同限制判据的限制，如许用温度（最常见的一种限制准则）、避免任何轴承零件的断裂、高速旋转时保持架的动力学稳定性、噪声的产生以及轴承密封唇的运动速度等。

滚动轴承的许用转速主要有两种不同的定义，即极限转速和热参考转速。20 世纪 90 年代前主要采用极限转速，21 世纪初有关标准又引入了与发热量和热平衡温度有关的热参考转速。

热参考转速是将轴承温度和热平衡作为限制准则来判定轴承的转速能力。轴承的热参考转速是指在特定的热平衡状态下，轴承所能到达的转速。

可以这样说，热参考转速主要考虑轴承运转时的热平衡，而极限转速则更多考虑轴承高速运转时轴承物理结构的承受能力，比如保持架的运动稳定性。

通常滚动轴承所能达到的许用转速取决于轴承类型、轴承尺寸、滚动体材料、保持架的材料和结构、承受载荷的大小与类型、润滑状态、轴承及其配合部件的加工和组装精度、工作游隙等。

2.7.1　滚动轴承的热参考转速

热参考转速（有的书籍或样本成为热额定转速）是将轴承温度作为限制准则来判定轴承的转速能力。轴承达到工作温度限制的转速，取决于轴承在工作条件下所产生的热量和有多少热量可以从轴承内部散发出去。

轴承的热参考转速是指在特定的热平衡状态下，轴承所能到达的转速，根据 ISO 15132：2003 标准，达到热平衡的参照条件如下：

参照温度：轴承的环境参照温度为 θ_{Ar} = 20 ℃，轴承的温升为 50 ℃，轴承静止的外圈或座圈测得的温度为 70 ℃。下标 r 表示在参照条件下的参数。

参照载荷：向心轴承为纯径向载荷，参照载荷为径向基本额定静载荷 C_{0r} 的 5%，P_{1r} = 0.05 × C_0。

对于单列角接触轴承 0°≤α≤45°，参照载荷为指轴承套圈之间彼此产生纯径向位移的载荷的径向分量。

推力滚子轴承 45°<α≤90°，承受中心轴向载荷，参照载荷为轴向基本额定静载荷的 2%，P_{1r} = 0.02 × C_0。

润滑：

润滑剂：θ_r = 70 ℃ 时，不含 EP 添加剂的矿物油，具有以下运动黏度 v_r。

① 向心轴承：v_r = 12 mm²/s（ISO VG 32）；

② 推力滚子轴承：v_r = 24 mm²/s（ISO VG 68）。

润滑方式：采用油浴润滑，润滑油位应达到处于最低位滚动体的中心。

其他参照条件：

轴承尺寸范围：内径到 1 000 mm 的标准类型轴承；

轴承内部游隙：符合 GB/T 4604—2006 中的"0"组的规定；

密封：不包括接触式密封；

双列向心轴承和双向推力轴承假设为对称结构；

轴承的安装配置：轴承旋转轴线水平，外圈或座圈静止；

配对使用的角接触轴承工作游隙为零。

热参考转速的计算是基于在参照条件下，轴承系统的能量达到平衡。即在参照条件下和热参考转速下，轴承所产生的摩擦热等于轴承所散发的热流量。

轴承热平衡及热参考转速的计算，涉及不同类型轴承散热面积、热流密度、与载荷有关的摩擦力矩和与载荷无关的摩擦力矩的计算，比较烦琐，一般由轴承厂家的专业人士用专用软件进行计算，这里就不详细介绍。

与载荷无关的摩擦力矩 M_{0r} 考虑了轴承的黏滞摩擦，取决于滚动轴承的类型、尺寸（轴承的平均直径）、速度以及润滑条件的影响。润滑条件包括润滑方式、润滑剂类型、运动黏度和润滑剂注入量等。

与载荷有关的摩擦力矩 M_{1r} 考虑了机械摩擦，取决于轴承类型、尺寸（轴承的平均直径）以及载荷的大小及方向。

实际的热流密度可以与本标准假设值有所不同，这取决于与散热性有关的各种摩擦阻力，例如座孔的结构、环境条件等。轴承的摩擦对热流密度具有重要影响。

1. 脂润滑滚动轴承的热参考转速

脂润滑轴承的热参考转速的计算方法与油浴润滑相同。

参照条件：脂润滑轴承与载荷无关的摩擦力矩 M_{0r} 在运转初始阶段不是一个常数，温度会达到一个峰值，因此，轴承可能需要运转 10~20 h 后才能达到一个正常的平衡温度。因此，将轴承运转 10~20 h 后的温度规定为参照温度 $\theta = 70\ ℃$。

润滑剂要求：

润滑脂类型：某矿物油锂基脂，基油的运动黏度在 40 ℃ 时为 100~200 mm^2/s（ISO VG 150）。

润滑脂剂量：填脂量大约为轴承有效空间的 30%。

如果能够满足上述条件（详细见 GB/T 24609—2009/ISO 15312：2003），脂润滑的热参考转速就等同于油浴润滑的热参考转速。

2. 轴承的热参考转速的核定

设计师在进行轴承的选择计算时需要注意的是：样本中的热参考转速是商家按照特定的参考条件计算得出的，而实际的轴承运转条件与参照条件会有差异，比如轴承的布置方式、载荷的类型与大小、润滑剂的基础油的黏度以及轴承工作时的平衡温度。

当轴承外圈旋转时，能够实现的转速会较低，向心轴承采用立式布置时，能够实现的转速也会较低。

当载荷和润滑油的黏度高于参考条件所规定的值时，轴承的内摩擦会增加，除非轴承有更高的允许工作温度，否则，也不能达到样本中的参考转速。

若轴承的环境温度高于 20 ℃，即便其他条件与参考条件相同，除非轴承的允许工作温度升高，否则将达不到样本中的热参考转速；若轴承的转速接近热参考转速，则轴承的工作温度一定会高于 70 ℃。

轴承的实际转速接近或高于热参考转速时，即意味着轴承内、外圈之间有较大的温度差，这时需要采用 C3 组或大于 C3 组游隙的轴承。

如果实际运行确实需要把轴承的转速提高到热参考转速以上，需要采取循环油润滑系统和必要的冷却方式，把轴承内部的热量带走，使轴承在一个稳定的热平衡状态下运行。如果未采取任何改善润滑或冷却的措施，轴承的运转温度会急剧上升。轴承温度升高，会使润滑剂的黏度降低，难以形成有效的润滑油膜，进一步导致温度的持续上升，可能导致润滑失效。如果由于轴承内圈温度的上升，导致轴承游隙的减小，轴承摩擦增大进一步促使轴承温度的升高，轴承最终可能抱死。

轴承制造商会依照标准计算出其生产的每个轴承的热参考转速并罗列在其产品样本中，由于计算中有很多系数，对同一型号的轴承，不同商家的热参考转速会略有不同。

2.7.2　滚动轴承的极限转速

滚动轴承样本中给出的极限转速是在一定假设条件下确定的：

（1）当量动载荷 $P < 0.1C$（C 为轴承的额定动载荷）；

（2）润滑、冷却条件正常；

（3）向心轴承仅受径向载荷，推力轴承仅受轴向载荷；

（4）轴承精度为普通级 P0 级；

（5）标准保持架。

在上述假定条件下，轴承的极限转速可由下式计算：

向心轴承：$n_j = \dfrac{f_1 A}{d_m}$ （2-62）

推力轴承：$n_j = \dfrac{f_1 A}{\sqrt{d_m H}}$ （2-63）

式中　n_j——轴承极限转速（r/min）；

d_m——轴承平均直径（mm）；

H——推力轴承高度（mm）；

f_1——尺寸系数（见图 2-31）；

A——结构系数（见表 2-19）。

计算滚针轴承的极限转速时，应以内圈滚道直径取代 d_m。

表 2-19　结构系数 A（$\times 10^4$）

轴承类型	脂润滑	油润滑	轴承类型	脂润滑	油润滑
深沟球轴承			短圆柱滚子	43	53
单列	48	60	滚针轴承		
单列带防尘盖	48	60	无保持架	9	12
单列带密封圈	34		有保持架	24	36
单列带毡封圈	24		有保持架冲压外圈	20	28
单列带装球缺口	38	48	调心滚子轴承	28	34
双列带装球缺口	30	38	圆锥滚子轴承		
角接触球轴承			单列	30	38
单列	45	60			
双列	32	43	双列	22	28
成对安装	32	43	四列	18	22
四点接触	36	48	推力球	9	13
分离型			推力圆柱滚子轴承	6.7	9
磁电动机轴承	48	60	推力圆锥滚子轴承	6.7	9
调心球轴承	38	48	推力调心滚子轴承		18

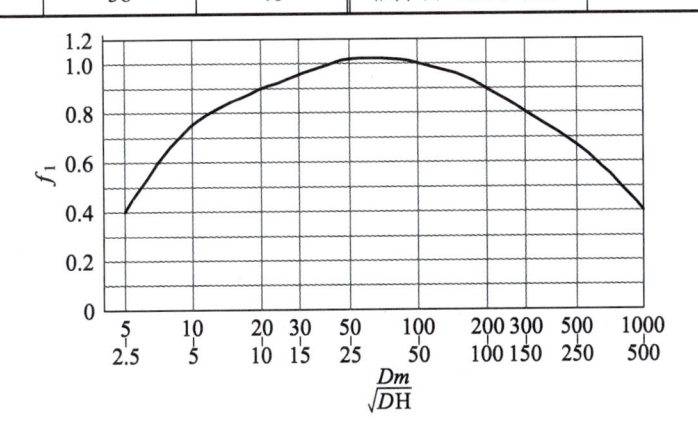

图 2-31　尺寸系数 f_1

目前在大多数商家的样本中会同时给出轴承的极限转速和热参考转速。严格来讲，无论是极限转速还是热参考转速，均与轴承的润滑有关，轴承采用油润滑时的极限转速和热参考转速与采用脂润滑时的极限转速和热参考转速是不相同的。

轴承样本中所列的极限转速仅适应于普通精度、一般润滑状态（油浴润滑、滴油润滑）和标准保持架设计。

对于大部分开式轴承，一般情况下，其极限转速大于热参考转速。部分开式球轴承，由于其摩擦极低，可能存在其热参考转速大于极限转速。在这种情况下，必须通过计算得出轴承的热安全转速和极限转速，取其较小者。

样本中给出的热参考转速是在特定条件下得出的，若需要轴承在高于热参考转速运行，必须采取一定的措施，比如提高其许用的运行温度、采用循环油润滑或者喷射润滑，采用强制的风冷或循环水冷却等散热措施。

2.8 滚动轴承的预紧与调整

轴承安装后以适当方式对轴承施以预载荷，使轴承中滚动体和内外圈之间产生一定量的预变形，通常称为轴承的预紧。根据工况条件的不同，轴承在实际运行时的游隙可能是正的，也可能是负的。在许多应用场合需要轴承有负的工作游隙，即轴承处于预紧状态。

2.8.1 预紧的作用

● 可以提高旋转精度：轴承预紧后，消除了轴承内部游隙，所有滚动体都承受载荷，在轴向和径向对内圈轴起到更好的支承作用，这样可以提高旋转精度，如机床主轴、汽车传动齿轮箱主动轴和小型电机电枢轴等。

● 防止打滑：在有些情况下，轴承高速旋转但承受的载荷又较小，为了防止滚动体与滚道之间的打滑，轴承需要预紧，比如球轴承采用弹簧预紧。预紧的作用是为轴承提供最小的轴向载荷，防止由于惯性力矩所引起的滚动体相对于内外圈滚道的滑动；对于角接触球轴承，通过轴向预紧，可以改善轴承的动态性能，防止或减小钢球的公转打滑，还可以控制钢球的自转打滑；对于航空发动机和行星齿轮传动中的圆柱滚子轴承，通过径向预紧，可以防止滚动体的公转打滑。

● 提高刚性：轴承的刚性是指轴承上的作用力与其变形之比。滚动体与滚道的接触都是弹性接触，可以把滚动体看作弹簧。有游隙的轴承，只有受力方向的几个弹簧的支承。经过预紧的轴承，各个方向都有弹簧支承，而且其具有一定的预压紧量，承受载荷的滚动体个数比有游隙时要多，因此可以提高刚度。对于球轴承，球与滚道的接触应力与变形之间是非线性关系，经过预紧的轴承，在一定的载荷范围内，所产生的变形比没有预紧的轴承的变形要小，刚性有所提高。

● 补偿磨损：轴承在运行中由于磨损游隙会增大，通过预紧可以得到补偿。

● 延长工作寿命：合理的预紧量可以增大承载区域，增加承受载荷滚动体的个数，载荷分布更加均匀，减少了最大承载滚动体的应力，提高了运行可靠性，延长了轴承的工作寿命。

2.8.2 滚动轴承轴向预紧的原理

根据所施加预载荷方向的不同，预紧分为轴向预紧和径向预紧。在实际应用中，球轴承多采用轴向预紧，圆柱滚子轴承由于设计结构所限制，只能采用径向预紧。

对于向心角接触球轴承，其轴向变形与轴向载荷之间的关系为

$$\delta_a = K_a F_a^{2/3} \qquad (2\text{-}64)$$

式中　δ_a——轴承内外圈轴向的相对位移或变形；
　　　F_a——作用在轴承上的轴向载荷；
　　　K_a——轴承的弹性变形常数。对于向心角接触球轴承，K_a 不是常数，因为其实际接触角是随轴向载荷而变化的。

根据上式可以做出单个角接触球轴承轴向变形与轴向载荷曲线，如图 2-32 所示。可以看出，当单个轴承没有预紧时，在轴向载荷作用下，轴承的轴向变形为 δ_{aI}；如果轴承在有预紧载荷 F_{a0} 时，则在同样的外加轴向载荷 F_a 作用下，轴承的轴向变形为 δ_{aII}，显然 $\delta_{aII}<\delta_{aI}$。因此，单列角接触球轴承可以用预紧的方法提高轴承的轴向刚度。

对于圆锥滚子轴承，轴向变形与轴向载荷的关系为

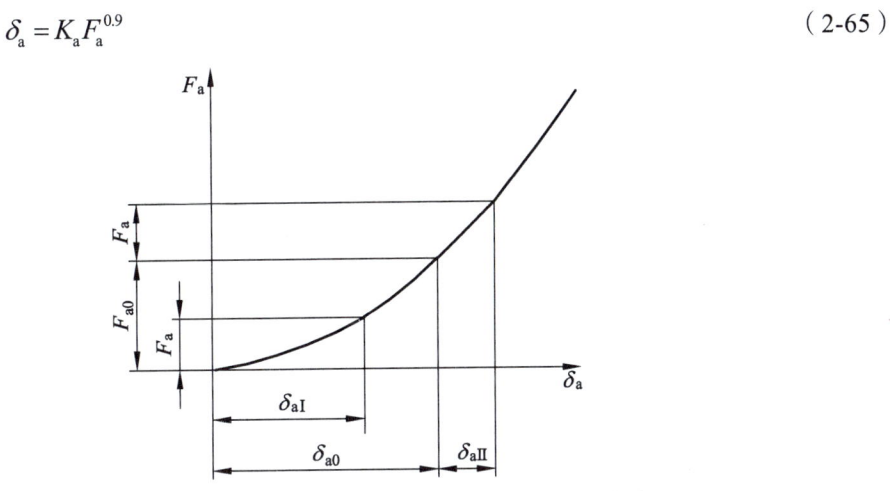

$$\delta_a = K_a F_a^{0.9} \qquad (2\text{-}65)$$

图 2-32　角接触球轴承轴向变形与轴向载荷之间关系曲线

由上述公式可以看出，单个圆锥滚子轴承的轴向变形与轴向载荷之间近似为线性关系，因此单个圆锥滚子轴承不能用预紧的方式增加其刚度。

在实际应用中常常把角接触球轴承和圆锥滚子轴承以面对面或背靠背形式排列安装并预紧。背对背布置轴承载荷作用中心的距离比两个轴承的中心距离长，而面对面布置的轴承载荷作用中心的距离比两个轴承的中心距离短，如图 2-33 所示。背对背轴承可以承受更大的倾覆力矩。

深沟球轴承通常也可以施以轴向预紧，为了达到预紧目的，需要预紧的球轴承需要使用大于普通组的游隙（如 C3），使其能够像角接触球轴承一样在预紧后有大于零的接触角。

2.8.3　滚动轴承轴向预紧的方法

两个相同型号的角接触球轴承或圆锥滚子轴承成对安装时，按照施加预载荷的方法，可分为定位预紧和定压预紧。

（a）背靠背安装　　　　　　　　（b）面对面安装

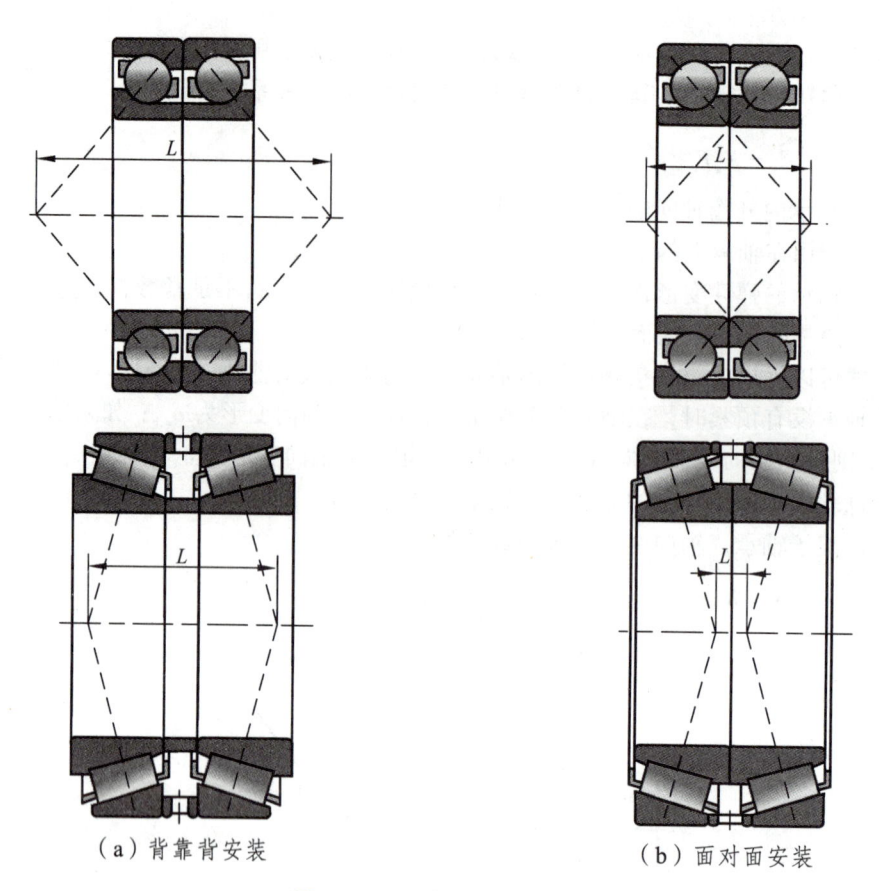

图 2-33　配对轴承的安装方式

1. 定位预紧

面对面、背对背配置的成对角接触球轴承在轴承组装时就考虑了在预紧载荷作用下产生的轴向变形量，在相配置的两个轴承的内圈或外圈的端面上，磨去一定的预紧变形量 δ，使单个轴承非基准端面凸出，另一套圈基准端面的凸出量为 δ。当成对轴承安装到轴和轴承座时，用紧固装置压紧端面，两轴承即处于预紧状态，如图 2-34 所示。

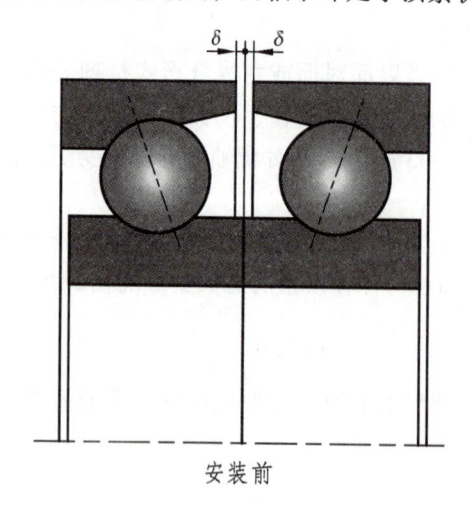

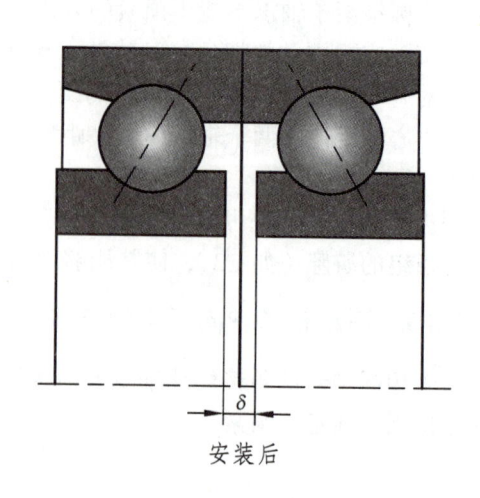

安装前　　　　　　　　安装后

(a) 面对面配置　安装前

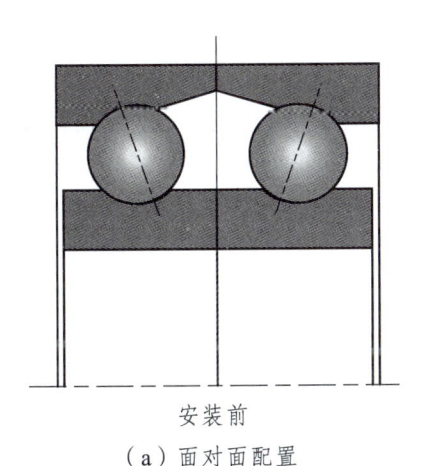

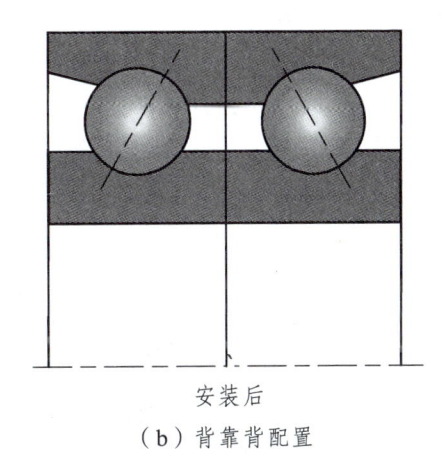

(b) 背靠背配置　安装后

图 2-34　成对安装角接触球轴承的定位预紧

若两轴承间相隔一定间距而端面不贴合时,可借助两轴承端面间的间距套筒实施对轴承的预紧,这时可通过调整两轴承之间的间距套筒的宽度以获得所必需的预紧量,如图 2-35 所示。

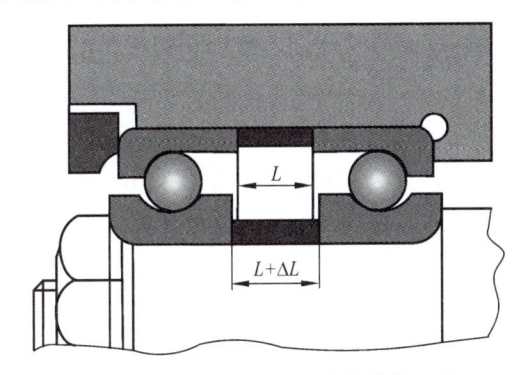

图 2-35　借助定位套筒实施定位预紧

2. 定压预紧

定压预紧是指使轴承的轴向预紧载荷在使用中保持不变的一种轴向预紧方式。图 2-36 是一种应用示例,通过调整弹簧压缩量得到一定的预紧量。与定位预紧相比,定压预紧对轴系刚度的增加不太明显。但是,定位预紧时,轴的受热膨胀或挠曲变形对预紧量有影响,外加轴向载荷会使其中一个轴承的预紧量减小或放松;而定压预紧则不存在这个问题。

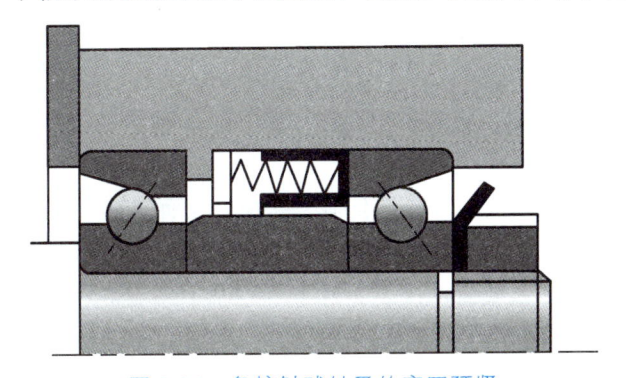

图 2-36　角接触球轴承的定压预紧

在预紧力相同的情况下，定位预紧的刚度大于定压预紧，即定位预紧的轴承载荷引起的轴承变形更小；但定位预紧时，轴和轴承座的温度差引起的轴向长度差、内外圈温度差引起的径向膨胀量均会影响到预紧变形量，定压预紧则完全无影响。故在具体选用预紧方式时，应根据具体情况而定，通常在要求高刚度的场合选用定位预紧，高速有振动冲击载荷的情况下，采用定压预紧。

2.8.4　最小预紧载荷的确定

滚动轴承预紧力的大小要考虑的因素很多，如载荷大小、刚度、轴承及设备的旋转精度、轴承的使用寿命、对振动和噪声的要求、轴承运行温度、润滑等。这么多因素需要考虑，不可能面面俱到，应抓住几个主要因素，兼顾其他因素。

在正常工作温度下，预紧量取决于作用在轴承上的载荷，当两个角接触球轴承或两个圆锥滚子轴承以"面对面"或"背靠背"的方式配置时，每个轴承都必须承受另外一个轴承产生的轴向力。如果配置中使用的两个轴承完全相同，径向力也作用在两个轴承的中间位置，且轴承配置调整至零游隙，这时载荷就会分布在半数的滚动体上。如果存在外部的轴向力，就会出现一个轴承继续"压紧"，而另外一个"放松"的情况，这样轴承会出现游隙，同时放松一端轴承承受载荷的滚动体个数也会减少，若此端的径向载荷也较小，轴承运行时就会产生打滑或异音，这时就要考虑采取预紧。

如前所述，预紧量的大小可以用力来表示，也可以用距离来表示。预紧量可以从已有的成熟设计中得到经验。对于新的设计，也可以计算预紧量，并通过测试验证其效果。一般情况下，要精确地确定预紧量是非常困难的，计算是否准确主要取决于假设的工况与实际工况条件的差异程度，运转温度与相关部件的弹性变形量非常重要，尤其是轴承座。

预紧方式及预紧力大小选择的原则：

（1）一般地说，在高速轻载荷条件下，或是为了减小支承系统的振动和提高旋转精度，多选用定压预紧，如转速较高的电机可以采用定压预紧；定位预紧方式适用高刚度、载荷变化不大、转速不是太高、旋转精度要求一般的场合。

（2）对于滚动轴承自身温度变化大或环境温度变化大的情况，可以选择定压预紧。若是采用定位预紧，热膨胀可能使轴承预紧力太大而抱死。

（3）在较重的载荷下，并且载荷变化范围大，最好采用调压预紧方式。根据载荷的不同，最好能够自动调节预紧载荷的大小，这样既满足了工作要求，又极大地延长了滚动轴承的使用寿命。

（4）受轴承结构形状限制，只能采用径向预紧方式的轴承，如圆柱滚子轴承、锥形孔轴承、滚针轴承等。

预紧载荷过大，轴承的刚度并不能得到显著提高，反而使轴承中的摩擦增大，温度升高，轴承寿命降低。一般应通过计算并结合使用经验决定预紧载荷的大小。对于配对使用的向心角接触轴承，最小的轴向预紧载荷可按表 2-20 所列公式计算确定。

表 2-20 最小的轴向预紧载荷的计算

轴承类型	载荷状况	最小预紧载荷 F_{a0min}
角接触球轴承	纯轴向载荷	$F_{a0min} \geq 0.35 F_a$
	径向和轴向联合载荷	$\begin{cases} F_{a0min} \geq 1.7 F_{rI} \tan\alpha_I - 0.5 F_a \\ F_{a0min} \geq 1.7 F_{rII} \tan\alpha_I + 0.5 F_a \end{cases}$ 取两者中的较大者
圆锥滚子轴承	纯轴向载荷	$F_{a0min} \geq 0.5 F_a$
	径向和轴向联合载荷	$\begin{cases} F_{a0min} \geq 1.9 F_{rI} \tan\alpha_I - 0.5 F_a \\ F_{a0min} \geq 1.9 F_{rII} \tan\alpha_I + 0.5 F_a \end{cases}$ 取两者中的较大值
符号表示	F_{rI}——轴承 I 所承受的径向载荷； F_{rII}——轴承 II 所承受的径向载荷； α_I——轴承 I 的接触角； α_{II}——轴承 II 的接触角	

2.8.5 轴向游隙或预紧量的调整

在安装时，轴承应在室温下进行预紧调整，不能让轴承承受任何的工作载荷。定位预紧时，应使滚动体与滚道始终保持接触，比如在对圆锥滚子轴承布置调整：首先应该将轴承反复转动若干次，确保滚子没有歪斜，滚子的端面与内圈挡边有良好接触，否则实际的预紧量与所需要的预紧量会有误差。

对单列角接触球轴承、圆锥滚子轴承和深沟球轴承轴向游隙或预紧量的调整是通过一个套圈相对于另外一个套圈的轴向位移量来实现需要的预紧量或游隙的。对于单个轴承来讲，调整可以利用螺母、垫片、隔圈等对轴承布置进行调整。比较成熟便捷的调整方法如下：

1. 调整预紧距离

这种方法是在轴系部件组装好后进行的，例如小齿轮轴承的预紧可以采用以下方法进行：
（1）在两个轴承外圈之间加中隔圈，如图 2-37 所示。

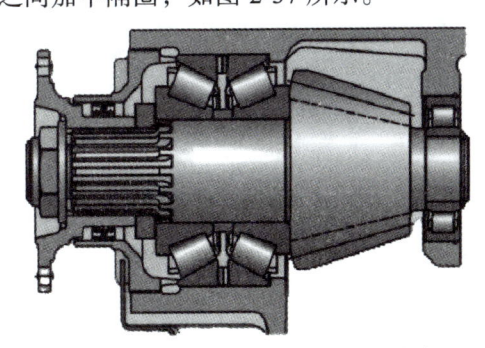

图 2-37 利用隔圈调整预紧或游隙

（2）在轴承座孔肩与外圈套杯之间加入垫片，如图 2-38 所示。
（3）在轴肩与内圈之间或两个轴承内圈之间加上隔环，如图 2-39 所示。
改变中隔圈、垫片或隔环的厚度实现不同的预紧量。

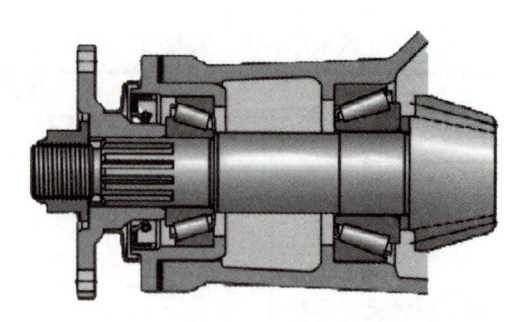

图 2-38 利用轴承座孔肩与箱体之间加入垫片调整预紧或游隙

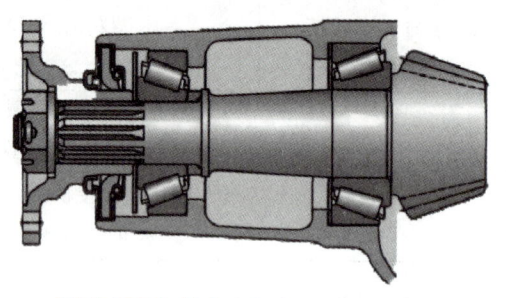

图 2-39 利用内圈与轴肩之间加入隔环调整预紧或游隙

注意：这里叙述起来很简单，但具体操作起来比较麻烦，需要测量有关的尺寸及公差，进行尺寸链的计算。

2. 通过弹簧进行预紧

中小型电机常用的都是深沟球轴承，预紧的最简单办法就是利用弹簧作用在可以轴向移动的轴承的外圈上，如图 2-40 所示。一般情况下预紧力应达到额定动载荷 C_r 的 1%~2%，高振动应用情况下预紧力应达到额定动载荷 C_r 的 3%~4%。

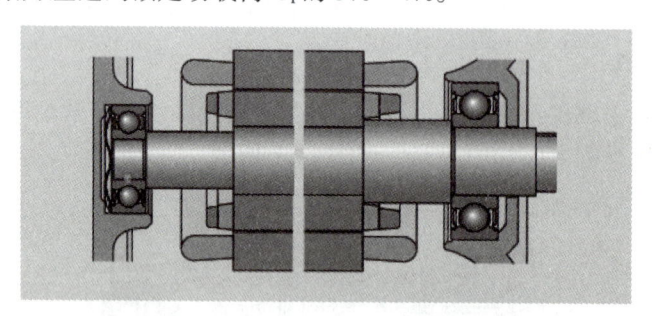

图 2-40 通过弹簧进行预紧

2.8.6 滚动轴承的径向预紧

利用过盈配合使轴承内圈膨胀，可以适当消除轴承游隙，使轴承处于预紧状态，称之为径向预紧。

径向预紧的目的是增加载荷区内的滚动体数，减少滚动体的最大载荷，对于高速圆柱滚子轴承，通过径向预紧可以减少离心力的副作用及滚动体的公转打滑现象。

圆锥形内孔的轴承，用锁紧螺母调整内圈与紧定套的相对位置，增大内圈与轴的过盈量，减小轴承的径向游隙，实现轴承径向预紧的目的。

2.9 滚动轴承的最小载荷

为了得到良好的运行性能，轴承必须承受一定的最小载荷，尤其是在高速或高加速度，并且载荷大小方向在变化的情况下，滚动体的惯性力（包括惯性力矩）对滚动体的润滑和运动产生不良影响，可能产生有害的滑动运动，即所谓的"打滑"。对于向心轴承，为了防止在高速运行时产生打滑，必须施加一个最小径向载荷，对于推力轴承，必须施加一个最小轴向载荷。不同类型轴承所需的最小载荷计算方法如表 2-21 所示。

表 2-21 不同类型轴承的最小载荷计算方法

型号/名称	代号	最小载荷	计算公式	各个符号的含义及单位
单列深沟球轴承	6	最小载荷 F_{rm}	$F_{rm} = k_r \left(\dfrac{nv}{1\,000}\right)^{2/3} \left(\dfrac{d_m}{100}\right)^2$	F_{rm} — 最小径向载荷，kN； k_r — 最小载荷系数（见表 2-22）； v — 工作温度下的油黏度，mm²/s； n — 转速，r/min； d_m — 轴承的平均直径，$d_m = 0.5(d+D)$，mm
单列角接触球轴承	7	最小轴向载荷 F_{am}	$F_{am} = k_r \dfrac{C_0}{1\,000} \left(\dfrac{nd_m}{100\,000}\right)^2$	F_{rm} — 最小径向载荷，kN； F_{am} — 最小轴向载荷，kN； C_0 — 基本额定静载荷； k_a — 最小轴向载荷系数； k_r — 最小径向载荷系数； v — 工作温度下的油黏度，mm²/s； n — 转速，r/min； d_m — 轴承的平均直径，$d_m = 0.5(d+D)$，mm
		最小径向载荷 F_{rm}	$F_{rm} = k_r \left(\dfrac{nv}{1\,000}\right)^{2/3} \left(\dfrac{d_m}{100}\right)^2$	
双列角接触球轴承	3...A	最小轴向载荷 F_{am}	$F_{rm} = k_r \left(\dfrac{nv}{1\,000}\right)^{2/3} \left(\dfrac{d_m}{100}\right)^2$	
四点角接触球轴承	QJ	最小径向载荷 F_{rm}	$F_{am} = k_r \dfrac{C_0}{1\,000} \left(\dfrac{nd_m}{100\,000}\right)^2$	
自调心球轴承	1	最小载荷 P_m	$P_m = 0.01 C_0$	F_{ap} — 最大允许轴向载荷，kN； B — 轴承宽度，mm； d — 轴承内径，mm； C_0 — 基本额定静载荷，kN； P_m — 最小当量静载荷，kN
圆柱滚子轴承	NU/NJ/NUP NCF/NJF NNCL/ NNCF/ NNC/NNF	最小径向载荷 F_{rm}	$F_{rm} = k_r \left(6 + \dfrac{4n}{n}\right)\left(\dfrac{d_m}{100}\right)^2$	F_{rm} — 最小径向载荷，kN； k_r — 最小载荷系数； n — 转速，r/min； n_{rm} — 参考转速，r/min； d_m — 轴承的平均直径，$d_m = 0.5(d+D)$，mm
单列圆锥滚子轴承	3	最小载荷 F_{rm}	$P_m = 0.01 C_0$	F_{rm} — 最小径向载荷，kN； C_0 — 基本额定动载荷，kN； F_r — 实际径向载荷，kN

续表

型号/名称	代号	最小载荷	计算公式	各个符号的含义及单位
配对单列圆锥滚子轴承	3	最小载荷 F_{rm}	$F_m = 0.02C$	F_{rm} — 最小径向载荷，kN； C — 基本额定动载荷，kN
球面滚子轴承	2	最小载荷 P_m	$P_m = 0.01C_0$	P_m — 最小当量载荷，kN； C_0 — 基本额定静载荷，kN
推力球轴承	5	最小载荷 F_{am}	$F_{am} = A\left(\dfrac{n}{1\,000}\right)^2$ $A = k\left(\dfrac{C_0}{10^4}\right)^2$	F_{am} — 最小轴向载荷，kN； A — 最小载荷系数； n — 转速，r/min； k — 系数，取 0.01
圆柱滚子推力轴承	8	最小载荷 F_{am}	$F_{am} = 0.000\,5C_0 + A\left(\dfrac{n}{1\,000}\right)^2$ $F_{ap} = 0.003Bd$	F_{am} — 最小轴向载荷，kN； C_0 — 基本额定静载荷，kN； A — 最小载荷系数，计算方法同上； n — 转速，r/mim； k — 系数，取 0.004
球面滚子推力轴承		最小载荷 F_{am}	$F_{am} = 1.8F_r + A\left(\dfrac{n}{1\,000}\right)^2$	F_{rm} — 最小轴向载荷，kN； F_r — 联合载荷下的径向载荷，kN； A — 最小载荷系数，计算方法同上； n — 转速，r/min
推力角接触球轴承 $\alpha = 45°$ $\alpha = 60°$	2	最小轴向载荷 F_{am}	$F_{am} \geq 0.19F_r + A\left(\dfrac{n}{1\,000}\right)^2$ $F_{am} \geq 0.33F_r + A\left(\dfrac{n}{1\,000}\right)^2$	F_{am} — 最小轴向载荷，kN； F_r — 联合载荷下的径向载荷，kN； C_0 — 基本额定静载荷，kN； A — 最小载荷系数，计算方法同上； n — 转速，r/min； k — 系数，取 0.04

表 2-22 不同类型轴承的最小径向载荷系数 K_r

轴承类型	K_r
深沟球轴承	618 系列取 $K_r = 0.015$ 619 系列、160 系列取 $K_r = 0.020$ 60、161、62 系列取 $K_r = 0.025$ 63 系列取 $K_r = 30$ 64 系列取 $K_r = 40$
双列深沟球轴承	42 系列取 $K_r = 0.050$ 42 系列取 $K_r = 0.060$
成对配置的深沟球轴承	按照上述 K_r 值加倍计算
有装球缺口的深沟球轴承	200 系列取 $K_r = 0.040$ 300 系列取 $K_r = 0.050$

续表

轴承类型	K_r
调心球轴承	14、12E、13E、22 系列取 $K_r = 0.030$ 112、113 系列取 $K_r = 0.040$ 22E、13 系列取 $K_r = 0.045$ 23E 系列取 $K_r = 0.050$
双列角接触球轴承	32 系列取 $K_r = 0.080$ 32A 系列取 $K_r = 0.060$ 32E 系列取 $K_r = 0.090$ 33 系列取 $K_r = 0.095$
DF/DB 配置的角接触球轴承	72B 系列取 $K_r = 0.080$ 72BE 系列取 $K_r = 0.095$ 73B 系列取 $K_r = 0.090$
向心圆柱滚子轴承	10 系列取 $K_r = 0.100$ 2、3、4 系列取 $K_r = 0.150$ 22 系列取 $K_r = 0.200$ 23 系列取 $K_r = 0.250$
满装滚子向心圆柱滚子轴承	18 系列取 $K_r = 0.100$ 29、48 系列取 $K_r = 0.200$ 49 系列取 $K_r = 0.250$ 22、30 系列取 $K_r = 0.300$ 23 系列取 $K = 0.350$ NNF50 系列取 $K_r = 0.400$ 50 系列取 $K_r = 0.500$

2.10 圆柱滚子轴承的轴向承载能力

图 2-41 列出了可以承受轴向力的圆柱滚子轴承结构类型。在流体动力润滑和混合摩擦下，一个圆柱滚子轴承能够承受多大的轴向载荷，取决于润滑和摩擦状况及轴承的总体热平衡。如果滚子与挡边之间能够形成承载的润滑膜，就能实现最有利的摩擦状态。流体动压润滑膜的承载能力与接触几何形状有关。一般圆柱滚子的端面是平的或略微球面形的，利用球面形端面可明显提高承载能力并降低摩擦。

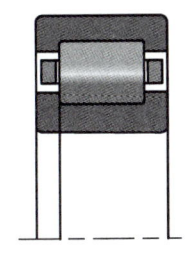

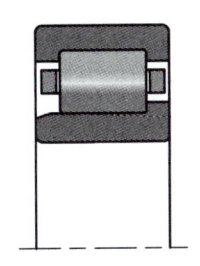

(a) 单列圆柱滚子轴承 NUP　　(b) 单列圆柱滚子轴承 NJ　　(c) 单列圆柱滚子轴承 NJ 和 HJ　　(d) 双列圆柱滚子轴承

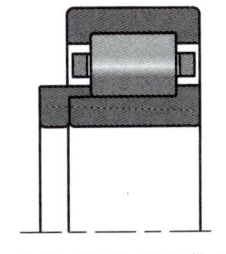

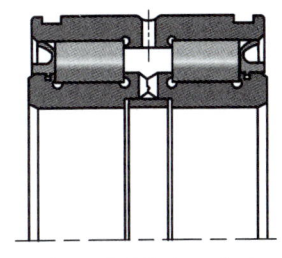

图 2-41 能承受轴向载荷的圆柱滚子轴承

影响轴向承载能力的主要因素有：
- 滚子端面和承载挡边的几何形状；
- 承载挡边上的润滑状态及流体动压承载能力；
- 承载挡边上的热平衡；
- 承载挡边的强度；
- 轴承与支撑配合部件的旋转速度。

为了避免滚子偏斜，轴向载荷与径向载荷的比率不能超过一定值。在没有径向载荷同时作用的条件下，不容许存在持久作用的轴向载荷。

一般几何形状的圆柱滚子适用于：$F_a/F_r \leq 0.4$。

滚子端面为球面的轴承可容许较大值：$F_a/F_r \leq 0.6$。

超出上述比值时，轴承不能够正常工作。

滚子端面和挡边处于良好润滑状态时，可计算出许用轴向载荷$F_{a\,per}$。

普通几何形状的圆柱滚子适用公式：

$$F_{a\,per} = k_S \cdot k_B \cdot d_m^{1.5} \cdot n^{-0.6} \leq F_{a\,max} \tag{2-66}$$

滚子端面为球面的轴承许用轴向载荷提高50%，计算如下式：

$$F_{a\,per} = 1.5 \cdot k_S \cdot k_B \cdot d_m^{1.5} \cdot n^{-0.6} \leq F_{a\,max} \tag{2-67}$$

由挡边强度和抗磨损的可靠性计算出允许的最大轴向载荷$F_{a\,max}$。即便是$F_{a\,per}$能够达到更高值，也不能超过允许的最大轴向载荷$F_{a\,max}$。

式中 $F_{a\,per}$——许用的轴向载荷，N；

$F_{a\,max}$——最大极限载荷，N；

k_S——与润滑方法有关的系数，见表2-23；

k_B——与轴承系列有关的系数，见表2-24；

d_M——轴承平均直径$(d+D)/2$，mm；

n——工作转速，min^{-1}。

系数k_S考虑轴承的润滑方法，见表2-23。润滑及散热越好，容许的轴向载荷越大。

表2-23 与润滑方式有关的系数

润滑方式	系数k_S	
	从	至
最小的散热，滴油润滑，油雾润滑，低工作黏度（$v<0.5 \cdot v_1$）	7.5	10
小量散热，油浴润滑，喷油润滑，油流量低	10	15
散热良好，油循环润滑	12	18
非常好的散热，循环冷却油润滑，高的工作黏度（$v>2 \cdot v_1$）	16	24

轴承类型系数k_B：该k_B值的前提条件是润滑剂的工作黏度至少为按DIN ISO 281所规定的基准黏度v_1。系数k_B考虑尺寸以及挡边流体动力接触的承载能力，见表2-24。

表 2-24 轴承系数 k_B

系列	系数 k_B
尺寸系列 18，NNC48..	4.5
尺寸系列 29，NNC49..-V	11
尺寸系列 30，尺寸系列 50	17
尺寸系列 22	20
尺寸系列 23	28
NJ2..-E，NJ22..-E，NUP2..-E，NUP22..-E	15
NJ3..-E，NJ23..-E，NUP3..-E，NUP23..-E	20
NJ4	22

承受轴向交变载荷的圆柱滚子轴承最好采用脂润滑，因为在载荷方向变换时总是需要有足够的润滑剂在滑动接触处。轴承由静止状态加速到工作转速，在启动阶段总是出现混合摩擦。要使轴承无损地渡过这个临界阶段，建议使用适用的 EP 添加剂。基础油在在稳态温度下工作黏度 v 至少为 18 mm^2/s。

轴向载荷的性质也直接影响圆柱滚子轴承的轴向承载能力，一般情况下，间断的轴向载荷能够改善轴承润滑状态，对于短时间作用的轴向载荷，可将该值乘以 2；如果承受的是轴向冲击载荷，则可将该值乘以 3。为了确保挡边的强度和支承刚度，建议轴的挡肩高度大于轴承挡边高度的一半。

当轴挠曲变形较大时，轴肩会挤压到内圈挡边上，这种情况与轴向载荷共同作用可导致内圈挡边承受较大的交变应力。当轴向载荷较大且轴的挠曲变形较大时，建议应对内圈挡边进行具体的强度分析。

为了保证轴承挡边均匀承受轴向载荷以及轴系的旋转精度，对与轴承接触的相邻部件形位公差尤其是轴系跳动有较高的要求。

第 3 章 滚动轴承的材料及表面处理技术

3.1 轴承钢的性能要求及选择

在滚动轴承应用中，钢材是轴承套圈和滚动体最常用的材料。滚动轴承的功能、使用寿命和工作可靠性除了与轴承类型、尺寸、润滑和维护有密切关系外，与轴承结构零件的材料也有很大的关系。除尺寸稳定性外，材料的硬度和韧性也是选择材料时要考虑的决定性因素，因为无论在清洁的环境还是在污染的环境中，材料硬度和韧性对承载能力、疲劳性能及滚动接触处的接触状态都会产生决定性的作用。对于特殊工况的轴承，材料的选择和热处理工艺就更为重要。保持架作为轴承中的一个受力元件，一般采用金属材料制作，也有采用非金属材料制作的。为了适应高速或电绝缘要求，陶瓷材料也用来制作滚动体。有时为了满足特殊的使用要求或改善轴承的性能，需采用必要的涂层处理。

本章就主要介绍用于制作轴承元件材料的类型、化学成分、机械性能、热处理工艺以及满足特殊要求的涂层技术。

3.1.1 轴承钢的性能要求

轴承内、外圈滚道和滚动体在很高的接触应力作用下进行相对滚动运动，一般情况下的接触应力达到 1 000 ~ 4 000 MPa，除了能够承受较高的接触应力外，轴承旋转时，还要承受离心力的作用，离心力随转速的增加而增大；需要轴承材料既要具有高的静、动态强度，同时还要具有尽可能大的韧性；滚动体与滚道、滚动体与保持架、滚动体与挡边之间存在一定的滑动摩擦，产生剪切应力。

在以上几种应力的综合作用下，在套圈或滚动体的表面上抗疲劳强度低的部位首先产生疲劳裂纹，最后形成疲劳剥落，使轴承破损失效。

轴承的寿命和可靠性虽然与轴承的设计、加工制造、润滑条件、安装、维护保养等因素有关，但轴承材料的高质量和可靠性是关键。滚动轴承零件要在拉伸、压缩、弯曲、剪切、交变等复杂应力状态和高应力值之下，高速而长时间地工作。在此可以通过使用合适的材料并采用适当的热处理来满足要求。因此，对滚动轴承材料要求具有：

（1）较高的接触疲劳强度：滚动轴承运转时，滚动体在轴承内、外圈的滚道间滚动，其接触部分承受周期性交变载荷，多者每分钟可达数十万次，在周期性交变应力的作用下，接触表面金属出现疲劳剥落，引起轴承振动、噪声增大，工作温度急剧上升，致使轴承最终损坏，称为接触疲劳破坏。接触疲劳破坏是轴承正常破坏的主要形式。而材料的接触疲劳强度高，意味着其抗疲劳能力强，因此要求滚动轴承用钢，应具有较高的接触疲劳强度。

（2）良好的耐磨性：滚动轴承工作时，除了发生滚动摩擦外，同时也发生滑动摩擦，发生滑动摩擦的主要部位是：滚动体与滚道之间、滚动体和保持架兜孔之间、保持架和套圈引导挡边之间以及滚子端面与套圈引导挡边之间等。无论是宏观还是微观的滑动摩擦，都会导致接触表面的磨损，滚动轴承中滑动摩擦的存在不可避免地使轴承零件产生磨损。如果轴承钢的耐磨性差，滚动轴承便会因磨损而过早地丧失精度或因旋转精度下降而使轴承振动增加、寿命降低。因此，要求轴承钢应具有良好的耐磨性。

（3）较高的弹性模量和弹性极限：由于滚动体与套圈滚道之间接触面积很小，轴承在载荷作用下，特别是在较大载荷作用下，接触表面接触压力很大。为了防止在高接触压力下发生过大的塑性变形，使轴承精度丧失或发生表面裂纹，因此要求轴承钢应具有较高的弹性。

（4）适宜的硬度：硬度对接触疲劳强度、耐磨性、弹性极限，都有直接的影响关系，因此，滚动轴承的硬度也直接影响着滚动轴承的各种寿命。轴承钢的硬度并非越高越好，大小要适宜，过大或过小都会影响接触疲劳强度和耐磨性，从而影响轴承的使用寿命。滚动轴承在国家标准中规定：当轴承套圈和滚子用 GCr15 轴承钢制造时，其硬度应为 HRC61~65；用 GCr15SiMn 制造时，应为 HRC60~64。大量试验表明，在上述硬度范围内，材料的接触疲劳强度、耐磨性和弹性极限都是高的。

（5）一定的韧性：滚动轴承在使用中都会承受一定的冲击载荷，因此要求轴承钢具有一定的韧性，以保证轴承不因冲击而破坏。

（6）良好的尺寸稳定性：滚动轴承是精密的机械零件，其精密度是以微米（μm）来计量的。在长期的保管和使用中，因材料内在组织发生变化而引起零件尺寸的变化，会使轴承丧失精度。因此，为保证轴承的尺寸精度，轴承钢应具有良好的尺寸稳定性。

（7）一定的防锈性能：滚动轴承的生产工序繁多，生产周期较长，有的成品还需较长时间的存放，因此，轴承在生产过程中和成品保存中都极易发生锈蚀，特别是在潮湿的空气中，所以，要求轴承钢具有一定的防锈性能。

（8）良好的工艺性能：滚动轴承在生产中，其零件要经过多道冷、热加工工序。这就要求轴承钢应具有良好的工艺性能，如冷、热成型性能，切削、磨削及热处理性能等，以适应大批量、高效率、低成本和高质量生产的需要。

此外，对于特殊工作条件下使用的轴承，对其用钢还必须提出相应的特殊性能要求，如耐高温、高速性能、抗腐蚀以及防磁性能等。

为了满足以上对轴承钢性能的基本要求，对轴承用钢的冶金质量提出以下的基本要求：

（1）化学成分要求：一般轴承用钢主要是高碳铬轴承钢，即含碳量 1%左右，加入 1.5%左右的铬，并含有少量的锰、硅元素的过共析钢。铬可以改善热处理性能，提高淬透性、组织均匀性、回火稳定性，也可以提高钢的防锈性能和磨削性能。

但当铬含量超过 1.65%时，淬火后会增加钢中残余奥氏体，降低硬度和尺寸稳定性，增加碳化物的不均匀性，降低钢的冲击韧性和疲劳强度。为此，高碳铬轴承钢中的含铬量一般控制在 1.65%以下。只有严格控制轴承钢中的化学成分，才能通过热处理工序获得满足轴承性能的组织和硬度。

（2）纯洁度要求：钢的纯洁度是指钢中非金属夹杂物含量的多少，纯洁度越高，钢中的非金属夹杂物越少。轴承钢中的氧化物、硅酸盐等有害夹杂物是导致轴承早期疲劳剥落、显著降低轴承寿命的主要原因。特别是脆性夹杂物危害最大，由于在加工过程中容易从金属基体上剥落下来，严重影响轴承零件精加工后的表面质量。因此，为了提高轴承的使用寿命和可靠性，必须降低轴承钢中非金属夹杂物的含量。

（3）低倍组织和显微（高倍）组织要求：轴承钢的低倍组织是指一般疏松、中心疏松和偏析；显微（高倍）组织包括钢的退火组织、碳化物网状、带状和液析等。网状碳化物降低钢的冲击韧性，带状碳化物影响退火和淬火回火组织以及接触疲劳强度。低、高倍组织的优劣对滚动轴承的性能和使用寿命有很大的影响，所以，在轴承材料标准中对低、高倍组织有着严格的要求。

（4）表面缺陷和内部缺陷要求：对轴承钢而言，表面缺陷包括裂纹、夹渣、毛刺、结疤、氧化皮等；内部缺陷包括缩孔、气泡、白点、严重的疏松和偏析等。这些缺陷对轴承的加工、轴承的性能和寿命有很大的影响，在轴承材料标准中明确规定不允许出现这些缺陷。

（5）碳化物不均匀性要求：在轴承钢中，如果出现严重的碳化物分布不均匀，则在热处理加工过程中就容易造成组织和硬度的不均匀，钢的组织不均匀性对接触疲劳强度有较大的影响。另外，严重的碳化物不均匀性还容易使轴承零件在淬火冷却时产生裂纹，碳化物不均匀性还会导致轴承的寿命降低，因此，在轴承材料标准中，对不同规格的钢材均有明确的特别要求。

（6）表面脱碳层深度要求：在轴承材料标准中对钢材表面脱碳层有着严格的规定，如果表面脱碳层超出标准规定的范围，且在热处理前的加工过程中又没有将其全部清除掉，则在热处理淬火过程中就容易产生淬火裂纹，造成零件的报废。

3.1.2　轴承钢的选择原则

在设计和制造滚动轴承时，一般按如下原则来选择轴承材料。

（1）工作温度：常温下工作的轴承，采用高碳铬轴承钢。工作温度高于 120 ℃ 低于 250 ℃ 也采用高碳铬轴承钢，但要经过尺寸稳定化的热处理。

（2）承受载荷的大小及性质：承受强大冲击载荷的轴承，一般不采用高碳铬轴承钢，大多数采用优质渗碳钢。

（3）接触介质：在有腐蚀性的介质中使用的轴承必须采用具有良好耐腐蚀性的耐蚀钢制造。

（4）轴承的结构类型：轴承零件结构较复杂，如外圈带挡边，而且承受较高的冲击载荷时，宜采用加工性能良好的渗碳钢；冲压滚针轴承外圈可采用低碳钢（塑性好，适于冷冲压加工）；摆动机构或操纵机构上使用的关节轴承，可采用具有优良的冷塑性变形性能的 GCr15、9Cr18、9Cr8Mo。

（5）轴承疲劳寿命和可靠性：轴承疲劳寿命和可靠性，在一定程度上取决于钢的纯洁度和组织均匀性。对于一般使用场合，多使用酸性平炉或碱性电炉冶炼的普通轴承钢。对于可靠性有特殊要求的航空发动机主轴轴承和导航系统轴承，需要采用电流重熔、真空冶炼的轴承钢。

3.1.3　国产轴承钢的牌号及化学成分

轴承钢属于特殊优质钢范畴，除要求具备承担滚动和防磨损所需的硬度外，还必须具备必要的韧性。轴承套圈和滚动体的最低硬度一般为 58 HRC。

在 DIN EN ISO 683-17 中列出了常见的滚动轴承材料，包括高碳铬轴承钢、渗碳轴承钢、感应淬火轴承钢、不锈轴承钢及高温轴承钢等五大类。中国国标委及铁路相关部门也发布了多个关于轴承各零件材料的相关标准指导应用，如 GB/T 18254 推荐了各种高碳铬轴承钢的化学成分及材料质量要求，GB/T 3203 推荐了渗碳轴承钢的化学成分及材料质量要求，GB/T 25770 规定了铁路货车用滚动轴承所用轴承材料的引用标准等。

中国国家标准（GB）中各种轴承钢材的牌号和化学成分如表 3-1 所示。

表 3-1 中国国家标准（GB）中各种轴承钢材的牌号和化学成分

	牌号	化学成分/%											
		C	Si	Mn	Cr	Mo ≤	P ≤	S ≤	Ni ≤	Cu ≤	Ni+Cu ≤	O≤ 模铸	O≤ 连铸
高碳铬轴承钢	GCr4	0.95 / 1.05	0.15 / 0.3	0.15 / 0.3	0.35 / 0.5	0.08	0.025	0.02	0.25	0.2		0.0015	0.0012
	GCr15	0.95 / 1.05	0.15 / 0.35	0.25 / 0.45	0.35 / 0.5	0.1	0.025	0.025	0.3	0.25	0.5	0.0015	0.0012
	GCr15SiMn	0.95 / 1.05	0.45 / 0.75	0.95 / 1.25	1.4 / 1.65	0.1	0.025	0.025	0.3	0.25	0.5	0.0015	0.0012
	GCr15SiMo	0.95 / 1.05	0.45 / 0.75	0.95 / 1.25	1.4 / 1.65	0.1	0.025	0.025	0.3	0.25	0.5	0.0015	0.0012
	GCr18Mo	0.95 / 1.05	0.45 / 0.75	0.95 / 1.25	1.4 / 1.65	0.1	0.025	0.025	0.3	0.25	0.5	0.0015	0.0012
	另：根据需方要求，并在合同中注明，供方应分析 Sn、As、Sb、Pb、Al 等残余元素，具体指标双方协商。轴承管用钢 Cu≤0.20%，盘条用钢 S≤0.020%，钢坯及钢材的化学成分允许偏差 C±0.03、Si±0.02、Mn±0.03、Cr±0.05、P+0.005、S+0.005、Ni±0.03、Cu±0.02、Mo≤0.10% 时，±0.01；Mo>0.10% 时，±0.02。需方可按炉批对钢坯及钢材进行成品分析													
渗碳轴承钢	G20CrMo	0.17 / 0.23	0.2 / 0.35	0.65 / 0.95	0.35 / 0.65	0.08 / 0.15	0.03	0.03		0.25			
	G20CrNiMo	0.17 / 0.23	0.15 / 0.4	0.6 / 0.9	0.35 / 0.65	0.15 / 0.3	0.03	0.03	0.4 / 0.7	0.25			
	G20CrNi2Mo	0.17 / 0.23	0.15 / 0.4	0.4 / 0.7	0.35 / 0.65	0.2 / 0.3	0.03	0.03	1.6 / 2	0.25			
	G20Cr2Ni4	0.17 / 0.23	0.15 / 0.4	0.3 / 0.6	1.25 / 1.75		0.03	0.03	3.25 / 3.75	0.25			
	G10CrNi3Mo	0.08 / 0.13	0.15 / 0.4	0.4 / 0.7	1 / 1.4	0.08 / 0.15	0.03	0.03	3 / 3.5	0.25			
	G20Cr2Mn2Mo	0.17 / 0.23	0.15	1.3 / 1.6	1.7 / 2	0.2 / 0.3	0.03	0.03	≤0.30	0.25			
	另：渗碳轴承钢按高级优质钢生产时，其硫、磷含量应≤0.020%，钢材的化学成分允许偏差 C±0.02、Si±0.03、Mn±0.04、Cr±0.05、P+0.005、S+0.005、Ni±0.05、Cu±0.05、Mo±0.02													

续表

	牌号	化学成分/%									
		C	Si	Mn	Cr	Mo	P	S	Ni	Cu	Ni+Cu	O≤	
							≤	≤	≤	≤	≤	模铸	连铸
不锈轴承钢	9Cr18	0.9 1	≤0.80	≤0.80	17 19		0.035	0.03	0.3	0.25	0.5		
	9Cr18Mo	0.95 1.1	≤0.80	≤0.80	16 18	0.4 0.7	0.035	0.03	0.3	0.25	0.5		
	另:钢坯及钢材的化学成分允许偏差 Cr±0.15、Mo±0.03												
中碳轴承钢	65Mn	0.62 0.7	0.17 0.37	0.9 1	0.25		0.3	0.25					
	50CrVA	0.47 0.54	0.17 0.37	0.5 0.8	0.8 1.1							V 0.10~0.20	
	50CrNi	0.47 0.54	0.17 0.37	0.5 0.8	0.45 0.75				1 1.4				
	55SiMoVA												
	50CrNiMo												
高温轴承钢	8Cr4Mo4V	0.75 0.85	≤ 0.35	≤ 0.35	3.75 4.25	4 4.5	0.015	0.008	0.2	0.2		V 0.90~1.10	
	G13CrMo4-NiV	0.11 0.15	0.1 0.25	0.15 0.35	4 4.25	4 4.5	0.015	0.01				V 1.13~1.33	

轴承钢中不同元素的主要作用如下:

碳元素决定钢的性能的主要元素,高碳铬钢碳含量在 0.95%~1.05%,以保证钢的高硬度和耐磨性;渗碳轴承钢碳含量决定了淬火后零件心部硬度,一般在 0.08%~0.3%。

铬是碳化物形成的主要元素,其主要作用是提高淬透性和耐磨、耐腐蚀性,并可以提高耐磨性,含量在 0.5%~1.65%。对渗碳轴承钢可以提高淬透性。高温轴承钢的含量可以达到 4.0%。

硅 Si 元素提高淬透性,增加钢疲劳强度。

锰 Mn 元素提高淬透性,增加残余奥氏体。

钼 Mo 元素提高淬透性,细化晶粒。

钛 Ti 是有害元素,钛与氮的亲和力较强,可以形成坚硬的 TiN 夹杂物,影响疲劳寿命。

铜 Cu 也是有害元素,其熔点较低,在钢中存在易在加热时形成表面裂纹,同时引起时效硬化影响轴承的精度。

硫、磷、铅、锡、锑、铋属于夹杂物，应尽量减少其含量以提高疲劳寿命。

各国轴承钢牌号对照表如表 3-2 所示。

表 3-2　各国轴承钢牌号对照表

序号	中国	德国	法国	日本	瑞典	英国	美国	
	GB	DIN	NF	JIS	SKF	BS	ASTM/AISI	UNS
高碳铬轴承钢									
1	GCr6	100Cr2（W1）	100C2	—	SKF9	—	50100 / E50100	G50986
2	GCr9	105Cr4（W2）	100C5	SUJ1	SKF13	—	E51100	G51986
3	GCr9SiMn	—	—	SUJ3	SKF1	—	A485Crl	—
4	GCr15	100Cr6（w3）	100C6	SUJ2	SKF3	535A99	E52100	G52986
5	GCr15SiMn	100CrMn6（W4）	100Cm6	—	SKF2	—	—	—
渗碳轴承钢									
6	G20CrMo	20MoCr4	—	—	—	—	A534 4118H	—
7	G20CrNiMo	21NiCrMo2	20NCD2	SNCM220	SKF152	805A20	A534 8620H	—
8	G20CrNi2Mo	—	20NCD7	SNCM420	—	—	A534 4320H	—
9	G20Cr2Ni4	—	—	—	—	—	—	—
10	G10CrNi3Mo	—	—	—	—	832H13	A534 9310H	—
不锈轴承钢									
11	9Cr18	—	—	SUS440C	—	—	—	—
12	9Cr18Mo	X102CrMo17	Z100CD1	SUS440C	SKF577	—	A756	—

3.2　常用轴承钢性能及其用途

3.2.1　高碳铬轴承钢

高碳铬轴承钢是轴承钢的代表钢种，含碳量低于 1%，并且含有 Cr、Mn、Mo、Si 等合金元素的优质合金钢。

国际标准化组织和主要工业国家对高碳铬轴承钢都有专用的技术标准。例如，ISO/FDIS683-17 中的高碳铬轴承钢钢种有：100Cr6、100CrMnSi4-1、100CrMnSi3-4、100CrMnSi3-6、100CrMo7、100CrMo3-3、100CrMo3-4、100CrMnMoSi8-4-6。中国的高碳铬轴承钢（GB/T 18254—2002）包括的钢种有：GCr15、GCr15SiMn、GCr4、GCr15SiMo、GCr18Mo，详细的高碳铬轴承钢牌号和化学成分见表 3-1。

轴承套圈和滚动体目前主要用通淬轴承钢制造，其性能可通过热处理而达到使用条件的要求。如 GCr15，表示含铬量为 1.5% 的滚动轴承钢。GCr15 钢是一种合金含量较少、具有良好性能、应用最广泛的高碳铬轴承钢，其热处理工艺性好。经过淬火加回火后表面硬度可达

58~65 HRC，具有良好的耐磨性、高的耐接触疲劳性能。

GCr15 用于制造壁厚≤12 mm、外径≤250 mm 的滚动轴承套圈，或制造直径≤22 mm 的圆锥、圆柱、球面滚子及全部尺寸的滚针，也可用于制造模具、量具和木工刀具及高弹性极限、高疲劳强度的机械零件。

GCr15SiMn（高淬透型钢）在 GCr15 钢的基础上提高硅、锰含量，因而淬透性比 GCr15 好，用于制造壁厚>12 mm、外径>120 mm 的滚动轴承套圈，直径>50 mm 的钢球及直径>22 mm 的圆锥、圆柱、球面滚子及全部尺寸的滚针。其他用途与 GCr15 相同。

GCr15SiMo（高淬透型钢）在 GCr15 钢的基础上增加含硅量，添加了钼。其淬透性高、耐磨性好、疲劳强度高、综合性能良好，适于制造大尺寸范围的滚动轴承套圈及钢球、滚柱等。

GCr18Mo（高淬透型钢）在 GCr15 钢的基础上加入 0.15%~0.25%的钼，并提高了含铬量，因而淬透性提高，可进行下贝氏体等温淬火，达到与马氏体淬火相近的硬度和耐磨性，而且钢的冲击、断裂韧度和抗弯强度都得到提高，因而提高了钢的综合力学性能和寿命，可制造壁厚达 20 mm 的滚动轴承套圈，其滚动轴承件的尺寸范围也扩大。

GCr4（限制淬透型钢）是低淬透性滚动轴承钢，浅层淬火回火后具有 GCr15 全淬透型轴承钢和渗碳钢的性能。淬火后表面硬度高，表面耐性好，抗疲劳性能好，心部硬度只有 35~40 HRC，韧性好、抗冲击。

3.2.2 渗碳轴承钢

轨道车辆轮对轴承、矿山机械轴承、重型车辆轴承、载重汽车轴承等工作时不仅承受高载荷，而且承受强烈的冲击和磨损。这类轴承零件如仍然用高碳铬轴承钢制造，热处理后虽然硬度、耐磨性和耐疲劳强度很高，但脆性大、冲击性能差。如采用低碳合金钢，经过渗碳处理后，则零件表面层具有高的硬度、耐磨性和疲劳强度，而心部为低碳马氏体，具有高的韧性和足够的强度。

渗碳零件的表面和心部的碳浓度不同，淬火冷却时心部先发生组织转变，表面渗碳层后发生组织转变。这样，对渗碳层造成了有益的残余压应力，使零件具有良好的耐疲劳性和抗断裂性，减少了轴承发生损坏的危险。

渗碳轴承钢是在低碳碳素钢的基础上添加合金元素 Ni，Cr，Mo，Mn 而来的，属于亚共析钢。Ni、Cr、Mo 的主要作用是提高淬透性，提高心部的强度和韧性。

渗碳轴承钢与高碳铬轴承钢相比有如下优点：

● 渗碳钢由于可以对渗碳层深度，表面碳浓度及其分布梯度进行自由调节，因此，能够适用于各种不同使用条件下工作的轴承。

● 由于渗碳钢表面有渗碳层，在淬火后与其心部相比，具有较大的比容和较低的马氏体转变温度（M_s），因此在热处理后，渗碳钢零件表面存有残余压应力，从而提高了接触疲劳强度。

● 由于渗碳钢经渗碳及淬火处理后，可获得高的表面硬度，从而保证了产品抗压性能和耐磨性。由于渗碳钢热处理后仍保留着低碳的心部，将使冲击韧性值大大提高。

● 由于渗碳轴承表面存在着压应力，因而形成了抵制缺口敏感性的作用，避免了通淬轴承钢容易产生脆性失效现象，为轴承的完全使用创造了条件。

总之，使用渗碳钢制造轴承具有比通淬轴承钢更好的抗通裂性能。

ISO/FDIS683-17 中的渗碳轴承钢钢种有 20Cr3、20Cr4、20MnCr4-2、17MnCr5、19MnCr5、

15CrMo4、20CrMo4、20MnCrMo4-2、20NiCrMo2、20NiCrMo7、18CrNiMo6-6、16NiCrMo16-5。

美国的 ASTM A534 的渗碳钢标准中，除了覆盖 ISO/FDIS683-17 的所有钢种外，还包括 4118H、4320H、4620H、4720H、4817H、4820II、5120H、8617H、8620H 和 9310H。

中国的渗碳轴承钢标准 GB/T 3203—82 中的钢种有：G20CrMo、G20CrNiMo、G20CrNi2Mo、G20Cr2Ni4、G10CrNi3Mo、G20Cr2Mn2Mo、G20CrMo、G20Cr2Ni4。详细的渗碳轴承钢牌号和化学成分见表 3-1。

G20CrMo 为低合金渗碳钢，经过渗碳、淬火、回火之后，表层硬度较高、耐性较好，而心部硬度低，韧性好，适于制作耐冲击载荷的机械零件，如汽车齿轮、活塞杆、螺栓、滚动轴承等。

G20CrNiMo 钢有良好的塑性、韧性和强度。渗碳或碳氮共渗后，其疲劳强度比 GCr15 高很多，淬火后表面耐磨性与 GCr15 相近，二次淬火后表面耐磨性比 GCr15 高很多，而心部韧性好，用于制作受冲击载荷的汽车轴承及其他用途的中小型轴承，也可制作汽车、拖拉机用的齿轮及钻探牙轮钻头的牙爪及牙轮体。

G20CrNi2Mo 钢的表面硬化性能中等，其冷加工、热加工塑性较好，可制成棒材、板材、钢带及无缝钢管，适于制作汽车齿轮、活塞杆、圆头螺栓、万向接头及滚动轴承等。

G20Cr2Ni4 钢是常用的渗碳合金结构钢。渗碳、淬火、回火后，其表面有高硬、高耐磨性及高接触疲劳强度，而心部有良好的韧性，可承受强烈冲击载荷，用于制作耐冲击载荷的大型轴承，如轧钢机轴承，也用于制作坦克、推土机上的轴、齿轮等。

G20Cr2Mn2Mo 钢是优质低碳合金钢，渗碳、淬火、回火后有相当高的硬度、耐磨性和高接触疲劳强度，同时心部又有较高的韧性。与 G20Cr2Ni4 相比，其基本性能相近，但成本更低。

G13Cr4Mo4Ni4V（高温渗碳轴钢）是在高温下使用的低碳渗碳合金钢，经渗碳、淬火、回火后，具有高的接触疲劳强度、冲击韧度和断裂韧度，特别适合用于耐冲击轴承，用于制作航空发动机的高温轴承或其他行业使用的耐高温、耐冲击轴承。

渗碳轴承钢经渗碳、淬回火后，表层具有较高硬度和耐磨性，达到轴承材料的基本要求，心部有具有良好的耐冲击韧性。用这种材料制作的轴承可以承受较大的冲击载荷，同时又具有较高的耐磨性和接触疲劳强度。

如果轴承除了承受一般滚动接触应力外，还要承受强大的冲击应力或交变弯曲应力。由于高碳铬钢的耐冲击韧性较差，难以满足要求，因此采用渗碳钢进行表面渗碳并通过淬火和低温回火获得良好的心部韧性和较高的表面强度。

3.2.3　表面感应淬火钢

表面感应淬火钢即中碳钢或中碳合金钢，若轴承必须承受弯曲、冲击、扭矩载荷时，对轴承零件可进行局部硬化。这种应用工况条件下的轴承多采用表面感应淬火钢制造。中碳钢和中碳合金钢轴承零件主要采用整体调质（淬火后高温回火），然后表面局部感应淬火和低温回火，其整体可以达到渗碳钢的硬度和强度，因而也具有高的耐磨性和接触疲劳强度；同时又具有良好的耐冲击韧性和抗弯、抗扭性能。

ISO/FDIS683-17 中的中碳轴承钢钢种有：C56E2（相当于 S55C 或 SAE1055）、56Mn4、70Mn4（相当于 SAE1070）、43CrMo4（相当于 SCM440 或 SAE4142）。美国中碳轴承钢标准 ASTM A866（2001）中，除了 C56E2 和 56Mn4 之外，还有 1040、1050、1541、1552、4130、

4140、4150、5140、5150、6150 和 43CrMo4。这些中碳轴承钢淬回火处理后具有高的屈强比、较高弹性极限和耐磨性能，以及良好的抗疲劳和抗多次冲击性能。中国用于制造轴承的中碳合金钢钢种有：50CrNiA、66Mn、50MnA、65Mn、50CrVA 或 50CrNi、55SiMoVA、50SiMo、50CrNiMo。详细的中碳轴承钢牌号和化学成分见表 3-1。

中碳轴承钢的开发主要为适应轮毂和齿轮等部位具有多种功能的轴承部件，如带法兰的轿车或载重汽车车轮轴承单元的外圈或内圈、水泵轴承主轴，也适合制作转速不高，但承受较大的轴向、径向载荷及弯曲载荷的掘进、起重、大型机床等重型设备上用的特大尺寸轴承。

中碳轴承钢的热加工、冷加工性能较好，与渗碳、碳氮共渗相比较，工艺也较简单，且同样达到表面硬化效果，因此，近年来发展较快。

3.2.4 耐高温轴承钢

随着航空、航天工业的发展，喷气发动机、燃汽轮机和宇航飞行器的制造要求越来越高，轴承的工作温度越来越高，甚至高于 300 ℃。工作温度高的应用场所，用淬透铬钢或者渗碳钢制造的轴承不能满足尺寸稳定性的要求时，需要使用耐热材料制造的轴承。这样，高温轴承钢应运而生。高温轴承钢应具有高的高温硬度（大于 50 HRC）、尺寸稳定性、耐高温氧化性、低的热膨胀性和高的抗蠕变强度。其中前两项为选择高温轴承钢材料的主要指标。

ISO/FDIS683-17 中的高温轴承钢钢种有：80MoCrV42-16、X82WmoCrV3-5-4、X75WCrV18-4-1。美国的高速工具钢标准 ASTM A600（1999）中的 T1、M2、M50 等钢种可作为高温轴承钢使用。中国高温轴承钢的标准 GB3086 中的钢种为 W18Cr4V、GCr4Mo4V、GCr4Mo4V、8Cr4Mo4V 和 10Cr14Mo4。详细的高温轴承钢牌号和化学成分见表 3-1。

高温轴承钢传统上都采用是经过双真空冶炼（真空感应冶炼加真空电弧冶炼 VIM-V 残留奥氏体）的低碳合金钢，是耐高温、长寿命、高可靠性轴承的主要材料，也是目前航空发动机常用的轴承钢。该种钢采用整体淬火热处理，在高温下具有较高的硬度和复合强度，双真空冶炼技术确保了钢的化学成分和显微纯度及较高的抗疲劳能力。

Cr4Mo4V 高温轴承钢是含钼高速钢，用此钢制造的滚动轴承可在 316 ℃ 的高温下工作。这种钢的尺寸稳定性较好，有较高的高温硬度和高温接触疲劳强度。其缺点是锻造、可加工性较差，热处理时的脱碳敏感性大，用于制造在高温下工作的滚动轴承套圈及滚子。

Cr14Mo4 高温不锈轴承钢是一种高碳高铬马氏体不锈钢，有较高的高温硬度和良好的耐蚀性，耐磨性比 Cr4Mo4V 钢稍低，可加工性比 Cr4Mo4V 钢好，适用于制造长期工作在中、低工作载荷且温度低于 300 ℃ 环境中的零件。

3.2.5 不锈轴承钢

不锈轴承钢主要为适应化工、石油、造船、食品工业等的需要而发展起来的，用于制造在腐蚀环境下工作的轴承及某些部件，也可用于制造低摩擦、低扭矩仪器、仪表的微型精密轴承。不锈轴承钢主要有：中/高碳马氏体不锈钢、奥氏体不锈钢、沉淀硬化型不锈钢等。为满足轴承的硬度要求，多采用马氏体不锈钢。

ISO/FDIS683-17 中的不锈轴承钢钢种有：X47Cr14、X65Cr14、X108CrMo17（相当于 ASTM440C）、X90CrMoV18-1。美国标准 ASTM A756 中的不锈轴承钢有：440C 和 440CMOD。中国不锈轴承钢标准 GB 3086 中的钢种为 9Cr18（相当 ASTM440C）和 9Cr18Mo，详细信息

见表 3-1。

9Cr18 是高碳、高铬马氏体不锈钢，淬火后有高硬度和高耐蚀性。9Cr18Mo 是在 9Cr18 钢中加入钼元素发展起来的。与 9Cr18 钢相比，9Cr18Mo 钢淬火后的硬度和稳定性更好。这两种不锈钢可用于制造在腐蚀环境及无润滑的强氧化气氛中工作的轴承，如船舶、化工、石油机械中的轴承及航海仪表上的轴承等，也可作为耐蚀高温轴承材料，但使用温度不能超过 250 ℃。

若要针对一定介质的耐腐蚀性，可向钢材生产厂家或轴承生产厂家询问以获得准确可靠的信息。

3.2.6 防磁轴承材料

当轴承在强磁场中工作时，为使轴承不被磁化、摩擦力矩稳定并且确保其运转精度，轴承必须用防磁材料制造。例如，在采矿工业中，利用飞机进行大面积控矿，要求控矿仪表零件不受磁性干扰，此仪表轴承应为防磁轴承。目前，常用的防磁轴承材料主要有 QBe2、Cr18Ni9Ti 等，其中最常用的是铍青铜 QBe2。

3.3 轴承钢的热处理工艺

轴承钢的基本成分为铁和碳，同时还会有一定量的锰、硅或其他如铬、镍、钼、钒或钨这样的合金元素。轴承钢零件的热处理是在控制气氛条件下加热和冷却，以获得所期望的材料特性和性能，诸如高硬度、渗透的表面高碳层、高断裂韧性或可延性、高抗拉强度、良好的切削性、合适的晶粒尺寸或低应力状态等。形成这些材料特性的特殊热循环称为热处理，具体分为退火、正火、淬火、渗碳、回火和除应力处理。不同的热处理方法得到如贝氏体、马氏体、奥氏体、铁素体和珠光体这样的显微组织。

轴承钢的热处理包括预先热处理（正火和球化退火）和最终热处理（淬火、回火和稳定化处理）。预先热处理主要是指对锻件的球化退火，球化退火的目的不仅是降低硬度便于切削加工，更重要的是获得细粒状珠光体组织，为淬火做组织准备。

3.3.1 高碳铬轴承钢的热处理

1. 高碳铬轴承钢的正火与退火

正火的主要目的是消除网状碳化物及线条状组织：如果终锻温度比较高和锻造后冷却速度比较慢，会出现网状碳化物的缺陷。线条状组织是终轧或终锻温度太低，晶粒沿变形方向被拉长造成的。这种网状碳化物及线条状组织在球化退火时不易被消除，便会保留在成品零件中，使零件的疲劳强度和冲击韧性降低；有的轴承要求特殊性能，如高温回火轴承、超精密轴承等，只有其退火组织为点状或细粒状珠光体时，淬火后才能得到高合金浓度的马氏体，回火后才能满足这种要求。因此必须正火，才能使退火获得均匀细粒状或点状珠光体组织。正火可以为退火做好组织准备，细化锻件晶粒，改善锻件组织均匀性，以便使零件退火后得到较好的细粒状珠光体组织。

正火加热温度主要依据正火目的和正火前零件的组织状况来确定。消除粗大网状碳化物，正火温度选用 930～950 ℃；消除不太粗的网状碳化物及退火过热组织，正火温度选用 900～

920 ℃；细化组织的正火则采用 890~900 ℃。

在正常正火温度下，一般经 30 min 保温，其目的是使轴承钢中剩余碳化物基本溶入奥氏体中。但还应根据实际生产中的零件大小、批量、加热方式、装炉方法等情况进行调整。

正火冷却过程中，如冷却速度过慢不仅不能改善组织，而且会再次析出网状碳化物；冷却速度过大，将会出现大量马氏体组织及因应力过大而产生裂纹。故轴承钢正火冷却速度不应小于 50 ℃/min。正火后，应立即进行退火，若不能，则应先进行 400~600 ℃ 回火，以消除应力。高铬轴承钢正火后的显微组织为索氏体。

高碳铬轴承钢球化退火的目的主要是获得均匀分布的细粒状珠光体，为淬火提供最佳的组织准备，同时改善切削加工性能，球化退火温度选用 780~810 ℃。

2. 高铬轴承钢的淬火

高碳铬轴承钢的马氏体整体淬火：高碳铬轴承钢的整体淬透热处理一般是将加热的零件放入油浴或盐浴中以迅速冷却进行淬火。这种热处理方法是使材料组织由原始的铁素体和珠光体组织在淬火温度下转化为奥氏体，然后在冷却时转化为马氏体及残余奥氏体，再以较低温度进行回火，消除组织张力，使硬度由淬火后的 64 HRC（66 HRC）下降到所选择的稳定性。

常规马氏体整体淬回火的金相组织由马氏体、残余奥氏体、未溶（残留）碳化物组成。

马氏体相变（M_S）温度随着奥氏体化温度和奥氏体化时间的增加而降低，从而使更多的碳进入固溶体。相应地，在马氏体相变期间存在保留更多奥氏体的趋势。最终马氏体组织形态也取决于溶解碳含量，高的溶解碳含量形成片状马氏体，而低的溶解碳含量趋向于形成条状马氏体。

基体碳含量低于 0.3% 时，马氏体主要是位错亚结构为主的板条马氏体；基体碳含量高于 0.6% 时，马氏体是位错和孪晶混合亚结构的片状马氏体；基体碳含量为 0.75% 时，出现带有明显中脊面的大片状马氏体，且片状马氏体生长时相互撞击处带有显微裂纹。

奥氏体化温度越高，原始组织越不稳定，则奥氏体基体的碳含量越高，淬火后组织中残余奥氏体越多，片状马氏体越多，也趋向于使材料的晶粒变大，亚结构中孪晶的比例越大，且易形成淬火显微裂纹。这种情况凭借肉眼或低倍放大镜观察断口表面就可得到证实。

随着奥氏体化温度的提高，淬火后硬度提高，韧性下降，但奥氏体化温度过高，则因淬火后残余奥氏体过多而导致硬度下降。

高碳铬钢经整体淬火后，可含有 8%~20% 的残留奥氏体，残余奥氏体为软的亚稳定相，在一定的条件下其失稳发生分解为马氏体或贝氏体。分解带来的后果是零件的硬度提高，韧性下降，尺寸发生变化而影响零件的尺寸精度。对尺寸精度要求较高的轴承零件，一般希望残余奥氏体越少越好，如淬火后进行补充水冷或深冷处理，采用较高温度的回火等。马氏体分级淬火以稳定残余奥氏体，获得高的尺寸稳定性和较高的韧性。

残余奥氏体可提高韧性和裂纹扩展抗力，一定的条件下，工件表层的残余奥氏体还可降低接触应力集中，提高轴承的接触疲劳寿命，这种情况下在工艺和材料的成分上采取一定的措施来保留一定量的残余奥氏体并提高其稳定性，如加入奥氏体稳定化元素 Si、Mn，进行稳定化处理等。

高碳铬轴承钢的贝氏体淬火：贝氏体淬火是一种"等温淬火"型热处理，此法是将零件从奥氏体温度淬冷至略高于马氏体相变 M_S 的温度（即下贝氏体极变区），220~230 ℃ 的盐浴槽通常用于这种热处理。在盐浴槽中添加水可以取得临界淬火速度，从而避免形成不利的低硬度组织。

可以根据零件的横截面尺寸来选择各种贝氏体淬火钢，淬透性越高，零件的横截面或厚度的允许值越大。一般 GCr15 钢马氏体淬火时套圈有效壁厚在 12 mm 以下，但贝氏体淬火时由于硝盐冷却能力强，若采用搅拌、串动、加水等措施，套圈有效壁厚可扩大至 28 mm 左右。

这些合金钢通常需要四小时或更长的时间方能完成贝氏体相变。在盐浴中淬火并在这种温度下保温可以明显降低由热冲击和相变引起的应力。贝氏体等温淬火后不需要后续的回火处理。

贝氏体等温淬火的特点是硬度稳定、均匀性好，由于贝氏体转变是一个缓慢过程，一般 GCr15 钢需 4 h，GCr18Mo 钢需 5 h，套圈在硝盐中长时间等温，表面心部组织转变几乎同时进行，因此硬度稳定、均匀性好，一般 GCr15 钢贝氏体淬火后硬度在 59~63 HRC，均匀性 ≤1 HRC。

贝氏体淬火使零件产生很小的表面压应力，而马氏体淬火则使零件淬火表层产生很小的拉应力。和直接马氏体淬火形成的组织相比，贝氏体的显微组织较粗，呈羽毛针状。

对于大型轴承，由于套圈尺寸大、质量大，油淬火时马氏体组织脆性大，为使淬火后获得高硬度常采取强冷却措施，结果导致淬火微裂纹。马氏体淬火后表面为拉应力，在磨加工时磨削应力的叠加使整体应力水平提高，易形成磨削裂纹，造成批量废品。而贝氏体淬火时，由于贝氏体组织比马氏体组织韧性好得多，同时表面形成高达 400~500 MPa 的压应力，极大地减小了淬火裂纹倾向；在磨加工时表面压应力抵消了部分磨削应力，使整体应力水平下降，大大减少了磨削裂纹。

高碳铬轴承钢下贝氏体组织能提高钢的疲劳极限、屈服强度、抗弯强度和断面收缩率，与淬回火马氏体组织相比，具有更高的冲击韧性、断裂韧性及尺寸稳定性。由于表面应力状态为压应力，贝氏体组织不易萌生裂纹，已有的裂纹或新萌生的裂纹也不易扩展。

由于贝氏体等温淬火具有上述特点，因此适用于装配过盈量大、服役条件差的轴承，如承受大冲击载荷的铁路、轧机、起重机等轴承，以及润滑条件不良的矿山运输机械或矿山装卸系统、煤矿用轴承等。

3. 高碳铬轴承钢的回火

回火的目的是消除内应力、稳定组织和尺寸、提高零件的综合机械性能。回火是热处理淬火后必不可少的工序，是决定轴承零件内在质量的关键工序。回火温度应比轴承工作温度高 30~50 ℃。通常 120 ℃ 以下工作的轴承，采用 150~170 ℃ 回火；有些轴承有特殊要求，如要求在较高温度下要保证组织、性能和尺寸的稳定。则这些套圈的回火温度可以比一般的回火温度要高一些，这就是所谓的高温回火，回火温度分别选用 200 ℃、250 ℃、300 ℃、350 ℃ 等。

精密轴承尺寸稳定性要求很高，仅采用常规淬回火工艺还不能满足要求，必须采用稳定化处理。影响尺寸稳定性的主要因素是内应力、马氏体和残留奥氏体，因此要设法消除这些不稳定性因素。采用的措施是进行冷处理和附加回火。附加回火的主要目的是消除部分磨削应力，进一步稳定组织，提高零件的尺寸稳定性。

通常按零件大小和精度等级以及回火加热介质确定保温时间，在空气电炉回火时，一般轴承零件保温 2.5~3.0 h，大型轴承零件为 6~12 h。

附加回火温度应低于原回火温度 20~30 ℃，以免使零件硬度降低和尺寸发生变化。温度越高，磨削应力消除越彻底，但必须保证零件硬度不降低和表面不出现氧化色。

3.3.2 渗碳钢轴承零件热处理

一般渗碳钢轴承零件的加工工艺流程如下：

投料→锻造→正火或退火→车削→渗碳→一次淬火→高温回火→二次淬火→低温回火→粗磨→附加回火→终磨→装配。

1. 渗碳钢轴承零件预先热处理

渗碳钢轴承套圈毛坯的预先热处理以高温回火、正火加高温回火、一般退火和等温退火四种方式进行。所以，渗碳轴承钢锻件的预先热处理，只要能保证有良好的车削加工性能，根据设备条件，选择其中一种方法进行预先热处理即可。

2. 渗碳钢轴承零件的渗碳

渗碳剂或渗碳介质（气体、液体或固体）提供钢所吸收和扩散的碳。正常的渗碳温度范围是 899~982 ℃，碳的扩散速率随温度的增加而提高。因此，在较低的渗碳温度下，更易控制硬化层深度范围。

根据所处理的渗碳钢，渗碳时间、温度和气氛成分决定了渗碳后的碳浓度梯度。最终碳含量影响渗碳层的硬度、残留奥氏体的含量和渗碳层的显微组织。渗碳层的硬度分布和压应力场取决于碳的分布。

尽管可直接用渗碳炉对轴承零件进行淬火热处理，但一般情况下需对渗碳后的零件重新进行淬火以改善渗碳层和心部的性能，同时，使用淬火夹具以减少零件变形。

在预定温度下渗碳一段时间，即可达到特定的渗碳层深度。对于轴承零件而言，有效渗碳层深度通常为 0.5~5 mm，表层碳含量为 0.75%~1.00%。表面硬化深度 CHD 和硬度变化曲线如图 3-1 所示。

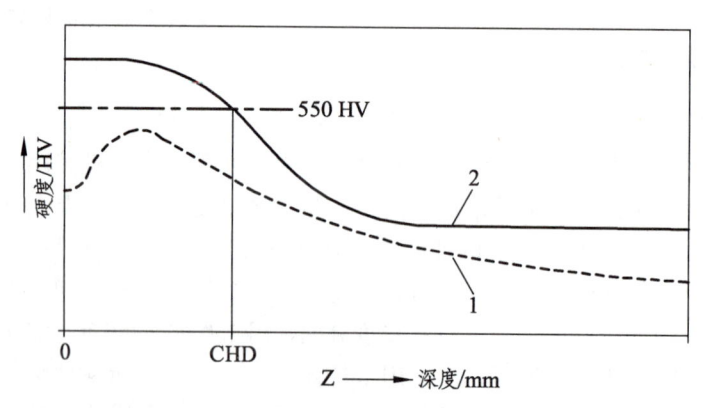

1—所需的硬度（等效应力分布）；2—实际硬度。

图 3-1　表面硬化深度 CHD 和硬度变化曲线

3. 渗碳钢轴承零件的渗碳后热处理

渗碳只能改变零件表层的化学成分，渗碳直接淬火后，得到的渗层组织粗大，残余奥氏体多，心部组织也粗大，力学性能不佳，不能使用。要使零件获得外硬内韧的性能，渗碳后还必须进行相应的淬回火处理。轴承零件渗碳热处理工艺流程如图 3-2 所示。

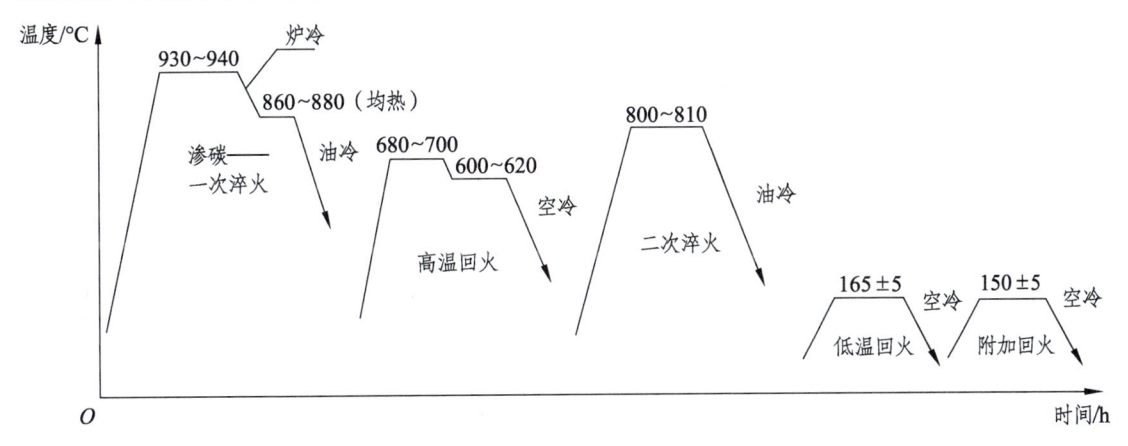

图 3-2　渗碳钢轴承零件的热处理流程

表 3-3 和表 3-4 分别列出了轴承零件要求的有效渗碳硬化层深度和渗碳热处理轴承零件的表面及心部硬度。

表 3-3　轴承零件要求的有效渗碳硬化层深度

轴承零件的有效壁厚或有效直径/mm		有效渗碳硬化层深度/mm
超过	到	
—	8	0.7~1.2
8	14	1.0~1.6
14	20	1.5~2.3
20	50	≥2.5
50	80	≥3.0
80	—	≥3.5

表 3-4　渗碳热处理轴承零件的表面及心部硬度

有效渗碳硬化层深度/mm		钢号	心部硬度/HRC	表面硬度/HRC 渗碳淬火或二次淬火后	表面硬度/HRC 回火后
有效渗碳硬化层深度/mm	<2.5	G20CrMo（A） G20CrNiMo（A）	30~45	61~66	59~64
	<2.5	G20CrNi2Mo（A） G20Cr2Ni4（A）	32~48	61~66	59~64
	≥2.5	G20Cr2Ni4（A） G10CrNi3Mo（A） G20Cr2Mn2Mo（A）	32~48	≥61	58~63

3.3.3 表面淬火

表面淬火靠改变表层基体材料的化学成分来实现，例如渗碳或碳氮共渗，或对给定高碳轴承钢零件的表层局部热处理。感应淬火或火焰淬火已用于轴承制造。

轴承钢的表面淬火可以形成一定深度的高硬度、高耐磨性的表层。表层产生的高残余压应力能提高耐滚动和弯曲疲劳能力。表层下的心部较软，且韧性好，可阻止裂纹的扩展。

碳氮共渗法是一种改进的气体渗碳工艺。由于在处理氰化盐时对健康的危害和造成的生态学问题，所以优先采用空气。在高温时，产生的气氛具有一定的碳势，并添加有氨水。氮和碳扩散到钢中，形成很硬的耐磨层。因为这些高硬度的碳氮共渗层事实上很浅，炉温为 788 ~ 843 °C 范围内形成的硬化层深度为 0.07 ~ 0.75 mm，所以碳氮共渗层和心部的界面很容易区分开。当零件需要很深的碳渗层时，也可获得这种相同的浅碳氮共渗层有利的特性。在这种情况下，零件通常渗碳达到很深的层深，然后在碳氮共渗气氛中重新加热。

添加到渗碳气氛中的氨水分解，在工件表面形成新生氮。碳和氮不断被吸入钢的表层，从而降低钢的临界冷却速度，即氮明显提高了钢的淬透性。

碳氮共渗层的氮也可以增强抗回火性。为了提高韧性并保证 58 HRC 的硬度，碳氮共渗零件在 190 ~ 205 °C 范围内回火。

感应加热表面淬火：将中低碳合金轴承钢零件表面快速加热到奥氏体温度范围，并由该温度直接淬火而生成马氏体的一种方法。交流电通过感应线圈或感应器，然后在线圈内部产生集中磁场。这个磁场又使置于线圈中间的零件产生感应电势。因为零件相当于一个闭合线路，所以零件中的感应电势产生电流，于是材料对感应电流的电阻作用结果使零件加热。

感应淬火零件通常靠喷射或浸入的方法进行冷却。喷射淬火是将带压的淬火剂通过感应器上的许多小孔或单独的淬火环喷射到零件上；浸入法是将零件从感应器中落入搅动的冷却槽中。用合成淬火剂代替水或油，就可使高碳铬轴承钢获得所需要的物理和冶金学性能。可以调整淬火剂的浓度以达到最佳淬硬性，同时将产生裂纹的可能性降至最低限度。

所有表面淬火零件淬火后都要回火处理。尽管淬硬层深度可能类似于渗碳零件，但是淬硬层和心部之间的过渡区内硬度梯度较大。中碳钢经适当的感应淬火，其硬度通常可达到 65 ~ 67 HRC。

火焰加热表面淬火：火焰淬火主要用在处理直径大于 1 000 mm 的中低碳合金钢大型套圈零件。可燃气体同氧气混合，点燃一组喷嘴，对零件的一定部位加热，同时套圈零件以固定的速度旋转通过燃烧的火焰。加热层的深度取决于零件在热源处停留的时间。旋转零件达到合适的奥氏体温度时，便用水冷却淬火。未热的心部材料仍然处于退火状态。接着必须进行回火处理，以消除应力，提高淬火零件的韧性。

从设备的角度来看，火焰淬火是成本较低的工艺方法。它灵活简便，可有选择性地进行淬火。对于各种截面形状、壁厚的套圈，不论其如何变化，这种方法都很适用。

图 3-3 描述了不同类型轴承钢的表面淬火工艺。

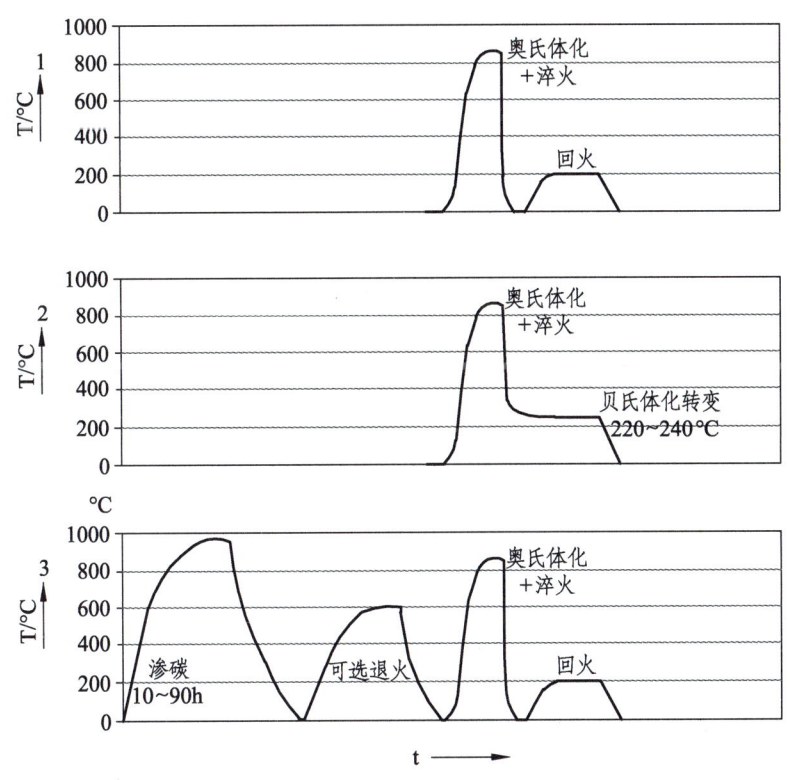

1—铬钢，马氏体淬透，感应淬火+回火；2—铬钢，淬透，贝氏体；3—渗碳钢，渗碳+马氏体淬火+回火。

图 3-3 轴承钢的表面淬火工艺

3.3.4 热处理对机械性能的影响

1. 硬度

硬度反映材料阻止压入的能力，因此，硬度也反映了材料阻止磨损的能力。可用静态或动态的方法测量硬度。静态测量就是利用具有规定几何形状的压头施加载荷，根据所使用的硬度测试仪的类型，测量压头压痕深度或大小从而得知材料的硬度量值。

碳在钢中的分布状态决定钢的最终硬度和机械性能。尽管碳对硬度具有最大的影响，但增加合金含量也能提高硬度，一般讲，对于具体的合金钢，硬度增加韧性会降低。不同热处理所能得到的硬度在前面已经介绍。

2. 极限强度

单轴向加载试验中试样断裂时的应力，定义为极限强度。热处理对极限强度有明显影响。对淬透钢而言，马氏体组织的极限强度一般在 $2\,900 \sim 3\,500\ \text{N/mm}^2$。对于最好的表面淬火轴承钢而言，其极限强度大约是 $2\,600\ \text{N/mm}^2$。

3. 疲劳强度

在拉-压循环试验或反复弯曲试验中，累积循环次数达到 10^7 以前不出现疲劳破坏的最大应力定义为疲劳强度。这些数据主要取决于热处理工艺、表面粗糙度和表面处理方法、试验条件等。

4. 冲击韧性

缺口冲击韧性是衡量材料抵抗冲击应力能力的尺度。渗碳钢具有较高的心部韧性，但对疲劳强度没有影响，因为在承受应力的表层中具有与淬透钢一样的马氏体。只有在渗碳层占整个横截面的20%时，渗碳淬火才能提高零件抵抗冲击应力的能力。当占据的横截面的量更大时，渗碳淬火零件具有与淬透钢一样的脆性。

5. 残余应力

零件制造过程和热处理过程中产生的应力可以在均匀加热和奥氏体温度区保温时全部消除。零件的淬火可以产生很大的内应力。马氏体高碳钢的淬透性淬火在零件表面产生拉应力，这种拉应力可以使零件变形甚至产生裂纹。贝氏体淬火和表面淬火热处理，包括渗碳、碳氮共渗、感应淬火或火焰淬火在内，通常都使零件呈表面压应力。在工作中这种压应力与载荷应力相叠加，从而降低所承受的等效应力，进而提高轴承的疲劳寿命。

零件淬透淬火过程中所产生的应力主要是温度变化和不均匀相变造成的结果。轴承套圈基本上是横截面厚度不同的薄环，其尺寸和形状都易于改变。为了保持零件机加工后的尺寸特征而在淬火时使用夹具，会妨碍淬火介质的流动而在零件中引起附加的非均匀应力分布。这是由于机械约束电限制了尺寸和形状变化。车加工的退刀槽、滚道、装球缺口、油孔和凸缘等存在锐角和切口，成为附加的应力集中源。

表面淬火热处理，是借助于扩散过程改变材料表面化学成分或借助于对均质材料局部快速加热而实现的工艺。通过改进和控制，它可引起产生表面压应力，而在材料心部形成与这完全相平衡的拉应力。一种合适的材料经表面感应淬火达到适当的硬化层深度时，在硬化层和心部过渡区的最大压应力。通常表面淬火高碳合金钢中的最大应力幅值小于渗碳钢最大应力幅值。渗碳零件的最大应力值在渗碳层的中部，这个部位的含碳量约为0.50%。对于淬火零件的回火，不管是否进行冷处理，一般都将减少残余奥氏体的含量，并适度地改变压应力水平。

6. 尺寸稳定性

轴承套圈的尺寸稳定性应与工作中预期的轴承温度相适应，否则，就会较快地出现轴承的尺寸变化，导致预过盈丧失或预紧（外圈胀大）。这种尺寸变化是由组织成分残余奥氏体和马氏体发生变化所引起的。残余奥氏体转变并不局限于较高温度，也可由机械载荷所引起，在较低温度下，要得到相同的变化，只是需要更长的时间罢了。图3-4表明，轴承套圈随时间延长通常先收缩，后膨胀至极值后再次收缩。

轴承钢发生尺寸变化主要与细小碳化物从马氏体内析出和残留奥氏体的分解或相变有关。由于温度或应力等外界因素的缘故，轴承运转期间也会发生尺寸变化，所以制造者必须选择适当的热处理以保证所希望的尺寸稳定性。通常在 66～260 ℃ 的温度范围内对高碳铬钢进行回火处理。在此温度范围内，细小碳化物被析出，马氏体主要是体心正方结构，体积略有减小。在 205～288 ℃ 温度范围内回火，导致与时间、温度有关的残留奥氏体分解成贝氏体并使体积增加，残留奥氏体的分解与时间、温度有关。260 ℃ 以下的回火工艺可避免高温回火的硬度降低。

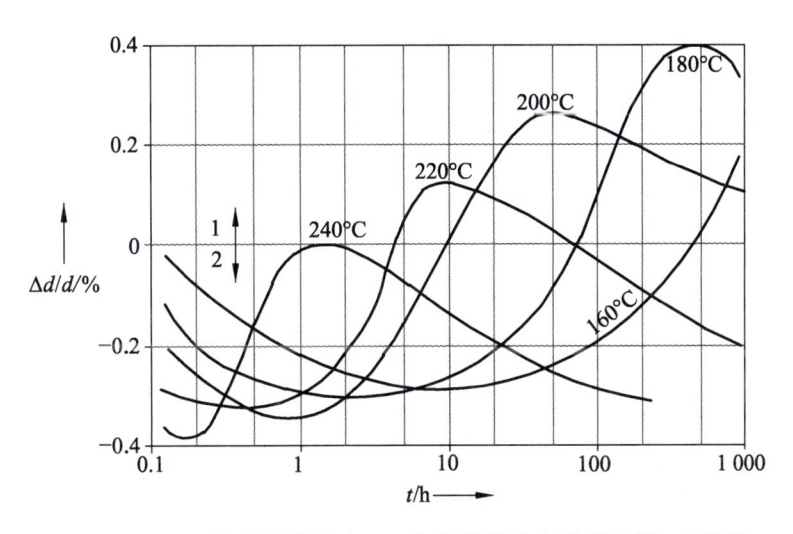

图 3-4 100Cr6 轴承套圈尺寸 $\Delta d/d$ 与轴承温度和持续时间 t 的关系

根据轴承类型，用淬透轴承钢或渗碳钢制造的标准轴承其回火温度+180 ℃，可以用于工作温度至+120 ℃，短期工作温度至+150 ℃。更高的工作温度可导致套圈扩张，使套圈从轴上松开。若要求轴承在较高温度下工作，就必须选择更高一点的回火温度。

工作温度超过+150 ℃，就必须对轴承进行尺寸稳定化处理，见表 3-5。在此温度以上，应用耐热钢。

在 S1 工艺温度以上进行稳定化处理时会降低硬度，在计算寿命时，应将此考虑在内，参见第 5 章关于额定动载荷的修正计算部分。

表 3-5 轴承的尺寸稳定性

最高工作温度/℃	尺寸稳定化处理轴承的附加符号
+120	无
+150	S0
+200	S1
+250	S2
+300	S3
+350	S4

3.4 表面处理技术

利用现代物理化学、金属学和热处理及机械等学科的新技术来改变零件表层材料的组织、结构、成分和性能，以达到预期性能要求的工艺方法，通称为表面处理。

传统的表面处理技术主要为了解决材料的耐磨和耐腐蚀问题，而现代表面处理技术除了解决上述问题外，更赋予材料以新的功能。它以经济有效的方法改善材料表面及近表面区的形态、化学成分及组织结构，并赋予新的复合性能，可获得许多新构思、新材料、新器件和新应用。现代表面技术的内容有三个方面：厚膜涂层技术、薄膜涂层技术及表面改性技术。厚膜涂层技术是以喷涂技术为代表；薄膜技术主要包括物理气相沉积、化学气相沉积、化学镀膜等；表面改性技术以电子束、离子束及激光束表面改性为主。

在轴承应用领域，表面处理技术包括机械强化处理、表面涂层技术、表面化学处理及表面合金化、离子注入表面改性技术等。

3.4.1 机械强化处理

机械强化处理主要是使金属表面发生塑性变形，从而形成提高硬度及高强度的耐磨层。这种方法也叫加工硬化。其方法包括喷丸、喷砂、冷挤压、滚压等。

喷丸处理是利用高速喷射出的砂丸和铁丸，对工件表面进行撞击以提高零件的部分力学性能和改变表面状态的工艺方法。其特点是强化层位错、密度增高、亚晶结构细化，从而使硬度和强度提高。喷丸通常是直径为 0.5~2 mm 的沙粒或铁丸。沙粒的材料多为 Al_2O_3 或 SiO_2。表面处理的效果与丸粒的大小、喷射速度和持续时间有关。喷丸用于提高零件机械强度以及耐磨性、抗疲劳和耐蚀性等，还可用于表面消光、去氧化皮和消除铸、锻、焊件的残余应力等。

3.4.2 表面化学处理及表面合金化

化学表面处理法是将模具置于一定温度的活性介质中保温，使一种或几种介质渗入轴承零件表面，改变轴承零件表面的化学成分和组织，以改进表面性能和满足技术要求。

化学表面处理能有效提高轴承零件表面的耐磨性、疲劳强度、耐蚀性和抗氧化性能，按照表面渗入元素的不同，化学表面处理法可以分渗碳、渗氮、碳氮共渗等。渗碳是使轴承零件表面形成一层 1~2 mm 的高含碳量渗层，经过适当淬火与回火处理，可提高轴承零件表面的硬度、耐磨性及疲劳强度，使模具心部仍保持良好的韧性和塑性。与渗碳相比，渗氮的温度较低（500~600 ℃），轴承零件渗氮后变形小，渗氮处理后的表面耐磨性、抗疲劳作用、抗热、抗蚀、硬度和抗咬合性能都比渗碳处理后优越；但渗氮工艺复杂、时间长、成本高。碳氮共渗就是同时向零件表面渗入碳和氮的化学处理工艺，也称氰化，由于碳氮共渗污染环境、劳动条件差，已很少应用。

3.4.3 表面涂层

涂层是一种通过扩展功能来优化轴承材料的使用性能并且利用附加性能使轴承满足特定应用需要的有效方法。所以，许多生产厂家长期以来用轴承涂层来提高防腐蚀能力，改进摩擦性能或绝缘性能。

这项技术的种类很多，包括电镀、电刷镀、化学镀、堆焊、热喷涂。也有学者把最近几年发展起来的化学气相沉积、等离子体化学气相沉积归类到涂层的范畴。

涂层的质量，除经过仔细准备外，特别受到加工步骤顺序和时间影响，也就是说，一定要注意整个工序过程。在涂层之前，必须特别注意轴承钢的热处理和表面加工。

1. 电镀防腐涂层

轴承钢中最经济的是高铬轴承钢。当有水或湿汽进入时，标准轴承钢也会发生腐蚀。而耐蚀轴承钢又较贵，所以在一般腐蚀条件下的经济选择是使用普通轴承钢并作相应防腐涂层处理。电镀是一种电化学和氧化还原过程。以镀镍为例：将金属制件浸在金属盐（NiSO₄）的溶液中作为阴极，金属镍板作为阳极，接通直流电源后在制件上就会沉积出金属镀镍层。

钢铁零件上镀锌主要作用是防腐蚀，用量占全部电镀零件的 1/3～1/2，是所有电镀品种中产量最大的一个镀种。镀锌具有成本低、抗蚀性好、美观和耐储存等优点，电镀极薄的锌层合金能提供一种全面的防蚀，就是说，也包括车削的棱角和半径表面。该涂层可以防止湿汽、污水以及弱酸和弱碱性清洗剂的腐蚀。

长期以来，在工程技术应用中锌和锌合金都用作防蚀涂层。在工作中在轴承滚道的滚动区域的软涂层会磨损从而提高轴承游隙。所以，在该区域内层厚 5 μm 一般不适用。

鉴于锌和锌合金涂层的保护作用，在密封圈滚道区域也能防止底层腐蚀，并能延长密封装置的寿命。如果在运输等过程中对耐腐蚀只有很低的要求，可作锌磷化后涂油处理。

钢铁零件上镀镉，在海洋和湿热大气环境中，其保护性能比锌好，航空、航海及电子工业中的零件大多采用镀镉。但镉盐有毒，且对环境污染严重，使镀镉的应用受到限制。

与强腐蚀介质（如酸和碱）相接触时，采用化学镀沉积镍磷涂层（NiP 涂层）效果很好。但在这里，轴承尺寸要先考虑涂层的厚度。对附属零件（如轴承座），为了防腐蚀可以考虑采用涂漆和镀锌涂层。

电镀是表面处理技术中的传统技术，电镀操作温度低，模具变形较小，镀层的摩擦系数低，可以大大提高模具的耐磨性，但是由于对环境的影响较大，因此应用受到了很大的限制。

2. 减摩和耐磨损涂层

由于工作条件决定了轴承的润滑状态不能达到理想的状态时，轴承的实际使用寿命很大程度上是由其运转灵活和耐磨损所决定的。低的摩擦系数，除降低能量费用外，还能减小对润滑剂的需求量。与此相关，也就降低了机械磨损。反过来，这又能长期保障轴承的功能，提高其使用寿命。

在较差润滑条件下存在磨损和增大摩擦的风险，PTFE、DLC 涂层可以防磨损，至少可以降低磨损。

为了防止磨粒磨损，必须提高表面硬度。在这里可以通过特别硬的涂层来保护接触物体。通过物理气相沉积（PVD）或等离子体辅助化学气相沉积（PACVD）可以达到硬度 2 000 HV 的涂层，例如 TiN（氮化钛）或 DLC（类金刚石）就是这类涂层。电镀层如铬或镍磷（NiP）也能预防磨粒磨损，因为其硬度高于基础材料的硬度。

（1）DLC（类金刚石）涂层：在众多的薄膜涂层中，DLC（类金刚石）薄膜具有非常突出的优势，DLC（类金刚石）薄膜由于具有 SP² 和 SP³ 混合结构，其性能介于金刚石和石墨之间，可以通过控制 SP² 和 SP³ 的比例实现性能的改变。利用 PVD 技术制备的 DLC（类金刚石）薄膜其硬度可以达到 80 GPa，摩擦系数为 0.01，具有非常高的耐磨性能。

（2）发蓝处理：打滑是高速轻载轴承的一个典型损坏形式，为了防止这种损伤，可通过对材料表面进行有针对性的氧化处理，如发蓝处理。这时金属表面已转变为化学键结合的表面（金属氧化物）。发蓝处理的表面在轴承的应用中具有足够的耐热性，且非常耐磨。利用轴承中的润滑油或润滑脂能明显提高发蓝处理的保护作用。

发蓝是对钢铁零件进行的一种氧化处理，使其表面生成一层极薄的 Fe₃O₄ 氧化膜。常用碱性化学溶液氧化法，用氢氧化钠和亚硝酸钠的水溶液，在 135～145 ℃ 温度下处理 60～90 min，再在肥皂液中浸泡 3~5 min，最后水洗、干燥及浸油。发蓝后呈蓝黑色和深黑色，可提高零件的耐蚀性、润滑性，可改善外观。

（3）磷化处理：磷化是钢铁零件在磷化液中处理，在表面沉积形成一层不溶于水的结晶型磷酸盐膜。常用的磷化液是由磷酸二氢锌或磷酸二氢铁、磷酸二氢锰组成的酸性稀水溶液。在 90~98 ℃ 温度下处理 8~20 min。磷化后呈灰色或灰黑色，其耐蚀性比发蓝好，但外观不如发蓝。

滚动轴承的摩擦损耗主要出现在滑动摩擦接触处，所以可给保持架镀上银或铜涂层。在金属保持架表面上作磷化处理是一种经济的选择方案。为了保证浮动轴承的功能，对内圈内径或外圈外径进行磷化处理，除具有良好的滑动性能外，还可以提高工件的耐磨性、令工件在机加工过程中具有润滑性，提高工件的耐蚀性，这些涂层还能降低微动腐蚀的风险。

3. 电绝缘涂层

在轨道车辆轴箱和牵引电动机、交流变频控制的电动机和发电机中使用滚动轴承时可能出现电流通过的情况。在不良条件下，这种电流通过可导致滚道和滚动体出现电腐蚀现象及润滑剂提前老化。为了防止轴承受到电流通过的损坏，在轴承套圈外表面和端面上涂覆一层绝缘的陶瓷涂层，以此防止轴承座和轴之间电流通过。电气绝缘既可采用零件绝缘涂层，也可使用非导体零件来实现。

除陶瓷氧化铝涂层（广泛使用的绝缘涂层）外，还有其他绝缘涂层，如玻璃纤维涂层或聚四氟乙烯涂层，下面只介绍氧化铝涂层。

绝缘层是由氧化铝采用等离子喷镀方法涂覆上去的。等离子喷镀法是在两个电极之间产生电弧并使导入的惰性气体发生电离，这样产生的等离子射流被用作所供给的氧化铝粉末的载体射流。粉体熔化后，以很高的速度喷射到外圈或内圈上。这样涂覆的氧化物层能很好地附着在事先经过粗糙处理的基体材料上。然后涂上保护层并按尺寸磨光，这样可以代替未与相邻结构零件配合的标准轴承。涂层轴承的优点是：绝缘性好，即使在潮湿的环境中亦如此。轴承的外形尺寸符合标准的规定。所以涂层轴承可与标准轴承互换。

根据实际应用的需求而采用不同的涂层厚度。当涂层薄时可保障击穿强度达 DC 500 V（直流电压），当涂层厚时可保障击穿强度达至少 DC 1 000 V。

3.5 保持架材料

轴承在运转过程中，尤其是在高速情况下，保持架的运动一直处于不稳定的状态，在进入和退出承载区，保持架兜孔与滚动体之间存在激烈的碰撞，保持架过梁承受交变应力作用。同时，保持架与滚动体、保持架与引导套圈之间是相当滑动，存在滑动摩擦，由于滑动摩擦而造成轴承发热磨损。特别是在高速运转的条件下，由于离心力的作用，加速了摩擦磨损与发热，严重时会造成保持架烧伤和断裂，致使轴承不能正常使用。因此用于制作轴承保持架的材料应具有下列特性：

● 除具有一定的强度外，由于保持架结构一般比较复杂，还要求所用材料具有良好的加工性能；
● 由于保持架承受交变载荷，应具有较高的疲劳强度；
● 由于保持架承受冲击载荷，材料应具有耐冲击强度、有必要的弹性和冲击韧性；

- 与轴承钢之间的摩擦匹配性能好，与滚动体之间的摩擦系数小，即摩擦阻力小；
- 具有低的硬度和高的耐磨性；
- 具有良好的导热性，密度较小且膨胀系数与滚动体相近；
- 保持架质量小，使用密度小的材料，以使轴承的摩擦损失小，能缓和滚动体进出载荷区的冲击；
- 由于保持架结构一般比较复杂，还要求所用材料具有良好的加工性能；
- 化学稳定性好，不易生锈；
- 具有一定吸振能力，不易产生噪声。

根据轴承的结构及使用要求，轴承保持架主要由金属或工程塑料制作，个别也用夹布胶木制作。小型轴承的金属保持架主要用钢板或铜板冲压制作，中型和大型轴承用钢或黄铜冷变形或切削加工制作实体保持架。在特殊应用条件下，也用青铜和轻金属作为保持架材料。

3.5.1 黑色金属材料

常用的轴承保持架及铆钉支柱所用材料分为黑色金属材料（如低碳钢、不锈钢等）、有色金属材料（如黄铜、青铜和铝合金等）和非金属材料（如酚醛夹布胶木、塑料等）三类。特殊用途的轴承保持架还应满足特殊工作条件的要求，如耐高温、耐腐蚀、自润滑（真空中使用）和无磁性等。

滚动轴承的保持架绝大部分采用 08 和 10 优质碳素钢薄板冷冲压而成。此外，常用的黑色金属材料还有 20、30、45、0Cr18Ni9、1Cr18Ni9Ti、S16SiCuCr、ML15、ML20、65Mn 等。其用途列于表 3-6。

表 3-6 黑色金属材料用途表

钢号	用 途
08 10	制造各类型滚动轴承的冲压保持架及防尘盖挡圈、铆钉和冲压滚针轴承套圈等
20 40 45	制造大型、特大型轴承保持架、支柱、垫圈及大型、特大型圆锥滚子轴承的内、外隔圈等
0Cr18Ni9 1Cr18Ni9Ti	制造不锈钢轴承的保持架、垫圈和铆钉等
S16SiCuCr	制造需要润滑条件轴承的保持架、防尘盖等
ML15 ML20	制造长圆柱和螺旋滚子轴承的支柱以及铆钉等
65Mn	制造轴承的弹簧、锁圈等

大多数冲压钢保持架是用连续热轧低碳薄钢板制造的。这些轻型保持架有较高的强度，能进行表面处理进一步减少摩擦和磨损；机加工钢制保持架通常是用符合有关标准的合金结构钢制造的。为了改善抗滑动与耐磨损特性，有些加工的钢保持架经过表面处理。机加工钢制保持架多用于大型轴承或者使用黄铜保持架可能出现化学反应引起时效开裂危险的应用场合。钢保持架可以用于高达 300 ℃ 的工作温度。它们不受通常用于滚动轴承的矿物或合成油基润滑剂的影响，也不受用来清洗轴承的有机溶剂的影响。通常用在不锈钢轴承中的冲压钢保持架是用不锈钢制造的。

3.5.2 有色金属材料

制作保持架的有色金属主要是铜合金和铝合金，如表 3-7 所示。黄铜是由铜和锌所组成的合金。铜中锌的含量越高，其强度也越高，塑性越低。工业中采用的黄铜含锌量不超过 45%，再高将会产生脆性，使合金性能变坏。青铜是纯铜（紫铜）加入锡或铅的合金。与纯铜相比，青铜的强度高且熔点低（25%的锡冶炼青铜，熔点会降低到 800 ℃，而纯铜的熔点为 1 083 ℃）。青铜铸造性好，耐磨且具有化学性稳定，具有耐腐蚀、硬度大、色泽光亮等特点，但青铜保持架遇冷会反常膨胀。

表 3-7 有色金属材料用途

牌号	用途	备注
H62	制造冲压保持架及铆钉等	黄铜类
HPb59-1	制造高强度实体保持架及挡圈	黄铜类
QAl10-3-1.5	制造高温高速轴承用实体保持架	铝铁锰青铜
LY11CZ LY12CZ	制造高温高速轴承用实体保持架	铝合金

根据加工方式，保持架又可以分为冲压铜保持架和机加工铜保持架。冲压铜保持架多用于小型和中型轴承。用于保持架的黄铜符合有关标准要求，应用在使用氨的制冷压缩机等应用场合，冲压铜可能出现时效开裂，因此应当使用机加工黄铜或钢保持架。

多数机加工铜保持架是用符合有关标准的黄铜来加工的。它们不受多数常用轴承润滑剂的影响，包括合成油和油脂，可以用通常的有机溶剂来清洗。黄铜保持架不应当用于超过 250 ℃ 的温度。

3.5.3 非金属材料

在过去的几十年里，在许多结构类型的轴承中开始使用工程塑料保持架。大多数工程塑料保持架是由耐热稳定和玻璃纤维增强的热塑性工程塑料（如聚酰胺 PA66 或 PA46）制造的。

与金属保持架相比，工程塑料保持架具有如下优点：

材料成本低；密度低，高速旋转时离心力小，适应于高速；流动性能好，由于采用注塑工艺，适用于复杂的结构和形状，通过压铸可加工成复杂的形状；良好的耐化学性能（抗腐蚀），不易氧化、不生锈；弹性好有利于轴承装配，韧性好、耐冲击、不易断裂；与金属的摩擦匹配性能好，启动摩擦力矩小、耐磨擦磨损、轴承运行温度低、运行噪声也低；良好的滑动性能，具有应急性能；具有极限转速高以及在紧急情况下的自润滑特性，在铁路轴承中得到了广泛的使用。

表 3-8 列出了铁路轴箱轴承塑料保持架材料的技术要求。

表 3-8 铁路轴箱轴承塑钢保持架材料技术要求

性能	指标 1	指标 2
外观	颗粒均匀，无明显色差，无异物，无玻纤裸露	
拉伸强度/MPa	≥100	≥125
弯曲强度/MPa	≥150	≥150

续表

性能		指标1	指标2
缺口冲击强度/(kJ·m^{-2})		≥20	≥10
吸水率		≤2%	≤2%
密度/(g·cm^{-3})		1.21~1.31	1.21~1.31
玻纤含量		(25±2)%	(25±2.5)%
熔点/°C		250~265	250~265
玻纤长度/m		0.1~1.0(数量≥95%)	0.1~1.0(数量≥95%)
玻纤直径/μm		9~15(平均值)	9~15(平均值)
油脂相容性	拉伸强度变化率	(-15~15)%	(-15~15)%
	弯曲强度变化率	(-15~15)%	(-15~15)%
	缺口冲击强度变化率	(-40~40)%	(-40~40)%
红外光谱		谱图峰型及主要位置与TJ/CL 287附录A红外谱图基本一致	

工程塑料保持架的主要缺点：

受环境条件的影响较大，性能与温度的关系较密切；对润滑剂的要求较高，润滑剂中的某些添加剂在高温时会加速塑料的老化，所以要注意运行温度且遵守换油期限。除了使用聚酰胺PA66或PA46以外，目前也大量使用其他工程塑料制作的保持架，如热塑性聚醚醚酮（PEEK）或酚醛树脂。

聚醚醚酮（PEEK）是芳香族结晶捌热塑性高分子材料，其熔点为334 °C，具有机械强度高、耐高温、耐冲击、阻燃、耐酸碱、耐水解、耐磨、耐疲劳、耐辐照及良好的电性能等特点；而且其质量轻，噪声低，可在无润滑、高速高载下或在液体、固体粉尘污染等恶劣环境下使用。由于这些突出的优点，PEEK保持架可用于某些球轴承和圆柱滚子轴承标准保持架，如混合轴承或高精度轴承。

酚醛树脂密度小，机械强度较高，能够承受强离心力和加速力，机械加工性能好，耐磨损性能和自润滑性能好，有一定的弹性、塑性、刚度、硬度、冲击韧性、疲劳强度和断裂韧性等，吸振性好，适用于高速油润滑，但与水接触膨胀影响其性能，不耐高温。在大多数情况下，这种保持架用于高精度角接触球轴承的标准保持架。

3.6 新材料

随着滚动轴承使用环境和条件的多样化，新材料的使用已成为改善轴承性能及使用寿命的重要措施之一。为了使轴承能在超高温下运转，已成功研制出高氮轴承钢、烧结碳化物和陶瓷材料作为滚动轴承的材料。

3.6.1 陶瓷材料

除钢外，陶瓷也已成为滚动轴承的使用材料。轴承零件（例如球）用的陶瓷材料几乎只用氮化硅（Si_3N_4）。其具有特殊性能，如质量轻（与钢相比仅约为其40%）、热膨胀小、硬度及耐热强度高、尺寸稳定性突出、耐蚀性好、弹性模量高、无磁性、绝缘性高，使其用于滚动轴承时具备优越性，参见表3-9。

表 3-9 轴承钢与氮化硅对比

室温下的材料特性值	氮化硅 Si_3N_4	轴承钢 100Cr6
密度/（g/cm^2）	3.2～3.25	7.8～7.85
热膨胀系数/（$10^{-6}/K$）	3.2	11.5
弹性模量/（kN/mm^2）	315～320	200～210
硬度/HV10	1 600	700
弯曲断裂强度/（mm^2）	600，700	2 500
断裂韧性/（$MNm^{-3/2}$）	7	20
导热性/（W/mK）	30～35	40～45
电阻率/（mm^2/m）	约 1 000	0.1～1

以氮化硅陶瓷作为滚动轴承的材料可显著提高轴承的接触疲劳寿命，已广泛应用于高精度、高转速机床，以及汽车、地铁、电机、航空发动机、石油化工机械、冶金机械等领域。如用 Si_3N_4 做出的陶瓷轴承可长时间工作于腐蚀性的酸、碱、盐等溶液中；在化学工业或核动力工业，陶瓷轴承可替代化学稳定性差的钢质轴承，其平均寿命比不锈钢轴承高 4～25 倍；使机床主轴转速普遍达到了 10 000 r/min 以上，有的甚至达到了 100 000 r/min。

陶瓷轴承可分为全陶瓷轴承和混合陶瓷轴承。全陶瓷轴承是指轴承全部由陶瓷材料组成；混合陶瓷轴承则是指轴承中的一部分是由陶瓷材料构成，其余由轴承钢或不锈钢组成。混合陶瓷轴承又可分为三种：① 滚动体是陶瓷材料而其余由轴承钢或不锈钢构成的轴承；② 滚动体和外圈是陶瓷材料而其余是轴承钢或不锈钢的轴承；③ 滚动体和内圈是陶瓷材料而其他为轴承钢或不锈钢的轴承。通常所说的混合陶瓷轴承是指滚动体是陶瓷材料而套圈为轴承钢或不锈钢的轴承。混合陶瓷轴承是采用交流变频控制技术的电机轴承的最佳选择，因为在这种工况条件下，普通钢制作的轴承难以避免轴承的电腐蚀问题。

轴承和轴承零件除用氮化硅外，还可用其他陶瓷（如氧化锆 ZrO_2）以及玻璃和工程塑料制造。但这些材料在实际应用中不常见，大都只在特殊应用场所使用。全陶瓷轴承仅会在化学要求高以及特殊应用中使用。

3.6.2 高氮轴承钢

Cronidur 30（X30CrMoN15-1）是一种韧性非常好的高压加氮的高耐蚀性马氏体冷作工具钢。通过氮部分代替碳，与常规生产的冷作工具钢相比，大大改进了耐蚀性和耐磨性。由于其具有良好的性能，使其成为航空和宇航以及一般机械制造业中的主轴轴承和球轴承材料。用这种材料制造的轴承具有较好的承载能力，与普通钢相比，在相同的安装尺寸条件下可以达到更长的使用寿命，或者说在满足相同使用寿命时，可将轴承设计成更小的尺寸。基于其功能和耐蚀性，Cronidur30 也适用于用水性介质代替油或者脂的应用场所。

3.6.3 新型碳—碳保持架材料

碳-碳复合材料是一种新型耐高温材料，具有密度小、强度高、导热性好、耐高温、高温情况下力学性能好等优点。在大气环境条件下，使用温度不超过 500 ℃ 时，仍然具有优良的耐磨减摩性能，是制作保持架的理想材料。

第4章 滚动轴承的主要尺寸公差及精度测量

4.1 滚动轴承主要尺寸

滚动轴承是装配好的标准化机械零件，具有极强的通用性。设计人员在最初的设计阶段通过查阅产品样本就已经知道主要安装尺寸的信息。根据经验，绝大部分支承任务都能用 ISO 尺寸表中所存入的标准尺寸的轴承来解决。轴承主要是按照标准化的代号销售的，因此也便于配套与维修客户初装和备件的购置。

为了防止尺寸杂乱无章，国际标准（ISO）和国标（GB）中对向心轴承、推力轴承和圆锥滚子轴承的外形尺寸用尺寸表加以规定。制定尺寸表的基本依据是 20 世纪初以来就以一致的外形尺寸生产的一些轴承系列，这些系列又经过系统扩展和附加补充，形成了标准的尺寸表。尺寸表适用于不同的轴承结构类型。所以，各种结构类型的轴承可以相同的外形尺寸制造。在尺寸表中一种轴承内径可配多种外径和宽度尺寸，这样就可设计当内径相同时具有不同承载能力的多种结构类型的轴承，以满足不同安装空间的要求。由于这些类型的轴承的外形尺寸表篇幅较多，本书就不一一罗列。

标准化的主要作用是决定安装空间的外形尺寸，内部尺寸（如滚动体的大小和个数）并未标准化。在数十年的发展过程中轴承生产厂家经过对优化设计的不断努力，各自确定了类似的内部尺寸。

滚动轴承的主要结构尺寸包括内径、外径、宽度、滚动体直径、轴承平均直径、滚道曲率半径等。

4.1.1 向心轴承

图 4-1 列出了向心滚动轴承的主要尺寸。

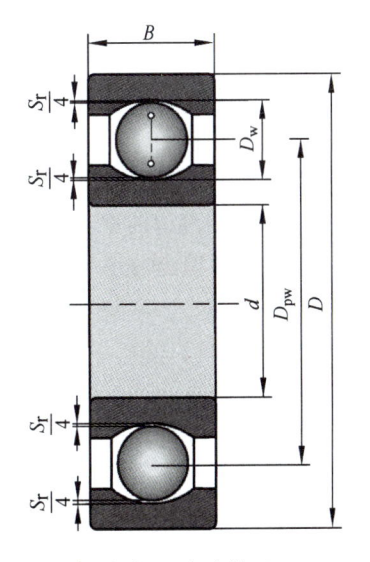

（a）深沟球轴承

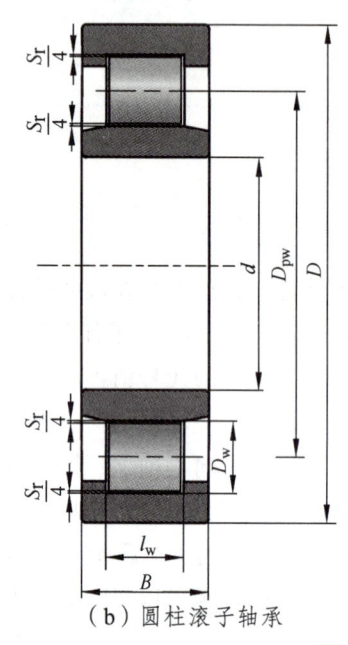

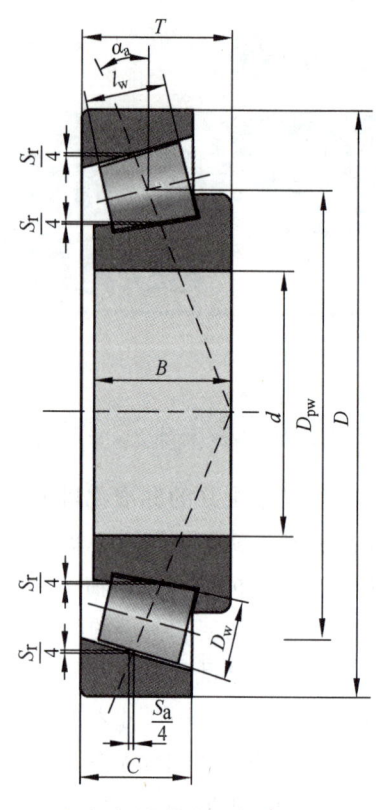

(b）圆柱滚子轴承　　　　　　　　（c）圆锥滚子轴承

图 4-1　向心轴承主要尺寸

向心轴承的主要尺寸符号如下：

d ——轴承公称内径；

D ——轴承公称外径；

d_m ——轴承平均直径（D+d）/2；

D_{pw} ——滚动体中心包络圆直径；

D_w ——滚动体直径；

l_w ——滚子轴承的滚动体长度；

r_a ——轴承外圈滚道曲率半径；

r_i ——轴承内圈滚道曲率半径；

s_a ——轴向游隙；

s_r ——径向游隙

B ——深沟球轴承和圆柱滚子轴承的宽度，圆锥滚子轴承的内圈宽度

T ——圆锥滚子轴承宽度

C ——圆锥滚子轴承外圈宽度

滚动体组的节圆直径 D_{pw} 大约相当于轴承的中径 d_m，见式（2-1）。

$$D_{pw} \approx d_m = \frac{(D+d)}{2} \qquad (2-1)$$

式中，D_{pw} 为滚动体中心包络圆直径，mm。

4.1.2 推力轴承

图 4-2 列出了推力轴承的主要尺寸。

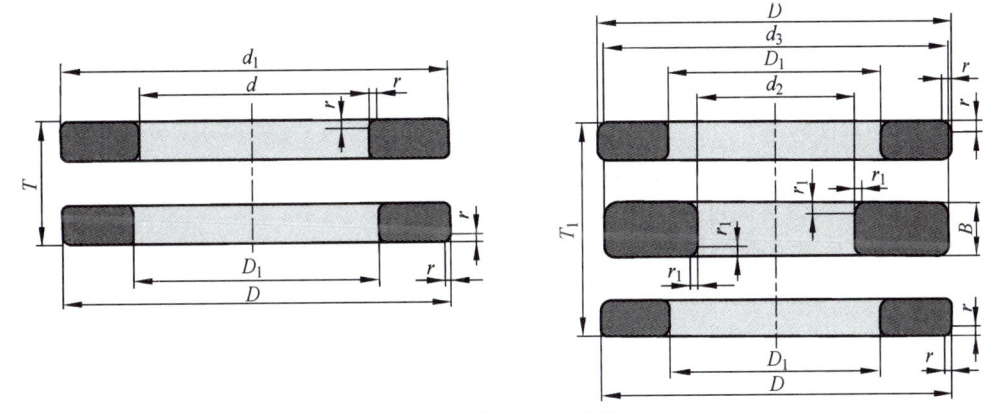

图 4-2 推力轴承主要尺寸

推力轴承主要尺寸符号如下：

B ——中圈高度；

D ——座圈外径；；

D_1 ——座圈内径；

$D_{1\text{min}}$ ——座圈最小单一内径；

d ——单向轴承轴圈内径；

d_1 ——单向轴承轴圈外径；

$d_{1\text{smax}}$ ——单向轴承轴圈最大单一外径；

d_2 ——双向轴承中圈内径；

d_3 ——双向轴承中圈外径；

$d_{3\text{smax}}$ ——双向轴承中圈最大单一外径；

r ——轴圈（单向轴承）和座圈背面倒角尺寸；

r_{smin} ——轴圈（单向轴承）和座圈背面最小单一倒角尺寸；

r_1 ——中圈端面倒角尺寸；

$r_{1\text{smin}}$ ——中圈端面最小单一倒角尺寸；

T ——单向轴承高度

T_1 ——双向轴承高度

图 4-3 列出了推力调心滚子轴承的主要尺寸。

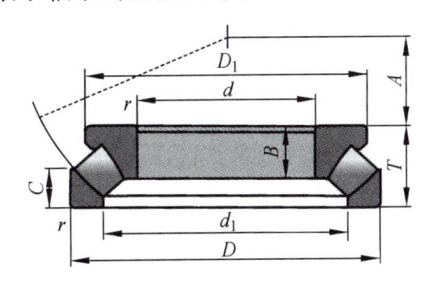

图 4-3 推力调心滚子轴承的主要尺寸

图 4-3 中字母代号的含义：

d——轴承轴圈公称内径；

d_1——轴承座圈公称内径；

D——轴承座圈公称外径；

D_1——轴承轴圈公称外径；

T——轴承公称高度；

A——座圈滚道表面曲率中心到轴圈背面的距离；

C——轴承座圈公称高度；

r——轴圈、座圈背面公称倒角尺寸；

B——轴圈与轴配合处的公称高度。

4.2 滚动轴承主要装配尺寸

滚动轴承的装配尺寸是指与轴和轴承座孔相关联的尺寸，除了轴承内径、轴承外径、内外圈宽度外，主要指倒角尺寸、圆角半径、挡肩高度等。按照装配尺寸进行相关部件的设计，可以确保轴承安装到位（内圈与轴的贴靠，外圈与座孔的贴靠），具有一定的支撑强度和刚度（指轴肩和孔肩的高度），也便于轴承的拆卸。

4.2.1 滚动轴承倒角宽度极限尺寸

图 4-4 列出了滚动轴承倒角宽度极限尺寸。

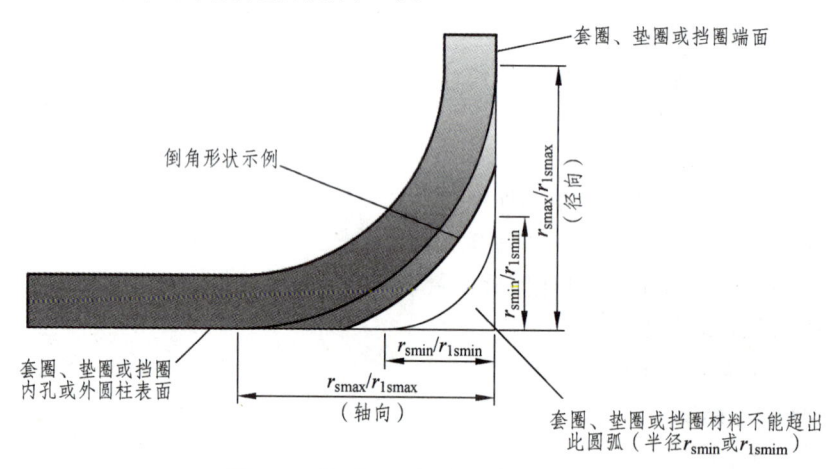

图 4-4 滚动轴承倒角宽度极限尺寸

滚动轴承倒角宽度极限尺寸常用符号如下：

d——轴承公称内径；

D——轴承公称外径；

r_s——向心轴承、圆锥滚子轴承和推力轴承的单一倒角尺寸；

r_{1s}——圆柱滚子轴承平挡圈和斜挡圈以及止动槽一侧外圈的单一倒角尺寸；圆柱滚子轴承内、外圈窄端面和角接触球轴承外圈窄端面单一倒角尺寸；推力轴承中圈单一倒角尺寸；

r_{as}——轴或外壳孔的单一倒角尺寸；

r_{smin}，r_{lsmin} —— r_s 或 r_{ls} 允许的最小单一倒角尺寸；

r_{smax}，r_{lsmax} —— r_s 或 r_{ls} 允许的最大单一倒角尺寸；

r_{asmax} —— 轴或外壳孔允许的最大单一倒角尺寸。

倒角宽度的最小尺寸在尺寸表中和产品标准中已标准化。轴承生产厂家的轴承产品样本中也包含有向心轴承、圆锥滚子轴承和推力轴承的倒角宽度（径向方向及轴向方向）的数值。

为了使轴承能够贴合轴肩和座孔挡肩，保证轴承端面与轴肩或挡肩接触，防止出现过渡圆角与轴承的倒角相干涉，轴和座孔的单向最大圆角半径应符合有关规定。轴和座孔允许的最大单一圆角尺寸 r_{asmax} 不应大于相应的套圈或垫圈允许的最小单一倒角尺寸 r_{smin} 或 r_{lsmin}。

另外，在确定轴肩或挡肩的高度时，一要考虑定位刚度与承受轴向力的强度要求，二要考虑便于轴承的安装与拆卸。

表 4-1 ~ 表 4-5 列出了常用滚动轴承的倒角宽度极限尺寸。

表 4-1 向心轴承倒角尺寸最大值　　　　　　　　　　单位：mm

r_{smin} [①]	d		r_{smax} [②]	
	超过	到	径向	轴向
0.05	—	—	0.1	0.2
0.08	—	—	0.16	0.3
0.1	—	—	0.2	0.4
0.15	—	—	0.3	0.6
0.2	—	—	0.5	0.8
0.3	—	40	0.6	1
	40	—	0.8	1
0.6	—	40	1	2
	40	—	1.3	2
1	—	50	1.5	3
	50	—	1.9	3
1.1	—	120	2	3.5
	120	—	2.5	4
1.5	—	120	2.3	4
	120	—	3	5
2	—	80	3	4.5
	80	220	3.5	5
	220	—	3.8	6
2.1	—	280	4	6.5
	280	—	4.5	7
2.5 [③]	—	100	3.8	6
	100	280	4.5	6
	280	—	5	7

续表

r_{smin}①	d 超过	d 到	r_{smax}② 径向	r_{smax}② 轴向
3	—	280	5	8
3	280	—	5.5	8
4	—	—	6.5	9
5	—	—	8	10
6	—	—	10	13
7.5	—	—	12.5	17
9.5	—	—	15	19
12	—	—	18	24
15	—	—	21	30
19	—	—	25	38

① 轴和外壳孔的最大单一倒角尺寸见第 7 章。
② 对于宽度≤2 mm 的轴承，r_{smax} 的径向值也适用于轴向。
③ GB/T 273.3 中未规定该倒角尺寸

表 4-2 圆柱滚子轴承平挡圈和斜挡圈以及止动槽一侧外圈的倒角尺寸最大值　　单位：mm

r_{1smin}①	d 或 D 超过	d 或 D 到	r_{1smax} 径向	r_{1smax} 轴向
0.2	—	—	0.5	0.5
0.3	—	40	0.6	0.8
0.3	40	—	0.8	0.8
0.5	—	40	1	1.5
0.5	40	—	1.3	1.5
0.6	—	40	1	1.5
0.6	40	—	1.3	1.5
1	—	50	1.5	2.2
1	50	—	1.9	2.2
1.1	—	120	2	2.7
1.1	120	—	2.5	2.7
1.5	—	120	2.3	3.5
1.5	120	—	3	3.5
2	—	80	3	4
2	80	220	3.5	4
2	220	—	3.8	4
2.1	—	280	4	4.5
2.1	280	—	4.5	4.5

续表

$r_{1s\min}$①	d 或 D 超过	d 或 D 到	$r_{1s\max}$ 径向	$r_{1s\max}$ 轴向
2.5②	—	100	3.8	5
	100	280	4.5	5
	280	—	5	5
3	—	280	5	5.5
	280	—	5.5	5.5
4	—	—	6.5	6.5
5	—	—	8	8
6	—	—	10	10

① 轴和外壳孔的最大单一倒角尺寸见第7章。
② GB/T 283 和 GB/T 305 中未规定该倒角尺寸

表 4-3 圆柱滚子轴承内、外圈窄端面和角接触球轴承外圈窄端面倒角尺寸最大值　　单位：mm

$r_{1s\min}$①	d 或 D 超过	d 或 D 到	$r_{1s\max}$ 径向	$r_{1s\max}$ 轴向	$r_{1s\min}$①	d 或 D 超过	d 或 D 到	$r_{1s\max}$ 径向	$r_{1s\max}$ 轴向
0.1	—	—	0.2	0.4	1	—	50	1.5	3
						50	—	1.9	3
0.15	—	—	0.3	0.6	1.1	—	120	2	3.5
						120	—	2.5	4
0.2②	—	—	0.5	0.8	1.5	—	120	2.3	4
						120	—	3	5
0.3	—	40	0.6	1	2	—	80	3	4.5
	40	—	0.8	1		80	220	3.5	5
0.6	—	40	1	2		220	—	3.8	6
	40	—	1.3	2					

① 轴和外壳孔的最大单一倒角尺寸见第7章。
② GB/T 283 和 GB/T 292 中未规定该倒角尺寸

表 4-4 圆锥滚子轴承倒角尺寸最大值　　单位：mm

$r_{s\min}$①	d 或 D 超过	d 或 D 到	$r_{s\max}$ 径向	$r_{s\max}$ 轴向
0.3	—	40	0.7	1.4
	40	—	0.9	1.6
0.6	—	40	1.1	1.7
	40	—	1.3	2
1	—	50	1.6	2.5
	50	—	1.9	3

续表

r_{smin}[①]	d 或 D		r_{smax}	
	超过	到	径向	轴向
1.5	—	120	2.3	3
	120	250	2.8	3.5
	250	—	3.5	4
2	—	120	2.8	4
	120	250	3.5	4.5
	250	—	4	5
2.5	—	120	3.5	5
	120	250	4	5.5
	250	—	4.5	6
3	—	120	4	5.5
	120	250	4.5	6.5
	250	400	5	7
	400	—	5.5	7.5
4	—	120	5	7
	120	250	5.5	7.5
	250	400	6	8
	400	—	6.5	8.5
5	—	180	6.5	8
	180	—	7.5	9
6	—	180	7.5	10
	180	—	9	4

① 轴和外壳孔的最大单一倒角尺寸见第 7 章

表 4-5　推力轴承倒角尺寸最大值　　　　　　　　　　　　　　　　　　　　单位：mm

r_{smin}[①] 或 r_{1smin}[①]	r_{smax} 或 r_{1smax}
	径向和轴向
0.3	0.8
0.6	1.5
1	2.2
1.1	2.7
1.5	3.5
2	4
2.1	4.5
3	5.5
4	6.5

续表

$r_{s\min}$① 或 $r_{1s\min}$①	$r_{s\max}$ 或 $r_{1s\max}$
	径向和轴向
5	8
6	10
7.5	12.5
9.5	15
12	18
15	21
19	25

注：表中规定的倒角尺寸适用于以下情况。
　　a. 座圈的底面及外圆柱面倒角；
　　b. 单向轴承的轴圈底面及内孔表面倒角；
　　c. 双向轴承的中圈端面及内孔表面倒角。
① 轴和外壳孔的最大单一倒角尺寸见第 7 章

4.2.2　轴和外壳孔单一倒角尺寸

为了确保轴承套圈端面和轴肩和座孔挡肩的良好接触，防止过渡圆角与轴承倒角相干涉，轴肩和座孔挡肩的倒角尺寸见图 4-5，轴和座孔的单一最大圆角半径应符合表 4-6 的规定。轴和座孔允许的最大单一倒角尺寸 $r_{as\max}$ 不应大于相应的套圈或垫圈允许的最小单一倒角尺寸 $r_{s\min}$ 或 $r_{1s\min}$。图 4-5 中 h 为挡肩或轴肩的高度。

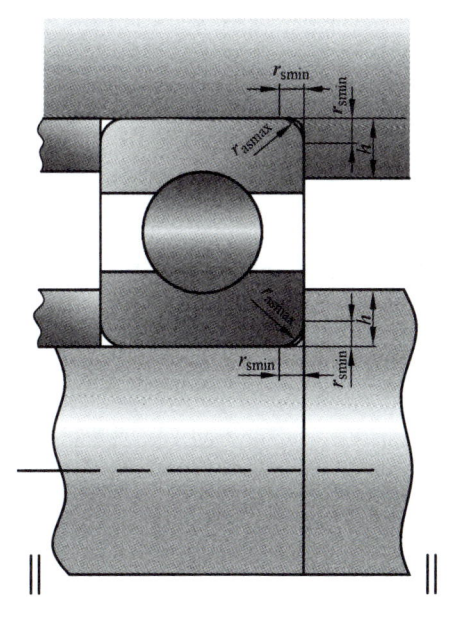

图 4-5　轴肩和座孔挡肩的倒角尺寸

表 4-6　轴和外壳孔的最大单一圆角半径　　　　　　　　　　　单位：mm

r_{smin}	r_{asmax}	r_{smin}	r_{asmax}
0.05	0.05	2	2
0.08	0.08	2.1	2
0.1	0.1	3	2.5
0.15	0.15	4	3
0.2	0.2	5	4
0.3	0.3	6	5
0.6	0.6	7.5	6
1	1	9.5	8
1.1	1.1	12	10
1.5	1.5	15	12

4.2.3　深沟球轴承、角接触球轴承、调心球轴承及调心滚子轴承挡肩高度（h）

确定挡肩高度时，应保证挡肩与轴承端面充分接触，确保支承的强度和刚度，同时还应便于轴承安装和拆卸工具的使用。在一般和特殊情况下，挡肩高度最小值应符合表 4-7 的规定。

表 4-7　挡肩高度最小值　　　　　　　　　　　　　　　　单位：mm

r_{smin}	h_{min} 一般情况	h_{min} 特殊情况[①]	r_{smin}	h_{min} 一般情况	h_{min} 特殊情况[①]
0.05	0.2	—	2	5	4.5
0.08	0.3	—	2.1	6	5.5
0.1	0.4	—	3	7	6.5
0.15	0.6	—	4	9	8
0.2	0.8	—	5	4	10
0.3	1.2	1	6	14	12
0.6	2.5	2	7.5	18	—
1	3	2.5	9.5	22	—
1.1	3.5	3.3	12	27	—
1.5	4.5	4	15	32	—

① 特殊情况是指推力载荷极小，或设计上要求挡肩必须小的情况。

4.3　滚动轴承的精度等级与公差

4.3.1　滚动轴承精度等级

普通精度和提高精度的轴承的公差已在 ISO 492 中标准化，如表 4-8 所示。

向心轴承（圆锥滚子轴承除外）公差等级分 5 级：即 P0 级、P6 级、P5 级、P4 级、P2 级。精度等级依次由低到高。

圆锥滚子轴承公差等级分 5 级，即 P0 级、P6x 级、P5 级、P4 级、P2 级。

推力轴承公差等级分 4 级，即 P0 级、P6 级、P5 级、P4 级。

普通精度的轴承，即 PN 公差级轴承，一般能够满足机械制造对支承质量的所有要求。此外，在机床、测量仪等机械中还有许多情况要求机器具有特别高的工作精度、转速或运转平稳性，这些任务可使用提高精度的轴承来解决。所以，除公差级 PN（普通公差）外，标准还规定了精度更高的公差级 P6、P6X、P5、P4，对最高要求还规定了 P2 级公差。

滚动轴承旋转精度：是对轴承具有影响的所有公差的综合，指的是径向跳动、端面相对滚动、轴向跳动和相对内径轴向跳动。当为向心轴承时，是指径向跳动公差（K_{ia}，K_{ea}）；当为推力轴承时，是指套圈滚道中间容许的厚度变动量（S_i，S_e）。

机器设备的工作精度不仅与轴承精度有关，而且也与连接件或支承件的精度有关。所以，只有当轴承与轴、轴承座配合面的加工精度与轴承精度保持一致时，使用高精度轴承才有实际价值。同时提高轴承及相关配合件的旋转精度可以提高轴承的极限转速和使用寿命。但要注意，提高轴承及相关配合件的旋转精度会极大地增加成本。所以在满足使用要求的情况下，尽量选用普通精度等级的轴承。

4.3.2 轴承常用尺寸公差定义与符号

1. 普通精度的公差

滚动轴承的尺寸公差主要包括内径、外径、宽度、组装宽度公差，滚子内接圆、滚子外接圆直径公差，倒角尺寸公差及锥度的公差。

普通精度用公差级 PN（以前用 PO）表示。公制尺寸滚动轴承的平均内径 d_{mp} 或外径 D_{mp} 基本为负公差。其中公称尺寸是容许的最大尺寸。与此相反，英制尺寸的圆锥滚子轴承为正公差，公称尺寸是下限。

外圈 D_{mp} 的公差带的上偏差为零，与基轴制相同，内圈 d_{mp} 的公差带的上偏差也为零，这与一般基孔制不同。滚动轴承单一平面平均内径 d_{mp}、外径 D_{mp} 的公差带均采用单向制，即公差带都分布在零线下方，上极限偏差为零，下极限偏差为负值。

这样分布主要是考虑到在多数情况下，轴承的内圈随轴一起转动时，为了防止它们之间发生相对运动导致结合面磨损，则两者的配合应有一定的过盈；但由于内圈是薄壁件，且一定时间后又必须拆卸，因此过盈量不宜过大，所以国家标准所对应的单向制正是适合这一要求。

在规定直径公差时考虑到，向心轴承的薄壁套圈在磨削后有时会有小量变形。因为圆形套圈与对应件相配合，所以这种情况在安装后的轴承中显示不出什么作用，但在测量未安装的轴承时则会显示出来。因此，在轴承公差表中分为容许尺寸偏差（Δ）和用变量（V）所表示的偏离理想几何形状的偏差。

对于向心轴承，除给出平均直径容许尺寸偏差（Δ_{dmp}，Δ_{Dmp}）外，还给出单个套圈最大和最小直径的公差（V_{dp}，V_{Dp}），通常指测量面上的公差。容许的直径变动量（V_{dmp}，V_{Dmp}）是测量面上可探测出的最大和最小平均直径的公差。

公差表中套圈宽度的容许尺寸偏差（Δ_{Bs}）适用于内圈和外圈（例外：公差级 P6X 的圆锥滚之轴承为 Δ_{Cs}）。宽度变动量 V_{Bs}（公差级 HG 的主轴轴承外圈为 V_{Cs}）是套圈最大与最小宽度尺寸之间的差值。

自公差级 P5 起，缩小的公差级也包括外圈宽度变量（V_{Cs}）的公差数据，对于内圈和外圈，也包括端面相对内径和滚道的轴向跳动的公差数据（S_d 和 S_D、S_i、S_e）。

2. 向心轴承常用外形尺寸及公差符号

向心轴承外形尺寸见图 4-6。

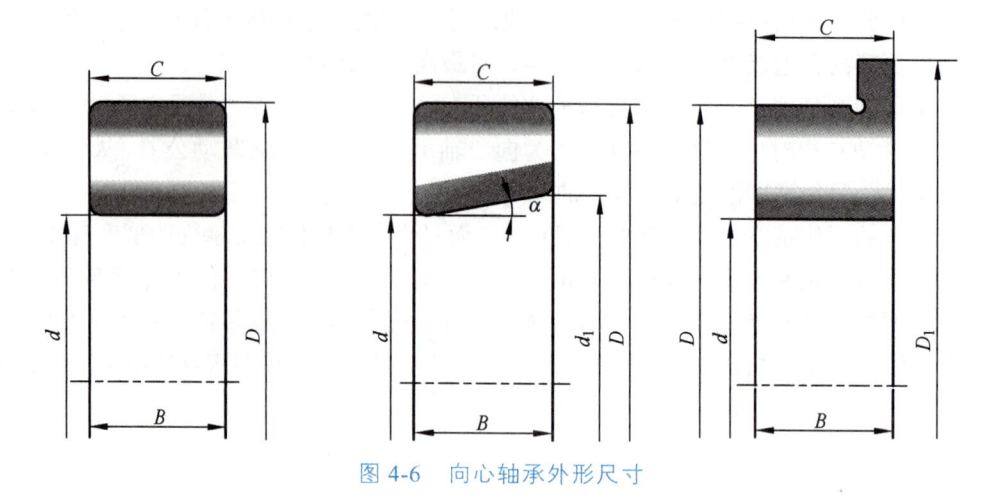

图 4-6 向心轴承外形尺寸

向心轴承常用尺寸公差及精度符号如下：

d ——轴承内径；

d_s ——单一内径，表示在轴承内孔表面某一确定的径向平面内的某一确定的角度分方向测得的实际直径；它只代表被测量处的实际尺寸，如果换一个径向平面或换一个角度方向测量，受轴承内孔形状的影响，可能测得另外一个值；在整个圆柱内孔表面可以测得最大单一内径 d_{smax} 和最小单一内径 d_{smin}；

Δ_{ds} ——单一内径与公称内径之差；

d_1 ——锥孔之理论大端的公称直径；

d_{mp} ——单一平面平均内径，其定义为：在一径向平面内最大单一平面内径与最小单一平面内径的算术平均值；对于基本圆锥孔，d_{mp} 仅指内孔的理论大端；

V_{dsp} ——单一平面内内径的变动量，其定义是在一径向平面内最大单一平面内径与最小单一平面内径的差值；

V_{dmp} ——平均内径的变动量，只适用于圆柱孔，其定义是圆柱孔轴承内孔的最大单一平面平均内径与最小单一平面票价内径的差值；

d_{1mp} ——锥孔之理论大端的平均直径，单一内径最大值和最小值的算术平均值；

Δ_{dmp} ——单一平面平均内径偏差，其定义是单一平面平均内径与轴承内径的差值，$\Delta d_{mp} = d_{mp} - d$；

Δ_{d1mp} ——锥孔之理论大头端的平均内径与公称值之间的偏差 $\Delta d_{1mp} = d_{1mp} - d_1$。

D ——轴承外径；

D_s ——单一外径，表示在某一确定的径向平面内的某一确定的角度分方向测得的轴承实际外径，它只代表被测量处的实际尺寸，如果换一个径向平面或换一个角度方向测量，受轴承外圈形状的影响，可能测得另外一个值；

D_1 ——外圈凸缘外径；

D_{mp} ——单一平面平均外径，其定义为：在一径向平面内最大单一平面外径与最小单一平面外径的算术平均值；

V_{Dsp}——单一平面外径变动量，其定义是在一径向平面内最大单一平面内径与最小单一平面内径的差值；

Δ_{Ds}——单一外径的偏差；

V_{Dmp}——平均外径变动量，其定义是轴承的最大单一平面平均外径与最小单一平面平均外径的差值；

Δ_{D1s}——外圈凸缘单一外径的偏差；

Δ_{Dmp}——单一平面平均外径的偏差，其定义是一平面平均外径与轴承外径的差值，$\Delta D_{mp}= D_{mp} - D$；

B——内圈宽度；

Δ_{Bs}——内圈单一宽度偏差；

V_{Bs}——内圈宽度变动量；

C——外圈宽度；

C_1——外圈凸缘宽度；

C_s——外圈单一宽度偏差；

V_{Cs}——外圈宽度变动量；

K_{ia}——成套轴承内圈的径向跳动；

K_{ea}——成套轴承外圈的径向跳动；

S_d——内圈端面对内孔的垂直度；

S_D——外圈外表面对端面的垂直度；

S_{D1}——外圈外表面对凸缘背面的垂直度；

S_{ia}——成套轴承内圈轴向跳动；

S_{ea}——成套轴承外圈轴向跳动；

S_{ea1}——成套轴承外圈凸缘背面轴向跳动圆锥滚子轴承的辅助符号。

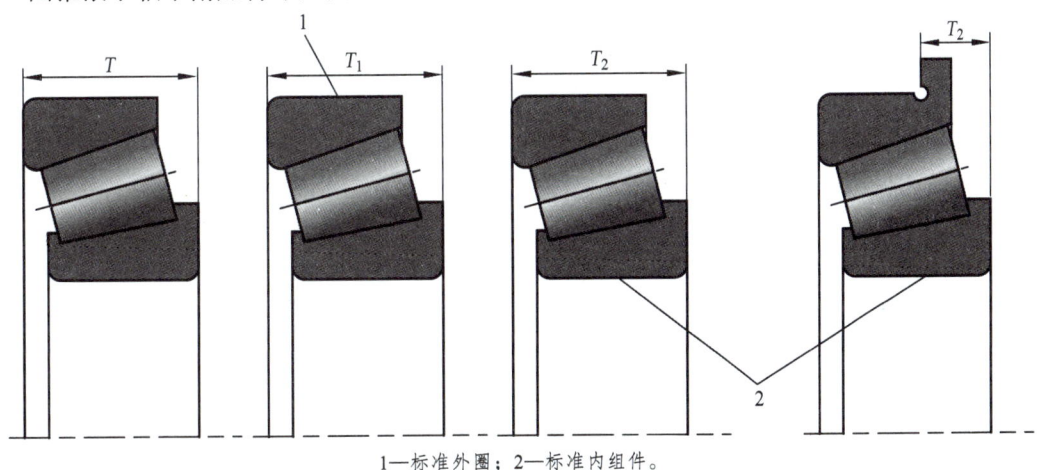

3. 圆锥滚子轴承附加符号

圆锥滚子轴承附加符号见图 4-7。

1—标准外圈；2—标准内组件。

图 4-7 圆锥滚子轴承附加符号

圆锥滚子轴承附加符号外形尺寸、公差精度常用符号如下：

T ——圆锥滚子轴承宽度；

T_1 ——内组件有效宽度；

T_2 ——外圈有效宽度；

Δ_{Ts} ——成套轴承实际宽度偏差；

Δ_{T1s} ——内组件实际有效宽度偏差；

Δ_{T2s} ——外组件实际有效宽度偏差。

4. 推力轴承常用尺寸及公差符号

d ——单向轴承轴圈内径；

d_2 ——双向轴承轴圈内径；

Δ_{dmp} ——单向轴承轴圈单一径向平面平均内径偏差；

Δ_{d2mp} ——双向轴承轴圈单一径向平面平均内径偏差；

V_{dp} ——单向轴承轴圈单一径向平面平均内径变动量；

V_{d2p} ——双向轴承轴圈单一径向平面平均内径变动量；

D ——座圈外径；

Δ_{Dmp} ——轴承座圈单一径向平面平均外径偏差；

V_{Dp} ——轴承座圈单一径向平面平均外径变动量；

S ——座圈滚道对底面的厚度变动量（只适合于接触角为 90 °C 的推力球轴承和推力圆柱滚子轴承）；

T ——单向轴承高度；

T_1 ——双向轴承高度；

Δ_{TS} ——单向轴承实际高度偏差；

Δ_{T1S} ——双向轴承实际高度偏差。

4.3.3 不同类型轴承主要尺寸公差表

结合滚动轴承在轨道车辆中的应用，主要介绍普通精度等级的轴承，表 4-8～表 4-20 列出了不同类型轴承普通精度等级和 P6 精度等级的主要尺寸公差，如果遇到 P5、P4 和 P2 精度等级轴承的应用，其主要尺寸公差可以查阅有关设计手册。

表 4-8 普通级精度向心轴承（不包括圆锥滚子轴承）内圈主要尺寸公差　　　　单位：μm

d/mm 超过	到	Δd_{mp} 上偏差	下偏差	V_{dsp} 直径系列 9 max	0, 1 max	2, 3, 4 max	V_{dmp} max	K_{ia} max	Δ_{Bs} 全部 上偏差	正常 下偏差	修正[①] 下偏差	V_{Bs} max
—	0.6	0	−8	10	8	6	6	10	0	−40	—	12
0.6	2.5	0	−8	10	8	6	6	10	0	−40	—	15
2.5	10	0	−8	10	8	6	6	10	0	−120	−250	15
10	18	0	−8	10	8	6	6	10	0	−120	−250	20
18	30	0	−10	13	10	8	8	13	0	−120	−250	20

续表

\multicolumn{2}{c	}{d/mm}	\multicolumn{2}{c	}{Δd_{mp}}	\multicolumn{3}{c	}{V_{dsp} 直径系列}	V_{dmp}	K_{ia}	\multicolumn{3}{c	}{Δ_{Bs}}	V_{Ds}
				9	0、1	2、3、4			全部	正常	修正[①]	
超过	到	上偏差	下偏差	max	max	max	max	max	上偏差	下偏差		max
30	50	0	-12	15	12	9	9	15	0	-120	-250	20
50	80	0	-15	19	19	11	11	20	0	-150	-380	25
80	120	0	-20	25	25	15	15	25	0	-200	-380	25
120	180	0	-25	31	31	19	19	30	0	-250	-500	30
180	250	0	-30	38	38	23	23	40	0	-300	-500	30
250	315	0	-35	44	44	26	26	50	0	-350	-500	35
315	400	0	-40	50	50	30	30	60	0	-400	-630	40
400	500	0	-45	56	56	34	34	65	0	-450	—	50
500	630	0	-50	63	63	38	38	70	0	-500	—	60
630	800	0	-75	—	—	—	—	80	0	-750	—	70
800	1 000	0	-100	—	—	—	—	90	0	-1 000	—	80
1 000	1 250	0	-125	—	—	—	—	100	0	-1 250	—	100
1 250	1 600	0	-160	—	—	—	—	120	0	-1 600	—	120
1 600	2 000	0	-200	—	—	—	—	140	0	-2 000	—	140

① 适用于成对或成组安装时单个轴承内、外圈，也适用于 $d \geqslant 50$ mm 锥孔轴承的内圈

表 4-9 普通级精度向心轴承（不包括圆锥滚子轴承）外圈主要尺寸公差　　　　　　单位：μm

\multicolumn{2}{c	}{D/mm}	\multicolumn{2}{c	}{ΔD_{mp}}	\multicolumn{4}{c	}{V_{Dsp}}	V_{Dmp}	K_{ea}	\multicolumn{2}{c	}{Δ_{Cs} Δ_{Cls}}	V_{Cs} V_{Cls}
				\multicolumn{3}{c	}{开型轴承}	闭型轴承					
				\multicolumn{4}{c	}{直径系列}					
				9	0、1	2、3、4	2、3、4					
超过	到	上偏差	下偏差	\multicolumn{4}{c	}{max}	max	max	上偏差	下偏差	max
—	2.5	0	-8	10	8	6	10	6	15			
2.5	6	0	-8	10	8	6	10	6	15			
6	18	0	-8	10	8	6	10	6	15			
18	30	0	-9	12	9	7	12	7	15			
30	50	0	-11	14	11	8	16	8	20	\multicolumn{3}{c}{与同一轴承内圈的 Δ_{Bs} 及 V_{Bs} 相同}
50	80	0	-13	16	13	10	20	10	25			
80	120	0	-15	19	19	11	26	11	35			
120	150	0	-18	23	23	14	30	14	40			
150	180	0	-25	31	31	19	38	19	45			
180	250	0	-30	38	38	23	—	23	50			
250	315	0	-35	44	44	26	—	26	60			

续表

D/mm 超过	D/mm 到	ΔD_{mp} 上偏差	ΔD_{mp} 下偏差	V_{Dsp} 开型轴承 直径系列 9 max	V_{Dsp} 开型轴承 直径系列 0、1 max	V_{Dsp} 开型轴承 直径系列 2、3、4 max	V_{Dsp} 闭型轴承 直径系列 2、3、4 max	V_{Dmp} max	K_{ea} max	Δ_{Cs} Δ_{Cls} 上偏差	Δ_{Cs} Δ_{Cls} 下偏差	V_{Cs} V_{Cls} max
315	400	0	−40	50	50	30	—	30	70			
400	500	0	−45	56	56	34	—	34	80			
500	630	0	−50	63	63	38	—	38	100			
630	800	0	−75	94	94	55	—	55	120			
800	1 000	0	−100	125	125	75	—	75	140			
1 000	1 250	0	−125	—	—	—	—		160			
1 250	1 600	0	−160	—	—	—	—		190			
1 600	2 000	0	−200	—	—	—	—		220			
2 000	2 500	0	−250	—	—	—	—		250			

注：外圈凸缘外径 D_1 的公差规定在表 4-17 中

表 4-10　6 级精度向心轴承（不包括圆锥滚子轴承）内圈主要尺寸公差　　单位：μm

d/mm 超过	d/mm 到	Δd_{mp} 上偏差	Δd_{mp} 下偏差	V_{dsp} 直径系列 9 max	V_{dsp} 直径系列 0、1 max	V_{dsp} 直径系列 2、3、4 max	V_{dmp} max	K_{ia} max	Δ_{Bs} 全部 上偏差	Δ_{Bs} 正常 下偏差	Δ_{Bs} 修正[①] 下偏差	V_{Bs} max
—	0.6	0	−7	9	7	5	5	5	0	−40	—	12
0.6	2.5	0	−7	9	7	5	5	5	0	−40	—	12
2.5	10	0	−7	9	7	5	5	6	0	−120	−250	15
10	18	0	−7	9	7	5	5	7	0	−120	−250	20
18	30	0	−8	10	8	6	6	8	0	−120	−250	20
30	50	0	−10	13	10	8	8	10	0	−120	−250	20
50	80	0	−12	15	15	9	9	10	0	−150	−380	25
80	120	0	−15	19	19	11	11	13	0	−200	−380	25
120	180	0	−18	23	23	14	14	18	0	−250	−500	30
180	250	0	−22	28	28	17	17	20	0	−300	−500	30
250	315	0	−25	31	31	19	19	25	0	−350	−500	35
315	400	0	−30	38	38	23	23	30	0	−400	−630	40
400	500	0	−35	44	44	26	26	35	0	−450	—	45
500	630	0	−40	50	50	30	30	40	0	−500	—	50

① 适用于成对或成组安装时单个轴承的内、外圈，也适用于 $d \geqslant 50$ mm 锥孔轴承的内圈

表4-11　6级精度向心轴承（不包括圆锥滚子轴承）外圈主要尺寸公差　　　单位：μm

D/mm		ΔD_{mp}		V_{Dsp}[①]				V_{Dmp}[①]	K_{ea}	Δ_{Cs} Δ_{Cls}[②]		V_{Cs} V_{Cls}[②]
				开型轴承			闭型轴承					
				直径系列								
				9	0、1	2、3、4	0、1、2、3、4					
超过	到	上偏差	下偏差	max				max	max	上偏差	下偏差	max
—	2.5	0	−7	9	7	5	9	5	8			
2.5	6	0	−7	9	7	5	9	5	8			
6	18	0	−7	9	7	5	9	5	8			
18	30	0	−8	10	8	6	10	6	9			
30	50	0	−9	11	9	7	13	7	10			
50	80	0	−11	14	11	8	16	8	13			
80	120	0	−13	16	16	10	20	10	18			
120	150	0	−15	19	19	11	25	11	20			
150	180	0	−18	23	23	14	30	14	23			
180	250	0	−20	25	25	15	—	15	25	与同一轴承内圈		
250	315	0	−25	31	31	19	—	19	30	的 Δ_{Bs} 及 V_{Bs} 相同		
315	400	0	−28	35	35	21	—	21	35			
400	500	0	−33	41	41	25	—	25	40			
500	630	0	−38	48	48	29	—	29	50			
630	800	0	−45	56	56	34	—	34	60			
800	1 000	0	−60	75	75	45	—	45	75			
1 000	1 250	0	−125	—	—	—	—	—	160			
1 250	1 600	0	−160	—	—	—	—	—	190			
1 600	2 000	0	−200	—	—	—	—	—	220			
2 000	2 500	0	−250	—	—	—	—	—	250			

注：外圈凸缘外径 D_1 的公差规定在表4-17中
① 适用于内、外止动环安装前或拆卸后。
② 仅适用于沟型球轴承

表4-12　普通级精度圆锥滚子轴承内圈主要尺寸公差　　　单位：μm

d/mm		Δd_{mp}		V_{dsp}	V_{dmp}	K_{ia}
超过	到	上偏差	下偏差	max	max	max
—	10	0	−12	12	9	15
10	18	0	−12	12	9	15
18	30	0	−12	12	9	18
30	50	0	−12	12	9	20

续表

d/mm		Δd_mp		V_dsp	V_dmp	K_ia
超过	到	上偏差	下偏差	max	max	max
50	80	0	−15	15	11	25
80	120	0	−20	20	15	30
120	180	0	−25	25	19	35
180	250	0	−30	30	23	50
250	315	0	−35	35	26	60
315	400	0	−40	40	30	70
400	500	0	−45	45	34	80
500	630	0	−60	60	40	90
630	800	0	−75	75	45	100
800	1 000	0	−100	100	55	115
1 000	1 250	0	−125	125	65	130
1 250	1 600	0	−160	160	80	150
1 600	2 000	0	−200	200	100	170

表 4-13　普通级精度圆锥滚子轴承外圈主要尺寸公差　　　　　　　　　　　单位：μm

D/mm		ΔD_mp		V_Dsp	V_Dmp	K_ea
超过	到	上偏差	下偏差	max	max	max
—	18	0	−12	12	9	18
18	30	0	−12	12	9	18
30	50	0	−14	14	11	20
50	80	0	−16	16	12	25
80	120	0	−18	18	14	35
120	150	0	−20	20	15	40
150	180	0	−25	25	19	45
180	250	0	−30	30	23	50
250	315	0	−35	35	26	60
315	400	0	−40	40	30	70
400	500	0	−45	45	34	80
500	630	0	−50	60	38	100
630	800	0	−75	80	55	120
800	1 000	0	−100	100	75	140
1 000	1 250	0	−125	130	90	160
1 250	1 600	0	−160	170	100	180
1 600	2 000	0	−200	210	110	200
2 000	2 500	0	−250	265	120	220

注：外圈凸缘外径 D_1 的公差规定在表 4-17 中

表 4-14 普通级精度圆锥滚子轴承内、外圈、单列轴承及组件宽度尺寸公差　　　　单位：μm

d/mm		Δ_{Bs}		Δ_{Cs}		Δ_{Ts}		Δ_{T1s}		Δ_{T2s}	
超过	到	上偏差	下偏差	上偏差	下偏差	上偏差	下偏差	上偏差	下偏差	上偏差	下偏差
—	10	0	−120	0	−120	+200	0	+100	0	+100	0
10	18	0	−120	0	−120	+200	0	+100	0	+100	0
18	30	0	−120	0	−120	+200	0	+100	0	+100	0
30	50	0	−120	0	−120	+200	0	+100	0	+100	0
50	80	0	−150	0	−150	+200	0	+100	0	+100	0
80	120	0	−200	0	−200	+200	−200	+100	−100	+100	−100
120	180	0	−250	0	−250	+350	−250	+150	−150	+200	−100
180	250	0	−300	0	−300	+350	−250	+150	−150	+200	−100
250	315	0	−350	0	−350	+350	−250	+150	−150	+200	−100
315	400	0	−400	0	−400	+400	−400	+200	−200	+200	−200
400	500	0	−450	0	−450	+450	−450	+225	−225	+225	−225
500	630	0	−500	0	−500	+500	−500	—	—	—	—
630	800	0	−750	0	−750	+600	−600	—	—	—	—
800	1 000	0	−1 000	0	−1 000	+750	−750	—	—	—	—
1 000	1 250	0	−1 250	0	−1 250	+900	−900	—	—	—	—
1 250	1 600	0	−1 600	0	−1 600	+1 050	−1 050	—	—	—	—
1 600	2 000	0	−2 000	0	−2 000	+1 200	−1 200	—	—	—	—

表 4-15 6X 级精度圆锥滚子轴承内、外圈、单列轴承及组件宽度尺寸公差　　　　单位：μm

d/mm		Δ_{Bs}		Δ_{Cs}		Δ_{Ts}		Δ_{T1s}		Δ_{T2s}	
超过	到	上偏差	下偏差	上偏差	下偏差	上偏差	下偏差	上偏差	下偏差	上偏差	下偏差
—	10	0	−50	0	−100	+100	0	+50	0	+50	0
10	18	0	−50	0	−100	+100	0	+50	0	+50	0
18	30	0	−50	0	−100	+100	0	+50	0	+50	0
30	50	0	−50	0	−100	+100	0	+50	0	+50	0
50	80	0	−50	0	−100	+100	0	+50	0	+50	0
80	120	0	−50	0	−100	+100	0	+50	0	+50	0
120	180	0	−50	0	−100	+150	0	+50	0	+100	0
180	250	0	−50	0	−100	+150	0	+50	0	+100	0
250	315	0	−50	0	−100	+200	0	+100	0	+100	0
315	400	0	−50	0	−100	+200	0	+100	0	+100	0
400	500	0	−50	0	−100	+200	0	+100	0	+100	0

表 4-16　向心轴承外圈凸缘尺寸公差　　　　　　　　　　　　　单位：μm

D_1/mm		Δ_{D1s}			
超过	到	定位凸缘		非定位凸缘	
		上偏差	下偏差	上偏差	下偏差
—	6	0	−36	+220	−36
6	10	0	−36	+220	−36
10	18	0	−43	+270	−43
18	30	0	−52	+330	−52
30	50	0	−62	+390	−62
50	80	0	−74	+460	−74
80	120	0	−87	+540	−87
120	180	0	−100	+630	−100
180	250	0	−115	+720	−115
250	315	0	−130	+810	−130
315	400	0	−140	+890	−140
400	500	0	−155	+970	−156
500	630	0	−175	+1100	−175
630	800	0	−200	+1250	−200
800	1 000	0	−230	+1400	−230
1 000	1 250	0	−260	+1650	−260
1 250	1 600	0	−310	+1950	−310
1 600	2 000	0	−370	+2300	−370
2 000	2 500	0	−440	+2800	−440

表 4-17　普通级精度推力轴承轴圈及高度尺寸公差　　　　　　　单位：μm

d 和 d_2/mm		Δd_{mp}, Δd_{2mp}		V_{dp}, V_{d2p}	S_i	ΔT_s		ΔT_{1s}	
超过	到	上偏差	下偏差	max	max	上偏差	下偏差	上偏差	下偏差
—	18	0	−8	6	10	+20	−250	+150	−400
18	30	0	−10	8	10	+20	−250	+150	−400
30	50	0	−12	9	10	+20	−250	+150	−400
50	80	0	−15	11	10	+20	−300	+150	−500
80	120	0	−20	15	15	+25	−300	+200	−500
120	180	0	−25	19	15	+25	−400	+200	−600
180	250	0	−30	23	20	+30	−400	+250	−600
250	315	0	−35	26	25	+40	−400	—	—
315	400	0	−40	30	30	+40	−500	—	—
400	500	0	−45	34	30	+50	−500	—	—
500	630	0	−50	38	35	+60	−600	—	—
630	800	0	−75	55	40	+70	−750	—	—

续表

d 和 d_2/mm		$\Delta d_{mp}, \Delta d_{2mp}$		V_{dp}, V_{d2p}	S_i	ΔT_s		ΔT_{1s}	
超过	到	上偏差	下偏差	max	max	上偏差	下偏差	上偏差	下偏差
800	1 000	0	−100	75	45	+80	−1 000	—	—
1 000	1 250	0	−125	95	50	+100	−1 400	—	—
1 250	1 600	0	−160	120	60	+120	−1 600	—	—
1 600	2 000	0	−200	150	75	+140	−1 900	—	—
2 000	2 500	0	−250	190	90	+160	−2 300	—	—

注：对于双向轴承，公差值只适用于 $d_2 \leqslant 190$ mm 的轴承

表 4-18　普通级精度推力轴承座圈尺寸公差　　　　　　　　　　　　　　　　单位：μm

D/mm		ΔD_{mp}		V_{Dp}	S_e
超过	到	上偏差	下偏差	max	max
10	18	0	−11	8	与同一轴承轴圈的 S_i 值相同
18	30	0	−13	10	
30	50	0	−16	12	
50	80	0	−19	14	
80	120	0	−22	17	
120	180	0	−25	19	
180	250	0	−30	23	
250	315	0	−35	26	
315	400	0	−40	30	
400	500	0	−45	34	
500	630	0	−50	38	
630	800	0	−75	55	
800	1 000	0	−100	75	
1 000	1 250	0	−125	95	
1 250	1 600	0	−160	120	
1 600	2 000	0	−200	150	
2 000	2 500	0	−250	190	
2 500	2 850	0	−300	225	

表 4-19　6 级精度推力轴承轴圈及高度尺寸公差　　　　　　　　　　　　　　单位：μm

d 和 d_2/mm		$\Delta d_{mp}, \Delta d_{2mp}$		V_{dp}, V_{d2p}	S_i	ΔT_s		ΔT_{1s}	
超过	到	上偏差	下偏差	max	max	上偏差	下偏差	上偏差	下偏差
—	18	0	−8	6	5	+20	−250	+150	−400
18	30	0	−10	8	5	+20	−250	+150	−400
30	50	0	−12	9	6	+20	−250	+150	−400
50	80	0	−15	11	7	+20	−300	+150	−500
80	120	0	−20	15	8	+25	−300	+200	−500

续表

d 和 d_2/mm		Δd_{mp}, Δd_{2mp}		V_{dp}, V_{d2p}	S_i	ΔT_s		ΔT_{1s}	
超过	到	上偏差	下偏差	max	max	上偏差	下偏差	上偏差	下偏差
120	180	0	−25	19	9	+25	−400	+200	−600
180	250	0	−30	23	10	+30	−400	+250	−600
250	315	0	−35	26	13	+40	−400	—	—
315	400	0	−40	30	15	+40	−500	—	—
400	500	0	−45	34	18	+50	−500	—	—
500	630	0	−50	38	21	+60	−600	—	—
630	800	0	−75	55	25	+70	−750	—	—
800	1 000	0	−100	75	30	+80	−1 000	—	—
1 000	1 250	0	−125	95	35	+100	−1 400	—	—
1 250	1 600	0	−160	120	40	+120	−1 600	—	—
1 600	2 000	0	−200	150	45	+140	−1 900	—	—
2 000	2 500	0	−250	190	50	+160	−2 300	—	—

注：对于双向轴承，公差值只适用于 $d_2 \leqslant 190$ mm 的轴承。

表 4-20　6 级精度推力轴承座圈尺寸公差　　　　　　　　　　单位：μm

D/mm		ΔD_{mp}		V_{Dp}	S_e
超过	到	上偏差	下偏差	max	max
10	18	0	−11	8	与同一轴承轴圈的 S_i 值相同
18	30	0	−13	10	
30	50	0	−16	12	
50	80	0	−19	14	
80	120	0	−22	17	
120	180	0	−25	19	
180	250	0	−30	23	
250	315	0	−35	26	
315	400	0	−40	30	
400	500	0	−45	34	
500	630	0	−50	38	
630	800	0	−75	55	
800	1 000	0	−100	75	
1 000	1 250	0	−125	95	
1 250	1 600	0	−160	120	
1 600	2 000	0	−200	150	
2 000	2 500	0	−250	190	
2 500	2 850	0	−300	225	

注：对于双向轴承，公差值只适用于 $D \leqslant 360$ mm 的轴承。

4.3.4 圆锥孔轴承公差

圆锥孔轴承的孔锥度按 1∶12 作标准化规定，这相当于额定锥角 α = 4°46′18.8″。尺寸系列 40、41 和 42 的调心滚子轴承例外（锥度为 1∶30）。圆锥孔轴承的公差见图 4-8。表 4-21、表 4-22 列出了不同锥度圆锥孔的主要尺寸公差。

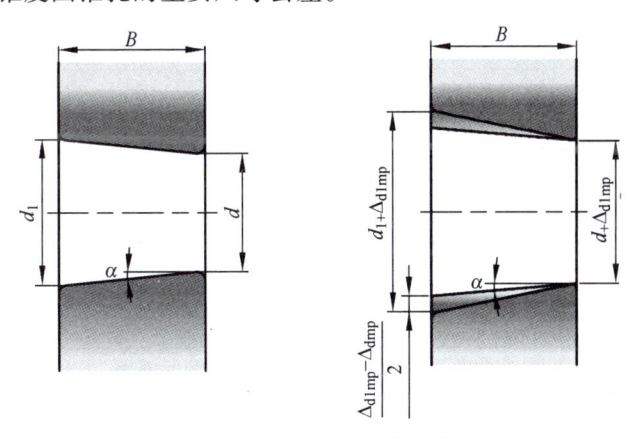

图 4-8 圆锥孔轴承的公差

锥度 1∶12；

半锥角 α = 2°23′9.4″；

理论大直径 $d_1 = d + \dfrac{1}{12} \cdot B$。

锥度 1∶30；

半锥角 α = 0°57′17.4″；

理论大直径 $d_1 = d + \dfrac{1}{30} \cdot B$。

表 4-21 圆锥孔（锥度 1∶12）

d/mm 超过	到	Δd_{mp} 上偏差	下偏差	$\Delta_{d1mp} - \Delta_{dmp}$ 上偏差	下偏差	V_{dsp}[①][②] max
—	10	+22	0	+15	0	9
10	18	+27	0	+18	0	11
18	30	+33	0	+21	0	13
30	50	+39	0	+25	0	16
50	80	+46	0	+30	0	19
80	120	+54	0	+35	0	22
120	180	+63	0	+40	0	40
180	250	+72	0	+46	0	46
250	315	+81	0	+52	0	52
315	400	+89	0	+57	0	57
400	500	+97	0	+63	0	63

续表

d/mm		Δd_{mp}		$\Delta_{d1mp}-\Delta_{dmp}$		V_{dsp}[①][②]
超过	到	上偏差	下偏差	上偏差	下偏差	max
500	630	+110	0	+70	0	70
630	800	+125	0	+80	0	—
800	1 000	+140	0	+90	0	—
1 000	1 250	+165	0	+105	0	—
1 250	1 600	+195	0	+125	0	—

① 适用于内孔的任一单一径向平面。
② 不适用于直径系列 7 和 8

表 4-22　圆锥孔（锥度 1∶30）　　　　　　　　　　　　　单位：μm

d/mm		Δ_{dmp}		$\Delta_{d1mp}-\Delta_{dmp}$		V_{dsp}[①][②]
超过	到	上偏差	下偏差	上偏差	下偏差	max
—	50	+15	0	+30	0	19
50	80	+15	0	+30	0	19
80	120	+20	0	+35	0	22
120	180	+25	0	+40	0	40
180	250	+30	0	+46	0	46
250	315	+35	0	+52	0	52
315	400	+40	0	+57	0	57
400	500	+45	0	+63	0	63
500	630	+50	0	+70	0	70

① 适用于内孔的任一单一径向平面。
② 不适用于直径系列 7 和 8

4.4　滚动轴承测量

滚动轴承的尺寸公差与运转精度可以通过一定的测量方法进行检验。ISO 1132-2 和 GB/T 307.2—2005《滚动轴承测量和检测的原则及方法》具体规定了滚动轴承的尺寸公差与运转精度的测量方法。轴承测量已标准化。标准化可以避免对相同零件由于测量方法不同（例如由生产厂家和用户采用不同的测量方法）所导致的不同的测量结果。以下介绍有关滚动轴承尺寸公差、旋转精度和径向游隙的测量方法。

4.4.1　滚动轴承测量的总体原则

1. 测量条件

轴承在测量前需要清洗去除附着的脂或防锈剂，为此可以使用以下清洗剂：

① 无机清洗剂：水溶液、碱性溶液。轴承经清洗后直接浸入脱水池中。铝质保持架轴承不适用碱性溶液清洗。

② 有机清洗剂：不含酸和水的煤油及添加 3%机油的清洗汽油。测量之后应立即给全部轴承零件上油或涂脂。

在基准温度+20 ℃ 时测量工具和工件必须具有确定的尺寸。温度平衡按照零件大小和温差的程度需要几个小时。如将测量工具和工件共同放到一个测量平板上，就能实现最快平衡。为使测量结果不产生误差，还要防止手温的影响。

套圈由于其壁厚度很小，容易发生变形，因此对内径和外径应采用这里所介绍的测量方法进行检测。例如对深沟球轴承不能直接测量单个套圈的径向跳动和轴向跳动。在测量径向跳动时，由此所产生的测量误差很小，但在测量轴向跳动时测量误差却很大。在对测量结果进行评价时，也要考虑测量心轴的径向跳动误差。

2. 测量力和测量顶尖的半径（见表 4-23）

表 4-23　测量力和测量顶尖的半径

测量尺寸	公称尺寸范围/mm ＞	公称尺寸范围/mm ≤	测量力 F（max）[①]/N	测量顶尖半径（min）[②]/mm
轴承内径 d	—	10	2	0.8
轴承内径 d	10	30	2	2.5
轴承内径 d	30	—	2	2.5
轴承外径 D	—	30	2	2.5
轴承外径 D	30	—	2	2.5

① 最大测量力应该在试样不发生变形的情况下实现能重现的测量。若出现变形，可采用更小的测量力。
② 若施加的测量力相应减小，可采用更小的半径。

3. 测量工具

各种尺寸和跳动可以在不同的测量设备上以不同的精度完成，轴承制造厂家和用户可遵循本原则选择测量精度能够满足实际需求的设备和仪器，原则上是测量总误差不应超过实际公差带的 10%。

4. 基准面

基准面可由生产厂家标出，用作测量的基准，套圈的测量基准面通常为非标志面，即没有打轴承标记的端面是测量基准面。当不能确定对称套圈的基准面时，可以认为公差分别适应任一端面。非对称套圈宽度较大的端面是基面。推力轴承套圈和座圈的基准面系承受轴向载荷的端面，通常为滚道的背面；单列角接触球轴承套圈和圆锥滚子轴承套圈的基准面是承受轴向载荷的背面。凸缘外圈轴承的基准面为承受轴向载荷的凸缘端面。

4.4.2　尺寸公差的测量

内径和外径：内径和外径采用经块规或调整用基准件调整过的测量工具进行两点测量，见图 4-9。由获得的测量面的最大和最小值算出一个测量面的平均直径（d_{mp} 或 D_{mp}）。平均直径的变动量（V_{dmp} 或 V_{Dmp}）是由一个套圈若干个轴向位置测量面上可测定的最大与最小平均直径之间的差值。这只适用于离轴承端面至少 2 倍倒角宽度 $2r$ 的测量面。r 的值参见轴承生产厂家的产品样本和图 4-9。

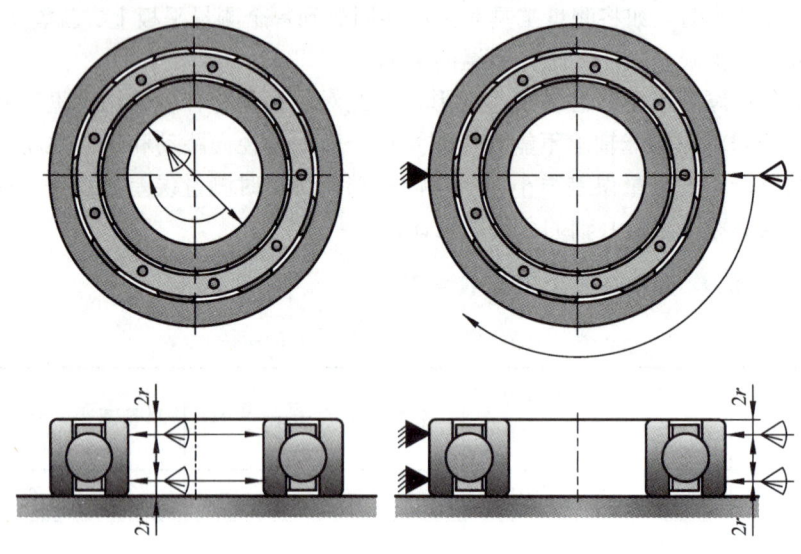

$2r$——二倍倒角宽度。

图 4-9　轴承外径

推力滚针保持架组件的内径和外径：推力滚针保持架组件和推力轴承套圈的内径和外径用塞规或环规测量，见图 4-10。

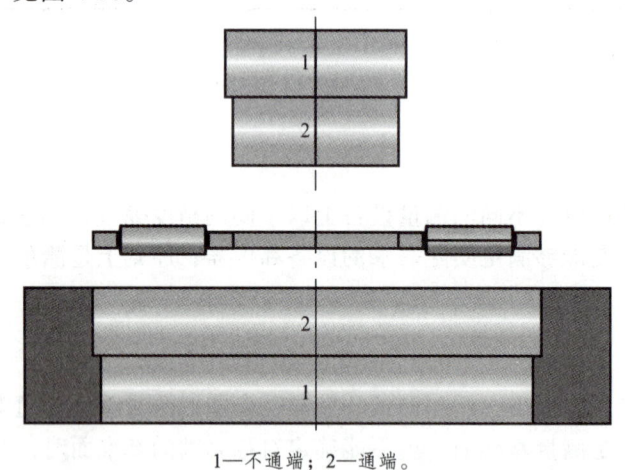

1—不通端；2—通端。

图 4-10　轴承的滚动体组件和套圈

内、外包络圆直径：实体外圈的圆柱滚子轴承和滚针轴承的内包络圆直径 F_w 用 10 mm 长度上锥度为 2 μm 的量规测量，见图 4-11。

在测量只有冲压外圈的敞口型和封口型滚针轴承的内包络圆直径 F_w 时，需将其压入检测环中，见图 4-12，然后插入 10 mm 长度上锥度为 5 μm 的量规或具有圆柱形通端和不通端的异形量规。

F_w—内包络圆直径；①—量规。

图 4-11　滚子轴承和滚针轴承

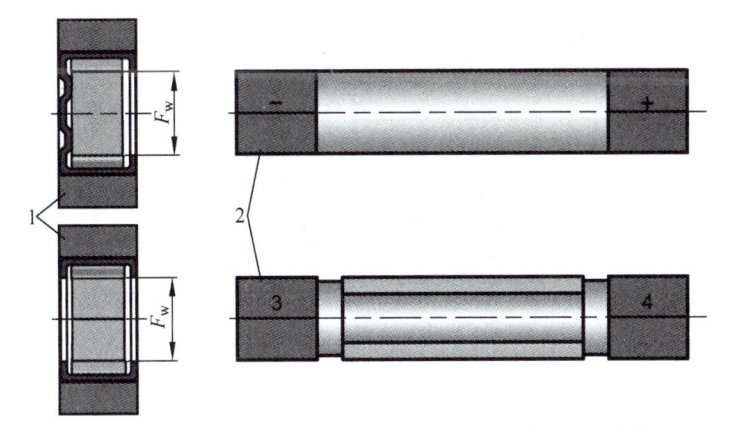

F_w—内包络圆直径；1—检测环；2—量规；3—通端；4—不通端。

图 4-12　冲压外圈的敞口型和封口型滚针轴承

滚子保持架组件和滚针保持架组件的外包络圆直径（E_w）和内包络圆直径（F_w）用公称直径 E_w 加上公差带 G6 的下偏差的检测环测量，见图 4-13。若具有 F_w 公称尺寸直径的量规能插入并且在没有夹紧的情况下能均匀转动，则零件是合格的。

较大型轴承的包络圆直径用商业通用的包络圆测量仪测量。

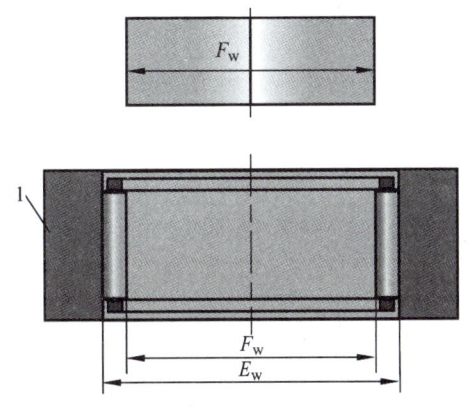

E_w—外包络圆直径；F_w—内包络圆直径；1—检测环。

图 4-13　滚子保持架组件和滚针保持架组件

圆锥滚子轴承和推力轴承高度：圆锥滚子轴承的宽度 T 和推力轴承的高度 T 以垂直轴承轴线测量，见图 4-14。

支承轴承内圈基准面，将一已知高度的平板或者特制工装放置在轴承外圈基准面上，给轴承施加规定的中心轴向载荷。用距离平台合适高度的量块将指示仪调零，指示仪测头靠近平板的中心，测量之前反复多次转动轴承，必须使圆锥滚子轴承的圆锥滚子全部都贴在内圈大挡边上，随后读取指示仪的读数，轴承实际宽度 T_s 等于指示仪的读数减去已知的平板厚度。

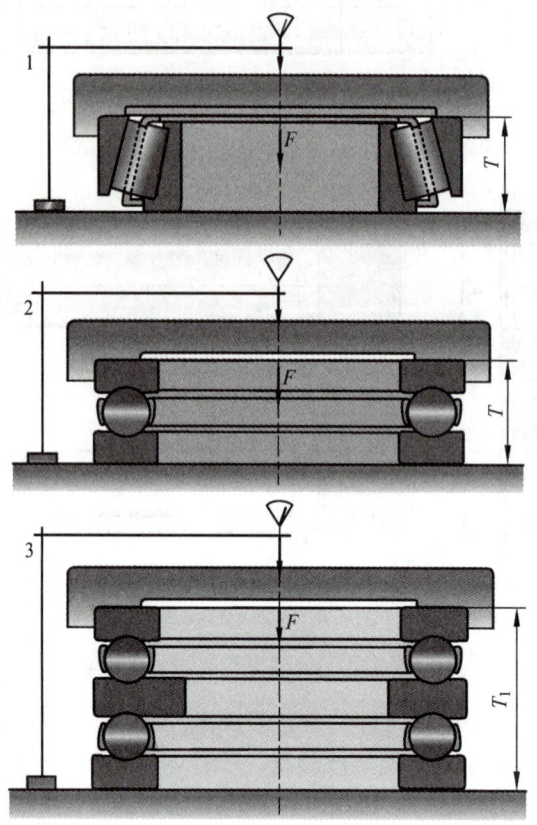

F—轴向中心载荷；1—圆锥滚子轴承；2—单向推力球轴承；3—双向推力球轴承。

图 4-14　圆锥滚子轴承宽度，推力轴承高度

4.4.3　旋转精度的测量

圆度：使用圆度测量仪可以得到可靠的圆度测量结果。测量的是作为偏离参考圆径向距离的圆度偏差，见图 4-15。

1—作为偏离参考圆径向距离的圆度误差；2—偏离参考圆的圆度偏差。

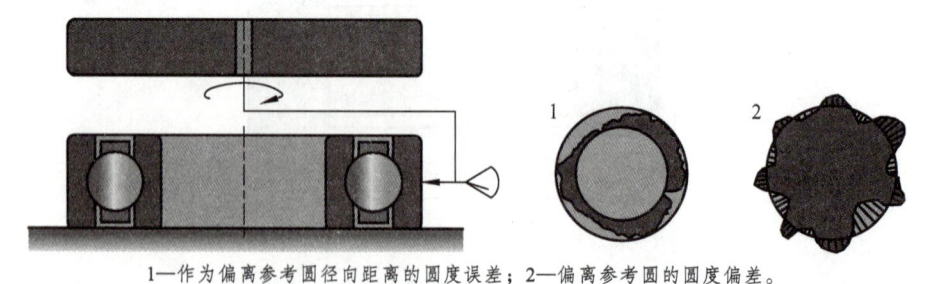

图 4-15　圆度测量

轴承套圈分离时的径向跳动：各精度级轴承的运转精度是不同的，向心轴承的径向跳动，在内圈旋转时与内圈壁厚变动量 K_i 有关，在外圈旋转时与外圈壁厚变动量 K_e 有关。对于非分离型轴承和圆锥滚子轴承可测量整套轴承的径向跳动 K_{ia} 或 K_{ea}。有一些轴承结构类型的套圈

是可分离的，这样可以直接测量壁厚变动量 K_i 或 K_e。

如图 4-16 所示，试样转一圈时测得的最大与最小测量值的差是壁厚变动量 K_i 或 K_e。

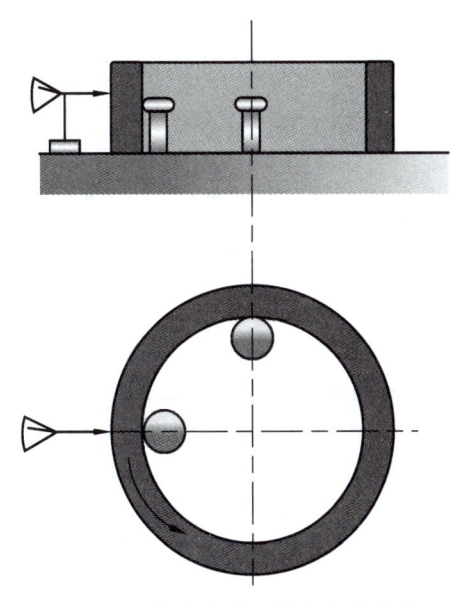

图 4-16　径向跳动，轴承套圈分离

轴承组装后的径向跳动：当内圈旋转时，组装的向心圆柱滚子轴承、滚针轴承和调心滚子轴承内圈的径向跳动用顶尖座支撑的 100 mm 长度上锥度为 0.01～0.02 mm 的测量心轴进行测量，见图 4-17。当外圈静止时，旋转内圈至少两圈。最大与最小测量显示值的差值是内圈径向跳动 K_{ia} 的实际值。

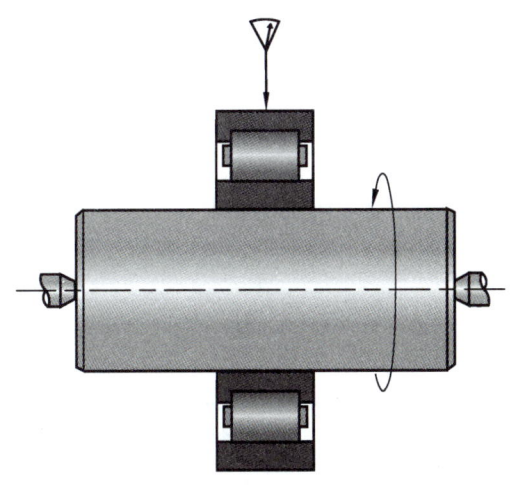

图 4-17　组装轴承的径向跳动

圆锥滚子轴承、向心球轴承、单列角接触球轴承和四点接触球轴承的径向跳动同样是在整套轴承上进行测量的，但是以垂直轴承轴线进行，见图 4-18。测量时对内圈施加中心载荷 F，见表 4-24，然后转动圆锥滚子轴承内圈直至所有滚子都贴在大挡边上。测量触头大约位于滚道中部的内圈内径处，读取内圈至少转两圈后的测量值。最大与最小的测量显示值的差值是径向跳动 K_{ia} 的实际值。

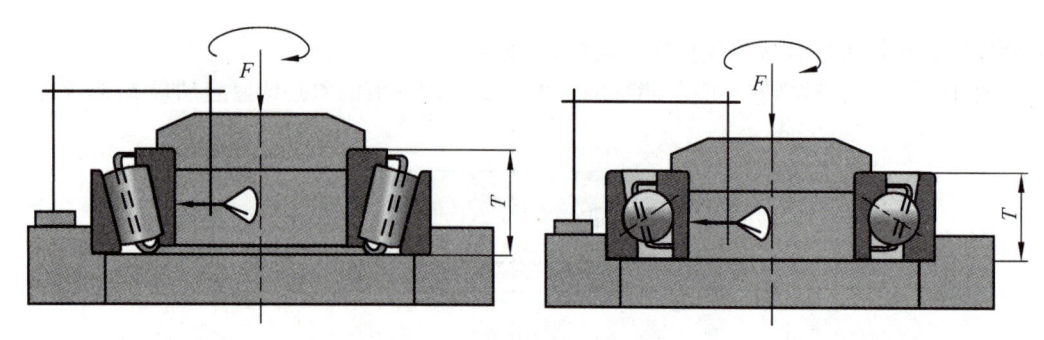

F—轴向中心载荷；1—圆锥滚子轴承；2—角接触球轴承。

图 4-18　组装轴承的径向跳动

图 4-17 和图 4-18 同样适用于外圈旋转时组装向心轴承外圈径向跳动 K_{ea} 的测量，但是，这是在外圈旋转两圈进行测量，而内圈是静止的。最大与最小测量显示值的差值是外圈径向跳动 K_{ea} 的实际值。对调心轴承进行测量时，必须用导板在中间部位夹持可摆动的外圈。

表 4-24　轴向测量载荷

轴承外径 D/mm		深沟球轴承，压力角≤30°的角接触球轴承轴向测量载荷 F（min）/N	圆锥滚子轴承，压力角>30°的角接触球轴承
>	≤		
—	30	5	40
30	50	10	80
50	80	20	120
80	120	35	150
120	180	70	150
180	—	140	150

内圈端面轴向跳动：图 4-19 所示的是组装的深沟球轴承、单列角接触球轴承或圆锥滚子轴承内圈端面相对内圈滚道的轴向跳动 S_{ia} 的测量。

测量 S_{ia} 要给内圈施加按 ISO 1132-2 所规定的中心载荷 F。滚子必须贴在大挡边上，测量触头大约置于内圈端面中间处，受载的内圈至少转两圈后读取测量值，最大与最小测量显示值的差值是实际值 S_{ia}。

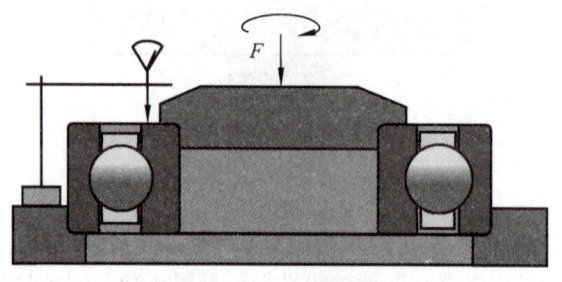

F—轴向中心载荷。

图 4-19　内圈端面轴向跳动

外圈端面轴向跳动：图 4-20 所示的是组装深沟球轴承、单列角接触球轴承或圆锥滚子轴承外圈端面相对外圈滚道轴向跳动 S_{ea} 的测量。

测量 S_{ea} 应给外圈施加按 ISO 1132-2 规定的中心载荷 F。对圆锥滚子轴承转动受载的外圈直至所有滚子都贴在大挡边上，测量触头大约置于外圈端面中间处，至少转动受载外圈两圈后读取测量值，最大与最小测量显示值的差值是实际值 S_{ea}。

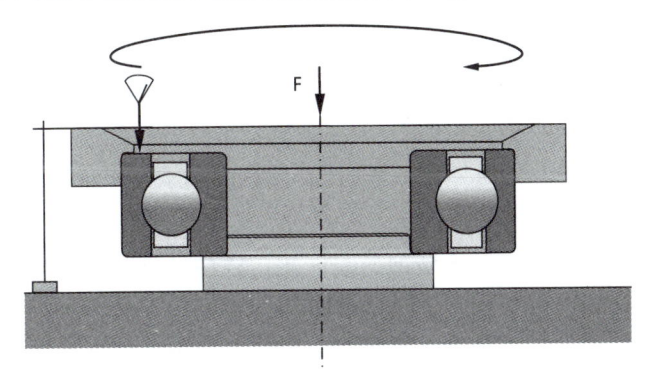

F—轴向中心载荷。

图 4-20　外圈端面轴向跳动

推力轴承的运转精度：主要与其套圈的高度变动量有关（若是轴圈为 S_i，若是座圈为 S_e）。测量高度变动量，将套圈的平面端面支撑在三个均匀分布的点上，见图 4-21。

对轴承采用两个相距 90°的挡块沿径向用内径引导，而对座圈则用外表面进行引导。在精确处于滚道中间一个支撑点上方进行测量。对成型的双向作用推力轴承套圈则在滚道之外支撑。

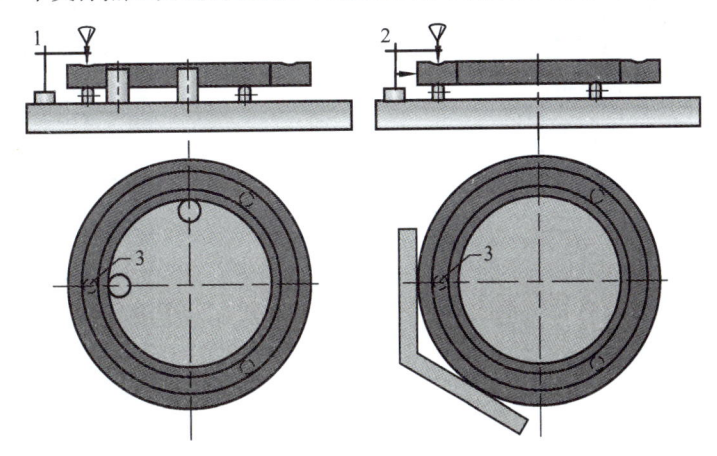

1—轴圈；2—座圈；3—测量点。

图 4-21　推力轴承套圈高度变动量

4.4.4　径向游隙的测量

轴承径向游隙的测量是固定内圈或外圈，在不固定套圈上施加能得到稳定测值的测量载荷，并在直径方向上做往复移动进行测量。

将测头置于不固定套圈宽度的中部，读取不固定套圈在各个角度（大致均布）位置（至少 3 个）上沿载荷方向的移动量，其算术平均值（扣除由于测量载荷引起轴承径向游隙的增加量）即为轴承径向游隙值。

测量前，轴承应清洗干净。对于封闭型轴承，应在封闭前测量。轴承径向游隙值在要求的范围内，即为合格。

1. 深沟球轴承径向游隙的测量

专用测量仪测量：设计和使用条件应符合 GB 4199 中第 6.1.1 条的有关成套轴承径向游隙的定义，其技术要求应符合主管部门的规定。

无载荷仪器测量法：测量前，应根据轴承的尺寸选择合适的心轴，固定被测轴承的内圈于心轴上，调整测量载荷（不大于 5 N）及测头位置；当仪器的各部分均处于正常状态时，仪器校准后，即可进行测量。测量时（见图 4-22），使被测轴承处于正常测量位置，旋转内圈，进行动态测量，从仪表上读出游隙值。

有载荷仪器测量法：测量前，根据轴承的尺寸，选择合适的压紧顶杆、心轴及测量仪表并安装到仪器上；将轴承 2 固定在心轴上，调整测量载荷值及测头位置；当仪器各部分均处于正常状态时，校准后即可进行测量。测量时，将轴承内圈端面压紧，匀力交替施加测量载荷，使轴承套圈沿载荷方向移动，即可从仪表上读出轴承的游隙值（见图 4-23）。

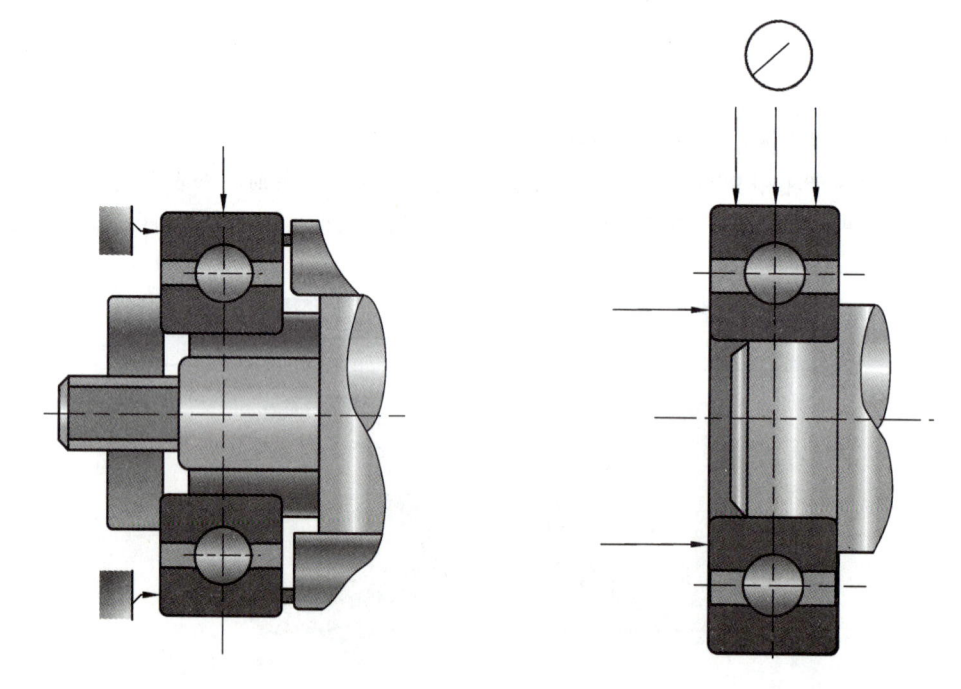

图 4-22　深沟球轴承径向游隙的测量（无载荷）　　图 4-23　深沟球轴承径向游隙的测量（有载荷）

简易测量法：此方法是在轴承尺寸超出专用测量仪的测量范围时采用。采用这种方法必须认真仔细，且有赖于操作者的技能，测量时注意不要施加过大的手指压力。

测量时，在水平平台上固定被测轴承的内圈（见图 4-24），用薄垫片垫在内圈基准端面和平台之间，使外圈与平台脱离接触，有一定间隙。

（1）用灵敏的千分表测头对准外圈外表面中部，扶住外圈并平行地轻推外圈，使其与内圈和球在 A 方向保持接触，注意不要使相对端抬起来，并在此位置做圆周反复振动（使球落入沟底）和做平行移动，直至能从测量仪表上记录下最大读数。

（2）不改变外圈的基本位置，扶住外圈使之与内圈和球在 B 方向保持接触（注意不要使相对端抬起来），并在此位置做圆周反复振动（使球落入沟底）和做平行移动，直至能从测量仪表上记录下最小读数。两读数之差的绝对值即为径向游隙。

（3）在不同的角位置，按同样的程序重复进行若干次测量，取几次读数的算术平均值作为轴承的径向游隙。

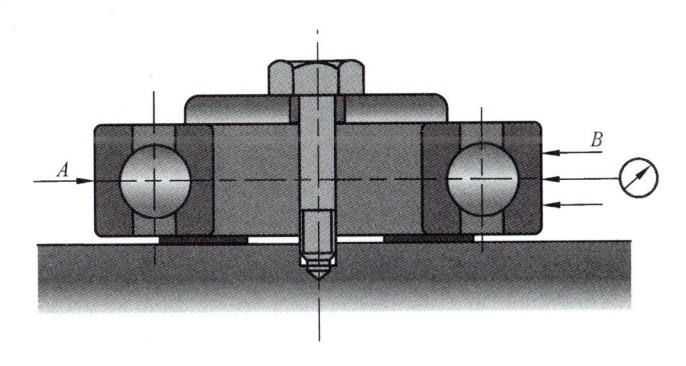

图 4-24　深沟球轴承径向游隙的简易测量法

当测量大而重的轴承时，在平台和轴承两套圈之间垫平垫片。双列深沟球轴承径向游隙的测量用专用仪器测量和简易测量法。测点位于外圈中部，测值在有关标准规定的范围内，即为合格。

2. 调心球轴承径向游隙的测量

调心球轴承径向游隙用专用仪器测量规定的方法测量。

3. 圆柱滚子和滚针轴承径向游隙的测量

圆柱滚子和滚针轴承与球轴承相比，游隙带的范围宽，测量载荷引起的弹性变形小，故可采用下述 3 种测量方法。在有争议时，以无载荷游隙仪测量值为准。

（1）专用仪器测量：用和深沟球轴承径向游隙的专用仪器测量方法相同的方法进行测量。测量滚针轴承径向游隙时，应使滚针的轴心线与滚道素线平行。

（2）简易测量法：在水平平台上固定被测轴承的内圈（见图 4-25），使外圈处于正常接触状态，用灵敏的测量仪器测头对准外圈外表面中部，在轴承的直径方向推、拉外圈，测量仪表上所显示的数值差，即为径向游隙。在不同的角位置，按同样程序重复地进行若干次测量，取几次读数的算术平均值作为轴承的径向游隙值。

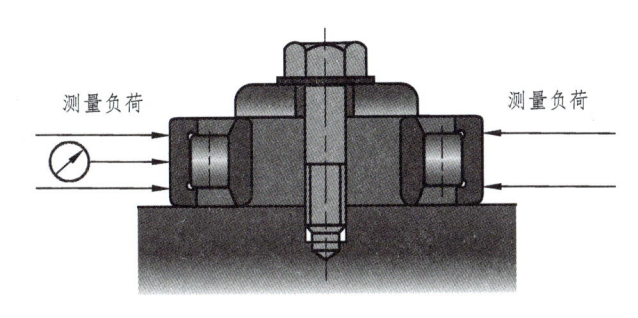

图 4-25　圆柱滚子轴承径向游隙的简易测量法

（3）塞尺测量法：此方法适用于大型和特大型圆柱滚子轴承径向游隙的测量。

轴承的最大径向游隙测值和最小径向游隙测值，按下述方法确定：用塞尺沿滚子和滚道圆周间测量时，转动套圈和滚子保持架组件一周，在连续 3 个滚子上能通过，而在其余滚子上均不能通过的塞尺厚度为最大径向游隙测值；在连续 3 个滚子上不能通过，而在其余滚子上均能通过时的塞尺厚度为最小径向游隙测值。取最大和最小径向游隙测值的算术平均值作为轴承的径向游隙值。

对于双列圆柱滚子轴承，在每列的径向游隙值合格后，取两列的游隙值的算术平均值作为轴承的径向游隙值。使用塞尺测量法所测得的游隙值允许包括塞尺厚度允差在内的误差。

4. 调心滚子轴承径向游隙的测量

调心滚子轴承径向游隙用专用仪器测量和塞尺测量法测量。当用塞尺测量法测量时，同时通过两列测量，取两次测量游隙值的算术平均值作为轴承的径向游隙。

在测量调心轴承径向游隙时，内外圈端面保持一条水平线，如果两列滚动体向外侧滑，测量出来的游隙值会小。尤其是对于分体式的钢保持架，测量时，要尽量将滚动体和保持架组件往中间推，使两列保持架尽量靠紧以消除缝隙，可以从轴承注油孔观察两列保持架是否贴合。这时用塞尺测量径向游隙时较准确。

第5章 滚动轴承的额定载荷与疲劳寿命

5.1 滚动轴承的额定静载荷

滚动轴承在静止状态或非常缓慢的摆动状态下承受荷过大的载荷或较大的冲击载荷，滚动体与滚道接触面之间会产生塑性变形。塑性变形随载荷的增大而增大，当大到一定程度就会影响轴承的运转平稳性或产生噪声。滚动轴承在静载荷作用下允许在滚动体或滚道上出现微小塑性变形，但这种塑性变形不能大到影响轴承的平稳运行而出现噪声。

5.1.1 滚动轴承的额定静载荷

为确保不出现过大的塑性变形，应根据静载荷极限或静载安全系数来确定承受静载荷轴承的尺寸。将滚动轴承容许的塑性变形定义为：在承受最高应力的接触处出现滚动体与滚道永久性变形不得超过滚动体直径 D_w 的 0.01%。当球直径为 10 mm 时，这相当于两物体的塑性变形为 0.01 mm。经验表明，在一般要求条件下这类小尺寸变形不会影响轴承的运转平稳性，对轴承的疲劳寿命也没有不良影响。

滚动轴承的额定静载荷 C_0 是指在此载荷作用下，出现的滚动体最大应力 p_{max} 与容许的滚动体最大应力 p_{per} 相同。不同类型轴承滚动体与滚道之间表面接触应力的允许值 p_{per} 如下：

① 调心球轴承和分离型角接触球轴承为 4 600 N/mm^2；
② 所有其他向心球轴承为 4 200 N/mm^2；
③ 所有滚子轴承为 4 000 N/mm^2。

简单地说，滚动轴承的额定静载荷 C_0 是指轴承的塑性变形为滚动体直径 0.01%时所对应的载荷。对向心轴承来说，额定静载荷 C_0 为径向载荷；对推力轴承来说，额定静载荷 C_0 为轴向载荷。

不同类型滚动轴承的额定静载荷 C_0 由 GB 4662—2012（ISO 76：2006）规定相应的计算方法，不同类型的轴承都有其额定动载荷的计算公式。

标准滚动轴承的额定静载荷 C_0 可以从有关标注或轴承供应商的产品样本中查取。由于计算公式中系数较多，各个品牌所选的系数不同会导致相同型号的轴承其额定静载荷 C_0 略有不同。

对于硬度较低的材料制造的轴承，其静载荷承载能力 C_0 也较低，用系数 f_H 对承载能力进行修正；轴承产品样本中给出的载荷容量一般适用于标准热处理状态的滚动轴承。对于进行尺寸稳定性处理和工作温度较高的轴承，用系数 f_T 对承载能力进行修正。

5.1.2 滚动轴承的当量静载荷

若一套轴承同时承受径向力和轴向力，则称之为联合载荷，见图 5-1。

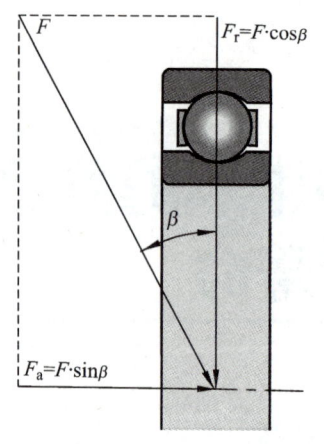

图 5-1 轴承的联合载荷

当量静载荷 P_0 是指承受最大载荷滚动体与滚道接触中心处,引起与实际载荷条件下相当的接触应力时的假想静载荷。在此类情况下,由分力 F_r 和 F_a 构成的当量静载荷 P_0,其计算公式为

$$P_0 = X_0 \cdot F_r + Y_0 \cdot F_a \tag{5-1}$$

式中　P_0——轴承当量静载荷,N;
　　　F_r——出现的最大径向载荷,N;
　　　F_a——出现的最大轴向载荷,N;
　　　X_0——向系数,见表 5-1;
　　　Y_0——轴向系数,见表 5-1。

表 5-1　轴向系数和径向系数

轴承结构类型①	单列②		双列	
	X_0	Y_0	X_0	Y_0
向心球轴承②	0.6	0.5	0.6	0.5
向心角接触轴承③				
$\alpha = 20°$	0.5	0.42	1	0.84
$\alpha = 25°$	0.5	0.38	1	0.76
$\alpha = 30°$	0.5	0.33	1	0.66
$\alpha = 35°$	0.5	0.29	1	0.58
$\alpha = 40°$	0.5	0.26	1	0.52
调心球轴承	0.5	$0.22 \cdot \cot(\alpha_0)$	1	$0.44 \cdot \cot(\alpha_0)$
调心滚子轴承	0.5	$0.22 \cdot \cot(\alpha_0)$	1	$0.44 \cdot \cot(\alpha_0)$
圆锥滚子轴承	0.5	$0.22 \cdot \cot(\alpha_0)$	1	$0.44 \cdot \cot(\alpha_0)$

① 这些系数适用于承受静载荷的向心轴承。
② 必须保持 $P_0 \geq F_r$。
③ 对于以 X 型和 O 型配置的两个相同的单列角接触球轴承可以代入双列轴承的值;对于串联配置的轴承则代入单列轴承的值

对于球轴承，特别是深沟球轴承要注意，即使在出现最大轴向力的情况下，接触椭圆也不能超出滚道边缘。

对于在静止状态下承受轴向和径向载荷的额定接触角为 $\alpha_0<90°$ 的推力轴承，由公式（5-2）得轴承当量静载荷：

$$P_0 = F_a + 2.3 \cdot F_r \cdot \tan\alpha_0 \tag{5-2}$$

式中　P_0——轴承当量静载荷，N；

　　　F_r，F_a——出现的最大径向载荷或轴向载荷，N。

只要 $F_r<0.44 \cdot F_a \cdot \cot\alpha_0$，这个近似公式的结果就足够精确。

5.1.3　轴承组的基本额定静载荷与当量静载荷

两套或多套相同的单列深沟球轴承、单列角接触球轴承、单列圆锥滚子轴承、单列圆柱滚子轴承、单向推力滚子轴承以"串联"的方式配置在同一轴上，作为一个整体（成对安装或成组安装）运转，该轴承组的径向基本额定静载荷等于轴承套数乘以一套单列轴承的径向基本额定静载荷；计算其径向当量动载荷时，可以按照一套单列轴承来考虑，采用单轴承的 X_0 和 Y_0 值。

两套相同的单列角接触轴承（包括角接触球轴承和圆锥滚子轴承）以"背对背"或"面对面"方式配置在同一轴上，作为一个整体（成对安装）运转，计算其径向基本额定静载荷时，可以按照一套双列角接触轴承来考虑；计算其径向当量静载荷时，X_0 和 Y_0 应按一套双列角接触轴承来考虑，F_r 和 F_a 值按作用在该轴承组上的总载荷计算。

为保证轴承之间载荷均匀分布，轴承和与其配合的部件必须正确制造和安装。

5.2　滚动接触疲劳

5.2.1　滚动接触疲劳的定义

表面接触疲劳：两个相互滚动或滚动兼滑动的摩擦表面，在交变接触应力的作用下，表层产生塑性变形，在表层薄弱处引起裂纹，裂纹不断扩大并发生断裂，而造成的点蚀或剥落的现象，点蚀不断扩展沿着滚动方向形成较大的小凹坑，最后出现大面积剥离，即滚道剥落。

一般来说，表面疲劳磨损是不可避免的，即便是在良好的油膜润滑条件下也会发生。如滚动轴承、齿轮副、凸轮副以及轮轨都会产生表面疲劳磨损，其磨损形式是在光滑的接触表面上分布有若干深浅不同的贝壳状凹坑，或较大面积的表面压碎。摩擦表面粗糙凸峰周围应力场变化引起的微观疲劳现象也属于表面疲劳。

按照经典的疲劳理论，疲劳现象一般情况下是从材料非均质处或者细微的裂纹处开始的。在交变应力的循环作用下裂纹向表面扩展，然后形成剥落。但是以这种方式引起的疲劳损坏因近几年通过不断改进材料的纯洁度而变得越来越少了。

5.2.2　接触疲劳强度准则

滚道接触通常采用的接触疲劳强度准则有以下几种：

1. 最大切应力准则

根据 Z 轴上的主应力可以计算出 45°方向切应力。分析证明：在这些 45°切应力中的最大值作用在 Z 轴上一定的深度。它是接触体受到的最大切应力 τ_{max}，所以最先被用作接触疲劳准则，即认为当最大切应力达到一定值时将产生接触疲劳磨损。在滚动过程中，最大切应力是脉动应力，应力变化量为 τ_{max}。

2. 最大正交切应力准则

正交切应力 τ_{yz} 的最大值作用在 $x=0$，而 y 和 z 为一定数值的点；同样，τ_{zx} 最大值的位置坐标为 $y=0$，而 x 和 z 等于一定值。这样，当滚动平面与坐标轴之一重合时，正交切应力将是交变应力。例如，当滚动平面包含椭圆短轴时，在滚动过程中正交切应力 τ_{yz} 的变化是：从远离接触中心处的零值增加到接近 Z 轴处的最大值 $+\tau_{yzmax}$，再降低到 Z 轴上的零值；随后应力反向，再逐步达到负的最大值 $-\tau_{yzmax}$，而后又变化到零。所以每滚过一次，正交切应力 τ_{yz} 的最大变化量为 $2\tau_{yzmax}$。

应当指出，虽然正交切应力的数值通常小于最大切应力，然而滚动过程中正交切应力的变化量却大于最大切应力的变化量，即 $2\tau_{yzmax}>\tau_{max}$。由于材料疲劳现象直接与应力变化量有关，所以 ISO（国际标准化组织）提出的滚动轴承接触疲劳计算都采用最大正交切应力准则。

3. 最大表面切应力准则

通常接触表面上最大切应力作用在椭圆对称轴的端点。例如，当滚动方向与椭圆短轴一致时，最大表面切应力作用在长轴的端点，在滚动过程中它按脉动应力变化。虽然表面切应力的数值小于最大切应力和正交切应力，但由于表面缺陷和滚动中的表面相互作用，疲劳裂纹经常出现于表面，因而表面切应力的影响大大加强。

4. 等效应力准则

滚动过程中材料储存的能量有两种作用，即改变体积和改变形状。后者是决定疲劳破坏的因素，按照产生相同的形状变化的原则，将复杂的应力状态用一个等效的脉动拉伸应力来代替等效应力，准则考虑了全部应力分量的影响，但由于计算复杂和缺乏数据，目前还难以普遍应用。

目前通常采用的并由 ISO 加以标准化的轴承计算方法所依据的疲劳理论是基于最大正交切应力。

5.3 滚动轴承的寿命

5.3.1 疲劳寿命的定义

在滚动轴承运转过程中，会发生故障和损坏，若预先采取有效措施，很多损坏是可以防止的。但是即使在载荷适中，安装正确，无尘埃、无水分和腐蚀介质的侵入、润滑良好的条件下，由于轴承滚道和滚动体接触表面长期受交变应力的作用，滚动接触表面会发生疲劳剥落，并且这种疲劳损坏是不可避免的。

滚动轴承寿命一般指疲劳寿命。疲劳寿命是滚动轴承最重要的性能指标，轴承的设计和应用都需要分析计算轴承的疲劳寿命。

疲劳寿命：单个轴承的疲劳寿命是指轴承工作到滚动工作表面出现疲劳剥落为止的累计工作小时或运转的总转数，以 10^6 转计。

5.3.2 滚动轴承疲劳寿命的计算方法

Lundberg 和 Palmgren 的疲劳寿命计算方法可以分为两种情况：一种是基于轴承内部的实际载荷分布，首先分别计算轴承内、外圈的寿命，然后再计算整套轴承的寿命，这种算法需要利用计算机软件，计算结果比较精确，适用于要求比较精确或高速轴承的设计计算。另外一种是简易的计算方法，根据作用在轴承上的外载荷，计算出轴承的当量动载荷和疲劳寿命，这种方法比较简单，适合于大部分设备的支撑系统的设计计算。

Lundberg 和 Palmgren 在理论和实验数据分析的基础上提出了一种简化的轴承疲劳寿命计算方法，其基本公式为

$$L = \left(\frac{C}{P}\right)^\varepsilon \tag{5-3}$$

式中　$L_{10} = L$ ——额定寿命，10^6 转；

　　　C ——额定动载荷，N；

　　　ε ——寿命指数，滚子轴承为 $\varepsilon = 10/3$，球轴承为 $\varepsilon = 3$；

　　　P ——轴承当量动载荷，N。

在转速以不确定的方式变化或不能给定情况下，可以应用寿命基本公式。

当转速 n 为恒定时，采用以小时计的寿命 L_h 代替额定寿命 L，见公式（5-4）：

$$L_h = \frac{L \cdot 10^6}{n \cdot 60} \tag{5-4}$$

式中　L_h ——以小时计的额定寿命，h；

　　　n ——转速，$\min^{-1}$。

对于车辆车轮轴承，若以行驶里程表示寿命，则在公式（5-4）中代入轮周长 $\pi \cdot D_R$，并按公式（5-5）进行计算：

$$L_{km} = \left(\frac{C}{P}\right)^\varepsilon \cdot \pi \cdot D_R \tag{5-5}$$

式中　L_{km} ——以行驶里程计的寿命，km；

　　　D_R ——车轮直径，mm。

基本额定寿命计算公式的适用范围：轴承的外形尺寸选自国家相应标准规定的轴承尺寸范围；轴承用优质淬硬钢材制造并且加工质量良好；轴承滚动接触的表面质量（包括几何形状精度和材质等）合乎常规标准；这些轴承必须安装正确，润滑充分，无外界杂质侵入而且不是在极端条件下运转。

当不符合这些条件时，使用式（5-4）的计算结果便会发生偏差。为了抵消这种偏差，就必须将按式（5-4）计算所得的结果乘上相应的修正系数。

基本额定寿命方程有不适用的情况：例如有装填满的深沟球轴承，或在滚动体与套圈滚道之间的接触面积上有相当大缺口的其他种类轴承，因为这种缺口影响到接触区的承载能力。

式（5-4）还不适用滚动体直接在轴或座孔表面上运转的场合，除非相应的轴或座孔完全按照滚动轴承承载元件的技术条件制造。

当轴承在实际使用时其所承受的载荷为非正常分布（例如由于轴线不对中，外壳或轴有较大变形，高速时滚动体的离心力作用较大或其他高速效应，以及向心轴承采用特别大的游隙或施加较大的预载荷等情况），按式（5-4）计算其基本额定寿命时，就不能取得满意的结果。

Lundberg 和 Palmgren 理论解决了滚动轴承的承载能力和疲劳寿命的计算问题，先后为世界各国承认，并作为 ISO 标准沿用到今天。全世界都采用 ISO 281 确定的计算额定寿命的方法，近几十年有很多新的研究，对这种计算方法作了一些修正和补充，具体介绍见本章第五节。

5.4 滚动轴承的额定动载荷和当量动载荷

5.4.1 滚动轴承的额定动载荷

轴承的额定动载荷是决定额定寿命的主要参数，额定动载荷值越大，则轴承的承载能力越高；或者说在相同载荷下，其额定寿命长，说明轴承的设计水平及制作质量高。在相同的尺寸条件下，提高轴承的额定动载荷也是轴承设计及制造所追求的目标。

向心轴承的额定动载荷 C，按照 ISO 281（GB/T 6391），一组较大数量的相同轴承的90%的基本额定寿命达到百万转时所承受的纯径向恒定载荷。推力轴承的额定动载荷 C：一组数量较大的轴承轴圈或座圈能够达到基本额定寿命百万转时所承受的纯轴向恒定载荷。

单列角接触球轴承和圆锥滚子轴承的额定动载荷 C 指的是载荷径向分力。该载荷促使内圈向外圈做纯径向位移，所以，额定动载荷 C 相当于轴承套圈半周受载力的径向分力。

为了确定单个轴承的额定动载荷，需要对各种结构类型的小、中尺寸的轴承进行大量的寿命试验。由疲劳理论并通过与上述寿命试验进行对比而建立关系载荷与寿命之间的关系式。

不同类型滚动轴承的额定动载荷 C 的计算可按照 GB/T 6391—2010（ISO 281—2007）的规定进行，不同类型的轴承都有其额定动载荷的计算公式，公式中有很多系数，由于篇幅所限，这里不再详细介绍。标准滚动轴承的额定动载荷 C 可以从有关标准或轴承供应商的产品样本中查取。由于计算公式中系数较多，各个品牌所选的系数不同会导致相同型号的轴承的额定动载荷 C 略有不同。

额定动载荷的修正：滚道和滚动体的表面硬度不低于 58 HRC 时，就具有充足的承载能力。当硬度较低时，承载能力会降低，所以可用额定动载荷 C 乘以减小系数 f_H 来修正，见图 5-2。

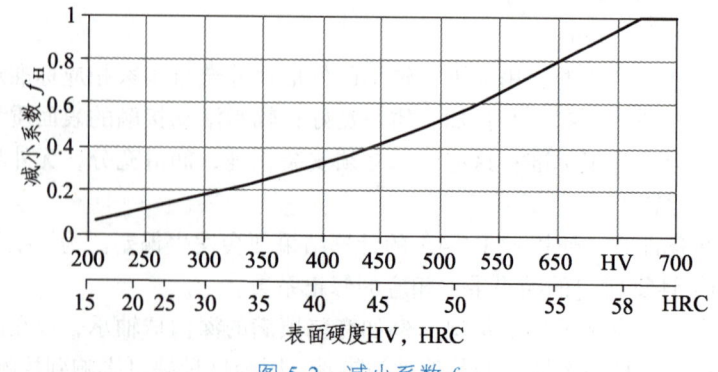

图 5-2 减小系数 f_H

图 5-2 给出系数 f_H 与表面硬度减小之间的关系。该曲线图主要应用于滚动体保持架组件直接支承在轴或座孔上，即滚动体直接在硬度较低但能满足对轴承材料要求的轴承滚道上运转。

轴承产品样本中给出的载荷容量一般适用于标准热处理状态的滚动轴承。对于进行尺寸稳定性处理和工作温度较高的轴承，用系数 f_T 对承载能力进行修正。在 S1～S4 的尺寸稳定性热处理中马氏体淬火铬钢的减小系数 f_T 示于图 5-3。标准热处理的滚动轴承在较高温度下工作时，其额定动载荷也会降低，其修正系数见表 5-2。

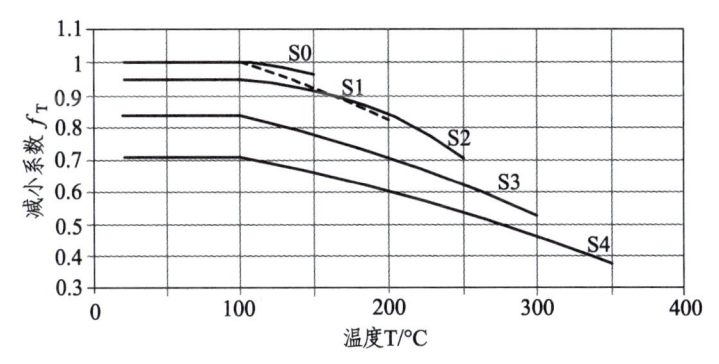

图 5-3　不同适应温度的减小系数 f_T

表 5-2　温度系数

工作温度/℃	<120	125	150	175	200	225	250	300
修正系数 f_T	1.00	0.95	0.90	0.85	0.80	0.75	0.70	0.60

5.4.2　滚动轴承的当量动载荷及其计算

滚动轴承的额定寿命是以恒定方向和大小的载荷为前提的，对于向心轴承为纯径向载荷；对于推力轴承则为纯轴向载荷；对于向心推力轴承是指轴承半圈滚道承受的载荷的径向分量。

如果作用在轴承上的实际载荷与假设的条件不同，则必须把实际载荷转换成与确定额定动载荷的运转条件相同的假设载荷。在此假设载荷的作用下，轴承的寿命和实际载荷作用条件下的寿命相同。因此，把该假设载荷称为当量动载荷。

在多数情况下，轴承所受的实际载荷既有径向载荷，也有轴向载荷，载荷的大小常有变化并伴有冲击、振动等。此种载荷的变化，必须采用一套计算公式，把不同轴承实际承受的各种载荷折算成符合计算疲劳寿命所需要的当量等效动载荷。

1. 当量动载荷的计算公式

当量动载荷的定义：径向当量动载荷 P 是一种大小和方向都恒定的等效径向载荷，在此载荷作用下的轴承寿命与实际负载作用下的轴承寿命相等；轴向当量动载荷 P 是一种恒定的等效中心轴向载荷，在此载荷作用下的轴承寿命与在实际载荷作用下的轴承寿命相等。

径向接触和角接触球轴承在恒定的径向和轴向载荷作用下的径向当量动载荷为

$$P = X \cdot F_r + Y \cdot F_a \quad (5\text{-}6)$$

式中　P——轴承径向当量动载荷，N；
X——径向系数；
Y——轴向系数；

F_a——轴承轴向载荷，N；

F_r——轴承径向载荷，N。

不同轴承结构类型和相应额定接触角 α_0 下 X 值和 Y 值的取值，由表 5-3 给出。

严格来说，当轴承在载荷作用下只做纯轴向和纯径向位移而不发生倾斜时，公式（5-6）才适用。对于更为复杂的载荷情况建议采用计算机辅助计算内部的载荷分布。对于单列向心轴承，轴向力在 $F_a/F_r \leq e$ 范围内对当量动载荷没有影响，正如由公式（5-6）采用 $X=1$ 和 $Y=0$ 所得结果那样。在 $F_a/F_r > e$ 范围内才考虑轴向力。

在确定深沟球轴承和角接触球轴承的系数 X、Y 和 e 时必须注意，接触角随轴向载荷的增加而增大。额定接触角越小，则增大越多。额定接触角 $\alpha_0 \leq 20°$ 的角接触球轴承，其接触角 α 随轴向载荷的增加只有很小的变化，所以不必考虑与轴向载荷的关系。表 5-3 中给出的值适用于一般情况。

表 5-3　单列向心球轴承的系数 X 和 Y

轴承结构类型	$\dfrac{f_0 \cdot F_a}{C_0}$	系数 e	单列轴承 $F_a/F_r \leq e$ X	Y	$F_a/F_r > e$ X	Y
深沟球轴承无游隙	0.03	0.22	1	0	0.56	2
	0.05	0.24	1	0	0.56	1.8
	0.09	0.28	1	0	0.56	1.6
	0.16	0.32	1	0	0.56	1.4
	0.3	0.36	1	0	0.56	1.2
	0.6	0.43	1	0	0.56	1
深沟球轴承，径向游隙 CN；角接触球轴承 $\alpha_0 = 5°$	0.03	0.26	1	0	0.56	2
	0.05	0.29	1	0	0.56	1.8
	0.09	0.33	1	0	0.56	1.6
	0.16	0.38	1	0	0.56	1.4
	0.3	0.43	1	0	0.56	1.2
	0.6	0.5	1	0	0.56	1
深沟球轴承，径向游隙 C3；角接触球轴承 $\alpha_0 = 10°$	0.03	0.32	1	0	0.46	1.7
	0.05	0.35	1	0	0.46	1.56
	0.09	0.39	1	0	0.46	1.41
	0.16	0.43	1	0	0.46	1.27
	0.3	0.48	1	0	0.46	1.14
	0.6	0.54	1	0	0.46	1
深沟球轴承，径向游隙 C4；角接触球轴承 $\alpha_0 = 15°$	0.03	0.4	1	0	0.44	1.4
	0.05	0.43	1	0	0.44	1.31
	0.09	0.45	1	0	0.44	1.23
	0.16	0.48	1	0	0.44	1.16
	0.3	0.52	1	0	0.44	1.08
	0.6	0.56	1	0	0.44	1

续表

轴承结构类型	$\dfrac{f_0 \cdot F_a}{C_0}$	系数 e	单列轴承 $F_a/F_r \leq e$ X	Y	$F_a/F_r > e$ X	Y
角接触球轴承接触角	$\alpha_0 = 20°$	0.57	1	0	0.43	1
	$\alpha_0 = 25°$	0.68	1	0	0.41	0.87
	$\alpha_0 = 30°$	0.8	1	0	0.39	0.76
	$\alpha_0 = 35°$	0.95	1	0	0.37	0.66
	$\alpha_0 = 40°$	1.14	1	0	0.35	0.57
	$\alpha_0 = 45°$	1.34	1	0	0.33	0.5
调心球轴承		$1.5 \cdot \tan\alpha_0$	—	—		
分离型角接触球轴承		0.2	1	0	0.5	2.25
调心滚子轴承		$1.5 \cdot \tan\alpha_0$	—	—		
圆锥滚子轴承		$1.5 \cdot \tan\alpha_0$	1	0	0.4	$0.4 \cdot \cot\alpha_0$

表中，e 是与轴承结构和载荷分布有关的系数；f_0 是轴承基本额定静载荷 C_0 的计算系数，也有的称为轴承结构系数，其值与轴承类型和载荷分布有关，见表 5-4 和表 5-5。

表 5-4 双列向心球轴承的系数 X 和 Y

轴承结构类型	$\dfrac{f_0 \cdot F_a}{C_0}$	系数 e	双列轴承 $F_a/F_r \leq e$ X	Y	$F_a/F_r > e$ X	Y
深沟球轴承无游隙	0.03	0.22				
	0.05	0.24				
	0.09	0.28	与单列轴承的值相同			
	0.16	0.32				
	0.3	0.36				
	0.6	0.43				
深沟球轴承，径向游隙 CN；角接触球轴承 $\alpha_0 = 5°$	0.03	0.26	1	2.5	0.78	3.3
	0.05	0.29	1	2.2	0.78	3
	0.09	0.33	1	1.9	0.78	2.6
	0.16	0.38	1	1.7	0.78	2.3
	0.3	0.43	1	1.5	0.78	2
	0.6	0.5	1	1.3	0.78	1.7
深沟球轴承，径向游隙 C3；角接触球轴承 $\alpha_0 = 10°$	0.03	0.32	1	1.98	0.75	2.78
	0.05	0.35	1	1.81	0.75	2.54
	0.09	0.39	1	1.63	0.75	2.29
	0.16	0.43	1	1.48	0.75	2.07
	0.3	0.48	1	1.32	0.75	1.85
	0.6	0.54	1	1.17	0.75	1.64

续表

轴承结构类型	$\dfrac{f_0 \cdot F_a}{C_0}$	系数 e	双列轴承 $F_a/F_r \leq e$ X	双列轴承 $F_a/F_r \leq e$ Y	双列轴承 $F_a/F_r > e$ X	双列轴承 $F_a/F_r > e$ Y
深沟球轴承，径向游隙 C4；角接触球轴承 $\alpha_0 = 15°$	0.03	0.4	1	1.56	0.72	2.26
	0.05	0.43	1	1.47	0.72	2.15
	0.09	0.45	1	1.38	0.72	2.02
	0.16	0.48	1	1.3	0.72	1.9
	0.3	0.52	1	1.21	0.72	1.78
	0.6	0.56	1	1.12	0.72	1.66
角接触球轴承接触角	$\alpha_0 = 20°$	0.57	1	1.09	0.7	1.63
	$\alpha_0 = 25°$	0.68	1	0.92	0.67	1.41
	$\alpha_0 = 30°$	0.8	1	0.78	0.63	1.24
	$\alpha_0 = 35°$	0.95	1	0.66	0.6	1.07
	$\alpha_0 = 40°$	1.14	1	0.55	0.57	0.93
	$\alpha_0 = 45°$	1.34	1	0.47	0.54	0.81
调心球轴承		$1.5 \cdot \tan\alpha_0$	1	$0.42 \cdot \cot\alpha_0$	0.65	$0.65 \cdot \cot\alpha_0$
分离型角接触球轴承		0.2	—		—	
调心滚子轴承		$1.5 \cdot \tan\alpha_0$	1	$0.45 \cdot \cot\alpha_0$	0.67	$0.67 \cdot \cot\alpha_0$
圆锥滚子轴承		$1.5 \cdot \tan\alpha_0$	1	$0.45 \cdot \cot\alpha_0$	0.67	$0.67 \cdot \cot\alpha_0$

表 5-5　轴承结构系数 f_0

$\dfrac{D_w \cdot \cos\alpha_0}{D_{pw}}$	深沟球轴承和角接触球轴承 f_0	调心球轴承 f_0	推力球轴承和推力角接触球轴承 f_0
0	14.7	1.9	61.6
0.05	15.7	2.1	57.5
0.06	15.9	2.2	56.7
0.07	16.1	2.2	55.9
0.08	16.3	2.3	55.1
0.09	16.5	2.3	54.3
0.1	16.4	2.4	53.5
0.12	15.9	2.4	51.9
0.14	15.4	2.5	50.4
0.16	14.9	2.6	48.8
0.18	14.4	2.7	47.3
0.2	14	2.8	45.7
0.22	13.5	2.9	44.2
0.24	13	3	42.7

续表

$\dfrac{D_w \cdot \cos\alpha_0}{D_{pw}}$	深沟球轴承和角接触球轴承 f_0	调心球轴承 f_0	推力球轴承和推力角接触球轴承 f_0
0.26	12.5	3.1	41.2
0.28	12.1	3.2	39.7
0.3	11.6	3.3	38.2
0.32	11.2	3.4	36.8
0.34	10.7	3.5	35.3
0.36	10.3	3.6	—
0.38	9.8	3.7	—
0.4	9.4	3.8	—

表中，α_0 为额定压力角，D_{pw} 为滚动体中心圆直径。

表 5-5 的计算过于复杂，可以采用表 5-6 的简化值。

表 5-6 简化的轴承结构系数平均值 f_0

轴承类型	f_0	轴承类型	f_0
向心球轴承	12.3	向心圆柱滚子轴承	21.6
向心推力球轴承	12.3	调心滚子轴承	21.6
分离型推力球轴承	2.94	圆锥滚子轴承	21.6
向心球面轴承	3.33	推力滚子轴承	98.1
推力球轴承	49		

2. 深沟球轴承容许的轴向载荷

当深沟球轴承承受很高的轴向载荷时，存在球在滚道边缘上运转的危险。具有一般挡肩高度的深沟球轴承容许多大的轴向力，见表 5-7。容许轴向载荷 F_{amax} 与额定静载荷 C_0 有关。

表 5-7 深沟球轴承的容许轴向载荷

径向工作游隙	F_{amax}/C_0							
	$D \leq 60$ mm 结构系列				$d > 60$ mm 结构系列			
	160	60	62	63, 64	160	60	62	63, 64
CN（普通游隙）[①]	0.3	0.5	0.55	0.7	0.6	0.65	0.75	0.7
C3[①]	0.25	0.45	0.5	0.7	0.55	0.6	0.65	0.7
C4[①]	0.2	0.4	0.45	0.7	0.45	0.55	0.6	0.7

① 见表 5-3。

额定接触角 $\alpha_0 = 90°$ 的推力球轴承、推力圆柱滚子轴承、推力滚针轴承和推力圆锥滚子轴承只能承受纯轴向力。承受中心轴向载荷时的当量动载荷 P_a 可作如下计算：

$$P_a = F_a \tag{5-7}$$

3. 推力轴承的径向系数 X 和轴向系数 Y

额定接触角 $\alpha_0 \neq 90°$ 的推力角接触球轴承、推力调心滚子轴承和推力圆锥滚子轴承,除承受轴向力 F_a 外还承受一定的径向力 F_r。

轴向当量动载荷 P_a 计算如下:

$$P_a = X \cdot F_r + Y \cdot F_a \tag{5-8}$$

式中 P_a ——轴承轴向当量动载荷,N;
　　　F_a ——轴承轴向载荷,N;
　　　F_r ——轴承径向载荷,N;
　　　X ——径向系数;
　　　Y ——轴向系数。

系数 X 和 Y 的值见表 5-8。

对单向作用的推力轴承来说,这些系数只能应用于 $F_a/F_r>e$。当比率 F_a/F_r 更大时,需要进行详细计算:

推力球轴承,$F_a/F_r \geqslant 1.25 \cdot \tan\alpha_0 = e$;

推力滚子轴承,$F_a/F_r \geqslant 1.5 \cdot \tan\alpha_0 = e$。

表 5-8　推力轴承的径向系数 X 和轴向系数 Y

轴承结构类型		系数 e	单向作用 $F_a/F_r>e$		双向作用 $F_a/F_r \leqslant e$		双向作用 $F_a/F_r > e$	
			X	Y	X	Y	X	Y
推力球轴承	$\alpha_0 = 45°$①	1.25	0.66	1	1.18	0.59	0.66	1
	$\alpha_0 = 60°$	2.17	0.92	1	1.9	0.55	0.92	1
	$\alpha_0 = 75°$	4.67	1.66	1	3.89	0.52	1.66	1
推力调心滚子轴承		$1.5 \cdot \tan\alpha_0$	$\tan\alpha_0$	1	$1.5 \cdot \tan\alpha_0$	0.67	$\tan\alpha_0$	1
推力圆锥滚子轴承		$1.5 \cdot \tan\alpha_0$	$\tan\alpha_0$	1	$1.5 \cdot \tan\alpha_0$	0.67	$\tan\alpha_0$	1

① 对推力轴承 $\alpha_0>45°$,给出 $\alpha_0=45°$ 的值,以便能对 45°与 60°之间的轴承进行内推。

5.4.3　角接触轴承的轴向载荷

1. 角接触轴承的内部轴向力

如图 5-4 所示,由于角接触轴承存在着接触角 α,所以载荷作用中心不在轴承的宽度中点,a 是载荷作用中心至轴承外侧端面距离(查手册)。当轴承受到径向载荷作用时,作用在承载区内第 i 个滚动体上的法向力 F_i 可分解为径向分力 F_{ri} 和轴向分力 F_{si}。各滚动体上所受轴向分力的总和即为轴承的内部轴向力 F_s,其大小可按表 5-9 求得,方向沿轴线由轴承内圈的宽边指向窄边。

如图 5-5 所示,当轴选用两个相同尺寸或不同尺寸的单列角接触球轴承或圆锥滚子轴承(向心角接触轴承)支承时,轴承 1 的径向载荷由于滚道倾斜($\alpha_0 \neq 0°$)而导致轴承 2 承受轴向载荷。同样,轴承 2 的径向载荷也导致轴承 1 承受轴向载荷。在轴承计算中必须考虑轴承系统的这种内部轴向力。

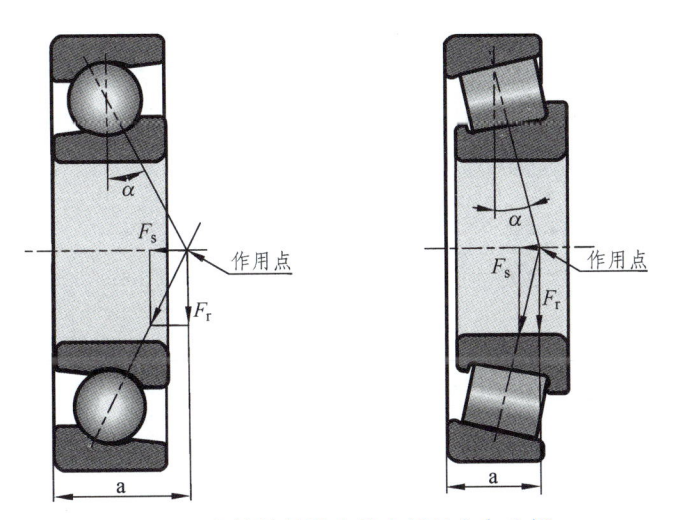

图 5-4　角接触轴承中的内部轴向力分析

表 5-9　角接触轴承的内部轴向力

圆锥滚子轴承	角接触球轴承		
	70 000C（$\alpha = 15°$）	70 000AC（$\alpha = 25°$）	70 000B（$\alpha = 40°$）
$F_s = F_r/(2Y)$	$F_s = 0.4 F_r$	$F_s = 0.68 F_r$	$F_s = 1.14 F_r$

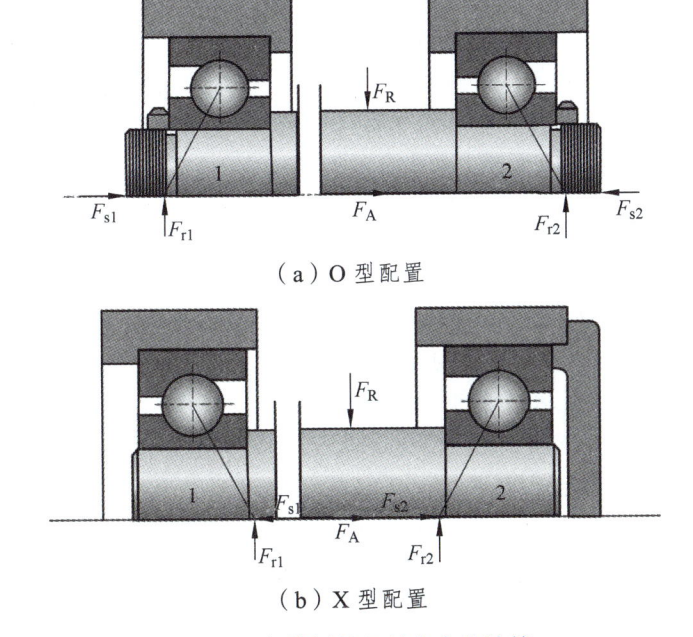

（a）O 型配置

（b）X 型配置

图 5-5　角接触轴承轴向力的计算

2. 角接触轴承轴向力 F_a 的计算

为了使角接触轴承能正常工作，一般这种轴承都要成对使用，并将两个轴承对称安装。常见有两种安装方式：图 5-5（a）所示为两外圈宽边相对安装，称为 O 型配置或背靠背安装；图 5-5（b）所示为外圈窄边相对安装，称为 X 型配置或面对面安装。

下面以图 5-5（a）所示的角接触球轴承支承的轴系为例，分析轴线方向的受力情况。将图 5-5（a）所示抽象成为图 5-6（a）所示的受力简图，F_{s1} 和 F_{s2} 为两个角接触轴承所受的内部轴向力，作用在轴承外圈宽边的端面上，方向沿轴线由轴承内圈的宽边指向窄边（外圈的窄边指向宽边）。F_A 称为轴向外载荷，是轴上外部轴向力的合力。

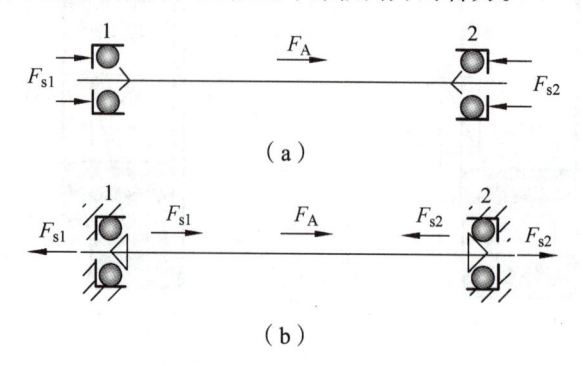

图 5-6　轴向力简化计算分析

在轴线方向，轴系在 F_A、F_{s1} 和 F_{s2} 作用下处于平衡状态。由于 F_A 已知，两个轴承实际承受的轴向力 F_{a1} 及 F_{a2} 待求，这属于超静定的问题，故引入求解角接触轴承轴向力 F_a 的方法如下：

（1）先计算出轴上的轴向外力（合力）F_A 的大小及两支点处轴承的内部轴向力 F_{s1}、F_{s2} 的大小，并在计算简图 5-6（b）中绘出这三个力。

（2）将轴向外力 F_A 及与之同向的内部轴向力相加，取其之和与另一反向的内部轴向力比较大小。如图 5-6（b）所示，若 $F_{s1}+F_A \geqslant F_{s2}$，根据轴承及轴系的结构，外圈固定不动，轴与固结在一起的内圈有右移趋势，则轴承 2 被"压紧"，轴承 1 被"放松"。若 $F_{s1}+F_A < F_{s2}$，轴与固结在一起的内圈有左移趋势，则轴承 1 被"压紧"，轴承 2 被"放松"。

（3）"放松端"轴承的轴向力等于它本身的内部轴向力。

（4）"压紧端"轴承的轴向力等于除本身的内部轴向力外其余各轴向力的代数和。

3. 轴承轴向力计算举例

如图 5-7 所示，已知一对 7206C 轴承支承的轴系，轴上径向力 $F_R = 6\,000\ \text{N}$，求图 5-7（a）、（b）、（c）所示的三种情况两轴承所受的轴向力。

情况 a：如图 5-7（a）所示，轴向外力 $F_A = 0$。

解：根据力的平衡可以求得：$F_{r1} = 2\,000\ \text{N}$，$F_{r2} = 4\,000\ \text{N}$。

由表 5-9 得知内部轴向力：

$$F_{s1} = 0.4F_{r1} = 0.4 \times 2\,000 = 800\ （\text{N}）$$

$$F_{s2} = 0.4F_{r2} = 0.4 \times 4\,000 = 1\,600\ （\text{N}）$$

由于 $F_{s1} < F_{s2}$，再根据结构判断轴承 1 被压紧，轴承 2 被放松，所以 $F_{a1} = F_{s2} = 1\,600\ \text{N}$；轴承 2 仅受内部轴向力，$F_{a2} = F_{s2} = 1\,600\ \text{N}$。

情况 b：$F_A = 600\ \text{N}$，$F_{s1} = 800\ \text{N}$，$F_{s2} = 1\,600\ \text{N}$，方向如图 5-7（b）所示。

解：$F_{s2} > F_A + F_{s1}$，轴承 1 被压紧，轴承 2 被放松。

$$F_{a1} = F_{s2} - F_A = 1\,000\ \text{N}$$

$$F_{a2} = F_{s2} = 1\,600\ \text{N}$$

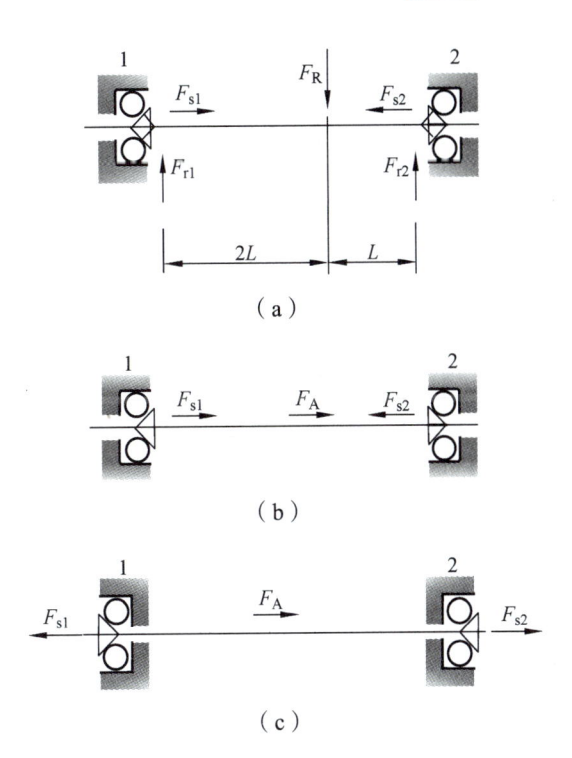

图 5-7 轴承布置及受力示意图

情况 c：两轴承反安装，如图 5-7（c）所示，$F_A = 1\,000$ N，$F_{S1} = 800$ N，$F_{s2} = 1\,600$ N。
解：$F_A + F_{s2} > F_{s1}$，轴有向右移动趋势，轴承 1 被压紧。

$$F_{a1} = F_A + F_{s2} = 2\,600 \text{ N}$$
$$F_{a2} = F_{s2} = 1\,600 \text{ N}$$

讨论：在本例的几种情况中，虽然判断轴承 1 被压紧，轴承 2 被放松，但这并不说明轴承 1 受的轴向力必然大于轴承 2 所受的轴向力。"情况 b"中 $F_{a1} = 1\,000$ N，$F_{a2} = 1\,600$ N 就明显说明了这一点。

5.4.4 载荷和转速变化时当量动载荷的计算

如图 5-8 所示，许多轴承的载荷和转速随时间无规律或呈周期性变化。为此，需引入平均当量动载荷 P_m 的概念，在平均当量动载荷下，轴承的寿命与实际变动载荷和转速条件下轴承的寿命相同。

如果在各级载荷中有径向和轴向联合载荷作用，在按照这里所列出的公式计算整个工作周期内的当量载荷之前，必须首先针对各级载荷计算出相应的当量载荷。

当作用力和转速呈不规则变化时，可通过测量运转机械上出现的力和转速或通过动态模拟求出载荷和转速合成。一般采用适用的统计计数方法将这样求出的载荷和转速综合成载荷和转速合成，然后与一个载荷或转速循环一样，对这样的载荷和转速合成进行进一步处理。

计算平均当量动载荷的基础是疲劳的线性累积损伤原理。变动载荷下平均当量动载荷的一般公式为

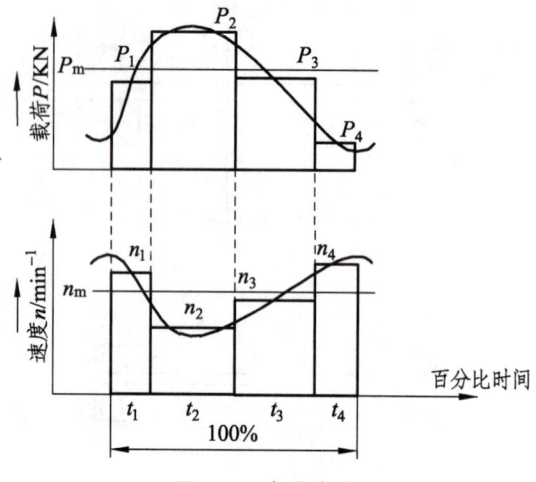

图 5-8 变载变速

$$P_{\mathrm{m}} = \left[\frac{1}{L}\int_0^{N_0}(XF_{\mathrm{r}}+YF_{\mathrm{a}})^\varepsilon \mathrm{d}N\right]^{\frac{1}{\varepsilon}} \tag{5-9}$$

式（5-9）较难计算，因为 L 未知，只有代入轴承寿命公式求解。但在大多数情况下，变动载荷是周期性的。设其周期为 N_0，则平均当量动载荷为

$$P_{\mathrm{m}} = \left[\frac{1}{N_0}\int_0^{N_0}(XF_{\mathrm{r}}+YF_{\mathrm{a}})^\varepsilon \mathrm{d}N\right]^{\frac{1}{\varepsilon}} \tag{5-10}$$

若轴承依次在 $P_1,P_2\cdots P_n$ 当量动载荷作用下，相应转速为 $n_1,n_2\cdots n_n$，运转时间对应为 $t_1,t_2\cdots t_n$，则其平均当量动载荷为

$$P_{\mathrm{m}} = \left[\frac{P_1^\varepsilon n_1 t_1 + P_2^\varepsilon n_2 t_2 + \cdots + P_n^\varepsilon n_{\mathrm{n}} t_{\mathrm{n}}}{n_1 t_1 + n_2 t_2 + \cdots + n_{\mathrm{n}} t_{\mathrm{n}}}\right]^{\frac{1}{\varepsilon}} \tag{5-11}$$

式中　P_{m}——平均当量动载荷，N；

　　　L——额定寿命，10^6 转；

　　　N——应力循环次数，10^6 转；

　　　P_1——在转速 n_1 及运转时间 t_1 下的载荷，N；

　　　P_n——在转速 n_n 及运转时间 t_n 下的载荷，N。

X、Y、F_{a}、F_{r}、ε 等同前。

若转速不变，轴承依次在 $P_1,P_2\cdots P_n$ 载荷作用下，相应运转 $N_1,N_2\cdots N_n$ 百万转，周期为 N_0 百万转，且 $N_0 = N_1 + N_2 + \ldots + N_n$，则其平均当量动载荷为

$$P_{\mathrm{m}} = \left[\frac{P_1^\varepsilon N_1 + P_2^\varepsilon N_2 + \cdots + P_n^\varepsilon N_n}{N_0}\right]^{\frac{1}{\varepsilon}} \tag{5-12}$$

轴承在不同转速下运行，其平均转速 n_{m} 为

$$n_{\mathrm{m}} = \frac{n_1 t_1 + n_2 t_2 + \cdots + n_n t_n}{t_1 + t_2 + \cdots + t_n} \tag{5-13}$$

若载荷在 P_{min} 和 P_{max} 间近似地变化，如图 5-9（a）所示，其平均当量动载荷可按下式近似计算

$$P_m = \frac{P_{min} + 2P_{max}}{3} \tag{5-14}$$

若载荷如图 5-9（b）所示，在 0 和 P_{max} 之间成正弦曲线变化时，其平均当量动载荷按下式近似计算

$$P_m \approx 0.65 P_{max} \tag{5-15}$$

若载荷如图 5-9（c）所示，在 0 和 P_{max} 之间成正弦曲线的上半部分变化时，其平均当量动载荷可按下式近似计算

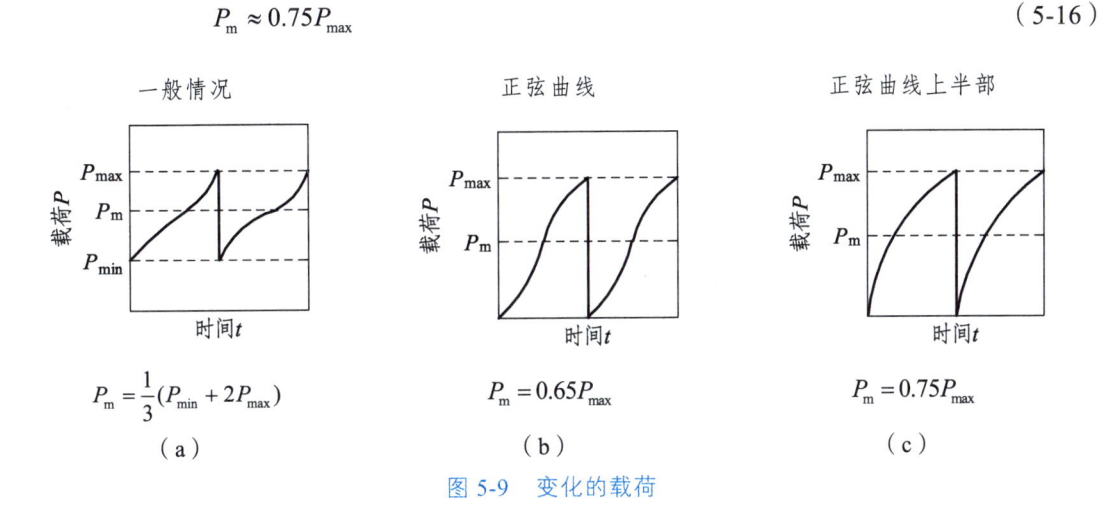

$$P_m \approx 0.75 P_{max} \tag{5-16}$$

图 5-9 变化的载荷

5.4.5 当量动载荷的修正

除了计算出上述外力外有许多支承还会出现附加力，这些附加力是由机械的工作状态和支承的安装情况所产生的，如冲击力、运动零件的惯性力、不平衡力、在倾斜位置下重力的轴向分力和轴向游动轴承在轴承座中的移动阻力。此外，还会出现由于轴承座的同心度误差、轴的挠曲或轴承座变形而产生的力。这些附加力，在大多数情况下不能或难以计算，所以，必须通过附加于额定载荷的附加系数 f_d 来对此加以考虑。

当量动载荷修正计算公式为

$$P = f_d (XF_r + YF_a) \tag{5-17}$$

式中，载荷系数 f_d 的数值可按表 5-10 选取。

表 5-10 动载荷系数 f_d 值

载荷性质	f_d	举 例
平稳运转或有轻微冲击	1.0～1.2	电机、压缩机、空调器
有轻冲击的普通运转	1.2～1.5	机床、送风机、起重机、机车车辆
剧烈振动，冲击的运转	1.5～3.0	振动筛、破碎机、轧钢机

5.4.6 轴承成组配对时的计算

在实际应用中经常遇到轴承的成组配对或多个并列安装使用，这时其成组安装轴承的基本额定动载荷和当量动载荷的计算遵循下列原则：

（1）当两套相同尺寸的单列深沟球轴承串联布置在同一轴上，作为一个整体运转，其额定动载荷按照单个轴承的 1.625 倍计算；计算其当量动载荷时，可以采用单列轴承的 X 和 Y 值。

（2）当两套或多套相同尺寸的单列滚子轴承以串联方式布置在同一轴上，作为一个整体运转，计算其额定动载荷时，该轴承组的径向基本额定动载荷等于轴承的套数的 7/9 幂乘以单套轴承的径向基本额定动载荷；计算其当量动载荷时，可以采用单列轴承的 X 和 Y 值。

（3）当两套或多套相同尺寸的单列推力滚子轴承以串联方式布置在同一轴上，作为一个整体运转，计算其额定动载荷时，该轴承组的径向基本额定动载荷等于轴承的套数的 7/9 幂乘以单套轴承的径向基本额定动载荷。

（4）当两套或多套相同尺寸的角接触球轴承以串联方式布置在同一轴上，作为一个整体运转，该轴承组的径向基本额定动载荷等于轴承的套数的 0.7 幂乘以单套轴承的径向基本额定动载荷；计算其径向当量动载荷时，可以按照一套单圆锥滚子轴承来考虑，采用单列轴承的 X 和 Y 值。

（5）当两套相同尺寸的角接触轴承（包括角接触球轴承和圆锥滚子轴承）以"面对面"或"背靠背"方式安装在同一轴上，作为一个整体运转，计算其径向基本额定动载荷时，可以按照一套双列角接触球轴承来考虑；计算其径向当量动载荷时，采用双列角接触轴承的 X 和 Y 值。

为保证轴承之间载荷均匀分布，轴承和与其配合的部件必须正确制造和安装。

5.4.7 承受轴向载荷的圆柱滚子轴承的当量动载荷

对于承受径向和轴向联合载荷的圆柱滚子轴承，在轴承寿命计算中需要考虑轴向力引起的滚子与滚道的不均匀载荷。其当量动载荷则可利用表 5-11 所列的计算公式。理论上当 $F_a/F_r \leqslant 0.12$ 时，轴向载荷对轴承使用寿命的影响很小，可以不予考虑。

表 5-11 承受轴向载荷的圆柱滚子轴承的当量动载荷

结构系列	轴承当量动载荷 P	
NN30	$P = F_r$	$\dfrac{F_a}{F_r} \leqslant 0.12$
NN30	$P = 0.95 \cdot F_r + 0.75 \cdot F_a$	$\dfrac{F_a}{F_r} > 0.12$
尺寸系列 18 尺寸系列 50 N..2 N..3 N..10 N..19	$P = F_r$	$\dfrac{F_a}{F_r} \leqslant 0.2$
	$P = 0.92 \cdot F_r + 0.6 \cdot F_a$	$\dfrac{F_a}{F_r} > 0.2$

续表

结构系列	轴承当量动载荷 P	
NNC48..- NNC9..-8 NNCL48.. NNCL49 尺寸系列 50	$P = F_r$	$\dfrac{F_a}{F_r} \leqslant 0.24$
	$P = 0.92 \cdot F_r + 0.5 \cdot F_a$	$\dfrac{F_a}{F_r} > 0.24$
尺寸系列 23 尺寸系列 22 尺寸系列 29 尺寸系列 30	$P = F_r$	$\dfrac{F_a}{F_r} \leqslant 0.3$
	$P = 0.92 \cdot F_r + 0.4 \cdot F_a$	$\dfrac{F_a}{F_r} > 0.3$

5.5 滚动轴承疲劳寿命的修正计算

自 1980 年代中期以来，滚动轴承寿命的计算越来越精确，考虑的因素也越加广泛，包括将疲劳强度、润滑状态、滚动接触处的污染程度等，都纳入轴承寿命的计算中。修正寿命有多种不同的计算方法，自 2007 年以来，在全球范围内已在 ISO 281 创立了一种修正寿命的标准化计算方法。

5.5.1 修正寿命计算考虑的因素

计算额定寿命 L_{10} 时仅考虑滚动接触处载荷的影响。但是，除载荷外，润滑状态以及由润滑剂污染而提高的应力对轴承的疲劳寿命也具有明显的影响。

这些工作条件的影响因素可在按 ISO 281 计算修正寿命 L_{nm} 时加以考虑。在该计算方法中同时考虑了材料的疲劳极限。

润滑的影响：轴承只有在整个寿命过程中保持所设定的润滑状态，才能达到计算的轴承寿命。如果润滑剂的使用寿命短于计算的轴承寿命，则必须进行再润滑。由于润滑剂不足或受到磨粒污染，则磨损会导致轴承因工作游隙过大而提前失效。

针对润滑对疲劳寿命的影响已进行过大量的试验研究。一般情况为：如果利用润滑膜能将接触面完全隔开，就能达到最高寿命，因为这种情况下不会出现由于微凸体峰的接触所导致的高应力。接触面被润滑膜隔开的效果越差，这种应力提高对寿命的影响就越大。表面被润滑膜隔开的程度对接触处的摩擦状况也有影响。表面隔离的越差，也就是说混合摩擦的成分越大，滚动接触处剪应力就越大，接触疲劳寿命就相应降低。

润滑剂污染的影响：润滑剂中的污染物对可达到的寿命具有显著的影响，原则上，每个在滚动接触处滚动的颗粒都会导致材料局部应力增大。这种应力增大对疲劳寿命是否有影响以及有多大的影响，则取决于颗粒尺寸和硬度、润滑膜厚度及轴承中赫兹接触面的尺寸。在大型轴承中颗粒对疲劳寿命几乎没有影响，而在小型轴承中可以导致明显的寿命减小。滚子轴承因其接触面较大，而对滚动颗粒的敏感度较小，点接触球轴承对滚动颗粒的敏感度较大。

当较大的硬质颗粒在滚动接触处滚动时，可使滚道产生塑性压痕，在压痕的边缘堆积塑性变形，在继续滚动过程中只有部分变形恢复。所以，每次滚动在压痕区域都会提高应力。

同时由于该区域的塑性变形对材料的载荷能力也产生不良影响。滚道上的塑性压痕显著降低疲劳寿命。一般只考虑硬质颗粒对轴承寿命的影响。很软的颗粒或液体污染的影响一般不能计量。

疲劳极限的影响：在接近理想的工作条件时，也就是在表面被润滑油膜完全隔开的条件下，在试验台上对球轴承进行的寿命台架试验，试验达到的寿命值远远超过计算的寿命。这些试验的结果如图 5-10 所示。

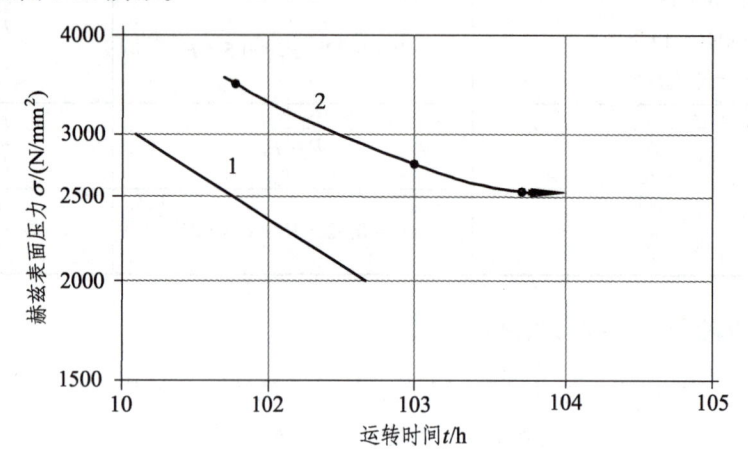

1—计算的额定寿命 $L_{10} = (C/P)^p$，σ 为赫兹表面压力，t 为运转时间；2—在滚动试验中求得的寿命 L_{10}（韦勒疲劳曲线）。

图 5-10　计算寿命与试验寿命的对比

通过计算寿命与试验寿命的对比显示：

（1）在良好工作条件下显著超过计算寿命值。

（2）接触处赫兹压力越小，差别越大。描述寿命曲线斜度的寿命指数 p 不是恒定的，它随载荷的减小而增大。

（3）当表面压力在 2 500 N/mm² 以下时，试验所得到的寿命曲线逐渐过渡到水平线，也就是说，寿命接近于疲劳强度范围。

5.5.2　ISO 281—2007 版修正额定寿命计算方法

在 ISO 281 中首次确定了一种定量考虑润滑状态、润滑剂污染和滚道材料疲劳极限的统一的方法。2007 年修订标准 ISO 281 时，用这种方法代替了以前的修正寿命的计算方法，并且加以标准化。

修正额定寿命 L_{nm} 计算如下：

$$L_{nm} = a_1 \cdot a_{ISO}\left(\kappa, e_C \cdot \frac{C_u}{P}\right) \cdot \left(\frac{C}{P}\right)^p \tag{5-18}$$

式中　a_1——不同可靠性修正系数。

失效概率为 $F\%$ 的修正寿命为

$$L_s = a_1(F) \cdot L_{10} \tag{5-19}$$

为了明确地标示计算不同失效概率的寿命，将失效概率作为下标附在符号 L 上，例如失效概率为 0.5% 的计算寿命标示为 $L_{0.5}$。

表 5-12 给出不同可靠性修正系数 a_1 的适用范围。与以前的计算相比，系数 a_1 的适用范围

扩大到更小的失效概率。以往只能计算失效概率在10%与1%之间的寿命值，而现在却能计算至 0.05%失效概率的寿命值。对大于10%的失效概率进行公式外推是不允许的。若要求更小失效概率的寿命值时，这些推荐值可导致轴承尺寸明显过大，增加其设备的尺寸和制造成本。如无特殊要求，都按照10%的失效概率计算轴承的使用寿命 L_{10}。

表 5-12 寿命修正系数 a_1

幸存概率/%	扩展的修正额定寿命 L_{nm}	寿命修正系数 a_1
90	$L_{10\,m}$	1
95	$L_{5\,m}$	0.64
96	$L_{4\,m}$	0.55
97	$L_{3\,m}$	0.47
98	$L_{2\,m}$	0.37
99	$L_{1\,m}$	0.25
99.2	$L_{0.8\,m}$	0.22
99.4	$L_{0.6\,m}$	0.19
99.6	$L_{0.4\,m}$	0.16
99.8	$L_{0.2\,m}$	0.12
99.9	$L_{0.1\,m}$	0.093
99.92	$L_{0.08\,m}$	0.087
99.94	$L_{0.06\,m}$	0.08
99.95	$L_{0.05\,m}$	0.077

a_{ISO} 是考虑了疲劳极限、润滑状态及污染情况的修正系数。

$$a_{\text{ISO}} = f\left(\frac{e_C C_u}{P}, \kappa\right) \tag{5-20}$$

式中　κ——黏度比；

e_C——污染系数；

C_u——疲劳极限载荷，在试验室条件下，低于此载荷，轴承材料不会发生疲劳，对应的轴承滚道接触应力 $\sigma \approx 1\,500\,\text{N/mm}^2$，在 ISO 281 中确定了疲劳极限载荷的精确计算方法；

C——轴承的额定动载荷；

P——轴承的当量动载荷。

用参数 κ 作为润滑剂工作黏度 ν 与参考黏度 ν_1 的比率来描述润滑状态，见公式（5-21）：

$$\kappa = \frac{\nu}{\nu_1} \tag{5-21}$$

作为工作黏度采用的是润滑剂在轴承工作温度下的黏度。当为油润滑时，一般采用静止轴承套圈的温度来计算工作黏度。当为脂润滑时，则采用基础油在工作温度下的黏度。

黏度比 $\kappa = \nu/\nu_1$ 是形成润滑油膜质量的指标。在此，ν 是工作温度下润滑油的实际黏度，ν_1 则是与轴承尺寸和转速有关的参考黏度，在此参考黏度下润滑膜厚度大约与接触处的总和粗糙度相当。当黏度比 $\kappa > 2 \sim 4$ 时，在滚动接触面之间能够形成弹性流体动压油膜，即两个接触表面被润滑油膜隔离开来。

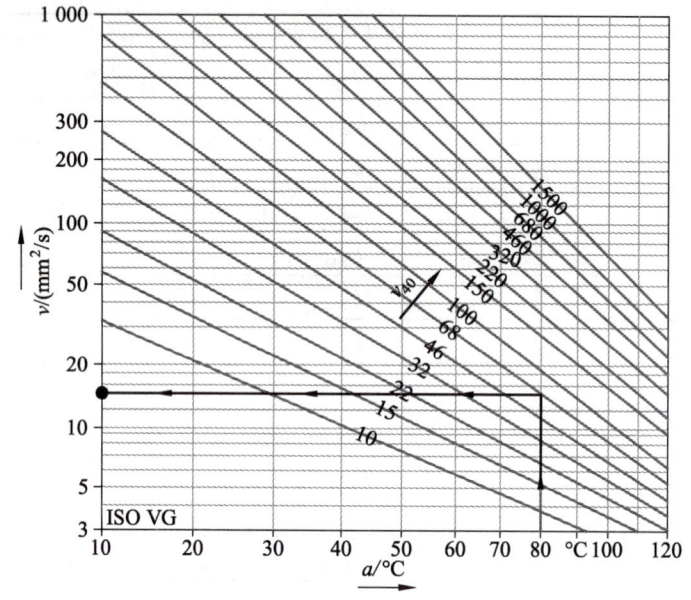

由图 5-11 可以查出不同黏度等级的润滑油在不同工作温度下的实际黏度。

ν—工作黏度；ϑ—作温度；ν_{40}—在 +40 ℃ 时的黏度。

图 5-11 矿物油的 V/T 曲线图

ν_1 则是与轴承尺寸和转速有关的参考黏度，在此参考黏度下润滑膜厚度大约与接触处的总和粗糙度相当，参考黏度也可采用图解获得，见图 5-12。

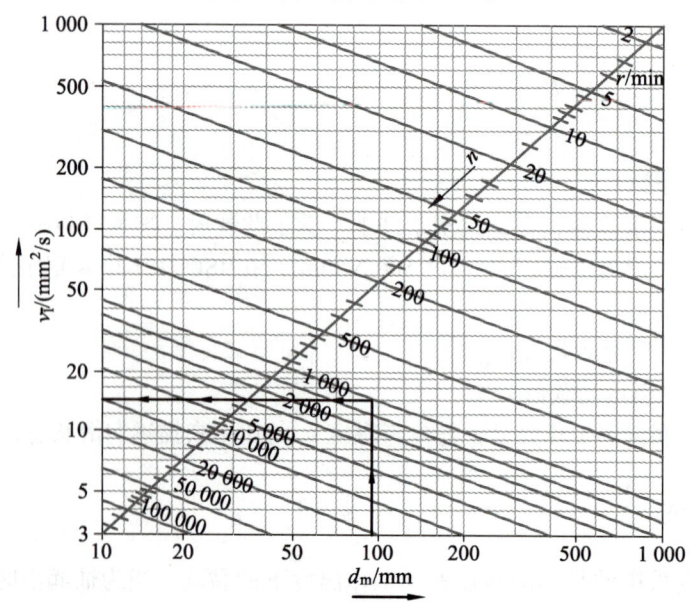

图 5-12 根据轴承平均直径 d_m、转速 n，选取参考粘度 ν_1

按照 ISO 281，该参数 κ 也可近似由润滑膜厚度 h 与总粗糙度 σ 的比率 λ 计算。

$$\lambda = \frac{h}{\sqrt{\sigma_1^2 + \sigma_2^2}} \tag{5-22}$$

$$\kappa = \lambda^{1.3}$$

式中　h——润滑膜厚度，μm；

　　　σ——表面综合粗糙度，μm；

　　　σ_1、σ_2——两个接触表面的粗糙度，μm；

　　　λ——膜厚比。

但这只是一个粗略的近似式，因为该式中的指数与计算润滑膜厚度所使用的公式有关。考虑到当润滑不足时通过适当的添加剂可以改善润滑状态，提高疲劳寿命，在 ISO 281 中确定了以下做法：

（1）当黏度比 $\kappa<1$ 且污染系数 e_C 不低于 0.2 时，使用含有经实践证明有效的极压添加剂的润滑剂时可考虑采用值 $\kappa=1$。当污染严重（污染系数 $e_C<0.2$），应当检验在这些污染条件下添加剂的作用效果。

（2）如果证明极压添加剂是有效的，而且取 $\kappa=1$ 进行计算，则其寿命修正系数限制为 $a_{ISO} \leqslant 3$。如果对于实际的 κ 计算出 $a_{ISO}>3$，则此值可用于计算。这种情况可在低载荷下以及 κ 大约低于 1 时出现。润滑剂受到硬质颗粒污染的影响因素用污染系数 e_C 来描述。该污染系数可大大简化为应力集中系数的倒数值。在理想清洁条件下 e_C 趋近于 1，在实践中，当应用条件高度清洁时该值为 0.9，污染严重时，该值趋近于 0.1。在 ISO 281 中给出以下参考值，见表 5-13。

表 5-13　污染系数 e_C 参考值

污染	系数 e_C	
	$d_m < 100$ mm	$d_m \geqslant 100$ mm
极其清洁： 润滑膜厚度数量级的颗粒尺寸 实验室条件	1	1
高度清洁： 润滑油经过超精细过滤 带密封的脂润滑轴承	0.8~0.6	0.9~0.8
标准清洁度： 润滑油经精细过滤	0.6~0.5	0.8~0.6
轻度污染： 润滑油受轻度污染	0.5~0.3	0.6~0.4
一般污染： 轴承被其他机械零件的磨屑污染	0.3~0.1	0.4~0.2
重度污染： 轴承使用的环境严重污染 轴承布置密封不好	0.1~0	0.1~0
严重污染	0	0

当重度污染（$e_C<0.1$）时，就不能再计算修正寿命了，在实际运行中，轴承会由于磨损而提前失效。

在 ISO 281—2007 版本中，除上述参考值外还给出计算污染系数 e_C 的公式和曲线图。这些曲线图原来仅用于计算扩展的修正参考额定寿命 L_{mnr}。在应用于计算额定寿命 L_{10} 时结果一般都很保守，因此，计算额定寿命建议使用 e_C 值，见表 5-13。

疲劳极限的影响用比率 C_u/P 来考虑。实际设计计算时，对于滚动体直径 $D_{pw}<100$ mm 时，轴承的疲劳极限载荷可近似作出以下估算，见公式（5-23）和公式（5-24）。

球轴承：

$$C_u = \frac{C_0}{22} \tag{5-23}$$

滚子轴承：

$$C_u = \frac{C_0}{8.2} \tag{5-24}$$

对于滚动体直径 $D_{pw} \geqslant 100$ mm 时，轴承疲劳极限载荷随轴承尺寸的增大而略微减小，由下列公式计算：

球轴承：

$$C_u = (C_0/22)(100/D_{PW})^{0.5} \tag{5-25}$$

滚子轴承：

$$C_u = (C_0/8.2)(100/D_{PW})^{0.3} \tag{5-26}$$

寿命系数 a_{ISO} 按照轴承结构类型，可由图 5-13～图 5-16 查找。

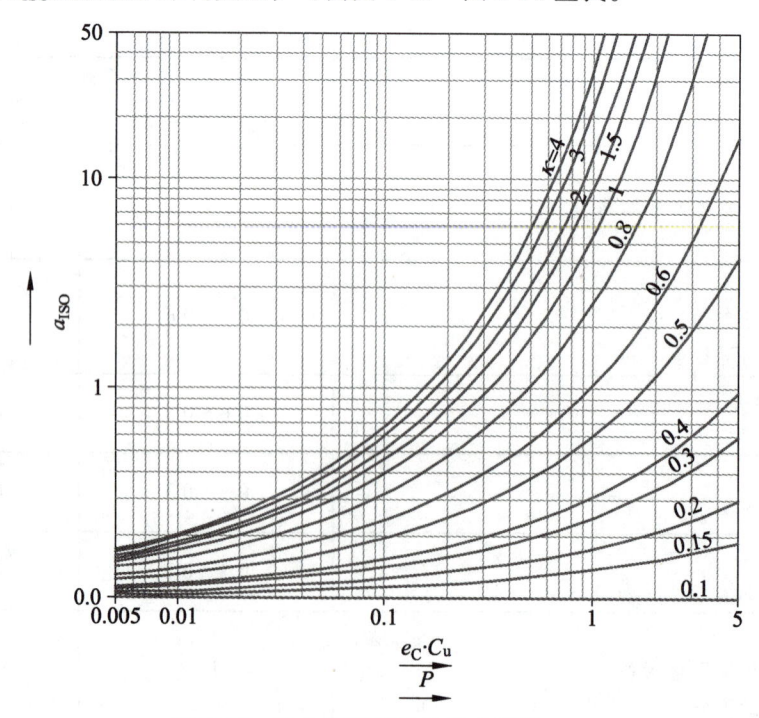

图 5-13　向心滚子轴承的寿命系数 a_{ISO}

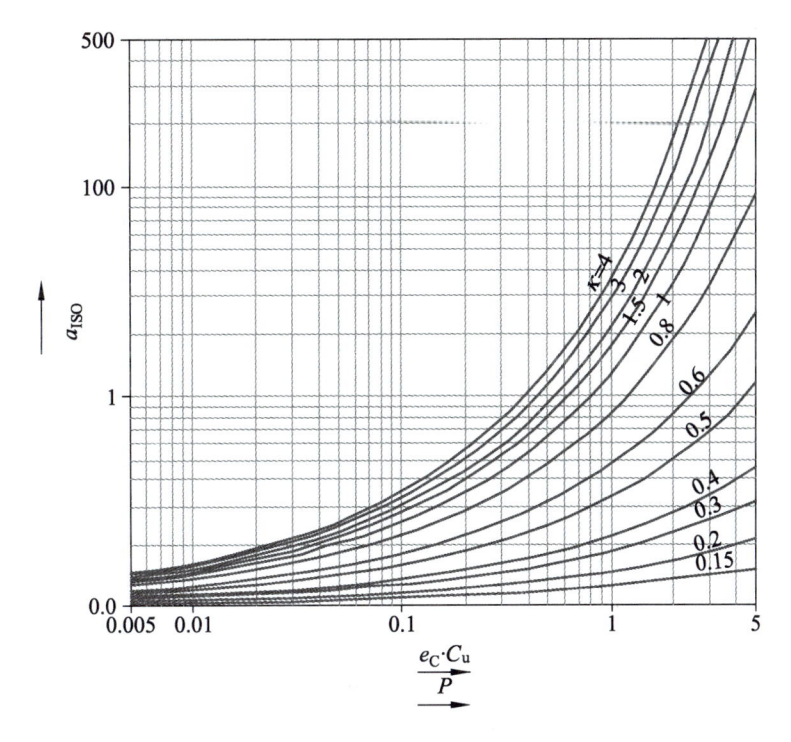

图 5-14 推力滚子轴承的寿命系数 a_{ISO}

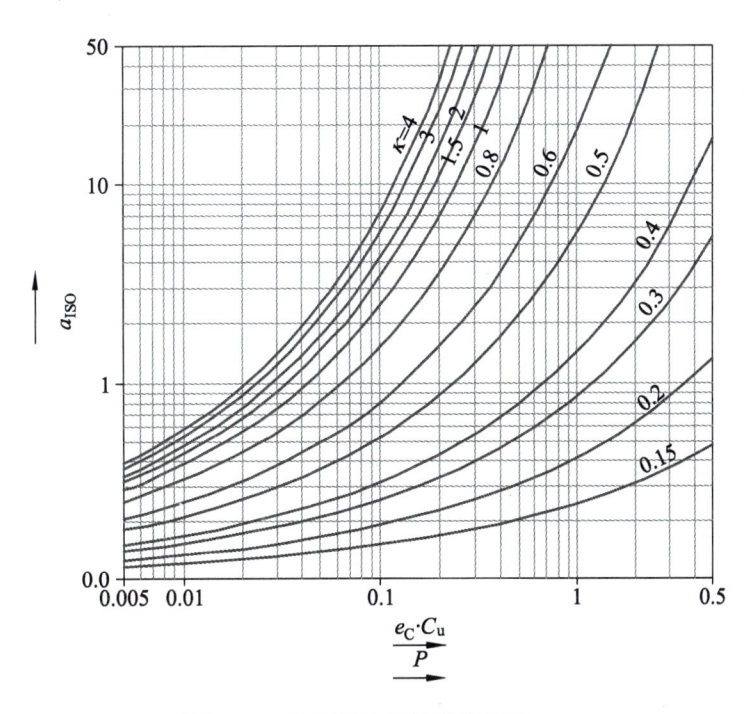

图 5-15 向心球轴承的寿命系数 a_{ISO}

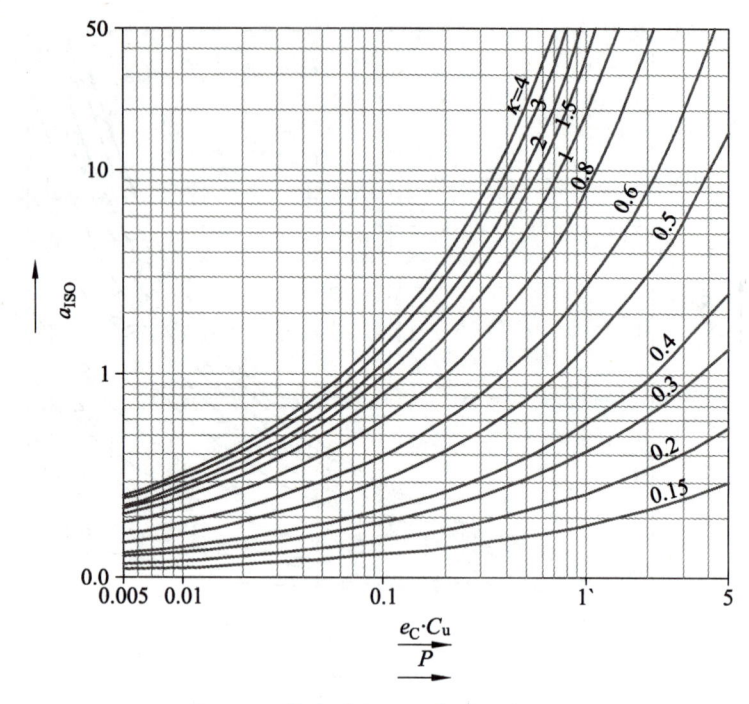

图 5-16　推力球轴承的寿命系数 a_{ISO}

对值 $\kappa<0.1$ 没有确定计算方法，因为这时轴承会出现因磨损而提前失效的情况。当 $\kappa>4$ 时也不再会出现寿命进一步提高的情况。按照该方法计算的修正寿命只考虑润滑状态和润滑剂污染等对疲劳寿命的影响。在这个计算方法中不能考虑其他损坏机理，如磨损、剥落、黏着或润滑剂腐蚀作用等。

第6章 滚动轴承的选用

6.1 滚动轴承的选用

6.1.1 滚动轴承的选用程序

由于其结构简单，安装拆卸方便，摩擦小，以及工作性能、精度、使用寿命、可靠性等能满足各个领域的要求，因而滚动轴承得到了广泛的使用。滚动轴承已经是专业化大批量生产、产品种类繁多、规格齐全的标准件，各类滚动轴承具有不同的特性，适用于各种机械的不同使用情况。目前，滚动轴承的选型计算方法比较完善，对于一般的设计师来说，主要是根据原始的设计参数和使用要求选择合适的轴承并设计出合理的支承结构，制定安装使用维护方案就可以保证轴承的正常运转。为此，需要取得以下几个方面的数据和信息：

（1）机械装置的功能与结构；
（2）轴承的使用部位、布置方式（水平布置还是垂直布置）；
（3）轴承载荷的大小与方向；
（4）旋转速度；
（5）是否有振动、冲击；
（6）环境温度及轴承的运行温度；
（7）周围气氛（腐蚀性、清洁性、润滑性）。

不同类型结构的轴承具有不同的工作特征，长期以来如何合理地选用轴承是使用者极为关心的问题，但是由于轴承具体安装部位及应用场合的多变性与复杂性，设计师可根据以下流程选择轴承，见图6-1。

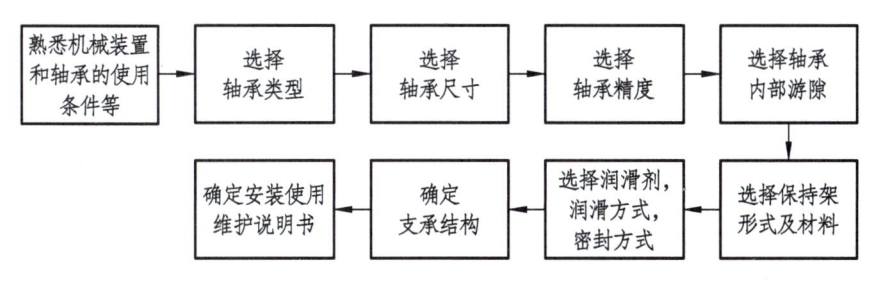

图6-1 滚动轴承选用程序

6.1.2 滚动轴承类型的选择

不同的用途，对轴承的要求也不一样；不同类型的轴承也具有不同的特性，使用的工况条件也不相同。各类轴承的特点如表6-1所示。

表 6-1 常用轴承的特点

特性	深沟球轴承[1]	角接触球轴承[1]	单内圈双列角接触球轴承	双内圈双列角接触球轴承	调心球轴承	圆柱滚子轴承	单侧带挡边圆柱滚子轴承	双侧带挡边圆柱滚子轴承	双列圆柱滚子轴承	滚针轴承	圆锥滚子轴承	双列、四列圆锥滚子轴承	调心滚子轴承	推力球轴承	双列推力角接触球轴承	推力圆柱滚子轴承	推力调心滚子轴承
高速旋转[1]	☆☆☆☆	☆☆☆☆	☆☆	☆☆	☆☆	☆☆☆☆	☆☆☆	☆☆	☆☆☆	☆☆	☆☆☆	☆☆	☆☆	☆☆	☆☆☆	☆	☆
旋转精度[1]	☆☆☆	☆☆☆	☆☆	☆☆		☆☆☆	☆☆☆	☆☆	☆☆	☆☆	☆☆☆			☆☆	☆☆		
噪声振动[1]	☆☆☆☆	☆☆☆				☆☆											
摩擦转矩[1]	☆☆☆☆	☆☆☆	☆☆	☆☆	☆☆	☆☆	☆☆	☆☆	☆☆								
刚性[1]			☆☆	☆☆		☆☆	☆☆	☆☆	☆☆☆	☆☆	☆☆	☆☆☆	☆☆☆		☆☆	☆☆☆	☆☆☆
耐振动冲击力[1]	☆		☆	☆	★	☆	☆	☆	☆☆	☆☆	☆☆	☆☆☆	☆☆☆		★	☆☆☆	☆☆☆
内外圈允许倾斜度[1]	☆				☆☆☆	☆					☆		☆☆☆		★	★	☆☆☆
轴向固定[2]	◎	◎	◎	DB DF 组合	◎	◎	◎	◎	◎	◎	◎	◎	◎	◎	◎	◎	◎
轴向移动[3]	○	○	○	DB 组合		○	○		○	○				○	○	○	○
内外圈分离[4]						○	○	○	○	○	○	○		○	○	○	○
内圈锥孔[5]					○								○				○
备注		两个配对使用				NU, N 形	NJ, NF 形	NUP, NP, NH 形	NNU, NN 形	NA 形		两个配对使用				包括推力滚针轴承	

① ☆空心星号表示轴承对该项性能的适应程度, 星号数目越多越好; ★表示轴承对该项性能不大适应。
② ◎表示双向定位, ○表示单向定位。
③ ○表示内圈相对外圈可以有一定的轴向移动, ○滚道面允许轴向移动。
④ ○表示内外圈可分离。
⑤ ○内圈内孔可以加工成锥孔。

选择滚动轴承类型时应该考虑以下几个方面的因素：

（1）轴承载荷大小、方向与性质：载荷大小、方向与性质对选择轴承是至关重要的，一般来说，滚子轴承的承载能力大于球轴承，满装滚子轴承的承载能力大于同种类型的带保持架的轴承。所以球轴承适用于承受轻中载荷，而滚子轴承则适用于重载荷的工况。当轴承承受纯径向载荷时可选深沟球轴承、圆柱滚子轴承及滚针轴承。当轴承承受纯轴向载荷时可选用推力球轴承、推力圆柱滚子轴承或推力滚针轴承。重载、冲击载荷的工况条件下选用滚子轴承。

对既有径向载荷又有轴向载荷的复合载荷场合，一般应选用角接触球轴承或圆锥滚子轴承，角接触球轴承和圆锥滚子轴承需要成对安装使用。

如复合载荷中径向载荷较大而轴向载荷较小时，也可选用深沟球轴承或内外圈都带挡边的圆柱滚子轴承；若复合载荷中以轴向载荷为主时，宜选用推力角接触球轴承或推力调心滚子轴承等。

当轴承受到倾覆力矩的作用，采用面对面或背靠背配置的单列角接触球轴承或单列圆锥滚子轴承，均可取得相当满意的效果。

（2）转速：轴承的工作转速应该低于样本上列出的极限转速，对于相同尺寸的轴承，球轴承的极限转速高于滚子轴承。深沟球轴承和圆柱滚子轴承承受纯径向载荷时，适于在高速运转的场合使用。而角接触球轴承承受复合载荷时能很好地满足高速运转的要求。由于受轴承本身结构特点的限制，各种推力轴承不可能达到与向心轴承一样所允许的高转速。

轴承允许的极限转速（或热参考转速）与轴承的类型、尺寸、载荷大小与方向、润滑、轴承装置的装配精度、轴承工作游隙、保持架的材料、结构与引导方式等有关。但最主要的因素是工作温度。

在实际应用时，由于各种条件的不同，轴承允许的极限转速应进行修正，一般来讲，重载 $P/C>0.1$ 时，由于滚动体与滚道之间的接触应力较大，摩擦发热严重，轴承的极限转速应该降低；对于承受径向和轴向复合载荷的轴承，轴承的极限转速应该降低；一端采用组合设计，相同类型的轴承配对使用，轴承的极限转速应该降低，一端不同类型的轴承组合使用，极限转速应该降低，并且以其中极限转速较低的轴承为准。

在一定的条件下，轴承的实际工作转速可以超过样本中规定的极限转速（或热参考转速），这需要与商家的技术人员进行确认。

（3）旋转精度：普通级各类轴承能够满足绝大多数轴承用户的需求，但对轴承旋转精度有严格要求的机床主轴或高速旋转的轴，则必须选用制造精度高于普通级的各种精密轴承才可满足。这里需提醒用户注意的是使用精密轴承时与轴承相配合的轴和轴承座孔的制造精度应与之相匹配，否则其结果将是事倍功半，不同公差等级的轴承公差值见轴承样本一般数据部分。

0 级轴承——普通级。用于低、中速及旋转精度要求不高的一般旋转机构，它在机械装置中应用最广，如机床变速箱、进给箱的轴承等。

6 级轴承——用于转速较高、旋转精度要求较高的旋转机构，如普通机床的主轴后轴承、精密机床变速箱的轴承等。

5 级、4 级轴承——用于高速、高旋转精度要求的机构，如精密机床的主轴轴承、精密仪器仪表的主要轴承等。

2级轴承——用于转速很高，旋转精度要求也很高的场合，如齿轮磨床、精密坐标镗床的主轴轴承、高精度仪器仪表轴承等。

（4）刚性：轴承在载荷作用下，套圈与滚动体接触处会产生一定的弹性变形，大多数情况下可忽略弹性变形的影响，但选择机床主轴轴承时，对轴承的刚性问题则必须给予充分的重视，圆柱滚子轴承和圆锥滚子轴承因滚动体与滚道间为线接触，其轴承刚性优于球轴承。有时通过对轴承预紧，可以增强刚性。但对预紧量应合理地控制，若预紧量超过给定的最佳值时，轴承刚性递增不大，反而会给轴承的运转性能带来不良影响。

（5）安装空间：在机械装置的设计中，通常允许轴承的安装空间都非常有限。在多数情况下，轴承的内径取决于轴的直径，轴的直径又取决于轴系零件所受载荷性质和大小、支点跨距和刚度要求。

对于结构复杂，质量或总体尺寸受限制的设备或机车车辆，有限的安装空间是轴承选择的主要制约因素。当径向空间受到限制时应选用截面尺寸较小，特别是截面高度较小的超轻或特轻系列的轴承，如要求径向尺寸小而径向载荷又很大，可选用滚针轴承；而当轴向空间受到限制时则应选用窄或特窄系列的轴承。

（6）安装调整及支承定位要求：圆锥滚子轴承、圆柱滚子轴承和滚针轴承的内外圈可分离，装拆比较方便，可以用于频繁装拆的场合。带有圆锥孔的轴承可以使用紧定套或推卸套进行安装。

在有些重载或支承跨距较大的场合，旋转轴通常采用一端固定支承和一端游动支承的轴承布置形式。能够承受双向轴向载荷的轴承可以用作定位轴承以约束轴的轴向位移；浮动支承可以优先选择内、外圈可以分离的 NU 和 N 系列圆柱滚子轴承，其内、外圈可以相对轴向移动，摩擦阻力较小，确保轴向移动的顺利。如果使用不可分离的轴承作为非固定端的轴承，则轴承的内、外圈中必须有一个采用松配合，以确保其在轴向位置上能够产生有效而必要的补偿。

（7）噪声：一般用途对于轴承自身的噪声没有严格的要求，在这些工况条件下，轴承本身的噪声和与之相匹配的设备或部件自身所固有的振动与噪声对比而言要低的多，故对轴承的噪声没有必要专门加以控制。

但对于电机、家用电器或其他精密机械用轴承其噪声则需严格控制，需要选用专用的低噪声轴承。

轴承运行时产生的噪声可能有下列几种情况：

①轴承结构本身在运行时产生的噪声。如滚道声，滚道声是由于轴承旋转时滚动体在滚道中滚动而激发出一种平稳且连续性的噪声，只有当其声压级或声调极大时才引起人们注意。对于大型轴承，滚动体进入和退出承载区，与滚道之间都有一个接触和脱离接触的过程，这也会产生噪声，专业上称为滚动体的落体声。

②高速轻载时的啸叫声。它是金属间滑动摩擦产生相当剧烈的啸叫声，这种声音不悦耳，且会令人不安，主要发生在高速轻载的情况下，是由于滚动体和滚道之间的打滑引起的。

③保持架和滚动体的碰撞声。在承载区，滚动体必然会推动保持架以相同的圆周速度进行公转，在非载荷区中，滚动体由于没有径向载荷（或很小），其公转速度必然放慢，当这一速度小于载荷区滚动体的公转速度，或小于保持架的公转速度时，保持架会推动滚动体进行公转，此时保持架和滚动体的接触会产生碰撞声。可见，正常的滚动轴承运行中，滚动体和

保持架由于相对速度的变化会经常发生碰撞，以修正相互的运行状态，这种碰撞是轴承振动和噪声的一个重要来源。

④ 如果轴承被损坏，或者污染物进入到轴承内部，也会产生噪声。

⑤ 除了上述轴承本身的原因之外，转子系统中轴的挠曲变形、不对中、转子的动不平衡等因素也会导致噪声，但是这些噪声不是轴承引起的。通过专用仪器的测量分析可以识别出来。

（8）摩擦力矩：轴承的摩擦阻力与所选轴承的类型、尺寸、载荷性质及转速等因素有关。一般说来，球轴承的摩擦阻力小于滚子轴承，向心轴承承受纯径向载荷时的摩擦力矩比承受联合载荷作用时的摩擦力矩较小。当处于复合载荷的情况下，载荷角与轴承接触角基本一致的角接触球轴承具有最小的摩擦力矩。当用户需供应低摩擦阻力矩的轴承时可优先选用深沟球轴承或圆柱滚子轴承。对于高速，又要求低摩擦力矩时，建议采用滴油润滑、喷油润滑或油气润滑。

（9）调心性能：轴系运行时，轴在载荷作用下产生弯曲、两轴承座跨距太远、两轴承座中心高度的加工误差等因素都会导致轴承内圈和轴的轴线与轴承座孔的中心线发生偏移。轴承结构的不同，适应的角度偏移量也不同。

对调心性有特殊要求的场合，选用调心球轴承、调心滚子轴承或推力调心滚子轴承收效甚佳，圆柱滚子轴承和滚针轴承的调心性能较差。深沟球轴承允许一定的偏移量，普通组径向游隙的深沟球轴承允许的倾斜角仅为 2′~10′。圆柱滚子轴承和组装后没有游隙的圆锥滚子轴承不允许任何的不对中。当轴承座跨距较大、轴承座加工精度较低、轴的挠曲变形较大时，则要选用调心球轴承、调心滚子轴承、外球面球轴承等具有调心功能的轴承。调心球轴承允许的最大调心角度为 3°，调心滚子轴承允许的最大调心角度为 1°~2.5°，外球面球轴承允许的最大调心角度为 1.5°。

（10）经济性：在满足使用要求的情况下应尽量选用价格低廉的轴承。一般情况下球轴承的价格低于滚子轴承。轴承的精度等级越高，其价格也越高。在同尺寸和同精度的轴承中深沟球轴承的价格最低。同型号、尺寸，不同公差等级的深沟球轴承的价格比约为：P0∶P6∶P5∶P4∶P2 ≈ 1∶1.5∶2∶7∶10。如无特殊要求，应尽量选用普通级精度轴承，只有对旋转精度有较高要求时，才选用精度较高的轴承。

除上述因素之外，还可能有其他的要求，如轴承的安装与拆卸是否方便等，因此设计时要全面分析比较，选出最合适的轴承。

6.2 滚动轴承尺寸的确定

6.2.1 滚动轴承的主要失效形式

（1）疲劳点蚀。滚动体和套圈滚道在脉动循环的接触应力作用下，当应力值或应力循环次数超过一定数值后，接触表面会出现接触疲劳点蚀。点蚀使轴承在运转中产生振动和噪声，回转精度降低且工作温度升高，使轴承失去正常的工作能力。接触疲劳点蚀是滚动轴承的最主要失效形式。

（2）塑性变形。在过大的静载荷或冲击载荷的作用下，套圈滚道或滚动体可能发生塑性变形，滚道出现凹坑或滚动体被压扁，使运转精度降低，产生振动和噪声，导致轴承不能正常工作。

（3）磨损。在润滑不良、密封不可靠及多尘的情况下，滚动体或套圈滚道易产生磨粒磨损，高速时会出现热胶合磨损，轴承过热还将导致滚动体回火。

除了上述失效形式外，轴承失效形式还有烧伤、断裂、腐蚀、锈蚀等多种，产生的原因是轴承选用不当，安装、使用、支承设计、润滑、维护保养方面不合理。

6.2.2 计算准则

针对上述的主要失效形式，滚动轴承的计算准则为：

（1）对于一般转速（$n > 10$ r/min）的轴承，疲劳点蚀为其主要的失效形式，应进行寿命计算。

（2）对于低速（$n \leqslant 10$ r/min）重载或大冲击条件下工作的轴承，其主要失效形式为塑性变形，应进行静强度计算。

（3）对于高转速的轴承，除疲劳点蚀，外胶合磨损也是重要的失效形式，因此除应进行寿命计算外还要校验其极限转速。

6.2.3 按照额定动载荷选择轴承尺寸

选用轴承时，根据工况确定轴承额定动载荷 C，进而确定轴承的型号，再验算轴承的疲劳寿命是否满足使用要求。疲劳寿命是滚动轴承最重要的性能指标，轴承的设计和应用都需要分析计算疲劳寿命。对给定的轴承尺寸和载荷条件追求最长的疲劳寿命是一般轴承设计的目标。

应该指出：在绝大多数正常使用的条件下，轴承的破坏形式应为轴承零件滚动表面的疲劳剥离。在使用中如出现其他损伤较多的情况，则应查找异常损伤的原因，并采取相应的措施予以解决。如冲击力大的主机应选用表面硬、心部软的渗碳钢制造轴承，以避免轴承零件的断裂、破碎；在尘埃、水等恶劣环境下工作的轴承，应在主机设计时采用有效的密封措施或选用带防尘盖或密封的轴承，以减少轴承的磨损；对于轴承滚道偏磨或异常磨痕，多数情况是轴承在受力时，轴承座孔同轴度太差或轴的刚度不够挠曲变形较大所致；对高精度、高性能（噪声、振动）有严格要求的主机，同样应在主机设计中对轴承使用环境提出相应的要求并采取相应的措施。

合理确定轴承的使用寿命对轴承使用者来说是非常重要的，这是因为寿命预估的过长与过短对使用都是不利的，寿命过长会使轴承尺寸过大、过重而造成不必要的浪费，寿命过短则势必造成极为频繁地更换轴承而带来不必要的麻烦与人力的浪费。因而在确定轴承使用寿命时，应充分对机械类别和各种不同的工作条件及可靠性要求等因素加以综合评价后确定。不同使用条件下各种机械的轴承使用寿命推荐值可参阅表6-4。

轴承寿命计算公式可用下列各公式表示。

$$L = \left(\frac{C}{P}\right)^e \tag{6-1}$$

式中　L——基本额定寿命，10^6 转；

　　　C——基本额定动载荷，N；

　　　P——当量动载荷，N；

　　　e——寿命指数，对球轴承 $e = 3$，对滚子轴承 $e = \dfrac{10}{3}$。

用运转小时数表示基本额定寿命的公式为

$$L_h = \frac{10^6}{60n}\left(\frac{C}{P}\right)^\varepsilon = \frac{16\,667}{n}\left(\frac{C}{P}\right)^\varepsilon \tag{6-2}$$

式中　L_h——以小时数表示的基本额定寿命，h；
　　　n——轴承转速，r/min。

为计算方便，引入转速系数 f_n 和寿命系数 f_h：

$$f_n = \left(\frac{100}{3n}\right)^{\frac{1}{\varepsilon}} \tag{6-3}$$

$$f_h = \left(\frac{L_h}{500}\right)^{\frac{1}{\varepsilon}} \tag{6-4}$$

轴承转速系数和寿命系数分别在表 6-2 和表 6-3 中给出。

引入上面两个系数之后，式（6-2）改写为

$$C = \frac{f_h}{f_n}P \tag{6-5}$$

对给定的轴承和使用条件用上式可求出寿命系数 f_h，查表 6-3 可求出与之对应的寿命。对给定的使用条件和寿命要求用上式可以计算需要的轴承额定动载荷，作为选择轴承的依据。

需要说明的是：普通轴承的工作温度不能超过 120 ℃，在 120 ℃ 以上使用的轴承要经过特殊热处理或选用特殊材料。高温条件下表面硬度降低，轴承的额定动载荷会降低；考虑到有冲击载荷的情况下实际受力比计算值要大，需要对当量动载荷引入修正计算的动载荷系数。

表 6-2　转速系数 f_n

转速 n /(r/min)	f_n 球轴承	f_n 滚子轴承	转速 n /(r/min)	f_n 球轴承	f_n 滚子轴承	转速 n /(r/min)	f_n 球轴承	f_n 滚子轴承
10	1.494	1.435	185	0.565	0.598	2 400	0.240	0.277
11	1.447	1.395	190	0.560	0.593	2 500	0.237	0.274
12	1.405	1.356	195	0.555	0.589	2 600	0.234	0.271
13	1.369	1.326	200	0.550	0.584	2 700	0.231	0.268
14	1.335	1.297	210	0.541	0.576	2 800	0.228	0.265
15	1.305	1.271	220	0.533	0.568	2 900	0.226	0.262
16	1.277	1.246	230	0.525	0.560	3 000	0.223	0.259
17	1.252	1.224	240	0.518	0.553	3 100	0.221	0.257
18	1.228	1.203	250	0.511	0.546	3 200	0.218	0.254
19	1.206	1.184	260	0.504	0.540	3 300	0.216	0.252
20	1.186	1.164	270	0.498	0.534	3 400	0.214	0.250
21	1.166	1.149	280	0.492	0.528	3 500	0.212	0.248
22	1.148	1.133	290	0.487	0.523	3 600	0.210	0.246
23	1.132	1.118	300	0.481	0.517	3 700	0.208	0.243

续表

转速 n / (r/min)	f_n 球轴承	f_n 滚子轴承	转速 n / (r/min)	f_n 球轴承	f_n 滚子轴承	转速 n / (r/min)	f_n 球轴承	f_n 滚子轴承
24	1.116	1.104	310	0.476	0.512	3 800	0.206	0.242
25	1.100	1.090	320	0.471	0.507	3 900	0.205	0.240
26	1.086	1.077	330	0.466	0.503	4 000	0.203	0.238
27	1.073	1.065	340	0.461	0.498	4 100	0.201	0.236
28	1.060	1.054	350	0.457	0.494	4 200	0.199	0.234
29	1.048	1.043	360	0.453	0.490	4 300	0.198	0.233
30	1.036	1.032	370	0.448	0.486	4 400	0.196	0.231
31	1.025	1.022	380	0.444	0.482	4 500	0.195	0.230
32	1.014	1.012	390	0.441	0.478	4600	0.193	0.228
33	1.003	1.003	400	0.437	0.475	4 700	0.192	0.227
34	0.994	0.994	410	0.433	0.471	4 800	0.191	0.225
35	0.984	0.986	420	0.430	0.467	4 900	0.190	0.224
36	0.975	0.977	430	0.426	0.464	5 000	0.188	0.222
37	0.966	0.969	440	0.423	0.461	5 200	0.186	0.220
38	0.958	0.962	450	0.420	0.458	5 400	0.183	0.217
39	0.949	0.954	460	0.417	0.455	5 600	0.181	0.215
40	0.941	0.947	470	0.414	0.452	5 800	0.179	0.213
41	0.933	0.940	480	0.411	0.449	6 000	0.177	0.211
42	0.926	0.933	490	0.408	0.447	6 200	0.175	0.209
43	0.919	0.927	500	0.406	0.444	6 400	0.173	0.207
44	0.912	0.920	520	0.400	0.439	6 600	0.172	0.205
45	0.905	0.914	540	0.395	0.434	6 800	0.170	0.203
46	0.898	0.908	560	0.390	0.429	7 000	0.168	0.201
47	0.892	0.902	580	0.386	0.425	7 200	0.167	0.199
48	0.885	0.896	600	0.382	0.420	7 400	0.165	0.198
49	0.880	0.891	620	0.378	0.416	7 600	0.164	0.196
50	0.874	0.886	640	0.374	0.412	7 800	0.162	0.195
52	0.863	0.875	660	0.370	0.408	8 000	0.161	0.193
54	0.851	0.865	680	0.366	0.405	8 200	0.160	0.192
56	0.841	0.856	700	0.363	0.401	8 400	0.158	0.190
58	0.831	0.847	720	0.359	0.398	8 600	0.157	0.189
60	0.822	0.838	740	0.356	0.395	8 800	0.156	0.188
62	0.813	0.830	760	0.353	0.391	9 000	0.155	0.187
64	0.805	0.822	780	0.350	0.388	9 200	0.154	0.185
66	0.797	0.815	800	0.347	0.385	9 400	0.153	0.184

续表

转速 n / (r/min)	f_n 球轴承	f_n 滚子轴承	转速 n / (r/min)	f_n 球轴承	f_n 滚子轴承	转速 n / (r/min)	f_n 球轴承	f_n 滚子轴承
68	0.788	0.807	820	0.344	0.383	9 600	0.152	0.183
70	0.781	0.800	840	0.341	0.380	9 800	0.150	0.182
72	0.774	0.794	860	0.339	0.377	10 000	0.149	0.181
74	0.767	0.787	880	0.336	0.375	10 500	0.147	0.178
76	0.760	0.781	900	0.333	0.372	11 000	0.145	0.176
78	0.753	0.775	920	0.331	0.370	11 500	0.143	0.173
80	0.747	0.769	940	0.329	0.367	12 000	0.141	0.171
82	0.741	0.763	960	0.326	0.365	12 500	0.139	0.169
84	0.735	0.758	980	0.324	0.363	13 000	0.137	0.167
86	0.729	0.753	1 000	0.322	0.361	13 500	0.135	0.165
88	0.724	0.747	1 050	0.317	0.355	14 000	0.134	0.163
90	0.718	0.742	1 100	0.312	0.350	14 500	0.132	0.162
92	0.713	0.737	1 150	0.307	0.346	15 000	0.131	0.160
94	0.708	0.733	1 200	0.303	0.341	15 500	0.129	0.158
96	0.703	0.728	1 250	0.299	0.337	16 000	0.128	0.157
98	0.698	0.724	1 300	0.295	0.333	16 500	0.126	0.156
100	0.693	0.719	1 350	0.291	0.329	17 000	0.125	0.154
105	0.682	0.709	1 400	0.288	0.326	17 500	0.124	0.153
110	0.672	0.699	1 450	0.284	0.322	18 000	0.123	0.152
115	0.662	0.690	1 500	0.281	0.319	18 500	0.122	0.150
120	0.652	0.681	1 550	0.278	0.316	19 000	0.121	0.149
125	0.644	0.673	1 600	0.275	0.313	19 500	0.120	0.148
130	0.635	0.665	1 650	0.272	0.310	20 000	0.119	0.147
135	0.627	0.657	1 700	0.270	0.307	21 000	0.117	0.145
140	0.620	0.650	1 750	0.267	0.305	22 000	0.115	0.143
145	0.613	0.643	1 800	0.265	0.302	23 000	0.113	0.134
150	0.606	0.637	1 850	0.262	0.300	24 000	0.112	0.141
155	0.599	0.631	1 900	0.260	0.297	25 000	0.110	0.139
160	0.593	0.625	1 950	0.258	0.295	26 000	0.109	0.137
165	0.586	0.619	2 000	0.255	0.293	27 000	0.107	0.136
170	0.581	0.613	2 100	0.251	0.289	28 000	0.106	0.133
175	0.575	0.608	2 200	0.247	0.285	29 000	0.105	0.131
180	0.570	0.603	2 300	0.244	0.281	30 000	0.104	0.130

表 6-3 寿命系数 f_h

寿命 L_h/h	f_h 球轴承	f_h 滚子轴承	寿命 L_h/h	f_h 球轴承	f_h 滚子轴承	寿命 L_h/h	f_h 球轴承	f_h 滚子轴承
10	0.272	0.309	660	1.100	1.085	6 800	2.39	2.19
15	0.311	0.349	680	1.110	1.095	7 000	2.41	2.21
20	0.342	0.381	700	1.120	1.105	7 200	2.43	2.23
25	0.368	0.407	720	1.130	1.115	7 400	2.46	2.24
30	0.392	0.430	740	1.140	1.125	7 600	2.48	2.26
35	0.412	0.450	760	1.150	1.135	7 800	2.50	2.28
40	0.431	0.469	780	1.160	1.145	8 000	2.52	2.30
45	0.448	0.486	800	1.170	1.150	8 200	2.54	2.31
50	0.464	0.501	820	1.180	1.160	8 400	2.56	2.33
55	0.479	0.516	840	1.190	1.170	8 600	2.58	2.35
60	0.493	0.529	860	1.200	1.180	8 800	2.60	2.36
65	0.507	0.542	880	1.205	1.185	9 000	2.62	2.38
70	0.519	0.554	900	1.215	1.190	9 200	2.64	2.40
75	0.531	0.566	920	1.225	1.200	9 400	2.66	2.41
80	0.543	0.577	940	1.235	1.210	9 600	2.68	2.43
85	0.554	0.588	960	1.245	1.215	9 800	2.70	2.44
90	0.565	0.598	980	1.250	1.225	10 000	2.71	2.64
95	0.575	0.603	1 000	1.260	1.230	10 500	2.78	2.49
100	0.585	0.617	1 050	1.280	1.250	11 000	2.80	2.53
105	0.595	0.626	1 100	1.300	1.270	11 500	2.85	2.56
110	0.604	0.635	1 150	1.320	1.285	12 000	2.89	2.59
115	0.613	0.643	1 200	1.340	1.300	12 500	2.93	2.63
120	0.622	0.652	1 250	1.360	1.315	13 000	2.96	2.66
125	0.631	0.660	1 300	1.375	1.330	13 500	3.00	2.99
130	0.639	0.668	1 350	1.395	1.345	14 000	3.04	2.72
135	0.647	0.675	1 400	1.410	1.360	14 500	3.07	2.75
140	0.654	0.688	1 450	1.425	1.375	15 000	3.11	2.77
145	0.662	0.690	1 500	1.445	1.390	15 500	3.14	2.80
150	0.670	0.697	1 550	1.460	1.405	16 000	3.18	2.83
155	0.677	0.704	1 600	1.475	1.420	16 500	3.21	2.85
160	0.684	0.710	1 650	1.490	1.430	17 000	3.24	2.88
165	0.691	0.717	1 700	1.505	1.445	17 500	3.27	2.91
170	0.698	0.723	1 750	1.520	1.455	18 000	3.30	2.93
175	0.705	0.730	1 800	1.535	1.470	18 500	3.33	2.95
180	0.712	0.736	1 850	1.545	1.480	19 000	3.36	2.98
185	0.718	0.742	1 900	1.560	1.490	19 500	3.39	3.00
190	0.724	0.748	1 950	1.575	1.505	20 000	3.42	3.02
195	0.731	0.754	2 000	1.590	1.515	21 000	3.48	3.07
200	0.737	0.760	2 100	1.615	1.540	22 000	3.53	3.11
210	0.749	0.771	2 200	1.640	1.560	23 000	3.58	3.15

续表

寿命 L_h/h	f_h 球轴承	f_h 滚子轴承	寿命 L_h/h	f_h 球轴承	f_h 滚子轴承	寿命 L_h/h	f_h 球轴承	f_h 滚子轴承
220	0.761	0.782	2 300	1.665	1.580	24 000	3.63	3.09
230	0.772	0.792	2 400	1.690	1.600	25 000	3.68	3.23
240	0.783	0.802	2 500	1.710	1.620	26 000	3.73	3.27
250	0.794	0.712	2 600	1.730	1.640	27 000	3.78	3.31
260	0.804	0.722	2 700	1.755	1.660	28 000	3.82	3.35
270	0.814	0.831	2 800	1.775	1.675	29 000	3.87	3.38
280	0.824	0.840	2 900	1.795	1.695	30 000	3.91	3.42
290	0.834	0.849	3 000	1.815	1.710	31 000	3.99	3.45
300	0.843	0.858	3 100	1.835	1.730	32 000	4.00	3.48
310	0.852	0.866	3 200	1.855	1.745	33 000	4.04	3.51
320	0.861	0.875	3 300	1.875	1.760	34 000	4.08	3.55
330	0.870	0.883	3 400	1.895	1.775	35 000	4.12	3.58
340	0.879	0.891	3 500	1.910	1.795	36 000	4.16	3.61
350	0.888	0.893	3 600	1.930	1.810	37 000	4.20	3.64
360	0.896	0.906	3 700	1.950	1.825	38 000	4.24	3.67
370	0.905	0.914	3 800	1.965	1.840	39 000	4.27	3.70
380	0.913	0.921	3 900	1.985	1.850	40 000	4.31	3.72
390	0.921	0.928	4 000	2.00	1.865	41 000	4.35	3.75
400	0.928	0.935	4 100	2.02	1.880	42 000	4.38	3.78
410	0.936	0.942	4 200	2.03	1.895	43 000	4.42	3.80
420	0.944	0.949	4 300	2.05	1.905	44 000	4.45	3.83
430	0.951	0.956	4 400	2.07	1.920	45 000	4.48	3.86
440	0.959	0.962	4 500	2.08	1.935	46 000	4.51	3.88
450	0.966	0.969	4 600	2.10	1.459	47 000	4.55	3.91
460	0.973	0.975	4 700	2.11	1.960	48 000	4.58	3.93
470	0.980	0.982	4 800	2.13	1.970	49 000	4.61	3.96
480	0.987	0.988	4 900	2.14	1.985	50 000	4.64	3.98
490	0.994	0.994	5 000	2.15	2.00	55 000	4.80	4.10
500	1.000	1.000	5 200	2.18	2.02	60 000	4.94	4.20
520	1.015	1.010	5 400	2.21	2.04	65 000	5.07	4.30
540	1.025	1.025	5 600	2.24	2.06	70 000	5.19	4.40
560	1.040	1.035	5 800	2.27	2.09	75 000	5.30	4.50
580	1.050	1.045	6 000	2.39	2.11	80 000	5.43	4.58
600	1.065	1.055	6 200	2.32	2.13	85 000	5.55	4.66
620	1.075	1.065	6 400	2.34	2.15	90 000	5.65	4.75
640	1.085	1.075	6 600	2.37	2.17	100 000	5.85	4.90

对于转速（$n>10$ r/min）较高的轴承，可以按照上述方法计算所需要的额定动载荷，然后根据额定动载荷确定轴承的型号和安装尺寸。

如果设计者无法得到上述两个系数的具体数值，可以根据机械的类型、工作条件、可靠性、要求及轴承的转速，预先确定一个适当的使用寿命 L_h（用工作小时计算），根据实际计算的当量动载荷，再用寿命计算公式反算出所需要的轴承的额定动载荷，然后再校核额定静载荷。

由额定动载荷确定轴承的型号和具体尺寸时，要考虑安装空间的要求，有时是径向空间受限制，有时是轴向空间受限制，这时可以通过选择不同尺寸系列的轴承，既要满足动载荷的要求，同时也要满足安装空间的要求。

滚动轴承的预期使用寿命是根据机械设备的类型、工况条件、可靠性要求、设备的大修周期等因素确定的。各类机械设备轴承所需使用寿命的推荐值见表 6-4。

表 6-4　各种机器设备推荐的轴承使用寿命

机器类型	预期寿命/h
不经常使用的仪器或设备，如闸门开闭装置等	300～3 000
短期或间断使用的机械，中断使用不致引起严重后果，如手动机械等	3 000～8 000
间断使用的机械，中断使用后果严重，如发动机辅助设备、流水作业线自动传动装置、升降机、车间吊车、不经常使用的机床等	8 000～10 000
每日 8 h 工作的机械（利用率不高），如一般的齿轮传动、某些固定电动机等	10 000～20 000
每日 8 h 工作的机械（利用率较高），如金属切削机床、连续使用的起重机、木材加工机械等	20 000～30 000
24 h 连续工作的机械，如矿山升降机、泵、电动机等	40 000～60 000
24 h 连续工作的机械，中断使用后果严重，如纤维生产或造纸设备、发电站主电机、矿井水泵、船舶螺旋桨等	100 000～200 000

6.2.4　按照额定静载荷选择轴承尺寸

对于缓慢摆动或低转速（$n<10$ r/min）的滚动轴承，其主要失效形式为塑性变形，应按静强度进行计算确定轴承尺寸。对在重载荷或冲击载荷作用下转速较高的轴承，除按寿命计算外，为安全起见，也要再进行静强度验算。

若要判定在给定静载荷下所选择的轴承尺寸是否足够大，引入静载安全系数。

$$S_0 = \frac{C_0}{P_0} \qquad (6\text{-}6)$$

式中　S_0——静载安全系数；
　　　C_0——轴承额定静载荷，N；
　　　P_0——轴承当量静载荷，N。

关于轴承当量静载荷的计算详见第 8 章。

当对轴承的运转平稳性要求一般时，可允许载荷 $P_0 = C_0$，即静载安全系数 $S_0 = 1$。当要求较高时，$S_0 > 1.5$。

表 6-5 中给出要求的静载荷安全系数参考值。

对于渗碳淬火的只有冲压外圈的敞口型和封口型滚针轴承，在所有工作方式下建议采用最小值为 $S_0 \geq 3$。

表 6-5 球轴承和滚子轴承的静载安全系数

旋转条件	载荷条件	S_0	使用条件	S_0
连续旋转轴承	普通载荷	1~2	高精度旋转场合	1.5~2.5
	冲击载荷	2~3	振动冲击场合	1.2~2.5
不常旋转及作摆动运动的轴承	普通载荷	0.5	普通旋转精度场合	1.0~1.2
	冲击及不均匀载荷	1~1.5	允许有变形量	0.3~1.0

对于推力调心滚子轴承，相当大部分的载荷由套圈的挡边承受。考虑到挡边的强度，载荷承载可靠性不应低于 $S_0=4$。若对这些轴承的座圈不作径向支撑，甚至建议选择 $S_0 \geq 6$。

对于只做摆动运动的轴承，尤其是不受冲击载荷时，可允许变形 δ_b/D_W 大于 0.000 1。

但若载荷为冲击作用力或者摆动角很小，对于只承受静载荷的轴承不允许变形值大于 $\delta_b/D_W=0.000\,2$，对球轴承来说相当于 $S_0 \approx 0.7$，对滚子轴承来说相当于 $S_0 \approx 0.75$。在冲击载荷下不应以平稳载荷计算，而应以最大冲击载荷来考虑，即使它只是很少出现。若轴承并不连续运转，且对摩擦、振动和噪声无特殊要求，对运转平稳性要求不严格，则可允许所承受载荷超过额定静载荷。

应该指出，额定静载荷并不是一种破坏载荷（能使轴承破坏的载荷），通常高于 C_0。比例 C_0/P_0 是抗局部较大变形的可靠性。比例 C_0/P_0 首先是运转轴承抗过高振动和噪声的可靠性。若轴承的内、外套圈被轴和轴承座完好支撑，轴承的断裂载荷要远远高于用于参数 C_0 所表达的载荷，它为额定静载荷的 5~8 倍。

按照静载荷选择轴承时，还必须要注意与轴承相配合部件的支撑刚度，一般来说，刚度大的可以取较小的安全系数，刚度小的取较大的安全系数。

6.3 滚动轴承的磨损寿命

6.3.1 磨损和使用寿命

当轴承不能再满足功能要求时，其使用寿命也就终止了。轴承要么滚动接触表面因疲劳而损坏，要么游隙由磨损而变得过大，因此在评定使用寿命时除疲劳外还要考虑磨损。

所谓磨损，就是在摩擦接触面上出现了材料的损耗。对于滚动轴承来讲，在润滑不好的情况下轴承工作表面不能被润滑油膜隔开，也会发生磨损，这时摩擦表面容易发生黏着磨损，严重时甚至发生表面胶合而不能旋转。

因密封不严外界硬质颗粒等进入轴承，润滑剂中含有杂质，传动齿轮的磨屑随着循环油进入轴承，这些因素都会引起轴承内部的磨粒磨损。温度变化时产生的水汽、湿气、酸或碱溶液、润滑剂中含有化学腐蚀性的添加剂（如 EP 添加剂）等都会导致轴承工作表面产生腐蚀磨损。轴承不旋转，但长时间处于微小振动状态下时也可能发生微动磨损（假性布氏压痕）。

单从磨损的观点看，接触疲劳也是轴承的一种磨损形式。如前所述，对于滚动轴承来说，往往将接触疲劳区别于其他的磨损形式而纳入疲劳寿命的研究范畴。

磨损的后果：磨损将使轴承零件工作表面变粗糙，轴承内部游隙增大，旋转精度降低，振动噪声增大，摩擦力矩增大，最终使轴承丧失规定的性能指标而不能工作。这种情况在机床主轴上会降低加工工件的质量，在传动装置中使齿轮的稳定性和啮合精度降低。严重的轴承烧伤还可造成重大事故，如航空轴承和铁路车轴轴承烧伤引起的事故等。

所以，有些轴承不是因为疲劳损坏，而是由于滚道磨损而更换。

减少磨损的措施：对微小磨损起决定性作用的是轴承的良好润滑和清洁度。承受适宜载荷、润滑和密封良好的轴承，即使经过长期工作仍不会出现明显的磨损。装有清洁润滑剂且滚动接触被润滑膜（黏度比 $\kappa = \nu/\nu_1 = 2 \sim 4$）完全隔开的轴承即使经过长期工作仍不会发生磨损。在良好状态，例如在高清洁度并且形成弹性流体动力全膜润滑的试验台上，常常经过长期运转后，在接触面上还能看到加工组织。对于低速重载的应用工况，要选用含有极压添加剂的润滑剂，以减缓轴承的磨损。当环境中灰尘较多时，轴承应该选用可靠的外置密封，必要时选用自带内置密封的轴承，以防止外界颗粒进入轴承内部。

6.3.2 轴承磨损寿命的计算

实际应用中很多轴承不是由于疲劳破坏，而是因为过量的磨损使轴承丧失正常的工作性能。对这样的轴承应用，设计分析中应考虑磨损寿命。将轴承由于磨损而丧失正常工作性能前的总转数，或在一定转速下的工作小时数，称为轴承的磨损寿命。轴承磨损寿命尚无完善的计算方法，目前只是把由于磨损引起的轴承径向游隙增加量作为轴承磨损程度的指标。首先给定许用的径向游隙增加量，达到许用的径向游隙增加量之前的运转小时数就是轴承的磨损寿命，计算方法如下：

根据主机对轴承的技术要求，首先确定许用的径向游隙增加量，用符号 V 表示，单位为 μm。引入一个许用磨损系数 f_v：

$$f_v = \frac{V}{e_0} \tag{6-7}$$

式中 e_0——与轴承内径尺寸有关的磨损率，单位为 μm，由图 6-2 确定。

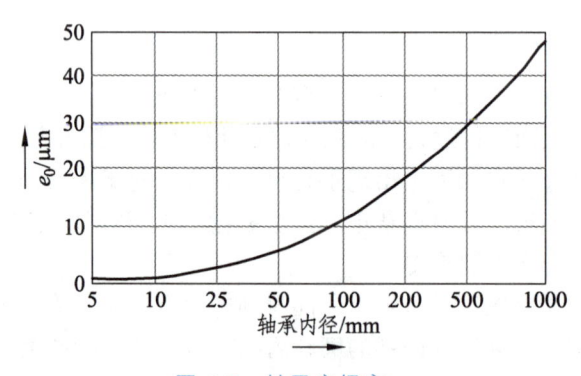

图 6-2 轴承磨损率 e_0

根据轴承的工作条件从表 6-6 中选定轴承的磨损条件区域。然后，根据磨损系数 f_v 和磨损条件区域在图 6-3 中确定轴承磨损寿命的最大值和最小值，即表示 f_v 的水平线与所在磨损条件区域两条边界曲线的交点所对应的横坐标。

如果预先选定了轴承的许用磨损系数 f_v，可以由图 6-3、表 6-6 和式（6-7）得到许用的径向游隙增加量 V，即轴承磨损失效时的径向游隙增加量。

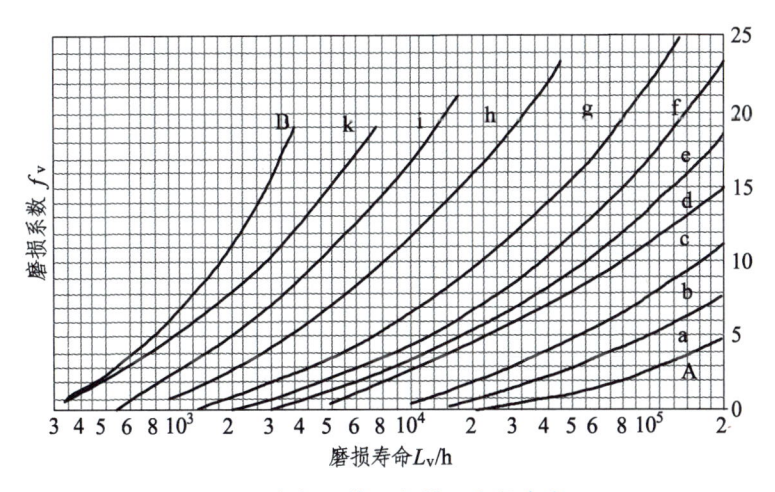

图 6-3　磨损系数 f_V 与轴承磨损寿命 L_V

表 6-6　磨损条件区域和许用摩擦（磨损）系数

轴承使用部位		磨损条件区域	许用磨损系数
汽车	齿轮	g~k	5~8
	传动轴	g~k	3~6
	水泵	k	5~7
	离合器	k	5~7
	轮毂	h~i	4~6
电机	电机	i~k	3~5
	标准电机	c~d	3~5
	大电机	b~d	3~5
	主传动电机	c~d	3~5
机床	机床主轴	a~b	0.5~1.5
	铣床主轴	a~b	0.5~1.5
	钻床主轴	b~c	1~2
	磨床主轴	c~d	0.5~1
	精研机主轴	c~d	0.5
	压力机飞轮	d~f	3~8
	压力机曲轴	d~e	3~8
	电动工具	g~h	3~8
	气动工具	g~h	3~8
齿轮	一般齿轮	d~e	3~8
	大尺寸齿轮	c~d	6~10
铁路车辆	客车	c~d	8~12
	货车	c~d	8~12
	机车	d~e	6~10

续表

轴承使用部位	磨损条件区域		许用磨损系数
运输装备	矿井皮带传动	c~d	5~10
	皮带运输托辊	g~k	10~20
	皮带轮	e~f	10~25
	挖掘机传动轴	c~e	5~10
风机	小型风机	f~h	5~8
	中型机	d~f	3~8
	大型风机	d~f	3~5
泵	离心泵	f~g	3~5
	压缩机	d~f	3~5
冶金机械	破碎机	f~g	8~10
	轧辊	e~f	6~10
	振动筛	e~f	4~6
	管轧机	f~g	12~18
造纸机械	湿的部位	b~c	7~10
	干的部位	a~b	10~15
	精致机械	b~c	5~8
	压光机	a~b	4~8
木工机械	铣刨机	e~f	1.5~3.0
	锯床	e~g	3~4
	加工塑料机	e~f	3~5
纺织机械		a~e	2~8
离心浇铸机		e~f	8~12
印刷机械		a~b	3~4

上述方法是根据对大量磨损轴承的实际测量得出的，是很粗略的估计，但这种估计也对轴承的设计和使用给出了一定的依据。

第 7 章 滚动轴承的应用设计

7.1 滚动轴承的支承结构

一般情况下，机械设备或车辆中旋转的轴系需要两个轴承进行支承，通过轴承把旋转件与固定的座孔或箱体有机地连接起来，并进行轴向、径向的固定。为了防止外界污染物进入轴承内部，或防止轴承内的润滑剂流失，需要对轴承装置有效密封，所有这些统称为轴承布置的结构设计。

轴系的结构设计必须实现如下基本功能：

（1）需要确定轴系，通过轴承与轴承座或箱体实现合适连接，并确保运动与载荷的正常传递；

（2）轴系固定要确保正常传递轴向力，轴系必须能够补偿轴和轴承座的长度变化而引起的轴向位移以及安装和制造误差；

（3）便于轴承的预紧或游隙调整；

（4）轴承的密封；

（5）便于安装与拆卸。

为了实现轴系设计所赋予的功能，设计轴系装置时应考虑下列因素：
- 载荷和转速；
- 安装空间；
- 温度和环境条件；
- 轴系的布置方式；
- 配合部件的刚度；
- 要求的使用寿命；
- 旋转精度；
- 使用要求：噪声、工作温度；
- 润滑和维护；
- 安装和拆卸。

设计轴系支承装置的基本程序：

（1）根据轴承载荷的大小、方向、性质选择固定端和游动端轴承类型；

（2）确定轴承的型号及安装尺寸，核对轴承寿命、参考转速、安装空间是否满足设计要求；

（3）确定轴承的其他性能参数，如游隙、精度等级等；

（4）确定润滑方式、箱体及座体上必要的润滑油路、密封结构等；

（5）确定与轴系相关部件的结构、配合、形位公差、定位方式、预紧及调整方式；

（6）检查正常安装和拆卸的可行性与方便性，并编写安装拆卸与维护说明书。

根据支承的轴向限位能力，轴系的支承布置方式有：固定浮动支承布置、可调整支承布置、两端单向固定支承和两端完全浮动支承布置。

7.1.1 固定浮动支承布置

如图 7-1 所示，左端轴承内、外圈都为双向固定，以承受双向轴向载荷，称为固定端。右端为游动端，游动端选用圆柱滚子轴承时，该轴承的内、外圈均应双向固定；游动端选用深沟球轴承时内圈做双向固定，外圈的两侧自由，且在轴承外圈与端盖之间留有适当的间隙，轴承可随轴颈沿轴向游动，适应轴的伸长和缩短的需要。这种支承布置结构一个轴承承受两个方向的轴向力，另外一个轴承只承受径向力且允许轴的热膨胀，适于工作温度变化较大的支点跨距较大的轴系。

定位浮动轴承布置的特点如下：

（1）优点：
- 精确的轴向定位；
- 轴向力方向改变时的定位精度高；
- 轴向力不会转化为径向力。

（2）缺点：
- 装配复杂；
- 如果轴向位移存在于配合面之间，则存在摩擦腐蚀，产生磨屑有进入润滑剂或轴承的危险[理想的状况是轴向位移发生在滚动接触面（圆柱滚子轴承）]。

图 7-1～图 7-5 是几种常用的固定浮动支承布置。

定位轴承：需要固定轴的轴向位置，并且承受外部轴向力。理想的轴向定位轴承有向心球轴承、调心滚子轴承、配对的角接触球轴承、配对的圆锥滚子轴承、NUP 圆柱滚子轴承、四点接触球轴承与 NU 或 N 系列圆柱滚子轴承的组合等。

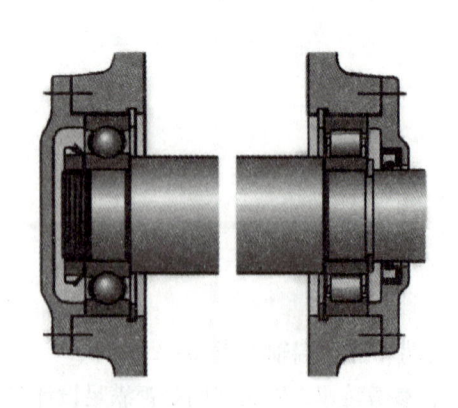

图 7-1 定位端是球轴承，浮动端是 NU 系列圆柱滚子轴承

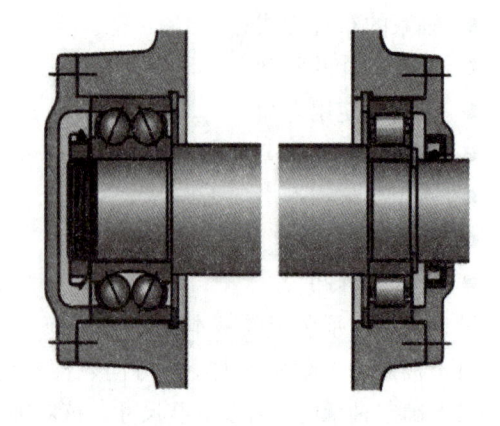

图 7-2 定位端是双列角接触球轴承，浮动端是 NU 系列圆柱滚子轴承

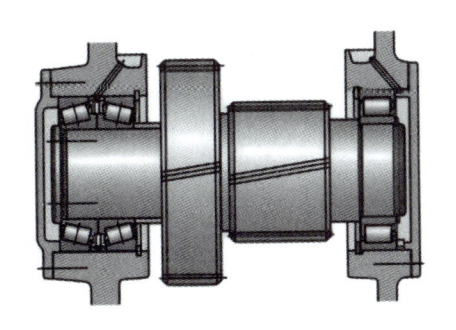

图 7-3　定位端是配对的圆锥滚子轴承
浮动端是 NU 系列圆柱滚子轴承

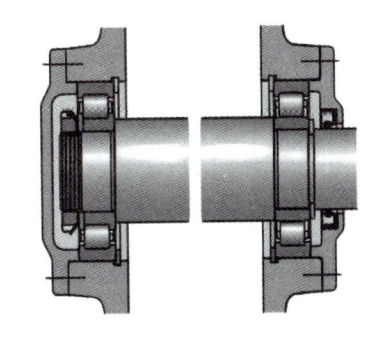

图 7-4　定位端是 NUP 圆柱滚子轴承，
浮动端是 NU 系列圆柱滚子轴承

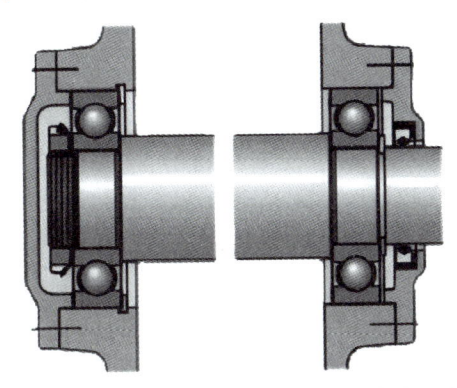

图 7-5　定位端采用深沟球轴承，外圈由端盖及挡环定位
（浮动端的深沟球轴承外圈没有压紧）

定位轴承类型的选择取决于轴向载荷的大小以及轴向定位精度的要求，有时也受极限转速的影响。例如，双列角接触球轴承，比深沟球轴承或调心滚子轴承能提供更好的轴向定位。对称布置的一对角接触球轴承或圆锥滚子轴承，作为固定端轴承时，可以提供精准的轴向定位。万能设计的角接触球轴承，优点更为突出，这类轴承不需要垫圈就可以任意配对组合成 O 型或 X 型配置。在变速箱中，有时把四点接触球轴承直接安装到圆柱滚子轴承旁边，作为定位轴承布置。

注意：四点接触球轴承，由于外圈没有径向支承，因此只能承受轴向载荷，径向载荷由圆柱滚子轴承承受。如果轴向载荷较小，带有保持架的 NUP 型圆柱滚子轴承也可以作为定位轴承使用。

浮动轴承：作径向支承的同时要能够允许轴有一定范围的轴向位移以补偿温度引起轴的长度变化以及安装和制造误差。浮动端轴承不能进行轴向定位，也不承担任何方向的轴向力。轴向位移可以发生在浮动端轴承的内部，对于这种情况理想的浮动轴承是带保持架的圆柱滚子轴承 N 和 NU 系列或者滚针轴承；这类轴承的滚子和保持架组件可以在无挡边的套圈滚道上轴向移动。轴向位移也可以发生在浮动端轴承套圈与座孔或轴之间，如选用深沟球轴承、调心滚子轴承作浮动轴承。若轴承是内圈旋转，轴向位移应在外圈与座孔之间，这时就要求外圈与座孔采用松配合。

如果浮动轴承在轴向浮动失效，完全消除轴承的内部轴向游隙时，会使轴承内部产生巨大的额外轴向力和径向力，接触应力的增大，运行温度升高，最终均会导致轴承的早期失效。

轴承套圈与配合件之间的相对运动会导致磨损，影响配合精度、支承刚度，甚至载荷的分布，所以选择浮动端轴承时要慎重。

固定浮动轴承布置适用于电机、机床或要求高速、高运转温度、高运转精度以及承受较大载荷的工况。

7.1.2 可调整支承布置

在可调整的轴承布置中，轴是由一个轴承作某个方向的轴向定位，另一个方向由另一个轴承固定，每个轴承只承受一个方向的轴向力。这种布置也称为交叉布置，其特点如下：

（1）优点：
- 精确的引导；
- 能够满足轴向力方向和大小的较大变化；
- 零游隙，也有可能有预紧力。

（2）缺点：
- 装配复杂；
- 轴承调节比较耗时；
- 温度的变化会引起载荷得变化（与轴承的支承距离有关）。

可调整的轴承布置通常由两个对称安装的角接触球轴承或圆锥滚子轴承组成，如图7-6、图7-7所示。安装时轴向调节轴承的一个套圈，直至获得合适的游隙或所需的预载荷，这种布置主要适用于跨距较短、定位精度要求高、支承刚度大的支承。如在机床中，带螺旋齿的圆锥齿轮轴轴承和机床主轴轴承。

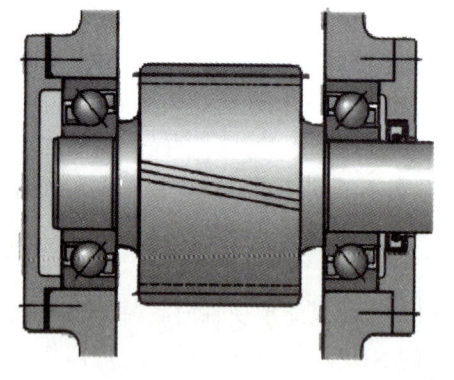

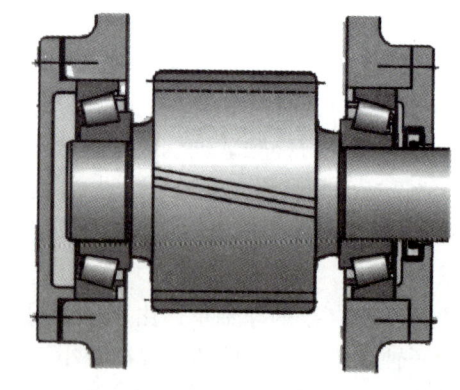

图7-6 两端为角接触球轴承的可调整布置　　图7-7 两端为圆锥滚子轴承的可调整布置

O型和X型布置：如图7-8所示为X型布置，压力线和轴线所交的圆锥顶点S朝向外侧；如图7-9所示为O型布置，圆锥顶点朝向内侧。O型布置轴承两载荷作用中心的距离H比X型布置的大。因此，O型布置的抗倾覆能力较强。

由于游隙能够调整，该布置方式比固定-浮动配置具有更精确的轴向引导。可调整的轴承配置方式非常适合于精确引导。

设定轴向游隙时必须考虑热膨胀的影响，在X型布置中，如7-8图所示，轴和轴承座之间的温差总会使轴承游隙减小（前提条件：轴与轴承座的材料相同，内圈与轴温度相同，外圈与整个轴承座温度相同）。

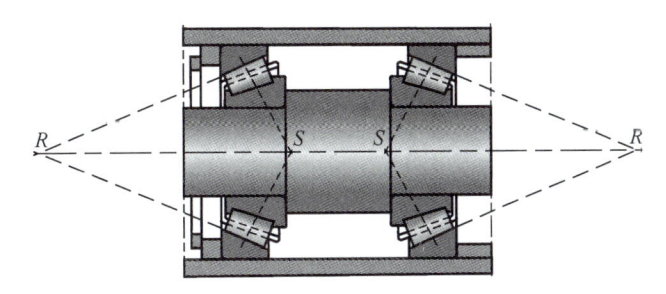

图 7-8 可调整布置：X 型布置的圆锥滚子轴承

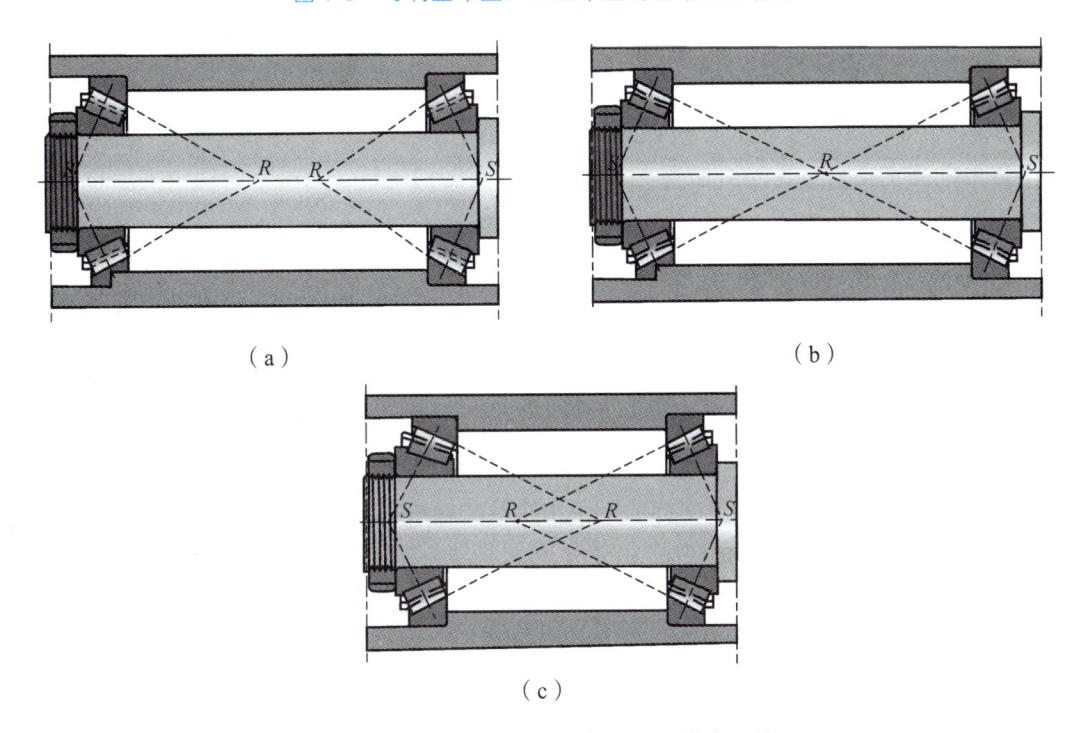

（a）

（b）

（c）

图 7-9 可调整布置：O 型布置的圆锥滚子轴承

轴受热时，会引起轴系零件的轴向膨胀和径向膨胀，无论是 X 型还是 O 型布置，在径向膨胀的作用下，轴承的预紧量会增加，即轴承的游隙减小。

X 型布置，在轴向膨胀的作用下，预紧量会进一步增加。但 O 型布置有三种不同的情况：

如图 7-9（a）所示：两端轴承的滚子母线圆锥交点 R，即轴承外圈滚道延长线与轴承轴线的交点重合时，轴承游隙就不受热膨胀的影响。

如图 7-9（b）所示：当两轴承距离较近，滚子母线圆锥交点 R 互相交错时，轴承内部轴向游隙会随热膨胀的增加而减小。

如图 7-9（c）所示：当两轴承距离较大，滚子母线圆锥交点 R 不相交时：轴承内部轴向游隙会随热膨胀的增加而增大。

7.1.3 两端单向固定支承布置

如图 7-10 所示，在轴的两个支点上，用轴肩顶住轴承内圈，轴承盖顶住轴承的外圈，使每个支点都能限制轴的单方向轴向移动，两个支点合起来就限制了轴的双向移动，每个轴承可以承受一个方向的轴向力。

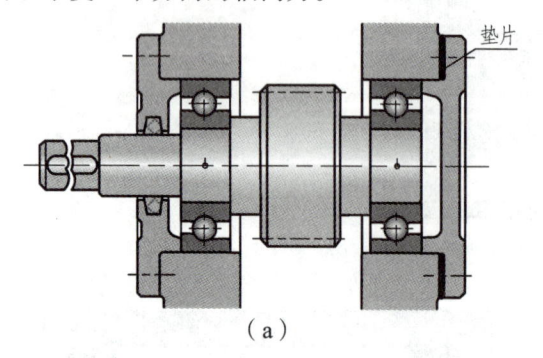

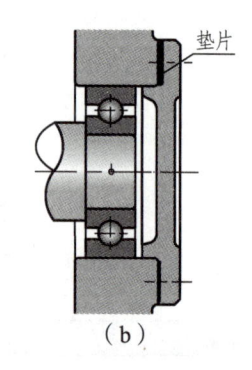

图 7-10　两端单向固定支承布置结构

两端单向固定支承布置与可调整支承布置的最大区别就是：两端单向固定支承布置的每端有一定的轴向游隙或允许一定的轴向移动。

两端轴承单向固定布置适用于轴需要适度的轴向定位，或轴上有其他零部件作轴向定位的应用情况，适用于这种布置的轴承有深沟球轴承、调心滚子轴承、NJ 系列圆柱滚子轴承。圆锥滚子轴承和角接触球轴承必须进行调整以保证运转正常，所以不适合用作浮动轴承。

图 7-10（a）上半部为采用深沟球轴承支承的结构，它结构简单、便于安装，适用于工作温度变化不大的短轴。考虑轴因受热而伸长，安装轴承时，如图 7-10（b）所示，在深沟球轴承的外圈和端盖之间，应留有 $c = 0.25 \sim 0.4$ mm 的热补偿轴向间隙。图 7-10（a）上部显示是深沟球轴承布置，图 7-10（a）下半部为采用角接触球轴承支承的结构。

这种布置中，最重要的是每个轴承都能做轴向移动，如图 7-11 所示，两个内圈反方向安装的 NJ 系列圆柱滚子轴承，滚动体保持架组件与内圈挡边之间有一定的间隙。

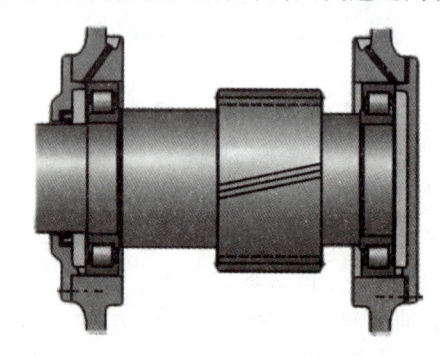

图 7-11　两端单向固定支承布置结构，采用两个 NJ 系列圆柱滚子轴承

（1）优点：
- 安装简便；
- 能够满足温度的变化；
- 可以补偿一些周边结构的加工误差。

（2）缺点：
- 对轴向力方向和大小的变化比较敏感；
- 如果配合面间发生轴向位移，那么将会有摩擦腐蚀的危险，理想的状态是轴向位移发

生在滚动接触的表面上（CRB）。

除了上述 3 种常见的支承布置结构外，还有一种两端完全浮动支承布置结构，这是一种很特殊且很少遇见的布置方式，有别于前面介绍的两端轴承单向固定支承。如图 7-12 所示，每个轴承只承受径向力，没有轴向力，并且允许一定的轴向移动量，这里所说的轴向移动量要超过标准轴承的正常轴向游隙。该布置方式适用于人字齿轮传动的中间轴，考虑到轮齿两侧螺旋角的制造误差，为了使轮齿啮合时受力均匀，两端都采用圆柱滚子轴承支承，轴与轴承内圈可沿轴向少量移动，即为两端游动式结构。与其相啮合的从动轮轴系则必须用双固式或固游式结构。若主动轴的轴向位置也固定，可能发生干涉以致卡死现象。

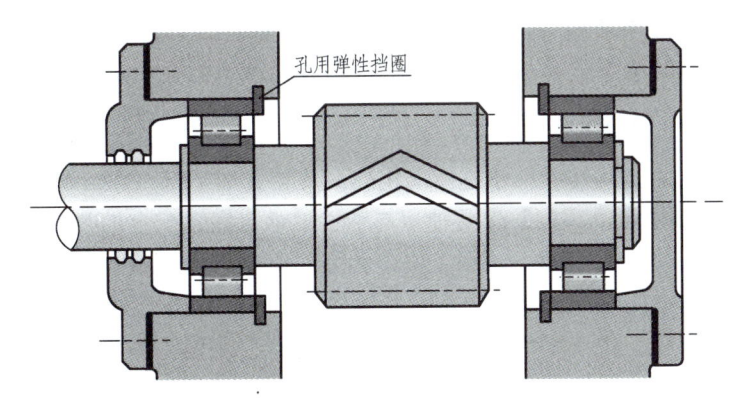

图 7-12　两端完全浮动支承布置

如图 7-12 所示是高速机车的传动齿轮箱，传动齿轮采用人字齿轮传动，该齿轮箱为一级传动，中间轴为惰轮，为了确保人字齿轮的啮合精度，通常有相互啮合的齿轮轴系，其中只有一根轴采用定位-浮动轴承布置，其余的轴系必须两端完全采用浮动轴承布置，才能确保齿轮的正确啮合，否则会出现啮合干涉现象。

铁路机车三轴转向架的中间轴也采用完全浮动布置，并且其浮动量达±10 mm 左右（铁路行业称为轴向横动量），如图 7-13 所示。原因是当机车过曲线时，中间轴受离心力的作用向外轴向移动，若采用定位支承，轴向不能自由移动，轴承要承受额外的轴向力。

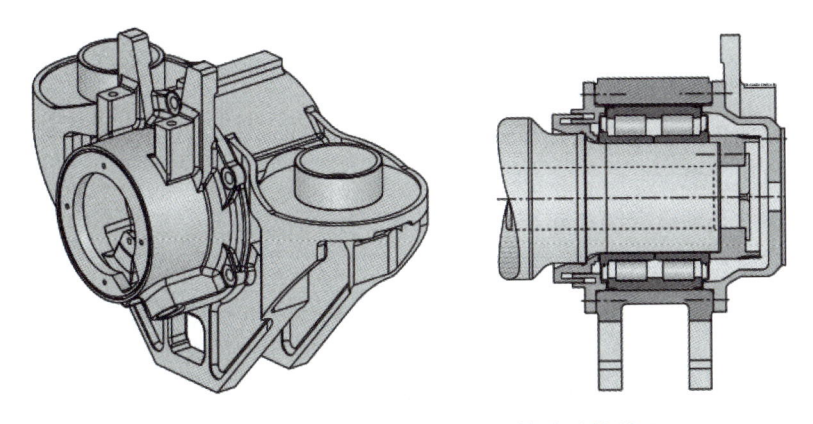

图 7-13　轴向横动量达±10 mm 的铁路轴箱轴承

7.2 滚动轴承的配合

7.2.1 滚动轴承配合的特点及选用原则

运转时,为了传递转矩或避免与轴发生相对转动,零件在轴上必须周向固定。轴上零件的周向定位方法主要有键联接(平键、半圆键、楔键等)、花键联接、弹性环联接、过盈配合联接、销联接、成型联接等。

滚动轴承也需要在轴和轴承座上进行径向、轴向及周向定位。径向和周向定位通常靠配合实现,即轴承套圈采用紧配合。轴向定位一般由结构锁紧件获得。若要充分利用轴承的承载能力,其内、外圈必须在其整个圆周及滚道的整个宽度上都得到均匀支承。通常说来,只有在安装轴承内外圈时给予适当的配合,才能获得令人满意的径向定位和充分的支承。

1. 滚动轴承配合的特点

滚动轴承是标准件,其外形尺寸是标准化的,且具有如下特点:

(1) 滚动轴承的内径 d、外径 D 是轴承与轴、轴承与座孔配合的基准尺寸。内径 d 采用基孔制,但其公差带位于零线以下,即上偏差为零,下偏差为负值。与其他的基孔制公差带位于零线上方相比,在同名配合下,更容易获得较为紧密的配合。外径 D 采用基轴制,其公差带与其他基轴制一样,位于零线下方,即上偏差为零,下偏差为负值。轴承与座孔的配合一般较松,但与其他基轴制的同名配合相比,其公差带不完全一样。

(2) 相配合的零件的加工精度应该与轴承的精度相对应。考虑到轴与座孔对轴承旋转精度有不同的影响,以及轴与孔的加工难易程度,一般选取轴的加工精度与轴承精度相同或高一精度等级;而座孔则取低一级精度或相同精度。针对不同精度等级的轴承,与之相配合的轴和座孔的配合部位,标准都规定了相应的形位公差和表面粗糙度。与 0 级、6 级精度的轴承相配合的轴公差等级为 IT6;座孔一般为 IT7。

通过选择轴承的配合以达到如下目的:

- 为了充分利用轴承的承载能力,必须使轴承的内外圈有良好的周向支承;
- 轴承套圈和配合件之间不得有相对微动,否则会损伤配合表面;
- 浮动轴承的一个套圈必须补偿轴和轴承座的长度变化而引起的轴向位移;
- 轴承的安装和拆卸应尽量简便。

2. 滚动轴承配合选用原则

为了实现上述目的,在选择配合时必须考虑以下因素:

(1) 载荷作用情况。

旋转条件指的是轴承套圈相对于载荷的情况,如表 7-1 所示。基本上分 3 种不同情况,即圆周载荷、点载荷和不定载荷。

圆周载荷:套圈旋转而载荷方向固定不变,或套圈静止而载荷是旋转的,那么套圈旋转一周,滚道上所有的点都受到载荷的作用,这种情况称为圆周载荷(也称为"旋转载荷")。受圆周载荷的套圈必须采用过盈配合,因为如果是间隙配合,套圈会在圆周载荷的作用下,与配合表面发生蠕动或漂移,导致配合面的磨损(微动腐蚀)。

表 7-1　套圈的旋转、载荷性质与配合

运动工况	应用举例	示意图	载荷情况	配合
内圈旋转 外圈静止 载荷方向恒定	轴承受重力		内圈上有圆周载荷和外圈承受点载荷	内圈：须采用紧配合 外圈：可采用松配合
内圈静止 外圈旋转 载荷方向与外圈一起旋转	明显存在不平衡的轮毂轴承布置			
内圈静止 外圈旋转 载荷方向恒定	乘用车前轮毂轴承（轮毂轴承布置）		内圈承受点载荷和外圈上有圆周载荷	内圈：可采用松配合 外圈：须采用紧配合
内圈旋转 外圈静止 载荷方向与内圈一起旋转	离心机振动筛			

点载荷：套圈与载荷方向相对静止，即套圈静止且载荷方向固定或套圈与载荷以相同的速度转动，载荷总是作用在套圈的同一个位置，这种情况称为点载荷。在这种情况下，配合面之间不会发生相对运动，配合面没有被破坏的危险，则两者间可采用松配合。

不定载荷：指的是变化的外力、冲击载荷以及在高速机械中的振动和动不平衡产生的力。在这种情况下，载荷的大小、方向无法准确判定，最好的办法是两个套圈都采用紧配合。

（2）载荷的大小。

由于随着载荷的增加，轴承及轴可能发生变形，过盈配合的内圈会变松，由于圆周载荷的作用，内圈可能产生蠕动。因此，载荷越大，尤其是有冲击及振动载荷作用时，采用更紧的配合。

载荷大小的定义如下：

轻载荷：$P \leqslant 0.05C$；

正常载荷：$0.05C < P \leqslant 0.1C$；

重载荷：$0.1C < P \leqslant 0.15C$；

特重载荷：$P > 0.15C$。

（3）旋转精度。当旋转精度要求较高时，就要尽可能减少振动与变形，这种情况不建议采用间隙配合，同时要尽可能提高加工精度，更高的运转精度需要更小的公差，比如 5 级精度比 6 级精度更高。

（4）温度条件：如果在运行过程中轴承内圈温度比轴高，配合会变松，这样就必须选用更紧的配合，例如用 m6 替代 k6。由于紧配合和内外套圈之间的温差，造成轴承径向游隙减小。在选择内部游隙时必须考虑这一点。

（5）轴和座孔材料及结构：如果有不同于铸铁或钢的材料用于相邻结构，必须考虑该材料的弹性模量和不同的热膨胀系数，以便能得到足够的紧配合。

在相同的载荷、速度条件下，对于铝材和薄壁轴承座以及空心轴，要得到与实心铸铁或实心钢轴一样的配合力，应该采用更紧的配合。

（6）轴承的游隙：当轴承套圈采用过盈配合时，套圈也就处于弹性变形状态（压缩或膨胀），相对应轴承的内部游隙就会减少，具体的减少量与过盈量有一定关系。在有些情况下，可能由于过大的过盈量导致轴承内部游隙变为负值，即处于预紧状态，轴承承受了额外的载荷，因此当选用特别紧的配合时要考虑轴承内部游隙的变化。一般情况下是配合紧的轴承选用大组别的游隙。

（7）浮动端轴承的轴向移动：如果选用不可分离的轴承作为浮动轴承，那么轴承的一个套圈就必须始终能够自由地轴向移动。

对于承受点载荷的套圈可以采用间隙配合。如果承受点载荷的是外圈，轴向位移发生在外圈与座孔之间，可以在外圈与轴承座孔之间加一个经过硬化处理的套筒，这样可以防止由于座孔的硬度低而过度磨损，或由于变形导致轴向移动受阻。

在诸如此类的应用中，配合问题可以折中解决。一些特殊的要求必须加以考虑，以便得到最佳的解决方案。

7.2.2 轴承与轴、外壳孔配合的常用公差带

表 7-2 推荐了与不同精度等级轴承相配合的轴和外壳孔的公差带。

表 7-2 与不同精度等级轴承相配合的轴和外壳孔的公差带

轴承精度	轴公差带 过渡配合	轴公差带 过盈配合	外壳孔公差带 间隙配合	外壳孔公差带 过渡配合	外壳孔公差带 过盈配合
0	g8　g6　g5 h7　h6　h5 j6　j5　js5	k6　k5 m6　m5　n6　p6 r6	G7 H8　H7　H6	J7　J6　JS7　JS6 K7　K6　M7　M6 N7　N6	P7 P6
6	g6　g5 h6　h5 j6　j5　js5	k6　k5 m6　m5　n6　p6 r6	G7 H8　H7　H6	J7　J6　JS7　JS6 K7　K6　M7　M6 N7　N6	P7 P6
5	h5 j5　js5	k6　k5 m6　m5	H6	JS6 K6　M6	
4	h5　js5	k5　m5		K6	

注：1. 孔 N6 与 G 级精度轴承（外径 $D<150$ mm）和 E 级精度轴承（外径 $D<315$ mm）的配合过盈配合。

2. 轴 r6 用于内径 $d>120\sim500$ mm；轴 r7 用于内径 $d>180\sim500$ mm。

图 7-14 所示为 P0 和 P6 等级轴承与轴和外壳孔的常用公差带。

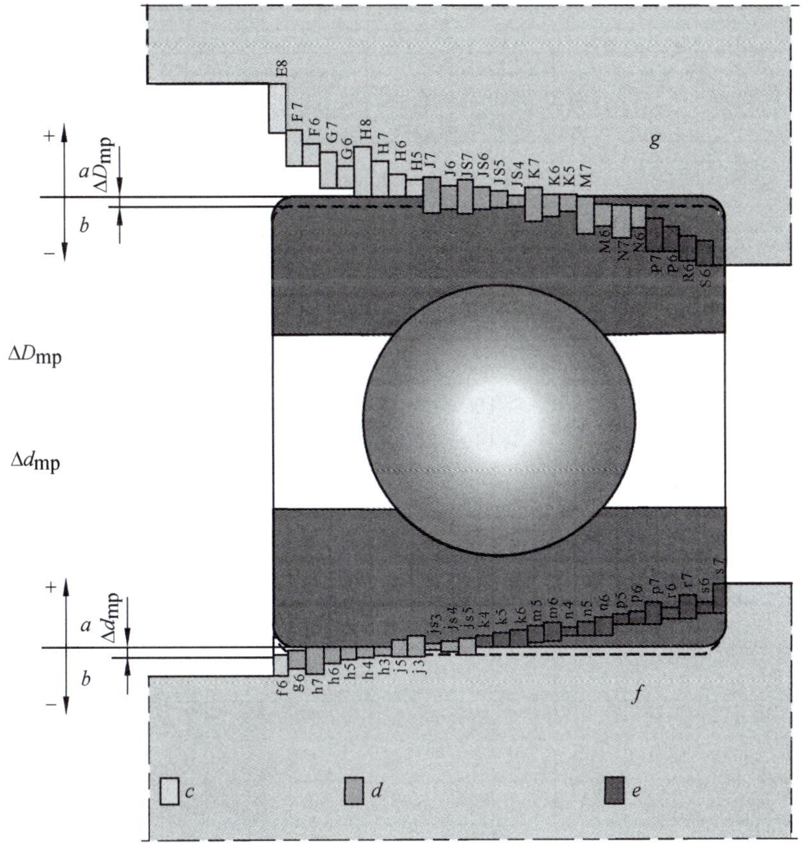

a—基准线；b—公称直径；c—松配合；d—过渡配合；e—过盈配合；f—轴径；g—轴承座孔；Δ_{Dmp}—轴承外径公差；Δ_{dmp}—轴承内径公差。

图 7-14　与滚动轴承配合的轴、外壳孔常用公差带

7.2.3　滚动轴承配合标准推荐的配合

为了考虑轴承安装与拆卸的方便，宜采用较松的配合，对重型机械用的大型或特大型轴承尤为重要。如果既要求装拆方便，又需紧配合时，可采用分离型轴承；或采用内圈带锥孔、带紧定套和退卸套的轴承。

选用轴承配合时，还应考虑旋转精度、旋转速度、轴和外壳孔的结构与材料等因素。

综上所述，影响滚动轴承配合选用的因素较多，通常难以用计算法确定，所以在实际生产中常用类比法。表 7-3、表 7-4、表 7-5、表 7-6 分别列出了按照国家标准推荐的安装向心轴承和角接触轴承、推力轴承的轴和外壳孔的公差带的应用情况，供选用时参考。

7.2.4　轴承与空心轴配合过盈量的选择

在相同的工作条件下，轴承与空心轴配合时，为了防止轴承内圈与轴之间的相对滑动，当空心轴的直径比大于 0.5 时，所选择的过盈量比轴承与实心轴配合的过盈量要大；当直径比小于 0.5 时，所选择的过盈量与实心轴相同。

表 7-3 向心轴承和轴的配合 轴公差带代号（GB/T 275—1993）

运转状态		载荷状态	圆柱孔轴承			公差带
说明	举例		深沟球轴承、调心球轴承和角接触球轴承	圆柱和圆锥滚子轴承	调心滚子轴承	
			轴承公差内径/mm			
旋转的内圈载荷及摆动载荷	一般通用机械、电动机、机床主轴、泵、内燃机、正齿轮传动装置、铁路机车车辆轴箱、破碎机等	轻载荷	≤18	—	—	h5
			>18~100	≤40	≤40	j6①
			>100~200	>40~140	>40~100	k6①
			—	>140~200	>100~200	m6①
		正常载荷	≤18	—	—	j6、js5
			>18~100	≤40	≤40	k5②
			>100~140	>40~100	>40~65	m5②
			>140~200	>100~140	>65~100	m6
			>200~280	>140~200	>100~140	n6
			—	>200~400	>140~280	p6
			—	—	>280~500	r6
		重载荷	—	>50~140	>50~100	n6
			—	>140~200	>100~140	p6
			—	>200	>140~200	r6
			—	—	>200	r7
固定的内圈载荷	静止轴上的各种轮子、张紧线轮、振动筛、惯性振动器	所有载荷	所用尺寸			f6
						g6①
						h6
						j6
仅有轴向载荷			所用尺寸			j6、js6
圆锥孔轴承							
所有载荷	铁路机车车辆轴箱		装在退卸套上的所有尺寸			h8(IT6)④⑤
	一般机械传动		装在紧定套上的所有尺寸			h9(IT6)④⑤

① 凡对精度有较高要求的场合，应用 j5、k5…代替 j6、k6…。
② 圆锥滚子轴承、角接触球轴承配合对游隙影响不大，可用 k6、m6 代替 k5、m5。
③ 重载荷下轴承游隙应选大于 0 组。
④ 凡有较高精度或转速要求的场合，应选用 h7（IT5）代替 h8（IT6）等。
⑤ IT6、IT7 表示圆柱度公差值。

表 7-4 向心轴承和外壳的配合 孔公差带代号（GB/T 275—1993）

运转状态		载荷状态	其他状况	公差带①	
说明	举例			球轴承	滚子轴承
固定的外圈载荷	一般机械、铁路机车车辆轴箱、电动机、泵、曲轴主轴承	轻、正常、重	轴向易移动,可采用剖分式外壳	H7、G7②	
		冲击	轴向能移动,可采用整体式或剖分式外壳	J7、JS7	
摆动载荷		轻、正常			
		正常、重	轴向不移动,采用整体式外壳	K7	
		冲击		M7	

续表

运转状态		载荷状态	其他状况	公差带①	
说明	举例			球轴承	滚子轴承
旋转的外圈载荷	张紧滑轮、轮毂轴承	轻		J7	K7
		正常		K7、M7	M7、N7
		重			N7、P7

① 并列公差带随尺寸的增大从左至右选择，对旋转精度有较高要求时，可相应提高一个公差等级。
② 不适用剖分式外壳。

表 7-5 推力轴承和轴的配合 轴公差带代号（GB/T 275—1993）

运转状态	负荷状态	球和滚子轴承	调心滚子轴承	公差带
		轴承公差内径/mm		
仅有轴向负荷		所有尺寸		j6、js6
固定的轴圈载荷	径向和轴向联合载荷		≤250	j6
			>250	js6
旋转的轴圈载荷或摆动载荷			≤200	k6①
			>200～400	m6
			>400	n6

① 要求较小过盈时，可分别用 j6、k6、m6 代替 k6、m6、n6。
② 也包括推力圆锥滚子轴承、推力角接触轴承。

表 7-6 推力轴承和外壳的配合 孔公差带代号（GB/T 275—1993）

运转状态	负荷状态	轴承类型	公差带	备注
仅有轴向负荷		球轴承	H8	
		圆柱、圆锥滚子轴承	H7	
		调心滚子轴承		外壳孔与座圈间间隙为 0.001D（D 为轴承公称外径）
固定的座圈载荷	径向和轴向联合载荷	角接触球轴承、调心滚子轴承、圆锥滚子轴承	H7	
旋转的座圈载荷或摆动载荷			K7	普通使用条件
			M7	有较大径向载荷时

引入下列符号：

$$C_i = \frac{d_i}{d} \tag{7-1}$$

$$C_e = \frac{d}{d_e} = \frac{d}{k(D-d)+d} \tag{7-2}$$

式中　C_i——空心轴的直径比；
　　　C_e——轴承内圈的直径比；
　　　d_e——轴承内圈的外径；
　　　d——轴承内径；

d_i ——空心轴内径；

k ——系数，圆柱滚子轴承、22 和 23 系列的调心轴承，$k = 0.25$，其他轴承 $k = 0.3$。

如图 7-15 所示，具体的查取计算步骤如下：

首先按照实心轴配合查出过盈量的平均值 $\triangle V$，根据内圈直径比率 C_e，在图中由 C_i 查取对应的 $\triangle H/\triangle V$，由此计算出 $\triangle H$，然后由 $\triangle H$ 查出对应的配合公差带。

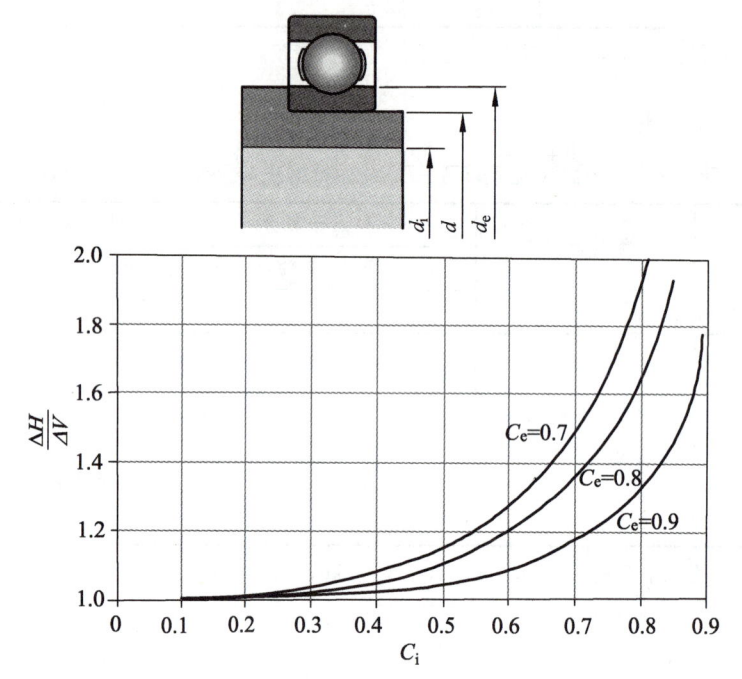

图 7-15 空心轴的过盈量与实心轴的过盈量关系图

7.2.5 与轴承相配合的轴和轴承座孔的公差

表 7-7～表 7-12 列出了与轴承相配合的轴和轴承座孔的公差。

7.3 配合表面及端面的形位公差和粗糙度

轴承配合面的加工精度包括形位公差和表面粗糙度，应和所选轴承的精度相匹配，否则会影响轴承的使用性能，如运转稳定性、振动、噪声、载荷分布和使用寿命。

表 7-13 列出了轴承配合面的尺寸公差等级及配合面的形位公差等级，表 7-14 列出了与 P0 级和 P6 级精度轴承配合的轴和外壳孔的形位公差，表 7-15 列出了与轴承相配合的配合面的表面粗糙度。

7.4 滚动轴承的轴向定位装置

7.4.1 滚动轴承的轴向定位和固定

滚动轴承的轴向紧固包括轴向定位和轴向固定，为防止轴承套圈在轴上或者在轴承座孔内轴向移动，轴承套圈必须通过机械锁紧的方式进行定位。轴承的内、外套圈是采用双向紧固、单向紧固、还是双向浮动取决于轴承布置的结构。

表 7-7 向心轴承（圆锥滚子轴承除外）P0 级公差与轴的配合

公称尺寸 /mm >	公称尺寸 /mm ≤	轴承内径偏差 Δd_{mp}/μm 上	轴承内径偏差 Δd_{mp}/μm 下	轴公差带 轴径直径的极限偏差/μm g6 上	g6 下	g5 上	g5 下	h6 上	h6 下	h5 上	h5 下	j5 上	j5 下	j6 上	j6 下	js6 上	js6 下	k5 上	k5 下	k6 上	k6 下	m5 上	m5 下	m6 上	m6 下	n6 上	n6 下	p6 上	p6 下	r6 上	r6 下	r7 上	r7 下
3	6	0	−8	−4	−12	−4	−9	0	−8	0	−5	+3	−2	+6	−2	+4	−4	+1	+1	+9	+1	+9	+4	+12	+4	+16	+8	+20	+12	—	—	—	—
6	10	0	−8	−5	−14	−5	−11	0	−9	0	−6	+4	−2	+7	−2	+4.5	−4.5	+6	+1	+10	+1	+12	+6	+15	+6	+19	+10	+24	+15	—	—	—	—
10	18	0	−8	−6	−17	−6	−14	0	−11	0	−8	+5	−3	+8	−3	+5.5	−5.5	+7	+1	+12	+1	+15	+7	+18	+7	+23	+12	+29	+18	—	—	—	—
18	30	0	−10	−7	−20	−7	−16	0	−13	0	−9	+5	−4	+9	−4	+6.5	−6.5	+9	+2	+15	+2	+17	+8	+21	+8	+28	+15	+35	+22	—	—	—	—
30	50	0	−12	−9	−25	−9	−20	0	−16	0	−11	+6	−5	+11	−5	+8	−8	+11	+2	+18	+2	+20	+9	+25	+9	+33	+17	+42	+26	—	—	—	—
50	80	0	−15	−10	−29	−10	−23	0	−19	0	−13	+6	−7	+12	−7	+9.5	−9.5	+13	+2	+21	+2	+24	+11	+30	+11	+39	+20	+51	+32	—	—	—	—
80	120	0	−20	−12	−34	−12	−27	0	−22	0	−15	+6	−9	+13	−9	+11	−11	+15	+2	+25	+3	+28	+13	+35	+13	+45	+23	+59	+37	—	—	—	—
120	140	0	−25	−14	−39	−14	−32	0	−25	0	−18	+7	−11	+14	−11	+12.5	−12.5	+18	+3	+28	+3	+33	+15	+40	+15	+52	+27	+68	+43	+88	+63	—	—
140	160	0	−25	−14	−39	−14	−32	0	−25	0	−18	+7	−11	+14	−11	+12.5	−12.5	+21	+3	+28	+3	+33	+15	+40	+15	+52	+27	+68	+43	+90	+65	—	—
160	180	0	−25	−14	−39	−14	−32	0	−25	0	−18	+7	−11	+14	−11	+12.5	−12.5	+21	+3	+28	+3	+33	+15	+40	+15	+52	+27	+68	+43	+93	+68	—	—
180	200	0	−30	−15	−44	−15	−35	0	−29	0	−20	+7	−13	+16	−13	+14.5	−14.5	+24	+4	+33	+4	+37	+17	+46	+17	+60	+31	+79	+50	+106	+77	+123	+77
200	225	0	−30	−15	−44	−15	−35	0	−29	0	−20	+7	−13	+16	−13	+14.5	−14.5	+27	+4	+33	+4	+37	+17	+46	+17	+60	+31	+79	+50	+109	+80	+126	+80
225	250	0	−30	−15	−44	−15	−35	0	−29	0	−20	+7	−13	+16	−13	+14.5	−14.5	+27	+4	+33	+4	+37	+17	+46	+17	+60	+31	+79	+50	+113	+84	+130	+84
250	280	0	−35	−17	−49	−17	−40	0	−32	0	−23	+7	−16	—	—	+16	−16	+29	+4	+36	+4	+43	+20	+52	+20	+66	+34	+88	+58	+126	+94	+146	+94
280	315	0	−35	−17	−49	−17	−40	0	−32	0	−23	+7	−16	—	—	+16	−16	+29	+4	+36	+4	+43	+20	+52	+20	+66	+34	+88	+58	+130	+98	+150	+98
315	355	0	−40	−18	−54	−18	−43	0	−36	0	−25	+7	−18	—	—	+18	−18	+32	+4	+40	+4	+46	+21	+57	+21	+73	+37	+98	+62	+144	+108	+165	+108
355	400	0	−40	−18	−54	−18	−43	0	−36	0	−25	+7	−18	—	—	+18	−18	+32	+4	+40	+4	+46	+21	+57	+21	+73	+37	+98	+62	+150	+114	+171	+114
400	450	0	−45	−20	−60	−20	−47	0	−40	0	−27	+7	−20	—	—	+20	−20	+32	+5	+45	+5	+50	+23	+63	+23	+80	+40	+108	+68	+166	+126	+189	+126
450	500	0	−45	−20	−60	−20	−47	0	−40	0	−27	+7	−20	—	—	+20	−20	+32	+5	+45	+5	+50	+23	+63	+23	+80	+40	+108	+68	+172	+132	+195	+132

续表

公称尺寸/mm		间隙或过盈/μm															过盈/μm									
>	≤	最大间隙	最大过盈	最大间隙	最大过盈	最大间隙	最大过盈	最大间隙	最大过盈	最大间隙	最大过盈	最大间隙	最大过盈	最大间隙	最大过盈	最大间隙	最大过盈	最小	最大	最小	最大	最小	最大	最小	最大	最小	最大
3	6	12	4	9	4	8	2	5	2	8	2	14	1	14	1	4	4	20	4	24	8	28	—	—	—	—
6	10	14	3	11	3	9	2	6	2	8	2	15	1	15	1	4.5	6	23	10	27	12	32	—	—	—	—
10	18	17	2	14	2	11	3	8	3	8	3	17	1	17	1	5.5	7	26	12	31	15	37	—	—	—	—
18	30	20	3	16	3	13	4	10	4	10	4	20	2	20	2	6.5	8	31	15	38	18	45	—	—	—	—
30	50	25	3	20	3	16	5	12	5	12	5	25	2	25	2	8	9	37	17	45	22	54	—	—	—	—
50	80	29	5	23	5	19	7	15	7	15	7	30	2	30	2	9.5	11	45	20	54	26	68	—	—	—	—
80	120	34	8	27	8	22	9	20	9	20	9	38	3	38	3	11	13	55	23	65	37	79	—	—	—	—
120	140	39	11	32	11	25	11	25	13	25	13	46	3	46	3	12.5	15	65	27	77	43	93	63	113	—	—
140	160																							65	115	—	—
160	180																							68	118	—	—
180	200	44	15	35	15	29	13	30	15	30	15	53	4	54	4	14.5	17	76	31	90	50	109	77	136	—	—
200	225																							80	139	—	—
225	250																							84	143	—	—
250	280	49	18	40	18	32	16	35	18	—	—	62	4	—	4	16	20	87	34	101	58	123	94	161	77	153
280	315																							98	165	80	156
315	355	54	22	43	22	36	18	40	20	—	—	69	4	—	4	18	21	97	37	113	62	138	108	184	84	160
355	400																							114	190	94	181
400	450	60	25	47	25	40	20	45	27	—	—	77	5	—	5	20	23	108	40	125	68	153	126	211	98	185
450	500																							132	217	108	205

表 7-8 向心轴承（圆锥滚子轴承除外）P0 级公差与轴承座孔的配合

公称尺寸 /mm >	≤	轴承外径偏差 $\Delta D_{mp}/\mu m$ 上	下	G7 上	G7 下	H8 上	H8 下	H7 上	H7 下	H6 上	H6 下	J7 上	J7 下	J6 上	J6 下	JS7 上	JS7 下	JS6 上	JS6 下	K6 上	K6 下	K7 上	K7 下	M6 上	M6 下	M7 上	M7 下	N6 上	N6 下	N7 上	N7 下	P6 上	P6 下	P7 上	P7 下
												轴承座孔直径的极限偏差 /μm																							
10	18	0	−8	+24	+6	+27	0	+18	0	+11	0	+10	−8	+6	−5	+9	−9	+5.5	−5.5	+2	−9	+6	−12	−4	−15	0	−18	−9	−20	−5	−23	−15	−26	−11	−29
18	30	0	−9	+28	+7	+33	0	+21	0	+13	0	+12	−8	+8	−5	+10	−10	+6.5	−6.5	+2	−11	+6	−15	−4	−17	0	−21	−11	−24	−7	−28	−18	−31	−14	−35
30	50	0	−11	+34	+9	+39	0	+25	0	+16	0	+14	−11	+10	−6	+12	−12	+8	−8	+3	−13	+7	−18	−4	−20	0	−25	−12	−28	−8	−33	−21	−37	−17	−42
50	80	0	−13	+40	+10	+46	0	+30	0	+19	0	+18	−12	+13	−6	+15	−15	+9.5	−9.5	+4	−15	+9	−21	−5	−24	0	−30	−14	−33	−9	−39	−26	−45	−21	−51
80	120	0	−15	+47	+12	+54	0	+35	0	+22	0	+22	−13	+16	−6	+17	−17	+11	−11	+4	−18	+10	−25	−6	−28	0	−35	−16	−38	−10	−45	−30	−52	−24	−59
120	150	0	−18	+54	+14	+63	0	+40	0	+25	0	+26	−14	+18	−7	+20	−20	+12.5	−12.5	+4	−21	+12	−28	−8	−33	0	−40	−20	−45	−12	−52	−36	−61	−28	−68
150	180	0	−25	+54	+14	+63	0	+40	0	+25	0	+26	−14	+18	−7	+20	−20	+12.5	−12.5	21	−21	+12	−28	−8	−33	0	−40	−20	−45	−12	−52	−36	−61	−28	−68
180	250	0	−30	+61	+15	+72	0	+46	0	+29	0	+30	−16	+22	−7	+23	−23	+14.5	−14.5	+5	−24	+13	−33	−8	−37	0	−46	−22	−51	−14	−60	−41	−70	−33	−79
250	315	0	−35	+69	+17	+81	0	+52	0	+32	0	+36	−16	+25	−7	+26	−26	+16	−16	+5	−27	+16	−36	−9	−41	0	−52	−25	−57	−14	−66	−47	−79	−36	−88
315	400	0	−40	+75	+18	+89	0	+57	0	+36	0	+39	−18	+29	−7	+28	−28	+18	−18	+7	−29	+17	−40	−10	−46	0	−57	−26	−62	−16	−73	−51	−87	−41	−98
400	500	0	−45	+83	+20	+97	0	+63	0	+40	0	+43	−20	+33	−7	+31	−31	+20	−20	+8	−32	+18	−45	−10	−50	0	−63	−27	−67	−17	−80	−55	−95	−45	−108
500	630	0	−50	+92	+22	+110	0	+70	0	+44	0	—	—	—	—	+35	−35	+22	−22	0	−44	0	−70	−26	−70	−26	−96	−44	−88	−44	−114	−78	−122	−78	−148
630	800	0	−75	+104	+24	+125	0	+80	0	+50	0	—	—	—	—	+40	−40	+25	−25	0	−50	0	−80	−30	−80	−30	−110	−50	−100	−50	−130	−88	−138	−88	−168
800	1000	0	−100	+116	+26	+140	0	+90	0	+56	0	—	—	—	—	+45	−45	+28	−28	0	−56	0	−90	−34	−90	−34	−124	−56	−112	−56	−146	−100	−156	−100	−190
1000	1250	0	−125	+133	+28	+165	0	+105	0	+66	0	—	—	—	—	+52	−52	+33	−33	0	−66	0	−105	−40	−106	−40	−145	−66	−132	−66	−171	−120	−186	−120	−225

续表

公称尺寸/mm >	≤	间隙/μm 最大	最小	最大间隙	最大过盈	最大间隙	最大过盈	最大间隙	最大过盈	最大间隙	最大过盈	过盈	最大间隙	最大过盈	过盈	最大间隙	最大过盈	过盈	最大间隙	最大过盈	过盈	最大间隙	最大过盈	过盈	最大间隙	最大过盈	过盈	过盈/μm 最小	最大
10	18	32	6	35	0	26	0	19	0	18	0	14	5	17	9	14	4	15	12	13.5	5.5	10	9	17	8	18	−1	20	3	23	7	26	3	29
18	30	37	7	42	0	30	0	22	0	21	0	17	5	20	11	15	5	18	15	15.5	6.5	11	10	19	9	21	−2	24	2	28	9	31	5	35
30	50	45	9	50	0	36	0	27	0	25	0	21	6	23	14	18	7	21	19	19	8	13	12	23	11	25	−1	28	3	33	10	37	6	42
50	80	53	10	59	0	43	0	32	0	31	0	26	6	28	17	22	8	25	22	22.5	9.5	17	13	28	15	30	−1	33	4	39	13	45	8	51
80	120	62	12	69	0	50	0	37	0	36	0	31	6	32	21	25	9	28	26	26	11	19	17	32	18	35	−1	38	5	45	15	52	9	59
120	150	72	14	81	0	58	0	44	0	43	0	36	7	38	20	30	10	33	28	30.5	12.5	20	21	37	T8	40	−2	45	6	52	18	61	10	68
150	180	79	14	88	0	65	0	51	0	51	0	43	7	45	20	33	17	37	29	37.5	12.5	20	21	43	25	40	5	45	13	52	11	61	3	68
180	250	91	15	102	0	76	0	60	0	59	0	52	7	53	23	37	22	43	35	44.5	14.5	23	24	51	30	46	8	51	16	60	11	70	3	79
250	315	104	17	116	0	87	0	71	0	67	0	60	7	61	26	41	26	51	40	51	16	26	27	57	35	52	10	57	21	66	12	79	1	88
315	400	115	18	129	0	97	0	79	0	76	0	69	7	68	28	46	29	57	47	58	18	28	31	63	40	57	14	62	24	73	11	87	1	98
400	500	128	20	142	0	108	0	88	0	85	0	78	7	76	31	50	32	63	53	65	20	31	35	70	45	63	18	67	28	80	10	95	0	108
500	630	142	22	160	0	120	0	—	—	94	0	—	—	85	—	—	—	70	—	72	22	35	44	80	70	96	6	88	6	114	28	122	28	148
630	800	179	24	200	0	155	0	—	—	125	0	—	—	115	—	—	—	80	—	100	25	40	50	100	80	110	25	100	25	130	13	138	13	168
800	1 000	216	26	240	0	190	0	—	—	156	0	—	—	145	—	—	—	90	—	128	28	45	56	125	90	124	44	112	44	146	0	156	0	190
1 000	1 250	258	28	290	0	230	0	—	—	191	0	—	—	177	—	—	—	105	—	158	33	52	66	145	106	145	59	135	59	171	−5[b]	186	−5[b]	225

204

表 7-9 向心轴承（圆锥滚子轴承除外）P6 级公差轴承与轴的配合

公称尺寸 /mm		轴承内径偏差 Δd_{mp}/μm		轴公差带 轴径直径的极限偏差/μm																										
				g6		g5		h6		h5		j5		j6		js6		k5		k6		m5		m6		n6		p6		r6		r7	
>	≤	上	下	上	下	上	下	上	下	上	下	上	下	上	下	上	下	上	下	上	下	上	下	上	下	上	下	上	下	上	下	上	下
3	6	0	−7	−4	−12	−4	−9	0	−8	0	−5	−2	−2	+6	−2	+4	−4	+1	−1	+9	+1	+9	+4	+12	+4	+16	+8	+20	+12	—	—	—	—
6	10	0	−7	−5	−14	−5	−11	0	−9	0	−6	−2	−2	+7	−2	+4.5	−4.5	+1	−1	+10	+1	+12	+6	+15	+6	+19	+10	+24	+15	—	—	—	—
10	18	0	−7	−6	−17	−6	−14	0	−11	0	−8	−3	−3	+8	−3	+5.5	−5.5	+1	−1	+12	+1	+15	+7	+18	+7	+23	+12	+29	+18	—	—	—	—
18	30	0	−8	−7	−20	−7	−16	0	−13	0	−9	−4	−4	+9	−4	+6.5	−6.5	+2	−2	+15	+2	+17	+8	+21	+8	+28	+15	+35	+22	—	—	—	—
30	50	0	−10	−9	−25	−9	−20	0	−16	0	−11	−5	−5	+11	−5	+8	−8	+2	−2	+18	+2	+20	+9	+25	+9	+33	+17	+42	+26	—	—	—	—
50	80	0	−12	−10	−29	−10	−23	0	−19	0	−13	−7	−7	+12	−7	+9.5	−9.5	+2	−2	+21	+2	+24	+11	+30	+11	+39	+20	+51	+32	—	—	—	—
80	120	0	−15	−12	−34	−12	−27	0	−22	0	−15	−9	−9	+13	−9	+11	−11	+3	−3	+25	+3	+28	+13	+35	+13	+45	+23	+59	+37	—	—	—	—
120	140	0	−18	−14	−39	−14	−32	0	−25	0	−18	−11	−11	+14	−11	+12.5	−12.5	+3	−3	+28	+3	+33	+15	+40	+15	+52	+27	+68	+43	+88	+63	—	—
140	160																													+90	+65	—	—
160	180																													+93	+68	—	—
180	200	0	−22	−15	−44	−15	−35	0	−29	0	−20	−13	−13	+16	−13	+14.5	−14.5	+4	−4	+33	+4	+37	+17	+46	+17	+60	+31	+79	+50	+106	+77	+123	+77
200	225																													+109	+80	+126	+80
225	250																													+113	+84	+130	+84
250	280	0	−25	−17	−49	−17	−40	0	−32	0	−23	−16	−16	—	—	+16	−16	+4	−4	+36	+4	+43	+20	+52	+20	+68	+34	+88	+56	+126	+94	+146	+94
280	315																													+130	+98	+150	+98
315	355	0	−30	−18	−54	−18	−43	0	−36	0	−25	−18	−18	—	—	+18	−18	+4	−4	+40	+4	+46	+21	+57	+21	+73	+37	+98	+62	+144	+108	+165	+108
355	400																													+150	+114	+171	+114
400	450	0	−35	−20	−60	−20	−47	0	−40	0	−27	−20	−20	—	—	+20	−20	+5	−5	+45	+5	+50	+23	+63	+23	+80	+40	+108	+68	+166	+126	+189	+126
450	500																													+172	+132	+195	+132

续表

公称尺寸/mm		间隙或过盈/μm										过盈/μm									
>	≤	最大间隙	最大过盈	最大间隙	最大过盈	最大间隙	最大过盈	最大间隙	最大过盈	最大间隙	最大过盈	最小	最大	最小	最大	最小	最大	最小	最大	最小	最大
3	6	12	3	9	3	8	5	7	2	10	2	13	1	16	4	19	8	23	12	27	—	—	—	—
6	10	14	2	11	2	9	6	7	2	11	2	14	1	17	6	22	10	26	15	31	—	—	—	—
10	18	17	1	14	1	11	7	8	3	12	3	16	1	19	7	25	12	30	18	39	—	—	—	—
18	30	20	1	16	1	13	8	9	4	13	4	19	2	23	8	29	15	36	22	43	—	—	—	—
30	50	25	1	20	2	16	10	11	5	16	5	23	2	28	9	35	17	43	26	52	—	—	—	—
50	80	29	2	23	2	19	12	13	7	18	7	27	2	33	11	42	20	51	32	63	—	—	—	—
80	120	34	3	27	3	22	15	15	9	21	9	33	3	40	13	50	23	60	37	74	—	—	—	—
120	140	39	4	32	4	25	18	18	11	25	11	39	3	46	15	58	27	70	43	86	63	106	—	—
140	160																				65	108	—	—
160	180																				68	111	—	—
180	200	44	7	35	7	29	20	22	13	29	13	—	4	55	17	68	31	82	50	101	77	128	77	145
200	225																				80	131	80	148
225	250																				84	135	84	152
250	280	49	8	40	8	32	23	25	16	32	16	—	4	61	20	77	34	91	58	113	94	151	94	171
280	315																				98	155	98	175
315	355	54	12	43	12	36	25	30	18	37	18	—	4	70	21	87	37	103	62	128	108	174	108	195
355	400																				114	180	114	201
400	450	60	15	47	15	40	27	35	20	42	20	—	5	80	23	98	40	115	68	143	126	201	126	224
450	500																				132	207	132	230

表 7-10 向心轴承（圆锥滚子轴承除外）P6 级公差轴承与轴承座孔的配合

公称尺寸 /mm >	≤	轴承外径偏差 ΔD_{mp}/μm 上	下	G7 上	G7 下	H8 上	H8 下	H7 上	H7 下	H6 上	H6 下	J7 上	J7 下	J6 上	J6 下	JS7 上	JS7 下	JS6 上	JS6 下	K6 上	K6 下	K7 上	K7 下	M6 上	M6 下	M7 上	M7 下	N6 上	N6 下	N7 上	N7 下	P6 上	P6 下	P7 上	P7 下
10	18	0	−7	+24	+6	+27	0	+18	0	+11	0	+10	−8	+6	−5	+9	−9	+5.5	−5.5	+2	−9	+6	−12	−4	−15	0	−18	−9	−20	−5	−23	−15	−26	−11	−29
18	30	0	−8	+28	+7	+33	0	+21	0	+13	0	+12	−9	+8	−5	+10	−10	+6.5	−6.5	+2	−11	+6	−15	−4	−17	0	−21	−11	−24	−7	−28	−18	−31	−14	−35
30	50	0	−9	+34	+9	+39	0	+25	0	+16	0	+14	−11	+10	−6	+12	−12	+8	−8	+3	−13	+7	−18	−4	−20	0	−25	−12	−28	−8	−33	−21	−37	−17	−42
50	80	0	−11	+40	+10	+46	0	+30	0	+19	0	+18	−12	+13	−6	+15	−15	+9.5	−9.5	+4	−15	+9	−21	−5	−24	0	−30	−14	−33	−9	−39	−26	−45	−21	−51
80	120	0	−13	+47	+12	+54	0	+35	0	+22	0	+22	−13	+16	−6	+17	−17	+11	−11	+4	−18	+10	−25	−6	−28	0	−35	−16	−38	−10	−45	−30	−52	−24	−59
120	150	0	−15	+54	+14	+63	0	+40	0	+25	0	+26	−14	+18	−7	+20	−20	+12.5	−12.5	+4	−21	+12	−28	−8	−33	0	−40	−20	−45	−12	−52	−36	−61	−28	−68
150	180	0	−18	+54	+14	+63	0	+40	0	+25	0	+26	−14	+18	−7	+20	−20	+12.5	−12.5	+4	−21	+12	−28	−8	−33	0	−40	−20	−45	−12	−52	−36	−61	−28	−68
180	250	0	−20	+61	+15	+72	0	+46	0	+29	0	+30	−16	+22	−7	+23	−23	+14.5	−14.5	+5	−24	+13	−33	−8	−37	0	−46	−22	−51	−14	−60	−41	−70	−33	−79
250	315	0	−25	+69	+17	+81	0	+52	0	+32	0	+36	−16	+25	−7	+26	−26	+16	−16	+5	−27	+16	−36	−9	−41	0	−52	−25	−57	−14	−66	−47	−79	−36	−88
315	400	0	−28	+75	+18	+89	0	+57	0	+36	0	+39	−18	+29	−7	+28	−28	+18	−18	+7	−29	+17	−40	−10	−46	0	−57	−26	−62	−16	−73	−51	−87	−41	−98
400	500	0	−33	+83	+20	+97	0	+63	0	+40	0	+43	−20	+33	−7	+31	−31	+20	−20	+8	−32	+18	−45	−10	−50	0	−63	−27	−67	−17	−80	−55	−95	−45	−108
500	630	0	−38	+92	+22	+110	0	+70	0	+44	0	—	—	—	—	+35	−35	+22	−22	0	−44	0	−70	−26	−70	−26	−96	−44	−88	−44	−114	−78	−122	−78	−148
630	800	0	−45	+104	+24	+125	0	+80	0	+50	0	—	—	—	—	+40	−40	+25	−25	0	−50	0	−80	−30	−80	−30	−110	−50	−100	−50	−130	−88	−138	−88	−168
800	1000	0	−60	+116	+26	+140	0	+90	0	+56	0	—	—	—	—	+45	−45	+28	−28	0	−56	0	−90	−34	−90	−34	−124	−56	−112	−56	−146	−100	−156	−100	−190

孔公差带

轴承座孔直径的极限偏差 /μm

续表

公称尺寸/mm >	≤	间隙/μm 最大	最小	间隙或过盈/μm																							过盈/μm 最小	最大	最小	最大	最小	最大
10	18	31	6	34	0	25	0	18	0	17	5	13	8	16	9	12.5	5.5	9	13	3	15	12	7	18	−2	20	2	23	8	26	4	29
18	30	36	7	41	0	29	0	21	0	20	5	16	9	18	10	14.5	6.5	11	14	4	17	15	8	21	−3	24	1	28	10	31	6	35
30	50	43	9	48	0	34	0	25	0	23	6	19	11	21	12	17	8	13	16	5	20	18	9	25	−3	33	1	33	12	37	8	42
50	80	51	10	57	0	41	0	30	0	29	6	24	12	26	15	20.5	9.5	15	19	6	24	21	11	30	−3	33	2	39	15	45	10	51
80	120	60	12	67	0	48	0	35	0	35	6	29	13	30	17	24	11	17	23	7	28	25	13	35	−3	38	3	45	17	52	11	59
120	150	69	14	78	0	55	0	40	0	41	7	33	14	35	20	27.5	12.5	19	27	7	33	28	15	40	−5	45	3	52	21	61	13	68
150	180	72	14	81	0	58	0	43	0	44	7	36	14	38	20	30.5	12.5	22	30	10	33	28	18	40	−2	45	6	52	18	61	10	68
180	250	81	15	92	0	66	0	49	0	50	7	42	16	43	23	34.5	14.5	25	33	12	37	33	20	46	−2	51	6	60	21	70	13	79
250	315	94	17	106	0	77	0	57	0	61	7	50	16	51	26	41	16	30	41	16	41	36	25	52	2	57	11	66	22	79	11	88
315	400	103	18	117	0	85	0	64	0	67	7	57	18	56	28	46	18	35	45	18	45	40	28	57	2	62	12	73	23	87	13	98
400	500	116	20	130	0	96	0	73	0	76	7	66	20	64	31	53	20	41	51	23	50	45	33	63	6	67	16	80	22	95	12	108
500	630	130	22	148	0	108	0	82	0	—	—	76	—	73	35	60	22	50	38	12	70	51	45	96	−6	88	−6	114	40	122	40	148
630	800	149	24	170	0	125	0	95	0	—	—	—	—	85	40	70	25	75	45	15	80	80	45	110	−5	100	−5	130	43	138	43	168
800	1000	176	26	200	0	150	0	116	0	—	—	—	—	105	45	88	28	100	56	26	90	90	60	124	4	112	4	146	40	156	40	190

"—"号表示过盈。

208

表 7-11 圆锥滚子轴承（P0、P6x 公差级）与轴的配合

公称尺寸/mm		轴承内径偏差 Δd_{mp}/μm		轴公差带																											
>	≤	上	下	f6		g6		g5		h6		h5		j5		j6		js6		k5		k6		m5		m6		n6		p6		r6	
				上	下	上	下	上	下	上	下	上	下	上	下	上	下	上	下	上	下	上	下	上	下	上	下	上	下	上	下
				轴径直径的极限偏差/μm																												
10	18	0	−12	−16	−27	−6	−17	−6	−14	0	−11	0	−8	−3	−8	−3	+5	+5.5	−5.5	+1	+9	+1	+12	+7	+15	+7	+18	+12	+23	+18	+29	—	—
18	30	0	−12	−20	−33	−7	−20	−7	−16	0	−13	0	−9	−4	−9	−4	+5	+6.5	−6.5	+2	+11	+2	+15	+8	+17	+8	+21	+15	+28	+22	+35	—	—
30	50	0	−12	−25	−41	−9	−25	−9	−20	0	−16	0	−11	−5	−11	−5	+6	+8	−8	+2	+13	+2	+18	+9	+20	+9	+25	+17	+33	+26	+42	—	—
50	80	0	−15	−30	−49	−10	−29	−10	−23	0	−19	0	−13	−7	−12	−7	+6	+9.5	−9.5	+2	+15	+2	+21	+11	+24	+11	+30	+20	+39	+32	+51	—	—
80	120	0	−20	−36	−58	−12	−34	−12	−27	0	−22	0	−15	−9	−13	−9	+6	+11	−11	+3	+18	+3	+25	+13	+28	+13	+35	+23	+45	+37	+59	—	—
120	140	0	−25	−43	−68	−14	−39	−14	−32	0	−25	0	−18	−11	−14	−11	+7	+12.5	−12.5	+3	+21	+3	+28	+15	+33	+15	+40	+27	+52	+43	+68	+88	+63
140	160	0	−25	−43	−68	−14	−39	−14	−32	0	−25	0	−18	−11	−14	−11	+7	+12.5	−12.5	+3	+21	+3	+28	+15	+33	+15	+40	+27	+52	+43	+68	+90	+65
160	180	0	−25	−43	−68	−14	−39	−14	−32	0	−25	0	−18	−11	−14	−11	+7	+12.5	−12.5	+3	+21	+3	+28	+15	+33	+15	+40	+27	+52	+43	+68	+93	+68
180	200	0	−30	−50	−79	−15	−44	−15	−35	0	−29	0	−20	−13	−16	−13	+14.5	−14.5		+4	+24	+4	+33	+17	+37	+17	+46	+31	+60	+50	+79	+106	+77
200	225	0	−30	−50	−79	−15	−44	−15	−35	0	−29	0	−20	−13	−16	−13	+14.5	−14.5		+4	+24	+4	+33	+17	+37	+17	+46	+31	+60	+50	+79	+109	+80
225	250	0	−30	−50	−79	−15	−44	−15	−35	0	−29	0	−20	−13	−16	−13	+14.5	−14.5		+4	+24	+4	+33	+17	+37	+17	+46	+31	+60	+50	+79	+113	+84
250	280	0	−35	−56	−88	−17	−49	−17	−40	0	−32	0	−23	−16	—	—	+16	−16		+4	+27	+4	+36	+20	+43	+20	+52	+34	+66	+56	+88	+126	+94
280	315	0	−35	−56	−88	−17	−49	−17	−40	0	−32	0	−23	−16	—	—	+16	−16		+4	+27	+4	+36	+20	+43	+20	+52	+34	+66	+56	+88	+130	+98
315	355	0	−40	−62	−98	−18	−54	−18	−43	0	−36	0	−25	−18	—	—	+18	−18		+4	+29	+4	+40	+21	+46	+2	+57	+37	+73	+62	+98	−144	+108
355	400	0	−40	−62	−98	−18	−54	−18	−43	0	−36	0	−25	−18	—	—	+18	−18		+4	+29	+4	+40	+21	+46	+2	+57	+37	+73	+62	+98	−150	+114

续表

公称尺寸/mm >	≤	间隙/μm 最大	间隙/μm 最小	间隙或过盈/μm 最大	过盈	最大	过盈	最大	过盈	最大	过盈	最大	过盈	最大	过盈	最大	过盈	最大	过盈/μm 最小	最大	最小	最大	最小	最大
—	10	27	4	17	6	14	11	12	8	3	18	3	20	5.5	17.5	2	—	—	—	—	—	—	—	—
10	18	33	8	20	5	16	13	12	9	4	18	4	21	6.5	18.5	2	27	—	—	—	—	—	—	—
18	30	41	13	25	3	20	16	12	11	5	18	5	23	8	20	2	30	9	32	37	—	—	—	—
30	50	49	15	29	5	23	9	15	13	7	21	7	27	9.5	24.5	2	36	11	39	45	20	54	—	—
50	80	58	16	34	8	27	22	20	15	9	26	9	33	11	31	3	45	13	48	55	23	65	37	79
80	120	68	18	39	11	32	25	25	18	11	32	11	39	12.5	37.5	3	53	15	58	65	27	77	43	93	63	113
120	140																								65	115
140	160																								68	118
160	180	79	20	44	15	35	29	30	20	13	37	13	46	14.5	44.5	4	63	17	67	67	31	90	50	109	77	136
180	200																								80	139
200	225																								84	143
225	250	88	21	49	18	40	18	35	23	16	42	16	—	—	51	4	71	20	78	87	34	101	56	123	94	161
250	280																								98	165
280	315	98	22	54	22	43	22	40	25	18	47	18	—	—	58	4	80	21	86	97	37	113	62	138	108	184
315	355																								114	190

210

表 7-12 圆锥滚子轴承（P0、P6x 公差级）与轴承座孔的配合

公称尺寸/mm		轴承外径偏差 ΔD_{mp}/μm		孔公差带 轴承座孔直径的极限偏差/μm																						
				G7		H8		H7		H6		J7		J6		JS7		JS6		K6		K7		M6		M7		N6		N7		P6		P7	
>	≤	上	下	上	下	上	下	上	下	上	下	上	下	上	下	上	下	上	下	上	下	上	下	上	下	上	下	上	下	上	下	上	下	上	下
30	50	0	−14	+34	+9	+39	0	+25	0	+16	0	+14	−11	−6	−6	+12	−12	+8.5	−8.5	+3	−13	+7	−18	−4	−20	0	−25	−12	−28	−8	−33	−21	−37	−17	−42
50	80	0	−16	+40	+10	+46	0	+30	0	+19	0	+18	−12	−6	−6	+15	−15	+9.5	−9	+4	−15	+9	−21	−5	−24	0	−30	−14	−33	−9	−39	−26	−45	−21	−51
80	120	0	−18	+47	+12	+54	0	+35	0	+22	0	+22	−13	−6	−7	+17	−17	+11	−11	+4	−18	+10	−25	−6	−28	0	−35	−16	−38	−10	−45	−30	−52	−24	−59
120	150	0	−20	+54	+14	+63	0	+40	0	+25	0	+26	−14	−7	−7	+20	−20	+12.5	−12.5	+4	−21	+12	28	−8	−33	0	−40	−20	−45	−12	−52	−36	−61	−28	−68
150	180	0	−25	+54	+14	+63	0	+40	0	+25	0	+26	−14	−7	−7	+20	−20	+12.5	−12.5	+4	−21	+12	−28	−8	−33	0	−40	−20	−45	−12	−52	−36	−61	−28	−68
180	250	0	−30	+61	+15	+72	0	+46	0	+29	0	+30	−16	−7	−7	+23	−23	+14.5	−14.5	+5	−24	+13	−33	−8	−37	0	−46	−22	−51	−14	−60	−41	−70	−33	−79
250	315	0	−35	+69	+17	+81	0	+52	0	+32	0	+36	−16	−7	−7	+26	−26	+16	−16	+5	−27	+16	−36	−9	−41	0	−52	−25	−57	−14	−66	−47	−79	−36	−88
315	400	0	−40	+75	+18	+89	0	+57	0	+36	0	+39	−18	−7	−7	+28	−28	+18	−18	+7	−29	+17	−40	−10	−46	0	−57	−26	−62	−16	−73	−51	−87	−41	−98
400	500	0	−45	+83	+20	+97	0	+63	0	+40	0	+43	−20	−7	−7	+31	−31	+20	−20	+8	−32	+18	−45	−10	−50	0	−63	−27	−67	−17	−80	−55	−95	−45	−108

公称尺寸/mm		间隙/μm		间隙或过盈/μm																过盈/μm					
>	≤	最大	最小	最大间隙	最大过盈	最大间隙	最大过盈	最大间隙	最大过盈	最大间隙	最大过盈	最大间隙	最大过盈	最大间隙	最大过盈	最大间隙	最大过盈	最大间隙	最大过盈	最大间隙	最大过盈	最小过盈	最大过盈	最小过盈	最大过盈
30	50	48	9	50	0	39	0	30	0	28	11	24	6	26	12	22	8	17	13	18	21	10	25	2	28	6	33	7	37	3	42
50	80	56	10	59	0	46	0	35	0	34	12	29	6	31	15	25.5	9.5	20	15	21	25	11	30	2	33	7	39	10	45	5	51
80	120	65	12	69	0	53	0	40	0	40	13	34	6	35	17	29	11	22	18	25	28	12	35	2	38	8	45	12	52	6	59
120	150	74	14	81	0	60	0	45	0	46	14	38	7	40	20	32.5	12.5	24	21	28	32	12	40	0	45	8	52	16	61	8	68
150	180	79	14	88	0	65	0	50	0	51	14	43	7	45	20	37.5	12.5	29	21	33	37	17	40	5	45	13	52	11	61	3	68
180	250	91	15	102	0	76	0	59	0	60	16	52	7	53	23	44.5	14.5	35	24	37	43	22	46	8	51	16	60	11	70	3	79
250	315	104	17	116	0	87	0	67	0	71	16	60	7	61	26	51	16	40	27	51	36	26	52	10	57	21	66	12	79	1	88
315	400	115	18	129	0	97	0	76	0	79	18	69	7	68	28	58	18	47	29	57	40	30	57	14	62	24	73	11	87	1	98
400	500	128	20	142	0	108	0	85	0	88	20	78	7	76	31	65	20	53	32	63	45	35	63	18	67	28	80	10	95	0	108

表 7-13　轴承配合面的尺寸公差等级及配合面的形位公差等级

轴承公差等级	轴承配合面	直径公差	圆度公差 t_1		平行度公差 t_2	相邻挡肩的轴向跳动公差 t_3
PN P6X	轴	IT6（IT5）	圆周载荷 IT4/2	IT4		IT4
			点载荷 IT5/2	IT5		
	轴承座	IT7（IT6）	圆周载荷 IT5/2	IT5		IT5
			点载荷 IT6/2	IT6		
P5	轴	IT5	圆周载荷 IT2/2	IT2		IT2
			点载荷 IT3/2	IT3		
	轴承座	IT6	圆周载荷 IT3/2	IT3		IT3
			点载荷 IT4/2	IT4		
P4 P4S SP	轴	IT4	圆周载荷 IT1/2	IT1		IT1
			点载荷 IT2/2	IT2		
	轴承座	IT5	圆周载荷 IT2/2	IT2		IT2
			点载荷 IT3/2	IT3		
UP	轴	IT3	圆周载荷 IT0/2	IT0		IT0
			点载荷 IT1/2	IT1		
	轴承座	IT4	圆周载荷 IT1/2	IT1		IT1
			点载荷 IT2/2	IT2		

表 7-14　与 P0 级和 P6 级精度轴承配合的轴和外壳孔的形位公差

基本尺寸/mm		圆柱度 t				端面圆跳动 t_1			
		轴颈		外壳孔		轴肩		外壳孔肩	
		轴承公差等级							
		0	6（6x）	0	6（6x）	0	6（6x）	0	6（6x）
大于	至	公差值/μm							
	6	2.5	1.5	4	2.5	5	3	8	5
6	10	2.5	1.5	4	2.5	6	4	10	6
10	18	3.0	2.0	5	3.0	8	5	12	8
18	30	4.0	2.5	6	4.0	10	6	15	10
30	50	4.0	2.5	7	4.0	12	8	20	12
50	80	5.0	3.0	8	5.0	15	10	25	15
80	120	6.0	4.0	10	6.0	15	10	25	15
120	180	8.0	5.0	12	8.0	20	12	30	20
180	250	10.0	7.0	14	10.0	20	12	30	20
250	315	12.0	8.0	16	12.0	25	15	40	25
315	400	13.0	9.0	18	13.0	25	15	40	25
400	500	15.0	10.0	20	15.0	25	15	40	25

表 7-15　配合面的表面粗糙度　　　　　　　　　　　　　　　　　　　　　　单位：μm

轴或轴承座直径/mm		轴或外壳配合表面直径公差等级								
		IT7			IT6			IT5		
		表面粗糙度								
大于	至	R_z	R_a		R_z	R_a		R_z	R_a	
			磨	车		磨	车		磨	车
—	80	10	1.6	3.2	6.3	0.8	1.6	4	0.4	0.8
80	500	16	1.6	3.2	10	1.6	3.2	6.3	0.8	1.6
端面		2.5	3.2	6.3	25	3.2	6.3	10	1.6	3.2

在定位支承中，轴承的内圈在轴上，外圈（或推力轴承的轴圈与座圈）在轴承座孔中均需要双向轴向紧固，如图 7-16 所示。

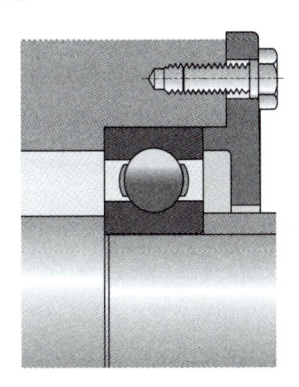

图 7-16　定位轴承内圈、外圈的轴向固定

对于浮动端轴承，浮动轴承仅仅承受热膨胀引起的很小的轴向力。其轴向定位只是需要避免轴承套圈的微动。通常是内圈采用过盈配合固定在轴上。

当使用不可分离轴承时，只有一个套圈要求紧配合，另外一个套圈（通常是外圈）则必须能够相对于配合面或自由轴向移动，如图 7-17 所示。对于可分离轴承的圆柱滚子轴承，一般情况下内外圈都双向固定。如图 7-18 所示。

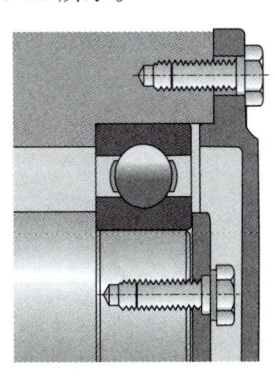

图 7-17　浮动轴承内圈、外圈的轴向固定

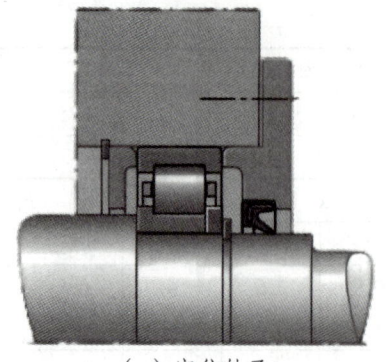

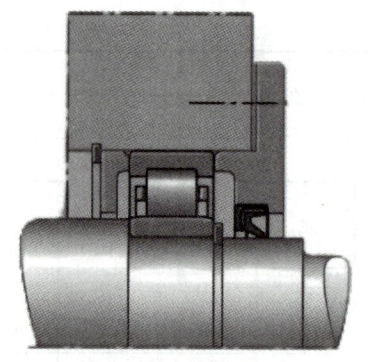

(a) 定位轴承　　　　　　　　　　　　(b) 浮动轴承

图 7-18　圆柱滚子轴承的轴向固定

在可调整支承布置中，两个轴承套圈都只需要进行一个方向的轴向固定。如图 7-19 所示。

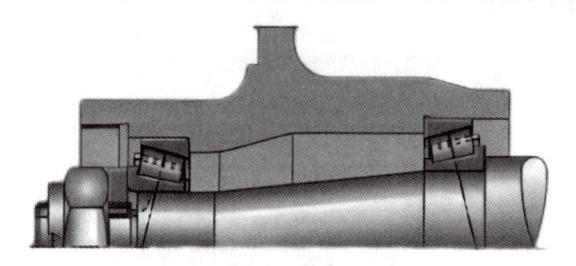

图 7-19　可调整支承布置轴承内圈、外圈轴向单向固定

7.4.2　常用轴向定位装置

轴向紧固装置种类较多，可以根据轴承的类型、轴向载荷大小、转速的高低、轴向及径向安装空间的大小、安装方法等决定。载荷越大、转速越高，轴向定位的要求也越高。当轴向载荷较大时，内圈采用锁紧螺母、止动垫圈、轴肩紧固；轴承外圈多采用端盖与孔肩等紧固。当载荷与转速较低时，轴承内圈多采用弹性挡圈、紧定套、推卸套等紧固；轴承外圈采用孔用弹性挡圈、止动垫圈等紧固。轴向固定零件必须具有一定的刚度或强度与轴向力相配。

下面介绍几种常见的紧固件：

（1）轴肩、孔肩、端盖、套杯。

如图 7-20 所示，这些结构与轴或轴承座孔或箱体是一个整体，成本低，装拆简单，整体的结构强度与刚度较大，可以承受较大的轴向力。设计时注意肩部直径要与轴承的相关安装尺寸匹配，必要时，肩部要开出凹槽便于安装。轴向力较大时，要对肩部进行强度计算。

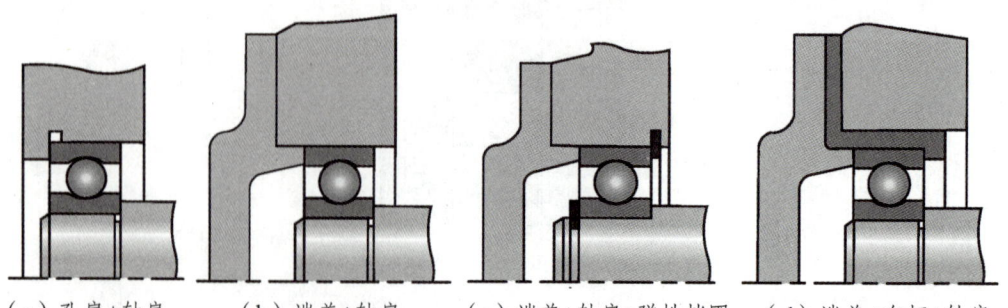

(a) 孔肩+轴肩　　(b) 端盖+轴肩　　(c) 端盖+轴肩+弹性挡圈　　(d) 端盖+套杯+轴肩

图 7-20　轴肩、孔肩、端盖和套杯对轴承套圈定位

（2）锁紧螺母与止动垫圈。

如图 7-21 所示，锁紧螺母用于把轴承固定在轴或紧定套上。锁紧螺母也用于将轴承直接安装在锥形轴上，同时也用于固定装在退卸套上的轴承。锁紧螺母由钢制成，抗拉强度不小于 350 N/mm。在圆周方向均匀分布着 4 个或 8 个槽，用勾形扳手卡在槽中旋转可以拧紧或松开锁紧螺母。锁紧螺母与止动垫圈同时使用。止动垫圈用于防松，这种结构用于较大的轴向与径向载荷，以及高速机床主轴、齿轮轴和轮毂等。

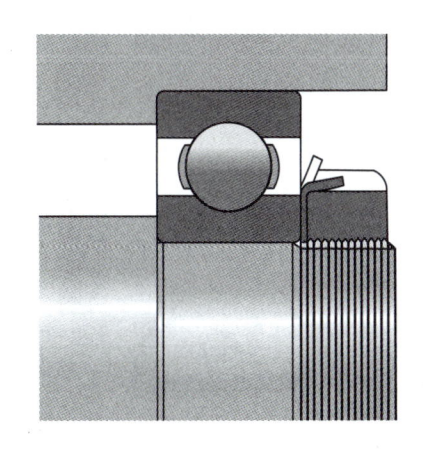

图 7-21　锁紧螺母与止动垫圈固定轴承

（3）紧定套。

如图 7-22 所示，紧定套适用于将锥孔轴承安装在圆柱轴上的情况，不必使用其他额外的方式来固定，而且可以将轴承安装在光轴的任何位置。如果在阶梯轴上使用带定位环的紧定套，则轴承的轴向定位精度会很高。另外，这样也使得轴承的拆卸更简便。

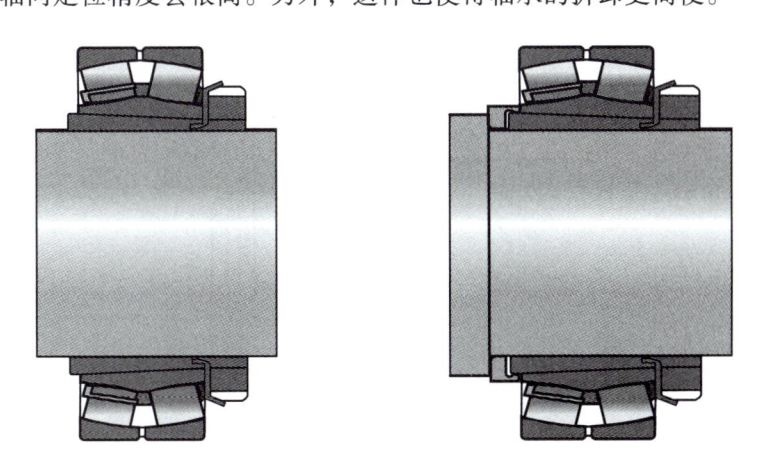

图 7-22　紧定套与螺母固定轴承内圈

紧定套包括开口紧定套、锁紧螺母和止动垫圈。大尺寸的紧定套则使用止动卡板代替止动垫圈。紧定套材料的抗拉强度不小于 430 N/mm^2。紧定套外表面的锥度为 1∶12。大型轴承的安装和拆卸需要很大的力，采用液压方法可以使安装和拆卸变得更容易。一些紧定套的圆锥表面上有油槽，螺纹端部有泵接头。

（4）退卸套。

退卸套内孔为圆柱面，外表面是圆锥面，沿轴向切开，适用于将锥孔轴承安装在圆柱轴上的情况。如图7-23所示，锥形套直接推进轴承孔内，用锁紧螺母将退卸套轴向推进，直到轴承内部游隙的减小量达到需要值。退卸套的锥体可以自锁。

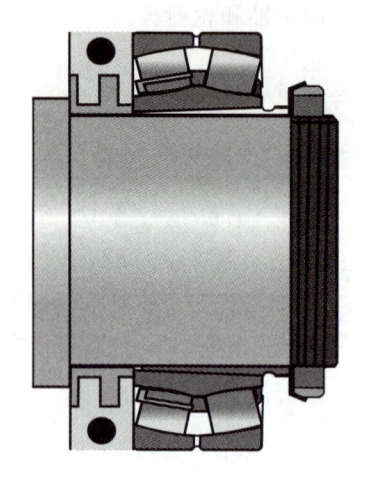

图7-23 退卸套与螺母固定轴承内圈

（5）弹性挡圈。

如图7-24所示，弹性挡圈分为轴用与孔用两种。其结构简单，尺寸小，适用于中低速、载荷不大的支承结构，如小型电机轴的支承。

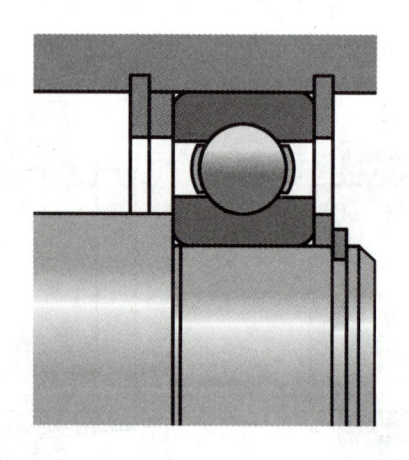

图7-24 弹性挡圈固定轴承内、外圈

（6）止动环。

如图7-25所示，带止动槽和有止动环的轴承可以简单地将轴承外圈固定在轴承座孔内。其结构简单，成本低，适用于中低速、载荷不大的支承结构，如汽车传动装置的支承。

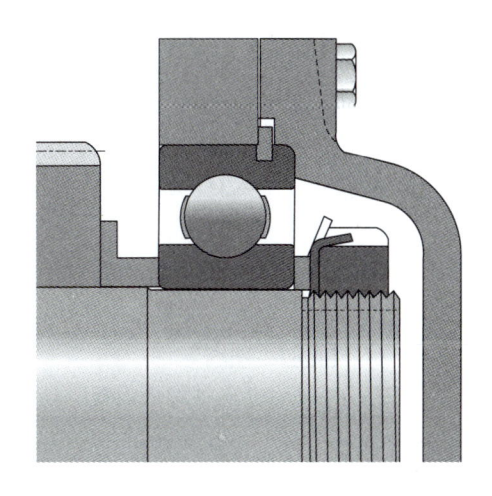

图 7-25　止动环对外圈定位

7.5　相关部件的设计

在轴承装配结构设计时，除了考虑定位可靠，确保强度与刚度的同时，也要考虑安装、拆卸、润滑与维护等。

7.5.1　便于安装与拆卸

经常需要在轴承配置设计阶段考虑轴承的安装与拆卸。举例来说，与轴承内圈配合的轴肩高度和内圈高度一样，使内圈无法拆卸，正常情况下，轴肩高度是内圈高度的 2/3，轴肩应该有 3 个周向均布的凹槽便于使用三爪拉拔器拆卸轴承内圈；如果一端轴承座孔是闷盖，此端轴承座挡肩上开螺纹孔，可以使用螺钉将轴承推离支承面，便于拆卸轴承外圈，如图 7-26 所示。

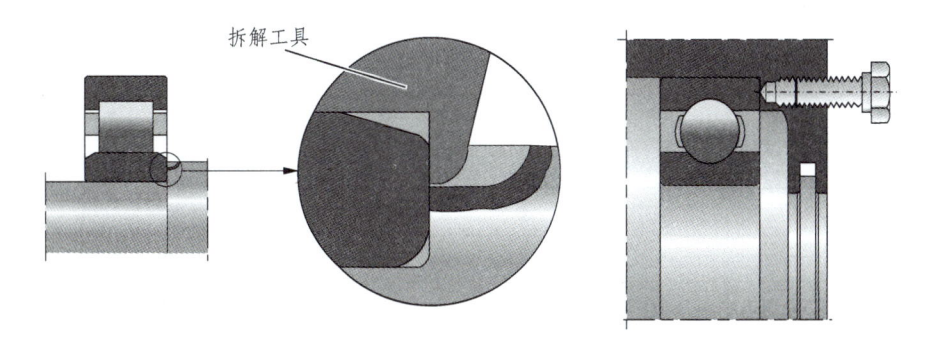

图 7-26　便于轴承安装与拆卸的结构设计

如果采用注油方法在锥形支承面上安装或拆卸轴承，或从圆柱形支承面上拆卸轴承，有必要在轴上提供注油孔与注油槽（见图 7-27）。注油槽离轴承安装或拆卸面的距离，应该约为支承面宽度的 1/3。注油槽、注油孔与螺纹孔的推荐尺寸可以在表 7-16 与表 7-17 中找到。

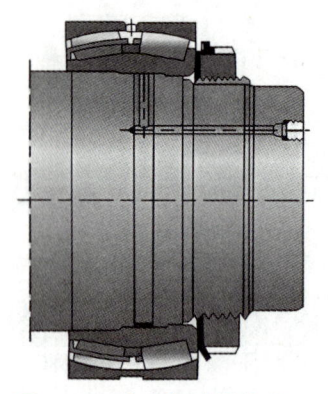

图 7-27 油沟与油槽的设置

表 7-16 注油孔尺寸

基座直径		尺寸			
以上	包括	b_a	h_a	r_a	N
mm		mm			
	100	3	0.5	2.5	2.5
100	150	4	0.8	3	3
150	200	4	0.8	3	3
200	250	5	1	4	4
250	300	5	1	4	4
300	400	6	1.25	4.5	5
400	500	7	1.5	5	5
500	650	8	1.5	6	6
650	800	10	2	7	7
800	1 000	12	2.5	8	8

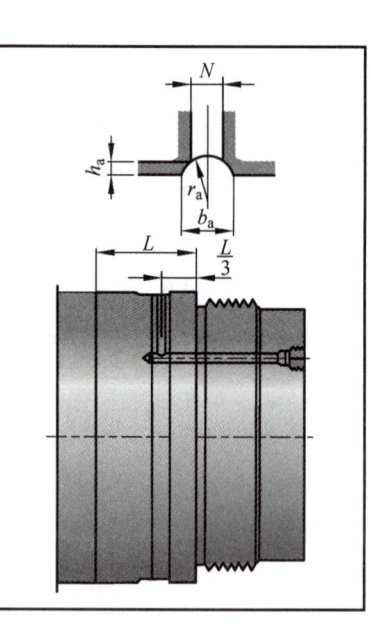

L 为轴承基座宽度。

表 7-17 油路链接螺纹尺寸

螺纹	设计	尺寸			
G_a		G_b	G_c[①]		N_a
		最大			
—	—	mm			
M6	A	10	8		3
G 1/8	A	12	10		3
G 1/4	A	15	12		5
G 3/8	B	15	12		8
G 1/2	B	18	14		8
G 3/4	B	20	16		8

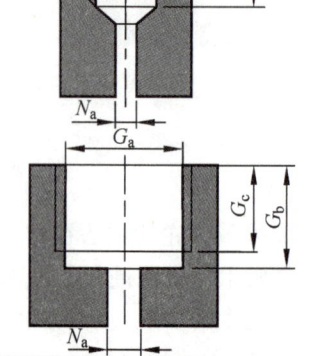

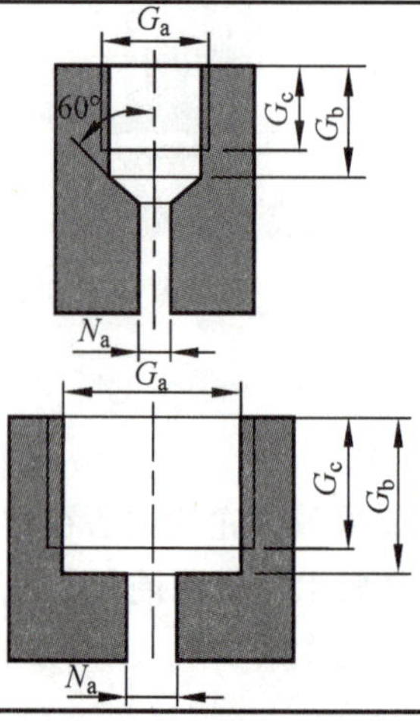

① 有效螺纹长度。

7.5.2 保证支承部位的刚度

轴承座孔壁应有足够的厚度，并设置如图 7-28（a）所示的加强肋以增强支承刚度。为保证两端轴承座孔的同轴度，箱体上同一轴线的两个轴承座孔应一次镗出。如图 7-28（b）所示，若轴两端装有不同外径尺寸的轴承时，可采用套杯式结构，使两端轴承座孔的直径尺寸尽量相同，以便加工时一次镗出两轴承座孔。若箱体为轻质合金，为了保证配合，也要采用套杯或轴承座。

图 7-28　支承部位的刚度和同轴度

7.5.3 轴作为滚道的设计

如果滚动轴承没有内圈或外圈，则其滚动体直接在轴上或座孔内滚动。轴和座孔必须按照轴承滚道表面的要求进行设计加工，包括热处理及其表面硬度要求。滚道表面必须经磨削和超精加工。

当表面粗糙度 $R_a \geqslant 0.2\ \mu m$ 时，轴承不能充分发挥其承载能力。圆度和圆柱度的偏差不能超过滚道实际直径公差的 20% 和 50%。同时，也要注意轴和轴承座孔的直径公差，因为其决定安装后的内部游隙。

滚道材料：符合标准要求的淬透钢、渗碳钢、感应淬火钢，适合作为滚动轴承滚道。

表面硬度和淬硬深度渗碳钢、火焰或感应淬火钢的表面硬度必须达到 58～64 HRC 以及足够的淬硬深度。根据有关标准，淬硬深度是指表面被淬硬的深度，这些值适用于滚道、垫圈和轴肩。该深度值是在轴被最终磨好之后测定的，必须与规定的值相一致，并且在任何情况下，都必须大于 0.3 mm。如果滚道硬度小于 58 HRC，则轴承布置不能充分达到其承载能力。

7.6 滚动轴承的密封

7.6.1 对密封方案的要求

为了最大限度地延长轴承的使用寿命，必须尽量避免润滑剂（脂、油）逸出并防止固体或液体污染物（如灰尘、泥浆、水、清洗液等）进入轴承。

污染物颗粒进入轴承，会在轴承滚动接触处产生压痕，该压痕可引起轴承噪声并成为加速材料疲劳的起点。当轴承中进入起磨粒作用的污染物时，会加速轴承的磨损，使轴承游隙逐渐增大，运转精度逐渐降低，最终导致轴承失效。

当液体或蒸汽类介质进入轴承后，滚动接触处的润滑状态受到影响。此外，若是腐蚀性介质，还会引起表面的氧化。磨损、润滑状态的恶化或表面氧化都会降低轴承的使用寿命。所以，轴承的有效密封对轴承的使用寿命具有决定性的作用。

工作条件、环境和经济性决定对密封方案的要求，最重要的几点是：
- 有效防止污染物和液体从外部侵入；
- 防止润滑剂泄漏；
- 低摩擦；
- 良好的耐热性；
- 满足工况所需转速要求；
- 密封材料的化学稳定性和耐久性；
- 满足使用寿命要求；
- 有效利用现有结构空间。

以上要求往往从功能上来说存在相互矛盾，在确定密封方案时，通常必须根据所需的应用要求进行权衡。因此，所谓"最佳"密封方案，通常也是特定应用工况下所需的折中方案。

从结构上讲，轴承密封分为轴承内置式密封（带防尘盖或密封圈的轴承）和外置式密封。

7.6.2 轴承内置式密封（带防尘盖或密封圈的轴承）

带防尘盖或密封圈的轴承是在轴承出厂时已经装配好的。除了深沟球轴承以外，角接触球轴承、调心滚子轴承、圆柱滚子轴承、圆锥滚子轴承、滚针轴承等均可以设计成自带密封结构。

7.6.3 轴承外置式密封

根据密封装置与运转件之间的配置关系，外置式密封可分为非接触式和接触式两种类型。具体选择密封结构时应考虑下述因素：

（1）轴承工作的外界环境；
（2）轴承的转速；
（3）轴承部件的结构特点；
（4）润滑剂的种类；
（5）轴承的工作温度。

1. 接触式密封

接触式密封需要以一定的压紧力使密封唇贴合在其滑动面上，通常情况下它是一种占据空间较小而且价格便宜的密封形式。但其缺点是因密封接触摩擦而导致能量损耗。这类密封仅适于在中低速工作的场合中使用。接触式密封常用毛毡、密封圈和皮碗密封等结构形式。

毡圈密封：毡圈是一种在脂润滑时具有良好密封效果的简单密封件，见图 7-29。毛毡经过短期运转后形成无应力接触的密封面，具有突出的防灰尘的密封作用。毡圈在安装之前需要用油浸渍，这样处理后其防尘性能较好。如果环境中的灰尘较多，可以使用两个或多个毡圈。

弹性径向密封圈：旋转轴上对油密封主要使用带有弹簧预紧力的径向密封圈，如图 7-30 所示。为了防止润滑剂的泄漏，在轴承配置中，应将密封唇口向内安装。带外部防护唇的密封圈，可以阻止外界污染物，使其不能到达主密封唇，对密封部位起到附加保护作用。

(a)一个毛毡圈密封 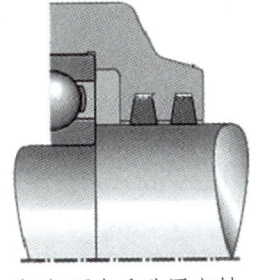　　　　　　　　　（b)两个毛毡圈密封

图 7-29　毡圈密封（单个或并排设置的毡圈）

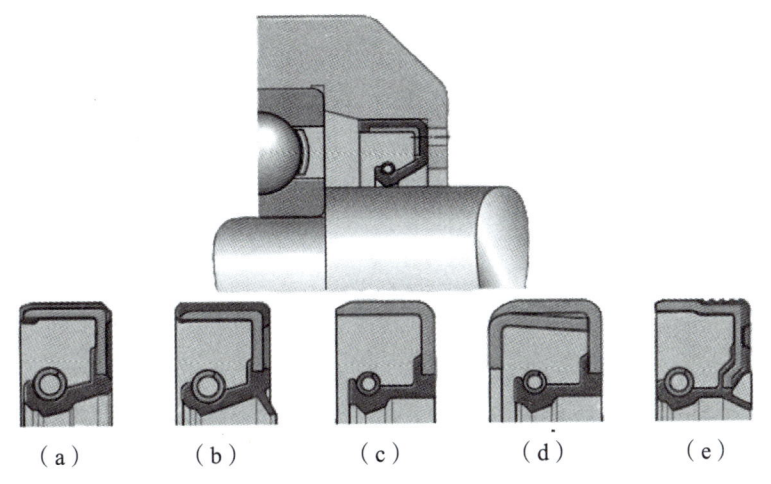

(a)　　(b)　　(c)　　(d)　　(e)

图 7-30　不同结构的弹性径向密封圈

2. 非接触式密封

非接触式密封优先应用于高转速，以及对摩擦和自身发热要求高的应用场所。除密封间隙中润滑剂的摩擦外，非接触式密封无其他摩擦和发热源。一般来说，非接触式密封圈不会产生磨损，并且具备几乎无限的使用寿命。

常见的非接触式密封主要有下列几种结构：

（1）挡片式密封：脂润滑的轴承在许多情况下可采用简单的挡片来防止泄漏。按照安装和工作状况，挡片可以固定在内圈或外圈一侧，见图 7-31。在密封间隙中形成的脂环可以防止少量污染物从外部侵入。

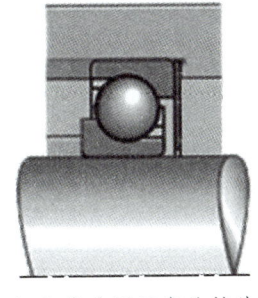

(a)靠外圈固定的挡片 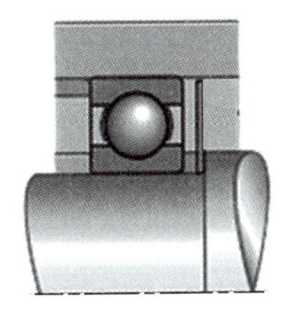　　　　　　　　（b)靠内圈固定的挡片

图 7-31　挡片和防尘盖

（2）间隙密封：如图 7-32 所示，该类密封依靠旋转部件与静止件之间形成狭窄的缝隙实现密封，由于旋转件与静止件之间不接触，不产生摩擦热，所以该类密封特别适于在高速、高温环境工作，考虑到装配或工作时的误差以及轴的变形等因素，其间隙的大小可参照表 7-18。

在脂润滑时，利用轴承座通孔中加工若干个沟槽来提高密封效果，见图 7-32（b）。这些沟槽起到储存作用，使污染物难以侵入和阻止润滑剂泄漏。

在油润滑条件下，水平轴的轴承座通孔可以设置或螺旋形沟槽，见图 7-32（c）。由于螺旋线方向与轴旋转方向的关系，沿着轴泄漏的油又回输到轴承座中，或者将污染物从间隙中输送到外边去。将螺旋形沟槽设置在轴上，也可以达到类似的密封作用。

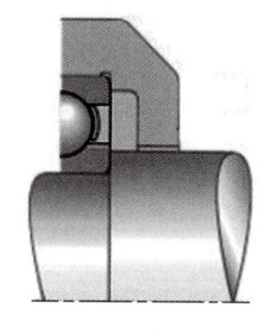

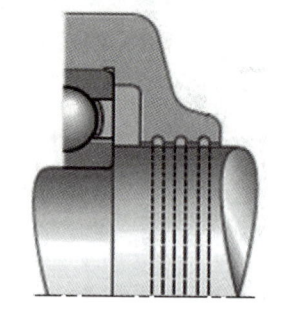

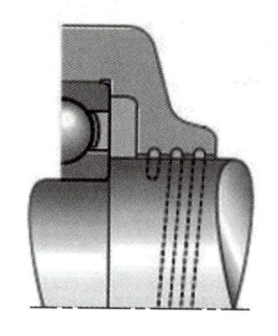

（a）简单的间隙密封　　（b）座孔中设置沟槽的间隙密封　（c）座孔中设置螺旋形沟槽的间隙密封

图 7-32　间隙密封

表 7-18　间隙密封和迷宫密封的间隙值　　　　　　　　　　　　　　　单位：mm

轴径	径向间隙	轴向间隙
<50	0.1～0.3	1～2
≥50	0.5～1.0	3～5

（3）间隙加甩油环式密封：甩油环是通过旋转所产生的离心力的输送作用来实现密封的，见图 7-33。甩油环可在油润滑和水平轴上实现有效密封，沿着轴套泄漏的油经甩油环甩出，从下边通过回油孔流回轴承座中。

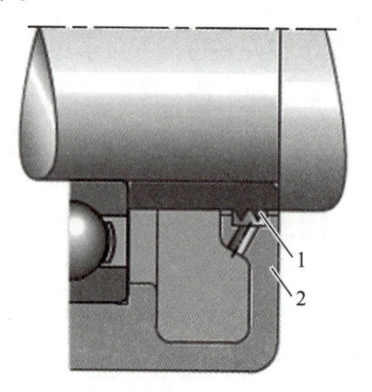

1—甩油环；2—带集油槽和回油孔的轴承座。
图 7-33　甩油环、集油槽和回油孔的设置

（4）迷宫式密封：一种良好的非接触式密封方案，迷宫式密封的几何结构具有很好的密

封效果。迷宫式密封分为防护性迷宫密封和捕集式迷宫密封。

按照污染程度可选用一路或多路迷宫密封。具有多个轴向路径的迷宫式密封称为轴向迷宫式密封，具有多个径向路径的迷宫式密封称为径向迷宫式密封，如图 7-34 所示。在实际应用中常给迷宫式密封中装填脂，以提高抗污染物的密封作用。当环境污染很严重时，随时向密封间隙中挤入新脂，并将污染的脂从密封部位挤出来。

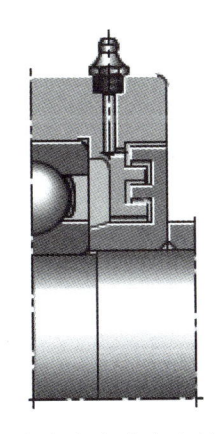

（a）径向迷宫密封 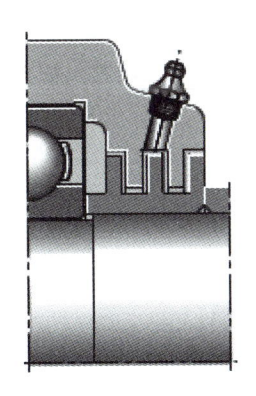　　　　　　　（b）轴向迷宫密封

图 7-34　迷宫式密封示例

一种占据空间小的简单迷宫式密封装置可用活塞环制作，见图 7-35（a），利用应力将开槽的环紧固在轴承座盖上光滑的孔中，在轴套的槽中具有径向和轴向间隙。安装时使环的槽相互错置。也可用弹簧片代替活塞环，见图 7-35（b），利用预应力将弹簧片固定在轴承座中或轴上。若将两种结构交替配置，可实现特别有效的密封。在批量制造中也用冲压成型的钢板组合成一路或多路迷宫式密封，见图 7-35（c）。这些钢板利用其折边压紧在轴上或轴承座中，不需要轴向夹紧。

（a）由活塞环构成的迷宫式密封 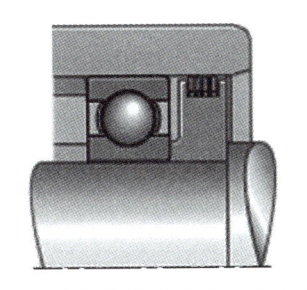　（b）由弹簧片构成的迷宫式密封 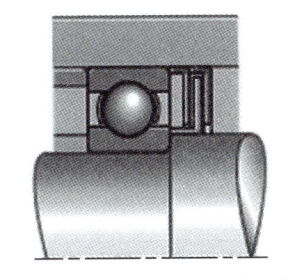　（c）由钢板构成的迷宫式密封

图 7-35　由活塞环、弹簧片或角钢板构成的迷宫式密封

迷宫式密封的效果与径向和轴向的间隙值有关，表 7-18 推荐了水平布置的轴系支承的间隙密封和迷宫密封结构的径向和轴向间隙值。当支承结构的轴向浮动量较大时，需要校核计算迷宫密封结构的轴向间隙值，以避免出现旋转件和静止件的接触和干涉，径向一般不会出现干涉或接触现象。

3. 组合密封

由于润滑脂的流动性较差，上述各种接触式与非接触式密封对脂润滑是非常有效的。但对于油润滑，尤其是像高速齿轮箱输入或输出端轴承的密封结构比脂润滑的密封结构要复杂，因为润滑油的流动性好。若是高速齿轮箱，齿轮高速旋转时，齿轮箱油池中的油被雾化，若与外界通气不畅，箱内压力较大，简单的间隙或迷宫密封难以阻止润滑油的泄漏，实验证明带有较大减压油腔的密封结构其密封效果甚好。

对于组合结构需要设置数个减压腔，使向外泄漏的润滑油的压力得以释放，速度有所延缓；在静止的密封环上设置集油沟，减少到达密封处的润滑油；采用多级缓冲的回油方式，前面减压室和后面减压室的回油分开，通向油池的回油孔尽量开在箱体的底部，防止回油倒灌。

在实际应用中根据工作环境及密封装置的具体要求常常又可将密封结构设计成组合型密封装置，图7-36列举了几种常见的组合密封结构形式。

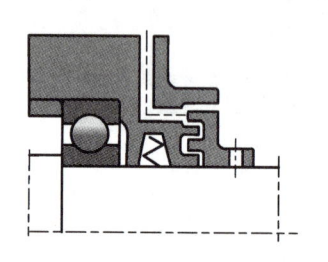

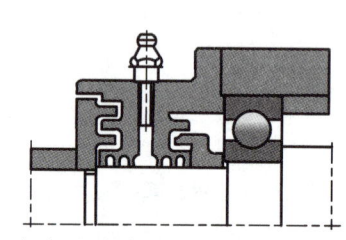

（a）密封圈+迷宫式密封　　（b）迷宫式密封+间隙+甩油环　　（c）毡封圈+迷宫式密封

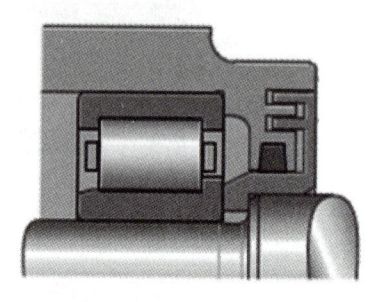

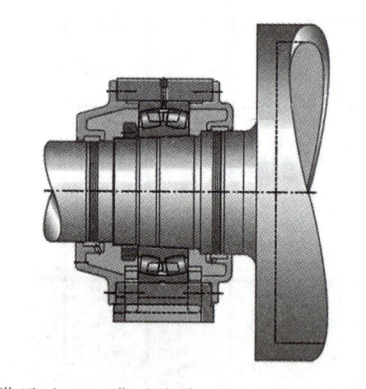

（d）带甩油环、集油室和回油孔的组合式密封　　（e）迷宫式密封+甩油环

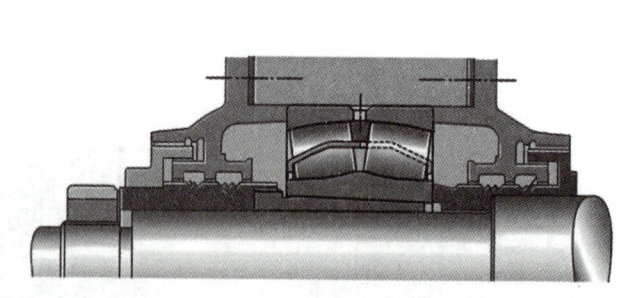

图7-36　常见的组合密封结构

图7-36（a）是一个轴向迷宫式密封，它结合了Z型密封圈以加强密封效果，轴向迷宫式密封用螺丝或其他方式固定在轴上，两旁都有如图所示的Z型密封圈+迷宫式密封圈，防止灰尘或其他异物进入。因为有Z型密封圈，所以最高线速度不可超过6 m/s。

图7-36（b）是结合了迷宫、间隙和甩油环三种非接触式密封方式，它可以有效的防止油脂渗漏及灰尘或其他异物的进入，它广泛的应用在开矿机械及在高尘埃的场合的轴承支承结构中。

图7-36（c）结合了毡封圈和迷宫式密封，适合于外部粗大污染物和细尘污染物直接侵袭，经常有水滴到密封部位上或旁边，轴承采用润滑脂润滑的支承结构，比如运行速度低于

140 km/h 的轨道车辆轮对和轴箱轴承。

图 7-36（d）带有离心沟槽、集油室和回油孔的迷宫式密封，它适合于外部环境有粗大污染物和少量灰尘、有水滴到密封部位上或旁边，可以防止喷溅油溢出。

图 7-36（e）结合了迷宫式密封、甩油环和减压油腔的密封结构，它适合于外部环境空气湿度较大，有大量粗大污染物颗粒和细尘直接侵袭，内部有持续不断的高压和速度较高的润滑油要溢出，比如锤式破碎机和锤式粉碎机。

4. 轴承室内侧的密封

如图 7-37 所示，对于传动齿轮箱，有时需要在轴承前端设置甩油环或挡油环。甩油环用于脂润滑轴承，其作用是使轴承室与箱体内部隔开，防止轴承内的油脂流入箱体内和箱内润滑油侵入轴承室稀释油脂。挡油环用于油润滑轴承，其作用是防止齿轮啮合处的热油和杂质直接进入轴承室内。挡油环既保证轴承的润滑，又限制过多的润滑油进入轴承，减少轴承发热。

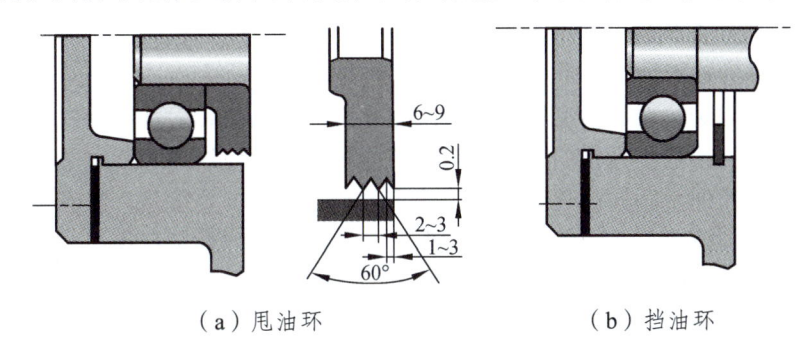

（a）甩油环　　　　（b）挡油环

图 7-37　齿轮箱内轴承内测甩油环和挡油环的设置

第 8 章 轨道车辆轴箱轴承

8.1 轨道车辆轮对及轴箱轴承

8.1.1 轮对及轴箱装置的工作特点

在实际应用中，机车、客车、动车组、城市地铁等轨道交通车辆的轮对轴承是带轴箱的设计，而我国大部分货车轮对轴承是采用承载鞍的设计，为了有所区别又有所联系，习惯上把带轴箱的轴承称为轴箱轴承，带承载鞍的设计称为无轴箱设计。

轴箱是连接构架和轮对的活动关节，约束轮对与构架之间相对运动的机构。其定位装置将保证轮对相对于构架处在设定的正常位置，还使轮对能适应线路和其他条件的变化，做相对于构架的纵向、横向和垂向的运动。对轴箱定位装置的基本要求是：它应该在纵向和横向具有适宜的弹性定位刚度，其结构形式应能保证良好地实现弹性定位作用，具有性能稳定，结构简单可靠，无磨耗或少磨耗，制造检修方便，质量轻，成本低等特点。

轮对轴箱装置是轨道车辆的重要零件之一，其运行工况十分恶劣，直接承受簧上质量，在无任何缓冲装置的情况下直接承受钢轨与轮对的纵向、横向冲击，还要承受和传递垂向载荷、纵向载荷（即牵引力和制动力）及横向载荷。

垂向载荷的传递过程：车体底架（枕梁）→二系弹簧→构架→一系悬挂装置→轴箱→轮对→钢轨。

纵向载荷的传递过程：

牵引力的传递过程：轮轨接触点→轮对→轴箱→一系悬挂装置→构架→牵引机构→中心销→车体底架→车钩。

制动力的传递过程：与牵引力的传递过程相同，只是力的方向相反。

横向载荷的传递过程：轮轨接触点→轮对→轴箱→一系悬挂装置→构架→中心销座→车体。

除了货车外，绝大多数轨道车辆都采用带轴箱的结构，为了简单起见，后面统称为轴箱轴承。

轨道车辆投入运营后，技术检查和维修人员很难观察到正在运行的轴承工作状态，轴箱轴承检修维护比较困难且成本较高，因此要求轴箱轴承必须具有较大的承载能力，能够耐冲击、耐振动，必须具有较长的使用寿命、较小的尺寸和质量，并且便于检修和维护，在规定的维修期内，能维持最高的运行可靠度。

针对具体的应用，选择一个合适的轴箱轴承除了完全满足使用的技术要求外，还要考虑下列因素：

（1）区域或国家的标准规范，比如美洲习惯采用 AAR 标准，它与 UIC 和中国有关标准有一定的差异，尽量选用符合所在区域或国家标准要求的产品。

（2）运行经验或台架试验报告，有些客户要求所采用的轴承必须有应用成功的经验，这就需要有应用案例。也有的客户要求采用新的轴承设计，必须有相关的台架试验报告，这些是设计师在设计选型阶段必须考虑的，否则将影响产品交付或验收。

（3）要考虑用户已有的维修规范和维修设施。

（4）在满足使用要求的条件下，新的车辆尽可能可以采用已有的转向架或轴箱，这样有利于降低使用和维护成本。

20 世纪 90 年代前，轨道交通轨道车辆常用的轴箱轴承主要有圆柱滚子轴承、圆锥滚子轴承、调心滚子轴承，这些轴承可以很好地满足不同区域用户不同车型的使用要求。自 20 世纪 90 年代以来，随着带密封的圆柱滚子轴承单元问世和圆锥滚子轴承结构设计的不断改进，在全球范围内已经形成一种趋势，各种新造的轨道交通车辆普遍趋向于采用带集成密封且轴承出厂前预先填充好润滑脂的轴承单元。

对于单元式轴承，轴承厂商可以提供更加专业化的维修基地，对使用过的轴承进行解体、清洗、检查与探伤、重新组装和填充润滑脂。

运用实践表明，轴承单元完全可以地满足不同区域、不同车型的使用要求，尤其是在高速轨道车辆和动车组的应用中所表现出的优异性能，已经超越过去习惯使用的开式轴承。

8.1.2 圆柱滚子轴承

实践证明，圆柱滚子轴承可用作所有类型的轨道车辆轴箱轴承。因此大多数轨道车辆的轴箱也采用圆柱滚子轴承。圆柱滚子轴承具有径向承载能力大、内部摩擦小、适用于高速等优点，尤其随着其轴向承载能力的不断改善，其性能完全可以满足现代轨道车辆的运营要求。

1. 单列圆柱滚子轴承与深沟球轴承的组合设计

当刚开始把圆柱滚子轴承用作轴箱轴承时，受当时的设计及加工水平限制，圆柱滚子轴承的轴向承载能力有限，为了避免圆柱滚子轴承承受轴向力，采用组合设计，基本上是采用两个 NU 系列单列圆柱滚子轴承和一个深沟球轴承或角接触球轴承。

如图 8-1 所示的布置是日本新干线 0 系的轴箱轴承结构，它是采用两个单列圆柱滚子轴承和一个深沟球轴承，注意其单列圆柱滚子轴承的内圈是加宽的，两个外圈之间加了一个外隔圈，车辆过曲线时的轴向力由球轴承承受。也有采用一个双列圆柱滚子轴承和一个角接触球轴承。

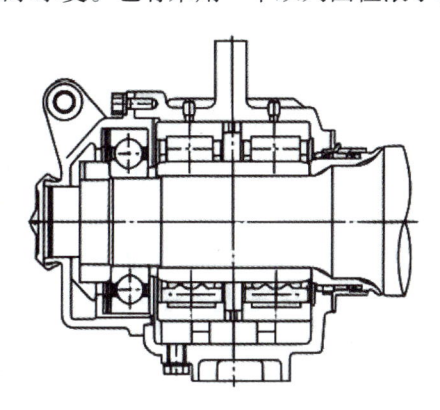

图 8-1 组合结构设计（日本新干线 0 系轴箱装置）

组合结构设计的最大缺点是结构复杂、轴向尺寸较大，增加了簧下质量，成本也较高。

实际上，相对于垂向力，列车运行过曲线时轮对的轴向力作用力不是很大，且作用时间较短，累计作用时间一般仅为总运行时间的 3% 左右；另外轴箱在运转中受到风冷的作用，轴承温升并不高。因此国外很多机车采用两套内圈带挡圈的单列圆柱滚子轴承，这种组合设计基本上被淘汰。

2. 不同结构的单列圆柱滚子轴承组合设计

20 世纪 80 年代初，圆柱滚子轴承端部和挡边采用修形设计，即滚子端面采用球面、挡边设计成斜挡边，这样的设计不仅使轴承的轴向承载能力提高了 2.5 倍，同时更有利于接触区内形成有效的润滑油膜，以减少滑动摩擦，降低温升，进而提高轴承的极限转速。

如图 8-2 所示是用作轴箱轴承的单列圆柱滚子轴承基本类型，轴箱轴承时往往是某两个基本类型的组合。目前国内没有轨道车辆轴箱用圆柱滚子轴承的标准。

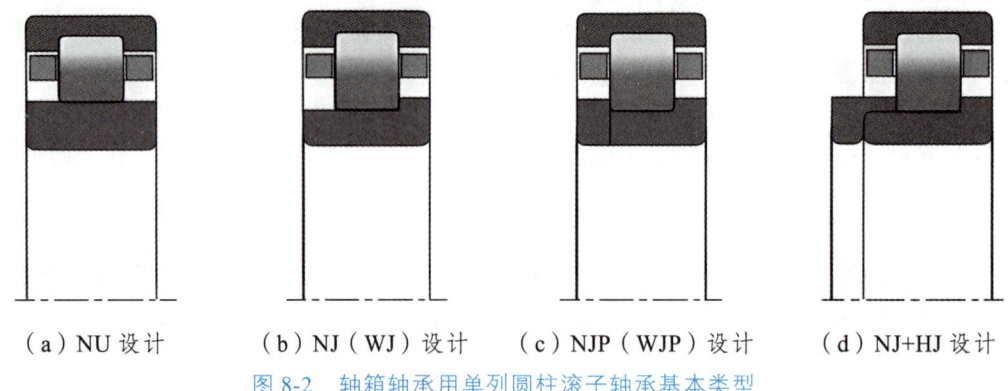

（a）NU 设计　　（b）NJ（WJ）设计　　（c）NJP（WJP）设计　　（d）NJ+HJ 设计

图 8-2　轴箱轴承用单列圆柱滚子轴承基本类型

德国 DIN 5412-11 对铁路轴箱用圆柱滚子轴承的安装尺寸、径向游隙和轴向游隙进行了规定。在此标准中对通用标准轴承的 NJ 和 NJP 设计分别称为 WJ 和 WJP 设计，这是因为为了满足铁路车辆的特殊要求，WJ 和 WJP 设计的安装尺寸与通用标准轴承有所差异。采用 WJ 和 WJP 设计的组合，可以有效地缩短轴承组的轴向尺寸，减少弯曲应力以及配合面之间的微动磨损。WJ 和 WJP 设计的径向游隙介于相同尺寸通用标准轴承的 C3～C4 之间。比如 WJ/WJP130x240 的径向游隙为 0.130～0.180 mm，组别相当于 C3～C4 之间（内圈孔径为 130 mm 的圆柱滚子轴承 C3 组游隙是 0.1～0.145 mm，C4 游隙是 0.145～0.190 mm），轴向游隙为 0.400～0.900 mm。对轴向游隙进行规定是因为轴承的轴向游隙会影响轮对的横动量，而轮对的横动量又影响了车辆的横向稳定性，横向稳定性是衡量车辆动力学性能的一个重要指标，对高速轨道车辆尤为重要。减小轴承的轴向游隙有利于提高车辆的横向稳定性，比较而言，圆锥滚子轴承单元的轴向游隙更容易控制，这也是动车组普遍采用圆锥滚子轴承单元的一个重要原因。

WJ 和 WJP（NJ/NJP）设计的组合在欧洲得到广泛使用，我国的轨道车辆设计多参考欧洲的标准，轴箱用圆柱滚子轴承的尺寸规格也基本参考欧洲尤其是德国的设计。比如我国东风系列内燃机车和韶山系列电力机车的轴箱轴承，是参考 FAG 公司产品设计的。

为了简化结构，同时又尽量发挥圆柱滚子轴承的优点，国内外很多干线客车、地铁轻轨车辆多采用 NJ+NJP 的圆柱滚子轴承配置；而机车则采用内圈加宽的 NJ+NJ、NJ+NU+HJ 或 NJ+NU 配置。其主要特点是径向承载能力大、使用寿命长、结构紧凑、制造与组装工艺简单、成本低。由于内、外圈可以分离，安装与拆卸都比较方便，这种轴承的径向游隙和轴向游隙是相对独立的，组装时不需要进行调整。

如图 8-3 所示是国产 25G、25K 提速客车轴箱轴承装置，由一个 NJ 和 NJP 的两个单列圆柱滚子轴承组合配置，轴承安装尺寸是 130 mm×250 mm×160 mm，径向游隙为 0.120~0.170 mm。车辆通过曲线时产生的轴向力有角挡圈或平挡边承受。

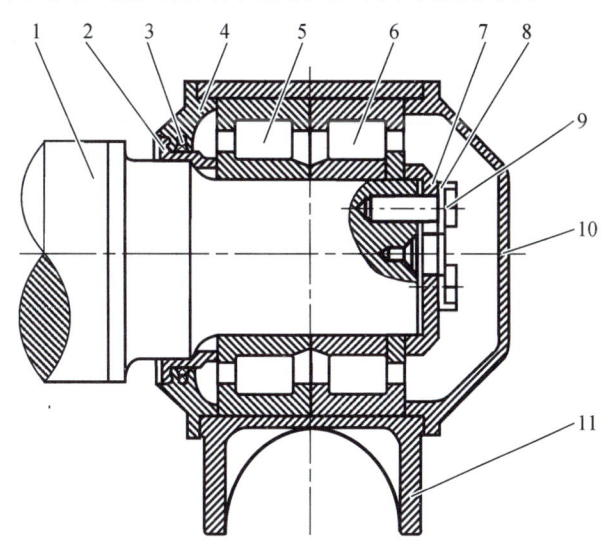

1—车轴；2—防尘挡圈；3—密封毛毡；4—轴承后盖；5—内侧轴承；6—外侧轴承；7—压盖；
8—防松片；9—螺栓；10—轴承端盖；11—轴箱体。

图 8-3　NJ+NJP 配置示意图

图 8-4~图 8-7 分别列举了客车、轻轨与地铁、有轨电车与货运的轴箱轴承配置。

如图 8-7 所示是运行在欧洲的重载货运机车 EL2000 轴箱结构，机车的主要参数是：速度 60 km/h，轴重 35.75 t，转向架轴式为 B_0-B_0 结构。轴箱轴承采用一个 NJ 和 NU+HJ 的两个单列圆柱滚子轴承组合配置，轴承的安装尺寸为 180 mm×340 mm×200 mm。

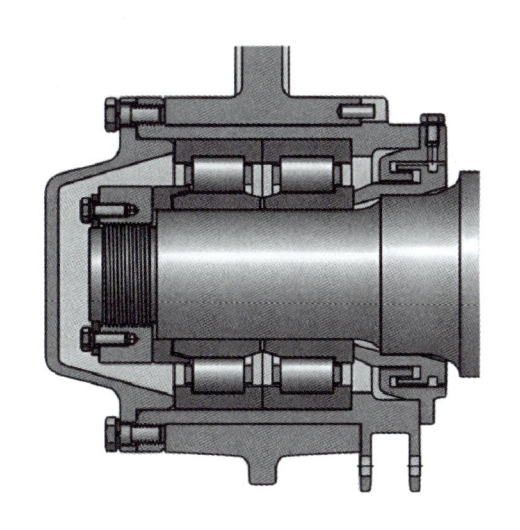

图 8-4　NU+HJ+NJ 配置示意图 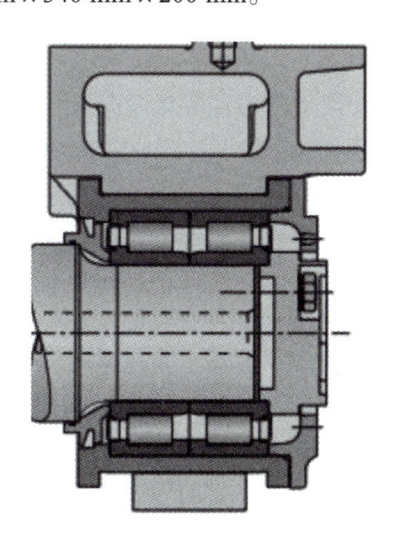　　图 8-5　两个 NJ 配置 d = 90 mm 用于轻轨车辆

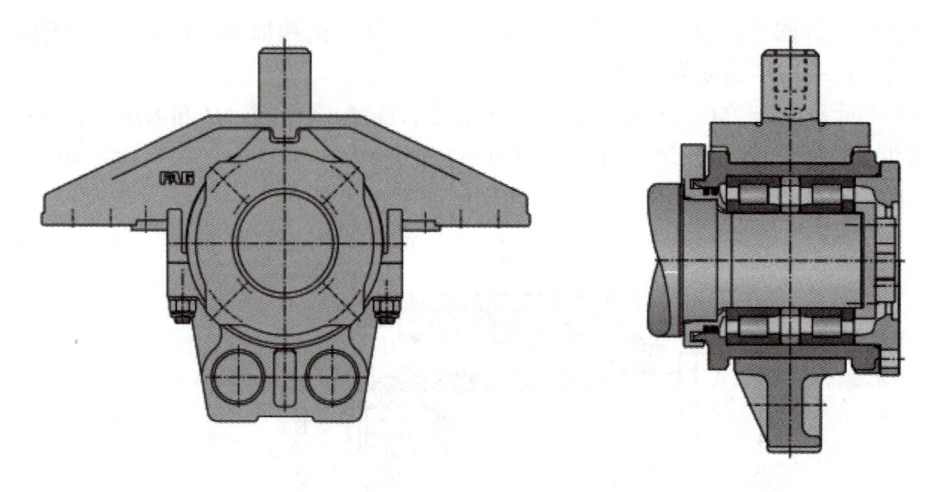

图 8-6　有轨电车轴箱装置 $d = 90$ mm，NJ+NJP 配置

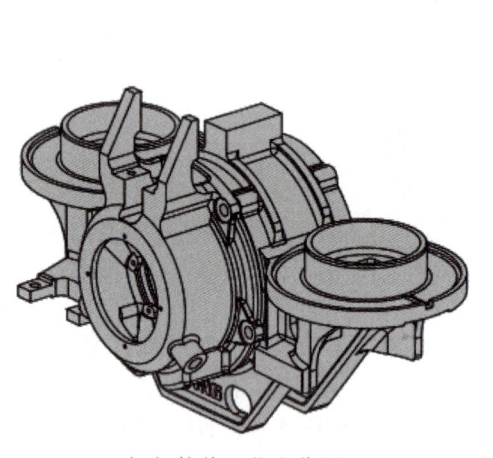

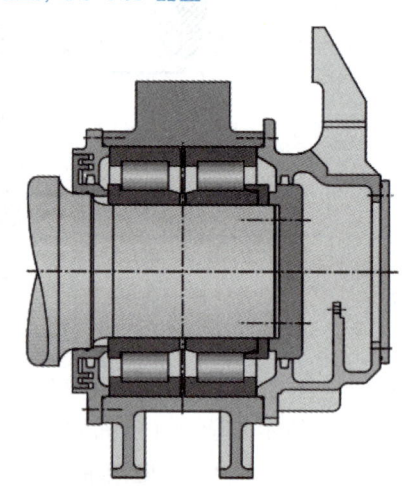

（a）轴箱三维立体图　　　　　　（b）轴箱平面结构图，NJ+（NU+HJ）配置

图 8-7　重载货运机车轴箱装置

3. 大横动量的圆柱滚子轴承

对于三轴机车，当列车通过曲线时，中间轴轮对相对于构架有较大的横动量，也称为横向移动。根据轴箱悬挂及其定位设计的不同，轮对相对于构架的横向移动量等于轴箱相对于构架的横动量+轮对相对于轴箱的横动量。因此设计需要由轴箱轴承来部分补偿这个横向移动，即要求轴承具有一定的横向移动量。为了满足这个要求，基本上是在 NJ、NU 系列单列圆柱滚子轴承进行内圈加宽的改进设计。

如图 8-8 所示是国产东风系列内燃机车和韶山系列电力机车的轴箱轴承配置图，端轴是 NJ+NU+HJ 配置，中间轴是 NJ+NU 配置，通过调整两个轴承外圈之间中隔圈的厚度或角挡圈的长度，可以实现不同的横动量，±表示允许的横动量是双向的。在实际应用中，由于角挡圈是轴承厂家供应的，且经过热处理，硬度较高，加工的尺寸精度和形位公差要求也较高。而中隔圈的要求没有那么高，由客户自己设计加工，所以，客户更多的是通过调整中隔圈的厚度，实现不同的横动量。

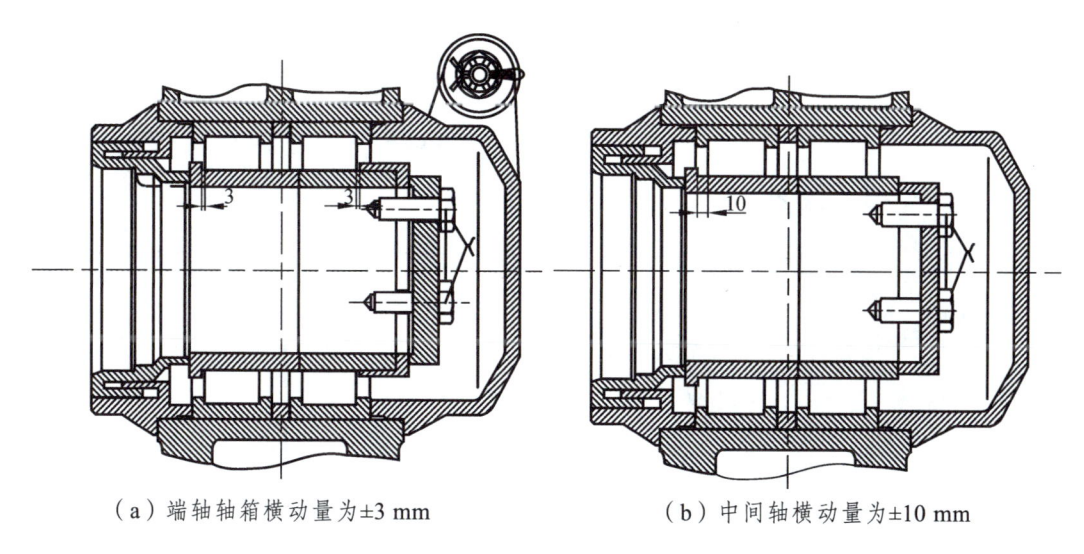

（a）端轴轴箱横动量为±3 mm　　　　　　　（b）中间轴横动量为±10 mm

图 8-8　国产三轴机车轴箱装置

如图 8-9 所示是穿越英吉利海底隧道的专用货运 92 型机车轴箱结构，机车的主要参数是：速度 140 km/h，轴重 21 t，转向架轴式为 C_0-C_0 结构。端轴轴承选用的是 FAG TAROL 150/250，其安装尺寸为 15 mm×250 mm×160 mm，横动量很小；中间轴选用的是两个内圈加宽的 NU 系列单列圆柱滚子轴承组合配置，其安装尺寸为 15 mm×250 mm×160 mm，横动量为±20 mm。

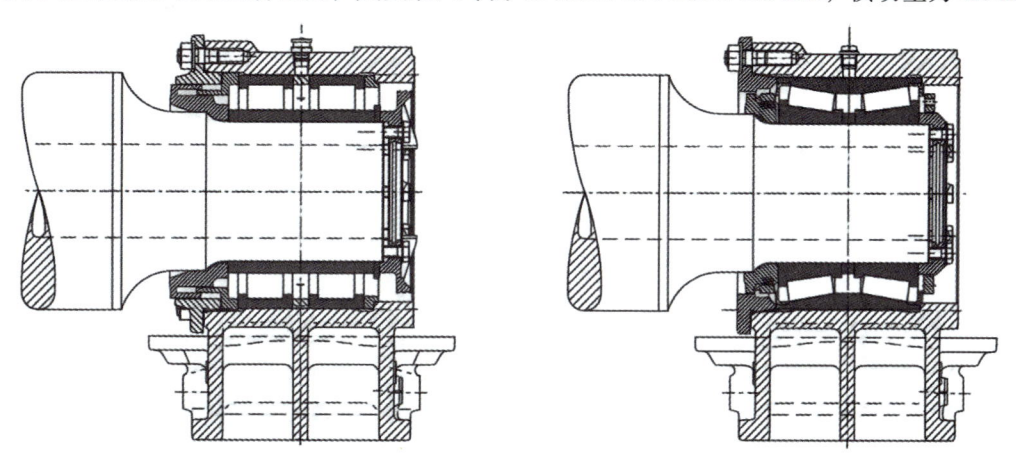

（a）中间轴采用圆柱滚子轴承，横动量为±20 mm　　　　（b）端轴采用圆锥滚子轴承单元

图 8-9　货运 92 型机车轴箱结构

8.1.3　圆柱滚子轴承单元

如图 8-10 所示，圆柱滚子轴承单元由两列滚子与保持架组件、一个外圈、两个内圈和两个密封盖组成，供货时预加了油脂。圆柱滚子轴承单元大都采用塑钢保持架。

与两个单列圆柱滚子轴承配对使用对比，圆柱滚子轴承单元具有下列优点：
- 更高的加工与组装精度，确保两列滚子载荷均匀分布；
- 预装了润滑脂，可以实现更长的运行周期，降低维修成本；
- 由于轴承的轴向间隙对列车的横向运行稳定性有影响，轴向间隙越小，横向运行稳定性越好，圆柱滚子轴承单元可以实现较小的轴向间隙，适应于更高的运行速度；
- 可以与状态监测装置集成化，如温度和速度传感器等。

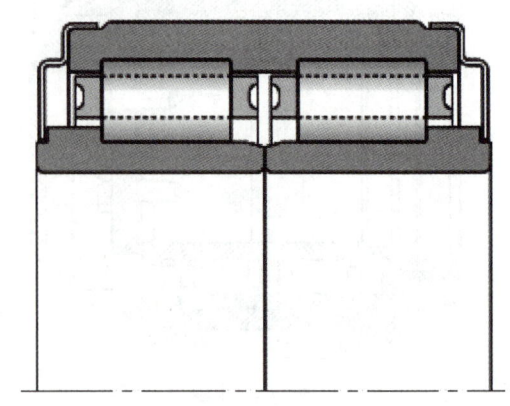

（a）外形三维图　　　　　　　　（b）平面结构图

图 8-10　圆柱滚子轴承单元

圆柱滚子轴承单元的尺寸系列和单列圆柱滚子轴承一样，轴承内径从 100 mm 到 180 mm。圆柱滚子轴承单元的径向游隙等同于相同尺寸的通用标准轴承的 C3~C4 游隙，轴向游隙值根据轴承的安装部位可以有不同的值。对于端轴，其轴向间隙可以做到小于±1 mm，对于三轴转向架的中间轴，也可做到±15 mm，以满足不同类型轨道车辆的要求。按照标准规定，轴承的径向和轴向游隙值均会标注在轴承的装配图上。图 8-11 是 EG3100 机车轴箱结构。

（a）端轴　　　　　　　　（b）中间轴（横动量为±15 mm）

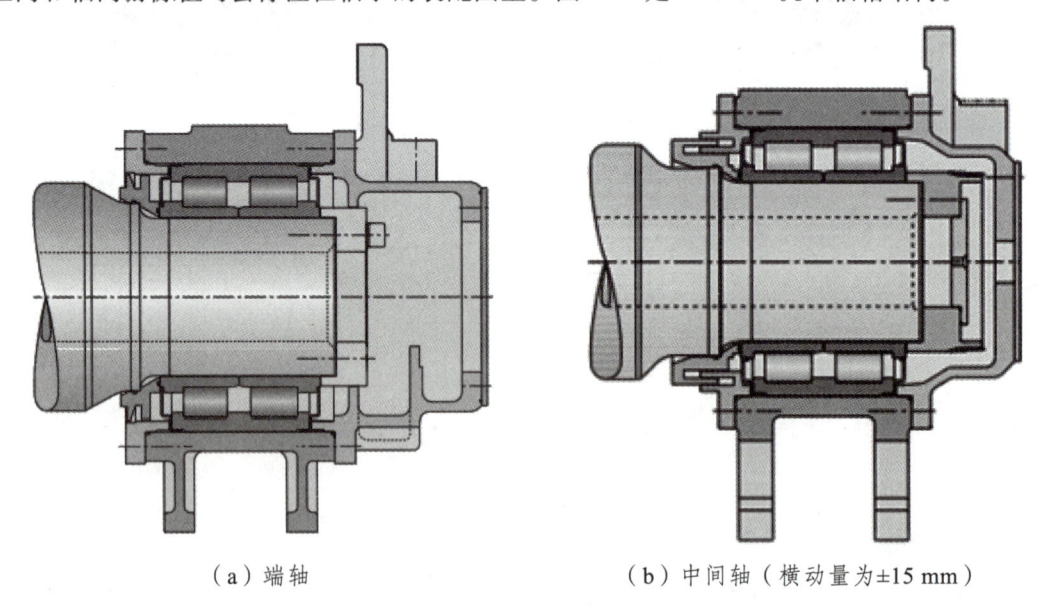

图 8-11　EG3100 机车轴箱装置

8.1.4　圆锥滚子轴承单元

圆锥滚子轴承单元 20 世纪 50 年代出现在美国，以其替代货车用滑动轴承，当时的 AAR（美国铁路联盟）标准要求轴承的内外圈、滚动体必须采用渗碳钢制造。通常把满足 AAR 标准的轴承称为英制圆锥滚子轴承单元。英制有 B、C、D、E、F、G 等各级，内径尺寸为 101.60～178.62 mm，分别用于不同轴重的要求。

如图 8-12 所示，圆锥滚子轴承单元由内外圈、保持架、中隔圈和密封装置组成。保持架可以采用钢板冲压或塑钢，将滚子与内圈组合在一起。轴承由两列滚子、内圈组件共用一个整体外圈，可以同时承受以径向载荷为主的径向、轴向联合载荷。中隔圈是用来调整轴承轴向游隙的，在新装配或检修轴承时，选择适当厚度的中隔圈，即可获得所需要的轴向游隙值。单元都要填充经实践验证的且符合不同区域铁路要求的油脂，润滑脂的填充量以及在轴承内部的均布情况更加容易控制，同时可以避免润滑脂和轴承的污染，终端用户不需要经常开盖加油或检查。

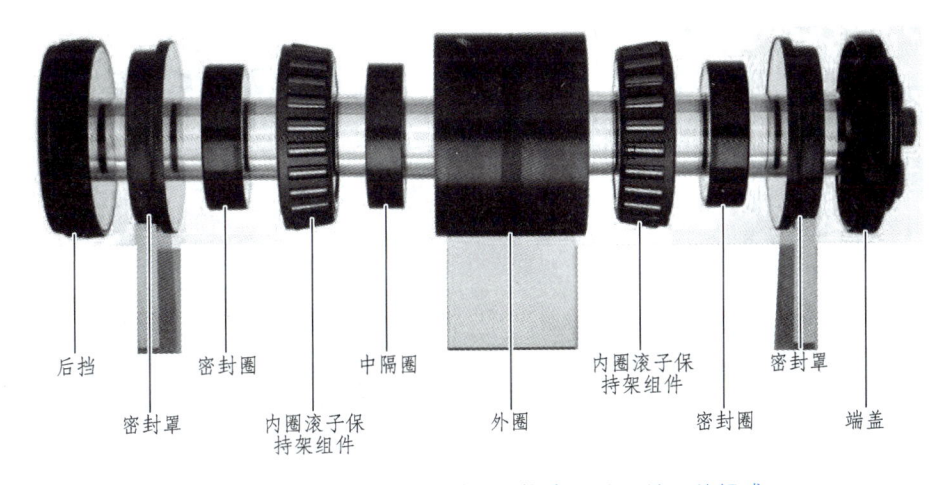

图 8-12　采用密封圈密封的圆锥滚子轴承单元的组成

轴承单元外圈两端装有密封装置，因而可以不用轴箱，在轴承外圈上面安装承载鞍，即可与转向架导框连接。这种轴承习惯上称为"无轴箱轴承"。

圆锥滚子轴承单元具有结构紧凑、质量轻、装卸方便、维修工作量少等优点，首先在铁路货车上得到广泛使用。

根据不同区域和国家的标准要求，圆锥滚子轴承单元可以设计成英制、公制等不同的密封结构，轴承供应商可以根据客户的实际需要设计制造定制产品，比如外圈带润滑油孔的单元。圆锥滚子轴承单元润滑周期根据应用情况确定。

最初的公制圆锥滚子轴承单元也是为了替代本地区的货车滑动轴承。后来在欧洲出现了公制的圆锥滚子轴承单元，公制尺寸从内径 90 mm 到 160 mm。

图 8-13 列出了不同结构的圆锥滚子轴承单元，随着技术的不断创新，轴承的轴向尺寸逐渐缩短，这样有利于减小轴肩处的弯曲力矩，降低微动磨损带来的风险。

公制和英制轴承单元的结构基本相同，最大的不同点是当轴承内径相同时，英制轴承单元的宽度大于公制轴承，从图 8-13（a）、（b）中可以看出，英制轴承的密封件是骑跨在一个专用的耐磨环上，密封件与耐磨环的轴向尺寸较大。如图 8-13（c）公制轴承的密封件是直接与轴承内圈和外圈组装在一起，大大缩短了轴承的轴向尺寸，进而降低了车轴轴肩处的弯曲应力，提高了车轴的疲劳强度。

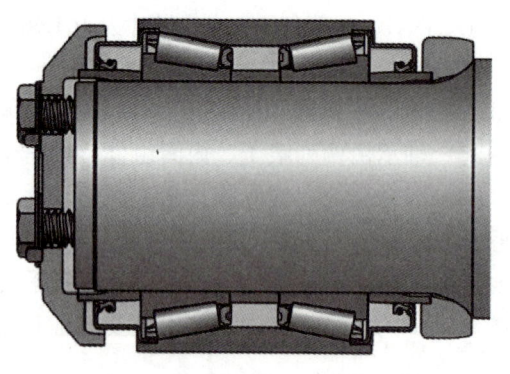

（a）传统 AAR 货车英制圆锥滚子轴承单元 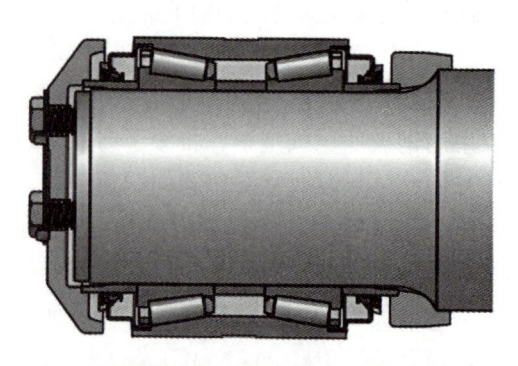　　　　（b）加强型设计的英制圆锥滚子轴承单元

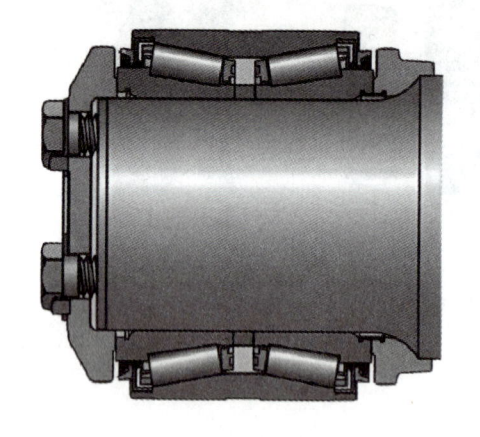

（c）紧凑型公制圆锥滚子轴承单元 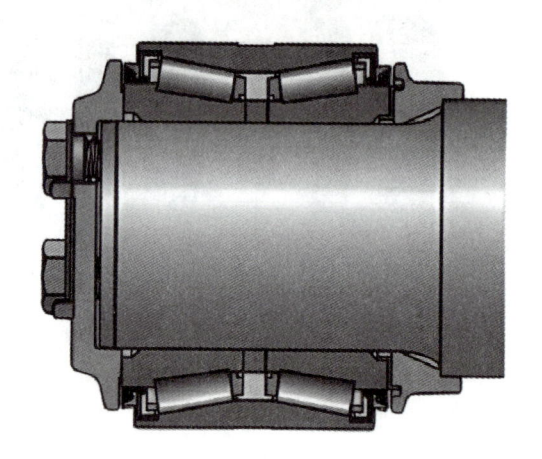　　　　（d）国内 25 t 货车公制圆锥滚子轴承单元

图 8-13　货车常用带密封的圆锥滚子轴承单元

21 世纪初又出现了所谓的紧凑型设计，如图 8-13（d）所示，将密封件与轴承内圈组合在一起，在不降低轴承承载能力的前提条件下，使轴承的结构更加紧凑，轴向尺寸更小，有利于降低转向架的簧下质量，更加适用于高速运行。21 世纪初到现在，随着高速铁路在我国的蓬勃发展，圆锥滚子轴承单元在动车组上得到了广泛的应用。

不同品牌厂家对圆锥滚子轴承单元的名称也不同，如 SKF 是 TBU，FAG 是 TAROL，Timken 是 AP 单元。各个厂家根据其安装尺寸、内部结构设计的不同，均有其代号标注方法。

轴与内圈孔为紧配合，由于轴的挠曲变形，轴在旋转过程中，在上部和下部与轴及内圈孔的边缘处，轴的变形是不一样的，当轴在最下面时发生压缩变形，在最上面时发生拉伸变形，而上、下两个部位的内圈孔基本没有变形或者说变形没有变化，这样轴与内圈孔配合处之间就会发生微观运动，进而产生微动磨损和微动裂纹，严重时会产生切轴事故。微动的幅度与轴肩处的弯曲力矩有关，弯曲力矩与轴承的轴向尺寸有关，轴向尺寸越大，力矩就越大，弯曲力矩越大，弯曲应力和弯曲变形相应增大，微动的幅度就增大。

在货车上除很少一部分采用带轴箱的圆柱滚子轴承外，货车主要采用密封式圆锥滚子轴承单元。轴承外面没有轴箱体，只有承载鞍，装在转向架侧架导框内起传递载荷作用，因而这种结构称为"无轴箱轴承装置"。我国铁路货车装用的滚动轴承，主要采用无轴箱带密封的圆锥滚子轴承单元，型号有 197720、197726、197730、SKF197726、352226、353130 型及进口轴承 TBU150、TAROL150 型。

自 20 世纪 80 年代到现在，圆锥滚子轴承单元在机车、客车、动车组、城市地铁等轨道交通车辆上得到广泛使用。图 8-14～图 8-17 列举了圆锥滚子轴承单元在不同轨道车辆中的应用。

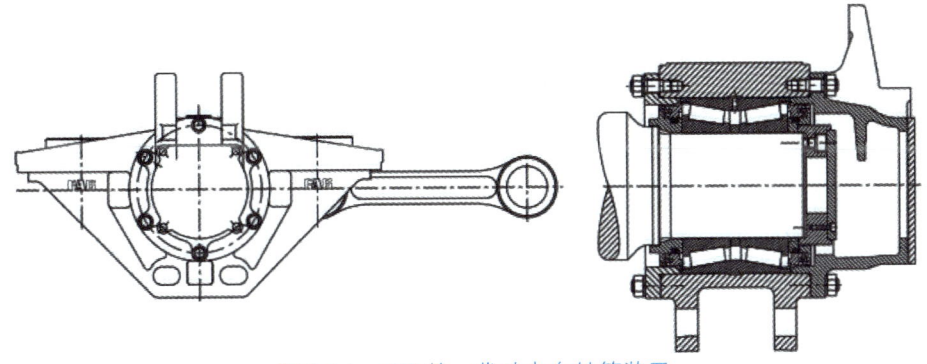

图 8-14　ICE 第一代动力车轴箱装置

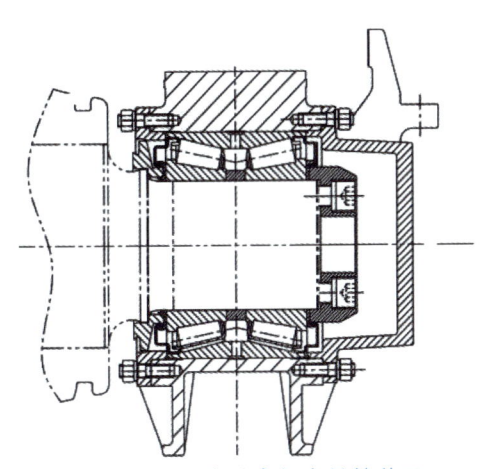

图 8-15　和谐号大功率机车轴箱装置

图 8-16　地铁轻轨车辆轴箱装置

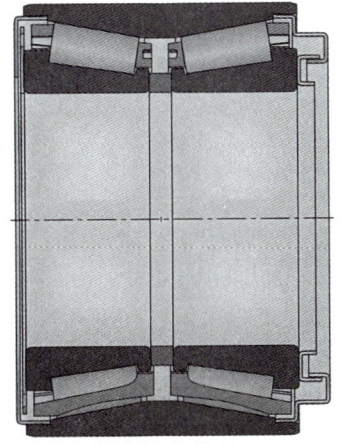

（a）轴承单元 　　　（b）与轴箱的组装

图 8-17　国内动车组用圆锥滚子轴承单元

如图 8-14 所示是 ICE 第一代动力车轴箱结构，动力车的主要参数是：速度 250 km/h，轴重：19.5 t，转向架为 B$_0$-B$_0$ 结构。轴承选用的是 FAG TAROL 150/250，其安装尺寸为 150 mm × 250 mm × 160 mm。

8.1.5 调心滚子轴承

调心滚子轴承是一种不可分离轴承，轴承外圈滚道为球面，球面半径比滚子母线半径稍大，因而轴承具有调心能力，在内外圈相互倾斜 2°的情况下，仍然保证正常的载荷分布。调心滚子轴承内圈滚道曲面半径与滚子母线半径一样，因而，滚子与内圈是线接触。如图 8-18 所示，内圈的外侧带挡边，中隔圈可以与内圈是一体的，也有活动的中隔圈，挡边和隔圈对滚动体的运动起引导作用，这种轴承可以承受一定的轴向力。

一般情况下，当轨道车辆轴箱采用调心滚子轴承时，每个轴箱安装一个调心滚子轴承。但也有一个轴箱安装两个调心滚子轴承的，如图 8-19 所示的 UIC 货车轴箱。

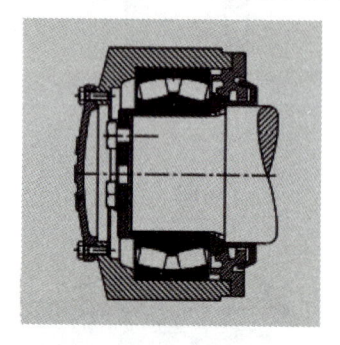

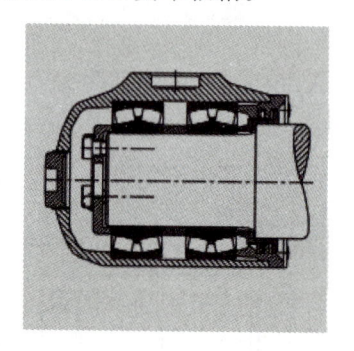

图 8-18　机车用调心滚子轴承　　　　图 8-19　UIC 货车轴箱用调心滚子轴承

20 世纪 70 年代，我国从罗马尼亚进口的 ND2 型内燃机车的轴箱轴承是 SKF 轴承公司生产的 C 型调心滚子轴承。其型号相当于国产轴承 3G4053736KT。该类轴承的滚子为对称形，内圈无外挡边，中挡边是可分离的，滚子与滚道是线接触，滚子的有效工作长度较长，使用寿命比同样外廓尺寸的非对称形调心滚子轴承稍大。调心滚子轴承由于内部摩擦较大，极限转速较低，不适于高速。当轴承内径相同时，相同径向承载能力时，这种轴承的外径要大于双列圆柱滚子轴承和双列圆锥滚子轴承，其质量也大。这不符合铁路机车车辆对轴箱轴承尺寸小、质量轻、承载能力高的要求。因而这种轴承逐步被淘汰，自 20 世纪 80 年代以来新造轨道车辆很少采用这种轴承。

8.1.6 多功能集成化轴承单元

为实现铁路货车的智能化，货车上将安装各种监测设备。为给监测提供电能，带有集成发电转子的轴箱轴承是理想的解决方案。在轴端盖中的磁铁和轮轴共同旋转，同时集成在轴箱端盖内的线圈作为定子保持静止。

以此种方式产生的电能存储在蓄电池中，即使在列车停车时也能够利用。因此，由于充足、连续的电能供应，带有其他功能（如轴箱轴承诊断和危险货物监测）的远程通信系统可以快速地传送信息。

如图 8-20 所示是 FAG 发电机集成化的轴承单元，目前可以提供两种系统：5 W 的低功率型和 100 W 的持续功率型。如果用户需要特殊的解决方案，可通过不同电压实现，如 6~24 V。

图 8-20 发电机集成化的轴承单元

为应对任何速度下的列车运行安全性和可靠性所面临的持续挑战，铁路行业继续在信号、控制和保护等多种应用场合中使用传感器解决方案。

通用的解决方案必须能够满足全球范围内车辆制造商和铁路系统运营商的不同需求。理论上，这些解决方案还可以促进行业实现标准化，减少部件和供应商的数量。传感器可以安装在轴箱轴承单元或轴箱前盖上，并且可以与新车辆和既有车辆轻松整合。因为该解决方案具有独特的设计理念，可以为不同的电子系统整合多个传感器，分布在轴承单元体周围或轴箱盖内。这为检测列车自动保护（ATP）、制动控制和状态监测系统的运行参数提供了多种选择。

国外轴承厂家也开发了带有集成传感器系统的轴箱轴承单元（轴承、传感器和轴箱）。传感器集成到一个预添加润滑脂、自带密封的轴箱轴承单元中。如图 8-21 所示，传感器可以安置在轴承单元的外侧密封件上，这些传感器用于测量速度、温度、转向和振动信号。轴承单元安装到轴颈后，系统与轮对轴箱集合成一个整体。该模块化的解决方案允许多个信号集成到同一个轴箱中。

图 8-21 带集成传感器的轴承单元

轴承单元集成传感器的优点：
- 根据客户的规格量身定制的传感器结构；
- 部件较少的紧凑型设计，节省空间、减少质量；
- 可以将传感器与接地电刷安装在同一个轴箱内，传感器无须维护；
- 多个传感器的集成安装，支持不同的系统；

- 与其他光学速度传感器兼容；
- 同一个轴箱中速度信号完全独立和充足。

与传统的传感器解决方案相比，轴承单元集成传感器系统可以检测各种单独的参数。在大多数应用场合，无论是作为多个应用场合的单独信号，还是与里程表系统的移动方向一起来管理数据评估，检测旋转速度都是必需的。传感器也可以检测轴承温度以及垂直和/或横向加速度信号。这些数据可以与其他参数一起使用，比如转向架状态监测。转速大小与方向的信号可用于：车轮防滑保护、速度记录器、行驶信息系统、牵引控制、乘客信息系统（PIS）、列车自动控制（ATC）等；轴承温度可以用于轴承运行状态的检测与诊断；垂直与水平方向振动信号可用于轴承运行状态的检测与诊断、转向架状态监测。

8.2 动车组轴箱轴承

8.2.1 动车组轴箱轴承选型过程

高速铁路需要更新更成熟的技术、更高的可靠性、更经济的轻型结构、更好的舒适性。这就对动车组轴箱轴承提出了更高的要求。动车组轴箱轴承是动车组走行部件的关键部件，轴承的可靠性与安全性直接影响动车组运行的可靠性与安全性，因此对其寿命与可靠性、安全性要求高，免维护周期长。自 20 世纪 60 年代日本新干线开始运行到现在已经经历了半个多世纪的历程，在这期间，尤其是 20 世纪 70 年代中期到 20 世纪末，关于动车组轴箱轴承的选型问题经历了很长时间激烈的争论。

为了满足高速铁路的需要，世界上一些知名的轴承公司、轨道车辆制造商、高等院校和研究单位在轴承选型、轴承内部结构优化设计、润滑剂的研制、密封等方面进行了卓有成效的研究工作。这些研究需要突破原材料、结构设计、仿真分析、制造工艺及装备、检测与试验、装车应用等关键技术，同时还涉及接触力学、润滑理论、摩擦学、热处理等基础研究。

1. 早期选型概况

日本新干线是世界上最早投入运营的高速铁路，根据日本的传统习惯，新干线 0 系列和 100 系列动车组采用圆柱滚子轴承和深沟球轴承的组合结构，圆柱滚子轴承承受径向载荷，球轴承承受轴向载荷。随着轴承内部结构设计、加工水平的不断改进和发展，新研制的带挡边的圆柱滚子轴承可承受双向轴向载荷。特别是 20 世纪 80 年代初滚子端面采用球面，挡边用轴承的轴向承载能力提高了 2.5 倍，这种轴承得到更加广泛的使用。日本新干线 300 系列取消了组合结构，采用两个圆柱滚子轴承配对使用的结构。1997 年，日本新干线的 500 系列、700 系列车采用了自密封双列圆锥滚子轴承，轴承尺寸减小，润滑为脂润滑，延长了轴承的维护周期。

法国 TGV 动车组在 1981 年投入运营时，动力车轴箱轴承采用 Timken 公司提供的 AP 单元。Timken 公司是最早研制铁路轨道车辆轮对用圆锥滚子轴承的公司，美国有许多类型的机车和美国出口到中国的 ND5 型机车上都采用了圆锥滚子轴承单元。在 1967—1968 年间，Timken 公司研制的圆锥滚子轴承单元在台架试验时速度达到 250 km/h。此后在法国国营铁路威特里试验中心进行了 300 km/h 的试验，试验内容包括：

① 根据转速载荷确定轴承的工作温度，检查各种被试润滑脂的润滑效果，确定补充润滑

脂的部位和油脂量；

② 通过正反方向的运转和模拟线路情况确定轴承的最佳轴向游隙；

③ 台架模拟和线路运行试验，在台架上施加交变的轴向载荷，模拟巴黎—里昂的距离和线路进行试验，同时还用在 TGV001 的 Z7001 动力车上进行线路运行试验，通过上述试验确定轴承的安装和固定方式、润滑脂型号和最佳的轴向游隙。

从 1978 年起在 5 年时间内，Timken 公司为法国铁路的 97 列动车组提供了 5 000 套轴承。Timken 公司从轴承投入运营起，就进行了跟踪检测，最初定的检查周期为 50 万～70 万 km，由于运行效果较好，已将检查周期提高到 150 万 km。

20 世纪 80 年代中期，SKF 公司也向法国铁路提供了该公司研制的 TBU 圆锥滚子轴承单元。后来法国国铁为提高 TGV 动车组在世界高速铁路领域内的竞争能力，提高主要零部件的国产化率，法国 SNR 轴承公司也开始研制圆锥滚子轴承单元，并逐渐向 TGV 动车组提供轴承。

德国 ICE 动车组吸取了法国 TGV 动车组的成功经验，采用由 SKF 和 FAG 公司研制的圆锥滚子轴承单元作为动力车轴箱轴承。拖车采用圆柱滚子轴承单元。

2. 轴承厂家试验研究介绍

法国和德国动力车采用圆锥滚子轴承单元而不用圆柱滚子轴承作为轴箱轴承是经过大量的对比试验后才确定的。如图 8-22 所示，当轴向力小于 7 kN、速度在 200～240 km/h 条件下，圆锥滚子轴承和圆柱滚子轴承的运行性能没有什么差别，但当轴向力大于 7 kN，速度超过 240 km/h 时，圆锥滚子轴承的性能优于圆柱滚子轴承，其中最主要的是其摩擦力矩较低，这是因为其滚子端部轮廓形状较好，滚子端部与挡边易形成润滑油膜，从而减小摩擦力矩。由于摩擦力矩小，温升也较低，润滑脂的使用寿命也有所提高。目前，FAG 公司为世界各高铁公司配套的轴箱轴承均为圆锥滚子轴承，其线路最高试验速度达 503 km/h。

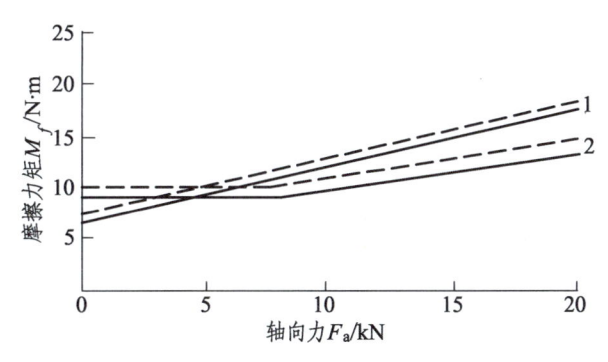

1—圆柱滚子轴承单元；2—圆锥滚子轴承单元；虚线--- $n = 2\,000$ r/min；实线—— $n = 1\,500$ r/min；$F_r = 70$ kN。

图 8-22 轴向力对摩擦力矩的影响

当滚子偏斜产生偏转力矩时，圆柱滚子轴承中滚子的偏转力矩必须由保持架来承受，因而要求保持架必须具有足够强度，故常采用实体窗孔式保持架，但其生产成本昂贵。圆锥滚子轴承内滚子的偏转力矩由内圈挡边来承受，保持架受力较小，仅起一个保持器的作用，所以圆锥滚子轴承的保持架多采用钢板冲压或者塑料保持架，其成本较低。

轴承公司和轨道车辆制造商一起研究了轴承轴向游隙与转向架动力学性能之间的关系。事实表明，轴向游隙越小，转向架横向动力学稳定性能越佳。最早使用的圆柱滚子轴承轴游隙为 0.2~2 mm，而直径为 150 mm 的圆锥滚子轴承单元组装后轴向游隙仅为 0.50 mm 左右，这对改善动车组的动力学性能是非常有利的。

另外，考虑到高速动力车在曲线运行时可能产生较大的横向力（轴向力），圆锥滚子轴承的轴向力主要由滚道承担，只有 20%~30%由内圈挡边承受，相同尺寸条件下圆锥滚子轴承的轴向承载能力高于圆柱滚子轴承，这也是最初选用圆锥滚子轴承作为轴箱轴承的主要因素之一。

SKF 公司曾模拟法国 TGV 线路的加速度、载荷、交变冲击载荷及环境等实际工况条件，在试验台上对圆柱滚子轴承和圆锥滚子轴承按照速度 360 km/h 进行对比试验，试验结果是圆锥滚子轴承的摩擦力矩比圆柱滚子轴承低，轴向承载能力高，温升比圆柱滚子轴承低 15 ℃ 左右。SKF 公司的设计人员通过对圆柱滚子轴承的滚子端面和挡边接触状态进行优化，以利于滚子端面与挡边接触处形成润滑油膜，提高轴承的轴向承载能力；同时应用轻量化的塑钢保持架。目前，SKF 公司生产的动车组轴箱轴承使用圆柱滚子轴承和圆锥滚子轴承两种结构，根据不同国家的不同需要分别供应。

在 20 世纪 90 年代以前，世界各国现已投入运营的动车组轴箱轴承有双列圆柱滚子轴承和双列圆锥滚子轴承单元。法国 TGV、德国 ICE、意大利 ETR450 及 ETR500 动车组的动力车和英国 91 型高速机车均采用圆锥滚子轴承单元，其他车辆大多采用圆柱滚子轴承单元。

20 世纪 80 年代中期到 90 年代中期，欧洲动车组经历了由动力集中到动力分散的过程，德国 ICE 和法国 TGV 的高铁技术不断输出到其他国家，在这期间，轴箱轴承的选型更加趋向于圆锥滚子轴承单元。在日本新干线 500 系以后的新型车中也开始采用圆锥滚子轴承单元。

20 世纪 90 年代初，原铁道部组织有关院校、科研院所、轨道车辆制造厂家进行了动车组关键部件的可行性研究，分别以 ICE1、TGV、日新干线 500 系为蓝本，进行了转向架的研制工作。当时欧洲无论是轴承厂家，还是轨道车辆制造厂家基本趋向于圆锥滚子轴承单元，而国内由于不了解国外的情况，还有些争论，经过与国外轴承厂家的技术交流，其动车转向架基本选用圆锥滚子轴承单元，而拖车基本选用圆柱滚子轴承单元。这些转向架在西南交通大学的牵引动力试验台上进行了试验，轴承的运行性能完全满足设计要求。此后株洲电力机车厂与当时的长春客车厂（长春轨道客车有限公司）联合研制的构造速度为 200 km/h 的蓝箭动车组、构造速度为 270 km/h 的中华之星都是在上述研究项目的基础进行的，轴承选型与项目试验转向架选型基本一致。台架试验、线路运行过程中轴承的运行性能稳定，满足设计要求。

在 2003 年以后，原铁道部开始技术引进的合作模式，与国外著名的轨道车辆制造商联合开发动车组及动车组，这时对轴箱轴承的选型已无异议。因此 CRH 系列动车组轴箱轴承主要采用圆锥滚子轴承单元，个别车型采用圆柱滚子轴承，主要由 SKF 提供。

8.2.2 动车组轴箱轴承的关键技术

1. 内部结构优化设计

滚子与滚道接触时，在滚子端部存在应力集中，产生所谓的边际效应；另外，由于不同心及滚子相对于轴承轴线的偏斜，会加剧应力分布的不均匀。如图 8-23 和图 8-24 所示，二者叠加起来会比正常状态下的应力大数倍。接触应力太大会导致磨损、早期疲劳剥离等。

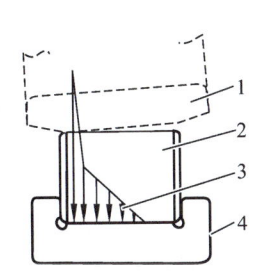

1—内圈；2—滚子；3—应力分布；4—外圈。

图 8-23 圆柱滚子与滚道间的应力分布

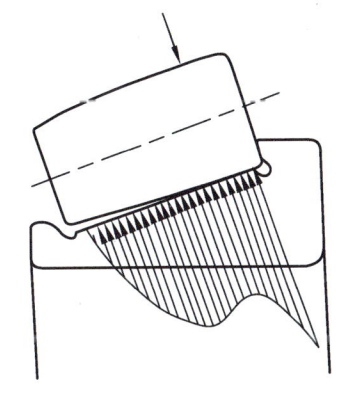

图 8-24 圆锥滚子与滚道之间的应力分布

轴承在运行时要承受一定的轴向力，滚子端面与挡边之间的接触类似滑动轴承，接触不好时不仅形成不了润滑油膜，而且会导致较大的摩擦热。为了降低摩擦热，滚子的端部与内圈挡边之间具有独特的几何形状，这样能使滚子端部和挡边之间形成良好的弹性流体动压润滑。一般情况下采取两条措施，一是挡边承载面加工成斜面，二是滚子端部做成球面。从现有的资料来看，各个轴承厂家选用的挡边斜度大小不等，一般在 6′~14′。挡边做成斜面后与滚子端部的接触部位易形成润滑油膜，有利于弹性流体动压润滑油膜的形成，从而减轻滑动摩擦，提高轴向承载能力。

低的摩擦热和运转温度使轴承具有良好的工作性能，这是因为温度稍有增加，既要降低油膜厚度，润滑状态恶化，同时长时间高温运行会使润滑脂老化，降低润滑脂的使用寿命。

因此要绝对保证轴承较低的运转温度，实际上就是要降低摩擦扭矩，为此，轴承公司进行了内部结构的优化设计，使滚子与滚道、滚子端面与挡边之间的摩擦阻力矩达到最小。

2. 保持架的材料与结构

保持架起隔离滚动体的作用，还有助于引导滚动体。随着速度的提高，作用在保持架上的力也随之增大，高速时保持架的高刚度增加了安全性。过去轴箱滚子轴承一直选用实体金属保持架，圆柱滚子轴承普遍采用带铆接的车制黄铜保持架。圆锥滚子轴承采用钢板冲压保持架。这种保持架与实体保持架相比，质量较小，在引导面的加速和减速运动较小，其摩擦和发热量也较低。

金属保持架在运转过程中是安全可靠的，但是由于其生产过程复杂，质量过大，在高速运行条件下会产生很大的离心力和惯性力。为此，20 世纪 70 年代中期 SKF 和 FAG 便开始研制轴箱滚子轴承用塑料保持架。塑料保持架的特点是高弹性、工艺性好、低密度、能顺应紧急情况、具有衰减振动和噪声的作用。FAG 公司的 TAROL——UIC 130/230 圆锥滚子轴承保持架采用含有 25%玻璃纤维增强尼龙 66，这种材料具有热稳定、冲击韧性好的优点。自 1977 年开始，德国铁路部门对装有塑料保持架的圆锥滚子轴承 TAROL 单元进行了运行试验，运行 20 万千米之后，进行中间检查，保持架、滚动体、滚道和润滑剂仍保持良好的状态。带塑料保持架的 FAG TAROL 圆锥滚子轴承单元在试验台架经受住了很大的动态载荷试验，在转速 1 600 r/min，短时振动加速度达 40 g 的条件下轴承没有发生损伤。同样的轴承也装在具有独立轮对的转向架上，在试验台上试验转速达 2 924 r/min，相应地创下 507 km/h 的速度纪录。

在缺少润滑剂时，塑料保持架能显示出它的应急运转特性，FAG 公司对使用黄铜保持架和塑料保持架的 NJ2314E 圆柱滚子轴承进行贫油润滑状态的试验，两种轴承各装入 10 g 稠度为 2 级的油脂，采用塑料保持架的轴承到破坏时的寿命是黄铜保持架的 3 倍。塑料保持架的另一个优点是可减小对润滑脂的腐蚀作用，延长脂的使用寿命，而铜易与脂发生氧化反应，缩短了脂的使用寿命。

圆锥滚子轴承用塑料保持架是采用整体注模注射成形法制成的，由于是圆锥形，可采用轴向拔模，生产效率较高。当运行一段时间需要检查内滚道时，同样可取出一个滚子进行检查，塑料保持架以其突出优点在铁路轴箱轴承中得到应用，随着经验的积累，它的用途将会进一步扩大。

到目前为止，在国内的货运车辆和动车组上，已经有数百万套采用塑料保持架的轴承安装在运行。

随着动车组设计和运行速度的不断提高，建立多刚体接触的动力学分析模型，根据采集的动车组轴箱轴承速度谱和载荷谱以及已有的动车组轴箱轴承早期失效模式，开展轴承的结构优化设计和仿真分析，诸如滚动体凸度修型，滚动体端面与挡边的接触状态，滚动体与保持架的接触状态，研究保持架设计参数对其运动稳定性、碰撞和冲击振动响应的影响，通过动态仿真分析，确定合理的保持架结构参数，以提高保持架运动稳定性和抗冲击能力。

3. 润　滑

为了获得良好的轴承运行性能，需要选择润滑剂。一般情况下，润滑脂的使用寿命低于滚动轴承的使用寿命。而高速机车转向架要达到 120 万 km 的维修期，因此必须选择适合于高速轴箱轴承的润滑脂。

为了寻找适合于动车组轴箱轴承的润滑脂，FAG 和 SKF 公司都进行了大量的台架试验和现场运行试验。试验中发现高温会影响到润滑脂的使用寿命，当运行温度超过润滑脂允许的长期运转温度时，温度每增加 15 ℃，润滑脂的使用寿命相应就减小一半。因此，选择润滑脂时，润滑脂允许的长期运转温度比轴承运转温度高 20 ℃ 较为合适。

在高温条件下，必须使用具有抗热添加剂的特种脂。由于在高速运转条件下，圆柱滚子轴承的摩擦温升较高，只有几种润滑脂能适应高速圆柱滚子轴承，一种基础油为矿物油的合成润滑脂比较适合。而圆锥滚子轴承由于其运行温度较低，具有矿物基础油和 EP 添加剂的锂基脂，即 NLGI2 号脂，这是高速动力车轴箱用圆锥滚子轴承的理想润滑脂。

锂基润滑脂具有良好的抗水性、较大的运行温度范围，同时还含有抗氧化剂、抗腐蚀剂、EP 添加剂。EP 添加剂可以在轴承启动时减少摩擦力矩。

目前，国内动车组轴承分解检测周期由 132 万 km 提高至 165 万 km，即要求润滑脂更换周期由 132 万 km 提高至 165 万 km，相当于寿命需要提高 25%。现在在使用的是铁路专用润滑脂，具有良好的机械安定性、胶体安定性、极压抗磨性、抗氧化性、防锈性、抗水性和长寿命等特点。需要开发适应高转速、温升低的润滑脂，以有效支撑延长轴承免维护周期。除此之外，在线润滑脂更换系统也能够解决维修周期延长对润滑脂的要求。

目前，国内动车组轴箱轴承用润滑脂主要产品型号有 Shell nerita HV、Shell nerita 2858、FAG L218 和 FAG L55。

4. 密封

润滑脂的清洁度对轴承的使用有很大影响，轮对轴箱必须有相应的密封装置。密封装置的作用是防止润滑脂泄漏，防止外界污物、杂质和水分侵入。如果密封失效，不管轴承或其周围相关部件质量如何好，轴承都将很快损坏。机务和车辆维修部门的统计数字表明：由于密封失效使润滑脂泄漏或润滑脂污染，造成轴承润滑不良，导致轴承烧损的意外事故所占比例很高。为了设计出最佳的密封装置，SKF 和 FAG 公司进行了严密的实验室试验，用计算机来监视记录试验装置的主要性能参数，如封油能力、对水分和杂质的阻挡能力等。

5. 轴承用材料及冶炼方法

为了满足动车组的运行要求，轴承内外圈和滚动体的材料表面坚硬，具有较高的抗疲劳和耐磨性，而芯部具有足够的韧性。为此，轴承用材料要具有很高的纯度和均匀的金相组织。

钢中杂质的含量对轴承寿命有着显著的影响，欲提高轴承的疲劳寿命，必须提高轴承钢的质量，减少其中杂质的含量，保证轴承钢的纯度。实践证明采用真空脱气+电渣重熔冶炼方法冶炼出的轴承钢可以大大降低轴承钢中杂质的含量。轴承钢的氧含量越低，氧化物夹杂越少，纯净度越高，轴承钢的疲劳寿命就越长，因此高端轴承钢要降低钢中的氧含量，严格控制有害元素产生的夹杂物。

不仅轴承钢的纯度对轴承疲劳寿命有影响，其热处理工艺对轴承的使用性能、疲劳寿命也有着显著的影响。世界上一些知名的轴承公司如 SKF、FAG 在 20 世纪 70 年代初，首先在铁路轴承上采用贝氏体淬火工艺。贝氏体淬火与常规马氏体淬火相比，具有下列优点：

- 淬火层表面为残余压应力。贝氏体淬火时工作截面上温度比较均匀，基本上同时发生贝氏体转变，由奥氏体向下贝氏体转变时，体积膨胀较小，因此淬火变形较小，淬火应力也较小，且淬火层表面为残余压应力，因而不易产生淬火裂纹和磨削裂纹。而常规的马氏体淬火，表层存在一定的残余拉应力。由于轴承内圈与电机轴为过盈配合，内圈装配后必然产生拉应力，当采用马氏体淬火时，两种拉应力相加，应力值较大；当采用贝氏体淬火时，拉压应力相互抵消一部分，应力相对较小，故有利于提高轴承的疲劳寿命。

- 良好的冲击和断裂韧性。机车运行时轴承受较大的振动和冲击载荷，贝氏体淬火可相应提高冲击韧性 60%、断裂韧性 30%，因而贝氏体淬火工艺特别适宜于铁路轴承。

- 良好的尺寸稳定性。

目前，我国动车组轴箱轴承主要由欧系 SKF、FAG 和日系 NTN、NSK 共 4 家供应商供应，欧系轴承采用高碳铬轴承钢制造，日系轴承使用渗碳轴承钢制造。欧系轴承套圈以高碳铬轴承钢及贝氏体热处理为主，其中高碳铬轴承钢性价比高。采用贝氏体等温淬火，零件在疲劳强度提高、耐磨性略微降低的条件下，韧性与马氏体相比可显著提高。日系轴承套圈则以渗碳轴承钢及渗碳热处理为主，这是因为渗碳后零件具有"外硬里韧"的梯度性能，表面硬度高，抗疲劳和耐磨损；心部韧性好，可有效阻止裂纹扩展，特别适用于具有冲击振动等复杂载荷的工况。虽然渗碳钢价格较高，热处理工艺也较复杂，但其材料特性非常契合轴箱轴承的高安全性要求。

动车组轴箱轴承要实现长寿命、高可靠性的使用要求，需要研究轴承零件材料的成分，调整对热处理工艺的影响，研究新型热处理工艺，从微观组织研究材料组织及其性能的调控机制，实现精准的热处理工艺控制、组织和性能预测，最大限度保证轴承组件在不同使用条件下的性能和寿命，实现轴承材料从宏观、细观和微观尺度全面的组织、性能、应力场调控，使之与设计和轴承服役条件最佳配合，提高抗疲劳、耐磨、耐蚀和尺寸稳定等性能。

6. 轴箱轴承台架试验

瑞典SKF、德国FAG等铁路轴承制造商都拥有先进的轴承试验技术和试验装备。SKF公司研制了高速铁路轴承试验台，试验速度可达550 km/h，可以模拟转向架的动态载荷，对轴承进行综合性能测试。德国FAG公司自行研发了铁路轴承专用试验台，能模拟最高速度550 k/hm的列车运行速度。试验台装有一个空气流动模拟器，它能产生的最大风速达180 km/h。该试验台能够模拟列车在不同线路工况下，对双列圆锥滚子轴承或圆柱滚子轴承运行寿命、温度、密封、噪声等性能参数进行测试。

国内一些院校和研究单位相继开发了动车组轴箱轴承的静态模拟试验体系，可以模拟路谱载荷，进行耐久性试验、防水密封和防尘密封性能试验，但是与SKF、FAG的试验台架相比尚还有一定的差距。

8.2.3 对国内研究的建议

目前，国内动车组轴箱轴承主要有两种结构：一种为自带密封的双列圆锥滚子轴承单元，代表品牌是为FAG和NTN；另外一种是自带密封的圆柱滚子单元，代表品牌为SKF。这两种类型的轴承，由于其结构设计紧凑、承载能力大、极限转速高、安装方便，安装时无须游隙调整与填脂，完全适应动车组高速、高可靠性与安全性的要求。

目前，国内动车组轴箱轴承完全依赖进口，要想实现轴承的自主化生产，动车组轴箱轴承的研发需要突破原材料冶炼、热处理和磨削加工关键工艺节点控制、轴承内部结构设计、动力学仿真分析、台架试验等关键技术。为了突破这些关键技术，既要加强滚动轴承摩擦学、轴承动力学的基础研究；同时也要加强材料冶炼技术、热处理和磨削加工工艺、润滑脂配方和生产工艺、轴承台架试验等应用技术的研究。具体来讲包括如下几个方向：

（1）研究国外先进的高品质轴承钢的冶炼方法，开展轴承钢真空精炼和电渣重熔等熔炼方法的研究，制定出高纯度、高洁净度、高均匀化轴承钢的冶炼工艺路线，为高铁轴承提供高品质的轴承钢。

（2）深入开展轴承摩擦学（包括运动学、动力学、接触力学）的基础研究，研究高铁轴承在多刚体耦合相互作用下，接触表面的应力分布、相对运动关系、表面微观形状的变化、润滑油膜形成机理及其影响因素、摩擦发热的根源、温度场的分布等，为轴承内部结构优化设计、降低摩擦身温升提供理论支撑。

（3）开发轴承参数建模、结构强度分析、结构优化设计、动力学性能分析及仿真的计算分析软件。

（4）开展润滑脂不同添加剂配方和生产工艺的研究，参考国外品牌润滑脂的理化指标和动态性能台架试验规范对不同配方和生产工艺的润滑脂进行对比试验，测试润滑脂的各种性能，并与国外成熟应用的高铁轴承用润滑脂进行对比性能试验，检验其对高速铁路轴承的适用性，确定适合动车组轴承的润滑脂配方和生产工艺。

（5）加强塑钢保持架材料成分、保持架的结构设计与保持架动态性能的研究，进而实现塑钢保持架的优化设计。

（6）加强轴承密封材料、密封结构设计与应用的研究，完善检测与试验方法，为轴承提供高品质的密封材料和可靠的密封结构。

（7）完善高速动车组轴承动态模拟试验台的建设，建成真正能够模拟动车组实际线路运行工况的多动能综合试验台（三个方向激振、三个方向加载、通过曲线、蛇形运动、风冷、环境气候模拟，可以全方位监控轴承的运行状态），对轴承的运行性能进行综合评价。

为此需要集合铁路、轴承、冶金、润滑脂、试验测试、软件设计等方面的技术人员，精诚合作，形成合力，最终研制出具有完全自主知识产权的动车组轴箱轴承，进而提升中国高铁品牌形象，为中国高铁进一步走出国门、走向世界提供有力的技术支撑。

8.3 轴箱轴承的设计计算

8.3.1 轴承使用寿命

轴颈尺寸主要根据轴重确定，轴颈尺寸确定后，根据所设计轨道车辆的类型即可确定轴承的类型与型号，一般情况下，货车多选用圆锥滚子轴承，客车选用圆柱滚子轴承，机车多选用圆柱滚子轴承或圆锥滚子轴承，动车组目前趋向于选择圆锥滚子轴承，城市轨道交通则二者均有选用。

轨道车辆轴箱轴承的使用寿命要求一般是按运行里程数选取的，轴箱轴承在一个寿命周期内，可以检修一次或多次，检修后的轴承可以继续使用，但轴承的使用寿命不允许超过相应的规定。中国铁路轴箱轴承的维修周期与车辆的整体检修计划相匹配，目前各种应用的检修周期和使用寿命参见表8-1。

表 8-1 铁路轴箱轴承检修周期及使用寿命

铁路应用	维修周期/寿命
高铁	120 万 km 维修
	240 万 km 报废
机车	100 万 km 或 6 年维修
	200 万 km 报废
轻轨地铁	80 万 km 或 6 年维修
	160 万 km 报废
货车	40 万 km 一般维修
	80 万 km 大修
	120 万 km 一般维修
	160 万 km 报废

为了降低维护和使用成本，各终端用户期望轴承供应商持续提升轴承品质，以实现更长的轴箱轴承的检修周期及使用寿命。

Lundberg 和 Palmgren 在理论和实验数据分析的基础上提出了一种简化的轴承疲劳寿命计算方法，其基本公式为

$$L = \left(\frac{C}{P}\right)^p \tag{8-1}$$

式中　L——额定寿命，10^6 转；
　　　C——额定动载荷，N；
　　　p——寿命指数，滚子轴承为 $p = 10/3$，球轴承为 $p = 3$；
　　　P——轴承当量动载荷，N。

当转速 n 为恒定时，采用以小时计的寿命 L_h 代替额定寿命 L。

$$L_h = \frac{L \cdot 10^6}{n \cdot 60} \tag{8-2}$$

式中　L_h——以小时计的额定寿命，h；
　　　n——转速，$\min^{-1}$。

轴承的转速 n 取车轮的平均转速。根据车轮直径 D_R 和平均运行速度 V_m（km/h）计算，轨道车辆的平均运行速度按照其最高设计速度的 75% 计算，即 $V_m = 0.75 V_{max}$

由此可以得出轴承的转速为

$$n = \frac{10^3 \cdot V_m}{60 \pi D_R} = 5310 \frac{V_m}{D_R} \tag{8-3}$$

对于轨道车辆轴箱轴承若以行驶里程表示寿命，则计算公式为

$$L_{km} = \left(\frac{C}{P}\right)^p \cdot \pi \cdot D_R \cdot 10^3 \tag{8-4}$$

式中　L_{km}——以行驶里程数计的寿命，km；
　　　D_R——车轮直径（以半磨耗状态计算），m。

载荷和转速确定后即可计算轴承的寿命。为安全起见，轴承的计算寿命应比要求的使用寿命有一定的富余量。

8.3.2　轴箱轴承载荷分析计算

1. 载荷分析

轴箱轴承承受的载荷根据其方向可以分为径向和轴向。径向载荷又可以分为垂直方向的径向载荷和水平方向的径向载荷。

作用在轴箱上的垂向静载荷由轴重和簧下重量计算：

$$G = (G_{00} - G_r) \cdot / i_R \tag{8-5}$$

式中　G——最大静态轴载荷（kN）；
　　　G_{00}——轴重（kN）；
　　　G_r——簧下重量（kN）；
　　　i_R——每个轴箱轴承数量。

牵引力：驱动系统驱动车轮，轮轨之间的黏着对车轮有一个水平方向的推动力，这个力就是牵引力。牵引力经过轴箱、构架、牵引装置传递到车体。牵引力的大小是可以计算的，

计算轴承寿命时应该考虑。

轴向力（横向力）：主要是由于轮轨的横向冲击和车辆过曲线时产生的，轮轨的横向冲击更像是一个激励，对轴承来说是一个间歇性作用的载荷；车辆过曲线是车辆自身会产生一个离心力，这个离心力自上向下传递，最后由轮轨平衡。过曲线时，曲线的半径是变化的，列车的速度也是变化的，因而作用在轴承上的轴向力也是变化的，很难精确计算其大小。

横向力引起的附加径向载荷：对于转臂式轴箱，如图 8-25 所示，由于转臂与轴箱是一个整体，轴箱承受轴向力时，若转臂与构架连接关节的回转刚度较大，会对轴箱产生一个向转向架内侧的一个力矩，这个力矩经过轴箱作用到轴承上，轴承与轴箱之间会产生一个水平方向的附加径向力。此附加径向力与垂向载荷是垂直的，其大小可以根据轴箱的结构尺寸及轴向力的大小计算。

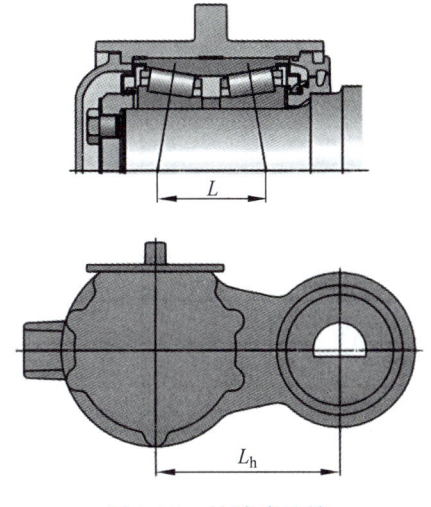

图 8-25 转臂式轴箱

2. 径向载荷的计算

如前所述，轴箱轴承运行过程中承受的径向载荷主要有垂向载荷、牵引力引起的水平方向载荷以及由于轴箱结构引起的附加径向载荷。牵引力和附加径向载荷的大小计算需要很多的性能及尺寸参数。为了简化计算，根据经验引入一些系数，作用在轴承上的动态径向载荷为

$$F_r = f_0 \cdot f_{tr} \cdot f_{rp} \cdot G \tag{8-6}$$

f_0 为施加载荷系数，主要是指车辆所载静载荷的变化。G 为机车轴重或轴载荷基本没有变化，按照轴重及簧下重量计算轴箱轴承的载荷。货车和客车的静载荷是变化的，不同车型的载荷系数值见表 8-2。f_{rP} 为径向动载荷系数，主要考虑系统振动及轮轨冲击对轴承径向载荷的影响。由于振动冲击引起的载荷是变化的，所以只能采用其均值，例如标准客车其动载荷系数 f_P 取 1.2，对于高速、不规则的线路条件等情况，必须与客户商议就动载荷系数达成一致。附加动载荷在很多情况下是根据现场测量或统计分析得出的，具体值与线路情况、运行速度、轴箱弹簧的刚度等有关。速度越高、弹簧刚度大，选取较大的值。f_{tr} 为牵引载荷系数，主要考虑带动力的车辆驱动系统施加在轴箱轴承上的附加载荷。

3. 轴向载荷的计算

轴向载荷主要是指在运行过程中作用在轴箱或轴承上的轴向载荷。

作用在轴箱轴承上的轴向载荷 F_a 为

$$F_a = f_0 f_{ap} G \tag{8-7}$$

式中 F_a ——作用在轴承上的轴向载荷（kN）；

f_{ap} ——轴向载荷系数，主要考虑列车运行过程中轴箱或轴承承受的轴向载荷与垂向静载荷之间的关系，不同车型的轴向载荷系数见表 8-2。

表 8-2 不同车型的载荷系数

车型	系数			
	施加载荷系数 f_0	牵引动载荷系数 f_{tr}	径向动载荷系数 f_{rp}	轴向载荷系数 f_{ap}
货车	0.8～0.9	1	1.3 采用承载鞍的货车	0.1
多联动车组、干线客车、地铁轻轨等大运量车辆	0.9～1	1	1.1～1.3	速度小于 160 km/h 取 0.08，速度大于 160 km/h 取 0.1
机车及静载荷较稳定的车辆	1	1.05～1.1 带弹性驱动装置机车/动车取 1.05，不带弹性驱动的机车/动车取 1.1	1.2～1.4	机车、动车、摆式列车容易产生较大的横向加速度，取 0.12

4. 轴承当量动载荷的计算

对于圆锥滚子轴承单元或调心滚子轴承，其当量动载荷为

$$P = F_R + Y F_a \tag{8-8}$$

对于圆柱滚子轴承，其当量动载荷为

$$P = F_R$$

式中 P ——轴承的当量动载荷（kN）；

Y ——轴承的轴向载荷系数，Y 值的选取，可以按照双列圆锥滚子轴承及调心滚子轴承的 Y 值。$Y = 0.67\cot\alpha$，α 为轴承外圈接触角，用作轨道车辆的圆锥轴承单元和调心滚子轴承的接触角大多为 10°，由此可以得出 Y 值为 2.55。

8.3.3 轴承的配合与游隙

轴箱轴承内圈承受的是旋转载荷，为了防止内圈松动，内圈与轴采用紧配合，并且比一般轴承内圈的配合过盈量要大，大都采用 p6。如果配合过盈量不合适，内圈会在轴颈上蠕滑或爬行，导致轴颈表面的磨损或起皱。严重时会导致轴颈的断裂。

轴承外圈所承受的载荷是局部静载荷，一般采用较松的配合。在受到冲击或振动时，外圈可能在轴箱内或承载鞍下局部微量转动，这样不断改变外圈的受力部位，有利于延长轴承的使用寿命。所以，基于这一原因，为了便于安装与拆卸，特别是对于非分离型轴承，外圈

与铸钢轴箱孔的配合为间隙配合 H7，当采用铝合金轴箱体时，配合选 J7。只有特殊情况下采用过渡配合。

轴箱轴承一般选较大的径向游隙，由于铁路轴箱轴承属于专用轴承，其游隙值的大小与同等尺寸的标准轴承略有差异，有的相当于 C3~C4 组，有的与同等尺寸的标准轴承 C4 组相同。

8.3.4 轴箱轴承的润滑

轴箱轴承的工作特点是载荷大、运行地域的气候变化大、维修周期长、轴箱的密封结构相对简单。因此轴箱轴承大多采用润滑脂润滑。也有少数采用油润滑的，比如日本新干线 0 系的轴箱就采用油润滑，它是在轴箱下部设置一个油池，通过棉丝或甩油环将油传输到轴承内，缺点是易增加轴箱的质量，这对动车组是非常不利的。所以，日本新干线 100 系以后的轴箱轴承均采用润滑脂润滑。另外，油润滑对密封的要求也较高，即便密封效果良好，油的消耗量也较大。据统计，在刚开始采用滚动轴承作轴箱轴承时，每个轴箱油的添加量为 1 300 g，每千千米的油耗量为 200 g，这对轨道和环境的污染较大，且需要定期观察油面高度和添加润滑油，维护工作量也较大。由于上述缺点，后来逐渐采用润滑脂。

车辆类型不同，运行的速度不同，如城市轨道交通的转速远低于动车组；运行的区域也不同，如城市轨道交通或近郊车辆运行的区域很小，而干线列车和动车组运行于东西南北，气候迥异。所以对不同的车辆轴箱轴承应根据运行速度和地域条件选择合适的润滑脂，干线列车和动车组的润滑脂必须耐寒、耐热、使用寿命长，既要有良好的机械安定性，又要有良好的抗水性、抗氧化和防锈性。

为了延长轴承的使用寿命和维修周期，城市轨道交通、干线轨道车辆和动车组越来越多地采用轴承单元，这些组成单元在出厂前均已填充了润滑脂。同一型号的轴承可能安装在不同的轨道车辆中，轨道车辆用户必须与轴承供应商一起商议选用适合运行条件的润滑脂。用户在维修时不能随便替换原配套使用的润滑脂，若要替换，必须经过技术人员确认，用性能参数等同的润滑脂更换。不能为了降低成本，对所维护保养的不同车辆、不同部位的轴承采用同一型号的润滑脂。

欧洲标准委员会根据铁路轴箱润滑脂运用经验，结合大量试验和实践经验，制定了 EN 12081：2017 铁路轴箱轴承润滑脂技术标准，该标准规定了轴箱轴承润滑脂技术要求、认可步骤、质量控制和检测方法等内容。该标准是目前国内外认可度较高、应用较广泛的轴箱轴承润滑脂技术标准，EN 12081：2017 标准主要性能技术要求见表 8-3。

表 8-3　EN 12081：2017 标准主要性能参数

项目		技术要求
外观		均匀
基础油黏度（40 ℃）/（mm^2·s^{-1}）		±10%（与标称值比较）
工作锥入度（0.1 mm）		±15（与标称值比较）
机械安定性	10 万次剪切后锥入度变化（0.1 mm）	≤45°
	V2F 试验（144 h/30 d），润滑脂流失量/g	≤150
	滚筒安定性（50 h，80 ℃），锥入度变化（0.1 mm）	≤60°
	低温锥入度（-20 ℃，0.1 mm）	≥120

续表

项目		技术要求
滴点/°C		≥180
水含量/%		≤0.2
防锈（Emcor）/级	测试液（蒸馏水）	0/0
	测试液（合成海水或海水）	2/2
红外光谱		参考标准光谱
储存分油（168 h，40 °C）/%		0.5～6.0
润滑能力测试	FE8 试验	参照 EN 14865-1：2009[5]
铜片腐蚀（24 h，100 °C）/级		≤2
弹性体相容性（70 h，100 °C）	体积变化/%	−10～+10
	硬度变化/Shore A	−10～+10
热塑性弹性体相容性		参照 EN 12080：2017[6]
抗氧化性/cm⁻¹		≤50

目前，国内还没有轨道车辆轮对轴箱轴承润滑脂技术标准。国内 160 km/h 速度以下的机车车辆轮对轴箱轴承普遍采用"铁道车辆滚动轴承Ⅱ型润滑脂"，其性能参数如表 8-4 所示。我国动车组轴箱轴承润滑脂基本依赖进口。

表 8-4 滚动轴承Ⅱ型锂基润滑脂性能参数

项目			质量指标	试验方法
外观			棕色刷褐色均匀油膏	目测
工作锥入度/0.1 mm			290°～320°	GB/T 269
延长工作锥入度（工作 10 万次）与工作锥入度差值/0.1 mm	不加水	不大于	25°	GB/T 269
	加水 10%	不大于	40°	
	滴点/°C	不低于	170	G/T 4929
	游离碱，NaOH/%	不大于	0.15	SH/T 0329
	游离有机酸		无	SH/T 0329
水分/%		不大于	痕迹	GB/T 512
钢网分油（100 °C，24 h）/%		不大于	5	SH/T 0324
腐蚀（T₂铜片，100 °C，24 h）			铜片无绿色或黑色	GB/T 7326（乙法）
防腐蚀性（12 °C，48 h）/级		不大于	1	GB/T 5018
极压性能（四球机法）P_b/N		不大于	510	SH/T 0202
抗磨性能（四球机法）D_M/mm			0.65	SH/T 0204
相似黏度（平均剪切速率 $\bar{D}=10\ s^{-1}$，−20 °C）/Pa·s		不大于	2 000	SH/T 0048
氧化安定性（99 °C，500 h，0.78 MPa），压力降/MPa		不大于	0.17	SH/T 0325
蒸发量（99 °C，22 h）/%		不大于	0.50	GB/T 7325

续表

项目			质量指标	试验方法
杂质含量/（个/cm³）	10 μm 以上	不大于	5 000	SH/T 0336
	25 μm 以上	不大于	3 000	
	75 μm 以上	不大于	500	
	125 μm 以上	不大于	0	
基础性黏度（40 ℃）/mm²/s		不小于	130	GB/T 265
基础性黏度指数		不小于	85	GB/T 1995
基础油苯胺点/℃		不小于	100	GB/T 262
基础性凝点/℃		不高于	-10	GB/T 510

8.3.5 轴箱轴承的密封

密封分两种情况，一种是轴箱体的密封，另一种是轴承的内置式密封。

1. 轴箱体的密封

无论是开式轴承还是自身带密封的轴承单元，轴承安装在轴箱内，轴箱外侧采用闷盖，靠近后挡一侧则需要采取密封，目前普遍采用的是如图 8-26 所示的径向迷宫密封。为了改善密封效果，在迷宫内要填充润滑脂。过去为了改善密封效果还采用如图 8-27 所示的间隙加毛毡圈的组合密封，这种结构属于接触式密封，毛毡圈易磨损，只适应于低速，随着轨道车辆运行速度的逐渐提高，这种密封结构也被逐渐淘汰。鉴于目前越来越多地采用自带密封的轴承单元，对轴箱的密封要求就没有那么苛刻，径向迷宫密封可以满足各种速度及各种工况条件的要求。

当轨道车辆出现蛇形运动或过曲线时，轮对相对于轴箱做横向移动，径向迷宫的轴向间隙要大于轮对的横动量，否则会出现旋转件与非旋转件的接触，导致发热和磨损。

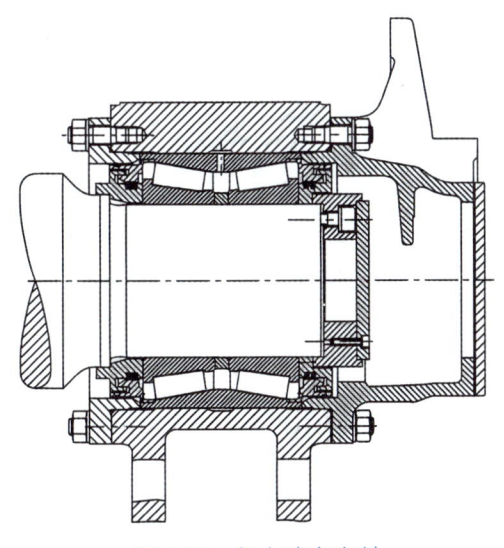

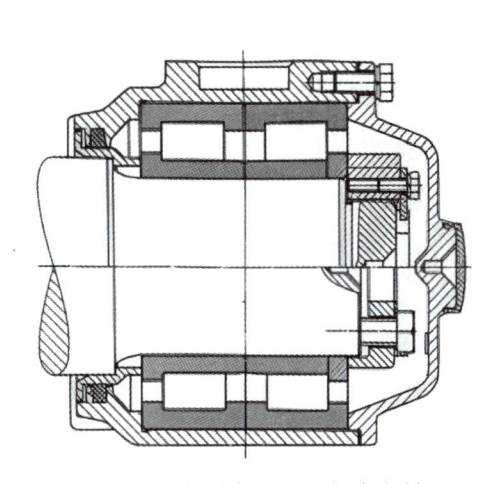

图 8-26 径向迷宫密封　　　　图 8-27 间隙与毛毡圈组合密封

2. 轴承单元的密封

圆柱滚子轴承单元的密封：因为圆柱滚子轴承单元一般是安装在轴箱内，所以圆柱滚子轴承单元自身的密封相对比较简单，基本上是采用钢板冲压件，可参见图 8-10 和图 8-11。

圆锥滚子轴承单元的密封：由于圆锥滚子轴承单元可能用于无轴箱的货车，所以对圆锥滚子轴承单元自身的密封要求较高，密封结构相对也比较复杂。图 8-28 所示的是最初的密封结构，由于当初的轴承设计主要是替代滑动轴承，并且要和当初较长的轴颈相匹配，当时采用的是环形密封与耐磨环的集成结构。不同轴承供应商的各个部件是可以互换的。后来为了改善密封效果，开发了如图 8-29 所示的 LL 型密封，这种密封由密封唇、保护圈和迷宫组成，这种结构可以降低摩擦，防止外界颗粒的进入，延长轴承的使用寿命。

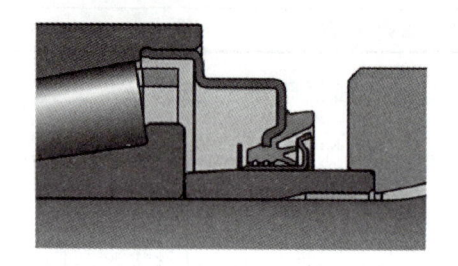

图 8-28　环形密封与耐磨环的集成结构　　　图 8-29　LL 型密封结构

径向唇式接触密封，可有效防止油的泄漏及水分、污物的浸入。但是存在摩擦，易磨损，在维修时需进行更换。另一方面由于摩擦热的作用，容易使密封唇老化，丧失密封功能，外界杂质会不断地经唇部间隙进入轴承内部，导致轴承的磨损，这种密封装置不适应于高速。

图 8-30 所示是简单的迷宫密封结构，由钢板冲压而成，这种设计适合于带轴箱的动车组。

由于轴颈在运行过程中受弯曲应力和变形的作用，轴承内圈端面与后挡之间发生微动磨损，微动磨损不仅容易导致外界颗粒进入轴承，还导致轴承游隙的增大，进而影响到轴承的性能。为了防止内圈端面与后挡之间的微动磨损，在二者之间加一个塑料隔圈，如图 8-31 所示，它可以减小接触面之间的微动磨损。运行经验证明，这一措施是非常有效的。

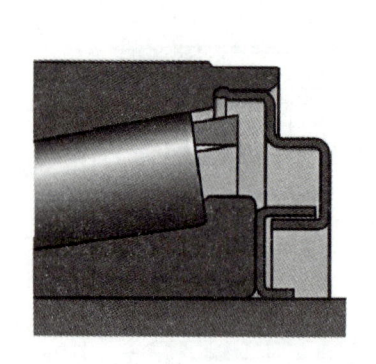

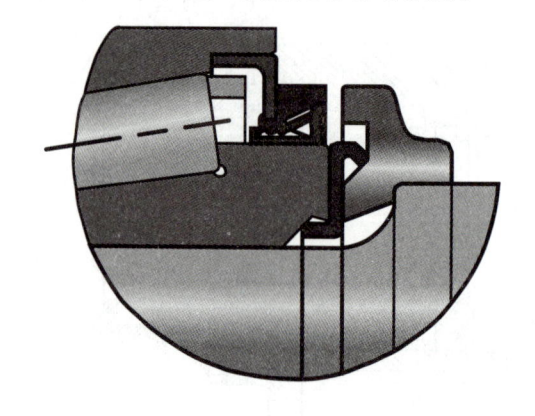

图 8-30　迷宫密封　　　图 8-31　密封唇支承在内圈上且带塑料隔圈的组合密封

迷宫式和碟簧膜片式密封是完全无接触密封，不存在接触式密封的缺点，允许的极限转速较高。旋转件与非旋转件之间的轴向间隙必须比轴承的轴向游隙大 1 mm 左右。台架试验和后来的线路运行都已经证明迷宫式和碟簧膜片密封是完全适应动车组的运行要求。

图 8-32 和图 8-33 列举了采用碟簧膜片式密封的设计。

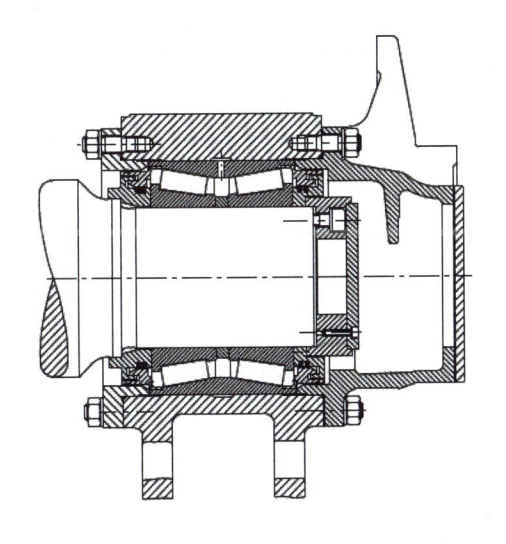

图 8-32　外侧采用碟簧膜片式密封，内侧采用 O 型圈密封

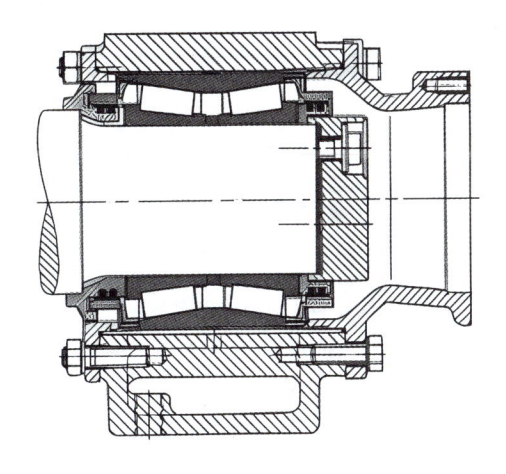

图 8-33　两侧均采用碟簧膜片式密封

第9章 轨道车辆牵引电机轴承

9.1 牵引电机轴承的选型

9.1.1 牵引电机的工作特点

使用环境恶劣：由于牵引电机安装在车体下面，直接受到雨、雪、潮气的影响，机车运行中掀起的尘土也容易侵入电机内部。此外，由于季节和负载的变化，还经常受到温度和湿度变化的影响。因此，电机轴承容易受潮、受污，对其性能和寿命产生不良的影响。

外形尺寸受限制：牵引电机悬挂在车体下面，其安装空间受到很大的限制，轴向尺寸受轨距限制，径向尺寸受动轮直径的限制。

冲击载荷大：机车运行通过钢轨不平顺处，因撞击而产生的动力作用会传递给牵引电机，导致牵引电机承受很大的冲击和振动。

负载分配不均匀：牵引电机与普通电机的另一个不同之处是，在同一机车上的数台牵引电机，不论是在电气方面还是在机械方面，都是连接在一起的。在电气方面，各电机之间并联连接；在机械方面，各电机通过车轮与钢轨间的黏着作用相互耦合在一起。由于同一台机车上牵引电机特性有差异，各动轮直径不等或个别轮对发生"空转""滑行"等原因，都有可能造成各电机的负载分配不均，有的电机处于过载运行，有的电机处于欠载运行，从而使机车牵引力不能充分发挥。

9.1.2 牵引电机轴承的选型

牵引电机是电力机车和电传动内燃机车传动系统中的主要设备，电枢轴承又是其主要部件之一。电枢轴转速较高，而且牵引电机的尺寸又受到车轮直径、两车轮内侧距离和机车下部限界的限制，因此要求电枢轴轴承必须具有尽可能小的尺寸和较高的许用转速。高速机车/动车牵引电机的支承设计与普通机车牵引电机支承相比要求更高。因为高速化要求电机的牵引功率要大而其尺寸和质量较小，支承轴承同样也要求结构尺寸小、承载能力高、使用寿命长、运行可靠性高、运营维护周期长等。

电机轴承的选择主要根据下列几个方面：

（1）机车/动车构造速度、持续运行速度、机车/动车驱动方式、磨耗后车轮直径；

（2）电机持续运转功率、持续运转速度、电机最高转速；

（3）电机的动力输出方式、小齿轮支承方式，以及齿轮啮合参数，如齿数、模数、啮合角、传动比、螺旋角；

（4）电机转子质量、电机承受的振动与冲击以及动载荷系数。

根据上述诸方面确定下列参数：轴承类型、轴承的型号、轴承的承载能力、热参考转速、径向游隙、精度等级。

电机的动力输出方式有两种：即单边传动和双边传动，其支承结构如图 9-1 和图 9-2 所示。

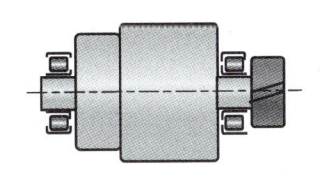

图 9-1　单边传动示意图

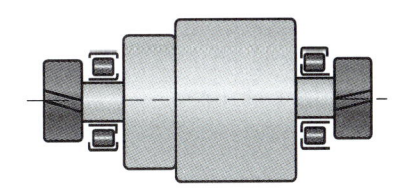

图 9-2　双边传动示意图

1. 单边传动轴承布置

单边传动根据电枢轴、小齿轮的支承方式和动力输出方式分为如图 9-3～图 9-6 所示的几种情况。

单边传动电机轴承布置根据支承方式，分为电枢轴与小齿轮分别独立支承或联合支承；根据动力输出方式分为电枢轴上直接安装传动小齿轮和通过联轴器连接。

图 9-3　单边传动、小齿轮悬臂安装示意图

图 9-4　单边传动与联轴器连接的示意图

图 9-5　单边传动、小齿轮双侧支承示意图

图 9-6　单边传动、小齿轮与电枢轴联合支承示意图

牵引电机基本上是水平横向布置（电枢轴与车轴平行），纵向水平布置的较少。牵引电机纵向水平布置与横向水平布置对轴承的选择配置没有影响。CRH5 动车组牵引电机是纵向倾斜布置，但倾斜的角度不大，可以按水平布置选择轴承。

如图 9-3 所示的单边传动、电枢轴双侧支承、小齿轮悬臂安装的结构。这种结构可以节省轴向空间，在机车中得到广泛使用。因为机车牵引属于动力集中，为了提高电机的功率，电机尺寸较大，而这种结构的最大特点就是轴向空间较小，可以把电机尽量做大，以提高机车的牵引功率。

如图 9-4 所示，电枢轴与小齿轮轴均采用独立的双侧支承，中间用弹性联轴器连接，这种结构主要用在动力分散的动车转向架中，如动车组、城市地铁或轻轨。

如图 9-5 和图 9-6 所示的单边传动、小齿轮与电枢轴联合支承的结构很少使用。

电枢轴双支点支承时通常采用一端固定、一端游动的双支点支承，固定端通常采用 NJ+HJ 系列圆柱滚子轴承、NUP 系列圆柱滚子轴承、NU+深沟球轴承、NU+四点接触球轴承；游动端主要采用内圈无挡边的 NU 系列圆柱滚子轴承。

图 9-7 是单边传动小齿轮悬臂支承结构，即小齿轮固定在电机轴上。图中固定端为深沟球轴承，游动端为 NU 系列圆柱滚子轴承。传统布置是动力输出端为游动支承，非输入端（有时也叫非传动端）是固定支承；输出端轴承靠近传动齿轮，承受较大的径向载荷；固定端轴承承受轴向力和一定的径向载荷。

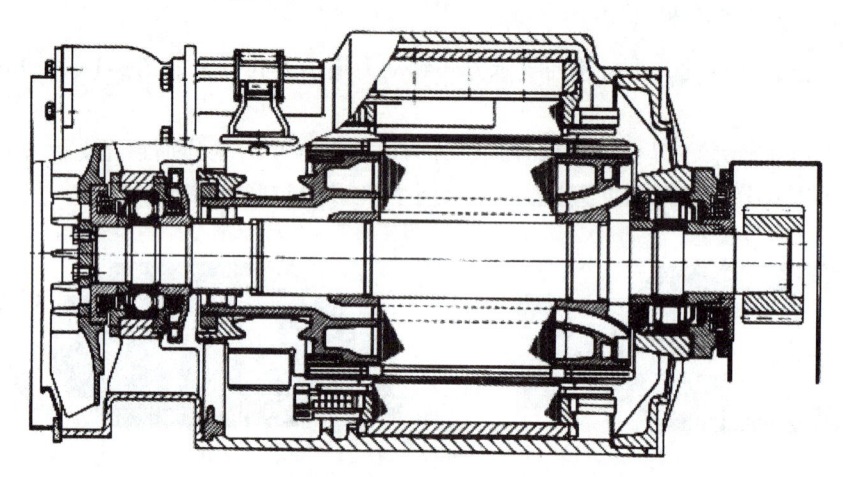

图 9-7　单边传动小齿轮悬臂支承结构图（固定端为深沟球轴承，游动端为 NU 系列圆柱滚子轴承）

如图 9-8 所示，非传动端采用 NU 系列圆柱滚子轴承+QJ 四点接触球轴承的组合结构。图 9-9 是德国 E120 机车异步牵引电机轴承布置形式，定位端是 NJ+HJ 圆柱滚子轴承，游动端是 NU 系列圆柱滚子轴承，国内东风系列内燃机车、韶山系列电力机车和 8K 电力机车均采用这种配置。

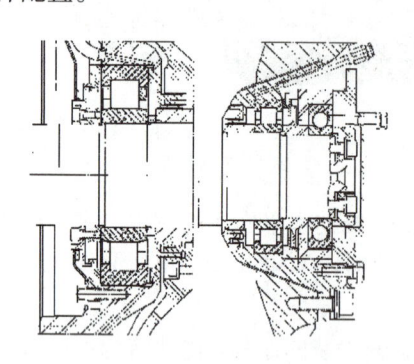

图 9-8　非传动端采用组合轴承结构　　图 9-9　E120 机车异步牵引电机轴承布置

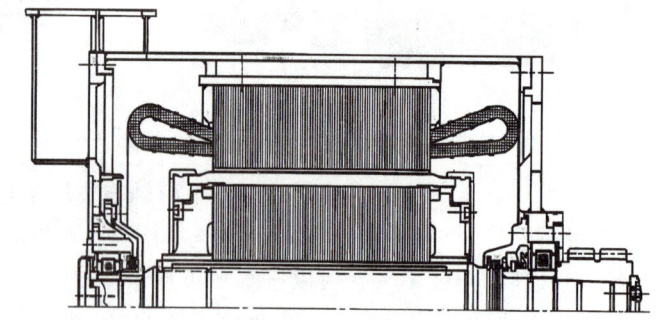

图 9-7 和图 9-9 所示的均是小齿轮悬臂支承结构，其最大优点是结构简单，轴向尺寸小，但是也有明显的缺点：其一是电机轴的弯曲扭转变形影响齿轮的啮合，齿轮需要进行修形；其二是传动端轴承要承受较大的径向力，为此需要采用大尺寸的轴承，而大尺寸的轴承的额定转速较低。这很难满足轴承在高于额定转速（机车高速运行）和较小载荷（机车切断驱动

功率）下都能正常工作的要求。为了解决这一问题，便产生了小齿轮双侧支承这种结构。

小齿轮双侧支承分两种情况：第一种是独立支承，如图 9-10 所示，电枢轴和小齿轮轴都采用独立的双支点支承，即小齿轮安装在齿轮箱内，电机与齿轮箱分别组装、小齿轮安装在齿轮箱内，电枢轴的传动端与齿轮箱的输入轴之间用弹性联轴器连接。在这种支承结构中，电机轴由一个 NU 型和一个 NUP 型轴承支承。

这种支承结构的优点是分别组装，容易保证组装精度。但缺点是轴向尺寸大，受空间限制。

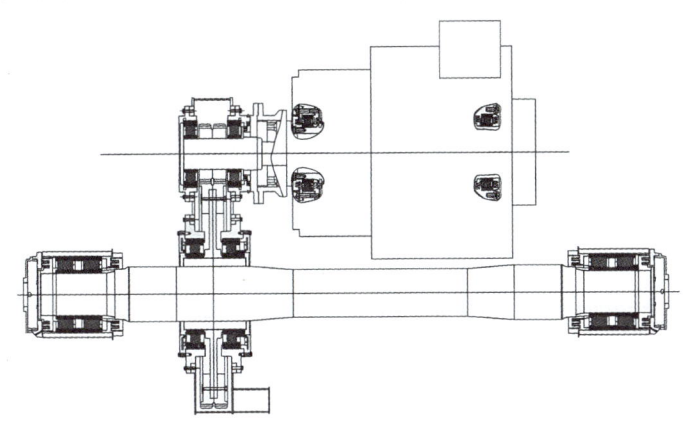

图 9-10　小齿轮双侧支承，小齿轮轴与电枢轴分别独立支承

如图 9-11 所示是第二种情况，小齿轮轴是两支点支承，电枢轴是单点支承，在非传动端采用 NU 系列圆柱滚子轴承，有的也采用一个 NJ 系列圆柱滚子轴承，电枢轴与小齿轮轴采用刚性联轴器连接实现联合支承。

小齿轮的支承方式有两种结构：其一是两端都单向定位，即都采用 NJ 型轴承；其二是一端采用游动支承，另一端采用组合结构。图 9-11 中固定端采用 NU+QJ 组合设计，游动端采用 NU 系列圆柱滚子轴承。

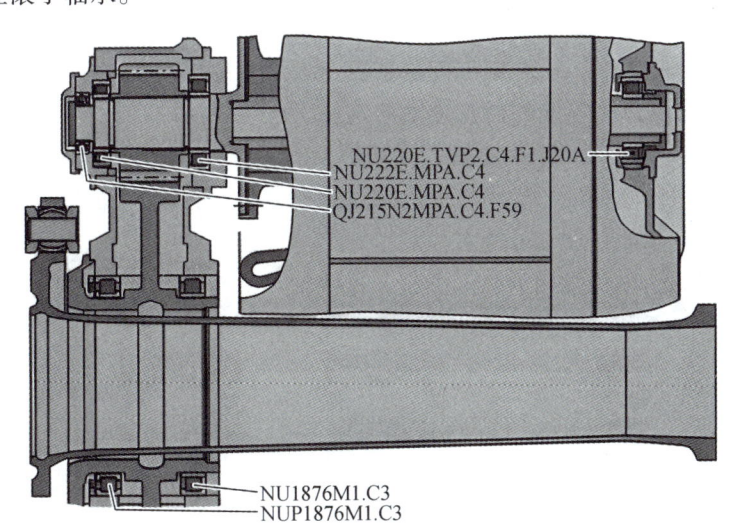

图 9-11　小齿轮双支点支承，电枢轴与小齿轮轴采用刚性连接

这种支承结构的优点是分别组装，容易保证组装精度。但缺点是横向尺寸大，受空间限制。

采用双支点支承作用在小齿轮支承轴承上的载荷可以比悬臂支承降低 50%左右。因此可以采用较小尺寸的轴承，小轴承具有较高的额定转速，可以满足电机转速的要求；同时可以改善轴承及齿轮啮合的工作状态，其使用寿命也相应提高。

2. 双边传动的轴承

当电机功率较大时，如仍采用单边传动，则传动端的轴承负载过大，很难选择额定动载荷和极限转速都能满足要求的轴承，故在电机安装空间允许的条件下可改用双边传动方式，如图 9-12 所示。双边传动的优点是可以采用斜齿圆柱齿轮，使两齿轮的螺旋角相等，旋向相反，从而获得较平稳的传动质量，而不致产生轴向载荷。适合这种用途的轴承为 NJ 系列的圆柱滚子轴承，安装时要注意两个轴承需要都有一定的轴向游隙。如果双边传动仍用直齿圆柱齿轮，则应当选用能承受一定轴向力的轴承，一般采用内圈有单挡边的 NJ 型圆柱滚子轴承。

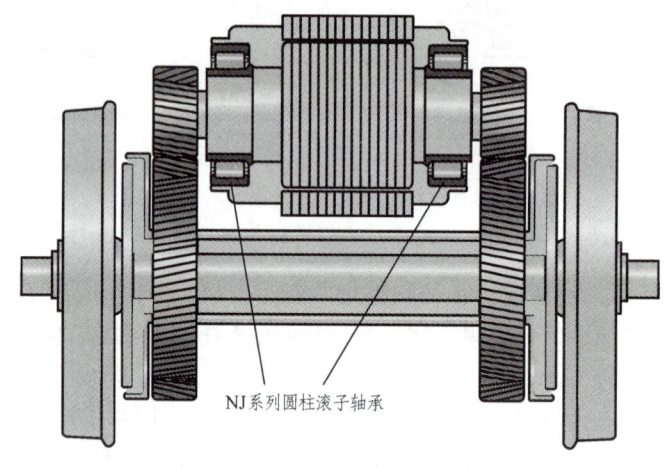

图 9-12 双边传动

双边传动的最大缺点是结构复杂，制造、运营和维护成本高，实际上很少使用。

为简化结构，降低成本，铁路机车传动系统多采用单边传动。当单边传动采用人字形小齿轮时，人字齿轮已由齿轮箱中的齿轮轴轴向定位，电枢轴两端轴承必须都为非定位轴承，如图 9-9 所示的 E120 机车异步牵引电机，一端是 NU 系列圆柱滚子轴承，另外一端是加大了轴向游隙的特制 NJ+HJ 圆柱滚子轴承，为了满足装配及其运行过程中的驱动系统的轴向移动，游动支承轴承的轴向间隙达 10 mm 左右。

图 9-13 列出了牵引电机常用的轴承类型，这些轴承的特点在第 1 章中已经详细介绍。

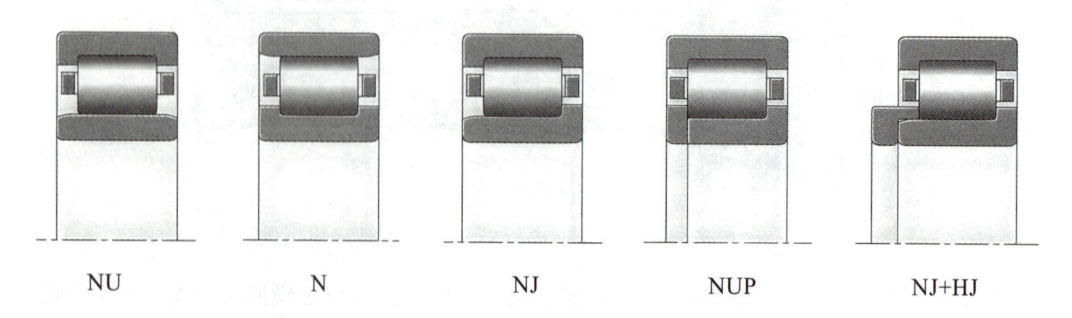

NU   N   NJ   NUP   NJ+HJ

6000 DGBB　　　　　　　　　　　　QJ

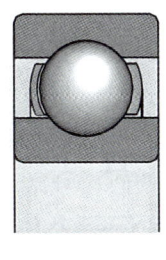

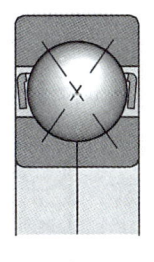

图 9-13　牵引电机常用轴承类型

9.1.3　牵引发电机轴承

现代电传动内燃机车牵引发电机的机体通常安装在柴油机输出端的机体端面上。无论是这种安装方式或其他方式，电枢的输入端极少装用轴承，一般是通过弹性联轴器将电枢支承在柴油机的曲轴或输出轴上，以便缩短发电机的纵向尺寸。电枢轴的外端一般可用 NJ+HJ 系列圆柱滚子轴承，有时考虑到轴向位移，可将轴承内圈加宽几个毫米。

9.2　电枢轴的支承设计计算

在第 7 章中已经对轴系的支承布置结构、配合、轴向定位、预紧、调整、润滑与密封等进行了详细介绍，这里考虑到电枢轴的支承设计的特殊性，对一些重点内容进行介绍。

9.2.1　轴承内孔直径的确定

牵引发电机支承轴承内圈内孔直径的大小取决于与其配合的电枢轴直径，电枢轴直径的计算与输出方式有关，当输出端与联轴器连接时，可以按照电机的起动扭矩计算轴颈，然后根据结构布置顺推可以得出轴承的孔径。当输出端是小齿轮时，可以按照电机的起动扭矩计算轴颈，然后根据结构布置顺推可以得出轴承的孔径，再考虑齿轮啮合力引起的弯矩进行校核修正，从而确定轴承的孔径。一般情况下，按照起动扭矩确定直径是比较保守的方法，得出的直径偏大，轴承的计算寿命可以满足设计要求。

9.2.2　轴承载荷与寿命计算

当输出端与联轴器连接时，作用在轴承上的载荷主要是电枢重量、单边磁拉力、动不平衡力以及振动和冲击引起的载荷。

当输出端是小齿轮时，作用在轴承上的载荷除上述载荷以外，主要的是齿轮啮合力。要准确确定啮合力的大小是比较困难的，由于机车在运行过程中，电机的输出功率是变化的，即传动系统传递的扭矩是变化的，由于扭矩变化，齿轮的啮合力肯定是变化的。严格来讲应该按照实际的载荷谱进行计算，但实际的载荷谱是很难得到的。通常可以进行简化计算，根据电机的额定功率和机车的平均运行速度，算出电机的输出扭矩，由此计算齿轮的啮合力。综合齿轮的啮合力、电枢重量、单边磁拉力、动不平衡力进行轴系三维的受力分析，计算出每个轴承在不同方向的支承力，然后合成即可得出轴承所承受的径向载荷，如图 9-14～图 9-17 所示。如果是斜齿轮和圆锥齿轮，要考虑轴向力的作用。

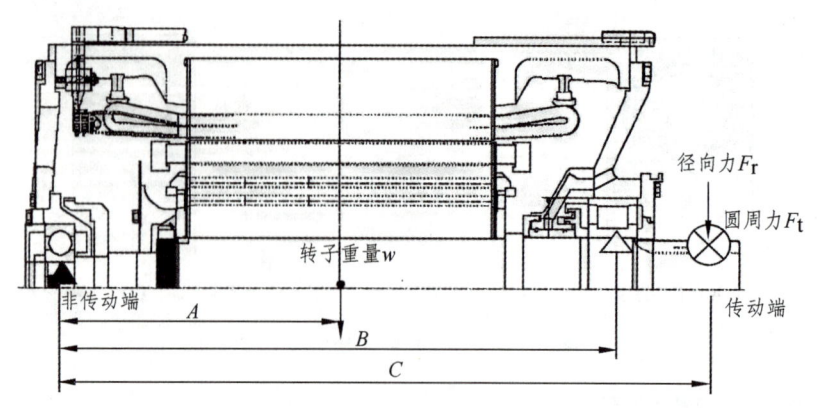

图 9-14　电枢轴受力分析

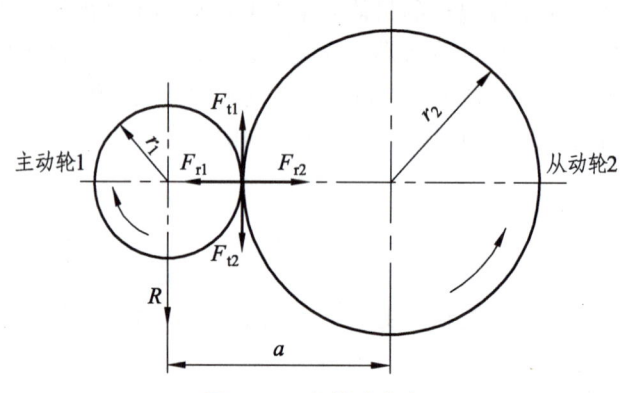

图 9-15　齿轮啮合力

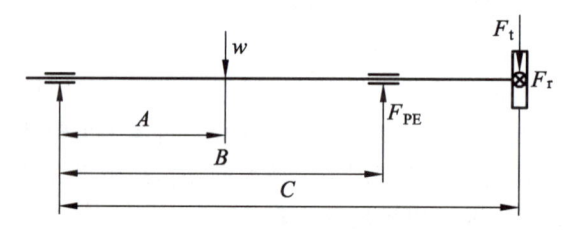

图 9-16　轴承支承力的计算

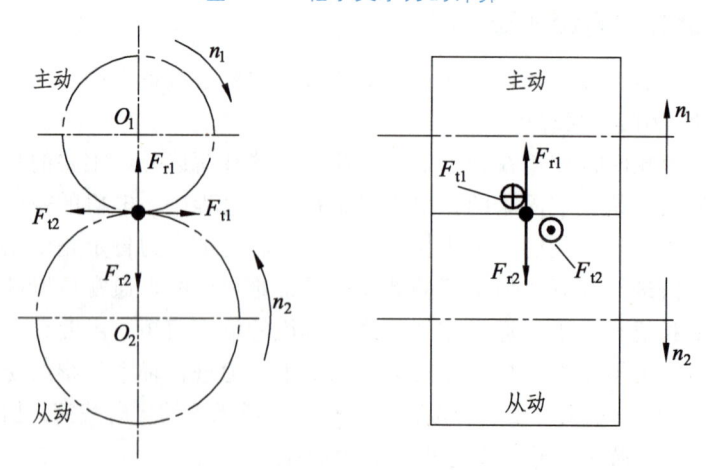

图 9-17　直齿圆柱齿轮作用力分析

直齿圆柱齿轮作用力分析，如图 9-17 所示。

力的大小：

圆周力：$F_t = 2T_1/d_1$

径向力：$F_r = F_t \tan\alpha$

力的关系：

$$F_{t1} = -F_{t2}$$
$$F_{r1} = -F_{r2}$$

圆周力的方向：主动轮与转向相反，从动轮与旋转方向相同，简称主反从同。径向力都是指向轴心。

斜齿圆柱齿轮作用力分析，如图 9-18 所示。

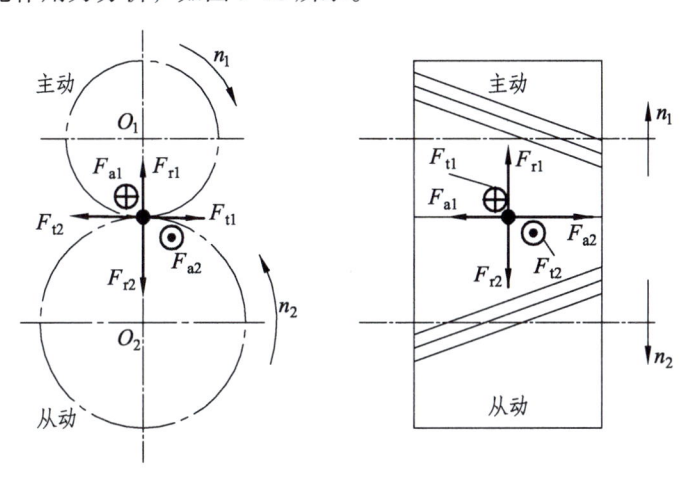

图 9-18　斜齿圆柱齿轮作用力分析

力的大小：

圆周力：$F_t = F_n \cdot \cos\alpha_t \cos\beta_b = 2T_1/d_1$

径向力：$F_r = F_t \cdot \tan\alpha_n/\cos\beta$

轴向力：$F_a = F_t \cdot \tan\beta$

力的方向：

F_t——主反从同；F_r——指向各自的轴心；F_a——主动轮左右手法则。

螺旋角 $\beta_1 = -\beta_2$，β_1、β_2 方向相反。

力的关系：

$$F_{t1} = -F_{t2}$$
$$F_{r1} = -F_{r2}$$
$$F_{a1} = -F_{a2}$$

直齿圆锥齿轮作用力分析，如图 9-19 所示。

力的大小：

圆周力：$F_t = F_n \cdot \cos\alpha = 2T_1/d_{m1}$

径向力：$F_{r1} = F_t \cdot \tan\alpha\cos\delta_1$

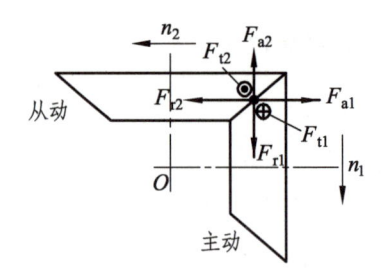

图 9-19 直齿圆锥齿轮作用力分析

轴向力：$F_{a1} = F_t \cdot \tan\alpha \sin\delta_1$

力的方向：

F_t——主反从同；F_r——指向各自的轴心；Fa——指向大端。

力的关系：轮1径向力与轮2轴向力大小相等，方向相反。

$$F_{t1} = -F_{t2}$$

$$F_{r1} = -F_{a2}$$

$$F_{a1} = -F_{r2}$$

式中　T——传动扭矩；

　　　d——齿轮分度圆直径；

　　　α——是齿轮压力角；

　　　δ_1——小锥齿轮的锥顶角。

根据齿轮的啮合力，可以计算出不同平面内轴承所承受的径向载荷，进而求出合成的径向力和轴向载荷，然后可以根据第 5 章介绍的方法计算出轴承的当量动载荷和使用寿命，必要时也可以计算轴承的修正寿命。这些计算都由专用的软件完成，设计师必须了解其基本方法和过程。

9.2.3　轴承的配合

电机轴承内圈与电机轴采用过盈配合，并且比一般设备的配合要紧些，这是因为电机的转速较高，离心力作用使内圈膨胀，电机在运行过程中要承受很大的振动与冲击，配合过盈量小的话，在振动冲击载荷作用下，内圈与轴之间会发生迟缓现象。

轴承内圈与轴采用过盈量，轴的公差通常取 n6。

外圈与轴承座孔之间配合比一般电机的配合相应也要紧些，定位端轴承座孔公差选取一般取 M7 或 M6，当游动端轴承为 N、NU 系列圆柱滚子轴承时，轴承内部实现浮动功能，其外套圈与座孔的配合可以选择 M7 或 M6。当浮动端轴承是非 N、NU 系列圆柱滚子轴承时，轴承的外圈必须在座孔内轴向方向可以实现自由移动，这只外圈与座孔的配合应该是间隙配合。

9.2.4　轴承的精度等级与游隙

一般情况下，牵引电机轴承均采用普通精度等级的轴承，极少采用高精度等级的轴承，主要是因为轴承安装在电机壳体座孔内，壳体座孔与端盖的加工精度很难达到高精度轴承所要求的加工精度，同时精度的提高会增加成本，但是对轴承的使用性能没有显著的提高。

牵引电机的工作转速较高，轴承一般都选取 C3、C4 组游隙，关于游隙的计算可以参考第 2 章。

9.2.5 轴承转速

一般情况下，异步牵引电机的最高转速都比较高，有时会高于轴承样本中所列的热参考转速或极限转速（特别是传动端），如 BR120 机车异步牵引电机最高工作转速为 4 500 r/min，其传动端轴承为 NU322E.MPA.C4.F1，样本推荐油润滑的热参考转速为 3 100 r/min，非传动端轴承为 NJ318+HJ318 E.MPA.C4.F1，油润滑时的热参考转速为 3 300 r/min。

因此，电机设计时，要按轴承承载能力和极限转速间的最佳结合来选择轴承，既要有足够的动态承载能力和使用寿命，同时，又要有较高的极限转速。因此，应尽可能选用尺寸较小，且极限转速较高的中系列，甚至轻系列轴承，如日本 300 系异步牵引电机采用 NU214 和 6311。另外，可通过采取其他一些改进措施提高轴承的许用转速，如改变润滑方式（采用油润滑，可使轴承的额定转速比脂润滑时提高 15%~25%）、提高轴承精度（一般采用 P6，注意在提高轴承精度等级的同时，必须要提高和支持相配合的部件如轴、轴承座孔的尺寸公差和形位公差，这样才能达到提高轴承精度等级的预期效果）、选用较大游隙的轴承（如 C3、C4）。

9.2.6 轴承的润滑与密封

润滑油起两个作用：一是形成并维持弹性的流体动压油膜，二是起冷却作用，将轴承滚动体摩擦产生的热量带走。对于高转速的异步牵引电机轴承来说，特别是传动端采用具有较高径向承载能力的大尺寸轴承，该端轴承速度因数 $d_m \cdot n$ 值就较高，当 $d_m \cdot n$ 值超过 600 000 时就不宜采用脂润滑，需采用油润滑。对于非传动端轴承来说，因其载荷小而采用尺寸较小的轴承，一般仍可采用脂润滑。

关于密封可以参考第 7 章的介绍。

9.3 牵引电机轴承常见故障分析

轴承是牵引电机中负载较重又高速旋转的零件。因而运行过程中轴承出现故障的可能性较大，而且问题的原因往往较复杂，轴承产生故障不单是轴承自身的原因，往往是系统其他故障通过轴承反映出来。

电机轴承常见故障症状有发热、噪声或异响、轴电流电蚀及润滑脂变色、套圈断裂、保持架断裂、套圈挡边偏磨，内圈跑圈等。

9.3.1 电机轴承发热的原因

（1）滚动轴承安装不正确，配合公差太紧或太松。滚动轴承的工作性能不仅取决于轴承本身的制造精度，还和与它配合的轴和孔的尺寸精度、形位公差、表面粗糙度、选用的配合以及安装正确与否有关。如果轴承内圈与轴的配合过紧，即过盈大时，则装配后会使轴承间隙变得过小，有时甚至接近于零，这样，转动就不灵，运行中就会发热。如果轴承内圈与轴的配合过松，则轴承内圈与轴就会发生相对转动，产生摩擦发热，造成轴承的过热。

（2）润滑脂不合适、质量差、加得太多或太少。润滑脂选得合适与否将影响到轴承能否正常工作。润滑脂加得过多或过少也会造成轴承发热，因为润滑脂过多时，轴承旋转部分和润滑之间会产生很大的摩擦；而润滑脂加得过少时，则可能出现干摩擦而发热。因此，必须调整润滑脂用量，使其约为轴承室空间体积的 1/2～1/3。对不合适的或变了质的润滑脂应清洗干净，换上合适的和洁净的润滑脂。如果润滑脂选得不合适或使用维护不当，润滑脂质量不好或已经变质，润滑脂失去了润滑的功能，会导致轴承摩擦发热。添加到轴承的润滑脂一定要清洁干净，绝不能含有任何铁屑、灰尘和杂质，否则会导致润滑不当，产生噪声和磨损等。

9.3.2 电机轴承产生异响的原因

高速、低振动、低噪声是现代轨道车辆牵引电机设计的一个基本要求。然而，电机的振动与噪声是由许多因素共同引起的，根据电机噪声产生的不同方式，大致可把其噪声分为三大类：① 电磁噪声；② 机械噪声；③ 空气动力噪声。

① 电磁噪声。

电磁噪声主要是由气隙磁场作用于定子铁心的径向分量所产生的。它通过磁轭向外传播，使定子铁心产生振动变形。其次是气隙磁场的切向分量，它与电磁转矩相反，使铁心齿局部变形振动。当径向电磁力波与定子的固有频率接近时，就会引起共振，使振动与噪声大大增强，甚至危及电机的安全。

② 机械噪声。

机械噪声包括轴承噪声、因转子不平衡而产生的噪声及装配偏心而引起的噪声。另外，直流电机和串励交流电机中的碳刷也会产生振动而引起噪声。在很多情况下，机械噪声往往成为电机噪声的主角。

③ 空气动力噪声。

空气动力噪声是由旋转的转子及随轴一起旋转的冷却风扇造成空气的流动与变化所产生的。流动越快、变化越剧烈，则噪声越大。空气动力噪声与转速、风扇及转子的形状、粗糙度、不平衡量、气流的风道截面的变化和风道形状有关。风扇噪声在电机的噪声中往往占主要地位。

表 9-1 为电机轴承异响的原因。

表 9-1 电机轴承异响的原因

类别	名称	频谱特征	原因分析
空气动力噪声	涡流声	宽带随即噪声为 150 Hz～8 kHz；频谱图曲线抖动	风扇结构，通风系统不当，有较多涡流区
	哨声	频率单一，$f = k_1 n/60$ 或两倍于这个频率式中，k_1 为风扇叶片数	叶片数不当，或通风沟、孔与叶片共振；风扇与导风构件间隙太小，形成哨声
电磁噪声	单边磁拉力	单一频率，$f =$ 电源频率	转子偏心或气隙不均匀
	径向脉动磁力	$f =$ 两倍电源频率	磁路不平衡；定子结构刚度不够
	转差率噪音	按转差率调制的两倍电源频率	转子有缺陷；轴承装配不当
	低次力波噪声	一个或两个单一频率，f 为定、转子齿谐波频率的一倍或两倍，或上述频率加两倍电源频率	定、转子槽配合不当；转子斜槽度不当；定子、端盖与谐波频率共振；转子由于机壳端盖加工不当或轴承安装不当而发生倾斜

续表

类别	名称	频谱特征	原因分析
轴承噪声	轴承噪声	$f = 2 \sim 5$ kHz	轴承品质差；配合部件加工精度不当；轴承失效
	轴向串动	$f = 50 \sim 400$ Hz，有明显窄带噪声	轴承品质差；无弹簧预紧；动平衡不佳；轴承失效
电刷噪声	摩擦声	$f = 4 \sim 10$ kHz	集电环和换向器加工精度差；电刷选材不当
	换向器噪声	$f = kn/60$；k 为换向器片数，n 为电机转速	电枢不平衡；换向片不平衡；选材不当；电枢压力不当

滚动体在内、外圈中有隐约的滚动声，且声音单调而均匀，使人感到轻松，说明轴承是完好的。

为了降低轴承噪声，应采取下列措施：

● 严格控制配合零部件的加工精度，由于轴承套圈与轴之间为较紧的配合，因此如果转轴的表面加工质量以及形位公差不当，将把轴的不规则形状传递给轴承的套圈，造成轴承套圈变形，引起轴承的振动。如果两个轴承座孔不同轴，轴承在安装之后产生偏心，运行时将产生噪声。

● 选择合适的游隙，工作游隙过大将对轴承的运转噪声产生较大的影响，听到明显的滚动体滚动和振动声，说明轴承间隙过大。游隙太小也会有影响，只是没有游隙过大时的影响显著。

● 电机运输过程中要固定好电枢轴，防止由于外界振动引起滚动体与滚道之间产生假性布氏压痕，一旦产生假性布氏压痕，轴承在运行过程中就会有噪声。

● 防止杂物进入，电机轴承产生异常噪声的一个重要原因就是轴承内部的污染。轴承正常工作时，滚道和滚动体之间的油膜厚度约为<1 μm，这样薄的油膜非常容易被刺穿，通常人的头发丝的直径约为 75 μm，也就是说，比头发丝还细的污染物，都会刺穿油膜，造成金属之间的直接接触；或者污染物本身被压碎在滚动体和滚道之间，并在滚动接触表面上留下凹痕。

● 电机轴承的安装与拆卸是一个对装配技术要求非常高的工作，轴承本身是一个精密零部件，滚动体和滚道表面加工更是非常精细，任何损伤都可能造成轴承失效，同时这也是最初噪声的来源。对于圆柱滚子轴承，安装过程中最容易出现滚道表面拉伤，造成轴承运行时的噪声，同时成为进一步失效的根源。建议装入轴承时不要直接推入，而是慢慢旋入，这样可以减轻相对滑动，大大减小轴承受伤的概率。另外，可以制作一个锥形导向套，这样可以有效避免安装时的磕碰。

● 轴承的噪声同样会受到润滑类型以及润滑条件的影响，在正常润滑的条件下，润滑油膜会将轴承承载区部位滚动体和滚道完全隔开，这时轴承的运转噪声是最小的。采用脂润滑润滑时，润滑脂的稠度即 NLGI 等级将对轴承噪声有一定的抑制作用，2 级稠度的润滑脂由于其硬度比较低，具有较好的降噪特性，可以起到降低轴承噪声的作用。

关于电腐蚀、润滑脂变色、套圈断裂、保持架断裂、套圈挡边偏磨，内圈跑圈等参见第 13 章滚动轴承失效分析。

第10章 轨道车辆驱动系统轴承

10.1 轨道车辆驱动系统概述

轨道车辆驱动系统是指由牵引电机输出轴至车轮之间传递动力的装置，一般由联轴器或万向轴与齿轮箱组成。按照牵引电机电枢轴线与列车前进方向的相对位置关系，驱动装置可以分为横向布置的驱动装置和纵向布置的驱动装置，如图10-1所示。横向布置的驱动装置其牵引电机电枢轴线与列车前进方向相垂直；纵向布置的驱动装置其牵引电机电枢轴线与列车前进方向相平行。

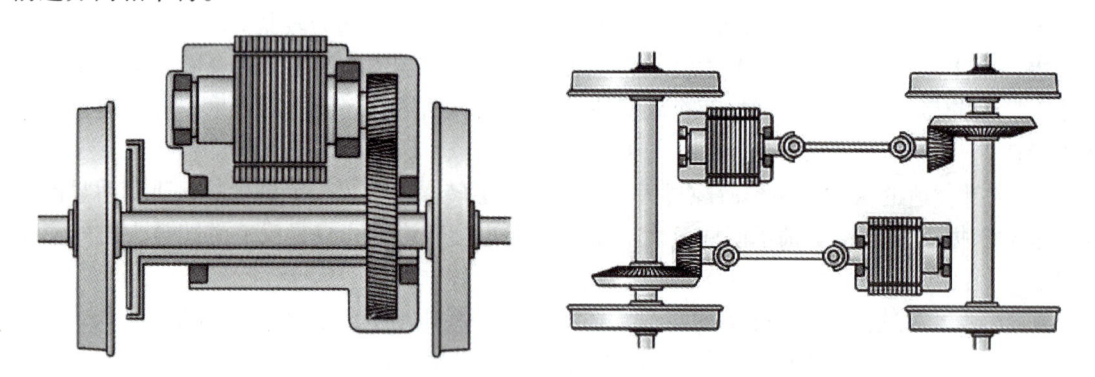

（a）横向布置的驱动装置　　　　　　　（b）纵向布置的驱动装置

图10-1　驱动装置的布置形式

驱动装置的结构布置与牵引电机的悬挂方式有密切关系。牵引电机悬挂方式不同，驱动装置的结构也不同。牵引电机悬挂，是指牵引电机的悬挂方式。牵引电机和传动装置在动力车上有不同的悬挂方式，常用的悬挂方式有以下几种：

轴悬式：又称牵引电机半悬挂，如图10-2所示，电机重量一半悬挂在构架上，另一半支承在车轴上，如法国阿尔斯通公司生产的8K电力机车，国产的韶山1、韶山3、韶山4、韶山7型电力机车，除东风11以外的所有东风型内燃机车。

架悬式：电机重量全部悬挂在构架上，又称牵引电机全悬挂。图10-3所示为牵引电机全架悬轮对空心轴驱动系统示意图，国产韶山8、韶山9型电力机车和东风11型内燃机车就是全悬挂。

半体悬/半架悬：电机重量一半悬挂在构架上，另一半支承在车体上，如德国ICE动车。图10-4所示是ICE动车驱动制动系统三维结构图。

车体悬挂：电机重量全部悬挂在车体上，如法国TGV动车。图10-5是牵引电机全体悬式驱动装置平面示意图。

有的在划分悬挂方式时，是把电机和驱动装置考虑到一起。但这样对有些特殊结构就不好划分，比如：CRH2 电机悬挂在构架上，齿轮箱是抱轴的；CRH5 电机悬挂在车体上，齿轮箱是抱轴的。如把电机和驱动装置一起考虑就很难对这两种结构归类，因此，本书讨论的悬挂方式主要考虑以电机的悬挂方式为主。

为了便于理解驱动系统的布置及轴承选型、设计计算，本章按照与牵引电机的悬挂方式相对应的驱动装置逐一进行介绍。

图 10-2　牵引电机轴悬式三维结构图 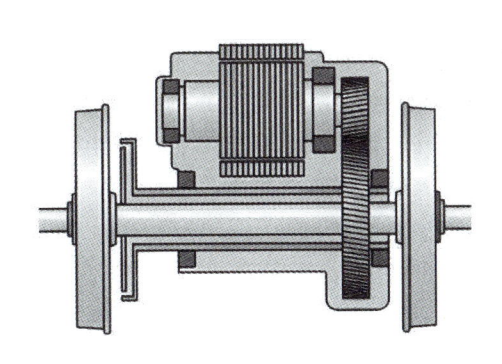　　图 10-3　牵引电机全架悬轮对空心轴驱动系统示意图

图 10-4　牵引电机半体悬/半架悬三维结构图 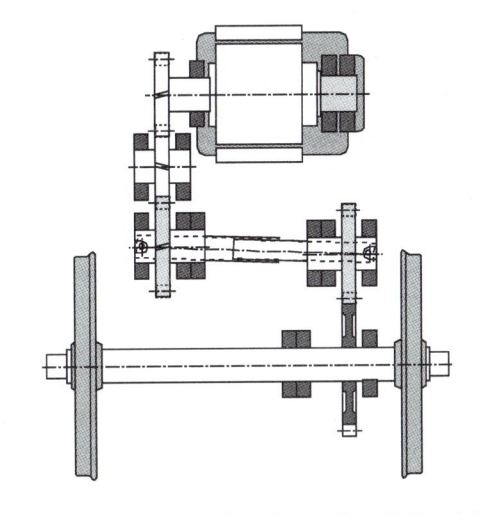　　图 10-5　牵引电机全体悬式驱动装置平面示意图

10.2　轴悬式驱动装置

10.2.1　轴悬式原理

所谓轴悬式，是指牵引电机的一端通过抱轴承刚性抱合在车轴上，即车轴提供两个支点，另一端弹性悬挂在转向架构架的横梁或端梁上。牵引电机质量的一半支悬在构架上，为簧上质量，另一半质量压在车轴上，为簧下质量，故称半悬挂。轴悬又分为刚性轴悬和弹性轴悬。

刚性轴悬挂的结构原理如图 10-6 所示，是牵引电机的一端经抱轴承刚性地支承在车轴的抱轴颈上——抱轴端；另一端弹性地悬挂在转向架构架横梁上——悬挂端，形成所谓的三点悬挂。小齿轮安装在电机轴上，大齿轮安装在车轴上，一端经过抱轴承支承在车轴上，另一端通过螺栓与电机壳体连接。

与牵引电机电枢轴相连的小齿轮和固装在车轴上的大齿轮组成一级减速装置，牵引电机驱动车轴回转，借助于抱轴承的定位作用，保证了牵引电机电枢轴与车轴平行，且大小齿轮的中心距保持不变，保证了大小齿轮的正常啮合。

弹性轴悬的结构与刚性轴悬相似，其结构原理如图 10-7 所示。牵引电机的一端弹性支承在转向架构架上，另一端通过抱轴承支承在空心轴上，此空心轴套装在车轴的外面，从动大齿轮固装在空心轴端部，空心轴两端通过弹性元件支承在轮心上，牵引电机输出的力矩通过小齿轮传至大齿轮，通过空心轴、弹性元件传至轮对，空心轴与车轴一同旋转。装在轮心上的弹性元件，既要支承牵引电机约一半的重量和空心轴及大齿轮的全部重量，还要传递牵引电机通过大齿轮传来的力矩。

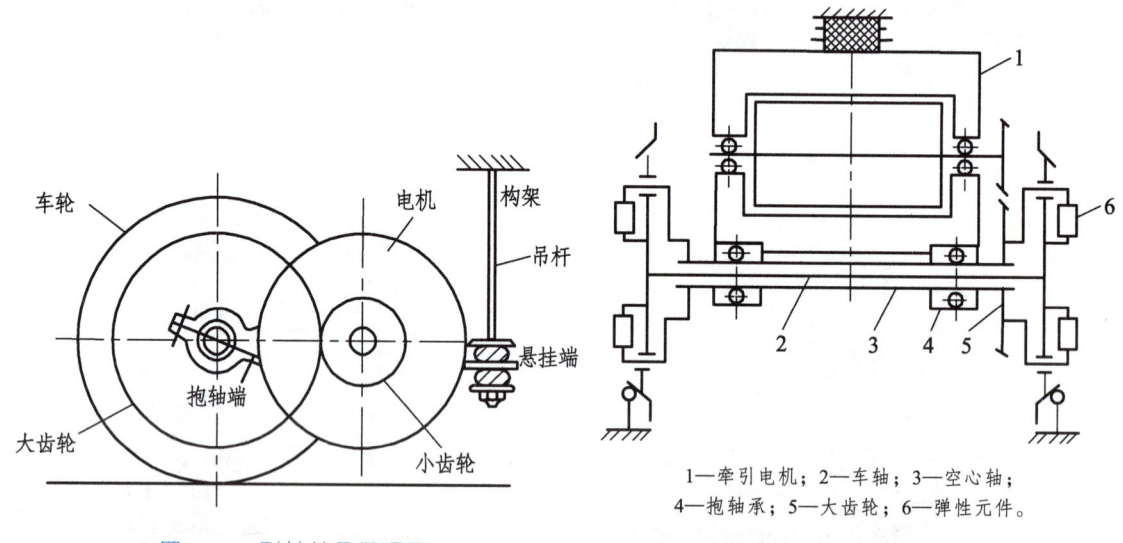

图 10-6　刚性轴悬原理图

图 10-7　弹性轴悬原理图
1—牵引电机；2—车轴；3—空心轴；4—抱轴承；5—大齿轮；6—弹性元件。

（1）优点：牵引电机半悬挂由于结构简单、工作可靠、制造容易、成本低廉、维修方便等优点，在电传动机车上得到广泛应用。牵引电机弹性轴悬要存在一点弹性，来自钢轨的硬性冲击经过弹性元件的缓冲，使抱轴承及牵引电机的垂向加速度大为减小，改善了牵引电机的工作条件。牵引电机的力矩经弹性元件传至轮对，改善了牵引齿轮副的工作条件。

（2）缺点：

① 簧下质量大，因而轮轨垂向动载荷大。牵引驱动装置中的大齿轮全部质量以及牵引电机、小齿轮和齿轮箱等约一半的质量压在车轴上属于簧下质量。

② 牵引电机及牵引齿轮的工作条件差。来自钢轨的冲击直接传至牵引电机和牵引齿轮啮合面，牵引电机垂向加速度大，牵引齿轮啮合面的接触动应力大，影响它们的工作可靠性及使用寿命。机车运行速度越高，其受力越大，因此，一般情况下，牵引电机轴悬式机车最大运用速度不超过 120 km/h。

10.2.2 轴悬式驱动装置用轴承分析

轴悬式牵引电机通常是一侧通过吊杆支承于转向架构架，另一侧通过抱轴承支承在车轴上。最初抱轴承采用滑动轴承，其结构比较简便，但其润滑和检修都不太方便，故从20世纪50年代开始改用滚动轴承。为了实现较长的使用寿命，一般选择具有高承载能力的滚子轴承。

机车滚动抱轴承是一种特殊的轴承，其应用的条件非常恶劣，运行时，除了承受电机的重量和传动齿轮引起的载荷外，还要承受巨大的振动和冲击载荷。因此，滚动抱轴承的内部结构设计、选材、热处理工艺和普通的标准轴承有很大的差别。滚动抱轴承不能采用标准轴承，这是因为标准轴承的性能不能满足机车滚动抱轴承的要求。迄今曾采用的有圆柱滚子轴承、调心滚子轴承和圆锥滚子轴承。

由于机车运行过程中线路引起的冲击载荷较大，抱轴承中最薄弱的环节是保持架，滚动抱轴承中的保持架需进行特殊设计才能满足使用要求。为了加强其保持架的抗冲击强度。例如将滚子的个数减少，从而加宽了过梁宽度。由于抱轴承的尺寸是由轴径确定的，远远超过强度本身所要求的尺寸，滚子个数的减少不会出现轴承的承载能力不足的问题。抱轴承所承受的载荷与齿轮的啮合力、电机重量和吊杆的反作用力有关。由于轴承的孔径是由车轴直径决定的，抱轴承的计算寿命会远远超出设计要求，所以抱轴承要选用轻系列轴承。

如图10-8（a）所示，圆锥滚子轴承的支承刚度好，有利于保证齿轮的啮合精度，但其装拆与轴向游隙的调整比较困难，为了调整轴向游隙，往往在非驱动端轴承外圈加一个轴承套杯。如图10-8（b）所示，调心滚子轴承可以同时承受较大的径向与轴向载荷，可适应轴的弯曲变形，但是安装与拆卸比圆锥滚子轴承更为困难，而且润滑周期较短，极限转速低。如图10-8（c）所示，圆柱滚子轴承适用于高速机车，安装与维护比较简单，而且润滑周期较长，对径向游隙的设置可以通过对配合过盈量的测量技术予以控制。但是对圆柱滚子轴承的轴向间隙的调整必须小心谨慎。如图10-8（d）所示，采用深沟球轴承+圆柱滚子轴承的组合结构，一般情况下，圆柱滚子轴承在驱动端，深沟球轴承在非驱动端，这种配置结构的优点可以适合于高速，承受斜齿轮的轴向力，不需要调整游隙。目前普遍使用的是圆锥滚子轴承。

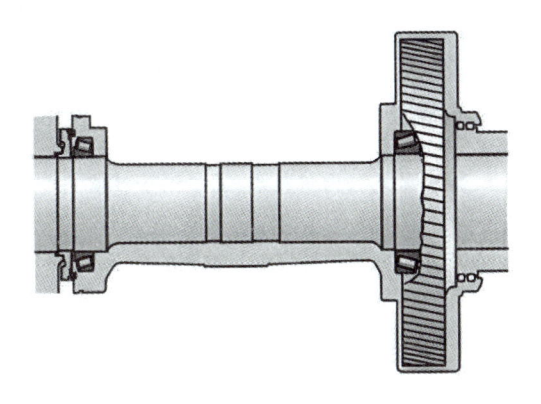

（a）采用圆锥滚子轴承

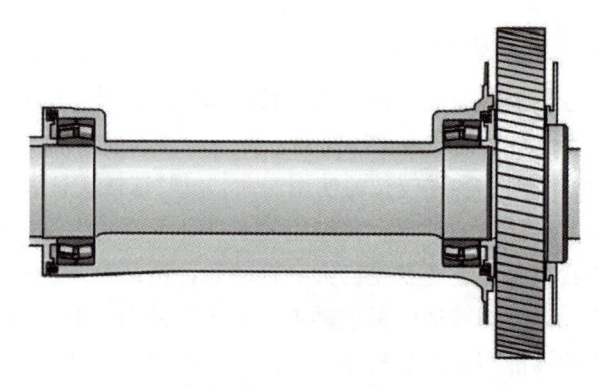

(b）采用调心滚子轴承

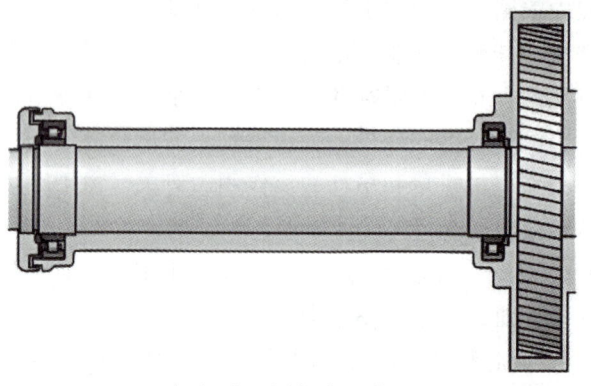

(c）采用圆柱滚子轴承

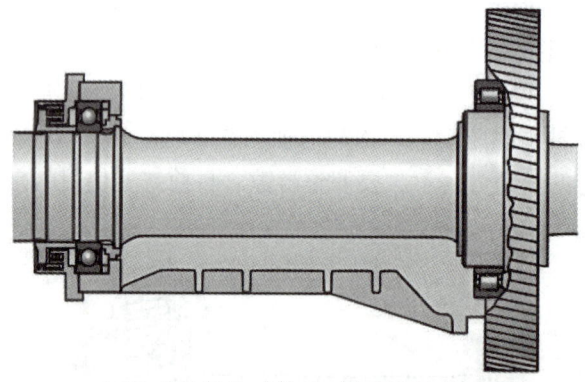

(d）采用深沟球轴承+圆柱滚子轴承

图 10-8　滚动抱轴承结构图

从图 10-9 中可以看出，轴悬式驱动装置的小齿轮安装在电机轴上，大齿轮安装在车轴上。抱轴承间隙增大，使牵引电机电枢轴与车轴不平行度增大，也使齿轮啮合条件恶化，导致轴承承受较大的冲击载荷；游隙增大，同时参与承载的滚动体个数少，影响轴承的使用寿命；游隙增大对机车的运行性能也会有不利的影响，尤其当运行速度较高时，更要控制轴承的轴向游隙。

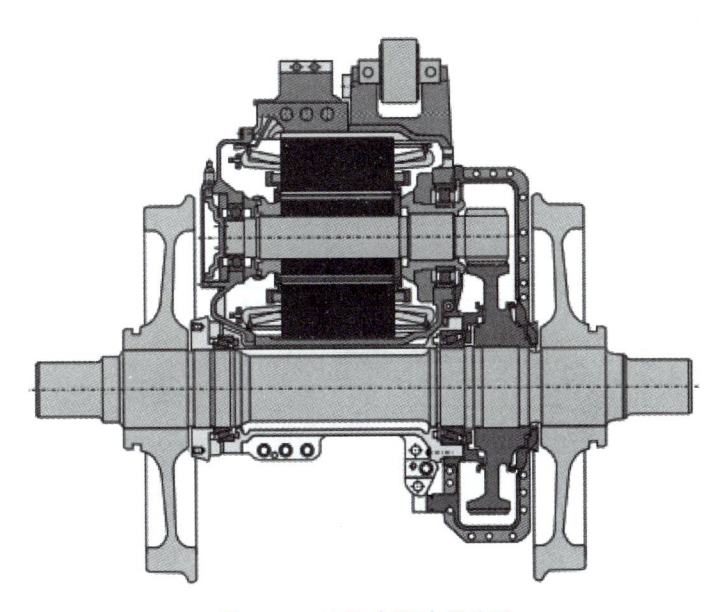

图 10-9　轴悬式驱动系统图

因此必须严格注意抱轴承的润滑与维护，保证轴承间隙不超限。对于背靠背安装的圆锥滚子轴承，在安装时可以预调轴承的游隙，运行一段时间后，轴承的磨损、弹性变形、紧固件的松动和配合面之间的微动磨损均会导致游隙增大，可以在维修时调整到要求的游隙。而圆柱滚子轴承和调心滚子轴承则不具备这些优点。这也是目前普遍采用圆锥滚子轴承的主要原因。

抱轴承的内圈与车轴是紧配合，其过盈量比一般同尺寸的轴要大，外圈有抱轴箱座孔之间为过渡配合，这是因为机车运行过程中抱轴承要承受较大的振动和冲击。

关于抱轴承允许的最大游隙：机车新装配时轴承轴向游隙的大小应在 0.15~0.25 mm 之间，车型不同，游隙可能略有不同。机车投入运行后由于磨损、弹性变形、紧固件的松动和配合面之间的微动磨损等都会导致轴向游隙的增大，当轴向游隙达到 0.60 mm 时，需要将轴承的轴向游隙重新调整至 0.15~0.25 mm。一般情况下，轴承在良好的润滑条件下，机车运行 120 万 km 后，其轴向游隙仍应在 0.6 mm 以内。

除了常见的圆锥滚子轴承配对使用外，近些年也出现了如图 10-10 所示一端采用深沟球轴承，另外一端采用 NU 系列圆柱滚子轴承的滚动抱轴承结构。

如图 10-10 所示，牵引驱动装置采用三相交流异步电机，驱动系统采用整体式带柔性联轴器的抱轴悬挂。驱动齿轮为斜齿轮传动，齿轮箱采用垂直分箱式结构，齿轮箱体同时作为电机输出端的支承，通过螺栓安装在电机上。主动小齿轮两端通过轴承支承在齿轮箱上。电机轴输出端无须轴承，柔性联轴器一端过盈套装在电机轴输出端，柔性联轴器另一端与小齿轮轴通过端面齿连接。电机轴非输出端通过一个 NU 系列圆柱滚子轴承支承在电机端盖上。电机和小齿轮轴的轴向力由小齿轮外端的四点接触球轴承承担，该轴承同时承担斜齿轮传动的轴向分力。从动大齿轮安装在车轴上，轮对侧齿轮箱体通过一个 NU 系列单列圆柱滚子轴承支承在大齿轮心上，齿轮箱为承载式结构。驱动系统电机输出端直接通过齿轮箱用单列圆柱滚子轴承支承在齿轮毂（车轴）上，由于转速不高，可以采用普通组游隙。电机非输出端通过深钩球轴承支承在车轴上。深沟球轴承起到驱动系统相对于车轴的轴向定位作用，并且承受一定的轴向力。

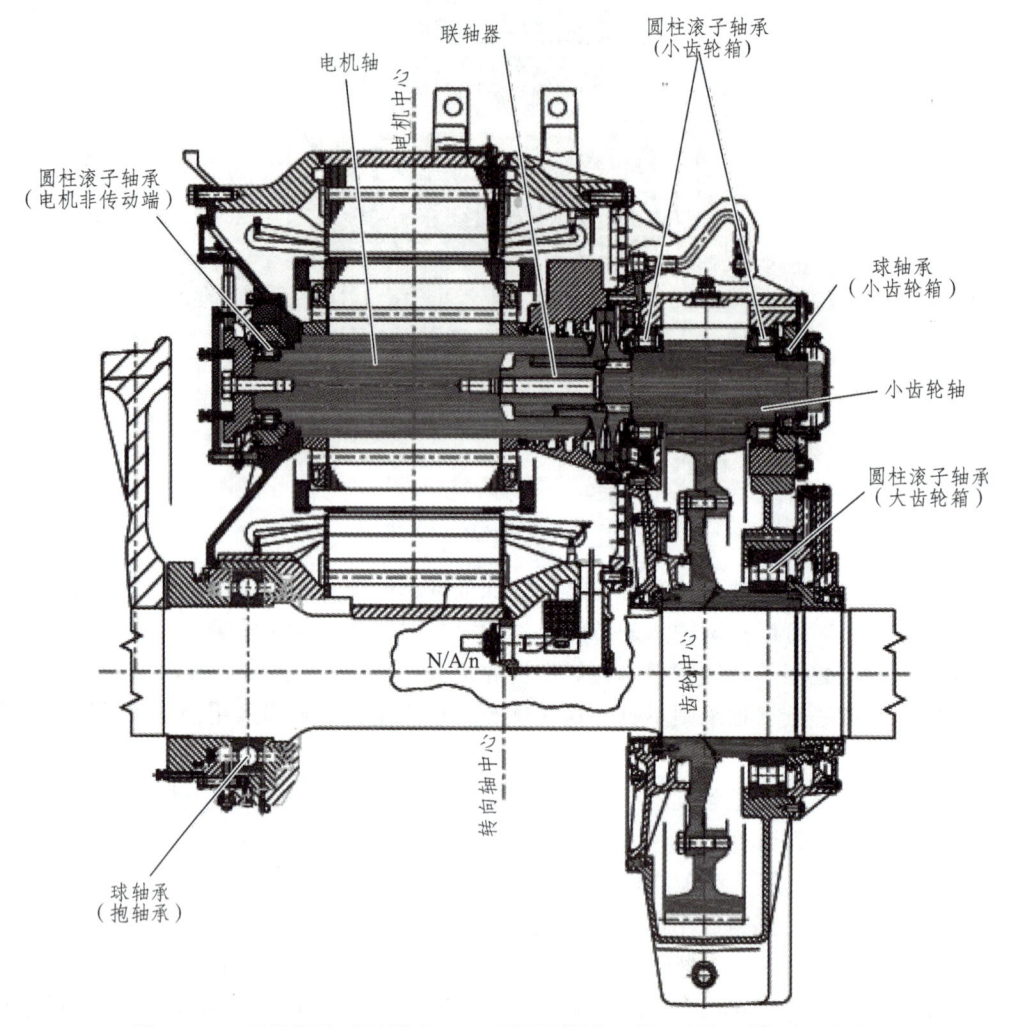

图 10-10　采用深沟球轴承和 NU 系列圆柱滚子轴承的新型抱轴承结构

10.2.3　滚动抱轴承烧结和破损的原因分析

机车滚动抱轴承是一种专用轴承，其应用条件非常恶劣，运行时，除了承受电机的重量和传动齿轮引起的载荷外，还要承受巨大的振动和冲击载荷。轴承的失效可能由各种原因引起，当发现轴承的运行有异常现象，如果立即停车进行解体，比较容易分析轴承出现故障的原因。由于机车运行的特殊性，即便发现轴承的运转有异常现象，也不可能立即停车进行检查分析其原因，而要继续运行到车站或停靠轨道后才能解体，等到这时轴承的失效程度会加重，往往会造成轴承的二次失效或者完全破坏，对分析其直接的原因会造成困难，有的甚至根本无法进行分析。针对这种情况，只能列出其各种各样、直接的或间接的原因，然后再进行排除分析，找到导致轴承失效的真正原因。

造成轴承烧结的原因：轴承内没有足够的润滑油脂，轴承润滑不充分，温度升高，润滑油脂失去润滑功能，形成恶性循环，最终导致轴承的烧结；润滑油脂的性能可能满足不了使用工况的要求，比如在潮湿或高寒地区所使用的润滑脂是有所不同的，因此不同的速度范围和不同环境的地区应采用性能不同的润滑脂；装配时轴承轴向游隙过小，甚至出现负游隙运转，轴承内摩擦大，温度升高。

造成保持架或套圈破损的原因：机车长时间超过平均速度运行，电机和轮对的垂向和横向加速度过高，轴承承受巨大的冲击载荷，导致保持架破损或滚道的严重变形；机车传动齿轮的啮合精度过低，引起较大的振动和冲击，导致保持架破损或滚道的破损。线路条件较差，引起较大的振动和冲击，导致保持架或滚道的破损。抱轴箱体的刚度较小，产生较大的变形，造成轴承运转精度降低；润滑不好，保持架和滚子的磨损较大，降低保持架的耐冲击强度。

准高速机车传动齿轮可采用斜齿轮，以提高齿轮的啮合精度，提高传动的平稳性，减小振动和冲击。

支承结构中和轴承相配合的零部件精度不够高，例如轴承两个配合座面的同轴度较低，轴承承受附加的动载荷、轴承内部应力集中较严重，造成轴承的偏磨。轴承内部进入硬质颗粒，会导致滚动体和滚道表面的磨损。

交流电传动机车牵引电机会有感应电流，电流经过抱轴承会造成点蚀。

10.3 架悬式驱动装置

10.3.1 架悬式结构原理

架悬式是将牵引电机悬挂在转向架构架上，牵引电机全部是簧上质量，故又称全悬挂式。架悬式由于簧下质量小，适用于城市轨道交通车辆、动车组及快速和高速机车。架悬的牵引电机和转向架构架一起振动，与电枢轴上的小齿轮相啮合的大齿轮也必须随构架一起运动，这样才能使大小齿轮的中心距保持不变，保证动力的正常传递。把从动大齿轮上的力矩传递到轮对的驱动装置是架悬的关键技术，该驱动装置必须是弹性的，以适应转向架构架相对于轮对各方向的振动位移。

解决架悬电机的齿轮传动问题，各国采用的结构方案很多，按弹性联轴器的结构和布置方式不同，可分为电机空心轴驱动装置和轮对空心轴驱动装置两大类。

1. 电机空心轴驱动装置原理

图 10-11 为电机空心轴驱动装置原理图，牵引电机固装在转向架构架上，而传动齿轮箱是轴悬的。牵引电机的电枢轴是空心的，传递扭矩的枢轴从空心电枢轴中穿过。牵引电机空心电枢轴的输出扭矩经齿形联结器 7、扭轴 6、弹性联轴器 4、小齿轮 3、大齿轮驱动轮对转动。扭轴端的齿形联结器和扭轴与空心电枢轴之间的间隙，允许扭杆倾斜，以适应牵引电机与轮对之间各个方向的相对位移。

电机空心轴驱动装置的优缺点是：
- 电机空心轴驱动装置布置紧凑、尺寸小、簧下重量小，减轻了轮轨动作用力；
- 驱动系统的扭转刚度较小，如果各弹性元件的刚度选择及匹配不恰当，会使轮轨间的黏滑振动增大，容易诱发空转，影响机车黏着牵引力的正常发挥；
- 结构复杂，组装维修困难。

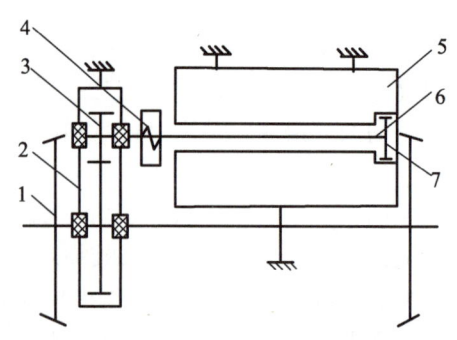

1—轮对；2—齿轮箱；3—小齿轮；4—弹性联轴器；5—牵引电机；6—扭轴；7—齿形联结器。

图 10-11　电机空心轴驱动装置原理图

2. 轮对空心轴驱动装置原理

牵引电机的两端均通过长、短吊杆与转向架的横梁或端梁连接，属于三点悬挂。其工作原理如图 10-12 所示。牵引电机扭矩由小齿轮、大齿轮、六连杆机构、空心轴、空心轴另一端的六连杆机构传递给轮对。注意这种驱动装置的传动齿轮箱是非承载的。这种驱动装置称为轮对空心轴两级弹性驱动装置。

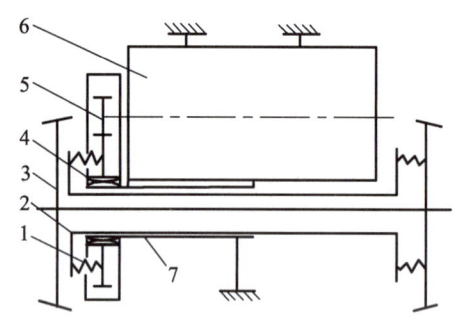

1—带弹性元件的六连杆机构；2—空心轴；3—轮对；4—轴承；5—牵引齿轮；6—牵引电机；7—空心轴套。

图 10-12　轮对空心轴驱动装置原理图

轮对空心轴两级弹性驱动装置的优点：
● 簧下质量轻（牵引电机、传动齿轮箱等重量全部转移到簧上），减小了轮轨动作用力；
● 轮对与牵引电机之间得到两级弹性隔离，改善了牵引电机及传动齿轮的工作条件，因此有较好的动力学性能；
● 弹性六连杆机构的径向刚度很大，与车轴保持同心，不产生离心力。

轮对空心轴两级弹性驱动装置的缺点是结构比较复杂并且传动效率降低，驱动系统加工工艺要求高，组装及维修困难。

10.3.2　大齿轮支承轴承的选型

由上述结构介绍可知大齿轮由滚动轴承支承在空心轴套上，而空心轴套紧固在牵引电机的壳体上。在大齿轮齿圈和空心轴套之间的轴向空间是非常有限的，意味着两个支承点之间的跨距较小，并且是轴承外圈随大齿轮一起旋转，而内圈与空心轴套是静止的。图 10-13 所示采用 NU+NUP 圆柱滚子轴承配置的支承结构，大齿轮由滚动轴承支承在空心轴套上，而空心轴套紧固在牵引电机的壳体上。在空心轴套内又贯穿一根空心轴,此空心轴是转动的,一端通过六连杆机构与传动大齿轮连接,另一端通过六连杆机构与车轮连接。

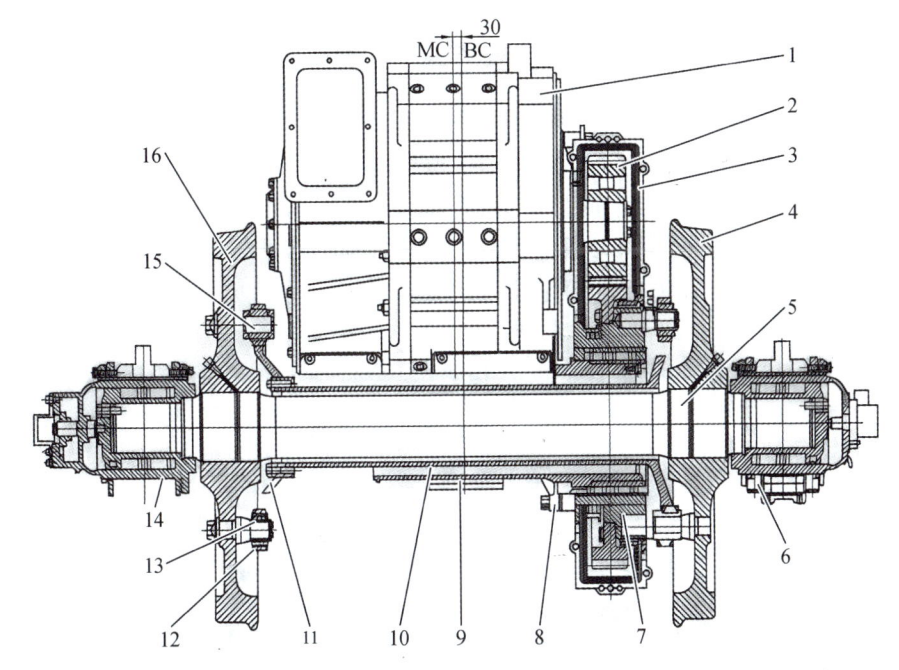

1—牵引电机;2—主动齿轮;3—齿轮箱;4—车轮;5—车轴;6—轴箱拉杆;7—从动齿轮装配;8—支座;9—空心轴套;
10—空心轴;11—传动盘;12—连杆;13—橡胶关节;14—轴箱组装;15—连杆销;16—主车轮。

图 10-13 轮对空心轴驱动装置

图 10-14 是 120 电力机车采用两个圆锥滚子轴承背靠背布置的支承结构。这种布置的支承刚度大,抗倾覆能力强,有利于保证齿轮传动的啮合精度和运转平稳性。两种布置均采用油脂润滑。由于是外圈旋转,圆柱滚子轴承可选用普通组径向游隙,径向游隙小有利于保证齿轮传动的啮合精度和运转平稳性。为了保证支承刚度,背靠背安装的圆锥滚子轴承需要适当预紧。

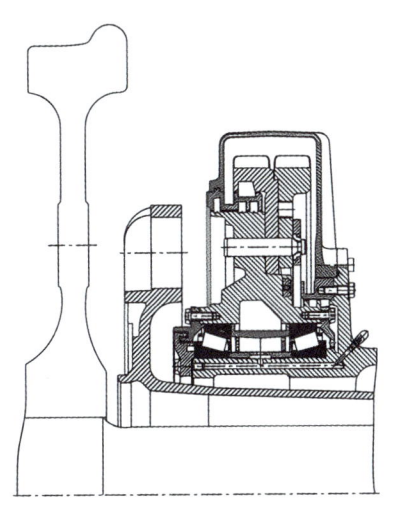

图 10-14 120 电力机车轮对空心轴驱动装置结构

10.3.3 承载式齿轮箱

轮对空心轴驱动装置的传动齿轮箱分非承载式齿轮箱和承载式齿轮箱两种结构。非承载式齿轮箱以国内的 DF11、SS7E、SS8 机车为代表；承载式齿轮箱如和谐号 HXD1D 型电力机车和 ICE 第一代动力车。

图 10-15 是 HXD1D 型电力机车轮对空心轴驱动装置，该转向架采用 C_0-C_0 轴式，牵引电机的布置采用横向布置，驱动单元（包括牵引电机、齿轮箱总成和六连杆空心轴等）的悬挂采用弹性架悬方式，即电机一端通过单个橡胶关节悬挂于构架端（横）梁，另一端通过两根吊杆悬挂于构架端（横）梁。驱动系统采用轮对空心轴驱动方式，齿轮箱为承载式，轴承采用油润滑，以适应转向架 160 km/h 速度等级的要求。

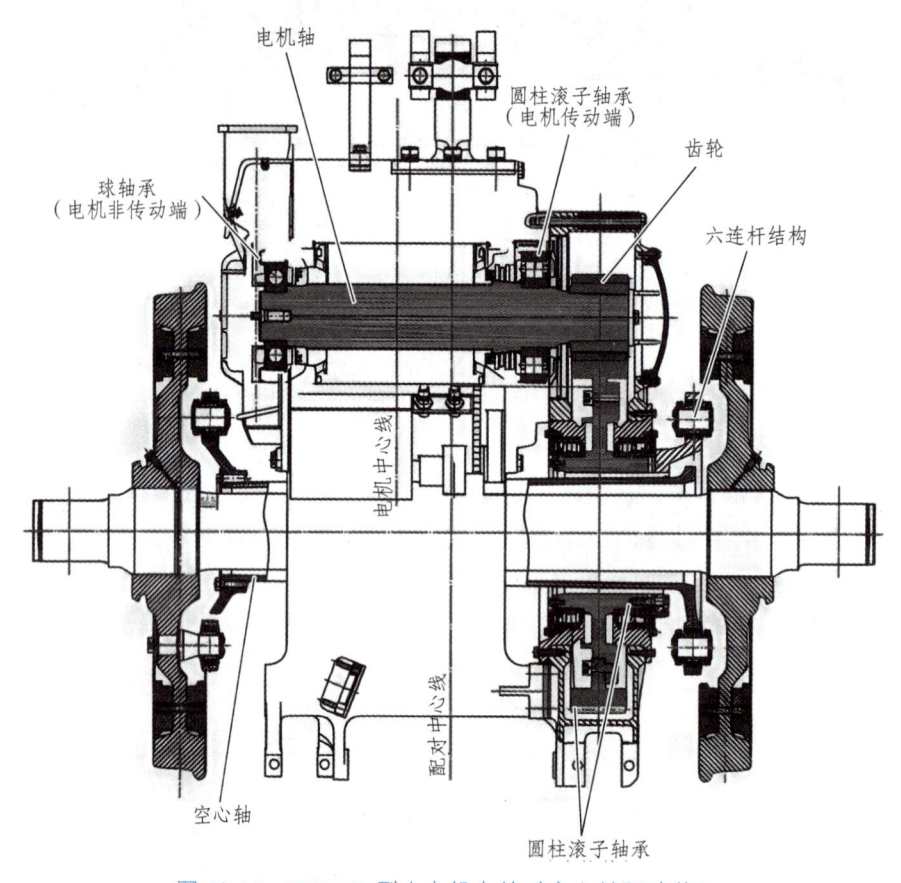

图 10-15　HXD1D 型电力机车轮对空心轴驱动装置

大齿轮通过螺栓与外空心轴套连接，空心轴套外伸部分与传动盘连接，留给安装轴承的轴向空间也是非常有限的，由于大齿轮外伸部分与传动盘连接，传递扭矩，需要一定的抗扭转强度和刚度。大齿轮由轴承支承在传动齿轮箱箱体上，所以箱体是承载的。由于大齿轮与空心轴套一起转动，轴承是内圈旋转，采用这种驱动装置的机车运行速度较高，自然轴承的转速也较高。由于轴向空间较小，可以选用 NU+NUP 或两个 NJ 系列的圆柱滚子轴承，径向游隙可选用 C3 组，较大的径向游隙在满足高速旋转的同时，可以适当补偿驱动装置的制造和组装误差。轴承采用油润滑，即靠齿轮旋转甩起的润滑油润滑轴承，为了确保润滑油进入轴承内部，需要设置集油槽和回油孔。

采用承载式齿轮箱的轮对空心轴驱动装置可以适应更高运行速度，所以这种驱动装置经过改进，成为高速动力车的驱动装置选择方案之一，如德国 ICE 第一代动力车就采用这种驱动装置。

在机车上，电机全架悬主要采用上述轮对空心轴驱动结构。但是在动车组或地铁动力车中有如图 10-16 所示的驱动方式。图中牵引电机通过点挂装置吊挂在构架上，传动齿轮箱一端吊挂在构架上，另一端通过轴承抱在车轴上。这种布置广泛使用于动力分散的高速动车组和地铁车辆。

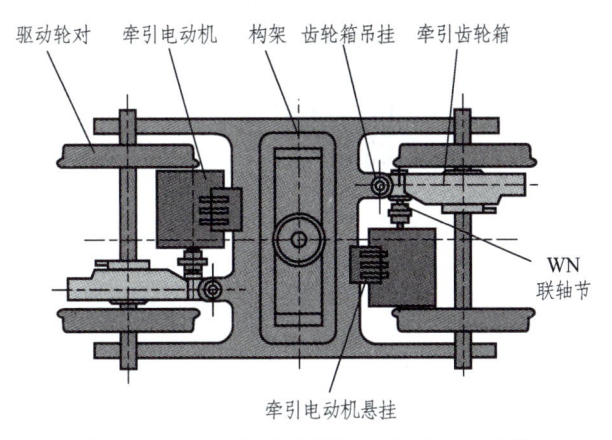

图 10-16 动车组或地铁驱动装置布置简图

10.4 牵引电机体悬式驱动装置

10.4.1 牵引电机体悬式结构分析

这种悬挂方式通常是把牵引电机悬挂在车体的底部，使其成为二系弹簧以上的质量。这样一来，转向架的质量及转动惯性就大为减小，容易保持转向架高速运行时的蛇形运动稳定性。牵引电机采用体悬挂的方式可以大大减轻簧下重量，也减轻了车辆对钢轨的冲击力，同时也改善了电机的工作条件。

对于速度超过 200 km/h 的动力集中型高速动力组，要求动力车具有很大的牵引功率，其牵引电机较大，如果采用架悬式，则转向架构架质量增加很多，簧间质量（构架质量位于一二系之间，称为簧间质量）过大，对机车动力学性能、特别是对转向架的蛇行稳定性不利，须设法减小。为此，把牵引电机挂在车体底部，使牵引电机成为二系悬挂之上的车体质量，谓之体悬式。

如图 10-17 所示为法国 TGV 高速列车动力车转向架的驱动系统示意图，牵引电机悬挂在车体上，其输出扭矩通过体悬齿轮箱（装在车体上）、万向轴、轴悬齿轮箱（通过大齿轮抱在车轴上）传至轮对。牵引电机体悬式驱动装置必须适应车体与转向架之间的相对运动以及转向架与轮对之间的相对运动。传递扭矩的万向轴的长度必须能够灵活伸缩，以适应车体与轮对之间较大的相对运动。

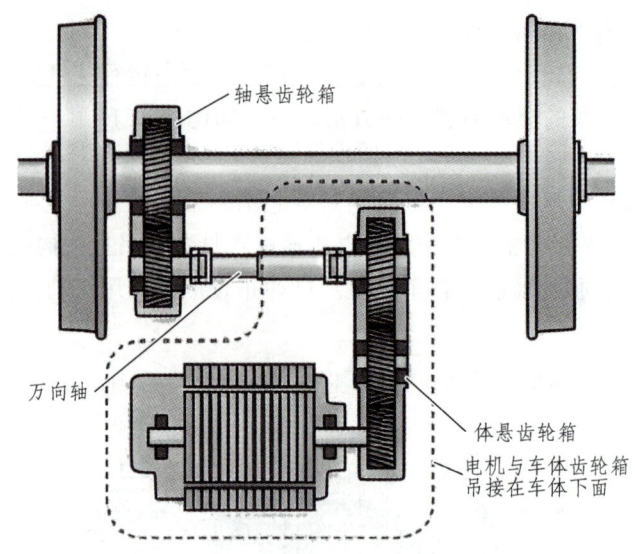

图 10-17　法国 TGV 动力车驱动装置原理图

车体悬挂方式的优缺点如下：

优点：牵引电机完全悬挂在车体之上，可以进一步减轻转向架质量，特别是转向架的回转转动惯量，提高转向架高速运行时的平稳性和稳定性。

缺点：牵引电机与传动齿轮箱之间需要万向轴联接，驱动系统结构复杂、加工工艺要求高，组装及维修困难。

驱动装置中最关键的部件是承载式传动齿轮箱。无论牵引电机是体悬或者是半体悬，大部分承载式传动齿轮箱都属于半悬挂式的，即齿轮箱通过大齿轮骑跨在车轴上，另一端通过吊挂装置与转向架构架或车体连接。

10.4.2　轨道车辆传动齿轮箱轴承的布置

轨道车辆驱动装置中轴承的运行条件与其他机械设备的运行条件差异很大，如运行速度、载荷和温度变化大，承受高的振动和冲击，承受高污染、风沙和潮湿的气候条件。这些都要求所选择的轴承必须满足高的承载能力、长的使用寿命、抗冲击、结构紧凑、质量轻、必要的运转精度，适应于高速、高温等要求。

高可靠性是驱动装置轴承的基本要求，高的可靠性意味着长的维修周期和低的运营维护成本。要提高可靠性，可通过轴承的特殊结构设计、表面处理、可靠的润滑以及必要的运行监控措施。

在进行轨道机车车辆传动齿轮箱的支承轴承选型配置设计时，首先要考虑齿轮箱的结构形式及齿轮传动的类型。齿轮箱的结构形式及齿轮传动的类型又取决于牵引电机的布置方式和动力输出形式。

根据载荷的大小和性质，选择轴承的类型，详细可以参考第 6 章的内容。轴承类型确定后，再考虑轴系的支承定位方式。

支承和引导一根旋转轴至少需要两个有一定距离的轴承。根据实际应用，齿轮箱轴箱支承可选择定位-浮动轴承布置、可调节轴承布置或两端浮动轴承布置。具体内容参见第 7 章。

对于输入轴的轴承布置，还要考虑电机与传动齿轮箱的连接方式。若小齿轮是安装在电枢轴上，则小齿轮轴的支承结构设计要与电枢轴的设计一并考虑，这在电机轴承一章中已经介绍。若电机与齿轮箱之间是采用联轴器或万向轴连接，齿轮箱是一个独立的部件，则小齿轮轴的支承结构设计在齿轮箱支承结构设计中考虑。

若电机是横向布置，即电机轴与车轴是平行布置时，齿轮箱也采用平行轴布置的齿轮箱，齿轮主要是直齿或斜齿圆柱齿轮，传动齿轮轴系三维结构如图 10-18 所示。

图 10-18　电机纵向布置时，传动齿轮轴系立体结构示意图

若电机是纵向布置，即电机轴与车轴是垂直布置时，齿轮箱传动轴需要采用交叉垂直轴布置，齿轮主要是直齿圆锥齿轮或斜齿圆柱齿轮，传动齿轮轴系三维结构如图 10-19 所示。

图 10-19　电机纵向布置时，传动齿轮轴系立体结构示意图

电机横向布置时，动齿轮箱为直齿或者斜齿，不同轴的轴承支承布置如图 10-20 所示。

输入轴	中间轴	输出轴
NU 系列圆柱滚子轴承+四点接触球轴承	NJ 系列圆柱滚子轴承	配对的圆锥滚子轴承

配对的圆锥滚子轴承　　　　　　配对的圆锥滚子轴承　　　　　　NJ 系列圆柱滚子轴承

图 10-20　电机横向布置时，传动齿轮箱轴承支承布置示意图

电机纵向布置时，传动齿轮箱为锥齿轮传动，不同轴的轴承支承布置如图 10-21 所示。

输入轴　　　　　　　　　　　中间轴　　　　　　　　　　　输出轴

NU 系列圆柱滚子轴承+　　　　NU 系列圆柱滚子轴承+　　　　配对的圆锥滚子轴承
四点接触球轴承　　　　　　　四点接触球轴承

配对的圆锥滚子轴承+NU 系列圆柱滚子轴承

图 10-21　电机纵向布置时，传动齿轮箱轴承支承布置示意图

从上述支承结构布置，可以看出轨道机车车辆传动齿轮箱轴承主要采用圆锥滚子轴承、四点接触球轴承和圆柱滚子轴承。个别设计采用深沟球轴承、调心滚子轴承和角接触球轴承。

10.4.3　传动齿轮箱轴承的设计计算

传动齿轮箱轴承的设计计算主要是分析计算轴承的使用寿命。要计算寿命，首先按照第 9 章中介绍的分析计算方法，根据齿轮的啮合力计算出轴承所承受的径向和轴向载荷（见图 10-22），然后可以根据第 5 章介绍的方法计算出轴承的当量动载荷和使用寿命，必要时也可以计算修正寿命。

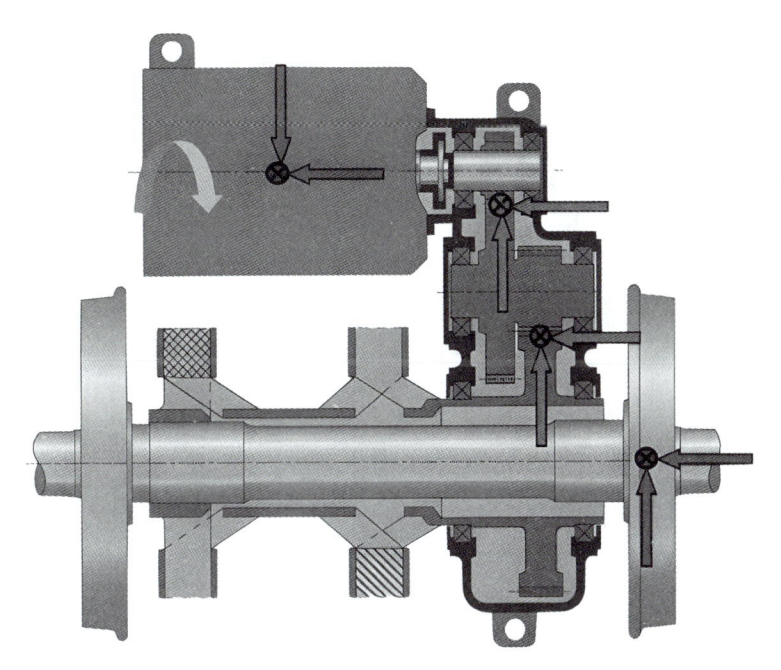

图 10-22　传动齿轮箱轴承的受力分析

在计算机高度普及和计算辅助设计软件高度发达的今天，安装在各种机器设备、运行车辆上的轴承的受力分析、寿命计算等都不需要设计人员手工计算，只要按照所使用的软件要求，输入必要的设计和运行参数，就可以计算出轴承在各种运行条件下的工作性能参数，包括疲劳寿命，如图 10-23、图 10-24 所示。

所以，对于设计者来讲，首先要清楚各种轴承支承布置的受力分析方法，其次能够准确提供各种参数，然后按照要求输入所需参数，即可得到计算结果。

需要提供的设计参数：齿轮箱结构类型、轴承布置图、轴的几何尺寸、电机参数/齿轮参数、车辆参数/轮径/速度、载荷数据（轴和齿轮箱的质量/重心位置）、环境温度、润滑剂的性能参数（如黏度）等。

计算基于客户的输入信息；客户提供的输入信息越全面、越准确，计算得到的结果越贴近实际。

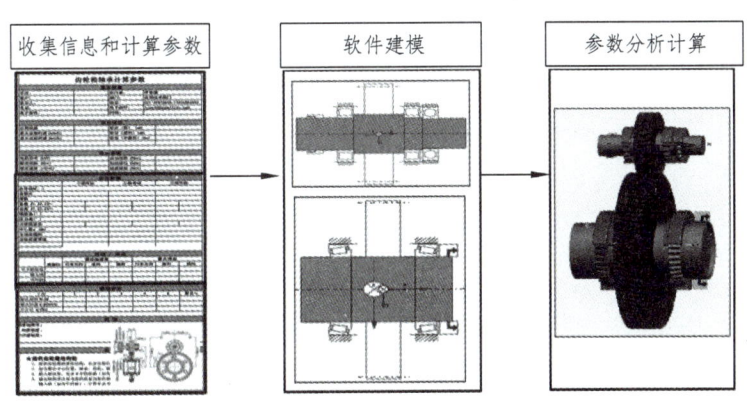

图 10-23　设计计算流程

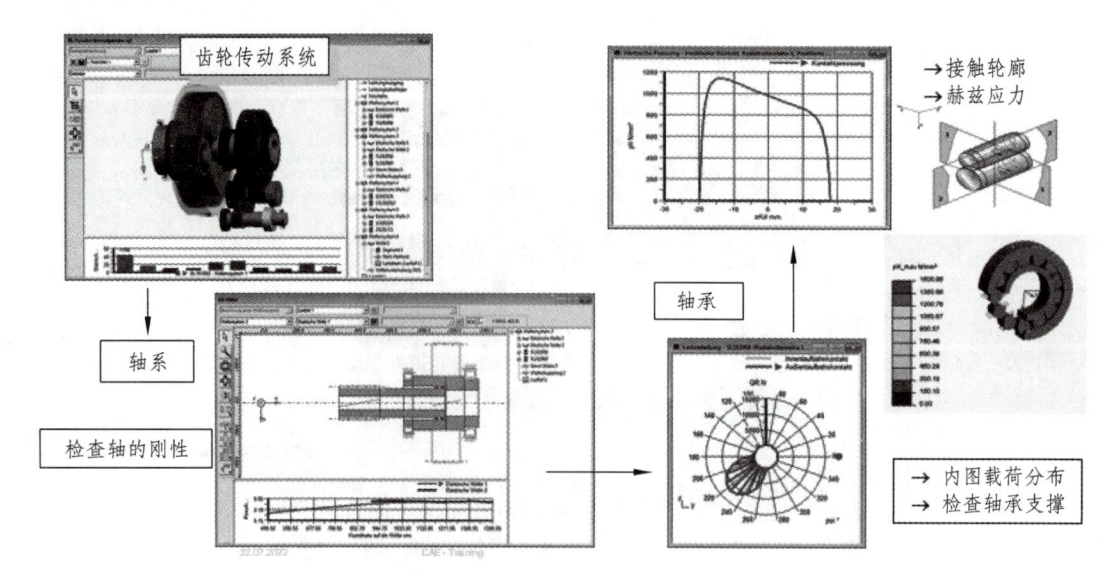

图 10-24　计算的内容

输出信息：内外圈的作用力、扰度、疲劳寿命（润滑系数、材料系数）、摩擦发热、摩擦力矩、轴承工作温度、工作游隙、保持架受力、滚动体与保持架的实际转速、滑动率、保持架质心运动速度、运动轨迹、滚动体打滑率、滚动体与挡边的作用力、赫兹应力、最大剪切应力、正交剪切应力、微凸体载荷、滚动体的公转、自转和陀螺效应、姿态角、节点的温度、瞬态温度等。

根据计算结果，评估轴承支承布置方案是否合理，可以对已有方案进行优化改进。

第 11 章 滚动轴承的润滑

11.1 滚动轴承润滑理论

11.1.1 润滑的作用

滚动轴承需要良好的润滑,才能确保长期良好的运转状态。滚动轴承的额定计算寿命、极限转速或允许的热平衡转速都是以轴承在良好的润滑状态为前提条件的。所谓的良好润滑,是指选择合适的润滑剂,润滑剂的添加量要适当,以确保轴承在工作时滚动体与滚道表面被一层油膜隔离,避免金属表面的直接接触。

要实现良好的润滑状态,必须具备一定的前提条件,比如:轴承承受一定载荷和转速,选择合适的润滑剂,润滑剂的填充量也要合适,同时润滑剂要保证一定的清洁度,不被液态腐蚀介质或固体颗粒污染。

正确选择润滑剂对轴承可靠运行具有决定性作用。实际的轴承失效分析及统计数据显示:润滑不良是导致轴承失效的主要因素之一,这里所说的润滑不良是指润滑剂的选择及供给量不合适,润滑剂被严重污染影响了润滑效果,导致轴承的早期失效。

图 11-1 反映了轴承早期失效的绝大部分都与所使用的润滑剂具有直接或间接的关系。在这类情况中主要为润滑剂不适用(20%)、润滑剂老化(20%)及润滑剂的量不足(15%)等。至于有关污染方面的论述参见由污染引起的损坏一节。

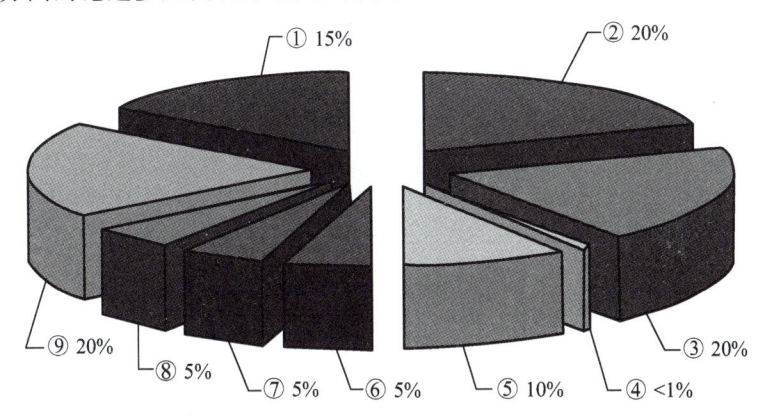

① 润滑剂量不足;② 润滑剂不适用;③ 润滑剂老化;④ 材料与制造缺陷;⑤ 轴承选择不当;⑥ 后续损坏;⑦ 安装缺陷;⑧ 液体污染;⑨ 其它原因。

图 11-1 轴承失效原因

轴承润滑的主要目的是防止或者减少滚动面及滑动面接触,以降低摩擦和磨损。

润滑剂还有防止轴承锈蚀,采用循环油润滑的轴承润滑油具有散热作用,润滑油可以把接触区内的磨粒和杂质带走,润滑脂还能起到密封作用。

11.1.2 弹性流体动压润滑理论

流体润滑包含流体动压润滑和弹性流体动压润滑等。1886 年，Osborne Reynolds 根据流体力学提出了润滑理论的基本方程，成功地揭示了流体膜产生动压的机理，为现代流体润滑理论奠定了基础。

该理论主要针对做相对滑动运动的面接触运动副，考虑润滑剂的物理性能、润滑间隙和接触面的几何尺寸以及接触物体的相对运动，在接触处通过润滑间隙的收敛效应形成流体内部的动压使接触面相互分离。简单地讲相对运动的两表面之间形成流体动压油膜的必要充分条件是：两表面具有一定的相对运动速度、形成收敛的油、流体具有一定的黏性。

对于像齿轮、滚动轴承、凸轮这样承受高接触应力的点线接触副，人们从实践中已经观察到，在一定的速度、载荷作用下，接触区内存在润滑油膜，但直到 20 世纪 40 年代，人们才真正从理论上解释了油膜形成的机理及计算方法，形成了所谓的弹性流体动力润滑理论。

弹性流体动压润滑是在流体动力润滑基础上，并考虑接触物体的弹性变形，加入弹性变形方程，因此称为弹性流体动压润滑理论（简称 EHD）。该理论专门用于阐述点、线接触摩擦副的润滑状态。

实践经验与试验表明，只要十分之几微米的润滑膜厚度就足以将接触面相互隔开。润滑膜厚度取决于：润滑剂性能、接触面宏观与微观几何特征、材料的弹性模量、接触表面的综合运动速度。

目前除采用经典的流体动力理论和弹性流体动力理论计算接触区内油膜厚度外，还采用数字方法分析计算温度、表面纹理等对油膜厚度的影响，不但可以分析滚动体滚道的润滑状态，同样可以计算滚子/挡边接触的情况。

弹性流体动力润滑的最小润滑膜厚度 h_{min} 按 Hamrock 和 Dowson 公式计算，见图 11-2、公式（11-1）和公式（11-2）。

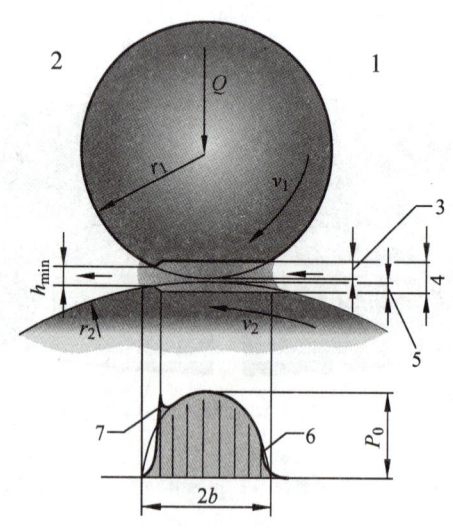

1—入口端；2—出口端；3—滚子变形；4—润滑膜；5—滚道变形；6—赫兹压力分布；
7—EHD 压力分布；p_0—赫兹表面压力；$2b$—赫兹压力面宽度。

图 11-2 滚动接触处润滑膜

按照 EHD 理论计算润滑状态时用压力-黏度系数 α 来考虑压力的影响，公式表明滚动速

度 V、动力黏度 η 和压力-黏度系数 α 对最小润滑膜厚度 $h_{\min}$ 具有很大影响。而载荷 Q 的影响则较小，因为黏度随载荷的增加而增大，接触面则因弹性变形而增大。

根据计算的润滑膜厚度，可以检验在给定条件下能否形成足够厚的润滑膜。

线接触时的润滑膜厚度按 Dowson 公式计算，见公式（11-1）：

$$h_{\min}=\frac{2.65\cdot\alpha^{0.54}\cdot(\eta v)^{0.7}}{\left(\dfrac{1}{r_1}+\dfrac{1}{r_2}\right)^{0.43}\cdot\left(\dfrac{Q}{L}\right)^{0.13}}\cdot\left[\frac{E}{1-\left(\dfrac{1}{m}\right)^2}\right]^{-0.03} \quad (11\text{-}1)$$

点接触时的润滑膜厚度按 Hamrock 和 Dowson 公式计算，见公式（11-2）：

$$h_{\min}=\frac{3.63\cdot\alpha^{0.49}\cdot(\eta v)^{0.68}}{\left(\dfrac{1}{r_1}+\dfrac{1}{r_2}\right)^{0.466}\cdot Q^{0.073}}\cdot\left[\frac{E}{1-\left(\dfrac{1}{m}\right)^2}\right]^{-0.117}\cdot(1-\mathrm{e}^{-0.68k}) \quad (11\text{-}2)$$

式中 　$h_{\min}$ ——最小润滑膜厚度（mm）；
　　　α ——压力-黏度系数（mm²/s）；
　　　η ——动力黏度（mPa·s）；
　　　V ——平均滚动速度（m/s），$V=(V_1+V_2)/2$；
　　　V_1 ——滚动体速度；
　　　V_2 ——内圈或外圈接触处的速度；
　　　E ——弹性模量（N/mm²），（钢的 $E=2.08\cdot10^5\,\mathrm{N/mm^2}$）；
　　　r_1 ——滚动体半径（mm）；
　　　r_2 ——内圈或外圈滚道半径（mm）；
　　　Q,N ——滚动体载荷；
　　　L ——间隙长度，滚子有效接触长度（mm）；
　　　$1/m$ ——泊松系数（钢的 $1/m=0.3$）；
　　　$\mathrm{e}=2.7182$ ——欧拉系数；
　　　$k=a/b$ ——压力面半轴比。

脂润滑时轴承主要是通过脂中的基础油进行润滑的，而基础油则随时以较小的量从稠化剂中释放出来。EHD 理论的规则基本也适用于脂润滑。

11.1.3　黏度的影响

为了使滚动体与滚道之间的接触面上形成一层具有承载能力的润滑膜，润滑油必须具备一定的黏度。油黏度有其功能技术极限值。随着转速的提高，尤其在空转摩擦增大、轴承高温以及高黏度油的传输性很差时，随着机械功率损耗的加剧而出现其功能技术的极限。

润滑油的黏度随着温度的升高而下降。因此明确工作温度下所要求的油粘度是十分重要的。当工作温度已知时，查阅相应的 ISO-VG 级即可得到要求的油黏度。

压力-黏度特性：黏度随压力的增长而变化。在高载荷下，按照赫兹计算的滚动接触处的压力可达 4 000 MPa，在入口区达 700 MPa。若忽略高压区域的温度影响，可以估定润滑间隙中的黏度，见公式（11-3）：

$$\eta = \eta_0 \cdot e^{\alpha p} \qquad (11-3)$$

式中 η ——压力 P 下的动力黏度（MPa·s）；

η_0——标准压力下的动力黏度（MPa·s）；

e = 2.7182——欧拉系数；

α——流体压力-黏度系数；

p——压力（N/m²）。

压力-黏度特性描述不同压力下油黏度的变化。这种变化的程度即为压力-黏度系数 α，在标准计算中一般采用石蜡基矿物油的 α 值，见图 11-3。

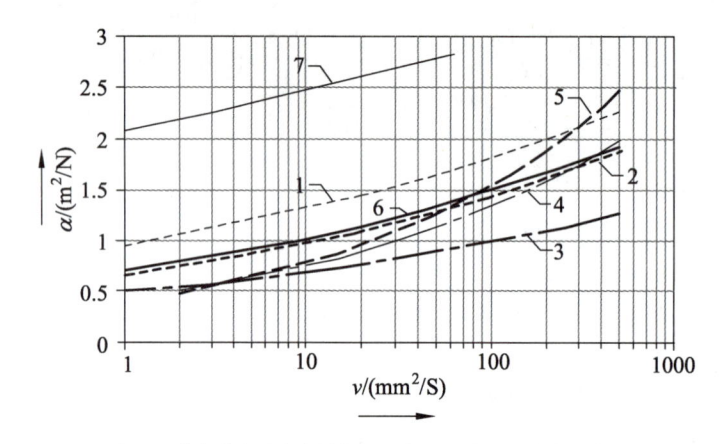

1—矿物油；2—PAOIE；3—聚乙二醇润滑油（水溶性）；4—聚乙二醇润滑油（非水溶性）；5—合成双酸润滑油；6—氢化油；7—氟化碳氢化合物；α—压力-黏度系数；v—运动黏度。

图 11-3　压力-粘度特性

在日常实际应用中通过计算润滑膜厚度来确定要求的油黏度过于烦琐，代之通过黏度比 $\kappa = v/v_1$ 来求出要求的黏度。基准黏度 v_1 是轴承尺寸和转速的函数。基准黏度 v_1 和工作黏度 v 可从图 11-6 的曲线图查取。

脂润滑时轴承主要是通过脂中的基础油进行润滑的，而基础油则随时以较小的量从稠化剂中释放出来。EHD 理论的规则基本也适用于脂润滑。黏度比 $\kappa = v/v_1$（v 为润滑剂在工作温度下的运动黏度，v_1 为润滑剂的基准黏度）由基础油的工作黏度 v 求出。尤其在 κ 值低时，稠化剂和添加剂也参与轴承的有效润滑。

润滑脂中的稠化剂对润滑膜形成和防磨损具有影响。这一效应虽为实践所证实，但是，还未能从理论上加以阐明。因此，为了能够估定可比较的润滑状态，按照目前的技术水平，只用基础油的数据来考虑。

11.1.4　润滑和摩擦状态

滚动轴承内接触表面的润滑状态对轴承的摩擦和磨损性能以及所能达到的寿命有着重要的影响。Stribeck 曲线图界定了可能出现的润滑状态，见图 11-4。在油润滑和脂润滑时轴承的接触表面存在三种可能的润滑状态。脂润滑时的润滑状态基本上是由基础油的黏度所决定的。

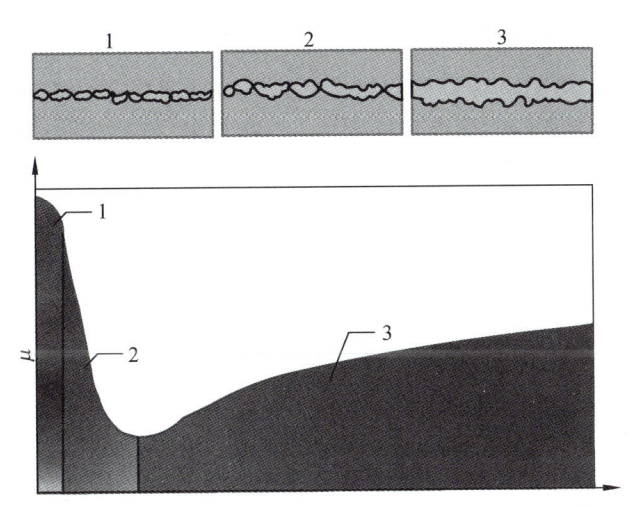

1—边界润滑；2—混合润滑；3—全膜润滑；μ—摩擦；ν—速度。

图 11-4 Stribeck 曲线图

边界润滑：只出现部分隔离润滑膜，因此，润滑膜厚度极小，润滑剂量不足，工作黏度不够或相对运动速度较低才出现这种润滑状态，接触区域内出现金属表面微凸体的直接接触。

混合润滑：如果润滑膜厚度过小，会出现部分固体接触，从而出现混合摩擦状态。传统的观点认为混合润滑是干摩擦、边界润滑和流体润滑三种状态的组合。

全膜流体润滑：滚动及相对运动零件的表面被一层润滑膜完全隔开，出现几乎纯液体摩擦。这种润滑状态可达到持久运转。

流体润滑中两摩擦表面间完全被润滑油膜隔开，避免了粗糙表面上微凸体间的直接接触，减小了金属表面磨损，摩擦力的大小取决于流体的黏性。

11.1.5 边界润滑机理

边界润滑是由液体摩擦过渡到干摩擦（摩擦副表面直接接触）过程之前的临界状态。此时润滑油的总体黏度特性没有发挥作用，决定摩擦表面之间摩擦学性质的是润滑剂和表面之间的相互作用及所生成的边界膜的性质。

边界润滑状态的特征是在摩擦表面上生成一层与润滑介质性质不同的薄膜，其厚度一般处在 0.1 μm 以下，如图 11-5 所示，统称边界膜。众所周知，表面膜对边界润滑有重要作用，这是因为表面膜阻止了黏着并提供了易剪切的一层薄膜，这层膜可能以氧化膜、表面活化剂吸附膜和其他添加剂的化学反应膜气形式存在，表面膜的反应和相互作用是复杂的。关于这个问题的研究大部分已经集中在表面膜的化学识别或表面影响结果上，而对保护机理、去除方法、再生速率知之甚少。高温状态下，基础油的氧化可能有助于表面油膜形成。关于金属对润滑剂内部氧化的催化影响已有很多研究。热应力状态下，接触区内可以发生类似的氧化过程，即中间的氧化物可以与表面或有机金属材料起化学反应，这些反应可能以几种不同的方式影响边界润滑，如腐蚀磨损、与其他添加剂相排斥或形成聚合材料，即摩擦聚合物。

边界膜的生成取决于导致生成边界膜的润滑剂和固体的相互作用。按形成机理的不同，可分为物理吸附、化学吸附和化学反应膜三种。按照结构性质不同，边界膜主要分为吸附膜和化学反应膜。

吸附膜：润滑油中常含有少量的极性物质，例如含 1%～2%的脂肪酸，它是长链型分子结构，分子的一端 COOH 称为极性团，极性团具有化学活性，依靠分子或原子间的范德华（Van-der Wads）力可以牢固地吸附在金属表面上，形成分层定向排列的单分子层或多分子层的吸附膜，这种吸附称为物理吸附。除个别的粗糙峰点之外，吸附膜将两摩擦表面隔开，提供了一个低剪切阻力的界面，因而摩擦系数降低并避免发生表面黏着。长链结构的碳氢化合物都具有物理吸附能力，但物理吸附力比较弱，并且物理吸附膜的形成是可逆的。

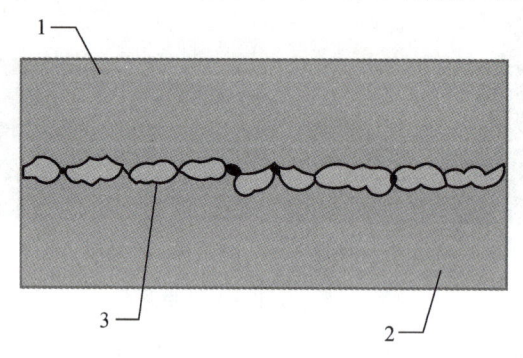

1—滚动体；2—滚道；3—有效吸附膜。

图 11-5　边界润滑

润滑剂的极性分子吸附在金属表面上达到饱和状态时，极性分子紧密排列，并与金属表面吸附得很紧，形成了具有一定强度的边界膜。摩擦界面处于边界润滑时的状况是十分复杂的。因摩擦界面并非理想光整，从几何尺度来讲，粗糙表面微凸体的突峰会比边界膜的厚度大得多，会有一定数量的微凸体相接触。当摩擦界面上的载荷较大时，相接触的微凸体处的压力将很大，从而导致边界膜破裂，发生基体金属直接接触而产生黏着摩擦，此时的摩擦力将由表面微凸体处的黏着剪切力和边界层极性分子的剪切阻力两部分构成。

在金属表面的第一层吸附分子能牢固地吸附于金属表面发挥有效的润滑作用，而离金属表面越远的分子层不能被牢固地吸附，故在两个金属表面上的吸附单层之间形成了低剪切强度地带。当两表面作相对运动时，便在低剪切强度地带的吸附分子层之间发生位移，减少了金属的摩擦和磨损。

物理吸附膜的熔点较低（如硬脂酸的熔点 69 ℃），受热后很容易发生解吸，使薄膜熔化，故一般的物理吸附膜只能在低速、轻载的工况下才能保证正常工作。

润滑油与金属表面形成吸附膜的能力以及吸附膜的强度通称为油性，油性是一个综合指标，与润滑油和金属表面的性质有关。

化学吸附及润滑机理：润滑剂分子受化学键力的作用而贴附在金属表面上时，就形成化学吸附膜。例如，硬脂酸同铁的氧化物（FeO）反应所形成的硬脂酸铁的金属皂膜就是一种化学吸附膜，化学吸附膜中的金属离子并不离开金属晶格，而被吸附的润滑剂分子则仍保留了一些原来起反应的分子的物理性能。例如，硬脂酸铁膜中的有机部分仍保留了类似于硬脂酸长链烃的性质。

与物理吸附膜相比，化学吸附膜具有较高的吸附热，并且是不可逆的，因而比较稳定。化学吸附膜的熔点往往高于润滑剂本身的熔点，故其临界温度比物理吸附膜高。例如，硬脂酸在金属表面形成化学吸附膜时，其临界温度可高达 120 ℃ 左右。由于化学键力的作用范围总是不能超过一个分子的距离，因而化学吸附仅限于一个单分子层。

化学吸附膜的有效作用温度范围可一直保持到膜的熔点。因此，化学吸附可以在中等载荷、中等速度和一定温度的条件下工作。当温度达到膜的熔点或软化点时，化学吸附膜失效。

化学反应膜：含有硫、磷或氯等活性原子的添加剂（极压添加剂）在摩擦所产生的高温（通常在 150～200 ℃）下与金属起化学反应，形成硫、氯、磷等化合物（如硫化铁）的边界膜，即为化学反应膜。化学反应膜的厚度可以很大，其特点是不可逆，具有低剪切强度和高熔点，比前两种吸附膜更为稳定，可在高速、重载和高温的工作条件下工作。化学反应膜比吸附膜稳定得多，摩擦系数保持在 0.10～0.25 之间。良好的润滑效果要求反应膜有一定的厚度，通常化学反应膜厚度为 1～10 nm 量级。反应膜的形成是不可逆的，但在摩擦过程中，反应膜不断地被磨损又不断地生成，因而它的润滑效果取决于这两种过程的动态平衡。如果反应膜破坏，以后不能及时生成新膜，则润滑效果将丧失。

化学反应膜的作用还取决于膜的连接强度，只有当反应膜与母体金属连接牢固时才能起保护金属的作用，否则反应膜反而会加剧磨损。此外，生成化学反应膜的添加剂的化学性质相当活泼，容易腐蚀金属，因此应根据摩擦副材料和工况条件等因素来选择添加剂的品种和使用量。

为了提高边界膜的强度，除了合理选择摩擦副的材料的润滑剂、降低表面粗糙度等方法外，最简便的方法是在润滑油中加入某种油性添加剂或极压添加剂。含硫有机化合物如硫化异丁烯、硫化三聚异丁烯，硫化膜承载能力高，磨损少；含磷有机化合物如磷脂酸、亚磷酸脂，这些添加剂的油性、防锈性和抗氧化性能较好。

添加剂也会产生副作用。这类副作用通常是由于添加剂与轴承材料发生反应或者由于几种添加剂相互之间发生反应所产生的。因此，应只使用为特殊应用情况所推荐的润滑剂。

11.2 润滑方式及润滑剂

11.2.1 润滑方式

滚动轴承内部存在着复杂的运动，是轴承在运行过程中发热和产生磨损。对轴承进行润滑的主要目的就是：避免轴承元件在运动过程中的直接金属接触，减小摩擦发热，避免温度升高，减少零件的磨损和防止锈蚀。

滚动轴承常用的润滑方式有油润滑脂和脂润滑。采用润滑油润滑时，润滑油可以起到散热冷却作用；当采用润滑脂润滑时，润滑脂还可以起到密封作用。此外，也有使用固体润滑剂润滑的。

1. 油润滑

如果相邻的机器部件已采用供油方式润滑，或者需要通过润滑剂来散热，就应采用油润滑。在高转速或者高载荷条件下，或者轴承受到外部异热的影响时，可能需要散热。

油润滑的特点：
- 具有散热功能，适用于高速、高温和重载荷条件；
- 设备保养和更换润滑剂方便；
- 可以保证系统中的多个摩擦副同时润滑；

- 润滑剂分布良好并能分布到整个接触区，使摩擦面得到充分润滑；
- 能够带走磨损颗粒；
- 采用最小油量润滑时，能够实现非常小的摩擦能耗；
- 润滑装置复杂，成本高，密封困难，供油和密封设计的工作量较大。

通过最小量润滑可以精确确定小油量的剂量。这种情况可以通过滴油润滑、脉冲油润滑或油气润滑来实现。其优点是，可以避免油搅扰损失并降低轴承磨损。空气作为载体介质，可以调准供给和流向，支撑密封作用。

喷油润滑可有针对性地供给高速旋转轴承的所有接触部位，并具有良好的冷却效果。

2. 脂润滑

如果轴承支承结构的周边没有给其他设备或传动件的专设油润滑系统，并且轴承也不需要冷却，这种情况下，轴承就可以采用脂润滑。大约90%的滚动轴承都采用脂润滑。

脂润滑的优点：

- 结构开支很低；
- 脂还能参与密封作用；
- 使用寿命长，免维护，无须润滑装置；
- 适用于转速参数 $n \cdot d_\mathrm{m} \leqslant 2.6 \times 10^6 \ \mathrm{min^{-1} \cdot mm}$；
- 在润滑剂供给失效情况下自润滑时间较长；
- 摩擦力矩低。

11.2.2　常用润滑剂

1. 润滑脂

润滑脂习惯上称黄油或干油，润滑脂是由稠化剂稠化基础油并辅以功能性添加剂而制备的具有复杂微观结构与物理化学性能的润滑材料。从外观看，润滑脂是一种凝胶状润滑材料，介于液体和固体之间的半固体润滑剂，润滑脂也可以说是稠化了的润滑油。

根据基础油的类型，润滑脂可分为矿物油基润滑脂、合成油基润滑脂及植物油基润滑脂。矿物油基润滑脂采用矿物油作为基础油，具有良好的润滑性能和较高的承载能力，适用于一般工况下的滚动轴承润滑。合成油基润滑脂采用合成油作为基础油，具有优异的高温性能和抗氧化性能，适用于高温、高速、重载等特殊工况下的滚动轴承润滑。植物油基润滑脂采用植物油作为基础油，具有良好的生态环保性能，适用于对环境要求比较高的场合。基础油是润滑脂中最主要的组成成分，能够在轴承服役过程中从润滑脂胶体结构中释放出来形成稳定的润滑膜，从而实现良好的润滑。

润滑脂的主要性能指标：

（1）滴点：润滑脂的滴点是用滴点测定器测定的。在规定的加热条件下，当从仪器的脂杯中滴出第一滴流体时的温度，叫作润滑脂的滴点。滴点主要取决于稠化剂类型，与基础油的关系较小。一旦达到这个温度，稠化剂的结构就发生不可逆的变化。润滑脂超过滴点软化后，即使再经过冷却，也不能再达到原来的润滑能力。所以，轴承中的润滑脂原则上应明显在其滴点以下工作。因此，即使含矿物基础油的锂基脂的上限使用温度也大约低于其滴点50 K。聚四氟乙烯脂、膨润土脂或凝胶脂鉴于其稠化剂结构而没有滴点。

滴点是表示润滑脂达到一定流动性的温度。在不同情况下可以分别表示下述几种性质：

① 表示熔点：滴落温度能近似地表示润滑脂的熔点，但不能作为准确的熔点。

② 表示分油：在测定热安定性不好的润滑脂的滴点时，往往皂油分离而滴油。此时并不代表其熔点，而仅能代表其明显的分油温度或分解温度。

③ 表示软化：某些润滑脂并没有发生明显的相转变，也并没有完全熔化，而仅仅是变软，软到一定程度（大约相当于针入度值在400以上），则成油柱而自然垂下，拉长条而不成滴。此时滴点仅能代表其软化温度。

（2）针入度：润滑脂的针入度是鉴定润滑脂稠度常用的指标和最基本的性能要求。针入度值是润滑脂划分牌号的基础。所谓针入度值，是指标准圆锥体自由落体而穿入装于标准脂杯内的润滑脂，经过5 s所达到的深度，

其单位为1/10 mm。针入度值反映了润滑脂的软硬程度。当圆锥体穿入润滑脂中越深，则针入度越大，表示该润滑脂越稀软；反之针入度越小，润滑脂就越硬。

润滑脂除了上述两个主要性能指标外，润滑脂外观是通过目测和感观检验来控制其质量的一个检查项目。外观检验的主要内容包括颜色、光亮、透明度、黏附性，均一性和纤维状况等。此外，还可以用手捻压来检查判断。外观的主要检查内容包括：

① 观察颜色和结构是否正常，是否均匀一致，有无明显析油倾向。

② 观察有无皂块，有无粗大颗粒，硬粒杂质以及外来杂质。

③ 观察纤维状况、黏附性和软硬程度等。皂基润滑脂的颜色因选用的稠化剂和基础油的性质以及生产工艺条件的不同而异，一般呈淡黄色至暗褐色。

通常，天然脂肪制得的润滑脂颜色较浅，合成脂肪酸制得的润滑脂的颜色较深而暗，并稍有特殊臭味。烃基脂类产品的外观一般为淡黄色至黄褐色半透明或不透明的油膏，一般都不具光泽，有很强的黏稠性、拉丝性和附着能力。用无机稠化剂制成的润滑脂呈颗粒或纤维结构。当润滑脂内加有石墨时，呈现黑色，能看到具有乌黑光泽的石墨粒子存在；当润滑脂加有二硫化钼时，呈现灰蓝色，并具有二硫化钼光泽。此外，从外观也可以初步判断润滑脂质量的优劣。如有的润滑脂从表面可以看出呈现硬化、氧化变色，有的表面严重析油、有的表面呈现明显龟裂或凝胶状，有的有明显不均匀块状等。这些都可从外观检查推断出该产品在原料，组成及生产工艺上或多或少存在一定问题。

表11-1列出了润滑脂稠度等级。

表11-1 润滑脂稠度等级

NLGI稠度号	000	00	0	1	2	3	4	5	6
工作针入度/0.1 mm	445~475	400~430	355~385	310~340	265~295	220~250	175~205	130~160	85~115

（3）水分：脂润滑脂的含水量。润滑脂的水分有两种存在形式：一种是游离水。它混杂或吸附在润滑脂内，会对润滑脂的质量带来不利影响，降低润滑脂的防护性能，引起腐蚀，也会降低润滑脂的化学性能和机械性能。另一种结构水，钙基润滑脂都含有水分，这与脂肪酸钙皂形成水化物，从而起到稠化剂的作用。但锂基脂、铝基脂则不允许有水分。

（4）机械杂质：一般是指溶剂不溶物，主要是无机盐类、外界落入的尘土沙粒等物质。机械杂质在摩擦副中起到磨料的作用，破坏油膜加速磨损。

表 11-2 列出了不同皂基润滑脂的特性，表 11-3 列出了国产润滑脂的性能特点及用途，表 11-4 为舍弗勒润滑脂的性能特点及用途。

表 11-2　不同皂基润滑脂的特性

脂类型			性能						特殊说明
稠化剂			温度范围 /°C	滴点 /°C	耐水性	抗压性	相对价格	对轴承的适应性	
类型	皂	基础油							
标准	锂	矿物油	−35～+130	+170～+200	+++	+	1	+++	多用途润滑脂
		PAO	−60～+150	+170～+200	+++	++	4～10	+++	适用于较低温和较高温
		脂	−60～+130	190	++	+	5～6	+++	适用于高转速
复合	铝	矿物油	−30～+160	260	+++	+	2.5～4	+	适用于低温
	钡		−30～+140	220	++	++	4～5	+++	适用于高转速
	钙		−30～+140	240	++	++	0.9～1.2	+++	多用途润滑脂
	锂		−30～+150	240	++	++	2	+++	多用途润滑脂易蒸发
	铝	PAO	−60～+160	260	+++	++	10～15	+	多用途润滑脂易于碳化
	钡		−40～+140	220	+++	+++	15～20	+++	多用途润滑脂
	钙		−60～+160	240	+++	+++	15～20	+++	温度范围广
	锂		−40～+180	240	++	+++	15	+++	适用于较高转速
	钡	酯	−40～+180	200	++	++	7	+++	适用于中等载荷
	钙		−40～+130	200	+++	++	7	+++	温度范围特别宽大
	锂		−40～+130	240	++	+	10	+++	只适应于低载荷
		硅油	−40～+180	240	++	−	20	++	适应于低转速时较高温度
膨润土	—	矿物油	−20～+150	—	+++	+	2～6	+	温度范围宽大
		PAO	−50～+180	—	+++	+	12～15	+	适应于中等转速时较高温度
聚脲	—	矿物油	−25～+160	250	+++	++	3	+++	高温润滑脂
		PAO	−30～+170	250	+++	+++	10	+++	良好的耐久性
		酯	−40～+180	250	+++	++	10	+++	适用于高温和低温
PTFE	—	烷氧基氟化油	−50～+250	—	+++	++	100～150	+++	适用于很高温和很低温

符号的意义：+++很好；++好；+中等；−差。

表 11-3　国产润滑脂的性能特点及用途

名称	锂基润滑脂						
增稠剂	锂基皂	锂基皂	合成锂基皂	汽车专用锂基皂	复合锂基皂		
基础油	矿物油	二酯油多价酯油	硅酮油	12-羟基硬脂酸防化矿物油，并加入防锈剂和抗氧剂而制成	12-羟基硬脂酸与二元酸复合锂皂作稠化剂制成的		
滴点/°C	170～195	170～195	200～210		260		
使用温度范围/°C	−20～+110	−50～+130	−50～+160	−50～+130	150		
机械的稳定性	良	良	良		良		
耐压性	中	中	弱				
耐水性	良	良	良	良	良		
防锈性	良	良	劣	良	良		
特性及其应用范围	适用的速度和载荷范围较广，广泛用于各种机械和滚动轴承	适用的速度和载荷范围较广，摩擦特性优良，适用于仪器用小型轴承，小型电机用轴承	主要用于高温，不适用于高速、重载荷条件	适用的速度、温度和载荷范围较广，如汽车、拖拉机、轮载载货车、中小型电动机、水泵和鼓风机、矿山机械，大中型电动机等设备上	汽车通用锂基脂适用于−30～120°C范围内汽车轮毂轴承、底盘、水泵等摩擦部位的润滑，也可用于担克的负重轮引导轮轴承	适用的速度、温度和载荷范围较广，用于轧钢厂炉前导辊轴承、汽车轮毂轴承、各种高阻抗磨轴承以及齿轮、蜗杆、涡轮等润滑。当基础油为矿物油时易蒸发，当基础油为合成油时，可以适用较高速度；当基础油为脂或硅油时，可以适用低速高温		

名称	钙基润滑脂	钠基润滑脂（纤维状润滑脂）	混合基润滑脂	复合基润滑脂	无皂润滑脂		
增稠剂	钙基皂	钠基皂	钠钙基皂或锂钙基皂	钙复合皂	尿素、皂土、有机化合物等		
基础油	高黏度矿物油	矿物油	矿物油	矿物油	合成油（二酯油多价酯油、合成烃化合物、氟素化合物、硅酮油、氟油）		

续表

名称	钠基润滑脂（纤维状润滑脂）	钙基润滑脂	锂基润滑脂 混合基润滑脂	锂基润滑脂 复合基润滑脂	无皂润滑脂	无皂润滑脂
	170~210	70~90	160~190	180~300	230~	230~
	−20~+130	−20~+60	−20~+80	−20~+130	−10~+130	~+220
	良	劣	良	良	良	良
	中	良	强~中	强~中	中	中
	劣	良	含Na的不好	良~中	良	良
	良~劣	良	良~中	良~中	良~劣	良~劣
	由于有长纤维状和短纤维状。长纤维的润滑脂不能用于高速条件，对于高温条件要注意。不能用于含水工况。短纤维可以适应高温环境。	良好的防水密封性，适用于中低速及经常遇水场合。	机械稳定性好，适合于高温，有良好的耐水性。用于中高速、大型球轴承，滚子轴承。	适用的速度与温度范围较广，耐压性、机械稳定性好，适合于高温、有良好的耐水性。	耐高温，良好的耐久性，适合于高温润滑脂，用于一般以矿物油为基础油的润滑脂，以合成油为基础油或钽润滑，条件。用途水，可以用于耐高热，耐酸，耐碱，耐放射性能，耐燃烧等特殊用途。	耐高温，良好的耐久性，适合于高温润滑脂，用于一般以矿物油为基础油的润滑脂，以合成油为基础油或钽润滑，条件。用途水，可以用于耐高热，耐酸，耐碱，耐放射性能，耐燃烧等特殊用途。

膨润土润滑脂	铝基润滑脂	复合铝基润滑脂
膨润土润滑脂是由经过表面活性剂（例如二甲基十八烷基苯氯化铵和氨基酰胺）处理后的有机膨润土稠化矿物油或高粘度的矿物油制成。 （1）膨润土润滑脂没有滴点，其高温性仅决定于表面活性剂的耐高温性能。一般的有机膨润土润滑脂可使用在150 ℃以上。 （2）膨润土润滑脂的低温性主要取决于所选用的基础油的低温性，同时也取决于稠化剂的用量。 （3）膨润土润滑脂已经过表面活性剂处理，因此，膨润土润滑脂的结构粒子应当比皂纤维细剪切，由于膨润土润滑脂不同的表面活性剂的性能而变稀或流出，但是，膨润土润滑脂随不同的表面活性剂的性能而变稀或流出，脂的机械安定性随不同的表面活性剂的性能而变稀或流出，在滚动轴承里使用。 （4）膨润土润滑脂对金属表面的防腐蚀性不好，必须添加有效的防锈剂来改善。 （5）膨润土润滑脂表现出其优良的胶体安定性，另一方面表现出良好的抗摩擦防抗磨性和抗氧化性，因此抗磨性和抗擦防抗磨性理想，一方面难于进入高速滚动轴承里面。适用于中等速度和高温影响其在高速滚动轴承里面的使用。	铝基润滑脂是由硬脂酸铝皂稠化矿物油制成。 （1）铝基润滑脂不含水也不溶于水，接触水的部位。 （2）铝基润滑脂在70 ℃以上开始软化，并且在温度高时发生相转变使金属黏附性变差，所以使用温度不高，只能在较低温度下（50 ℃左右）使用。 （3）铝基润滑脂具有良好的触变性，较少的皂量可以制成半流体润滑脂，适用于集中润滑系统。 （4）铝基润滑脂铝皂对基础油的催化作用小，铝基润滑脂的氧化安定性较好。 合成铝防酸复合铝皂稠化润滑油制得，滴点高，机械和胶体安定性好，适用于铁路机车、汽车、水泵、电机等各种轴承润滑，适用于150~180 ℃的高温下。	由硬脂酸及低分子酸或合成脂肪酸复合铝皂稠化矿物油制成 （1）滴点一般在180 ℃以上。但是，在130 ℃左右产生相转变，生成凝胶，只能使用在120 ℃以下的滚动或滑动轴承上。 （2）复合铝基润滑脂是一种短纤维的结构，具有良好安定性和机械输送性，在机械作用下不会因剪切变稀而流失，并且适用于集中润滑系统。 （3）复合铝基润滑脂具有良好的抗水性和胶体安定性，不含水也不溶于水，可以使用在比较潮湿场合。适用于冶金、造纸、高温、潮湿等水条件下的矿山设备的润滑

第 11 章　滚动轴承的润滑

表 11-4　舍弗勒常用润滑脂的性能特点及用途

Arcanol润滑脂型号	稠度（NLGI）	典型应用、注释	脂类型	温度范围/°C	载荷	速度	基础油黏度（40°C下）/（mm²/s）	防腐性	长时间工作最高温度/°C
MULTITOP（L135V）	2	低噪声，严苛的运行工况，尤其适合高速，如锤式破碎机（水泥）、风力涡轮机（主轴轴承、发电机轴承）	锂基；极压添加剂	−40~+150	高	高	85	非常好	80
MULTI3（L71V）	3	滚动轴承，长润滑间隔，好的密封脂，例如大电机	锂基	−30~+140	中等	中等	80	非常好	75
MULTI2（L78V）	2	滚动轴承，长润滑间隔，好的密封脂，例如小电机	锂基	−30~+140	中等	中等	80	非常好	75
LOAD150	2	滚针轴承，滚轮导轨，如直线导轨、机床	锂复合基	−20~+140	高	中等	150	非常好	95
LOAD220（L215V）	2	严苛的运行工况，如工作辊（钢铁）、支撑辊（钢铁）、轨道车辆	锂/钙基；极压添加剂	−20~+140	高	中等	ISO VG 220	非常好	80
LOAD400（L186V）	2	非常严苛的运行工况，尤其高的冲击载荷，如制浆清洗机（造纸）、颚式破碎机（水泥）、管磨机（水泥）、风力涡轮机（主轴承、发电机轴承）	锂/钙基；极压添加剂	−25~+140	非常高	中等	400	非常好	80
LOAD1000（L223V）	2	极其严苛的运行工况，非常高的冲击载荷，例如平行升降台、水泥滚压机、水泥立辊	锂/钙基；极压添加剂	−20~+140	非常高	低	ISO VG 1000	非常好	80
SPEED2,6（L75）	2~3	严苛的运行工况，尤其适合低载荷、超高速，如纸机的舒展辊/导向辊、机床	锂/钙基；极压添加剂	−50~+120	中等	超高	ISO VG 22	非常好	80
TEMP110（L30V）	2~3	严苛的运行工况，尤其适合高温高速，如电子仪器、汽车、动力车	锂/钙基；极压添加剂	−40~+160	中等	高	ISO VG 150	非常好	110
TEMP120（L195）	2~3	严苛的运行工况，尤其适合高温高载，如连铸机	锂/钙基；极压添加剂	−35~+180	高	低	ISO VG 460	非常好	120
TEMP200（L79V）	2~3	极其严苛的运行工况，很适合化学腐蚀环境，适合极高温，如焙烘机等	锂/钙基；极压添加剂	−40~+260	高	很低	400	非常好	200

295

2. 润滑油

润滑油一般由基础油和添加剂两部分组成。基础油是润滑油的主要成分，决定着润滑油的基本性质，基础油分矿物油、植物油和合成油。添加剂则可弥补和改善基础油性能方面的不足，赋予润滑油某些新的性能，是润滑油的重要组成部分。

润滑油是一种技术密集型产品，是复杂的碳氢化合物的混合物，而其真正使用性能又是复杂的物理或化学变化过程的综合效应。润滑油的基本性能包括一般理化性能、特殊理化性能和模拟台架试验。

润滑油的主要理化性能如下：

（1）外观（色度）：油品的颜色，往往可以反映其精制程度和稳定性。对于基础油来说，一般精制程度越高，其烃的氧化物和硫化物脱除的越干净，颜色也就越浅。但是，即使精制的条件相同，不同油源和基属的原油所生产的基础油，其颜色和透明度也可能是不相同的。对于新的成品润滑油，由于添加剂的使用，颜色作为判断基础油精制程度高低的指标已失去了它原来的意义。

（2）密度：润滑油最简单、最常用的物理性能指标。润滑油的密度随其组成中含碳、氧、硫的含量的增加而增大，因而在同样黏度或同样相对分子质量的情况下，含芳烃多的，含胶质和沥青质多的润滑油密度最大，含环烷烃多的润滑油密度居中，含烷烃多的润滑油密度最小。

（3）黏度：润滑油抵抗剪切变形的能力，表示油液内部产生相对运动时内摩擦阻力的大小。黏度越大，内摩擦阻力越大，流动性越差。黏度是润滑油最重要的性能指标，也是润滑油选用的主要依据。

常用润滑油的黏度主要有三种：

① 动力黏度（绝对黏度）η，常用单位是 Pa·s（帕·秒）。

② 运动黏度 v。工业上常用动力黏度 η 与同温下该流体密度 ρ 的比值称运动黏度 v，国际单位制中运动黏度 v 的单位是 m^2/s，物理单位制中运动黏度 v 的单位是斯（St）或厘斯（cSt），1 St = 100 cSt = 0.000 1 m^2/s。一般现行标准中润滑油的牌号是指该油在 40 °C 时，运动黏度以厘斯为单位的平均值。表 11-5 列出了工业用液体润滑油 ISO 黏度分类。

表 11-5 工业用液体润滑油 ISO 黏度分类

黏度等级	黏度中间值（40 °C cSt）	运动黏度范围（40 °C cSt） 不低于	不高于
ISO VG2	2.2	1.98	2.42
ISO VG3	3.2	2.88	3.52
ISO VG5	4.6	4.14	5.06
ISO VG7	6.8	6.12	7.48
ISO VG10	10	9.00	11.0
ISO VG15	15	13.5	16.5
ISO VG22	22	19.8	24.2
ISO VG32	32	28.8	35.2
ISO VG48	46	41.4	50.2

续表

黏度等级	黏度中间值 （40 ℃ cSt）	运动黏度范围（40 ℃ cSt）	
		不低于	不高于
ISO VG68	68	61.2	74.8
ISO VG100	100	90.0	110
ISO VG150	150	135	165
ISO VG220	220	198	242
ISO VG320	320	288	352
ISO VG460	460	414	506
ISO VG680	680	612	748
ISO VG1000	1 000	900	1 100
ISO VG1500	1 500	1 350	1 650

（4）黏度指数：表示油品黏度随温度变化的程度。黏度指数越高，表示油品黏度受温度的影响越小，其黏温性能越好，反之越差。

（5）闪点：表示油品蒸发性的一项指标。油品的馏分越轻，蒸发性越大，其闪点也越低。反之，油品的馏分越重，蒸发性越小，其闪点也越高。同时，闪点又是表示石油产品着火危险性的指标。油品的危险等级是根据闪点划分的，闪点在 45 ℃ 以下为易燃品，45 ℃ 以上为可燃品，在油品的储运过程中严禁将油品加热到它的闪点温度。在黏度相同的情况下，闪点越高越好。因此，用户在选用润滑油时应根据使用温度和润滑油的工作条件进行选择。一般认为，闪点比使用温度高 20～30 ℃，即可安全使用。

（6）凝点和倾点：凝点是指在规定的冷却条件下油品停止流动的最高温度。油品的凝固和纯化合物的凝固有很大的不同。油品并没有明确的凝固温度，所谓"凝固"只是作为整体来看失去了流动性，并不是所有的组分都变成了固体。润滑油的凝点是表示润滑油低温流动性的一个重要质量指标。对于生产、运输和使用都有重要意义。凝点高的润滑油不能在低温下使用。相反，在气温较高的地区则没有必要使用凝点低的润滑油。因为润滑油的凝点越低，其生产成本越高，造成不必要的浪费。一般说来，润滑油的凝点应比使用环境的最低温度低 5～7 ℃。还要提及的是，在选用低温的润滑油时，应结合油品的凝点、低温黏度及黏温特性全面考虑。因为低凝点的油品，其低温黏度和黏温特性亦有可能不符合要求。凝点和倾点都是油品低温流动性的指标，两者无原则的差别，只是测定方法稍有不同。同一油品的凝点和倾点并不完全相等，一般倾点都高于凝点 2～3 ℃，但也有例外。

（7）酸值：表示润滑油中含有酸性物质的指标，单位是 mgKOH/g。酸值分强酸值和弱酸值两种，两者合并即为总酸值（简称 TAN）。

（8）水分：润滑油中含水量的百分数，通常是质量百分数。润滑油中水分的存在，会破坏润滑油形成的油膜，使润滑效果变差，加速有机酸对金属的腐蚀作用，锈蚀设备，使油品容易产生沉渣。总之，润滑油中水分越少越好。

（9）机械杂质：存在于润滑油中同，且不溶于汽油、乙醇和苯等溶剂的沉淀物或胶状悬浮物。这些杂质大部分是砂石和铁屑之类，以及由添加剂带来的一些难溶于溶剂的有机金属盐。通常，润滑油基础油的机械杂质都控制在 0.005%以下（机杂在 0.005%以下被认为是无）。

（10）灰分和硫酸灰分：在规定条件下，灼烧后剩下的不燃烧物质。灰分的组成一般认为是一些金属元素及其盐类。灰分对不同的油品具有不同的概念，对基础油或不加添加剂的油品来说，灰分可用于判断油品的精制深度。对于加有金属盐类添加剂的油品（新油），灰分就成为定量控制添加剂加入量的手段。国外采用硫酸灰分代替灰分。其方法是：在油样燃烧后灼烧灰化之前加入少量浓硫酸，使添加剂的金属元素转化为硫酸盐。

（11）残炭：油品在规定的实验条件下，受热蒸发和燃烧后形成的焦黑色残留物称为残炭。残炭是润滑油基础油的重要质量指标，是为判断润滑油的性质和精制深度而规定的项目。润滑油基础油中，残炭的多少，不仅与其化学组成有关，而且也与油品的精制深度有关，润滑油中形成残炭的主要物质是：油中的胶质、沥青质及多环芳烃。这些物质在空气不足的条件下，受强热分解、缩合而形成残炭。油品的精制深度越深，其残炭值越小。

机械杂质、水分、灰分和残炭都是反映油品纯洁性的质量指标，反映了润滑基础油精制的程度。

在实际生产中，添加剂的使用可以使润滑油的性能大大改善，如抗氧化防腐剂、抗乳化剂、抗泡剂、降凝剂、增黏剂等，使用寿命也可成倍地延长。

当使用添加剂含量特别高的矿物油（准双曲面齿轮油，合成油）时，要注意其与密封圈材料及轴承材料，特别是保持架材料的相容性。

表 11-6 列出了润滑油基础油的类型及特点。表 11-7 列出了国产滚动轴承常用润滑油的种类及牌号。

表 11-6 基础油主要类型及其性能

基础油	简称	使用温度 下限/°C	使用温度 上限/°C	黏度-温度指数	与弹性体的相容性	特点
矿物油	Min	-20	+120	100	好	最常用的基础油类型，"天然污染"，因系天然产物
聚α烯烃	PAO、SHC	-40	+150	160	好	广泛使用的合成油类型，也适用于食品准许的润滑剂
聚乙二醇	PG	-40	+150	220	中等	与铝接触是为临界 100，一般不能与矿物油、PAO、酯相混合
酯	E	-60	+180	180	中等至差	也可作为 PAO 及矿物油的混合物，部分具有良好生物降解性
硅油	Si	-60	+200	500	很好	钢与钢接触易导致咬蚀，极低的表面应力
烷氧基氟化油	PFAE、PFPE	-30	+250	160	好	轴承必须不含碳氢化合物材料，不能与其他油混合

表 11-7 滚动轴承常用润滑油的种类及牌号

名称	代号	运动黏度/cSt 40 °C	运动黏度/cSt 50 °C	运动黏度/cSt 100 °C	凝点/°C 不高于	闪点/°C（开口）不低于	主要用途
机械油（GB 443）	N5	4.14~5.06			-10	110	N5 和 N7 用于高速低载荷的机械、车床、磨床、纺织纱锭的润滑和冷却；N32 和 N46 可用于普通机床的液压油；N15、N22、N32 和 N46 可供一般要求的齿轮、滑动轴承用；N68 用作重型机床导轨润滑油；N100 和 N150 供矿山机械、锻压和铸造等重型设备之用
	N7	6.12~7.48			-10	110	
	N10	9.0~11.00			-10	125	
	N15	13.5~16.5			-15	165	
	N22	19.8~24.2			-15	170	
	N32	28.8~35.2			-15	170	
	N46	41.4~50.6			-10	180	
	N68	61.2~74.8			-10	190	
	N100	90.0~110			0	210	
	N150	135~165			0	220	
汽轮机油（GB 2537）	HU-20		18~22		-15	180	用于蒸汽蜗轮机、水力涡轮机及发电机、大中型鼓风机等高速高载荷设备轴承的润滑和冷却，以及各种小型油膜轴承
	HU-30		28~32		-10		
	HU-40	—	37~43	—	-10		
	HU-45		43~47		-10	195	
	HU-55		53~57		-5		
轧钢机油（SY 1224）	HJ3-28	—	—	26~30	-10	250	用于轧钢机的大型减速器及人字齿轮座、较长管道的循环润滑系统、轧钢机的大型油膜轴承
齿轮油（SY 1103）	HL-20			17.9~22.1	-10	170	用于重载荷机械、齿轮及蜗轮传动装置的箱式润滑系统，各种中等载荷减速器油浴式及循环式润滑系统，用途极广
	HL-30			28.4~32.2	-20	180	
饱和汽缸油（GB 4411）	HG-11			9~13	5	215	适用于大型冶金齿轮座、重载荷减速器、管道较短的循环及箱式润滑系统。HG-11 多用于柴油机的润滑，HG-24 多用于蒸汽机及各种低速高载荷机械的润滑
	HG-24			20~28	15	240	
QB 汽油机润滑油（GB 485）	HQB-6			6~9.3	-20（倾点）	185	用于汽车、拖拉机汽化器、发动机汽缸活塞的润滑，以及各种中、小型柴油机等动力设备的润滑
	HQB-10			10~<12.5	-15（倾点）	200	
	HQB-15			14~<16.3	-5（倾点）	210	
1号真空泵油（SY 1634）	KK-1	47~57	—	—	-15	206	用于各大、中型真空泵的润滑和密封，以及各类对腐蚀性有较高要求的机械润滑

续表

名称	代号	运动黏度/cSt			凝点/°C 不高于	闪点/°C（开口）不低于	主要用途
		40 °C	50 °C	100 °C			
双曲线齿轮油（SY 1102）	HL-22			16.1~28.4	-20	—	用于汽车双曲线齿轮等极压机械润滑，不适于一般齿轮润滑
	HL-28			24.5~32.4	-5		
合成锭子油（GB 442）				—	-45	163	是一种高级润滑油，用于液压传动系统的液压油或用于冷冻机上，可作机械的润滑、冶金工艺油和润滑脂的原料

3. 其他润滑剂

（1）固体润滑剂。

这类润滑材料虽然历史不长，但其经济效果好，适应范围广，发展速度快，能够适应高温、高压、低速、高真空、强辐射等特殊使用工况，特别适合于给油不方便、装拆困难的场合。当然，它也有摩擦系数较高、冷却散热不良等缺点。

在一些特殊使用条件下，润滑油或润滑脂不能起到润滑作用时，可以在功能面上涂一层薄薄的固体润滑剂，如石墨和二硫化钼，可以防止金属接触，减小摩擦，提高接触表面的耐磨性。但是，这样一层涂层只有在圆周速度低和压力小情况下才能吸附较长时间。润滑油或润滑脂中添加的固体润滑剂也能改善固体接触的润滑。

固体润滑剂中最具代表性的是二硫化钼和石墨。石墨有天然石墨和人造石墨，它是六方晶体的层状结构。石墨是黑色、柔软、在化学上非常稳定的物质，几乎不受所有有机溶剂、腐蚀性化学药品的侵蚀，还具有不受很多熔融金属或熔融玻璃浸润的特点。因此，石墨与水、溶剂、油脂、橡胶、树脂、一些金属等混合时不失掉其特性。石墨的热膨胀系数和弹性模量都较小，能抗热冲击。石墨具有良好的导电性和导热性。石墨的结晶性、杂质、粒度和粒子形状对石墨的润滑性有较大影响，外部使用条件如环境温度、使用温度、速度和载荷也对其润滑性也有影响。石墨润滑剂的应用多见于复合材料或与其他固体润滑剂共用，单独用石墨作为润滑剂的不多。

二硫化钼具有黑灰色金属光泽，一样有六方晶体层状结构，摩擦系数可低到 0.04，而且对热或化学都比较稳定。二硫化钼的使用温度为：-270~350 °C（大气中），熔点 1 250 °C，380~450 °C 时氧化。二硫化钼能抗大多数酸的腐蚀。在室温、湿空气中二硫化钼的氧化是轻微的，但结果能得到一个可观的酸值。一般认为，对于重载荷、中低速、高（低）温下的滑动摩擦部件，应用二硫化钼粉剂能发挥其优良效果，市售的二硫化钼粉剂的纯度在 98%~99.8%。很少使用二硫化钼单体粉剂，在多数情况下常常混用必要的其他物质，常见的有二硫化钼糊状润滑剂和二硫化钼润滑油脂。

（2）复合物润滑。

在功能面上涂上一层薄薄的复合物润滑剂可以防止金属接触。这类复合物润滑剂由固体润滑剂如二硫化钼、石墨或聚四氟乙烯（PTFE）与耐高温黏结剂组成。给轴承装入膏状复合物，这些膏状复合物在温度作用下被硬化。在运转过程中该复合物随着保持架转动。但这样一层复合物只有在圆周速度低和压力小的情况下才能保持黏附较长时间。

复合物润滑是一种转移润滑，就是说，经硬化的复合物经过不断地磨蚀而转移涂覆到球和运转面上。试验表明，采用复合物润滑的轴承其使用寿命随转速的提高而大大降低。与油润滑或脂润滑相比，载荷或温度的影响要小一些。此外，复合物润滑也用于高于 250 ℃ 的高温领域，例如窑车轴承，或者用于化学或物理影响大的领域，如真空中。

（3）聚合物润滑。

聚合物润滑剂由多孔质基材与流体脂或油组成，基材通常为聚合物，例如聚乙烯、聚四氟乙烯等塑料具有良好的润滑性、吸震性、抗冲击性、抗腐蚀性和绝缘性。聚四氟乙烯的使用温度为：−270 ~ 260 ℃。这类基材类似于海绵，会有流体脂或油，在载荷作用下又将其释放出来。其可能的应用领域是做回转运动的支承、低转速支承或垂直安装的多列轴承。

表 11-8 列出了各种润滑剂及润滑方式的特性分析。

表 11-8　各种润滑剂及润滑方式的特性分析

润滑剂	润滑方法	适用于润滑方法的润滑装置	结构措施	可达转速参数 $n \cdot d_m$/min	适用的轴承结构类型	工作特性
固体润滑剂	一次性终生润滑	—	—	—	主要为深沟球轴承	—
润滑脂	一次性终生润滑	—	输入孔	$\approx 0.5 \times 10^6$ 适用于特殊脂和轴承：$\approx 2.6 \times 10^6$	所有类型的轴承	用特殊脂时，低摩擦良好噪声性能
润滑脂	再润滑	脂枪	可能脂量调节器			
		脂泵	旧脂收集仓			
		自动再润滑系统	通过管或孔供给旧脂收集仓			
较大量油润滑	油池润滑	测量标尺液面控制	具有足够油容积的轴承座溢流孔控制装置连接	$\approx 0.5 \times 10^6$	所有类型轴承	由于搅拌损失导致轴承发热，冷却效果良好，噪声小，油循环和喷油润滑时可以排出磨损微粒
	油循环润滑	循环润滑装置	足够大的进油孔和排油孔			
	喷油润滑	带喷油咀的循环润滑装置	通过定向喷嘴供油通过足够大的孔排油	$\approx 1.5 \times 10^6$	所有类型轴承	
最小量油润滑	脉冲油润滑	非循环型润滑装置：滴油器、喷射润滑装置	排油孔	$\approx 0.5 \times 10^6$		
	油气润滑	油气润滑装置	可能排油孔	$\approx 1.5 \cdot 10^6$		

11.2.3　润滑剂中的添加剂

添加剂是近代高级润滑剂的精髓，正确选用、合理加入，可改善润滑剂的物理化学性质，对润滑剂赋予新的特殊性能，或加强其原来具有的某种性能，满足更高的要求。根据润滑剂要求的质量和性能，对添加剂精心选择，仔细平衡，进行合理调配，是保证润滑剂质量的关键。

油性剂：油性添加剂是由极性非常强的长链型分子组成，在常温条件下即可与金属表面形成吸附膜。在中等温度和轻载荷条件下，油性添加剂能够形成厚的高黏性膜。油性剂的种类有动植物油、脂肪酸类、二聚酸类、聚合物和含硫有机化合物等。常用的润滑油中，动植物油的油性最好，合成油次之，矿物油最差。

增黏剂：增黏添加剂为高分子聚合物，它具有链状结构。在温度低时，这些分子卷曲成球状，因而对润滑油黏度影响较小。而当温度高时，链状结构舒展开来，阻碍润滑油分子间的运动，使黏度增加。增黏剂用于发动机改善润滑剂的黏温特性，对轻质润滑油起增稠作用。通常使用的增黏剂有聚甲基丙烯酸酯、聚异丁烯、乙烯/丙烯共聚物、苯乙烯/双烯共聚物以及聚乙烯正丁基醚等其中聚甲基丙烯酸酯与聚异丁烯广泛使用在发动机、飞机液压系统和数控机床等设备上，它们是油溶性的链状高分子聚合物。

极压剂（EP 添加剂）：金属摩擦副承受高速重载荷时产生大量的热，通常的抗磨剂形成的表面膜不能承受这种高温重载条件。而极压添加剂与金属表面生成较强的化学反应膜，可防止金属表面擦伤甚至烧结。通常把这种苛刻的边界润滑叫作极压润滑，因此这种添加剂称为极压添加剂。极压添加剂是含氯、硫、磷的有机化合物，例如氯化石蜡、二烷基二硫代磷酸锌等。在高温重载条件下，极压剂分解出活性元素与金属表面生成厚的低剪切强度的金属化合物膜。在选择极压添加剂时，应使它仅在适当的条件下才与表面作用形成化学反应膜。如果极压剂过分活泼或者使用浓度过高，反而会使摩擦表面产生腐蚀性磨损。工作温度高于 80 ℃ 时，建议使用反应较低的极压添加剂，当温度高于 100 ℃，不建议使用含有极压添加剂的润滑脂，对于速度很低时，建议使用含有石墨或二硫化钼等固体添加剂，以增强极压效果。

抗磨剂（AW 添加剂）：对于通常的金属表面承受中等载荷的边界润滑，通过添加剂被吸附在金属表面上或与金属表面化学反应形成吸附膜或反应膜，以防止金属表面剧烈磨损，这种添加剂称为抗磨添加剂。抗磨添加剂的作用是与金属表面形成薄的硫化膜或磷化膜。近来也有人认为它的润滑机理是形成厚的高黏性膜。与油性剂比较，抗磨剂能够抵抗较高的温度。此外，抗磨剂对金属表面具有抛光作用。

抗氧化剂：润滑油在使用中不断与空气接触而发生氧化反应，抗氧化剂用以延缓氧化过程，以延长润滑油的使用期。

降凝剂：润滑油中的石蜡由于温度下降形成网状结构而使润滑油凝固。降凝剂能防止石蜡形成网状结构，因而降低润滑油的凝固性和改善其低温流动性能。

抗泡剂：循环使用的润滑油混入空气后形成泡沫而降低润滑性能。抗泡剂用来降低表面张力，防止泡沫形成。

抗腐蚀剂：润滑油由于受热氧化产生过氧化物，生成有害的酸性面腐蚀。抗腐蚀剂的作用是分解过氧化物，从而减少酸性物，同时与金属表面形成化学反应膜以保护表面。

必须指出：不同添加剂之间有时产生相互制约作用，当几种添加剂混合使用时，必须注意它们之间的影响和综合应用效果。例如表面极性物质（如油性剂和防锈剂等）可能使极压添加剂失去效能。

11.3　润滑脂润滑

润滑脂由基础油、稠化剂及添加剂组成。基础油类型和基础油黏度直接影响到油膜厚度；稠化剂主要影响润滑脂的机械稳定性；添加剂主要改善润滑脂的综合性能。

为了达到较长的润滑期限，最好使润滑脂释放的油量刚好为轴承润滑所需要的量，这样可以保持长时间的油释放。采用高黏度基础油的润滑脂，油的释放率会降低，所以，只有在轴承和轴承座装脂量较大或者采用短周期再润滑，才能达到良好的润滑状态。特定类型的稠化剂在混合摩擦领域运转时具有附加形成边界层的作用。

在一般工作和环境条件下，要求不高时可以采用一次性终生润滑。若未超过再润滑周期或使用寿命（一次性终生润滑轴承），则脂润滑的轴承就具有足够的工作可靠性。对于再润滑周期短的润滑方法，其工作可靠性取决于润滑剂供给装置的可靠性。

11.3.1 选择润滑脂需考虑的因素

前面已经讨论过润滑对轴承的重要性，选择适用的润滑脂可以确保轴承良好运转，实现其计算寿命。选择润滑脂时主要考虑以下因素：
- 轴承类型；
- 转速；
- 温度；
- 载荷；
- 环境条件。

1. 轴承类型的影响

点接触轴承：球轴承在滚动接触处的滚动仅只需要较小量的润滑脂。此外，球轴承的滚动运动仅只具有较小滑动量，所以，点接触轴承中的单位机械应力要比线接触轴承中的单位机械应力明显要低。常用基础油黏度 ISOVG68~ISOVG100 的润滑脂。这些脂应含有抗老化添加剂，即所谓的抗氧化剂（AO）。

线接触轴承：滚子轴承对润滑脂的要求更高一些。一方面接触处需要的脂量较大，另一方面还要考虑滑动摩擦和挡边摩擦。这类摩擦阻碍润滑膜形成，从而导致磨损。为了解决这个问题，对线接触轴承采用基础油黏度较高的润滑脂。此外，还建议采用抗磨损添加剂（EP）。针入度一般为 NLG1-2 级。

2. 转速的影响

与轴承一样，润滑脂也有一个容许的最大转速参数 $n \cdot d_m$。通过轴承极限转速求出的转速参数应当始终与润滑脂转速参数相匹配。

润滑脂的转速参数取决于稠化剂的类型和含量以及基础油的类型。通常高转速用基础油黏度低的润滑脂，这类润滑脂同时也适用于低温。低转速选用基础油黏度较高的脂，通常也用作重载轴承的润滑。

3. 温度的影响

润滑脂允许的温度范围必须与轴承可能的工作温度范围相适配。润滑脂允许的使用温度范围与稠化剂类型、稠化剂含量、基础油类型、基础油含量、生产质量及生产工艺有关。

为了达到可靠的润滑效果及可接受的润滑脂使用寿命，一般建议，根据轴承可能的工作温度范围选择合适的润滑脂。一般情况下，润滑脂生产厂家会在其产品性能参数中提供润滑脂的使用温度范围，即使用温度上限和使用温度下限。

（1）使用温度上限：润滑脂的上限使用温度，按照有关标准及特定的测试装置进行测定。润滑脂不宜长时间在其使用温度上限范围工作，长时间在接近于使用温度上限工作，润滑脂会受到热损伤，导致润滑脂润滑能力和使用寿命降低。一般润滑脂生产厂家会在其产品性能参数中提供润滑脂的使用温度上限。

（2）持续工作温度上限：润滑脂能够长期工作并且润滑的性能及润滑效果不会降低的温度。因此建议润滑脂的实际工作温度一定在允许的持续工作温度上限之下。但是必须注意的是，一般润滑脂生产厂家不一定会在其产品性能参数中提供润滑脂的"持续工作温度上限"。必要时可以向厂家咨询。

（3）使用温度下限：润滑脂的使用温度下限通过有关标准所规定的流动压力来确定。流动压力是指将润滑脂从测试咀挤出所需要的压力。所考察的是润滑脂在低温下是否还能传输。这种情况在集中润滑装置中就非常重要。润滑脂在低温下只能释放很少量的基础油，使滚动接触处出现润滑剂供给不足，从而产生混合摩擦或边界摩擦。因此建议，不要在使用温度下限以下使用润滑脂。一般情况下润滑脂生产厂家会在其产品性能参数中提供此值。

高温领域用的润滑脂：持续工作温度上限未知情况下，建议使用其用温度上限至少高于轴承实际工作温度 20 K 的润滑脂。在高温领域使用合成油基润滑脂，因为这类润滑脂要比矿物油基润滑脂具有更高的耐热性。这里主要使用酯油。当持久温度在+150 °C 以上时，烷氧基氟化油全氟聚醚油的使用寿命最长。

低温领域用的润滑脂：低温领域（-20 °C 以下）用的润滑脂应具备足够低的最低使用温度下限。最低使用温度下限参考值为：至少低于预期环境温度 20 K。

4. 载荷的影响

对于载荷比 $C_0/P<10$，即 $P/C_0>0.1$，建议使用基础油黏度较高，尤其含有防磨损添加剂（EP）的润滑脂。这种添加剂能在金属表面上形成一层防止磨损的反应层。这类脂也推荐用于滑动量较大的轴承、线接触的轴承以及承受联合载荷的轴承。含有固体润滑剂（如 PTFE 或二硫化钼）的润滑脂优先用于边界摩擦或混合摩擦领域。

在冲击载荷或很高载荷下最好使用其基础油黏度高，针入度级为 NLGI-2 的润滑脂。这些脂因其基础油黏度高能形成比较厚的弹性流体动力润滑膜，减轻冲击。但基础油黏度高的脂的缺点是，由于释放的油量较小，必须采用较大的填充量或短周期再润滑，来保证润滑剂在接触处的有效润滑。若回转角摆角很小以及振动时，可能出现所谓假性布氏压痕。

5. 环境条件的影响

润滑部位所处的环境与接触的介质对润滑脂的性能有极大影响，须慎重考虑。若在潮湿环境，例如露天环境中工作，湿气可以从外部进入轴承。由于频繁的热冷温度交变，使轴承中的水分发生冷凝。水会造成润滑脂及轴承严重损坏。损坏的原因是老化、水解、润滑膜破裂，尤其是腐蚀。钡复合皂脂或钙复合皂脂不吸水，具有良好的耐水性，可用于此类场所。接触酸或酸性气体的部位，适宜选用抗酸性比较好的复合钡基润滑脂；条件苛刻时，应选用加有防锈剂的润滑脂。处在有强烈化学的介质环境的润滑部件，应选用抗化学介质的合成油润滑脂，如氟碳润滑脂等。

6. 供脂方式的影响

加脂周期长、润滑脂稠度硬的用加油枪打；加脂周期短、润滑脂稠度稀的，且润滑点周边环境恶劣的用电动或气动供脂泵注入。

集中润滑：基础油黏度适当、稠度低的润滑脂；非集中润滑：基础油黏度不限、稠度大的润滑脂。

7. 轴承安装方式的影响

轴承立式布置时，润滑剂容易从轴承内部流失，应选用基础油黏度较高的润滑油或针入度较低的润滑脂。同时要设置容量的润滑脂储存室。密封结构也要有效，尽量避免润滑脂的流失。

尤其对于滑动量较大的轴承，以及大型轴承和承受高应力的轴承来说，正确选择润滑脂是非常重要的。在高载荷下，稠化剂的润滑能力和添加剂的应用显得特别重要。

脂润滑时只有很少量的润滑剂有效参与润滑过程。普通针入度的脂绝大部分被挤出滚动接触处并堆积在旁边，或者透过密封圈而离开轴承。留在轴承运行面上和轴承中或轴承旁的脂连续不断地释放要求的小量的油，稠化剂也部分参与功能面润滑。在适宜应力下，由此维持在滚动接触面和滑动接触面之间的有效润滑剂量，可满足较长时间润滑的要求。

11.3.2 润滑脂基础油黏度的确定

润滑油和润滑脂的选择主要是根据轴承的转速参数 $n \cdot d_m$，确定润滑油脂的基础油黏度。基础油黏度的大小要保证轴承在工作温度下形成足够厚的油膜，以避免滚动体与套圈滚道之间的金属直接接触。

当黏度比 $\kappa = \nu/\nu_1 = 2 \sim 4$ 时，轴承可以有良好的润滑状态，可达到很高的使用寿命。

ν_1——根据轴承转速和平均直径确定的润滑脂基础油的额定黏度；

ν——润滑脂基础油在工作温度下的工作黏度。

润滑剂内部摩擦也会随着黏度的升高而增大，反而影响轴承的工作温度。因此，在选择油黏度时要考虑的是：一方面应达到尽可能长的疲劳寿命，另一方面因摩擦增大所引起的损耗功率应尽可能低。黏度太大，在低温时可能会出现供油和排油的问题。

轴承润滑脂基础油一般为矿物油，其在轴承工作温度下的所需的最小运动黏度 ν 可以从图 11-6 中查出，若轴承的转速、平均直径和工作温度已知，实现轴承良好润滑状态所需额定黏度、在工作温度下的工作黏度以及对应的 ISO-VG 级可由曲线图 11-6 得出。

举例：轴承平均直径 100 mm，转速 1 000 r/min，工作温度 $T = 85$ °C，试从图 1 中确定 $\kappa = 2$ 和 $\kappa = 4$ 时的工作黏度。

由轴承的平均直径和工作转速从图 11-6 中查找处对应的额定黏度 $\nu_1 = 15 \text{ mm}^2/\text{s}$。

从右图分别查出：

$\kappa = 2$ 时的工作黏度 $\nu \geqslant 30 \text{ mm}^2/\text{s}$，对应的基础油黏度等级是：ISO（GB/T 3141）-VG = 220，

$\kappa = 4$ 时的工作黏度 $\nu \geqslant 60 \text{ mm}^2/\text{s}$，对应的基础油黏度等级是：ISO（GB/T 3141）-VG = 460。

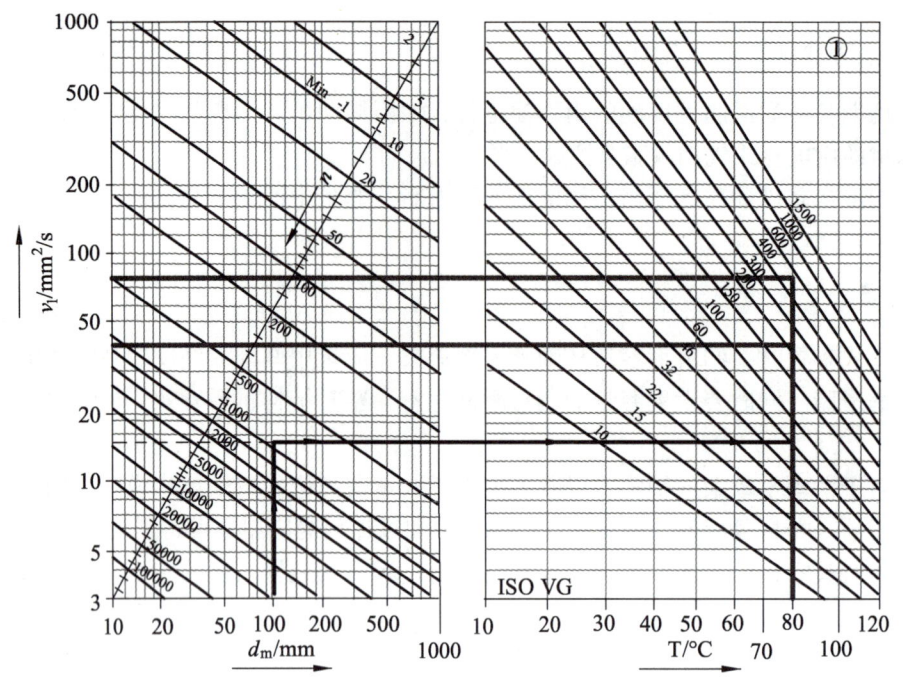

图 11-6　基础油的 V/T 曲线图（纵横坐标字体偏大）

11.3.3　润滑脂的供给

轴承实际需要的润滑剂量是非常小的。但在实际应用中，为了确保轴承运转的可靠性，一般都多供给一些。但轴承中的润滑剂过多且不能排出时，由于其搅拌所产生的高温会影响润滑效果甚至导致润滑失效。

为轴承装脂时需要注意以下几点：

● 给轴承装填的脂量应能保证所有工作面都得到充足的脂。通过合适的装脂量可达到良好的摩擦性能，并降低脂的损耗。

● 速度指数 $n\cdot d_\mathrm{m}<200\,000$ 加脂量为轴承内部有效空间的 90%~100%；中速轴承速度指数 $n\cdot d_\mathrm{m}=300\,000\sim500\,000$ 加脂量为轴承内部有效空间的 30%；高速轴承速度指数 $n\cdot d_\mathrm{m}>600\,000$ 加脂量为轴承内部有效空间的 15%，如主轴承，一般选择较小的装脂量。

● 当转速参数更高时，应向轴承生产厂家咨询。密封轴承较高的装填量可导致摩擦增大，在达到正常脂之前出现连续脂损耗。如果润滑脂逸出受阻，会出现明显的转矩增大和温度升高。外圈旋转的轴承装脂量也应小一些（为正常装脂量的 50%）。

有效空间的计算方法：由轴承外形尺寸计算出体积，对轴承称重，算出所占的体积，二者之差即为轴承的有效空间。

若预期轴承温度较高，除使用适用的润滑脂外，还要附加设置基础油释放面尽可能大的储脂仓。储脂仓所含的脂量宜为一般装脂量的 2~3 倍。储脂仓可设置在轴承一侧，当然设置在两侧更好。

两侧带密封圈或防尘盖的轴承，其初次装脂量大约为轴承有效空间的 90%。这种装脂量，即使在转速参数较高（$n\cdot d_\mathrm{m}>400\,000\,\mathrm{min^{-1}\cdot mm}$）时，也能很好地保持在轴承中。

轴承座内要留下足够的自由空间以容纳从轴承中挤出的润滑脂。

11.3.4 润滑脂的使用寿命

润滑脂的使用寿命（更换周期）是指润滑脂在不作再润滑的情况下能够充分润滑轴承的时间。一旦达到脂的使用寿命，轴承的寿命就有限了，这时，轴承会由于润滑剂失效而较快失效。所以，如果脂的使用寿命短于计算的轴承寿命，则脂的使用寿命就成为轴承寿命的决定因素。

润滑脂的使用寿命的影响因素有：
- 装脂量及其分布；
- 脂类型（稠化剂、基础油、添加剂）；
- 润滑脂的生产工艺；
- 轴承结构类型和尺寸；
- 截面载荷大小和类型；
- 转速参数；
- 轴承温度；
- 安装情况。

润滑脂的使用寿命通过轴承润滑脂试验装置试验和结构零件试验台试验测定。这样的试验需要多次反复进行并做统计学评估。根据经验，通过统计学评估能很好地区分各种润滑脂。目前，国内无论是轴承制造商还是润滑脂厂家关于这方面的试验数据很少，主要是参考国外轴承厂家的资料。

对于普通工作条件下水平轴使用的轴承，填充含氧化剂的锂基脂，润滑脂的补充时间间隔如图 11-7 所示。其中，a 坐标为径向轴承；b 坐标为圆柱滚子和滚针轴承；c 坐标为球面滚子、圆锥滚子和止推球轴承。若为满滚子圆柱滚子轴承，则间隔为 b 坐标对应值的 1/5；若为圆柱滚子止推轴承、滚针止推轴承、球面滚子止推轴承，则间隔为 c 坐标对应值的 1/2。如果轴承是垂直布置，则润滑脂的使用寿命减半。

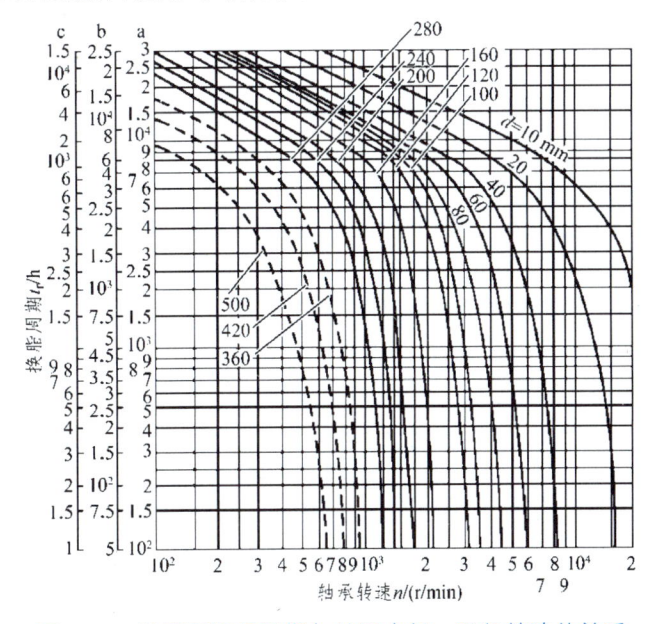

图 11-7　轴承再润滑周期与轴承内径、运行转速的关系

对于轴承内径大于 300 mm 的大型滚子轴承，补充润滑脂的周期采用虚线数值。

温度升高会加快氧化和老化速度，有关试验证明：当润滑脂的使用温度高于持续工作温度上限 15 K，润滑脂的实际使用寿命就会降低 50%，见图 11-8。注意并不是所有的润滑脂生产厂家都会在其产品性能参数中提供此值，因此，必要时可以直接向厂家咨询。

如果轴承温度高于所用润滑脂允许的持续工作温度上限，则需要选择其他耐高温润滑脂。

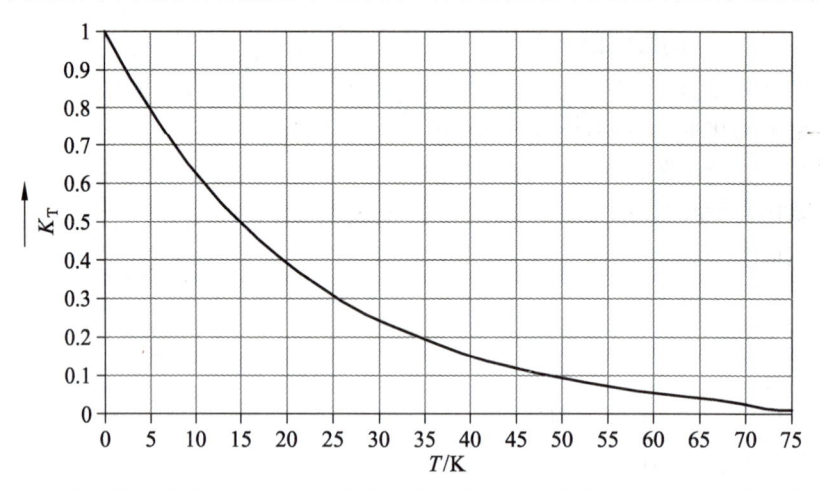

图 11-8　温度系数（横坐标 T 是高于持续工作温度上限的数值，纵坐标 K_T 是温度系数）

11.3.5　滚动轴承的再润滑

当润滑脂的寿命小于轴承预期寿命时，就必须再润滑或更换润滑脂。对可再润滑的轴承建议采用定期再润滑，以保证轴承可靠工作。再润滑周期一般是润滑脂推荐使用寿命的一半。经过这段时间后，就需要补充润滑脂或更换轴承中的润滑脂。出于管理和经济方面的原因，应使润滑周期与设备维护保养的时间相一致。根据经验不推荐一年以上的再润滑周期。在较长时间停机前后也应进行再润滑，以防止轴承锈蚀，并且重新启动时有新润滑脂润滑。

很短的再润滑间隔时间：在极端情况下要求很短的再润滑间隔时间（每天或更短）。在此情况下，需要使用润滑脂泵或者注脂器进行再润滑。

高温下的再润滑：温度高时，要么使用价格便宜耐热稳定性短的润滑脂，要么使用价格贵耐热性好的润滑脂润滑。若用耐热稳定性短的润滑脂，以每小时相当于轴承空腔 1%~2% 的再润滑脂量就能保证良好润滑。若用耐热性好的润滑脂，以明显较小的再润滑量就够了。

再润滑时必须确保不出现不允许的润滑剂混合使用，因为不同稠化剂的润滑脂可能不兼容，表 11-9 列出了不同类型稠化剂的相容性。

如果再润滑需要更换润滑脂，尽量将轴承内部的润滑脂清洗掉，再添加新的润滑脂。

表 11-9　不同类型稠化剂的相容性

	锂皂	锂复合皂	钠复合皂	钙复合皂	铝复合皂	钡复合皂	膨润土	聚脲	PTFE
锂皂	+	+	—	+	—	+	—	—	+
锂复合皂	+	+	0	+	0	0	—	0	+
钠复合皂	—	0	+	0	0	0	—	0	+
钙复合皂	+	+	0	+	0	0	0	0	+

续表

	锂皂	锂复合皂	钠复合皂	钙复合皂	铝复合皂	钡复合皂	膨润土	聚脲	PTFE
铝复合皂	—	0	0	0	+	0	—	—	+
钡复合皂	+	0	0	0	0	+	+	0	+
膨润土	—	—	—	0	—	+	+	—	+
聚脲	—	0	0	0	—	0	—	+	+
PTFE	+	+	+	+	+	+	+	+	+

符号的意义：

+混合一般没问题；

0 个别情况下可以混合，但要检验；

—不允许混合。

11.4 润滑油润滑

轴承润滑原则上使用矿物油和合成油。目前，最常用的是矿物油基润滑油。这些矿物油至少必须满足标准所规定的要求。在特殊极端条件下则使用特殊油，通常为合成油。在恶劣条件下例如非常温度或辐射条件下，对润滑油的稳定性提出特殊要求。

11.4.1 润滑油的选择

润滑油黏度的确定方法与脂润滑相同，根据工作温度、平均直径、转速，参考图 11-6，可选出润滑油应具有的黏度值，然后根据黏度从润滑油产品目录中选出相应的润滑油牌号。

当轴承采用润滑油润滑时，很多情况下是由于主机系统或轴系的传动齿轮采用了油润滑，为了方便，轴承也采用油润滑，这时润滑油的选择主要满足传动件或其他部件的润滑要求。个别情况下，工作黏度无法达到要求。这是因为：对油的选择取决于机器的其他机械部件，这些部件需要稀油润滑；循环润滑需要使用流动性强的润滑油，才能将污染物和热量从轴承中散发出去；有时候温度较高，即使使用高黏度的润滑油在实际工作温度下的黏度仍然还在要求的工作黏度以下。

在高转速条件（$k_f \cdot n \cdot d_m \geqslant 500\,000 \text{ min}^{-1} \cdot \text{mm}$）下，最好使用不易起泡沫并且具有良好黏度-温度特性（$v\text{-}T$ 特性）的抗氧化润滑剂。适用的 $v\text{-}T$ 特性好的合成油是酯油和聚 α 烯烃油（PAO），因为这些油的黏度随温度的升高而下降较小。在启动阶段，若温度一般较低，可以避免较大的搅扰摩擦及由此引起的发热。当恒定温度较高时应保持足够的黏度来保证可靠润滑。

若轴承承受高载荷（$C_0/P<10$）或工作黏度 v 低于基准黏度 v_1，则应使用含有抗磨损添加剂的润滑油，抗磨损添加剂可以减小局部出现的金属接触的有害影响。

11.4.2 油润滑的润滑方式

根据轨道车辆滚动轴承的实际使用情况，除了采用润滑脂润滑以外，使用润滑油润滑时，润滑方式主要有油浴润滑、飞溅润滑和循环润滑。

1. 油浴润滑

采用油浴润滑（油池润滑）时，轴承部分置于油池中。当轴承轴处于水平位置时对油位的确定：在静止状态下轴承最下边的那个滚动体一半或整个浸入油中，见图 11-9。

在轴承运转时部分油被滚动体和保持架带走，使其分布于轴承圆周上。对于具有能传输油的非对称横截面的轴承，必须设置回油管道，以保证油循环。若油位高于最下边的滚动体，尤其在圆周速度高时，由于油的搅扰摩擦而导致轴承温升，常常还会导致起泡沫。

转速参数 $n \cdot d_m < 150\,000 \text{ min}^{-1} \cdot \text{mm}$ 时，可以采用较高油位。如果无法避免轴承完全置于油中，例如轴承轴线垂直时的情况，则摩擦力矩可以达到通常油位时的 2~3 倍。油浴润滑的最大转速参数一般为 $n \cdot d_m = 300\,000 \text{ min}^{-1} \cdot \text{mm}$，频繁换油时为 $500\,000 \text{ min}^{-1} \cdot \text{mm}$。自转速参数 $n \cdot d_m = 300\,000 \text{ min}^{-1} \cdot \text{mm}$ 起，由于搅拌发热轴承温度会高于+70 ℃。油浴润滑时应适时有规律地检查油位高度。

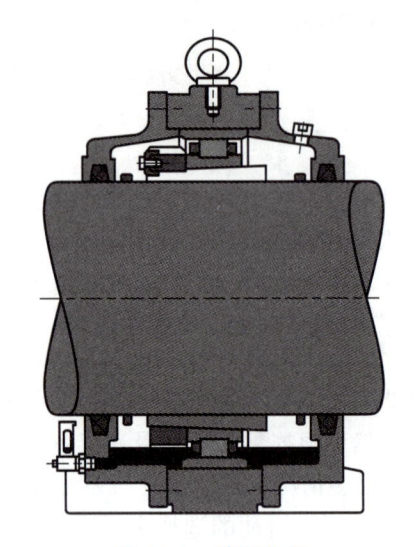

图 11-9 油浴润滑

对于油含量相当大的较大的轴承座应当用带有通孔的挡油板将油池隔开，见图 11-10。这样，尤其在圆周速度较高时不是全部的油量都参与润滑。

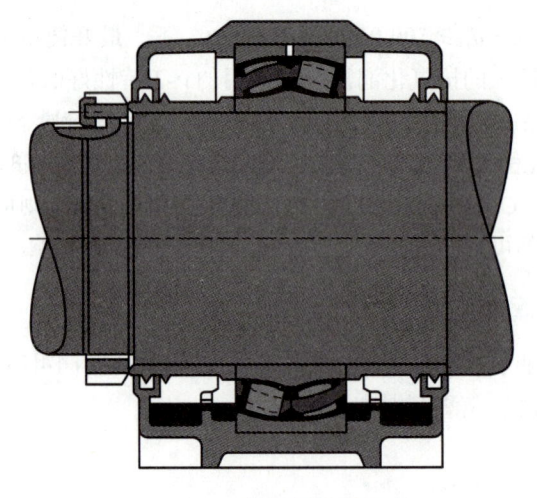

图 11-10 带挡板的轴承座

2. 飞溅润滑

在变速箱中，通常齿轮或者甩油环飞溅的油可以满足轴承的润滑要求，见图 11-11。但必须保证在所有工作状态下飞溅油都能进入轴承，必要时可以在轴承座或箱体上开设集油槽、导油沟。这种装置简单，但在启动时轴承润滑状况可能不好，在图 11-11 中，飞溅油集聚在圆柱滚子轴承上方的集油槽中，通过孔导入轴承。在下部区域圆柱滚子轴承旁边设置一挡油板。这样可以达到轴承中一直存在一个最小油池，在启动时就已经有油润滑轴承。

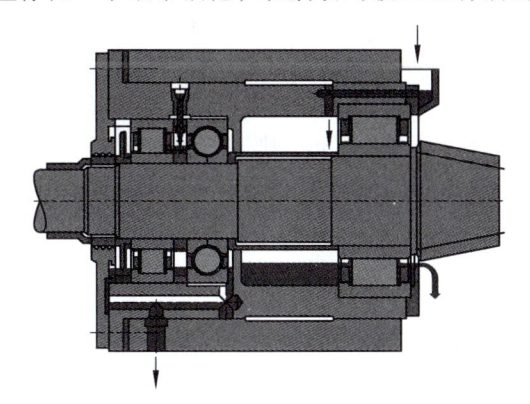

图 11-11　通过集油槽导入喷溅油

同所有非对称横截面的轴承一样，圆锥滚子轴承具有传输作用，见图 11-12。这种与圆周速度具有密切关系的传输作用，在油循环润滑中可得到充分利用。在设计排油孔时要参考的是，在轴承旁边不能出现油阻塞。

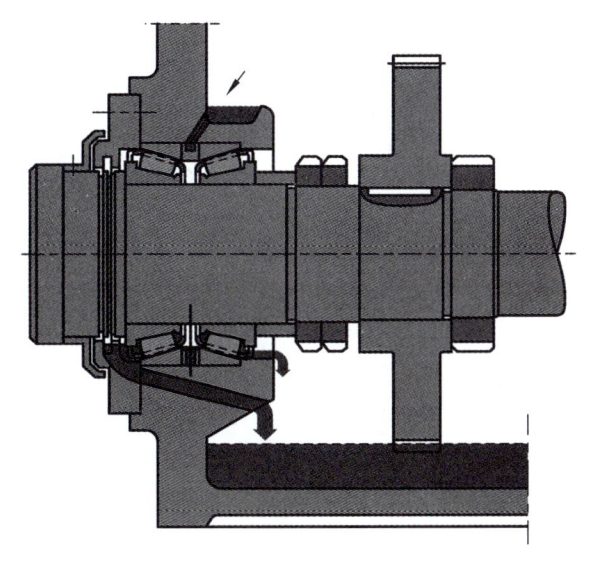

图 11-12　具有传输作用的轴承可以增强油的循环

3. 循环润滑

与非循环型润滑装置不同，循环润滑装置是将润滑剂反复多次供给润滑部位。但它只能用于油润滑。

计量元件也可在每分钟几升范围内向润滑部位提供较大油量，可以给轴承散热。流过轴承的最大油量与油黏度和温度以及进油口和出油口的横截面大小有关。

此外，还推荐使用贮油箱油位控制装置、过滤和冷却油的成套装置以及压力计。根据油黏度和环境温度可能也需要油箱加热装置。

在循环润滑中油流过轴承返回油箱中，在此弥散在润滑油中的磨损微粒和污染杂质对可达到的轴承寿命具有负面影响。所以需要设置过滤磨损微粒和污染杂质的过滤器。润滑油经过过滤后重新供给轴承。

循环润滑油量应适应工作条件的需要。轴承自身的润滑只需要很少的油。与此相比，给出的充足润滑油量（见图 11-13，区域 a）却很大。推荐这样的油量是为了保证即使在不利的供油条件下，即油不直接进入轴承情况下，也能可靠地给所有接触面供油。如果期望摩擦很小，可用给出的最小油量润滑，若要求散热，则需要较大油量（见图 11-13，区域 b）。因为流过每个轴承的油都会遇到阻力，所以对油量也要确定一个上限。与对称横截面型轴承相比，非对称横截面型轴承，如角接触球轴承、圆锥滚子轴承或推力调心滚子轴承，容许更大的油流量（见图 11-13，区域 c），这是因为非对称横截面型轴承由于其自身的传输作用，油沿着传输方向流动时受到的阻力较小。

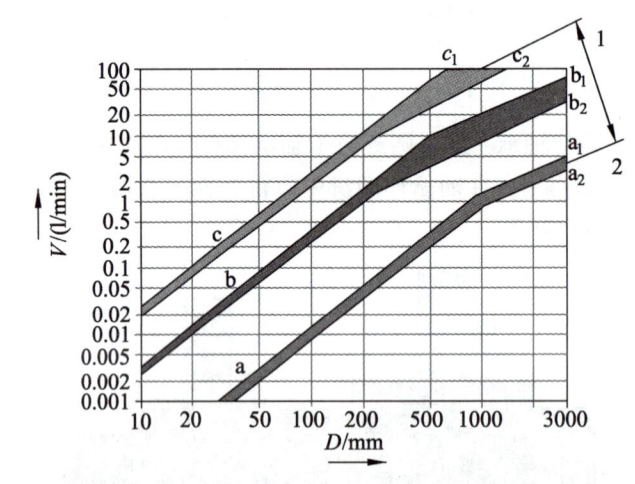

1—散热需要增大的油量；2—无须散热；V—油量；D—轴承外径；a—润滑需要的充足油量；b—对称型结构轴承的上限；c—非对称型结构轴承的上限；a_1、b_1、c_1：$D/d>1.5$；a_2、b_2、c_2：$D/d\leqslant 1.5$。

图 11-13　油量

第 12 章 滚动轴承的安装与拆卸

12.1 安装前的准备工作

12.1.1 安装环境的要求

安装场地应远离车床、磨床和其他机械设备。场地应保持干燥清洁，严防铁屑、砂粒、灰尘、水分进入轴承。污染物会影响轴承的运行性能和工作寿命。

应注意凡铸件上有型砂的要彻底清除；凡与轴承配合的零部件上有毛刺尖角时，必须去掉，以免残砂和金属碎屑在安装时落入轴承内部，影响装配质量。

安装前先仔细阅读总装图，熟悉设计，根据图纸及现场条件确定合适的安装方法和安装顺序，并准备好安装时用的工具和量具。常用的安装工具和工装有手锤、铜棒、套筒、专用垫板、螺纹夹具、感应加热器、加热油池、液压螺母、压力机等。

在确认所有的准备工作都准备就绪的情况下才能对要安装的轴承拆包装。搬动轴承时，不允许用手直接触摸，应戴帆布手套或用无纺布将轴承包起后再拿，否则，由于手上有汗气、潮气，接触后易使轴承产生指纹锈。

搬动轴承最好戴上手套和使用专用的起吊工具。一般来说，使用手套和专为装卸轴承而设计的运送和起吊工具都是很好的做法。这样不仅节省时间和金钱，而且可以减轻工作强度，降低风险，减少对健康的危害。搬运发烫的轴承或是有油污的轴承时，建议使用防热或防油的手套。如果是大型笨重的轴承，采用起重滑车进行移动起吊，不应将它们悬吊在一个点上，而应使用钢带或帆布皮带。

在将轴承推上轴时，起重滑车的吊钩和皮带之间的弹簧有助于轴承的定位。为了方便起吊，特大型轴承可按要求在套圈侧面加上螺孔，以便固定吊环螺栓。螺孔的大小受套圈厚度的限制。因此，只允许用吊环螺栓起吊轴承本身或单个套圈。还须注意的是，吊环螺栓只能承受平行于轴线的轴向载荷。

轴承装配表面及与之配合的零件表面，如有碰伤、锈蚀层、磨屑、砂粒、灰尘和泥土存在，一则使轴承安装困难，造成装配位置不正确；二则这些附着物形成磨料，易擦损轴承工作表面，影响装配质量。因此，安装前应对轴颈、轴承座壳体孔的表面、台肩端面及连接零件（如衬套、垫圈、端等）的配合表面，进行仔细检验。如有锈蚀层，可用细锉锉掉，细砂布打光，同时也要清除轴承装配表面及其连接零件上的附着物，最后用轴承专用清洗剂清洗，用无纺布擦净。

12.1.2 安装前的测量

检查轴承座孔、轴、密封件的配合面的尺寸公差与形状精度是否达到设计要求，只有在相关零组件符合设计规定的公差与精度的情况下，轴承才能达到令人满意的性能。建议保留所有的检测与测量结果，以供需要时参考。进行测量时，所有的零件与测量仪器应在同样的温度保持一段时间，有关的仪器要进行校对，这样才能保证测量的准确性。

测量轴和座孔的直径及圆柱度是按照图 12-1 所示的方位进行测量，以确保数据的准确性。

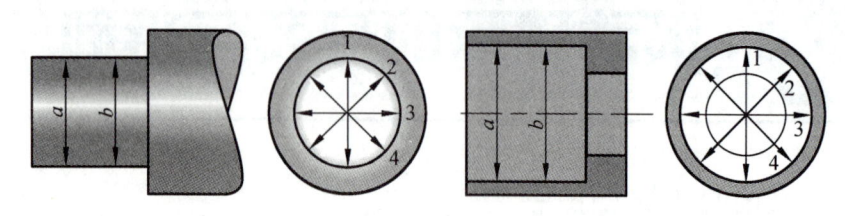

图 12-1 轴和座孔的直径及圆柱度的测量

为了确保测量准确，必须准备必要的测量仪器和工具，如内径千分尺、外径千分尺、平尺、塞尺、块规、深度尺等。

应检查即将安装的轴承是否与图中的轴承相符。

12.1.3 轴承的清洗

对于新采购的轴承是否需要进行清洗，要区别对待，目前进口品牌的轴承均不要求在安装前进行清洗，这些厂家均承诺其涂在轴承内部的防锈油与润滑剂是兼容的，可以不清洗。而国产品牌有的要求进行清洗。

用专用清洗剂清洗时，应一手捏住轴承内圈，另一手慢慢转动外圈，直至轴承的滚动体、滚道、保持架上的油污完全洗掉之后，再清洗净轴承外圈的表面。清洗时还应注意，开始时宜缓慢转动，往复摇晃，不得过分用力旋转，否则，轴承的滚道和滚动体易被附着的污染物损伤。

轴承清洗干净后要检查判断拆卸下来的轴承是否可以继续使用，检查滚道面、滚动面、配合面的状态，保持架的磨损情况，轴承游隙的增加及有无尺寸精度下降等异常。

非分离型小型球轴承，设法固定一个套圈，旋转另外一个套圈，看轴承旋转是否灵活；圆锥滚子轴承等分离形轴承，可以对滚动体、外圈的滚道面分别检查；大型轴承因不能用手旋转，注意检查滚动体、滚道面、保持架、挡边端面等外观，轴承的重要性愈高愈须慎重检查。

拆下清洗过的轴承如有下述缺陷则不能再使用，必须更换新轴承：
- 内圈、外圈、滚动体、保持架有裂纹或缺陷；
- 由于磨损，轴承的游隙增加到上一组别的均值；
- 尺寸精度下降一个等级；
- 滚道面、滚动体、滚动面上有用手触摸有深度的锈蚀或擦伤；
- 保持架磨损显著，或者铆钉显著松弛；
- 滚道面、滚动体上有严重的压痕和塑性变形；
- 内圈、内孔配合面有明显的微动痕迹；
- 滚道表面有因热而造成的变色；
- 预填充润滑脂轴承的密封圈或防尘盖有明显的变形或破损。

对清洗好的轴承，填加润滑剂后，应放在装配台上，做好防护，以待装配，不允许放在地面或箱子上。

对两面带防尘盖或密封圈的轴承，以及涂有防锈、润滑两用油脂的轴承，因在制造时就已注入了润滑脂，故安装前不要清洗。

为了安装、拆卸顺利，在轴承、轴、轴承座孔的配合面涂抹少量的润滑剂，如果是压装，涂抹装配膏更好，装配膏可以防止在安装过程中擦伤配合面，还可以防止配合面在运转过程中发生微动腐蚀。

12.2 滚动轴承的安装方法

轴承的安装方法取决于轴承的类型、尺寸、是否可以分离、内圈孔的形状，详见表12-1。表12-1中列出了安装方法所需的安装设备和工具。常用的安装方法如下：

- 机械法：适用于带有圆柱或圆锥孔的小尺寸（内径<80 mm）轴承；
- 加热法：适用于带有圆柱孔的轴承；
- 液压法：适用于带圆锥孔的大尺寸轴承，拆卸时只适用于带圆柱孔的轴承。

12.2.1 圆柱孔滚动轴承的安装

当轴承内圈与轴是紧配合时，外圈与轴承座孔是较松配合的非分离型轴承进行安装时，可用压力机将轴承先装在轴上，见图 12-2；然后将轴连同轴承一起装到轴承座孔内。轴承内径不超过 $d = 80$ mm 的轴承通过压装可以达到正常的紧配合。

如果没有液压装置，轴承较小时，可以使用专用手锤和安装套筒安装轴承，但敲击力必须均匀分布于轴承套圈上，如图 12-3 所示。

图 12-4 使用与内、外圈都接触的安装盘，可以防止具有调心功能的轴承的外圈出现偏斜，如果一些调心球轴承的保持架或球在轴向超出套圈端面，则必须使用车削有凹槽的安装盘，以避免在安装过程中擦伤滚动体或碰伤保持架。

轴承外圈与轴承座孔为紧配合，内圈与轴为较松配合时，可将轴承先装在轴承座孔内，再将轴承装于轴上。

若轴承的内、外圈与轴和轴承座孔均为紧配合时，可将套筒的一端端面制成双环，或用单环套筒下加圆盘安装轴承，如图 12-5 所示。安装时，将双环套筒或圆盘紧贴轴承内、外圈端面，用压力机加压，也可手锤敲击，把轴承压到轴上和轴承座孔中。这样可以避免安装时保持架受到损伤。这种安装方法仅适用于安装保持架不凸出套圈端面的轴承。

安装所用的套筒应为软金属制造（铜或低碳钢管均可）。利用套筒将轴承安装在轴上时，套筒内径应略大于轴颈 1~4 mm，外径应小于轴承内圈挡边直径，或以套筒厚度为准，其厚度应制成等于轴承内圈厚度的 2/3~4/5，且套筒两端应平整并与筒身垂直。若轴承安装在座孔内时，套筒外径应略小于轴承外径。

利用套筒安装轴承时，如机件不大，可置于台钳上安装。钳口垫以铜片或铝片，以防轴被夹伤。如机件尺寸较大，应放在木架上安装。先将轴承装到轴上，再安装套筒，用手锤均匀敲击套筒慢慢装合。当套筒端盖为平顶时，手锤应沿其圆周依次均匀敲击套筒。

对于不可分离式轴承，首先安装需要紧配合的轴承套圈，如图 12-6 所示先将轴承装在轴上，再缓慢推入轴承座中。

表 12-1 滚动轴承常用安装拆卸方法及所需工装

轴承类型与尺寸			安装方法		
型号	孔形状	尺寸/mm	加热方法	机械方法	液压方法
深沟球轴承 角接触球轴承 调心球轴承 圆锥滚子轴承	圆柱孔	<80 80~200 >200			
圆柱滚子轴承	圆柱孔	<80 80~200 >200			
调心滚子轴承 退卸套 紧定套	锥孔	<80 80~200 >200			

符号					
加热盘	油浴	锤与安装设备	双虎口扳手	推力螺栓	液压法
感应加热器	烤箱	感应线圈	机械压装	螺母与虎口扳手	液压螺母

续表

轴承类型与尺寸			加热方法	安装方法			符号
型号	孔形状	尺寸/mm		机械方法	液压方法		
深沟球轴承 / 角接触球轴承	圆柱孔	<80		机械压装 / 锤	液压法	感应加热器	
^	^	80~200				加热环	
^	^	>200				机械压装	
承调心滚子轴承 / 圆锥滚子轴承	圆柱孔	<80		机械压装 / 锤	液压法	锤	
^	^	80~200		机械压装		拉装器	
^	^	>200				顶出螺栓	
调心滚子轴承 / 退卸套 / 紧定套	锥孔	<80	锤 / 感应加热器	机械压装 / 锤	液压法	液压螺母	
^	^	80~200				液压法	
^	^	>200					

第 12 章 滚动轴承的安装与拆卸

317

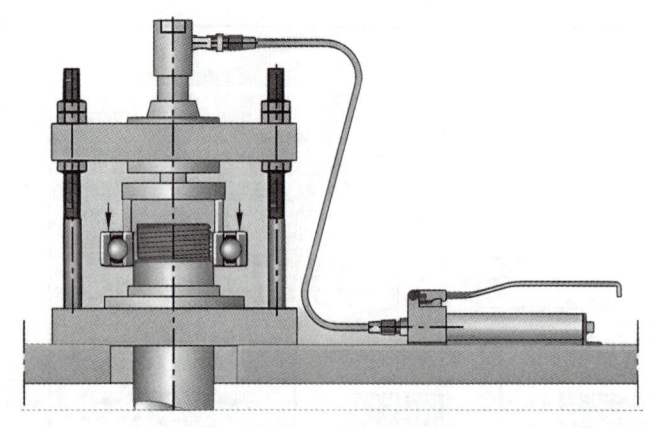

图 12-2　可通过机械或液压压装紧配合的轴承内圈

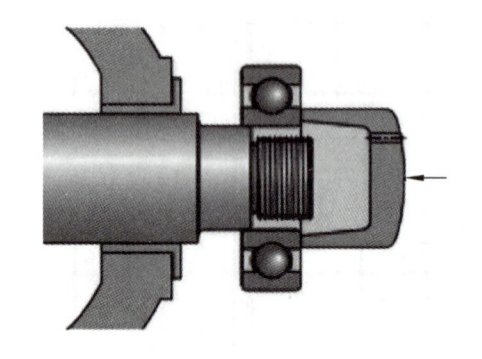

图 12-3　使用套筒安装内圈为紧配合的轴承 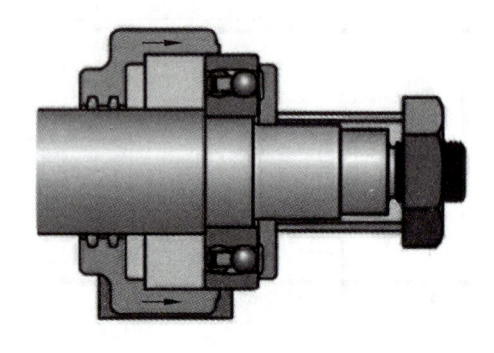　　图 12-4　使用套筒与安装盘安装调心球轴承

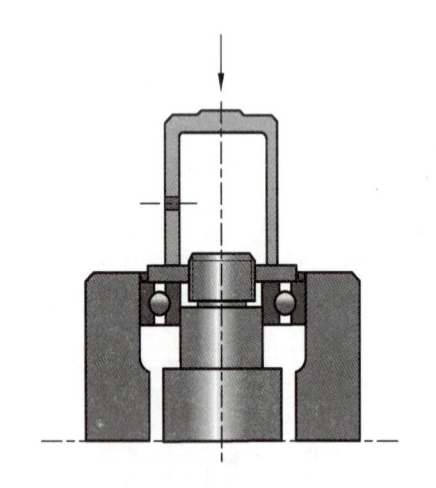

图 12-5　安装套筒同时安装紧配合的内外圈 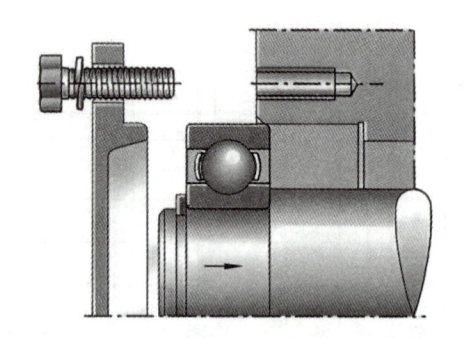　　图 12-6　先安装紧配合的内圈，然后将轴承与轴一起装入轴承座

可分离轴承安装较容易；可分别装配轴承的套圈，分离型轴承的安装由于内圈与外圈可方便地分别装到轴或轴承座上，此时应引起注意的是将已经装好内圈的轴插入已装好外圈的轴承箱时，应尽量使其保持同心，以防擦伤滚动体和滚道，如图 12-7 所示。安装时，如有可能，可旋转轴承套圈以避免产生划痕。若是大批量安装同一尺寸的圆柱滚子轴承，结构允许

时可以采用引导套，以避免擦伤。这种方法用在铁路车辆轴箱轴承的安装，见图 12-8。

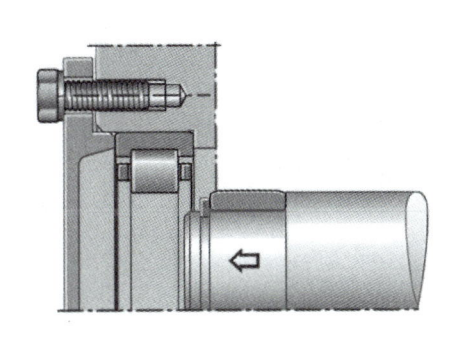

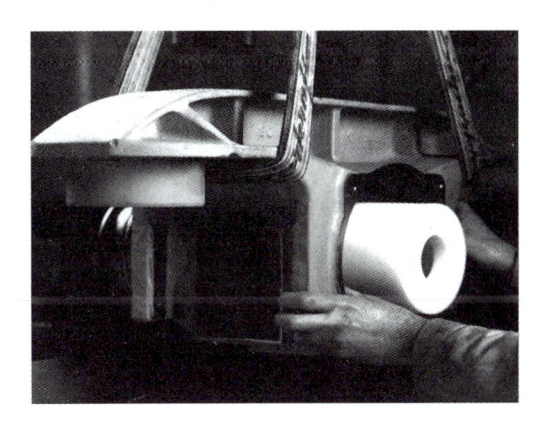

图 12-7 分离式轴承的安装　　　　图 12-8 利用引导套筒安装圆柱滚子轴承

当轴承尺寸较大时，由于所需的安装力也大，对于过盈量较大的中、大型轴承常采用加热安装。加热方式可采用电感应加热、油浴加热、感应线圈加热与电加热柜加热等方法。

采用加热安装时，应严格控制加热温度，一般应在 80~100 ℃，最高不得超过 120 ℃。采用油浴加热时，轴承端面不应与油池的底部接触，应用支架保持一定距离，这样既保证加热均匀，也防止油池底部的污染物进入轴承内部。通常轴承在油中停留时间为 20~30 min，使其充分膨胀。带防尘盖或密封圈的轴承不能加热，否则会造成润滑剂流失。

感应加热法特别适用于装配生产线上对小型轴承的安装，这种方法速度快，但必须小心，温度不可超过 120 ℃。感应加热要防止轴承被磁化，轴承若被磁化，轴承内部容易沉积金属颗粒，加速轴承的磨损。图 12-9 是加热温度与孔径及公差带的关系。

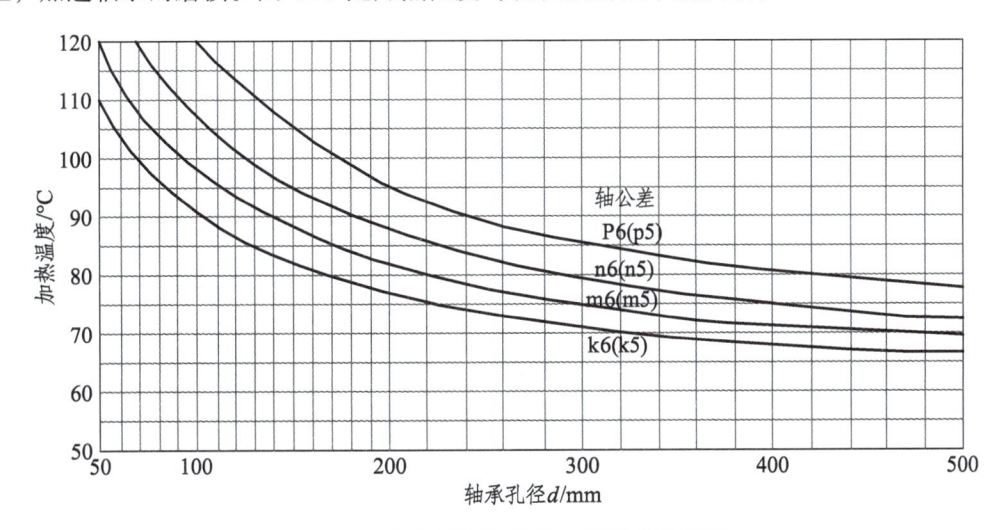

图 12-9 加热温度与孔径及公差带的关系

安全起见，搬运加热的轴承或其套圈应采用保护措施如耐热的手套，如图 12-10 所示的搬运工具等。

图 12-10　搬运工具

12.2.2　圆锥孔滚动轴承的安装

带锥形孔的轴承，其内圈与轴基本上是过盈配合的，但这种配合不是由轴颈公差和孔径公差来实现的，而是由轴承内圈压进锥形配合面产生的挤压来实现的。圆锥孔轴承可以直接装在锥形轴上或通过紧定套、退卸套安装在圆柱形轴上。当轴承压进有锥度的轴上时，由于内圈膨胀，使径向游隙减小，因此可以用径向游隙的减少量来衡量轴承的配合是否合适或者说是否安装到位。径向游隙减小量与轴向位移的关系如表 12-2 所示。

表 12-2　径向游隙减小量与轴向位移的关系

轴承公称内径 d/mm		内部径向游隙减小量/mm		轴向位移量 锥度 1∶12				装配后最小内部径向游隙控制量		
					轴/mm		轴套/mm		CN/mm	C3/mm	C4/mm
大于	到	min	max	min	max	min	max	min	min	min
24	30	0.015	0.02	0.3	0.35	0.3	0.4	0.015	0.02	0.035
30	40	0.02	0.025	0.35	0.4	0.35	0.45	0.015	0.025	0.04
40	50	0.03	0.03	0.4	0.45	0.45	0.5	0.02	0.03	0.05
50	65	0.04	0.04	0.45	0.6	0.5	0.7	0.025	0.035	0.055
65	80	0.045	0.05	0.6	0.75	0.7	0.85	0.025	0.04	0.07
80	100	0.05	0.06	0.7	0.9	0.75	1	0.035	0.05	0.08
100	120	0.065	0.07	0.7	1.1	0.8	1.2	0.05	0.065	0.1
120	140	0.075	0.09	1.1	1.4	1.2	1.5	0.055	0.08	0.11
140	160	0.08	0.1	1.2	1.6	1.3	1.7	0.055	0.09	0.13
160	180	0.09	0.11	1.3	1.7	1.4	1.9	0.06	0.1	0.15
180	200	0.1	0.13	1.4	2	1.5	2.2	0.07	0.1	0.16
200	225	0.11	0.14	1.6	2.2	1.7	2.4	0.08	0.12	0.18
225	250	0.12	0.15	1.7	2.4	1.8	2.6	0.09	0.13	0.2
250	280	0.12	0.17	1.9	2.6	2	2.9	0.1	0.14	0.22
280	315	0.13	0.19	2	3	2.2	3.2	0.11	0.15	0.24

续表

轴承公称内径 d/mm		内部径向游隙减小量/mm		轴向位移量 锥度1:12				装配后最小内部径向游隙控制量		
^		^		轴/mm		轴套/mm		CN/mm	C3/mm	C4/mm
大于	到	min	max	min	max	min	max	min	min	min
315	355	0.15	0.21	2.4	3.4	2.6	3.6	0.12	0.17	0.26
355	400	0.17	0.23	2.6	3.6	2.9	3.9	0.13	0.19	0.29
400	450	0.2	0.26	3.1	4.1	3.4	4.4	0.13	0.2	0.31
450	500	0.21	0.28	3.3	4.4	3.6	4.8	0.16	0.23	0.35
500	560	0.24	0.32	3.7	5	4.1	5.4	0.17	0.25	0.36
560	630	0.26	0.35	4	5.4	4.4	5.9	0.2	0.29	0.41
630	710	0.3	0.4	4.6	6.2	5.1	6.8	0.21	0.31	0.45
710	800	0.34	0.45	5.3	7	5.8	7.6	0.23	0.35	0.51
800	900	0.37	0.5	5.7	7.8	6.3	8.5	0.27	0.39	0.57

对于实心轴，当锥度是1:12时，轴承在锥面的轴向移动量大约是径向游隙减少量的15倍，根据理论计算，径向游隙减少量是配合面过盈量的65%左右。径向游隙减少量和对应的轴向推进具有一定的关系，如表12-2所示。可使用塞尺测量轴承的径向游隙。

因此，在设计锥形孔轴承支承时，需要考虑配合所需要的的径向游隙减少量和对应的轴向推进量，以便预先留出足够的轴向空间。

径向游隙减少量是指轴承在安装前后的径向游隙差值，因此在安装过程中要不断地测量计算径向游隙的减少量，直至达到预期的配合为止。对于调心滚子轴承，还要注意两列滚子与滚道的之间的径向游隙应该相等，以防止内外圈偏斜。

对于内径不超过 d = 80 mm 的轴承，用锁紧螺母将轴承推到锥轴配合面上或紧定套上。紧配合可以通过内圈轴向推入位置获得。采用钩形扳手紧固锁紧螺母。对于小的退卸套，也可以采用锁紧螺母将其推入轴和轴承内孔之间。当轴承要求运转精度较高时，可直接安装在锥轴上，见图 12-11（a）；当轴承需要快速安装时，可使用紧定套，见图 12-11（b）；当轴承需要快速安装到一个固定的位置时，可使用退卸套，见图 12-11（c）。配合表面需要覆盖一层很薄的油膜，螺母需要用钩型扳手锁紧，安装完成后需要测量径向游隙。锥孔调整心滚子轴承游隙的测量见图 12-12。

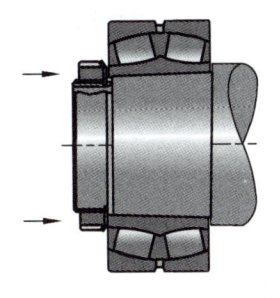

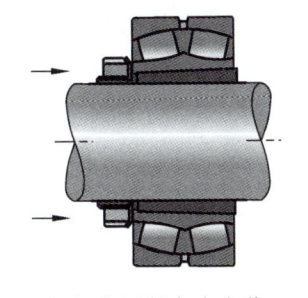

（a）直接安装在锥形轴上　　　（b）使用紧定套安装　　　（c）使用退卸套安装

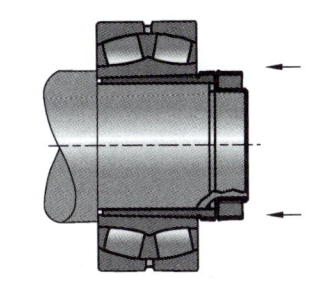

图 12-11　锥形孔轴承的安装

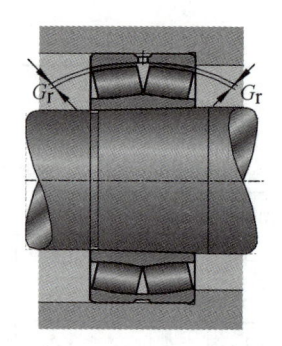

图 12-12 调心滚子轴承游隙的测量

用锁紧螺母或液压工具安装中型尺寸或更大尺寸的轴承，在拧紧螺母的时候需要施加相当大的力。这种情况用带有推力螺栓的锁紧螺母会比较容易，如图 12-13（a）所示。对于直径 $d>80$ mm 的较大轴承，需要使用螺母及推力螺栓，安装时可选择直接安装在锥轴上、通过紧定套安装、通过退卸套安装。推力螺栓和锥套之间放置垫圈保护轴承端面，如图 12-13（b）和图 12-13（c）所示。

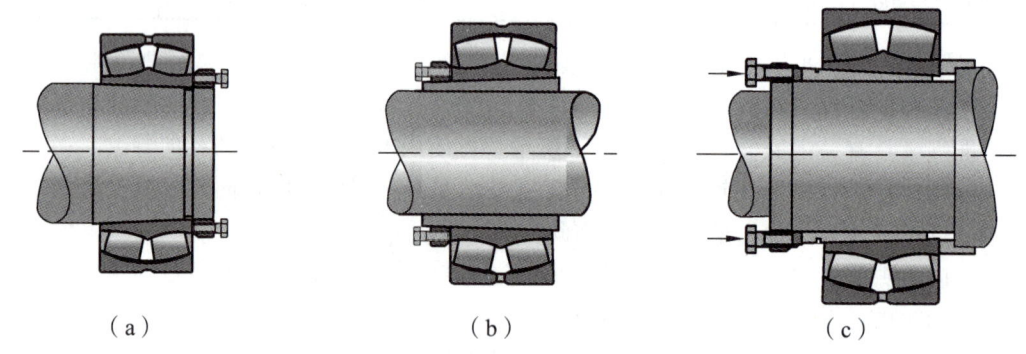

（a） （b） （c）

图 12-13 采用有推力螺栓的锁紧螺母安装锥孔轴承

对于内径为 $d \geqslant 160$ mm 或更大的轴承，使用液压方法可使轴承的装拆尤其是拆卸变得非常容易，如图 12-14（a）所示，将轴承直接安装在轴上；$d>200$ mm 的轴承通过紧定套或退卸套安装，油通过油槽注入到配合表面，见图 12-14（b）；对于较大的轴承，需要使用螺母和推力螺栓，见图 12-14（c）。

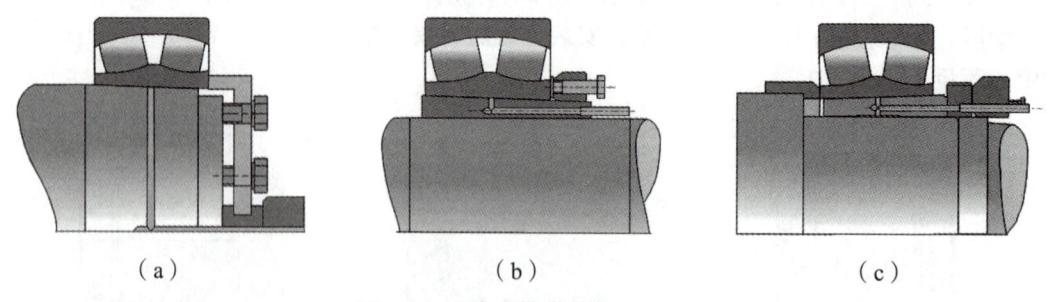

（a） （b） （c）

图 12-14 液压法安装锥孔轴承

液压法的工作原理是液压油在高压下注入轴承内圈和轴颈的配合面，形成一层油膜并把配合面分开，使得内圈相对于轴颈、紧定套或退卸套的轴向移动阻力变小，通过拧紧螺栓使内圈轴向移动到达要求的位置。

图 12-15 用液压螺母可以快速将轴承安装到锥形轴上，安装时可选择直接安装在锥轴上、通过紧定套或退卸套安装。采用液压螺母安装轴承时，必须将其安装在轴颈或套的螺纹部分，使环形活塞紧靠轴承内圈或者退卸套的端面。

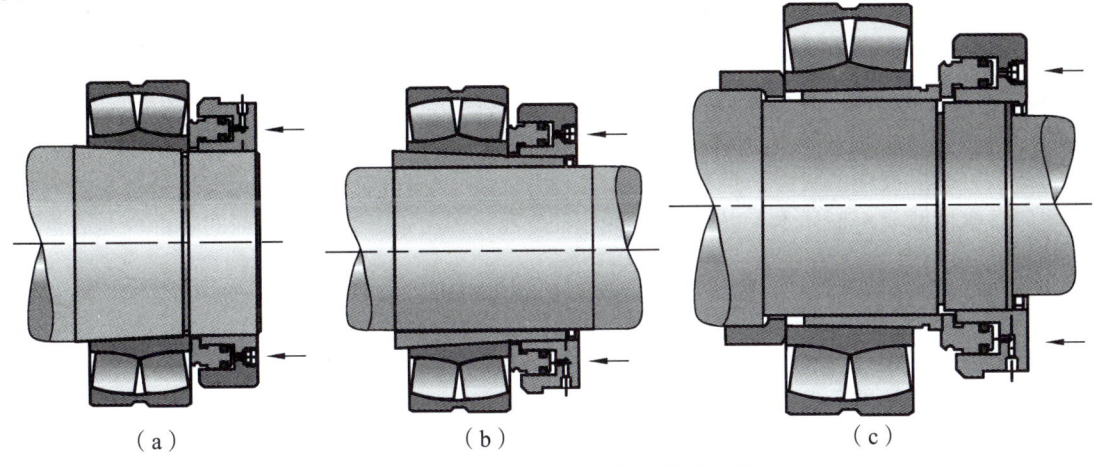

（a） （b） （c）

图 12-15 采用液压螺母安装锥孔轴承

如果无法直接测量径向游隙减少量，则可以采取测量轴向推进量"s"的方法，如图 12-16 所示，采用液压螺母结合测量装置，轴向推进量的相关值可以从安装列表中获得。

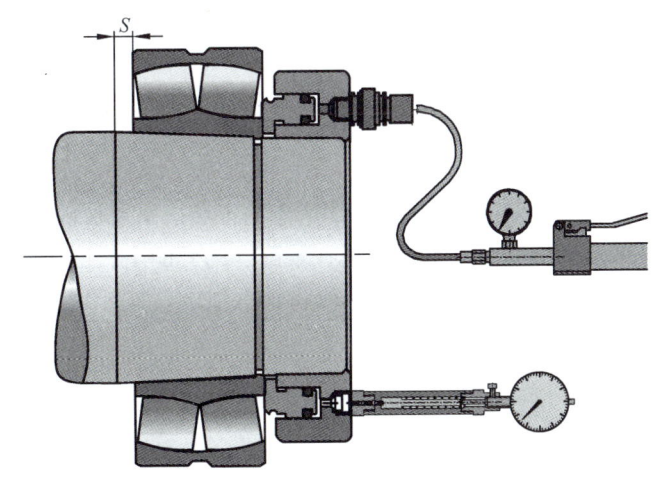

图 12-16 采用带有量表的液压螺母安装装置

轴承安装完毕之后需要检验安装效果。一般情况下需要检查：
- 轴承是否被污染？
- 轴承是否填充润滑脂？
- 轴承安装过程中是否存在磕碰伤？
- 轴承的安装是否到位，与轴肩是否贴靠？
- 轴承的转动是否灵活？是否有异常声音？

轴承安装完毕后，加入规定的润滑剂，然后进行一次试运行，检查噪声和轴承的温度。试运转应在部分载荷的条件下进行，在转速范围较大的情况下，应以中低转速运行。在任何情况下，滚动轴承都不应在无载荷条件下启动并加速至高速运转，因为滚动部件可能在轴承滚道上滑动，损坏滚道，保持架也可能承受不被允许的压力。

正常情况下，轴承会发出均匀的"咕噜"声。轴承发出啸叫或尖锐刺耳的声音，说明润滑不充分。轴承发出不均匀的隆隆声或锤击声，大多是因为轴承中存在杂物，或轴承在安装过程中受损。启动后轴承温度升高是正常现象。例如，在采用脂润滑的情况下，轴承温度要等到润滑脂在轴承内部均匀分布后才会下降，此后将达到平衡温度。异常高温或是温度不断大幅升高，说明轴承内部可能润滑剂过多，或轴承发生了径向或轴向变形，或是间隙过小。其他原因还包括，相关零部件制造或安装不当，或密封件摩擦过大。在试运转过程中或试运转刚结束后，应检查密封件，查看是否正常工作，还应检查润滑设备以及油槽的油位。另外，可能还需要抽取润滑剂样本，以判定轴承内部是否受到污染，或轴承内部的零部件是否磨损。

12.3 滚动轴承的拆卸

在轴承布置设计的初期就应考虑拆卸。如果需要安装的轴承套圈配合是紧配合，则轴或轴承座孔应有拆卸槽，以方便轴承套圈的拆卸。

如果还要使用拆卸下来的轴承，则必须遵守下列要求：
- 不要使用集中的火焰或烈焰；
- 避免直接敲打轴承圈；
- 不要让滚动体传递拆卸力；
- 拆卸下来的轴承应进行仔细清洗。

12.3.1 圆柱孔轴承的拆卸

如果拆下来的轴承和相邻零件还要继续使用，则需要使用拉拔工具拆卸紧配合的轴承套圈。对于可分离轴承，应先将松配合的套圈拆卸，然后再拆卸紧配合的套圈。对于小尺寸轴承的拆卸，可采用机械式拉拔设备，如图 12-17 所示的工装。如果轴承或轴承座上有用于拆卸的槽时，那么就可以将轴承拆卸工具直接作用在紧配合的套圈上，这样拆卸就会变得很容易。轴承座孔挡肩上加工带螺纹的螺栓孔，可用螺栓将轴承顶出，如图 12-18 所示。如果没有用于拆卸的槽，就需要用特殊的轴承拆卸设备。

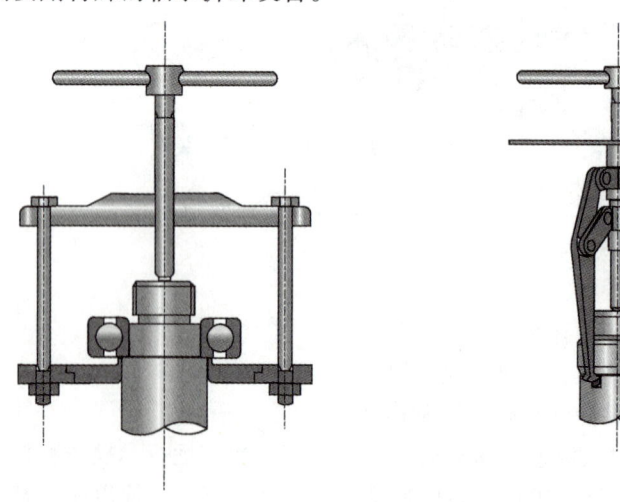

图 12-17 机械拉拔器

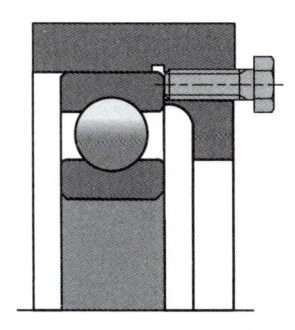

图 12-18　轴承座孔挡肩上加工带螺纹的螺栓孔

在圆柱滚子轴承内圈需要频繁拆卸的地方，可以采用感应加热设备，在加热时间非常短而且没有很多热量传递到轴上的情况下就可以将轴承内圈从轴上拆卸。在拆卸无挡边或只有一个固定挡边的圆柱滚子轴承内圈时，可以使用由轻金属制成的带径向狭槽的加热铝环，如图 12-19 所示。加热环由轻质金属制成，是一个半剖分结构，并带有隔热手柄，易于手持操作。

图 12-19　加热铝环

将加热环放在电加热板上加热至+200 ~ +300 ℃，然后将加热环套在需要拆卸的轴承内圈上用手柄夹紧。一旦内圈与轴的配合变松，应迅速取下加热环和轴承内圈。取下后要立即分开轴承内圈和加热环，以免轴承内圈过热受损。采用中频感应线圈加热拆卸大尺寸圆柱滚子轴承的内圈。

12.3.2　圆锥孔滚动轴承的拆卸

需要拆卸直接安装在锥形轴上或紧定套上的轴承时，必须首先松开轴上的锁紧装置或紧定套上的锁紧螺母。然后按旋紧时同样的力矩松开螺母。再用榔头或软金属棒敲击轴承内圈，将轴承内圈从紧定套或轴上取下，如图 12-20（a）所示。用退卸套定位的轴承采用退卸螺母拆卸，如图 12-20（b）所示。

用退卸套定位的大轴承需要相当大的拆卸力。在拆卸时可以使用带推力螺栓的锁紧螺母，如图 12-21（a）所示，在轴承内圈和推力螺栓之间加入一个垫圈，可以保护内圈端面。

更为简单和经济的方法是采用液压螺母拆卸退卸套，如图 12-21（b）所示。采用液压的方法拆卸大型轴承会使拆卸更容易，如图 12-21（c）和图 12-22 所示。将高压油注入配合面，这样在不损伤配合表面的情况下就可以将相互配合的部件分离。锥形轴上必须有合适的油槽和给油孔，如图 12-22 所示。所选的注油泵应该能够提供相应的压力。

(a)

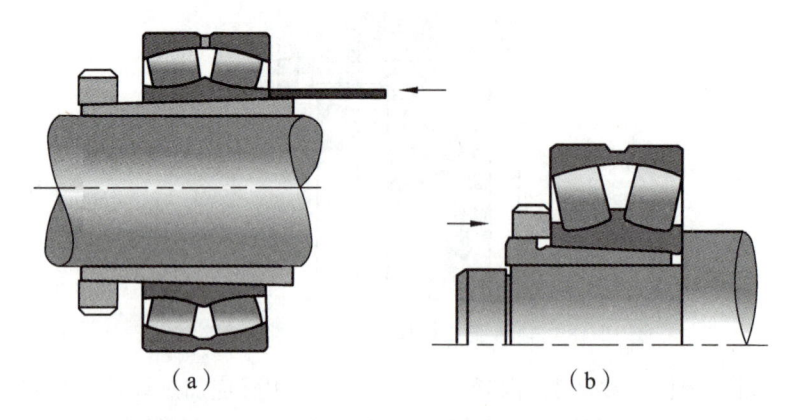

(b)

图 12-20　圆锥孔滚动轴承的拆卸—机械法

为防止拆卸时退卸套会突然弹出，需要将螺母或挡板固定在轴端，如图 12-21（c）和图 12-22 所示。

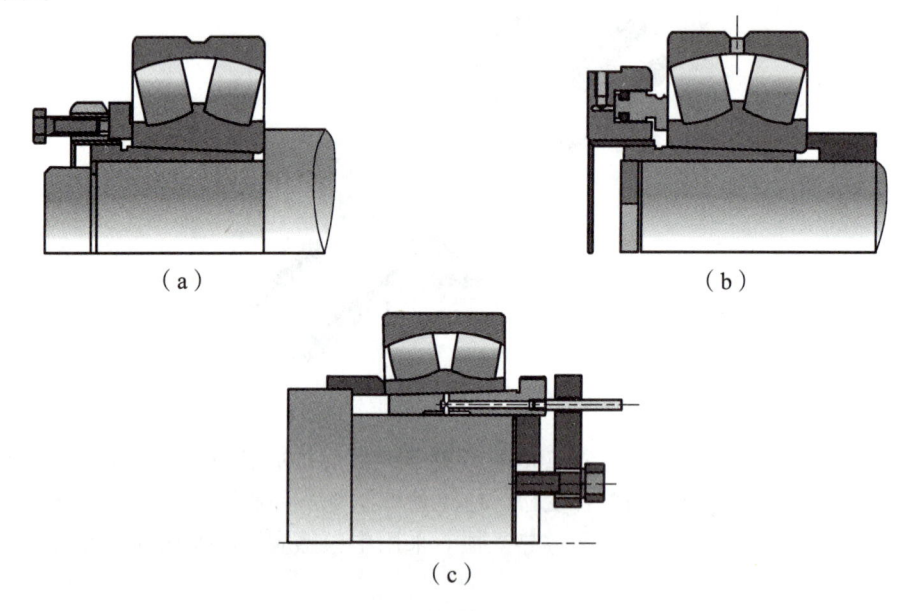

(a)

(b)

(c)

图 12-21　用推力螺栓或液压螺母拆卸带退卸套的轴承

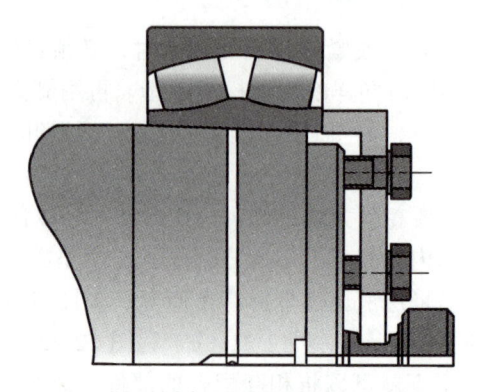

图 12-22　液压法拆卸带锥孔轴承的防护措施

12.4 特殊装置轴承的安装

12.4.1 圆锥滚子轴承单元的安装与维护

圆锥滚子轴承单元出厂前已经加注油脂，是可直接安装的滚动轴承单元，只需按照规定的操作流程就可以将轴承压装到轴颈上。

1. 安装前的准备工作

轴承安装应该在一个特定的地方，车间配备有安装轴承所必须的工装和设备，安装车间应该保持干燥、清晰、敞亮、无灰尘。

滚动轴承储藏不应超过 3 年，适用于开式和带防尘盖或密封圈的加脂轴承。尤其加脂的滚动轴承不应储藏太久，因为储藏的过程中油脂的化学物理性能会改变，影响润滑效果。

轴承单元可以用车轮压装机或移动式压装机进行安装或拆卸。压装机在使用前应用压力传感器进行校验，确认所需的最大压力，最大压力应在活塞的行程范围之内，活塞的行程应与安装所需的移动量相协调。移动式压装机包括动力装置、液压缸、导向套、安装套、拆卸环、移动式底座等。

在安装之前需要对车轴进行仔细检查，车轴与轴承配合面和轴肩应进行精加工，圆角处进行滚压处理，确保这些地方没有尖角、毛刺、加工痕迹、擦伤和锈蚀。磁化的车轴须在安装前消磁。车轴与轴承的配合圆柱面与轮座圆柱面应该同心。

所有尺寸公差与形位公差均应在要求范围之内测量方法如图 12-23 所示。用于检测的千分尺应用同一个环规进行校验，千分尺和环规、车轴尺寸的测量应在同一室温下进行。对车轴的检测不应该在车轴刚刚精加工后进行，而是在冷却后进行，一般来说可以选取两个截面在圆周上取四点进行测量。

图 12-23 尺寸与形位公差的测量

轴承在安装时才能打开包装和起保护作用的包装纸或塑料袋。安装已经使用过的轴承时应对轴承内圈孔进行检测，以保证内圈和车轴有适当的配合。

2. 轴承的安装

用螺栓将导向套安装到轴颈上，采用对中套筒对中。安装前 30 min 在轴颈配合面、轴颈圆角处和轴承内孔面涂上一层无铅的防锈保护层或者装配膏。

将轴承装入导向套，将压装设备连接到导向套上，并确认压头、导向套和轴颈同轴。

开动液压机将轴承单元沿导向套压入轴颈，同时用手前后转动轴箱避免滚子卡滞。安装与拆卸必须一次性完成，中间不能停歇，否则导致安装与拆卸的困难。

为了保证轴承最终压靠在车轴的圆角处，需要一定的压装力，这个压装力是指轴承压装力峰值过后又达到的一个峰值，达到这个峰值后即说明轴承后挡与轴颈圆角处贴靠，如表12-3所示。

表 12-3 轴承压装力

轴承孔径/mm	压装力/kN
100～120	295～405
130	405～445
140～150	445～555
160	550～600

确认压装到位后，拆卸所有的安装工装，将端盖及防松件（锁紧盘或垫片）固定至轴端。表12-4所列为紧固轴端螺栓力矩。安装锁紧盘后，应将所有螺栓两侧止耳折弯。

表 12-4 螺栓拧紧力矩

螺栓尺寸/mm	拧紧力矩/(N·m) 普通螺栓带防松片	拧紧力矩/(N·m) 防松螺栓
M12	75～85	100～110
M16	100～120	140～160
M20	180～200	250～270

3. 圆锥滚子轴承单元轴向游隙的测量

用一个千分尺和磁性底座，即可检测轴承的轴向游隙。首先用手旋转轴承数圈，然后用力向轮毂一侧推动轴承外圈，在轴承外圈上安装磁性底座，把千分尺的指针打在轴承端盖上，用手轻轻转动外圈并同时向轮毂一侧推轴承外圈，这时记录千分尺的读数，然后反方向推动轴承外圈，指针前后的差值即为轴承的轴向游隙，如连续三次测量值相差不超过 0.02 mm，则结果可以接受。

4. 其他注意事项

用手旋转轴箱，检查轴承是否可以灵活旋转。拆卸工装，安装完成。

已安装在轮对或铁道车辆上的轮对轴承单元进行运输时，应将轴和轴承夹紧，避免因两者间的微动产生假性布氏压痕。

为了防止车辆长期放置，导致轴承滚道锈蚀，建议对于长期停用的轮对和车辆，需要定期进行运转，保证轴承的良好状态。

室外存放：至少 1 次/3 月；室内存放：至少 1 次/6 月。

转动方式：旋转轴承 5 圈以上，或移动车辆 10 m 以上。

正确安装的轴箱轴承，填充的润滑脂足以满足长期运行的需要，因此在日常运行中不需进行维护。经验表明，润滑脂的润滑性能至少能保持一个轴承免维护周期。

5. 轴承的拆卸

拆卸之前，应先清洁轴承及配合件的外表面，以免污物渗透进轴承内部。禁止使用高压水枪对轴承及相邻部件进行清洗。以防止水进入轴承。拆卸轴箱前、后盖，将轴箱从轴承上取出。对于无轴箱的货车轮对轴承，只需拆卸下轴端压盖。

将导向套用螺栓拧至轴端，并对中。将导向杆插入管状活塞压头。将移动式压装机移动至轴端，调节其高度使管状活塞压头与轴颈同轴，这样导向杆可以很容易拧紧到导向套上。将导向杆拧紧到导向套上。

拆卸与安装时的流程基本一样，只是拆卸时的力比压装时的力大20%左右。

当从车轴上退下轴承时，需用一个导向套固定在轴端，以保证轴承的各个部件仍然是一个整体且不使轴承突然落地，使轴承密封件受损或砸伤操作人员。

要注意使用的曳引蹄型座与所拆卸的轴承尺寸相匹配，曳引蹄型座与后挡之间有足够大的接触面，曳引蹄型座要有足够的刚度与强度。拆卸器与车轴是否同轴对轴承能否顺利拆卸至关重要，否则会出现受力不均，造成拆卸困难。必须保证拆卸力不会作用于轴承外圈，否则将损坏轴承。

一般情况只有需要拆卸车轮时才拆卸轴承。一旦轴承从车轴上拆下，都必须进行解体、清洗、检查和必要的修复。

12.4.2 机车滚动抱轴承的安装

安装前的准备工作与圆锥滚子轴承单元的基本相同。安装之前，必须检查所有相配合零件，清除轴颈配合表面的污垢和防锈油涂层，必须去除轴颈和轴承座上的毛刺、磕碰伤和锈蚀，磁化的车轴须在安装前消磁。

确保与轴承配合的配合尺寸正确。除轴和轴承座孔的公称直径外，圆柱度也必须测量。一般来说可以选取两个截面在圆周上取四点进行测量。轴或轴承座孔公差及圆度、挡肩表面的垂直度的超差，均会影响轴承的安装质量及轴承的运转性能，甚至导致轴承早期失效。

1. 安装驱动端轴承

组装前在迷宫密封圈的沟槽中，装填适量的润滑脂，以改善密封效果。

在轴颈上涂一薄层装配膏，至原本光滑的轴颈表面颜色变成暗灰色，这样可以避免装配中产生划痕。

将驱动端轴承的内圈组件加热至105～120 ℃之间。轴承的加热温度不能超过120 ℃，否则可能引起变形或材料硬度降低。建议使用专用的感应加热器。

将加热好的轴承内圈组件大端面朝向传动齿轮，迅速安装到驱动端轴颈处，同大齿轮端面接触。将安装套筒靠紧轴承内圈端面，用手锤敲击安装套，确保轴承内圈端面在冷却后能贴靠到位。待轴承内圈冷却至环境温度后，使用0.03 mm塞尺检查，以确认内圈端面与大齿轮端面贴靠到位。

安装过程中禁止用锤子直接敲击轴承零件。安装套筒不能接触轴承保持架，否则会造成保持架变形。

推荐使用加热方法将驱动端轴承外圈安装到抱轴箱轴承座中。安装前，将抱轴箱轴承座处加热到95～110 ℃之间。迅速将轴承外圈大端面朝向轴承座孔肩装入轴承座。将安装套筒靠紧轴承外圈小端面，用手锤或铜棒敲击安装套，确保外圈大端面在冷却后能贴靠到位。待轴承座冷却至环境温度后，使用 0.03 mm 塞尺检查，以确认外圈大端面与抱轴箱孔肩面贴靠到位。

2. 组装非驱动端轴承

在轴颈上涂一薄层装配膏，至原本光滑的轴颈表面颜色变成暗灰色，这样可以避免装配中产生划痕以及正常运行过程中的微动腐蚀。

将轴承外圈装入轴承套内，然后将轴承套放入抱轴箱体内。

将非驱动端轴承的内圈组件加热。将加热好的轴承内圈组件小端面向下，迅速并轻轻地安装到非驱动端轴颈处，使滚动体同外圈滚道接触。安装轴承内圈外侧的其他部件，并使之与内圈端面贴靠。

3. 轴承轴向游隙的调整与测量

如图 12-24 所示，在带法兰的抱轴箱体上旋入内六角螺栓，螺栓头顶在轴承套的端面上，缓慢拧紧 4 个内六角螺栓，抱轴箱体法兰与轴承套之间的间隙逐渐增大，轴承内部游隙逐渐减少，直到确定轴承没有轴向游隙为止，如正反转各 5 周，以使滚子和套圈充分接触，旋转过程中用手感觉摩擦阻力逐渐增大，用相同的力抱住轴箱体其很快停止转动。这时即可认为轴向游隙为 0。抱轴箱体法兰与轴承套之间的间隙可在 3 处测量，3 处的平均值减去要求的轴向游隙便是调整垫片的厚度。

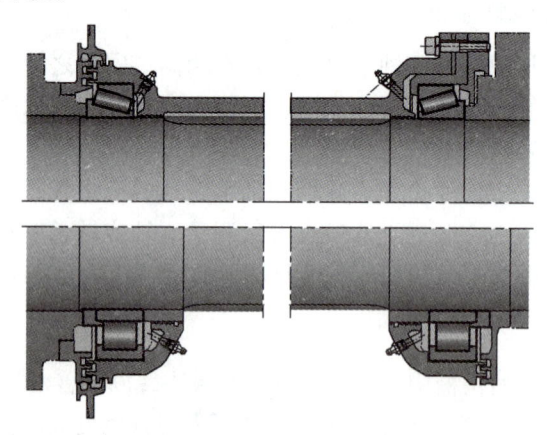

图 12-24 抱轴承组装图

一般情况下，初装轴承的轴向游隙范围应在 0.15～0.25 mm 之间。

对垫片加工到要求的厚度，然后再把垫片加入抱轴箱体法兰与轴承套之间，然后拧紧内六角螺栓，每个的预紧力矩为 70～80 N·m，具体大小与螺栓的尺寸有关。

轴向游隙的测量方法：把轮对竖起，固定轴承内圈或车轮，在大齿轮的加工端面均匀地布置 3 个千分表，调整千分表的触头与齿轮端面接触良好，并且调整读数为 0。用一个起重设备吊起抱轴箱体，然后正反方向各选装 5～6 圈（内圈不转，外圈旋转），使非驱动端轴承的滚动体与套圈处于正常接触。这时读出 3 个千分表的读数，其平均值即为轴承的轴向游隙。前面所述的测量方法是比较老的方法，现在许多工厂都有专用的测量轴向游隙的设备，基本原理是：将抱轴箱固定，旋转轮对，千分表固定在车轮上，轴向正反两个方向顶轮对，两次的差值就是轴承的轴向游隙。

4. 轴承注脂

待轴向游隙调整完成后，使用注油泵通过注油嘴将润滑脂注入轴承。然后旋转抱轴箱，以使润滑脂扩散到轴承的各个部位。轴承室注脂量约为自由空间的 2/3。

注意：不同厂家的抱轴箱体结构设计会略有不同，因此，垫片厚度的调整与游隙的测量也会有所差异。

图 12-25 为组装后的轮对与抱轴箱体。

图 12-25　组装后的轮对与抱轴箱体

5. 轴承的后续润滑与维护

在机车运行过程中要对抱轴承温度进行连续监测。当轴承外圈表面温度超过时，润滑脂寿命会显著降低，进而影响轴承的润滑效果，润滑脂允许的"持续工作温度上限"由润滑脂生产厂家提供。因此，所选润滑脂的"持续工作温度上限"必须高于轴承的工作温度。当轴承外表面温度超过 100 ℃ 时，轴承内部可能已出现异常情况，需对轴承进行拆解检查。

在机车运行每 150 000 km 或 1 年（以先到为准），轴承需重新注脂，并检查抱轴箱的状况。首先应检查抱轴箱的旋转灵活性，检查螺栓是否处于紧固状态。重新注脂的注脂量为首次注脂量的一半，作为补充润滑。

为了防止车辆长期放置，导致轴承滚道锈蚀，建议对于长期停用的车辆，定期进行运转，保证轴承的良好状态。建议期限为一个星期，即车辆停用超过一个星期就要对轴承进行旋转。

12.4.3　配对圆锥滚子轴承游隙调整

配对单列圆锥滚子轴承是由两套单列圆锥滚子轴承和内外隔圈组成，是双列圆锥滚子轴承中最常见的一种结构，经常出现在传动齿轮箱中，它具有结构简单、组配灵活的特点，成对使用来承受双向轴向载荷。

配对使用而且用预设轴向游隙的已由轴承生产厂家完成，用户不需调整。这类轴承用户只需按照顺序装上即可。安装后的游隙有所改变，轴承的轴向游隙可以用量具来测量。如图 12-26 所示，把量表顶在轴末端，将轴转动几周，使滚子与滚道处于正常接触，然后用力把轴推向另一端，再将轴转动几周使滚子处于正确位置，记录此时量表读数；反过来再反向推轴，比较量表的两次读数，二者差值即为轴向游隙。

若配对使用轴承生产厂家没有完成轴向游隙的预设工作，则需要用户自己进行轴向游隙的设定工作。通常有两种结构即面对面和背靠背两种组配方式，轴承的轴向游隙可以通过修配内隔圈或外隔圈来实现。

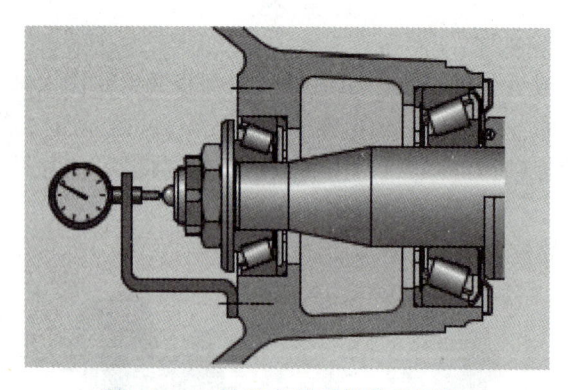

图 12-26 轴承安装后游隙的测量

背靠背安装的圆锥滚子轴承结构如图 12-27 所示，两套轴承作用中心呈 O 型，该结构轴承如图 12-27 所示。在这种配对组合中，两套轴承作用中心呈"O"型，这样的结构不但刚性好，而且还可承受倾覆力矩，有关尺寸及公差符号如下：

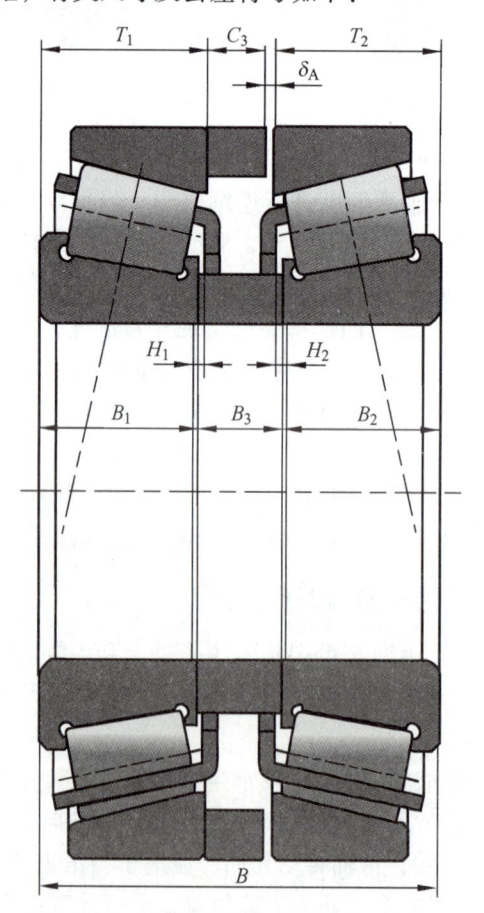

图 12-27 背靠背安装的圆锥滚子轴承

T_1，T_2——单列圆锥滚子轴承的装配宽度；
B——配对双列轴承的总宽度；
B'——配对双列轴承无游隙时的总宽度；

δ_A——轴承的轴向游隙;

B_1,B_2——单列轴承的内圈宽度;

C_1,C_2——单列轴承的外圈宽度;

B_3——外隔圈的宽度;

C_3——内隔圈的宽度;

H_1,H_2——单列轴承装配宽度与内圈的宽度差;

δ_B'——无游隙无轴向游隙时的配对双列轴承总宽度公差;

δ_B——配对双列轴承总宽度公差;

δ_{T_1},δ_{T_2}——单列轴承宽度公差;

T_0——正向测量时单列轴承的装配宽度;

T'——反向测量时单列轴承的装配宽度。

当客户拿到单个的轴承和内、外隔圈后,分别测量单个轴承的总宽度、内外圈的宽度和内隔圈的宽度。轴向游隙的调整可以通过配磨内隔圈或者外隔圈来完成,以下分别介绍两种配磨方法:

在这种方法中,轴承的总宽度中包含有轴向游隙,也就是说在这种配置方法中,不但要保证轴承的总宽度,还要保证轴向游隙。建立如图 12-28 所示的尺寸链,可得出:

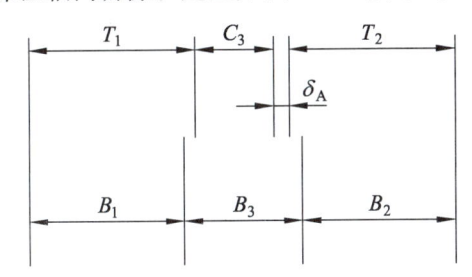

图 12-28 背对背安装尺寸链

$$B = \delta_A + (T_1 + T_2 + C_3) \tag{12-1}$$

轴向游隙计算公式如下:

$$\delta_A = (B_1 + B_2 + B_3) - (T_1 + T + C_3) \tag{12-2}$$

轴向游隙 δ_A 在尺寸链中为封闭环。通常情况下来磨削外隔圈来实现轴承的游隙,外隔圈的实际尺寸 C_3 为

$$C_3 = (B_1 + B_2 + B_3) - (T_1 + T_2) - \delta_A \tag{12-3}$$

由于轴承的轴向游隙的公差带一般在 0.05 mm 左右,配磨外隔圈时,也要尽量控制其公差范围。

对于如图 12-29 所示的面对面安装,尺寸链如图 12-30 所示,轴承的轴向游隙 δ_A 为封闭环,计算公式如下:

$$\delta_A = (C_1 + C_2 + C_3) - (T_1 + T_2) \tag{12-4}$$

若要通过配磨外隔圈来实现轴承的游隙,外隔圈的实际尺寸 C_3 为

$$C_3 = (T_1 + T_2) + \delta_A - (C_1 + C_2 + C_3) \tag{12-5}$$

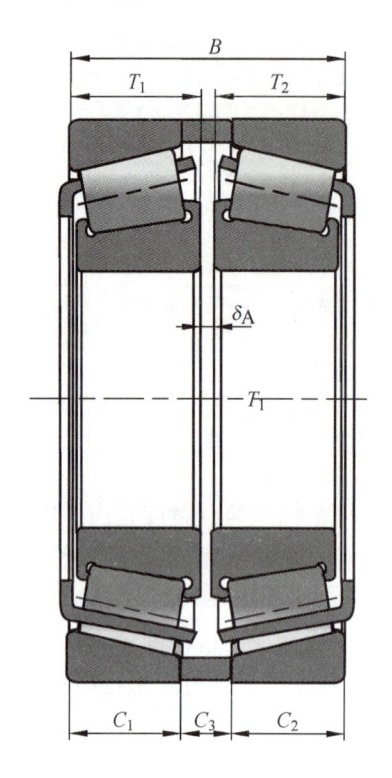

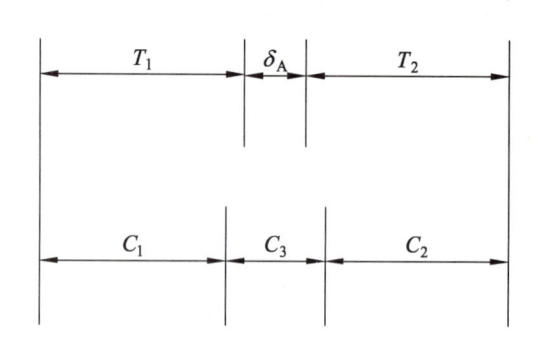

图 12-29　面对面安装的圆锥滚子轴承　　　　　　图 12-30　面对面安装尺寸链

动车或地铁传动齿轮箱会有配对的圆锥滚子轴承，维修时可能会遇到这样的情况。需要说明的是这两种配置游隙的方法只适合客户单个或小批量作业。

12.5　滚动轴承的储存

12.5.1　滚动轴承的储存条件

为了确保滚动轴承的性能，防锈、包装、储存和搬运是非常重要的。轴承的适当防锈和包装能够尽可能保护产品特性。

滚动轴承应该存放在清洁、干燥、不易被侵蚀性介质影响的封闭区域，如远离车辆排放气体或酸性气体、雾或浮尘、碱溶液或盐。还要避免阳光直射，因为除了紫外线的损害外，阳光直射还会引起包装内温度大幅度的变化，不要和其他物品尤其是化学品放在一起。

存放地的温度要稳定。急剧的变化能使空气中的湿气凝结于轴承表面，引起锈蚀，因此温差要小，温度不宜过低或过高，过低会引起轴承防锈剂的硬化，降低保护性能；过高引起防锈剂的溶化，加速轴承锈蚀。室温应保持在 5~25 ℃ 范围内。24 小时内的温度差不允许超过 5 ℃。

轴承要水平放置，遵循先存入的先使用的原则。轴承出厂的防锈期为 3 年。滚动轴承储藏不应超过 3 年，适用于开式和带防尘盖或密封圈的加脂轴承。尤其加脂的滚动轴承不应储藏太长，因为储藏的过程中油脂的化学物理性能会改变。即使润滑脂仍具有其基本的性能，但安全系数变得很小。

如果储藏条件良好，超过允许的储藏期的滚动轴承也能够使用，只是建议在使用前检查轴承防锈油的状况、轴承是否锈蚀等，如果轴承没有锈蚀，可以安装使用。如轴承出现锈蚀，则需要联系轴承厂家技术人员进行处理。

12.5.2 滚动轴承润滑脂的储藏

滚动轴承润滑脂的储藏要求和滚动轴承相似。前提条件是滚动轴承油脂储藏在密闭且完全填满的容器内。

滚动轴承油脂是基础油、增稠剂和添加剂的混合物。这种液体和固体物质的混合物没有无限期的稳定性。储藏中，它们的化学物理性能可能改变，因此，应尽可能早的使用。

如果满足储藏条件，润滑油脂能够在不影响性能情况下储藏 3 年。同样滚动轴承，允许的储藏期限不应被视为一个硬性极限。

如果按上述储藏，且允许有一些小的改变，大多油脂也能够在 3 年后使用。如果使用储藏时间较久的油脂有任何疑问，建议抽样检查油脂的化学物理性能来测定其内部的改变。如果在容器打开后仍然要储藏，油脂表面要刷平，容器要气密性封闭且空的部分朝上。无论如何要避免高温。

第 13 章 滚动轴承失效分析

13.1 滚动轴承的主要失效形式与机理

由于滚动轴承是标准件，ISO 15243—2017 对滚动轴承的失效进行了分类（见图 13-1），各个国家也有相应的标准，中国国家标准 GB 24611—2020 与其对应。不过根据实践经验，滚动轴承的有些失效形式或故障，比如润滑失效、滚道表面的异常压痕、擦伤、运行过程中的振动腐蚀等，很难归纳到 ISO 标准的 6 大类失效形式里面，因此本章关于失效机理没有完全按照标准的六大类论述。

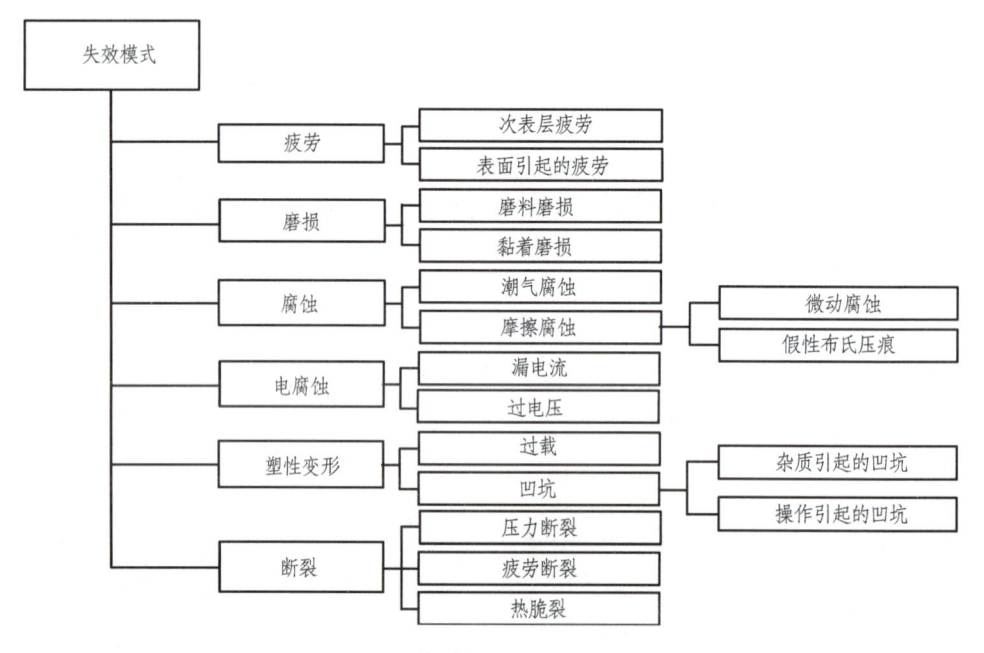

```
失效模式 ─┬─ 疲劳 ──┬─ 次表层疲劳
         │         └─ 表面引起的疲劳
         ├─ 磨损 ──┬─ 磨料磨损
         │         └─ 黏着磨损
         ├─ 腐蚀 ──┬─ 潮气腐蚀
         │         └─ 摩擦腐蚀 ──┬─ 微动腐蚀
         │                       └─ 假性布氏压痕
         ├─ 电腐蚀 ┬─ 漏电流
         │         └─ 过电压
         ├─ 塑性变形 ┬─ 过载
         │           └─ 凹坑 ──┬─ 杂质引起的凹坑
         │                     └─ 操作引起的凹坑
         └─ 断裂 ──┬─ 压力断裂
                   ├─ 疲劳断裂
                   └─ 热脆裂
```

图 13-1 滚动轴承主要失效形式

滚动轴承失效首先主要表现为轴承的不正常运转状况。通过检测发现，轴承的失效现象具有广泛性和多样性。

轴承失效原因并不总单独存在于轴承本身，由于轴承材料和生产失误造成的轴承失效非常少。单独分析轴承本身通常不足以查明轴承失效的真正原因，在通过检测每个轴承部件来确定轴承失效原因前，应根据第 2 节的方法来研究可能的失效原因。另外，还要检查相邻结构、润滑、密封、运转工况和周边环境。一套有效的检测程序有助于判定失效原因。轴承的运行状况或外部特征经常能提供轴承失效的线索。

如果轴承损伤严重或突然失效，证据可能丢失，就不可能确定失效的主要原因了。在所有情况下，有关安装和维护的历史记录以及对实际运转条件的了解都至关重要。

在实际工况下，轴承的损伤或失效往往是几种机理同时作用的结果。失效可能是由于运输、搬运、安装或维护不当造成的，或是由于轴承或其相邻部件的加工质量未达到设计要求引起的。在某些情况下，失效也可能是由于考虑经济效益、无法预见的运转条件而采取的折衷设计造成的。由于轴承失效是由设计、制造、安装、操作、维护等多方面因素造成的，因此，确定失效的主要原因，常常是十分的因难。

在许多情况下，一个轴承会同时表现出几个失效特征，有时看到的失效现象不是最初的失效现象，而是二次失效或由初始失效导致的连锁失效；有时一种失效现象可能是由于多种原因或失效机理导致的。因此确定失效的初始原因经常很困难，要系统地假设各种失效原因，进行逻辑推理，反复推断，最终确认导致轴承失效的原因及相应的防范措施。

13.1.1 疲劳剥落失效

疲劳是指材料承受交变循环应力或应变时所引起的局部结构变化和内部缺陷发展的过程。它会使材料的力学性能下降，并最终导致龟裂或完全断裂。

表面接触疲劳磨损是指两个相互滚动或滚动兼滑动的摩擦表面，在交变接触应力的作用下，表层产生塑性变形，在表层薄弱处引起裂纹，裂纹不断扩大并发生断裂，而造成的点蚀或剥落的现象。一般来说，表面疲劳磨损是不可避免的，即便是在良好的油膜润滑条件下也会发生。

滚动轴承工作时且处于良好的润滑状态，滚道和滚动体表面既承受载荷又相对滚动，由于交变载荷的作用，首先在表面下一定深度处（最大交变剪应力处）形成裂纹，继而扩展到接触表层产生剥落坑，最后大面积剥落，这种现象就叫作疲劳剥落。正常工作条件下，疲劳剥落是滚动轴承故障的主要原因。习惯上所说的轴承寿命就是指轴承的疲劳寿命。疲劳剥落会导致轴承运转时的冲击载荷、振动噪声。

根据实际的失效统计分析，轴承运行过程中发生疲劳的原因或类型有如下几种：
- 外界微粒循环运动或压痕；
- 材料内部夹杂物或缺陷；
- 过度的预紧载荷或偏载；
- 由于几何应力集中导致的疲劳，如偏载、轴抗曲变形、轴承座或箱体的几何形状误差；
- 润滑不良导致的二次失效；
- 由于磨损导致的二次失效。

1. 夹杂物导致的剥落

轴承经历了 N 万次载荷周期后，轴承内部含非金属夹杂物的次表面局部区域出现材料疲劳造成的。其表现形式为局部的椭圆形剥落。如图 13-2 所示为由于夹杂物导致的剥落，这种疲劳剥落的裂纹起始于次表层，导致裂纹的原因可能是：材料缺陷、夹杂物、过载。随着近 20 年内轴承钢洁净度的不断提高，这种类型的剥落发生概率越来越低。

图 13-2　由于夹杂物导致的剥落

2. 外界微粒引起的疲劳

当在轴承里有粗糙杂质时，疲劳寿命会大大降低。在实际应用中，由外界微粒造成的失效的危害程度与外界微粒的硬度、尺寸、数量以及轴承尺寸有关。就疲劳来说，球轴承对杂质的敏感程度要大于滚子轴承，小滚动体的轴承比大滚动体的轴承要敏感。外界微粒形成的凹坑会对滚动材料产生重要影响，特别是在应力下的旋转运动对初始裂纹有很大影响。

失效现象描述：滚道和滚动体工作表面层产生剥离（较深的点蚀）。外界微粒形成的凹坑在滚动方向上 V 形发展（V 形凹坑），见图 13-3。

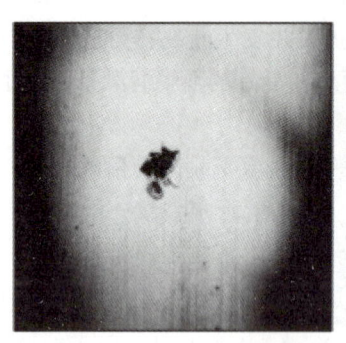

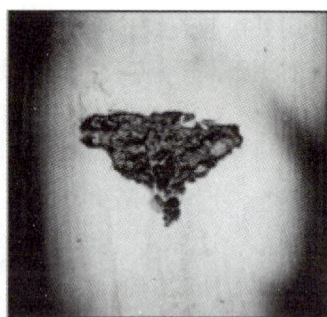

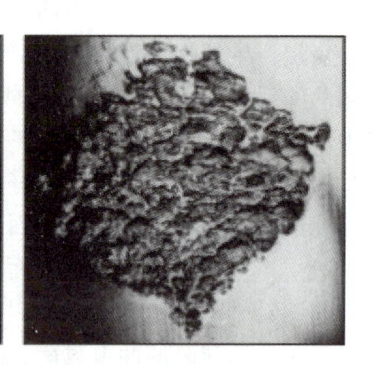

图 13-3　由外界微粒造成的凹坑在运动方向发展成 V 形凸坑而造成疲劳破坏

失效原因分析：剥落的滚道材料和硬质颗粒（铸造砂、磨粒）造成的凹坑尤其危险。
改善措施：
- 彻底清洗轴承座等部件，如有必要，对轴承的工作表面进行涂层；
- 安装时，要求环境清洁和谨慎操作，防止外界硬质颗粒进入轴承内部；
- 改善密封；
- 使用防尘的轴承结构；
- 润滑剂清洁；
- 在投入使用前进行清洁过滤。

3. 应力集中造成的疲劳

失效现象描述：痕迹偏离轴承中心；在滚道/滚动体边缘上有疲劳，见图 13-4。
失效原因分析：应力集中剥落来源于轴承座的不对中或轴的挠曲，内圈相对外圈倾斜并导致大的力矩载荷，轴承所承载的载荷将不能按预期的方式沿着滚动体和滚道进行分布，而会集中于滚动体、球面或滚道的某一局部区域。在极度偏心或角度偏移的情况下，载荷集中到滚动体和滚道的边缘，出现极高的局部应力进而引起轴承的早期疲劳剥离。

图 13-4　应力集中造成局部过载的圆锥滚子轴承滚道边缘发生疲劳

改善措施：
– 使用调心轴承；
– 减小不对中，保证轴和座孔的加工精度；
– 提高轴的刚度。

4. 过量预载荷或过载

过量预载荷会产生大量的热，并导致轴承损伤。其损伤形式在外观上与润滑不足所导致的损伤形式相仿。这两种诱因常被混淆，故须进行彻底检查，才能确定问题的根源所在。适用于一般操作的润滑剂未必适用于高预载荷的轴承，因为油膜的强度可能不足以承载超高载荷。高预载荷下润滑失效所引起的损伤与由润滑不足而导致的损伤相同。在高预载荷下，即使使用了能够承载重载荷的极压型润滑剂，也可能产生另一种形式的损伤。尽管润滑剂能应付载荷，防止滚动构件或滚道划伤，但重载荷还是可能导致次表面层出现过早疲劳剥落。该类型剥落的出现及随之而来的轴承寿命问题将取决于轴承的预载荷量和承载能力。

图 13-5　由于过度预紧引起的疲劳

由于过载引起的疲劳（过度预紧）如图 13-5 所示。
失效原因分析：轴承预紧载荷太大，或承受额外的轴向力。
改善措施：
– 采用正确的预紧方式，精确计算所需的预紧力；
– 核对结构布置，避免过定位。

5. 由于润滑不良造成的疲劳

不同的载荷在润滑不良的状况下会出现不同的失效形式。高速重载，润滑不好时，滚道表面会出现严重的周向擦痕（也称为涂抹），见图13-6。高速轻载时伴有打滑现象存在，并且润滑油膜变薄时，出现金属对金属的直接接触，表面有细微的麻点，连成片时如图13-7所示，属于微观疲劳点蚀。当载荷很高，润滑剂中有水分使润滑效果很差，在滚道上会出现非常明显的压力抛光，继续运转就会出现贝壳状凹坑。

图13-6 由于润滑不良造成的严重擦痕　　图13-7 微观疲劳点蚀

引起润滑不良的主要原因如下：
- 润滑剂供应不充分；
- 工作温度太高；
- 有水侵入；
- 有时存在打滑。

改善措施：
- 增加润滑剂量；
- 使用高黏度的润滑剂，并且尽可能采用测试过的EP添加剂；
- 冷却润滑剂/轴承；
- 尽可能用更软的润滑脂；
- 防止水的侵入。

由润滑不足所导致的轴承损伤表现迥异，可以用来描述很多种可能发生的损伤情况。这些情况的共同特征是：在轴承运行的过程中，润滑剂不能充分隔离开轴承滚动和滑动接触的表面。对于不同的轴承系统，应当根据经验、载荷、速度、密封系统、运行情况以及预期寿命等因素来正确设计所需润滑剂的用量、类型、等级、供应系统、黏度及添加剂。如果未适当考虑这些因素，则轴承性能及其运行性能可能达不到预期的效果。

6. 由于磨损造成的疲劳

失效现象描述：不同区域的磨损能改变零件接触区的几何形状，以至局部过载导致疲劳失效，如图13-8所示。

由于润滑剂受到污染，比如密封破坏导致外界微粒进入，造成轴承零件在滚动接触区域磨损，从而导致该零件几何形状改变。造成局部过载的结果，部分也与圆锥滚子轴承调整不当有关。

(a)内圈滚道　　　　　　　　　　　　　(b)滚子

图 13-8　圆锥滚子轴承内圈滚道和滚子由于磨损引起的疲劳破坏

改善措施：
- 过滤润滑油，保证润滑剂的清洁度；
- 确保轴承安装时的正确调整；
- 改善密封结构，及时更换破损密封，防止外界颗粒进入轴承内部。

13.1.2　磨损失效

磨损通常引起轴承零件表面材料的逐渐消耗，并最终导致轴承尺寸精度丧失以及其他相关的问题。磨损可能引起的其他状态的变化会变成导致轴承失效的原因。比如：磨损会导致游隙和配合发生变化；磨损可能影响到润滑剂或使润滑剂污染达到一定程度而造成润滑功能完全丧失；磨损可能产生引起裂纹的应力集中源。

持续的磨损会导致零件尺寸和形状发生变化、滚动轴承游隙增大、表面粗糙度增加、降低了滚动轴承的运转精度，因而也降低了机器的整体运动精度，振动及噪声也随之增大。对于精密机械中所用的滚动轴承，往往就是因为磨损量限制了滚动轴承的寿命。

当接触表面的瞬时温度较高时，会导致零件表面材料的转移或胶合，滚动体与套圈会烧结在一起，这就是通常所说的轴承抱死。

磨损失效是滚动轴承最常见的一种失效形式，严格来讲，只要是发生材料损失或转移的现象都属于磨损，疲劳也属于一种磨损，但它属于大面积的大疲劳剥落，这里讨论的磨损局限于相对轻微的擦伤、划痕、黏着和胶合。

1. 外界颗粒导致的异常痕迹

滚动接触区的痕迹是否正常很大程度上取决于轴承的应用。比如，当轴承主要承受径向载荷时，有很正常的痕迹，然而当同样的痕迹出现在有轴向预载的轴承工况时是不正常的，它表明了不正确的轴承安装。因此，要了解轴承使用条件，以便正确评估痕迹。当然，一些基本的失效现象通常能通过痕迹进行评估。

外界微粒在滚道上循环运动时会造成凹坑。显微镜观察痕迹时通过凹坑的形式能区分软颗粒、淬硬钢颗粒和硬砂砾颗粒，见图 13-9，特别大和硬的外界颗粒对轴承寿命有极大的影响。大量小而硬的外界颗粒能导致接触面变粗糙，而且加速磨粒磨损。

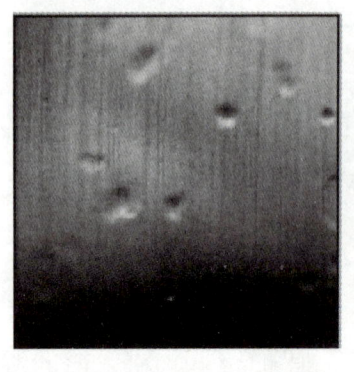

（a）软质颗粒所造成的凹坑　　（b）淬硬钢颗粒所形成的凹坑　　（c）硬质砂砾所形成的凹坑

图 13-9　外界颗粒导致的异常痕迹

2. 套圈端面擦痕

失效现象描述：挡边端面出现周向划痕，或密封件磨损，如图 13-10 所示。

图 13-10　轴承套圈或挡边端面周向划痕

失效原因分析：
- 轴承在轴承座或在轴上定位不够；
- 在轴承和配合件的结合面之间有杂质颗粒；
- 配合太松；
- 轴向游隙太大。

改善措施：
- 正确调整配合；
- 确保润滑剂的清洁；
- 检查轴向游隙，尽可能使其符合要求。

3. 挡边擦伤

失效现象描述：在挡边表面和滚子端面的（特别在圆锥滚子轴承里）圆弧形的擦伤，见图 13-11。在挡边区域的擦伤深度与外界微粒嵌入的滚动体大端面轮廓半径有关。

失效原因分析：润滑剂里的外界硬质颗粒进入了滚子端面和挡边的接触区域。

改善措施：改善润滑剂清洁度。

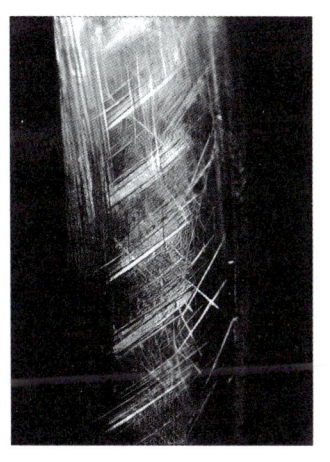

图 13-11　由于外界硬质颗粒在圆锥滚子端面和套圈挡边上造成的擦伤

4. 挡边接触处的黏着

现象：在挡边和滚子端面接触区域有部分或大面积的熔接和深的划伤，见图 13-12。在这个区域也有润滑剂焦化。

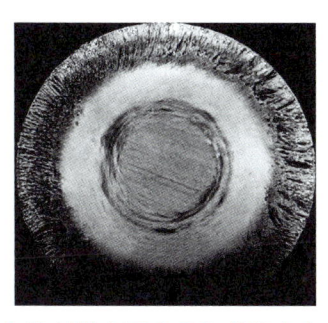

图 13-12　当润滑剂供应不充足和载荷太高时，在滚子端面和挡边处引起的胶合与撕裂

失效原因分析：
- 高载荷和高速下的不充足的润滑（润滑剂量太少或工作黏度太低）；
- 高载和低速下的不充足润滑，在滚子端面和挡边间无弹性流体动压润滑油膜；
- 圆锥滚子轴承的预载太高；
- 由于热膨胀造成的过预载；
- 圆柱滚子轴承的轴向载荷太高；
- 因为配合表面的倾斜使内圈轴向载荷太高。

改善措施：
- 改善润滑（增加黏度，EP 添加剂，增加润滑剂量）；
- 确保轴承的正确安装与调整。

5. 润滑不良或磨粒造成的磨损

失效现象分析：

接触表面是灰暗和粗糙的，研磨物质使润滑剂的颜色变深；当使用黄铜保持架时，润滑剂的颜色变黄。润滑脂也会硬化。然而在许多情况下，潮湿使润滑剂的稠度降低，质地变差。

磨损导致预载降低或轴承的游隙变大。如果外界颗粒是磨损的原因，滚动体表面会有严重的划痕，见图 13-13。在润滑不良的条件下，滚动轴承的滚道在它们的周向上会有不均匀的磨损。滚道表面是条纹状的。有时人们也会将这种现象归纳到磨粒磨损的范畴。

图 13-13　润滑不良或磨粒导致表面粗糙

失效原因分析：
- 不能承载的润滑油膜；
- 润滑剂的污染（细小的硬质颗粒，比如灰尘或水）；
- 圆锥滚子轴承调整不当而导致不均匀磨损。

改善措施：
- 用更高承载能力的润滑剂，比如用更高黏度的润滑剂或使用 EP 添加剂；
- 缩短润滑剂更换周期；
- 改善密封；
- 过滤润滑剂；
- 确保轴承的正确调整。

6. 打滑现象

失效现象描述：对于高速轻载工况，由于旋转过程中轴承承受的载荷过轻，滚动体的惯性太大（很大的加速度），滚动体和滚道之间发生涂抹现象，这种现象叫打滑。打滑的初始阶段会使滚道或滚动体表面变得光亮，但是持续一段时间就使滚道或滚动体表面变得粗糙。经常伴随有微小的点蚀，与"润滑不良造成的擦伤"有类似之处，如图 13-14 所示。

（a）滚子表面的打滑痕迹　　　　　　　　（b）滚道打滑的痕迹

图 13-14　由于打滑导致滚子与滚道表面的严重擦伤

失效原因分析：
- 当载荷过低和润滑不良时，滚动体在滚道上打滑。有时也因为承载区太小，滚子在非承载区的保持架兜孔中迅速减速，在进入承载区时再急剧加速；
— 速度快速变化，接触区内滚动体与滚道之间没有足够的拖动力驱动滚动体沿滚道滚动，而是在保持架的拖动下，与滚道之间发生滑动。

改善措施：
— 使用低承载能力的轴承；
— 对球轴承施加预载，比如采用弹簧；
— 减小轴承游隙；
— 空载时也要保证足够的载荷；
— 改善润滑。

无论是打滑还是润滑不良导致的表面磨损，经过一段时间后表面都会产生磨痕、微裂纹的产生与扩展、材料的撕裂或剥离、材料转移等现象，可以归于黏着磨损，继续扩展则导致疲劳磨损。

7. 胶合造成的损坏

黏着磨损的机理：在适当的润滑条件下，配对件表面微凸体可能发生塑性变形并由冷压而变平坦。在这种状态下，轴承可正常发挥作用达到期望的寿命。然而，当轴承处于边界润滑状态时，磨损的最初阶段与微凸体塑性变形有关，由于冷压使微凸体断裂，从而产生极其微细的钢质碎屑。这个阶段也可能伴随着这些微凸体黏着，作用力将局部摩擦焊接点从基体上撕裂的情况。这时一个零件表面会形成微凹坑，而另一个零件表面会有转移材料。

一般说来，轻微黏着磨损称之为擦伤，而严重的黏着则称之为胶合。当润滑状态严重恶化时，因为局部的摩擦热造成局部热变形和摩擦显微焊合现象，严重时金属表面可能局部熔化，相对运动又将局部焊合点撕裂，发生材料的转移和表面形貌的恶化。

如果黏结点强度比两金属的剪切强度高得多，而且黏结点面积较大时，剪切破坏发生在一个或两个金属表层深的地方。此时，两表面都出现严重磨损，甚至使摩擦副之间咬死而不能相对运动。

胶合的实质是接触点发生固相的焊合。主要是由于表面严重的塑性变形或是表面摩擦温升作用导致的表面接触点黏焊。当表面发生胶合时，外力强迫两个接触表面发生相对运动就可能使剪切发生在摩擦副一方或接触表面两方较深的地方，使表面层材料大块"撕脱"。而如果摩擦副之间因胶合咬死，不能相对运动，则称为"咬死"。

失效现象描述：轴承部件严重变色，滚道/滚动体塑性变形严重，温度急剧变化，轴承多次黏着，见图13-15。

图 13-15　过热的圆柱滚子轴承的滚道上留下了严重的胶合

失效原因分析：
- 轴承的工作游隙太小，特别是高速下的轴承；
- 润滑不足；
- 由于外部热源造成的径向预载；
- 由于保持架断裂造成滚动体运转受阻。

改善措施：
- 加大轴承游隙或适当预紧；
- 要确保轴承的散热与冷却；
- 改善润滑。

13.1.3 机械损伤

轴承零件具有良好的表面光洁度，其数量级只有几分之一微米。当滚动接触表面出现擦伤时，表面应力状态会改变，从而有可能显著降低轴承寿命。不良操作可能导致表面产生有害的划痕和压痕，特别当这些划痕和压痕位于滚动轨迹区域时更是有害。当划痕和擦伤破坏产生的金属颗粒发生移动并嵌入滚道时对轴承会再次产生影响。

滚动体过载产生的永久压痕称之为布氏压痕，出现布氏压痕是由于过载造成的。滚动轴承在安装时，若通过滚动体传递安装力，安装力会使滚道产生塑性变形；工作时滚动轴承受到过大的冲击载荷或者静载荷，或者因为热变形引起额外的载荷，或者当有高硬度的异物侵入时，都会在滚道表面形成凹痕或者划痕。这将使滚动轴承运转时产生剧烈的振动和噪声。而且，一旦产生上述凹痕，由此所引起的冲击载荷还会进一步引起附近表面的剥落。

不管过载的机理如何，这种破坏所造成的影响是相似的，通常会产生许多压痕，压痕的间距与滚动体的间距相等。压痕伴随着局部应力变化，当应力达到屈服极限时，材料沿各个方向流动，从而产生压应力。压痕周围的滚道表面微微凸起，压痕区处于压应力状态，而凸起区处于拉应力状态。因此在轴承运转过程中，凸起区承受更大的循环应力。其影响包括下列两方面：它不仅存在应力集中，而且会刺破 EHD 油膜。凸起区引起摩擦增加，很快出现最初剥落。

在剥落的早期阶段，由于极易辨认压痕的间距，故布氏压痕很容易识别。当布氏压痕重复增多时使得识别变难。当剥落发展到一定阶段且压痕间距不易识别时，由宏观疲劳裂纹扩展特点可以识别出布氏压痕位置。压痕区处于压应力状态，因此压痕区到后阶段才发生剥落。如果在这个阶段检查，这些特点非常明显，且与滚动元件的间距有关。

1. 布氏压痕和冲击损伤

安装时操作不当、运行中过高的冲击载荷或过量的静态载荷，都可导致布氏压痕。安装不当导致的布氏压痕，是由于力作用于非安装滚道上所造成的。当轴承内圈与轴采用紧配合安装时，作用在外圈的力就会产生额外的轴向载荷，使滚子与滚道冲击接触，进而导致布氏压痕。

不可分离轴承的滚道上有以滚动体间隔分布的凹坑，见图 13-16。疲劳有时从这些地方开始，这些凹坑也可能是在拆卸时产生的：安装工具与松配合的套圈接触，因此通过球传递装配力。

图 13-16 深沟球轴承挡边上的球状凹坑

失效原因分析：
- 静载荷过载/冲击载荷；
- 通过滚动体传递安装或拆卸力（不正确的安装次序，不合适的辅助设备）。

改善措施：
首先安装紧配合的套圈，当两个套圈都有紧的安装配合时，用合适的安装盘将它们一起安装。

对于可分离的圆柱滚子轴承或圆锥滚子轴承，其滚动体和滚道上有和轴线平行且与滚动体等间距的划痕材料缺失。有时在周向上会有几组痕迹。通常只在大约 1/3 的周向而不是整个周向有此痕迹，见图 13-17。

图 13-17 圆柱滚子轴承内圈上的划痕

失效原因分析：
在安装单个套圈和带有滚动体的套圈时不对中而且互相磕碰。装有轴承内圈的轴推入已装在轴承座里的外圈和滚动体组件时就容易产生磕碰伤，如电机轴的组装经常出现这种损伤。

改善措施：
使用合适的安装工具或工装避免滚动体磕碰到内圈表面，如有可能，在安装部件时缓慢转动轴或使用引导装置。

2. 假性布氏压痕

如图 13-18 所示，在滚道表面上有以滚动体间距分布的压痕，不是由不正确的安装造成的，它是假性布氏压痕。

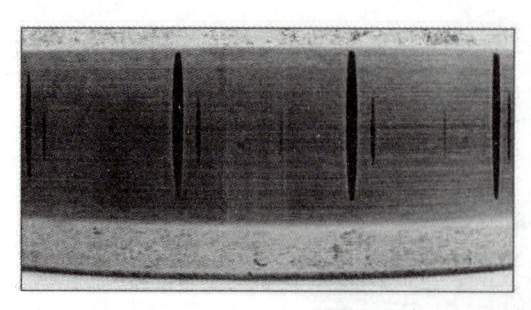

(a) 圆柱滚子轴承的内圈上等间距分布的假性布氏压痕 　　(b) 球轴承的假性布氏压痕

图 13-18　假性布氏压痕

假性布氏压痕，顾名思义，不是真性布氏压痕或磕碰伤，它实际上是一种磨损。它是当轴承处于静止状态时，滚动体发生轻微的周向摆动而引起的。滚动体在滚道上来回摆动，会磨出一道凹槽，而摆动是由于外界振动造成的。有时这种情况是不可避免的，例如采用货运卡车或火车进行的长途运输。当然，这种现象也发生在海运时。这样的振动足以引起假性布氏压痕，但可通过降低运输或储存过程可能发生的相对位移或减小载重，大大减弱或消除振动。

假性布氏压痕的特征与布氏压痕相似，但产生机理不同。通过检查压伤或磨损的区域，可区分假性布氏压痕与真性布氏压痕。假性布氏压痕会将表层磨去，而真性布氏压痕，原始的表层仍会保留。出现假性布氏压痕后，轴承仍继续运转，已经磨损表面的润滑状态会受到影响，从而使表面处于边界润滑状态。持续运行会导致磨损表面的破坏发展成疲劳剥落。

改善措施：
– 消除或吸收振动；
– 避免敏感机器长时间静止，要定期盘车，改变接触位置；
– 在运输过程中使用安全的设备使轴承卸载或加预载；
– 使用合适的润滑剂。

3. 保持架变形

原因是在安装过程中保持架受到挤压，或是运行中有干涉，如图 13-19 所示。轴承安装过程中的不慎操作或使用工具的不当可能损伤保持器。保持器通常是由低碳钢、青铜或黄铜等材料制造而成，很容易因操作或安装不当而损伤，并导致轴承过早出现性能问题。

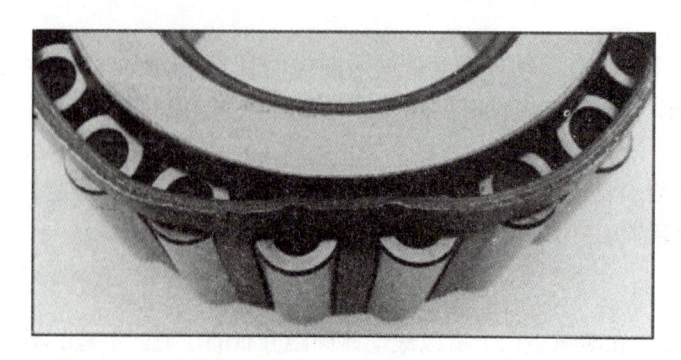

图 13-19　保持架因安装不当或因轴承跌落导致的变形

13.1.4 腐蚀破坏

腐蚀也是滚动轴承的常见故障之一。当水分直接侵入滚动轴承时就会引起滚动轴承腐蚀，另一方面，当滚动轴承停止工作时，滚动轴承温度下降到零点，空气中的水分凝结成水滴吸附在轴承的表面上也会引起静态腐蚀。

轴承在润滑剂含有水的环境中运转时可能由于水的作用而产生腐蚀性点蚀。润滑剂中的硫和氯沾污物可能从它们的化合物中分解出来并与水起化学反应，从而对钢产生微观侵蚀，而点蚀则是形成剥落的起源。如果在这样的环境中出现剥落，则它会与腐蚀物质有关，且会加速裂纹扩展速度。据报道，从水中分解出来的氢也同样会加速裂纹的扩展。

通常，很难在轴承中识别出腐蚀引起的失效。潮湿环境应用场合使轴承表面氧化，产生锈蚀颗粒并形成点蚀。这些粒子是产生严重磨粒磨损的潜在介质。而点蚀则成为形成裂纹的应力集中源。其后运转过程中发生的这一系列过程可能改变轴承的初始状态，直到轴承失效和检修为止。

1. 水分或湿气导致的腐蚀

水分或湿气导致的腐蚀通常是由于环境温度变化，轴承内部空气冷凝，水分不断积聚所造成的。而湿气或水时常从损伤的、破损的或不适当的密封圈进入轴承。此外，轴承在拆卸、检查时，清洗和干燥不当，也会引起这样的损伤。在轴承清洗和干燥以后或将轴承放入仓库之时，都应当涂上防锈油，并包装好。无论是新轴承还是旧轴承，都应放置在干燥区域，包装好，降低在安装前出现静态腐蚀的可能。

失效现象描述：整个轴承表面有褐色变色，通常以不均匀分布的小凹坑的形式出现（见图 13-20），在许多情况下，有许多锈点以滚动体的间距分布（静态腐蚀）。

图 13-20　锈蚀的深沟球轴承外圈 由于潮湿造成的腐蚀（生锈）

图 13-21 是在滚道上以滚动体间距分布的腐蚀痕迹，由于侵入介质造成的腐蚀，这将导致此后的磨损和在锈点处早期失效。

图 13-21　由于侵入性介质造成的表面破坏

失效原因分析：
- 在仓库中储存不当（相对空气湿度>60%）；
- 温度的剧烈变化（湿气冷凝）；
- 不适合的防锈剂。

改善措施：
- 根据滚动轴承制造商的说明书进行适当地储存；
- 改善密封（尽可能添加额外的防护）；
- 使用带有防锈蚀剂的润滑剂；
- 对使用润滑脂的轴承要经常进行再润滑，特别在长时间停机前。

2. 配合面微动腐蚀

微动腐蚀是轴承套圈和与之接触表面之间的相对运动使接触位置产生微小的磨损。轴承表面的微动磨损反映了配合不当，当配合表面没有采用紧配合时，便会发生微动磨损。安装时采用压配合，这样使接触表面之间产生作用力，从而在接触表面之间产生摩擦力，使套圈不能相对运动。连续发生微动磨损可导致尺寸变化和配合松动。当发生严重微动磨损时，套圈将旋转并引起过热。在发生微动磨损的表面也可观察到套圈裂纹，冷作硬化的微观裂缝是产生疲劳裂纹的根源。

配合面的状况可以反映轴承套圈在轴和轴承座里的支撑情况。套圈相对配合面的转动会引起异音。它们也能导致微动腐蚀和磨损，从而进一步使润滑剂受到腐蚀性和研磨性微粒的污染。另外，随着套圈的支撑情况进一步恶化，微动腐蚀会使轴承拆卸变得困难。

微动腐蚀磨损是一种氧化磨损过程，配合面上有黑褐色的拖痕，偶尔在靠近轴承或在润滑剂里也能发现棕色磨损物质，其副产品是各种稳定及不稳定氧化物如红色的 FeO、Fe_2O_3，黑色的 Fe_3O_4。如图 13-22、图 13-23 所示，配合面发生磨损（内孔，外圈外表面），对旋转件（通常是轴）来说有可能造成疲劳断裂，对静止件（通常是轴承座）可能会破坏浮动轴承的功能。

失效原因描述：
- 当相对作用力配合太松时，配合件间会有微动，不能实现同步转动；
- 配合表面的加工质量差；
- 轴的挠曲，轴承座的变形；

图 13-22　轴承内圈配合面的微动磨损　　图 13-23　轴承外圈配合面的腐蚀与磨损

— 承受周向载荷的套圈承担浮动轴承的浮动功能。

改善措施：
— 承受点载荷的套圈提供浮动轴承的浮动功能；
— 尽可能对轴承配合面使用紧配合；
— 提高轴（轴承座）的刚度；
— 轴承配合面进行涂层；
— 使用具有高温尺寸稳定特性的套圈（防止由于材料组织结构的变化使套圈膨胀从而配合变松）；
— 改善配合面的圆度；
— 如果需要，检查和改善配合面的表面质量。

13.1.5 电腐蚀

如果电流通过轴承，在滚动体和滚道表面产生放电现象。产生的热量就会使轴承表面材料熔化，并形成凹坑，熔化的颗粒也会转移到其他地方。

在混合摩擦的情况下，相互叠加的表面会黏合在一起，熔化的金属颗粒在运转过程中剥落，在全流体润滑的情况下，当滚动轴承内部有电流通过时，在滚道和滚动体之间的接触点处，在最薄的油膜处会发生放电现象，电流击穿很薄的油膜引起火花，在很短的时间里，尖点发生熔化，在这两种情况下，材料从零件表面发生剥落，一段时间以后，在套圈滚道的整个圆周方向上都布满了波纹状的凹凸不平。这会引起比较明显的轴承振动，最终导致整个轴承的失效。

电流产生的原因：感应电机中通过轴承的电流可分为两类，典型的过轴承电流和由变频器产生的通过轴承的电流。

典型的通过轴承的电流差不多都是由转子中的磁路不对称产生的，这会在转子上产生轴电压。很明显，这种情况只会在极数较少的大型电机上发生，因为只有当轴上的感应电压上升到足以破坏油膜时才会产生危害。

如图 13-24 所示，在一端轴承绝缘就足以隔断电流，通常情况下非驱动端使用套圈涂层的绝缘轴承。用一个绝缘轴承来代替传统的轴承，电流将会被切断。在这里，绝缘涂层相当于纯电阻，因此，只有一个绝缘轴承就足够了。

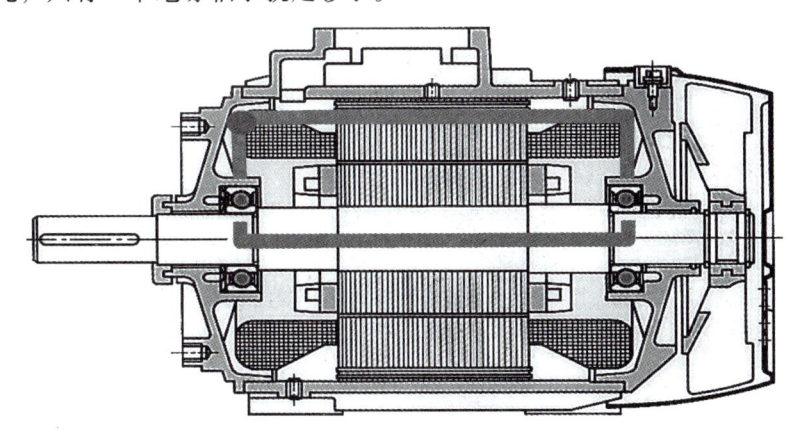

图 13-24 普通交流电机电流回路

虽然变频器能极大地提高电机的效率。但是它也会产生新的问题。变频器将一个直流电压被转化成三相电压，然而三相电压的和不等于0，叫作共模电压，这会在电机中感应出高频回路电流和高频轴电流。另外频率的快速切换虽然改善了电流波形的质量，但会导致泄漏电流出现尖峰值。这时，电流将会如图13-25所示以相同的方向通过两端的轴承，会导致轴承出现与轴线平行的沟痕；同时产生的高温能够使基础油快速老化，使基础油变质，添加剂也会很快失效。添加剂的失效是过电流造成的一个典型失效特征。

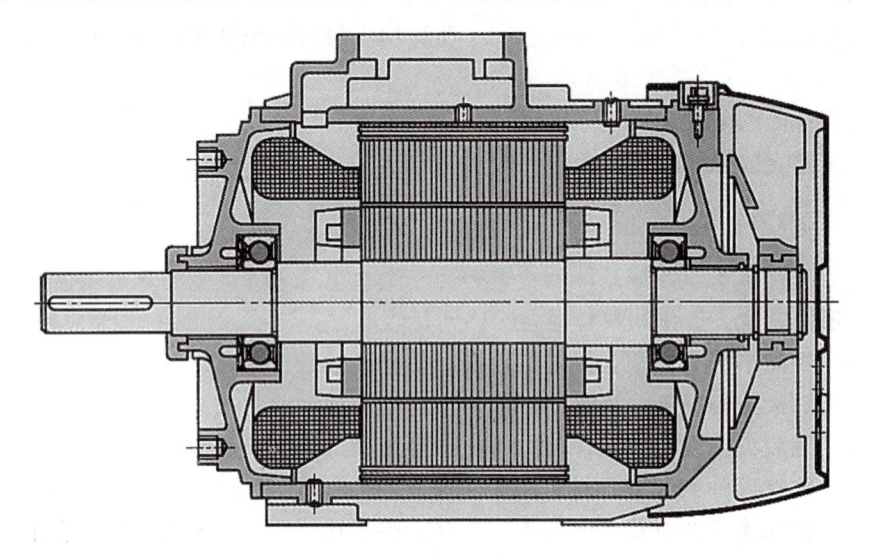

图 13-25　变频电机电流回路

如果机械设备进行电焊维修作业，电气设备接地不当，可使轴承发生失效。当电流通过轴承流向大地时，会在非接触的滚动体和滚道之间产生电弧。电弧产生很高且集中的温升可能会熔化其表面，热量迅速分散传递到轴承零件中。有证据表明，高的温度使材料发生了重熔、奥氏体化和再次回火等金相组织变化，表面和表层区域受到显著影响，很深处的金相特性都可能受到影响。最初的表面由未回火的脆性马氏体组成，而后变成高温回火区。随着温度的扩散，影响逐渐减弱。如果偶然发生电弧破坏，那么很容易在显微组织中识别出电弧破坏的影响。单个电弧破坏区域呈半球形，影响区域如前面所述。

电弧破坏也可以改变已存在的应力场。再次淬火区产生较高的残余压应力。由于这些残余压应力的作用，在邻近的再次回火区产生残余拉应力。循环载荷作用下，这些拉应力区极易产生疲劳裂纹，并且疲劳裂纹极易扩展。

如图13-26和图13-27所示在滚道和滚动体接触区有局部融化形成的凹坑，有时在一列上有几个凹坑或在整个周向有链状的凹坑。凹坑表面类似于点焊。

失效原因分析：电流造成火花，比如在焊接时或由于接地装置失效。

改善措施：在电焊时采用接地装置，避免电流直接通过轴承。

如图13-28所示，在滚道上很大一部分或整个滚道的圆周方向有很多平行于轴线的褐色凹槽。

图 13-26　电流火花放电形成的圆柱滚子轴承滚道上的凹坑

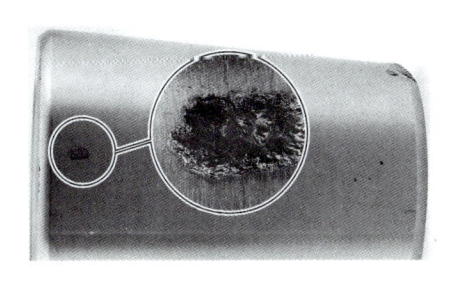

图 13-27　滚动体上的凹坑

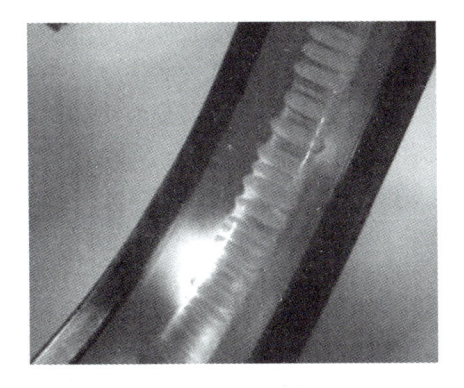

（a）外圈滚道

（b）内圈滚道

图 13-28　由于持续通过的电流在滚道或滚子表面造成的凹槽

失效原因分析：交流或直流电持续通过，甚至低电流也能引起痕迹。

改善措施：

- 防止电流通过轴承（接地，绝缘）；
- 使用绝缘轴承。

如先前所述，电机中由于共模电压产生的高频电流会在相同的方向通过每个轴承，因此建议在两端使用绝缘轴承，绝缘轴承可以等效为一个电阻和电容的并联。因此为了保证绝缘效果，电阻应该尽可能大，电容尽可能小。普通交流电机采用一端点绝缘即可，如果是交流变频电机，则需要两端电绝缘。我们推荐使用内圈带氧化铝涂层的轴承，如图 13-29 所示。如果需要更可靠的绝缘，如图 13-30 所示的混合陶瓷轴承是最好的选择。

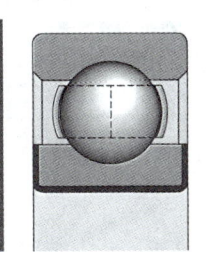

图 13-29　套圈涂层的绝缘轴承

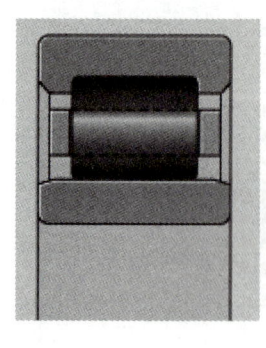

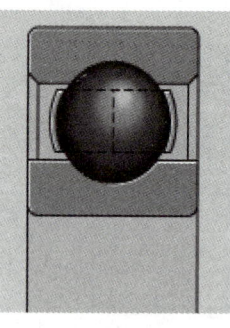

图 13-30 混合型轴承

13.1.6 断裂失效

断裂：轴承的套圈和保持架在工作时可能发生断裂现象。导致断裂的主要原因是：过载、材料缺陷、配合过盈量太大、严重的诊断与冲击。当载荷超过滚动轴承或者滚动体的强度极限时，会引起滚动轴承零件的破裂。此外，由于磨削加工、热处理或者装配时引起的残余应力、工作时的热应力过大等也都有可能造成滚动轴承零件的断裂。

1. 轴向贯穿性断裂

失效现象描述：套圈部分或整个在轴向方向有断裂。

略微圆滑的断口：表明在运转中产生断裂并且继续运转。尖的断口表明是在拆卸过程中产生的。带裂纹的轴承长期运行后，尖的断口边缘会部分剥落，见图 13-31 和图 13-32。

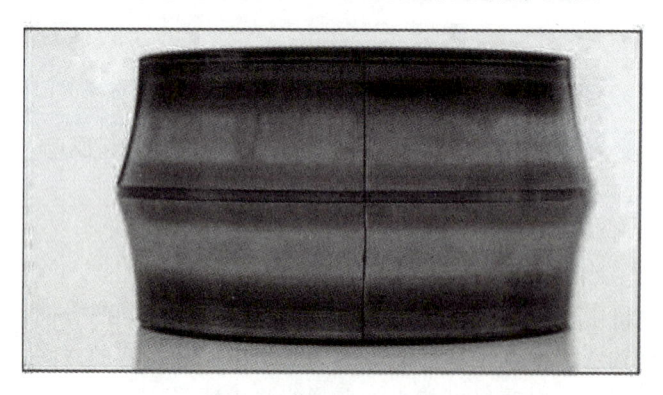

图 13-31 调心滚子轴承内圈轴向通裂

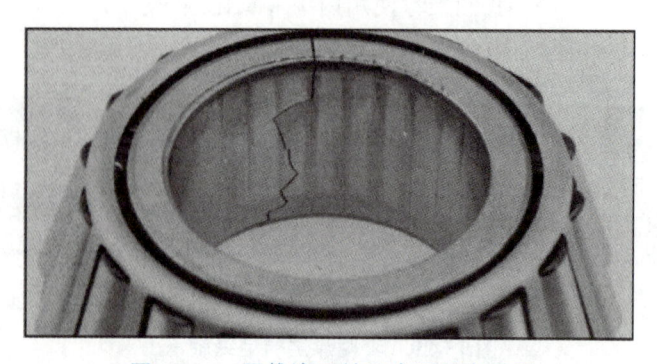

图 13-32 圆锥滚子轴承内圈轴向通裂

失效原因分析：
- 与轴配合太紧；
- 轴表面有沟槽；
- 圆度不够。

改善措施：
- 选择合适的配合；
- 避免周围部件的刮擦；
- 保证轴或座孔的加工精度。

2. 深沟球轴承外圈周向局部断裂

失效现象描述：如图 13-33 所示，通常裂纹在圆周方向发展，经常断裂成几块。在轴向载荷下，这些断裂常发生于偏离滚道中部的区域。通常疲劳是破坏的原因。外圈外表面一般表现出不正常的承载形式。

图 13-33　外圈圆周方向的断裂

失效原因分析：
与轴承座相配合的套圈支撑不足。
改善措施：
选择合适的配合，确保座孔的圆柱度，改善支撑情况。
除了局部断裂、裂纹和其他在滚道或滚动体表面的凹坑，经常有由轴承滑动导致磨损而产生的大面积表面破坏。除了使用工况，破坏程度本质上受润滑剂的黏度和清洁度影响。

3. 轴承套圈挡边局部断裂

失效现象描述：圆锥滚子轴承。
内圈出现挡边断裂，如图 13-34 所示。

图 13-34　圆锥滚子轴承内圈支撑不足而出现挡边断裂

失效原因分析：
- 设计不合适，支撑面太小，刚度不够；
- 机加工精度不够导致接触面没有贴合好；
- 连续的轴向冲击载荷。

改善措施：
- 检查轴肩高度，保证对轴承套圈的支撑刚度；
- 检查轴肩及套圈端面的轴向跳动是否达到设计要求的精度，确保接合面贴合好。

失效现象描述：支撑挡边全部或部分断裂或碎裂，见图 13-35。

图 13-35　圆柱滚子轴承内圈挡边断裂。

失效原因分析：
- 轴向载荷超出极限；
- 挡边支撑不足；
- 轴向冲击载荷过大。

改善措施：
- 确保挡边的支撑强度与刚度；
- 确保轴向载荷保持在设计的范围内；
- 采用合适的热处理工艺以改善材料的抗冲击韧性；
- 采用正确的安装方法。

4. 保持架连接部位断裂

失效现象描述：铆接处变松，铆接处断裂，见图 13-36；保持架侧边断裂，见图 13-37。

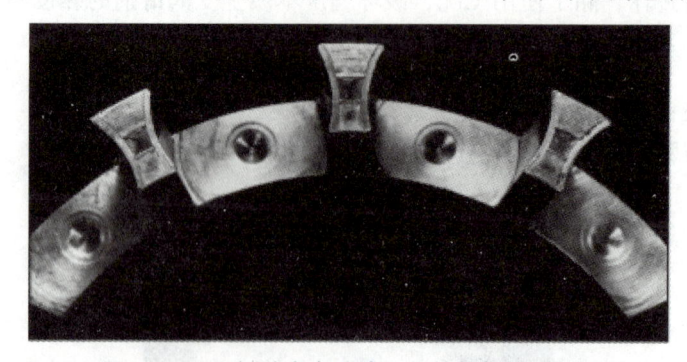

图 13-36　因振动应力造成的保持架铆接处断裂

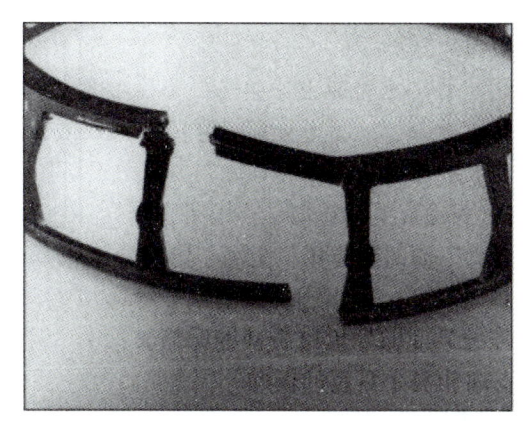

图 13-37　调心滚子轴承保持架侧边断裂

失效原因分析：
- 振动或冲击加大了保持架的应力；
- 深沟球轴承的倾斜。

改善措施：
- 使用实体保持架而非冲压保持架；
- 当应力很大时使用整体式保持架。

13.1.7　滚动体与滚道的异常痕迹

不管轴承是否有失效发生，每个工作过的轴承的套圈和滚动体的接触表面都会出现痕迹。这些痕迹是在运转时把加工中产生的表面结构变粗糙或平滑时产生的。由很小的外界微粒循环运转产生的小凹坑也是特征之一。从这些痕迹里可以得出有关润滑质量、润滑剂清洁度、载荷方向及载荷在轴承内分布的情况等。

如果润滑油膜能够将滚动体和滚道隔开，在载荷作用下旋转的滚动体在滚道上会留下光亮的痕迹。运行一段时间后能够辨认出几乎所有的机加工痕迹，特别是使用放大镜和显微镜观察时。小的外界颗粒造成的个别凹坑是不可避免的。当润滑相当好时，滚道表面也会产生一些痕迹，这些痕迹仅能表明轴承中载荷区的位置。

滚动体在套圈滚道中旋转，形成圆周轨迹，这些圆周轨迹与作用载荷的分布有关。这些轨迹模式反映出的一些未知问题可能是直接或间接地引起轴承早期失效的预兆。正常的滚动体轨迹出现变化可能是由于装配或机器运转引起的偏斜所致，因此，不言而喻应避免装配不良。变形过大和轴向定位的松动都属于机械故障，如果应力分布发生不利变化，轴承的疲劳寿命会降低，产生剥落的概率会增加。通过分析运动轨迹和失效方式之间的关系，可以确定轴承失效原因。

1. 径向过预载时的痕迹

失效现象描述：图 13-38 显示径向过预载时两个套圈上的周向痕迹径向过载，在极端状况下可以引起损坏。

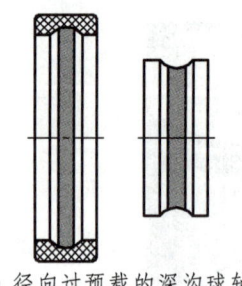

（a）径向过预载的深沟球轴承　　　　（b）深沟球轴承的椭圆变形

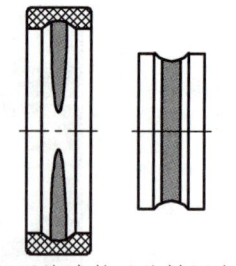

图 13-38　径向过载痕迹

失效原因分析：
- 轴/轴承座过盈量太大；
- 内、外圈的温差太大；
- 轴承游隙太小。

2. 轴向过载时的痕迹

失效现象描述：在固定-浮动轴承配置中的固定端轴承会有这样的痕迹，如图 13-39（b）所示，这种痕迹是在轴向力作用下产生的。

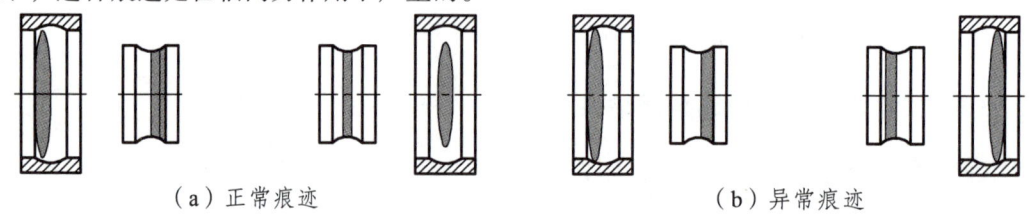

（a）正常痕迹　　　　　　　　　　（b）异常痕迹

图 13-39　轴向过载导致的异常痕迹

失效原因分析：
- 浮动端轴承的浮动功能受损（错误的配合、径向的热膨胀、倾覆、微动腐蚀）；
- 未预料到的大的轴向热膨胀。

改善措施：
- 检查配合和配合件的形位公差；
- 改变安装和运行状况；
- 用带有内部轴向位移功能的轴承。

13.1.8　润滑失效与变色

润滑是确保轴承正常工作的必要条件，一旦润滑出现问题，轴承的工作性能会很快受到影响。润滑出现问题通常称为润滑失效，导致润滑问题或出现失效的原因很多，诸如：润滑剂选择不当、供给不充分、润滑剂老化、润滑剂污染等。

润滑问题是与润滑剂选用不当或润滑系统供油不足有关或者兼而有之。从理论上讲，弹流润滑油膜将滚动体和滚道隔开，因而降低了磨擦并减小了轴承零件的磨损。轴承润滑不良会导致轴承运转状态不断变化，使接触表面恶化，轴承使用寿命降低。

由于润滑系统设计不良或润滑剂供给不足，在重要的润滑区域润滑剂过少将造成轴承温度升高。这又使得润滑剂平均温度升高。随着润滑剂温度升高，黏度下降，摩擦力增大，从而使轴承运转状态进一步恶化。如果这种状态继续下去，轴承工作表面会烧伤变色，发生黏着磨损。当接触表面的瞬时温度较高时，会导致零件表面材料的转移或胶合，严重时滚动体与套圈会烧结在一起，这就是通常所说的轴承抱死。由润滑不足所导致的轴承损伤表现迥异，润滑失效经常导致擦伤、划痕、变色、黏着磨损、疲劳剥离、热裂等二次失效。

对于不同的轴承系统，应当根据经验、载荷、速度、密封系统、运行情况以及预期寿命等因素来正确设计所需润滑剂的用量、类型、等级、供应系统、黏度及添加剂，这一点十分重要。如果未适当考虑这些因素，则轴承性能及其运行性能可能达不到预期的效果。对于使用过的轴承，从箱体里拆卸下来后，经常会在滚道、滚动体和保持架表面观察到迥异的颜色。有时候这是润滑脂颜色的变化。

通常，在润滑剂对钢的成份不产生任何影响的条件下运转时，钢表面比较明亮。涉及轴承钢表面变色最普遍的因素是与热有关的。例如，金属零件间相互摩擦产生的摩擦热可使其表面氧化，从而产生从浅黄色到蓝色的氧化色。当轴承运行温度在 80 °C 以上时，滚道或滚动体可能就会变色，它是由钢和润滑剂或钢与润滑剂中的添加剂起化学反应造成的。这种颜色的变化，通常对轴承的运转寿命没有不良影响。相反的是，这些表面特性通常能显示出添加剂的抗磨损性。当轴承过热时，引起机械强度及疲劳强度下降。而润滑剂的分解也会使颜色和温度的关系发生变化，这是由于润滑剂的分解产生一种黏着油膜，使金属失去光泽。当润滑剂分解时，润滑能力减弱，轴承表面就会发生腐蚀。然而，这些颜色并不能确定导致变色的运转温度。这种润滑油造成的变色决不应当与温度过高造成的回火颜色混淆，后者在失效轴承中会发现。

当轴承呈现出回火颜色时，可以肯定与轴承过热有关。呈现出的褐色和蓝色与温度高低和过热时间长短有关。这种现象与由于润滑失效而使其着色的现象很类似。因此不能仅从变色一项上来判断运转温度是否过高。从变色区域可以判断是由回火还是由油脂造成的变色，后者通常仅出现在滚动体和套圈的承载区，前者通常大面积地覆盖在轴承表面。但是，判断轴承是否存在高温运转的唯一鉴定措施是硬度检测，因为轴承一旦经过高温运转，其表面硬度会降低。

使用铜保持架轴承，发现油脂发绿，原因是润滑脂中水份含量超标，铜保持架受到腐蚀，润滑剂的颜色也发生变化。

13.2 滚动轴承失效分析方法

13.2.1 滚动轴承失效的特点

滚动轴承的失效分析是一个非常复杂的问题，滚动轴承的失效具有如下几个特点：

（1）失效可能是由于轴承本身或者是周边相邻配合部件的因素导致的；例如：轴承座孔不对中或轴的刚度太小发生挠曲变形，滚道产生异常磨痕、磨损、疲劳剥离。

（2）可能是多种因素导致的；比如轴承内圈的轴向贯穿性断裂可能由于配合太紧、配合面有尖锐硬质异物、轴的圆度超差等引起；润滑剂泄漏、润滑失效都会导致摩擦发热、温度升高，甚至滚动体与滚道烧结。

（3）最终看到的失效形式并不一定是原始的失效模式，而是由于原始失效导致的二次失效，或是几种失效模式交织在一起，相互影响，这样就增加了分析原始失效原因的难度。

失效分析涉及机械设计、材料力学、摩擦学、腐蚀学、断裂力学、机械制造、材料热处理等多方面的知识。因而要求失效分析工作者具有深厚的基础知识、丰富的实践经验，同时也要借助相关的检测分析仪器与设备。

13.2.2 滚动轴承失效分析的流程

为了查明轴承失效的原因和避免今后类似失效的发生，为取得最可靠的结果，对失效轴承的拆卸、保存可以采取以下流程：

● 信息收集，检查记录工况数据，提取润滑剂试样，检查轴承环境以取得外界的影响和其他破坏因素；

● 评估安装状态下的轴承；

● 拆卸轴承，标记安装位置，给轴承和部件做标记，检查轴承的配合面；

● 评估整套轴承并初步分析失效原因。

如果选择的流程不合适，会导致分析轴承失效原因所需要的重要信息或证据丢失。对失效轴承的保存不当，也会掩盖失效模式或者至少会使轴承真正的失效原因难以被发现。

1. 失效轴承工况数据及周边环境信息的收集

当滚动轴承失效时，不仅要检查轴承本身，而且使用环境和应用工况也要进行检查（如果可能的话，要查看装配图）。

— 应用背景：设备、轴承位置、实际工作寿命、有多少类似的设备及这些设备里有多少轴承失效；

— 轴承结构：浮动轴承布置或可调整布置，定位轴承或浮动轴承（弹性预载、刚性预载；带隔环、通过安装垫片）；

— 转速：恒定的，变化的？哪个套圈转动？

— 载荷：记录载荷的性质、大小、方向等；

— 配合件：轴配合面，轴承座配合面情况，轴承紧固件是否松动？轴承邻近的部件是否受到了损坏？

— 环境状况：外界是否存在高温或特殊介质（比如：氧气、真空、辐射），潮气腐蚀性介质，电场或磁场；

— 润滑：润滑剂，润滑剂量，润滑剂供给，再润滑周期，最后一次再润滑的日期最后一次换油日期；

— 密封接触式，非接触式；

— 损坏轴承的背景，如果有轴承监测设备的话，来自轴承监测设备的监控记录和图表。

润滑剂取样及检查润滑剂可以揭示滚动轴承的各种失效原因。但必须有合适的检测样品（对不带密封的轴承），记录轴承环境里的润滑脂分布状态和颜色；从轴承内部和轴承周围的不同位置抽取样品并做相应标识。对于油润滑，从靠近轴承的油路里或是从供油器的中部抽取油样；在设备运转时或设备刚停后抽取油样，以获得杂质的典型分布，但要注意不要从底部或刚过滤后的润滑油里抽取油样。除了润滑油样品外，过滤器中的残余物也要保存下来做检测。

2. 检查安装状态下的轴承

- 轴承部件否有断裂或碎裂的区域？
- 密封是否被破坏？是否有变形？
- 观察轴和座是否变形或有其他损伤？

3. 拆卸损坏的轴承

当拆卸损坏的轴承时，须注意不要破坏失效模式。如果做不到这一点，则需把拆卸而导致的轴承损坏做标记并记录下来。拆卸时要注意如下几点：

- 不要通过滚动体传递拆卸力；
- 大的拆卸力可能表明浮动轴承的功能受到了破坏；
- 不要打开带密封的轴承；
- 加热温度不要过高，以免破坏对温度敏感的部件（润滑剂、密封、保持架）；
- 对轴承的承载区域要做标记；
- 对配对使用的轴承的安装位置、安装顺序和方向均要标记，以免混淆；
- 对配合面检查，测量轴和轴承座尺寸（配合过紧，配合太松）；
- 观察配合面是否有微动腐蚀的痕迹（腐蚀程度表明支撑不均匀的程度，有腐蚀表明配合太松）。

4. 目测评估失效轴承

需评估的轴承在提交时应是未清洗过的，也就是仍带有润滑剂。要目测检查下面几点：

- 总体状况（轴承的清洁度和配合面状况，例如：安装痕迹、微动腐蚀、套圈是否断裂、有擦痕、变色）；
- 密封圈和防尘盖状况，拍照或描述任何润滑脂泄漏的位置和程度；
- 保持架状况；
- 初步分析判断失效原因。

当轴承出现失效时，按照上述流程进行操作，实际上也是对失效轴承的宏观检查，基本上了解轴承失效的概况和特征，估计造成失效的原因。对于失效的轴承，若采用上述流程方法仍然不能确定其失效原因，为了准确地判断失效原因，需要返回厂家进行进一步的实验室分析与检测，那么发运的轴承要做如下准备：

- 既不要拆解轴承，也不要清洗轴承。
- 避免拆卸后的污染。如果可能的话，用塑料袋单独密封包装，因为纸和布会把润滑脂中的油吸取掉。
- 要用足够强和厚的包装，避免运输途中的破坏。

13.2.3 轴承失效的实验室分析方法

通过目测评估整套失效轴承不能确定其失效原因时，需要将失效轴承、润滑剂及其有关的部件送到实验室进行分析检测。

1. 润滑剂分析和检测

在实验室对失效轴承中采集的润滑剂进行分析，经常能为失效原因提供决定性的信息。

主要的检测内容有：
- 润滑剂中污染物的数量和类型，如固体颗粒或液体污染物；
- 黏度变化；
- 添加剂含量（减少/降低）；
- 润滑脂里的油-皂关系；
- 确定润滑剂的类型和主要性能参数，确定润滑剂选择是否合适。

2. 材料检测

一个完好轴承的所有部件的材料状况很重要。事实上，轴承损坏很少由于材料或生产缺陷造成，如果对材料的纯净度、结构组织或热处理等有疑问，可以对材料进行检测，材料检测可以提供很重要的信息。这部分的主要检测有：
- 检查硬度，很少检查拉伸强度或切口冲击弯曲强度；
- 金相结构分析；
- 通过对接触面的酸洗可见烧伤区域；
- 通过超声波或涡流检测裂纹；
- 射线检测残余奥氏体；
- 检测材料洁净度；
- 材料成分分析。

3. X射线微观结构分析

利用X射线穿透金属晶格时发生衍射的原理，测量金属材料或构件的表面层由于晶格间距变化所产生的应变，从而算出应力。用它可以很近似地判定轴承工作的实际载荷。这对不能通过计算获得轴承实际载荷状况的轴承失效特别重要。

通过电化学的表面放电方法来对轴承套圈滚道下不同深度分层测量。从整个变形深度和应力最大的地方，一方面可以推断出最大外部载荷，另一方面可以推断出滚道上可能滑动应力的分布。这对研究失效原因很重要，特别是当测量出来的值与计算出来的期望值偏差很大时。

4. 扫描电子显微镜检查

前面已经讨论了影响轴承寿命的各种失效机理的宏观特征。然而表面宏观特性并不能准确说明失效的根源和机理。因此，有必要识别初始区的失效方式，尤其有必要识别失效发生区的失效方式。由于常规光学显微镜在较高的放大倍数下的聚焦能力有限，因此，通常不能采用常规的光学显微镜进行分析。扫描电子显微镜具有很广的焦距，可以用来研究不规则表面。尽管损坏发生在别的区域，但识别扩展裂纹模式常常可为分析失效原因提供数据。这些数据也有助于深入了解作用载荷的大小及类型。因此对磨损、电流通过、断裂区域、外界微粒凹坑和材料夹杂物等造成的滚道破坏，电子扫描显微镜是进行滚道外观检查的一种重要手段。

第14章 滚动轴承的故障诊断

14.1 滚动轴承故障诊断概述

滚动轴承是各种旋转机械中应用最广泛的一种通用机械部件,也是旋转机械中的易损零件。

滚动轴承的材料缺陷、加工或装配不当、润滑不良、水分或异物侵入、腐蚀以及过载等原因都可能导致轴承早期损坏。即使在安装、润滑和使用维护都正常的情况下,经过一段时间的运转,滚动轴承也会出现疲劳剥落和磨损等现象,这些现象会影响机器的正常工作。

轴承的故障会导致机器剧烈振动和产生噪声,甚至会导致设备的损坏。它的运行状态是否正常,往往直接影响到整台机器的性能(包括精度、可靠性及寿命等)。

与其他机械零部件相比,滚动轴承有一个明显的特点,就是其寿命离散性很大,即用同样的材料,同样的加工工艺,同样的生产设备,同样的工人加工出同一批轴承,其寿命相差也很大。由于轴承的这个特点,在实际使用中就会出现这样一种情况,即有的轴承已大大超过设计寿命而依然完好地工作,而有的轴承远未达到设计寿命就出现各种故障。所以,如果按照设计寿命对轴承进行定时维修,势必出现以下情形:

一方面,对超过设计寿命而完好工作的轴承拆下来作为报废处理,造成浪费;另一方面,未达到设计寿命而出现故障的轴承或者坚持到定时维修时拆下来报废,使得机械在轴承出现故障后和拆下前这段时间内工作精度下降,或者未到维修时间就出现严重故障,导致整个机械出现严重事故。由此看来,对于重要用途的轴承来说,定时维修是很不科学的,对滚动轴承要进行运行工况监视与故障诊断,改传统的定时维修为视情维修或预知维修,这不但可以防止机械工作精度下降,减少或杜绝事故发生,而且可以最大限度地发挥轴承的工作潜力,节约开支,对实际的生产具有重要意义。

随着科学技术的不断发展,工业化程度的不断提高,机械设备的精密程度、复杂程度和自动化程度等越来越高,早期那种依靠人体感官和简单工具进行机械设备监测与诊断的方法已经远远不适用了。融合现代传感技术、信号分析与处理技术及微机技术为一体的机械设备诊断技术应运而生。作为一门技术,机械设备故障诊断有一个比较完整的体系。滚动轴承作为机械设备的一个组成部分,其故障诊断也是如此,为了能卓有成效地进行滚动轴承的故障诊断,有必要对其诊断的过程及其各个环节有一个比较系统的了解。

滚动轴承故障诊断的目的是保证轴承在一定的工作(承受一定的载荷,以一定的转速运转等)条件下和一定的工作期间(一定的寿命)内可靠有效地进行,以保证整个机械的工作精度。同此目的相适应,轴承故障诊断就是要通过对能够反映轴承工作状态的信号的观测、分析与处理来识别轴承的状态。所以,从一定程度上可以说,轴承故障诊断就是轴承状态识别。具体说来,完整的轴承故障诊断过程应包含以下五个套圈节。

- 信号测取:根据轴承的工作套圈境和性质,选择并测取能够反映轴承工作情况或状态的信号；
- 特征（征兆）提取：从测取的信号中以数字信号的分析与处理方法抽取出能够反映轴承状态的有用信息（征兆）；
- 监视：状态识别）：根据征兆，以一定的状态识别方法识别轴承的状态，即简单判断轴承工作是否正常或者说有无故障；
- 诊断（状态分析）：根据征兆进一步分析有关状态的情况及其发展趋势，当轴承有故障时，详细分析故障的类型、性质、部位、产生原因与趋势等；
- 决策干预：根据轴承状态及其发展趋势，做出决策，如调整、控制、维修或继续监视等。

滚动轴承的故障诊断技术主要有：振动诊断技术、铁谱诊断技术、声学诊断技术、温度诊断技术、油膜电阻诊断技术和光纤监测技术等。目前最常用的是振动诊断技术和温度诊断技术。

14.2 滚动轴承的振动

14.2.1 滚动轴承振动产生的机理

滚动轴承振动按振动方向可以分为三种：

径向振动：在轴承套圈径向平面内的振动；

轴向振动：在轴承轴线方向的振动；

角向振动：套圈径向平面相对于直径的摆动。

引起轴承振动的激励是多方面的，可以是外部的振源引起，也可以是轴承本身的结构特点及缺陷引起。就轴承本身而言，产生激励的原因有：滚动轴承本身的结构特点、轴承各元件制造误差（尺寸和形位误差，如表面波纹、不圆、滚动体大小不一致等）、装配误差（如不对中、不平衡等）。滚动轴承是轴系上的易损件，由于轴系其他零部件、支承部件或是因轴承内部的原因，均会导致轴承出现故障（如疲劳点蚀、剥落、裂纹、磨损、润滑不良等）。轴承的故障会导致机器剧烈振动和噪声，影响设备运行性能，甚至引起设备损坏。

当传动轴以一定的速度并在一定载荷下运转时，上述因素对轴承和轴承座或外壳组成的系统产生激励，使该系统振动，其振动产生的机理可用图14-1表示。

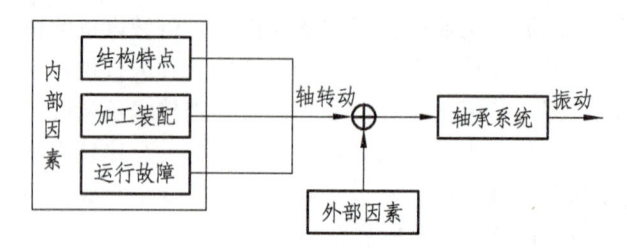

图14-1 滚动轴承振动产生机理

1. 结构特点引起的振动

如图14-2所示，轴承在工作时，即使加工与装配均满足设计要求，由于滚动体在不同位置的受力及自转速度不同，同时参与承受载荷的滚动体个数也在变化，因而承载刚度有变化，引起轴心起伏波动。它由滚动体公转而产生，这种振动有时称为滚动体的传输振动。要减少这种振动的振幅可以采用游隙小的轴承或加预紧力消除游隙。

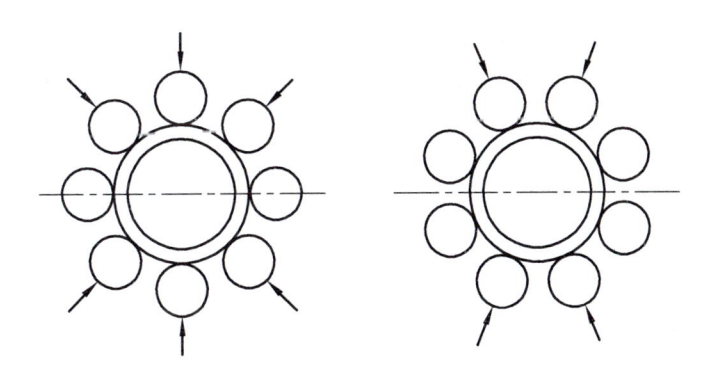

图 14-2 滚动轴承承载刚度和滚子位置的关系

2. 轴承制造装配原因引起的振动

（1）加工面波纹度引起的振动。

轴承套圈滚道的表面波纹度、粗糙度以及装配误差等原因产生的激励会导致轴承的振动，见图 14-3，这些单一因素引起的振动具有一定的规律和周期性，但是这些因素综合到一起就十分复杂，各个因素之间没有特定的关系，这些激励因素随机性较强，含有多种成分，这些因素综合到一起导致的轴承振动自然就包含有多种成分，并且具有较强的随机性。

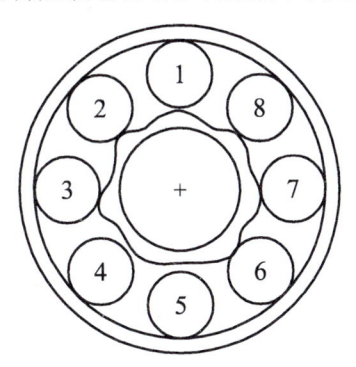

图 14-3 内圈波纹度

（2）轴承偏心引起的振动。

当轴承游隙过大、严重磨损导致滚道偏心时都会引起轴承振动，当轴旋转时，轴心便会绕外圈中心摆动，如图 14-4 所示。

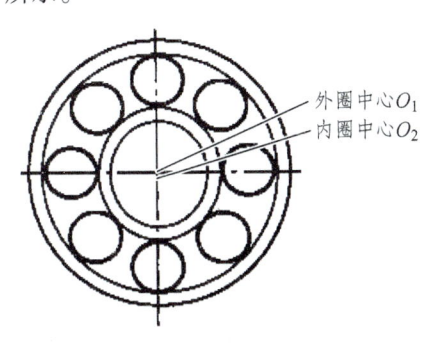

图 14-4 轴承偏心引起的振动

（3）滚动体大小不均匀引起轴心摆动。

滚动体大小不均匀会导致轴心摆动，还有支承刚性的变化，如图 14-5 所示。

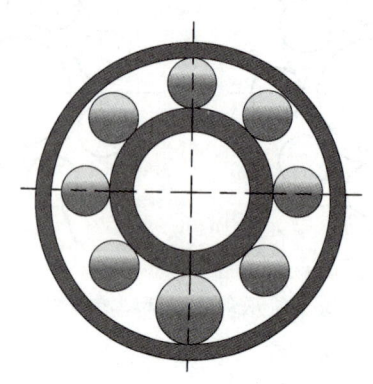

图 14-5　轴承滚动体大小不均

（4）轴弯曲引起轴承偏斜。

轴弯曲会引起轴上所装轴承的偏移，造成轴承振动。

轴承故障引起的振动将在下面介绍。

14.2.2　滚动轴承的振动频率

1. 滚动轴承的固有频率

滚动轴承在运行过程中，由于滚动体与内圈或外圈冲击而产生振动，这时的振动频率为滚动轴承各部分的固有频率。固有振动中，内、外圈的振动表现最明显，滚动轴承元件的固有振动频率如下：

（1）轴承圈在自由状态下的径向弯曲振动的固有频率为

$$f_n = \frac{n(n^2-1)}{2\pi\sqrt{n^2+1}} \frac{4}{D^2} \sqrt{\frac{EIg}{\lambda A}} \tag{14-1}$$

式中　E——弹性模量，钢材为 210 GPa；

　　　I——套圈横截面的惯性矩，mm^4；

　　　λ——密度，钢材为 786×10^{-6} kg/mm^3；

　　　A——套圈横截面面积，$A = bh$，mm^2；

　　　D——套圈横截面中性轴直径，mm；

　　　g——重力加速度，$g = 9\,800$ mm/s^2；

　　　n——振动阶数（变形波数），$n = 2, 3, \cdots$。

一般测量轴承振动时是把传感器布置在轴承座上测外圈的振动，所以外圈的固有振动频率比较重要，按公式（14-1）计算得到的固有频率只是理论值，它实际上是按照弹性力学中薄壁圆套圈在自由状态下的固有振动计算方法推导的。因为实际的滚动轴承外圈并非薄壁圆套圈，并且其外表面与轴承座相连，内表面与滚动体接触，并非自由状态。所以计算值与实测值有出入，此公式只能作为固有频率的一个估计公式。一般情况下，滚动轴承的固有振动频率可达数千赫，是非常高的振动频率。

(2) 钢球振动的固有频率为

$$f_{bn} = \frac{0.424}{r}\sqrt{\frac{E}{2\rho}} \tag{14-2}$$

式中　r ——钢球半径。

2. 滚动轴承的故障特征频率

为分析滚动轴承各部分的运动参数，先做如下假设：
(1) 滚道与滚动体之间无相对滑动；
(2) 承受径向、轴向载荷时各部分无变形；
(3) 滚动轴承外圈固定。

若内圈（即轴）的旋转频率为 f_s，根据滚动轴承的运动分析可以得出保持架的旋转频率（即滚动体的公转频率）为

$$f_c = \frac{(V_1 + V_0)}{2\pi D} = \frac{1}{2\left(1 - \frac{d}{D\cos\alpha}\right)} f_s \tag{14-3}$$

滚动体自转频率（滚动体通过内滚道或外滚道的频率）f_b 为

$$f_b = \frac{1}{2} \times \frac{D}{d} f_s \left[1 - \left(\frac{d}{D}\right)^2 \cos^2\alpha\right] \tag{14-4}$$

同时考虑到滚动轴承有 Z 个滚动体，则：

① Z 个滚动体与外圈滚道上某一固定点的接触频率 f_0 为

$$f_0 = Zf_c = \frac{1}{2}Z\left(1 - \frac{d}{D}\cos\alpha\right)f_s \tag{14-5}$$

② Z 个滚动体与内圈滚道上某一固定点的接触频率 f_i 为

$$f_i = Z(f_s - f_c) = \frac{1}{2}Z\left(1 + \frac{d}{D}\cos\alpha\right)f_s \tag{14-6}$$

③ 滚动体上某一固定点与保持架的接触频率 f_b 为

$$f_b = \frac{1}{2} \times \frac{D}{d} f_s \left[1 - \left(\frac{d}{D}\right)^2 \cos^2\alpha\right] \tag{14-7}$$

式中，f_0、f_i、f_b 分别为外圈、内圈和滚动体的通过频率，当"某一固定点"是局部损伤点（如点蚀、剥落等）时，f_0、f_i、f_b 分别称为局部损伤点撞击滚动轴承元件的频率，因此 f_0、f_i、f_b 又分别称为外圈、内圈和滚动体的故障特征频率。故障轴承与完好轴承的频谱图对比如图 14-6 所示。

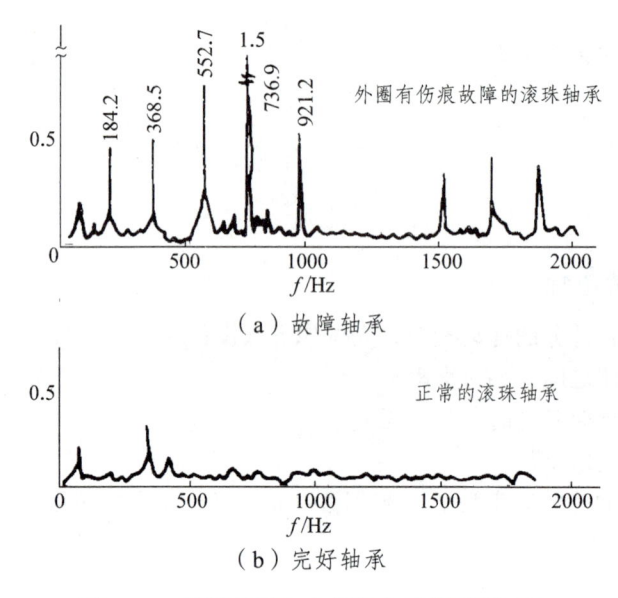

图 14-6 故障轴承与完好轴承的频谱图对比

14.2.3 故障轴承的振动特征

滚动轴承故障的种类是多种多样的，滚动轴承在运行过程中出现的故障按其振动信号的特征不同可以分为两大类：一类为均匀磨损类故障；另一类为表面局部损伤故障，包括点蚀和剥落等。

1. 均匀磨损类故障

一般来说，在正常使用情况下，滚动表面产生磨损损伤经历的时间较长，属于渐变性故障。由于滚动表面的损伤形状是无规则的，所以激振力产生的振动，将是由多种频率成份组成的随机振动，振动信号的特征是随机性很强，无明显的周期信号存在，振幅的概率密度大体均为正态分布，频谱亦无明显差别，与正常轴承产生的振动具有相同的性质，唯一差别就是振动幅值高于正常轴承，见图 14-7。对于磨损导致的故障很难找到一种很好的信号处理方法，可通过分析轴承的振动水平来诊断这类故障。通常的做法是测量轴承振动的峰值，若峰值高于正常轴承，就认为轴承产生磨损。由于磨损不会马上引起轴承破坏，其危害程度远小于表面损伤类故障。随着磨损的进行，振动加速度峰值和 RMS 值缓慢上升，振动信号呈现较强的随机性，峰值与 RMS 值的比值从 5 左右逐渐增加到 5.5～6。如果不发生疲劳剥落，最后振动幅值可比最初增大很多倍。轴承磨损振动加速度变化过程见图 14-8。

2. 表面局部损伤类故障

振动信号是轴承故障的一种响应，理论上可通过对轴承振动信号的分析与处理诊断出轴承所有类型的故障。疲劳点蚀或剥落等轴承元件表面损伤所引起的激励是冲击性质的，由于激励不同（即故障形式不同），轴承系统产生的振动响应也不同。当滚动轴承运行过程中出现表面局部损伤类故障时，由于各元件上的损伤点在运行中反复撞击与之相接触的其他元件表面而受到周期性的冲击作用，产生低频脉动，称之为滚动轴承的"通过振动"，这种因周期冲击而产生的频率即"通过频率"。通过频率是由设备转速、轴承尺寸和损伤点位置等诸多参数决定的。

正常轴承的振动波形

轴承产生磨损后的振动波形

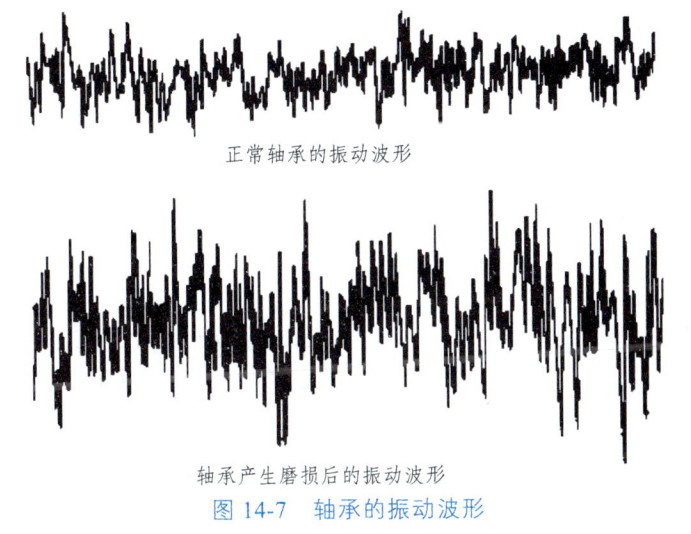

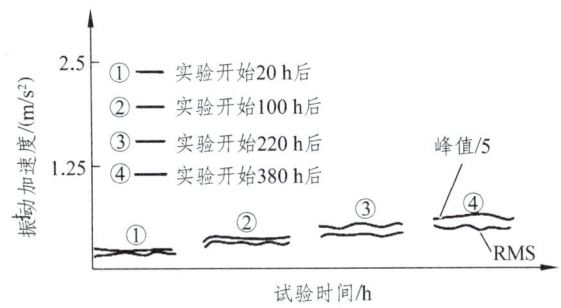

图 14-7　轴承的振动波形

图 14-8　轴承磨损时振动加速度

滚动轴承的振动有两个突出的特点，一是冲击是周期性出现的，由于这种冲击的周期较大，且单个冲击成分具有平稳的瞬态特性，导致冲击成分的能量在信号总能量中占有的比例少，与同频带的背景噪声和干扰的能量相比，信噪比大约只有几十分贝或者更低；二是每个冲击脉冲力激发的频率分布宽广，这部分能量必然会落在轴承元件、传感器等系统的固有振动频率之内而引起整个系统按其固有频率进行高频自由衰减振动，直至能量耗尽。因而在观测到的振动信号的频谱图上，难以找到这些通过频率成分。

从轴承滚动表面状况产生振动的机理可以看出，轴承滚动表面损伤的形态和轴的旋转速度，决定了激振力的频率；轴承和外壳，决定了激振系统的传递特性。因此，振动系统的最终振动频率，由上述二者共同决定。也就是说，轴承异常所引起的振动频率，由轴的旋转速度、损伤部分的形态及轴承与外壳振动系统的传递特性所决定。

一般情况下，轴的旋转速度越高，损伤越严重，其振动的频率就越高；轴承的尺寸越小，其固有振动频率越高。因此，轴承由于异常状况所产生的振动，对所有的轴承都没有一个共同的特定频率；即使对一个特定的轴承，当产生异常时，也不会只发生单一频率的振动。

14.2.4　振动图谱

1. 轴承滚动体故障产生的振动图谱

- 滚动体产生损伤时，缺陷部位通过内圈或外圈滚道表面时会产生冲击振动；
- 滚动轴承无径向间隙时，会产生频率为 $n \times f_b$（$n = 1, 2, \cdots$）的冲击振动；

● 有径向间隙时，根据损伤部位与内圈或外圈发生冲击接触的位置不同，会发生以保持架旋转频率 f_c 进行振幅调制的情况，这时的振动频率为 nf_b（$n=1,2,\cdots$）$\pm f_c$，如图14-9所示。

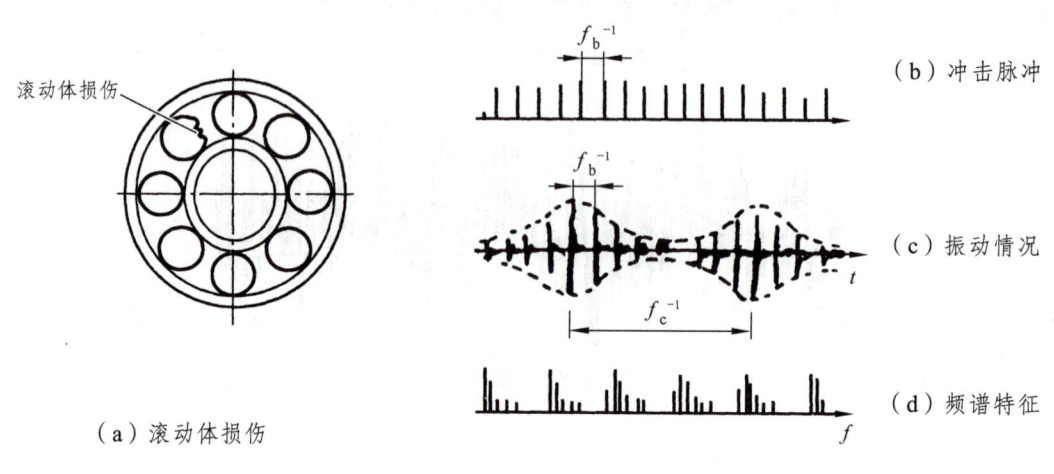

（a）滚动体损伤
（b）冲击脉冲
（c）振动情况
（d）频谱特征

图14-9 轴承滚动体故障产生的振动图谱

2. 轴承内圈故障产生的振动图谱

● 内滚道产生损伤时，如剥落、裂纹、点蚀等，若滚动轴无径向间隙，会产生频率为 $n \times f_i$（$n=1,2,\cdots$）的冲击振动。

● 通常滚动轴承都有径向间隙，且为单边载荷，根据损伤部分与滚动体发生冲击接触的位置不同，振动的振幅会发生周期性的变化，即发生振幅调制。若以轴旋转频率 f_s 进行振幅调制，这时的振动频率为 $nf_i \pm f_s$（$n=1,2,\cdots$）；若以滚动体的公转频率（即保持架旋转频率）f_c 进行振幅调制，这时的振动频率为 $nf_i \pm f_c$（$n=1,2,\cdots$），如图14-10所示。

3. 轴承外圈故障产生的振动图谱

● 外滚道产生损伤时，如剥落、裂纹、点蚀等，若滚动轴无径向间隙，会产生频率为 $n \times f_o$（$n=1,2,\cdots$）的冲击振动。

● 由于损伤的位置与载荷方向的相对位置关系是一定的，所以不存在振幅调制的情况。如图14-11所示。

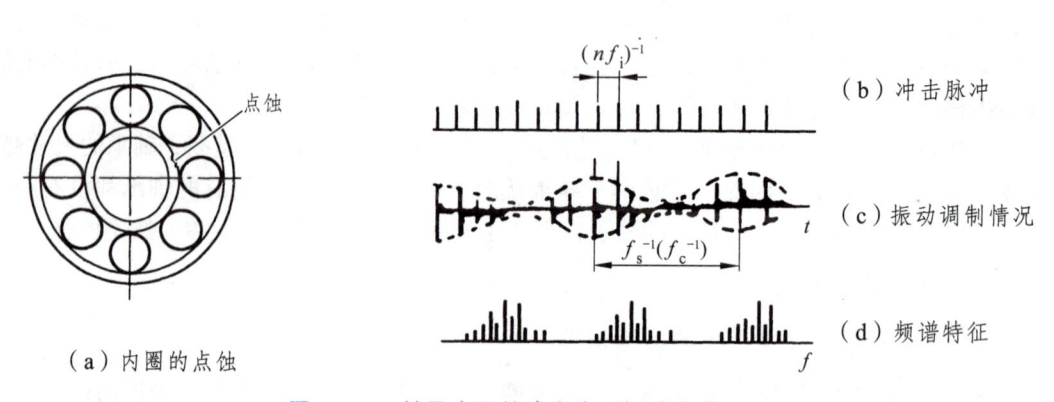

（a）内圈的点蚀
（b）冲击脉冲
（c）振动调制情况
（d）频谱特征

图14-10 轴承内圈故障产生的振动图谱

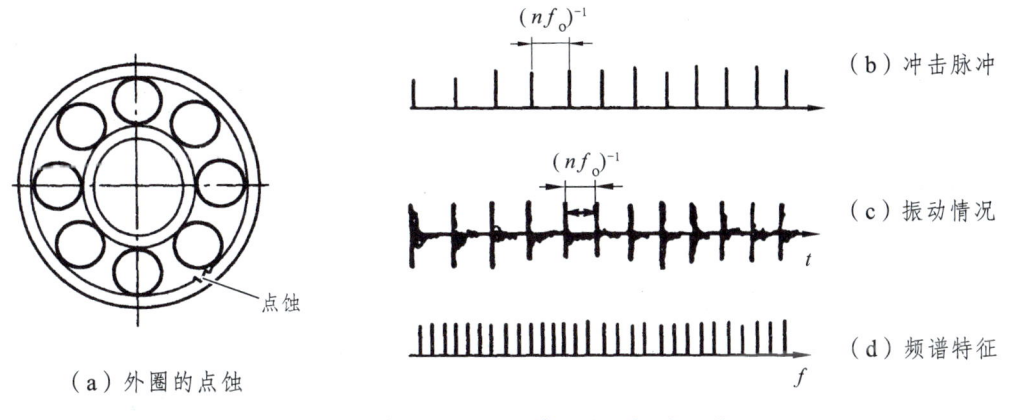

图 14-11　轴承外圈故障产生的振动图谱

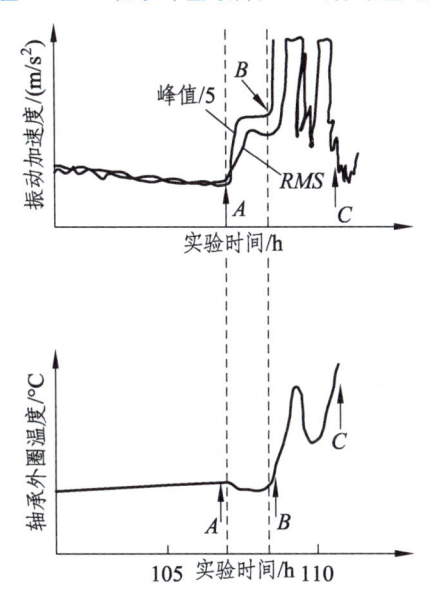

图 14-12　胶合时的振动图谱

4. 轴承即将发生胶合时的振动图谱

- 在 A 点以前，振动加速度略微下降，温度缓慢上升；
- A 点之后振动值急剧上升，而温度却还有些下降，这一段轴承表面状态已恶化；
- 在 B 点之前，轴承中已有明显的金属与金属的直接接触和短暂的滑动；
- B 点之后有更频繁的金属之间直接接触及滑动，润滑剂恶化甚至发生炭化，直至发生胶合。轴承胶合时的振动如图 14-12 所示。

14.3　基于振动信号的滚动轴承故障诊断技术

振动分析是对滚动轴承进行状态监测和故障诊断的常用方法。由于振动法具有适用范围广，适用于各种类型的轴承，可以有效地诊断出早期微小故障，而且信号测试与处理简单、直观，诊断结果可靠等优点，所以在实际中得到了极为广泛的应用。

滚动轴承运行过程中的振动具有如下特性：

- 广泛性：设备在运行中或多或少总会产生振动。
- 可能性：设备发生故障时，振动将发生改变（通常振幅会增大）。
- 可识别性：不同类型、性质、原因和部位产生的故障所激发的振动将具有不同的特征。这些特征可表示为频率成分、幅值大小、波形形状，能量分布状况等。
- 复杂性：振动信号性质、特征不仅与故障有关，还与设备的特性（如固有频率）、检测位置、传递路径等有关。

14.3.1 滚动轴承振动信号的采集

一个完整的滚动轴承故障诊断系统应该包括数据采集和故障诊断两部分。其中数据采集部分用于采集和存储滚动轴承的振动信号，通过安装在轴承座或箱体适当地方的传感器测取轴承振动信号。它按测量原理分为相对式与绝对式两种，按测量方法可分为接触式和非接触式两类。振动信号的采集主要是指振动的位移、速度、加速度、频率、相位等参数的测量。

而故障诊断部分可以利用数据采集器在设备现场采集滚动轴承振动信号并储存，传送到计算机，利用振动分析软件进行深入分析，从而得到滚动轴承各种振动参数的准确数值，进而判断这些滚动轴承是否存在故障。

滚动轴承振动信号的检测分析流程如图 14-13 所示。

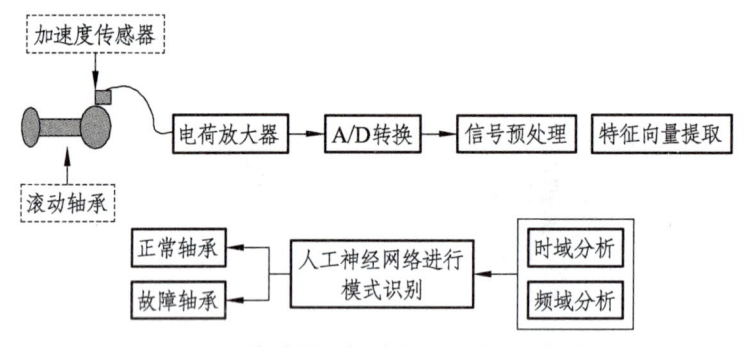

图 14-13 滚动轴承振动信号的检测分析流程

传感器的选取应该遵循以下几条基本原则：

（1）测量精度、范围符合要求；（2）性能稳定，可靠和重复性好；（3）线性度好，测量线路简单，灵敏度高；（4）选用规范化的标准电源；（5）其测量过程不干涉被测量状态。

1. 测定部位的选择

测定部位选择的基本思路是选择在离轴承最近、最能反映轴承振动的位置上。一般讲，若轴承是外露的，测点位置可直接选在轴承座上；若轴承座是非外露的，测点应选择在轴承座刚性较好的部分或基础上。同时，应在测点处做好标记，以保证不会由于测点部位的不同而导致测量值的差异。

选择的原则：
- 能全面描述设备的振动状态；
- 是设备振动的敏感点；
- 是离设备核心部位近的关键点；
- 是容易产生劣化的易损点。

监测点一经确定，就应该做标记，以保证在同一点测量。

测量旋转机械振动时要注意：

- 对非高速旋转体，一般测轴承振动；
- 对高速旋转休，测轴的振动位移，因为高速时轴承振动的测定灵敏度下降；
- 测量轴的振动时，一般测轴与轴承座的相对振动；
- 测轴承振动时，测量点应尽量靠近轴承的承载区；
- 对于低频振动，应在水平和垂直两个方向同时测量，必要时还要在轴向测量；
- 对于高频振动，一般只测一个方向，因为高频振动对方向不敏感。

2. 测定参数的确定

测量振动的方法较多，有电测法、机械法和光学法等，其中最常用的是电测法。可测量的振动参量可以是位移、速度和加速度。可以根据所关心的振动频率构成来进行选择。

- 当振动频率在 0 ~ 100 Hz 时，常使用位移传感器；
- 当振动频率在 100 ~ 1 000 Hz 时，推荐使用速度传感器，也可以使用加速度传感器；
- 如果测量的振动频率高于 1 000 Hz，一般采用加速度传感器。

根据滚动轴承的固有特性、制造条件、使用情况的不同，它所引起的振动可能是频率为 1 kHz 以下的低频振动，也可能是频率为 1 kHz 以上数千赫乃至数十千赫的高频振动，更多的情况是同时包含了上述两种振动成分。因此，通常检测的振动速度和加速度分别覆盖了上述两个频带，必要时可用滤波器取出需要的频率成分。如果是较宽的频带上检测振动级，则对于要求低频振动小的轴承，检测振动速度，而对于要求高频振动小的轴承，检测振动加速度。

3. 测定周期的确定

滚动轴承的振动检测可分为定期监测和连续在线监测两种：对于定期检测，为了早期发现轴承故障，以免故障迅速发展到严重的程度，检测的周期应尽可能短一些。但如果检测周期定得过短，则在经济上可能是不合理的。因此，应综合考虑技术上的需要和经济上的合理性来确定合理的检测周期。

连续在线监测主要适用于重要场合或由于工况恶劣不易靠近滚动轴承的场合，以及滚动轴承加速劣化的阶段，相应的监测仪器较复杂，成本也要高些。

4. 测量数据的记录

不论是进行大规模的或小范围的振动信号采集，为了避免原始信息的混乱，进行测量时必须记录相关信息：

- 设备编号、名称；
- 设备的基本参数（如转速、输出功率）；
- 测量参数、初始值（或标准值）、评价标准；
- 测量点和测量方向；
- 测量周期；
- 测量结果；
- 测量条件；
- 轴承保养维修记录。

5. 测量标准的确定

在轴承振动诊断中，常用的标准有三类：

1）绝对标准

绝对标准是在规定了正确的测量方法后而制订的标准。它包括国际标准、国家标准、部颁标准、行业标准和企业标准等。使用绝对标准，必须用相同仪表、在同一部位、按相同条件进行测量。选用绝对标准，必须注意掌握标准适用的频率范围和测量方法等。

2）相对标准

相对标准是对同一部位定期进行测量，并按时间先后进行比较，以正常情况下的值为基准值，根据实测值与基准值的倍数比来进行判断的方法。对于低频振动，通常规定实测值达到基准值的 1.5～2.0 倍时为注意区，约 4 倍时为异常区；对于高频振动，当实测值达到基准值的 3 倍时为注意区，6 倍左右时为异常区域。应用相对判断标准，其测量值必须在相同条件下、用相同的仪器、在同一位置进行定期测量而获得。

3）类比标准

类比判断标准是指将同型号的轴承，在同一时期内相同条件下的测定值进行比较，以判断异常发生的程度。

使用上述三种判断标准时，一般优先选用绝对标准，但有时为了提高判断的准确度，也可将三类标准相互结合，综合利用。

6. 分析谱带的选择

滚动轴承的故障特征在不同的频带上都有体现，因此，可以利用不同的频带采用不同的信号处理方法对轴承的故障进行诊断，图 14-14 是滚动轴承的振动频谱结构组成。

（1）低频段：低频率段指 1 kHz 以下的频率范围，滚动轴承中与结构和运动关系相联系的故障信号在这个频率段。因为轴的故障信号、齿轮的故障信号也在这个频段，因而这也是绝大部分在线故障监测与诊断系统所监测的频段。监测低频段的信号，通常采用加速度传感器，由于同时也要拾取其他零件的故障信号，因此采用通用的信号处理仪器。

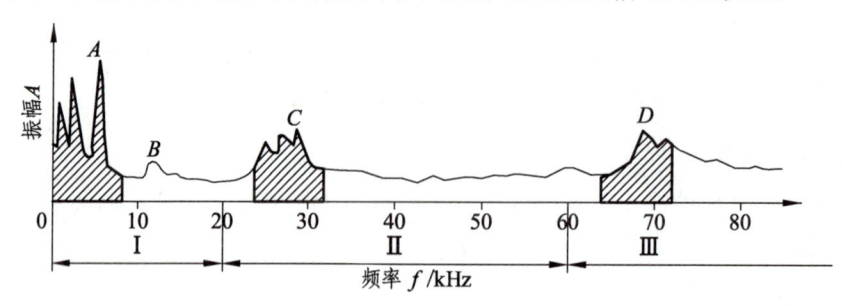

图 14-14 滚动轴承的振动频谱结构

一般可以采用低通滤波器（例如截止频率 $f_b \leq 1$ kHz）滤去高频成分后再作频谱分析，此法可直接观察频谱图上相应的特征谱线，做出判断。这个频率范围容易受到机械及电源干扰，并且在故障初期反映故障的频率成分在低频段的能量很小。因此，信噪比低，故障检测灵敏度差。

（2）高频段：位于Ⅱ区，这个频段的信号是轴承故障所激发的轴承自振频率的振动。使用带通滤波器提取轴承零件或结构零件的共振频率成分,以消除机械干扰;用信号的峰值、RMS 值或峭度指标作为监测参数。

(3)超高频段:位于Ⅲ区,它们是轴承内微裂纹扩张所产生的声发射超声波信号。监测超高频段的信号,则采用超声波传感器,将声发射信号检出并放大。轴承故障引起的冲击有很大部分冲击能量分布在高频段,如果采用合适的加速度传感器和固定方式保证传感器较高的谐振频率,利用传感器的谐振或电路的谐振增强所得到衰减振动信号,对故障诊断非常有效。

14.3.2 振动信号的分析方法

滚动轴承振动信号的分析处理方法主要分为时域特征参数分析法(又称简易振动诊断法)和频域特征参数分析法(又称精确分析法)。

1. 时域特征参数分析

振动检测方法中的时域诊断方法是发展最早的一种检测方法。如果单从时域波形上直接观察分析,往往很难看出轴承状态是否正常,有无故障及故障的性质部位等。为此,在时域诊断中,普遍采用振动信号的基本数字特征及其频率分布特征来进行分析和诊断。时域特征参数分析包括有效值、峰值、峰值因子、峭度指标等方法。

1)振幅值诊断法

振幅值指峰值、均值(对于简谐振动,为半个周期内的平均值,对于轴承冲击振动,为经绝对值处理后的平均值)以及均方根值(有效值)。

峰值反映的是某时刻振幅的最大值,冲击力越大,峰值越高,因而它适用于表面点蚀、剥落损伤之类的具有瞬时冲击的故障诊断。另外,对于转速较低的情况(如 300 r/min 以下),也常采用峰值进行诊断。均值用于诊断的效果与峰值基本一样,其优点是检测值较峰值稳定,但一般用于转速较高的情况(如 300 r/min 以上)。均方根值是对时间平均,因而它适用于磨损之类的振幅值随时间缓慢变化的故障诊断,磨损程度越严重,其振动信号的有效值越高。

峰值是信号最大的瞬时幅值,反映信号的强度。它对瞬时现象也可以得出正确的指示值,适用于表面点蚀之类的具有瞬时冲击的缺陷诊断,峰值对突发外界干扰或灰尘等原因引起的瞬时振动比较敏感,因此测量值的变化可能比较大。

图 14-15 为对采集到的不同运行状态的轴承振动信号做时域分析并计算其均方根值和峰值的处理结果。图 14-15 中(a)(b)(c)(d)分别为滚动轴承正常、滚动体故障、内圈故障和外圈故障的时域波形和有量纲参数指标。从图中可以看出,时域波形能够很好地反映轴承不同的运行状态。当轴承出现故障时,信号中存在着明显的冲击成分,同正常的轴承相比,其均方根值和峰值都会增大。

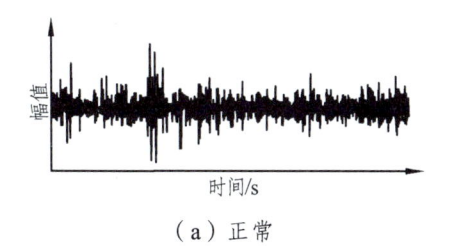

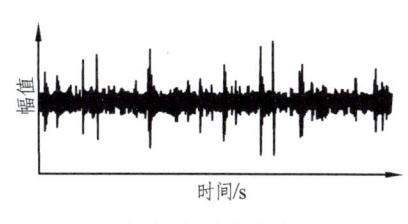

(a)正常   (b)滚动体故障

（c）内圈故障　　　　　　　　　　　（d）外圈故障

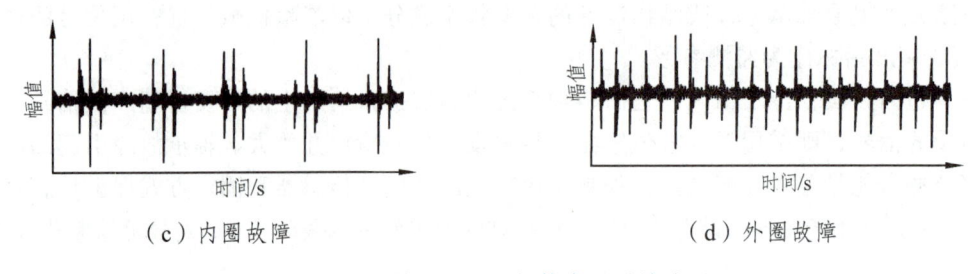

图 14-15　轴承不同运行状态的时域波形

2）波形因子诊断法

波形系数为均方根值与绝对均值之比。如图 14-16 所示，当波形系数值过大时，表明滚动轴承可能有点蚀；当波形系数过小时，表明滚动轴承可能发生磨损。波形系数也是用于滚动轴承简易诊断的有效指标之一。

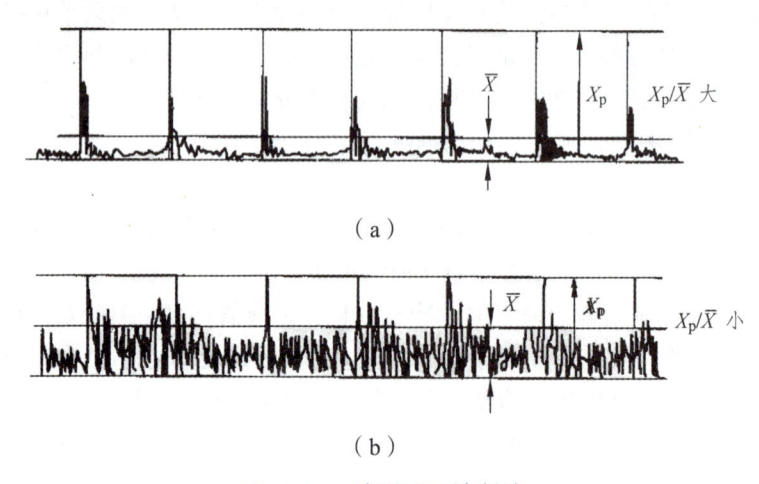

（a）

（b）

图 14-16　波形因子诊断法

3）波峰因子诊断法

波峰因子定义为峰值与均方根值之比。有效值虽然可以反映轴承工作时由于磨损产生的表面粗糙状况，但对轴承零件工作表面的局部损伤（如剥落、点蚀、擦伤和压痕等一类的故障）却有一定的局限性。离散型的故障所产生的脉冲波形总能量不大，但是波形的剑锋度较大。一般情况下，峰值不大，但有效值较高，这种情况是由于表面磨损引起的故障，另外一种是有效值不大，而峰值很高，这种尖峰很可能是由于工作表面存在离散型的故障。

波峰因子是描述信号尖峰度的一个重要指标，故障越大，峰值因子越大。峰值因子是表示波形是否有冲击的指标。一般来说，正常轴承振动的峰值因子在 4~5 之间，当滚动轴承存在缺陷时，峰值因子可达 10 以上。所以用该方法能够比较容易对滚动轴承的缺陷作出判断。该值适用于点蚀类故障的诊断，当滚动轴承无故障时，波峰因子为一较小的稳定值；当轴承出现了损伤，则会产生冲击信号，振动峰值明显增大，但此时均方根值尚无明显的增大，故波峰因子增大；当故障不断扩展，峰值逐步达到极限值后，均方根值则开始增大，波峰因子逐步减小，直至恢复到无故障时的大小。峰值因子是一个相对值，不受信号绝对值大小的影响，与传感器的灵敏度和放大器的放大率也没有关系，同时也不受轴承尺寸大小和转速高低的影响，可以有效地对滚动轴承故障进行早期预报，并能反映故障的发展变化趋势。

4）概率密度诊断法

概率密度分析又称为幅值域分析，主要分析手段是概率密度函数，其全面地描述了振动的瞬时值，表示概率相对幅值的变化率，因此具有很多的优点。不同的故障信号具有不同的概率密度函数，由此可以识别信号的性质。如图 14-17 所示，无故障滚动轴承振幅的概率密度曲线是典型的正态分布曲线；而一旦出现故障，则概率密度曲线可能出现偏斜或分散的现象。此方法的优点在于与轴承的转速、尺寸和载荷无关，主要适用于点蚀类故障的诊断。

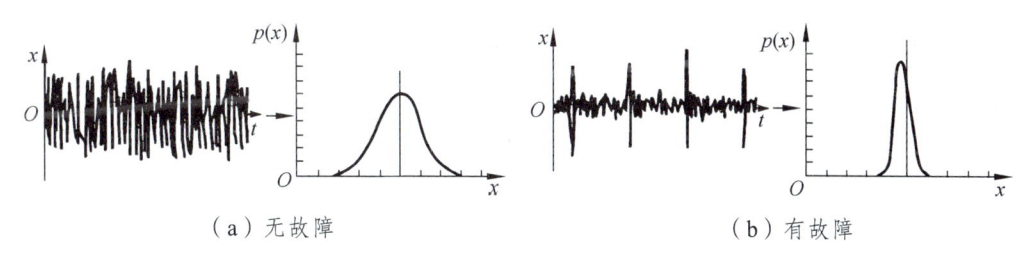

（a）无故障　　　　　　　　（b）有故障

图 14-17　概率密度分布的变化

5）峭度系数诊断法

峭度是不够敏感的低阶矩与较敏感的高阶矩之间的一个折中特征量，如果滚动轴承出现缺陷，有可能引起相当大的脉冲，用峭度作为滚动轴承缺陷特征参数是有效的。

峭度指标 C_q 对信号中的冲击特征很敏感，正常情况下其值应该在 3 左右，如果这个值接近 4 或超过 4，则说明机械的运动状况中存在冲击性振动。

当轴承出现初期故障时，有效值变化不大，但峭度指标值已经明显增加，达到数十甚至上百，非常明显。它的优势在于能提供早期的故障预报，峭度与轴承的转速、尺寸和载荷无关，主要适用于点蚀类故障的诊断。随着故障的出现和发展，峭度值具有与波峰因数类似的变化趋势，当轴承故障进入晚期，由于剥落斑点充满整个滚道，峭度指标反而下降，即对晚期故障不适应。

2. 频谱分析

由于滚动轴承的振动频率成分十分丰富，既含有低频成分，又含有高频成分，而且每一种特定的故障都对应特定的频率成分。时域分析能够提供的信息是非常有限的，时域分析只能粗略地解答轴承是否有故障，有时也能对工作的严重程度提供信息，但不能回答故障发生的部位等信息，只能对轴承的故障进行简易诊断。

当需要分析轴承的故障类型、故障部位及故障的严重程度时，就需要进行振动信号的频谱分析。所谓频谱分析，就是把以时间为横坐标的时域振动信号（振动位移、速度、加速度的幅值随时间的变化）经过傅里叶变换转换为以频率为横坐标的频域信号，如图 14-9（d）、图 14-10（d）所示的频率特征图谱，从而得到关于时域信号频率成分的幅值和相位的分析方法。

目前，对轴承频谱分析的介绍已经十分普及，具体来说频谱分析通常可以明确计算和分析的特征频谱包括不对中、不平衡、地角松动、轴承外圈缺陷、轴承内圈缺陷、轴承滚动体缺陷、轴承保持架缺陷等。

根据振动信号的分析理论和原理，振动信号的频谱分析有功率谱分析法、倒频谱分析法、共振解调法、小波分析等。频谱分析过程较为复杂，它是以傅里叶级数和傅里叶积分为基础的。

在工程实际中，一线工程技术人员对频谱分析知识和工具的掌握有一定困难，一些频谱放在非专业技术人员眼前难以识别。主要原因有两个：其一是很多设备现场具有振动信号采集仪器，有时候却不具有高频信号采集及分析仪器。如果对高频振动信号由技术人员自行完成频谱展开，需要掌握一系列技术知识和工具，现在虽然有些技术软件内置了频谱分析功能，但是对轴承振动频谱分析结果的识别，又需要另外的一些技术知识。其二是现场采集的轴承振动频谱相当复杂，信号中掺杂着故障特征频率之外的很多干扰成分，例如轴承内部的次生失效，由于保持架的破损会导致滚动体和内、外圈出现故障，在失效发展的过程中，次生失效发展与原生失效是同步进行的，很有可能次生失效的特征频率会伴随着原生失效的特征同时出现。这就导致了轴承的振动频谱中同时出现保持架、滚动体、内圈、外圈等的失效频率。这样对轴承频谱分析中的特征识别带来了困难。即便是专业技术人员，在现场也很难仅从频谱进行识别。

对于滚动轴承，最主要的是能够选择一种简单、直观、便于操作的故障分析设备，进而对自己设备中的轴承进行有效监控。

市场上能够提供振动检测的第三方机构一般使用的都是时域分析法，根据振动幅值能够告诉用户轴承是否有问题，由于他们缺乏轴承的内部结构参数，无法对轴承的振动信号做出进一步的分析；轴承厂家尤其是国外品牌的厂家普遍采用的是频谱分析技术，根据滚动轴承的特征频率峰值，准确告诉轴承故障的位置和严重程度。

14.4 滚动轴承的噪声分析

14.4.1 振动与噪声的本质关系

振动即物体的往复运动，也即物体的运动状态随时间在极大值和极小值之间交替变化的过程。声音是由物体振动产生的，一切发声的物体都在振动，但不是所有的物体振动都产生声音，只有当振动频率在一定范围内通过介质被人的听觉器官感知时，才称为可听声，简称为声音。其中，一切无规律的或随机的、从人的主观和心理感觉上不希望存在的干扰声则叫噪声。所以概括而言，振动与噪声的因果逻辑关系就是：一定条件的物体运动称为振动，一定条件的振动产生声音，一定条件的声音才属于噪声。除了特定用途，振动与噪声是有害的，所以必须加以控制。如振动对设备仪器的危害——会影响功能实现，降低工作精度，加剧零件磨损，甚至引起结构疲劳破坏；对人身的危害——过量的振动会使人不舒适、疲劳，甚至导致人体病理性损伤。而由振动形成的噪声，则主要是会造成套圈境污染，危害人体健康。由于振动与噪声的因果关系，所以，对于控制振动而言，通常就是直接控制振动本身；对于控制噪声而言，一般则必须溯本求源，控制其成因——振动（当然也可采用吸音、隔音或消音等其他途径的措施解决）。

从定义来看，噪声与振动是有区别的。一般而言，影响振动的因素几乎都影响噪声，例如套圈的纯轴向跳动，不能反映为轴承振动仪显示的振动，但能反映为轴承噪声仪显示的噪声；反之不然。线性振动被认为是可以线性叠加的，而噪声不可以。

由于音频范围为 20~20 000 Hz，低于 20 Hz 的次声波和高于 20 000 Hz 的超声波作用到人的听觉器官时不引起声音的感觉，即人耳听不到，所以控制噪声仅需控制音频范围内的振动即可，尤其是控制人耳特别敏感的 300～6 000 Hz 的频率（最敏感的频率是 3 000～4 000 Hz，其中，最有害的是 1 000～4 000 Hz）部分，效果最为明显，噪声的评价应当在此范围中进行。

14.4.2 轴承噪声的特性

轴承振动与噪声，既有一般机械振动与噪声的共性，又有其特性。除了润滑、安装和使用过程中引起的振动与噪声之外，轴承本身具有以下振动与噪声特性。

（1）轴承噪声由产生轴承振动的许多因素引起，其中影响较大的主要是套圈滚道和滚动体的表面粗糙度和波纹度。

（2）轴承噪声的重要声源还包括滚动体与保持架的撞击声、保持架由于涡动而产生的啸叫声、滚动体与滚道的接触摩擦声（润滑状态不好时）等。

（3）轴承声音频率的本底噪声具有白噪声特点，但异常噪声主要频率成分都集中在 1 000～10 000 Hz，即轴承噪声一般表现为中、高频噪声。

（4）测量轴承噪声的全频段范围为 100～15 000 Hz（也有按 125～16 000 Hz 的）。根据以上振动与噪声的频率成分特性，通常还可以按振动频率范围的高低来区分是作为轴承振动或是噪声问题来研究。如日本的分类方法是：当频率在 1 000 Hz 以下时归于振动问题，在 1 000 Hz 以上时归于噪声问题。

14.4.3 轴承噪声的分类及影响因素

不论当代轴承制造技术如何先进，滚动轴承运转过程中，由于滚道与滚动体间弹性接触构成了弹性振动系统，会出现振动与噪声，如滚道声。这种噪声是轴承固有的，是轴承运行时不可避免的基本特性，常称为基础噪声。轴承结构设计、制造过程中滚动表面几何形状误差、引发强迫振动系统和轴承零件间的相对滑动运动引起的自激振动系统均会导致轴承的振动，尤其是当它的振动能量传递到空气中，也会形成轴承的噪声。此外轴承内部的洁净度、滚动表面的磕碰伤均会引发轴承振动与噪声。

1. 噪声产生的原因及其特点

（1）滚道声：滚道声在各类型轴承中均可发生，是轴承不可避免的固有特性。它是由于轴承旋转时滚动体在滚道中滚动而激发出一种平稳且连续性的噪声，其实滚道声所激发的声能是有限的，只有当其声压级或声调极大时才引起人们注意。

这种噪声以承受径向载荷的单列深沟球轴承为最典型，它有以下特点：

① 噪声、振动具有随机性；
② 振动频率在 1 kHz 以上；
③ 不论转速如何变化，噪声主频率几乎不变而声压级则随转速增加而提高；
④ 当径向游隙增大时，声压级急剧增加；
⑤ 轴承座刚性增大，总声压级越低，即使转速升高，其总声压级也增加不大；
⑥ 润滑剂黏度越高，声压级越低，但对于脂润滑，其黏度、皂纤维的形状大小均能影响噪声值。

滚道声产生源在于受到载荷后的套圈固有振动所致。由于套圈和滚动体的弹性接触构成非线性振动系统。当润滑或加工精度不高时，就会激发与此弹性特征有关的固有振动，传递到空气中则变为噪声。众所周知，即使是采用了当代最高超的制造技术加工轴承零件，其工作表面总会存在程度不一的微小几何误差，从而使滚道与滚动体间产生微小波动激发振动系统固有振动。尽管它是不可避免的，然而可采取高精度加工零件工作表面，正确选用轴承及精确使用轴承使之降噪减振。

（2）落体滚动声：

该噪声一般情况下，大都出现在低转速下且承受径向载荷的大型轴承。当轴承在径向载荷作用下运转，轴承内存在载荷区与非载荷区，若轴承具有一定径向游隙时，非载荷区的滚动体与内滚道不接触，但因离心力的作用则可能与外圈接触。为此，在低转速下，当离心力小于滚动体自重时，滚动体会落下并与内滚道或保持架碰撞且激发轴承的固有振动和噪声，并具有以下特点：

① 脂润滑时易产生，油润滑时不易产生。当用劣质润滑脂时更易产生。

② 冬季常常发生。

③ 对于只作用径向载荷且径向游隙较大时也易产生。

④ 在某特定范围内也会产生，且不同尺寸的轴承其速度范围也不同。

⑤ 可能是连续声，也可能是断续声。

⑥ 该强迫振动常激发外圈的二阶、三阶弯曲固有振动，从而发出该噪声。通过采用预载荷方法可有效降低该噪声，减少装机后轴承工作径向游隙，选用良好润滑剂亦能有所改善，有些国外企业采用轻型滚动体，如陶瓷滚子或空心滚子等技术措施来防止这种噪声的产生。

（3）尖鸣声：它是金属间滑动摩擦产生相当剧烈的尖叫声，尽管此时轴承温升不高，对轴承寿命和润滑脂寿命也无多大影响，也不影响旋转，但不悦耳声令人不安，尤其是承受径向载荷的大型短圆柱滚子轴承常有此噪声，其特点为：

① 轴承径向游隙大时易产生。

② 通常出现在脂润滑中，油润滑则较罕见。

③ 随着轴承尺寸增大而减小，且常在某转速范围内出现。

④ 冬季时常出现。

⑤ 它的出现是无规则的和不可预知的，并且与填脂量及性能、安装运转条件有关。这种噪声可采用减小轴承径向游隙和采用浅度外圈滚道结构来防止。

（4）保持架声：在轴承旋转过程中，保持架的自由振动以及它与滚动体或套圈相撞击就会发出此噪声。它在各类轴承中都可能出现，但其声压级不太高而且是低频率的。其特点为：

① 冲压保持架及塑料保持架均可产生。

② 不论是稀油还是脂润滑均会出现。

③ 当外圈承受弯矩时最易发生。

④ 径向游隙大时容易出现。

由于保持架兜孔间隙及保持架与套圈间隙在轴承成品中不可避免地要存在，因此彻底消除保持架声十分困难，但可通过减少装配误差，优选合理的间隙和保持架窜动量来改善。另一种保持架特殊声是由于保持架与其他轴承零件引导面间的摩擦引发保持架的自激振动而发生的喧啸声。为此可设计特殊保持架结构和选用精良的润滑剂来有效防止。当轴承在径向载荷作用下且油脂性能差的情况下，运转初期会听到"咔嚓、咔嚓"噪声，这主要是由于滚动体在离开载荷区后，滚动体突然加速而与保持加相撞而发出的噪声，这种撞击声不可避免但随着运转一段时间后会消失。

（5）滚动体通过振动：当轴承在径向载荷作用下运转，其内部只有若干个滚动体承受载荷，由于与套圈的弹性接触构成的"弹簧"支承，使滚动体在通过径向载荷作用线时产生了周期性振动，而转轴中心因此会上下垂直移动或做水平方向移动，同时引发噪声。这类振动称之为滚动体通过振动，尤其是在低速运转时表现更为明显。理论和实验表面其振动频率与滚动体公转频率和滚动体个数有关，其振幅则与轴承类型、径向载荷、径向游隙及滚动体数目有关。通常该振幅较小，若振幅大时才形成危害，为此常采用减小径向游隙或施加适当的预载荷来降低。

2. 轴承的加工对振动与噪声的影响

除轴承结构影响振动与噪声外，轴承零件的加工精度误差（沟形偏差、圆形偏差、滚动体相互差、套圈壁厚差、波纹度和粗糙度等）都会引起轴承的振动与噪声，因此，在某种程度上说轴承的噪声是难于避免的。轴承零件工作表面精加工（指内滚道、外滚道、滚动体表面）即便采用最精密的加工技术也会存在波纹度、圆度、表面粗糙度等微观几何形状误差，当轴承运转时，若上述参数较大时，由于弹性支承的作用便形成一定频率的振动与噪声，其频率与转速有关，这是它与其他噪声的不同之处。转速一定时，它具有一定的振动频率且有时相当刺耳，当转速加快或减慢时噪声更为敏感且频率随转速增高或降低。

3. 使用过程对振动与噪声的影响

一般地说，轴承零件工作表面相当坚硬，其硬度在 60 HRC 以上。但是，若表面在精加工后受到磕碰、外物撞击或使用过程中磨损、剥落、锈蚀及外物侵入等引起损伤，即使是微小的伤痕也会引发轴承的强迫振动。这一类属于使用维护不当造成的，此外防尘盖、密封圈压入不当引起滚道变形，也是此类问题。

损伤噪声：当轴承滚动面有各种伤痕或压痕时，会产生一定周期性的振动与噪声。当转速一定时，其周期保持不变，随着转速的降低，其周期变得更长；若滚道有伤痕或压痕，则其噪声持续不断，若滚动体有伤，则其声或无或间断出现，但它必是周期性的，其周期和轴承规格、转速及损伤位置有关，可通过包络分析或共振协调技术予以诊断。

研究表明：对有一个或多个损伤时，其振动与噪声关系一致，频谱特征相同，但振动特征表现更为明显，因此故障诊断及异常声检测多采用测振技术来实现。如果轴承应用高粘度油脂，有时噪声会被掩盖且声压级不高，但振动十分明显。

污物噪声：当轴承清洗不净，润滑剂含有灰尘、污物或有异物侵入时会造成非周期性振动和噪声，其噪声不规则，不固定。尤其是小型和微型轴承对它十分敏感。当有污物存在时，不仅会损伤滚动面，而且还会降低轴承使用寿命。为此可采取以下措施：

① 采用高纯净度润滑剂。
② 改进清洗方法，提高轴承洁净度。
③ 提高轴承部件密封性能等措施。

14.4.4 轴承噪声的控制

轴承只要运转，就肯定会产生振动与噪声。由于轴承的结构特点和精密程度，其本身产生的振动非常小，由轴承振动而引起危害的可能性也非常小。控制轴承振动，实际上从一开始，其主要目的都不是控制振动，而是控制噪声。如日本从 1933 年起就开始进行电动机轴承的降振研究，是因为当时电动机的运转噪声太大；美国在第二次世界大战时期开始潜心研究降低潜艇轴承的振动，也是因为德国的声纳能捕捉到潜艇发动机工作时的噪声。因此说，为了控制轴承噪声，才一直在间接地控制轴承振动。现在，对轴承振动或噪声的控制，已从过去的主要用于电动机的深沟球轴承，发展到角接触球轴承、圆柱滚子轴承、圆锥滚子轴承、调心滚子轴承等许多类型。振动与噪声已成为这些轴承在一些应用场合的最重要的动态性能之一。尤其是对于家用电器、办公机具等用轴承，要求更为严格，需要采用"静音轴承"，其中空调器轴承甚至需要采用"超静音轴承"。为此，在此类用途的轴承生产过程中，都要进行振动或噪声的测量控制。当然，在监测和诊断轴承故障方面，运用振动远比噪声要容易实现和可靠得多，因此，振动无疑是主要研究方向。但是，这已经不属于轴承本身的问题，而属于轴承应用的问题，应另当别论。由于轴承振动与噪声这种直接相关性，在一定条件下可以说是同义语，所以在生产和使用中，总是将"减振降噪"连在一起，"低振动轴承"也往往习惯性地称之为"低噪声轴承"。

通过控制轴承振动来控制轴承噪声，不仅直接抓住了噪声的源头和成因，还由于实现起来比较简单，如测量振动受套圈境条件影响较小、基础振动易于分离、便于在生产实际中应用等。而测量噪声则对套圈境条件要求较高，需要具有很低的背景噪声，因此一般必须在建造成本较高的消声室内进行。

目前在轴承的制造、使用过程中采用的减振降噪主要技术措施有：

（1）提高套圈两端面及外圆表面等基准面的加工精度，尤其是要严格控制端面平面度、套圈壁厚差及外圈表面圆度，为滚道终加工精度奠定基础；

（2）严格控制套圈滚道的圆度、波纹度、粗糙度和滚道的表面形状；

（3）提高轴承工作表面的表面质量，生产和装配严格控制，杜绝轴承工作表面的磕碰伤、划伤、卡伤、麻点和锈蚀等缺陷；

（4）提高保持架的加工质量，以浪形保持架为例，应严格控制保持架兜孔深度、径向窜动量、兜孔真圆度、中心径偏差及其表面质量，以减少滚动体与保持架的碰撞或摩擦接触；

（5）提高轴承的洁净度，净化装配、包装工作环境，避免人为污染轴承零件和成品裸放时的二次污染；

（6）选用性能良好、洁净的润滑剂、防锈剂；

（7）研究改进结构设计的新途径，从振动及传递途径到检测仪器，系统研究低噪声轴承的新思路和新概念，开发新检测仪器以适应静音轴承的要求。

14.4.5 轴承噪声的测量方法

测量噪声比测量振动以及其他许多物理量都困难一些，也不易测准，测量误差较大。测量噪声的理想声场是自由声场。自由声场是指在均匀各向同性的介质中，边界影响可以不计的声场。在自由声场中，声波可以将声源的辐射特性向各个方向不受阻碍或干扰地传播。但自由声场很难实现，一般只能获得满足一定测量误差要求的近似的自由声场，如消声室中的声场。消声室能有效地吸收入射声波，反射声波对声场的影响基本上可以忽略不计，所以在一定的频率范围内，消声室中的声场基本上可以认为是自由声场。测量轴承噪声的方法是在消声室内，采用 A 计权网络声压级（A 计权声级适用于模拟人耳对 55 dB 以下低强度噪声的频率特性，并对低频成分的衰减程度很大），背景噪声要求一般应低于 15 dB（A），甚至 12 dB（A）。测量时，轴承噪声与背景噪声的差值最好应在 10 dB（A）以上，最低必须保证在 4 dB（A）以上，否则就很难准确测出轴承噪声。对于微、小型轴承，由于其噪声水平较低，一般难以满足与背景噪声的差值在 10 dB（A）以上的要求，当其差值低于规定要求时，应进行修正。轴承噪声频率范围较宽，但当频率超过 8 000 Hz 时，测量噪声强度的难度较大，而且超过 8 000 Hz 的噪声，实际上对轴承噪声强度已影响不大。因此只要测量 500～8 000 Hz 的声压级，就基本上可以评价出轴承的噪声质量水平。换言之，对于轴承噪声，不在全频段范围进行测量也是可行的。在消声室测量轴承噪声属于非接触式测量，还有一种在现场常用的接触式测量，其方法是将轴承的振动信号转化为声音信号，通过扬声器进行放大，再由人耳听声音，凭经验对轴承进行噪声质量检查。这种方法尽管对测量套圈境无特殊要求，但实质上不属于噪声测量，而仍是振动测量。

14.5 基于声发射的滚动轴承故障诊断技术

14.5.1 声发射检测原理

当材料或结构受应力作用时，由于其微观结构的不均匀及缺陷的存在，导致局部产生应力集中，造成不稳定的应力分布。当这种不稳定状态下的应变能积累到一定程度时，不稳定的高能状态一定要向稳定的低能状态过渡，这种过渡通常是以塑性变形、相变、裂纹的开裂等形式来完成。在此过程中，应变能被释放，其中一部分以应力波的形式释放出来，这种以弹性应力波的形式释放应变能的现象叫作声发射，也叫应力波发射。固体材料产生局部变形时，不仅产生体积变形，而且会产生剪切变形，因此会激起两种波，即纵波（又称压缩波）和横波（剪切波）。产生这种波的部位叫作声发射源。这种纵波和横波从声发射源产生后通过材料介质向周围传播，形成检测信号。通过对这些信号进行探测、记录和分析就能够实现对材料进行损伤评价和研究。其原理如图 14-18 所示。

图 14-18　声发射检测原理

材料在应力作用下的变形与开裂是结构失效的重要机制。这种直接与变形和断裂机制有关的源，通常称为传统意义上的声发射源。近年来，流体泄漏、摩擦、撞击、燃烧等与变形和断裂机制无直接关系的另一类弹性波源，也归到声发射源范畴，称为其他声发射源或二次声发射源。

用仪器检测、记录和分析声发射信号以及利用 AE 信号推断声发射源的技术称为声发射检测技术。声发射技术是利用物质内部微粒（包括原子、分子及粒子群）相对运动产生瞬态弹性波而释放应变能的现象，来识别和了解物质或结构内部状态的一种技术。这种"声"波的频率可从直流到数兆赫兹，从次声频、声频到超声频。幅度范围也很广，从微弱的位错运动、晶界滑移到地震波。然而，声发射作为无损检测手段则是利用高灵敏度传感器，接收来自缺陷或损伤开始出现或扩张时所发射的声发射信号。由于声发射能够敏感地反映出物质和结构内部的状态变化。所以通过对这些信号的分析、处理可以准确地确定材料或构件缺陷或何时出现损伤，材料或构件的缺陷及损伤的部位，并对材料或构件缺陷及损伤的严重性和危害程度进行评价。

14.5.2 声发射检测技术在滚动轴承中的应用

滚动轴承在运行不良的情况下，突发型和连续型的声发射信号都有可能产生。轴承各组成部分（内圈、外圈、滚动体以及保持架）接触面间的相对运动、摩擦，以及由于失效、过载等产生的诸如表面裂纹、磨损、压痕、划痕、擦伤、咬合、润滑不良造成的的表面粗糙、润滑污染颗粒造成的表面硬边以及通过轴承的电流造成的点蚀等故障，都会产生突发型的声发射信号。

连续型声发射信号主要来源于润滑不良（如润滑油膜的失效、润滑脂中污染物的浸入）导致轴承表面产生擦伤或磨损而产生的全局性故障、过高的温度以及轴承局部故障等，这些因素造成短时间内的大量突发声发射事件，从而产生了连续型声发射信号。

滚动轴承在运行过程中，其故障（不管是表面损伤、裂纹，还是磨损故障）会引起接触面的弹性冲击而产生声发射信号，该信号蕴涵了丰富的碰撞接触与摩擦信息，因此可利用声发射来监测和诊断滚动轴承故障。与振动方法不同的是，声发射信号的频率范围一般在 20 kHz 以上，而振动信号频率比较低，因此它不受机械振动和噪声的干扰，基于声发射监测和诊断滚动轴承故障有其独特的优越性。但是由于技术原因，声发射检测技术在滚动轴承故障诊断中还没有得到广泛的使用。

14.6 温度监测技术

温度是度量物体冷热程度的一个物理量，是工业生产中很普遍、很重要的一个热工参数，许多生产工艺过程均要求对温度进行监视和控制。温度是滚动轴承运行状态评估的重要指标，所以，精确获得轴承运行状态下的温度对评估规定滚动轴承的运行状态具有重要意义。

常规测温装置按测量方式分为接触式和非接触式两大类，而且根据测温目的和部位的不同，还可分为两种：一种是监测设备内部的温度，如循套圈水温度；另一种是监测表面温度，如轴承座外壁温度。

表 14-3 列出了常用的测温方法和特点，其中红外测温作为一种常用的测温技术，显示出较明显的优势。

表 14-3 常用测温方法对比

测温方法	温度传感器	测温范围/°C	精度/%
接触式	热电偶	−200 ~ 1 800	0.2 ~ 1.0
	热电阻	−50 ~ 300	0.1 ~ 0.5
非接触式	红外测温	−50 ~ 3 300	1
其他	示温材料	−35 ~ 2 000	<1

14.6.1 接触式测温

（1）热电阻温度计：利用电阻与温度呈一定函数关系的金属导体或半导体材料制成感应元件，当温度变化时，电阻随温度变化，通过测量回路的转换，在显示器上示出温度值。

热电阻测温是基于导体或半导体的电阻值随温度的改变而改变这一特性来进行温度测量的。因此只要测出电阻值的变化（一般用电桥，需外加电源），就可测量出温度。热电阻测温的主要特点是测量精度高，性能稳定，信号可以远距离传送和记录等。

缺点是不能测定高温，因流过电流大时，会发生自热现象而影响准确度。由于感温元件占有一定的空间，所以也不能用它来测量"点"的温度。此外，反应速度慢。

（2）热电偶温度计：利用两种导体接触部位的温度差所产生的热电势来测量温度，其大小和温度成正比，这一电势可用普通电压表、电位差计或电子电压表测出。

接触式测温利用热平衡原理来测量温度，测量仪表通常比较简单、可靠，测量精度较高；但也存在下列缺点：

① 存在测温的延迟现象，高温时对测温元件的影响，影响测温元件的可靠性和工作寿命，且不能应用于很高的温度测量；

② 由于敏感元件必须与被测对象接触，在接触过程中就可能破坏被测对象的温度场分布，从而造成测量误差；

③ 有的测温元件不能和被测对象充分接触，不能达到充分的热平衡，使测温元件和被测对象温度不一致，也会带来误差；

④ 若存在腐蚀性介质，接触式测温仪难以进行温度测量。

14.6.2 非接触式测温

非接触式仪表测温是通过热辐射原理来测量温度的，测温元件不需与被测介质接触，测温范围广，也不会破坏被测物体的温度场，反应速度一般也比较快；但受外界因素的影响大，其测量误差较大。非接触测量手段中，最轻便、最直观、最快速、最价谦的当属红外测温仪。

1. 红外测温仪的工作原理及特点

传统的接触式测温仪表如热电偶、热电阻等，因要与被测物质进行充分的热交换，需经过一定的时间后才能达到热平衡，存在测温的延迟现象，故在连续生产质量检验中存在一定的使用局限。

一切温度高于绝对零度的物体由于它内部热运动的存在，就会不断地向四周辐射电磁波，其中就包含了波段位于 $0.75 \sim 100~\mu m$ 的红外线，物体的红外辐射能量的大小及其按波长的分布与它的表面温度有着十分密切的关系。因此，通过对物体自身辐射的红外能量的测量，便能准确地测定它的表面温度。红外测温仪就是利用这一原理制作而成的。

红外测温仪能接收多种物体自身发射出的不可见红外辐射能量。红外辐射是电磁频谱的一部分，红外线位于可见光和无线电波之间。当仪器测温时，被测物体发射出的红外辐射能量，通过测温仪的光学系统在探测器上转为电信号，并通过红外测温仪的显示部分显示出被测物体的表面温度。

目前，红外温度仪因具有使用方便、反应速度快、灵敏度高、测温范围广、可实现在线非接触连续测量等众多优点，正在逐步推广应用。

2. 红外测温仪的系统组成

红外测温采用逐点分析的方式，即把物体一个局部区域的热辐射聚焦在单个探测器上，并通过已知物体的发射率，将辐射功率转化为温度。由于被检测的对象、测量范围和使用场合不同，红外测温仪的外观设计和内部结构不尽相同，但基本结构大体相似，主要包括光学系统、光电探测器、信号放大器及信号处理、显示输出等。

辐射体发出的红外辐射，进入光学系统，经调制器把红外辐射调制成交变辐射，由探测器转变成为相应的电信号。该信号经过放大器和信号处理电路，并按照仪器内的算法和目标发射率校正后转变为被测目标的温度值。

红外测温仪是根据物体的红外辐射特性，依靠其内部光学系统将物体的红外辐射能量汇聚到探测器（传感器），并转换成电信号，再通过放大电路、补偿电路及线性处理后，在显示终端显示被测物体的温度。系统由光学系统、光电探测器、信号放大器及信号处理、显示输出等部分组成，其核心是红外探测器，将辐射能转换成可测量的电信号，其原理见图14-19。

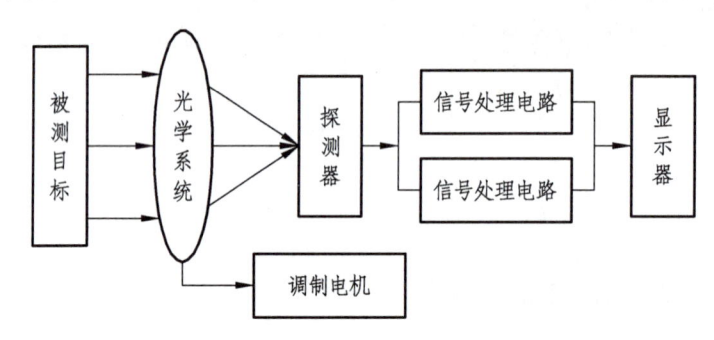

图 14-19　红外测温系统结构

参考文献

[1] FAG Kugelfischer. 滚动轴承安装设计[M]. 李景贤，译，北京：机械工业出版社，2005.
[2] 刘泽九. 滚动轴承应用手册[M]. 北京：机械工业出版社，2013.
[3] 温诗铸. 摩擦学原理 第4版[M]. 北京：清华大学出版社，2003.
[4] HARRIS T A. 滚动轴承分析[M]. 罗继伟，等译. 北京：机械工业出版社，2009.
[5] 邓四二，贾群义. 滚动轴承设计原理[M]. 北京：中国标准出版社，2008.
[6] 罗继伟，罗天宇. 滚动轴承分析计算与应用[M]. 北京：机械工业出版社，2009.
[7] 陈龙. 滚动轴承应用技术[M]. 北京，机械工业出版社，2010.
[8] 周仲荣. 摩擦学设计[M]. 成都：西南交通大学出版社，2000.
[9] 机械设计手册编写委员会. 机械设计手册[M]. 北京：机械工业出版社，2007.
[10] 陈南平. 机械零件失效分析[M]. 北京：清华大学出版社，1988.
[11] 王红军. 滚动轴承测试技术[M]. 北京：机械工业出版社，2008.
[12] 杨国安. 滚动轴承故障诊断实用技术[M]. 北京：中国石化出版社，2012.
[13] 钟顺思，王昌生. 轴承钢[M]. 北京：冶金工业出版社，2000.
[14] 龙洙，权中太. 铁路机车滚动轴承手册[M]. 北京：中国铁道出版社，1990.
[15] 王德志. 滚动轴承的诊断和维修[M]. 北京：中国铁道出版社，1994.
[16] 马子魁. 基于拟静力学方法的球轴承动力学特性研究[D]. 杭州：浙江大学，2010.12.
[17] 汪久根，王庆九，章维明. 滚动轴承动力学的研究[J]. 轴承，2007（3）：40-45.
[18] 赖俊贤，徐惠娟. 滚动轴承振动与噪声[J]. 轴承，2001（9）：31-36.
[19] 杨晓蔚，李红涛. 滚动轴承振动与噪声的相关性解析[J]. 轴承，2011（7）：20-25.
[20] 李景贤，权中太. 高速动力车驱动装置轴承选型与计算[J]. 内燃机车，1995（2）：26-29.
[21] 李景贤. 高速动力车轴箱用圆锥滚子轴承单元[J]. 西南交通大学学报，1995（2）：72-75.
[22] 徐福顺. 机车动车用轴承装置的先进设计[J]. 国外内燃机车，1992（8）：1-5.
[23] 李景贤，张莉. 高速机车牵引电机轴承选型分析[J]. 内燃机车，1996（6）：5-10.
[24] 鲍维千. 机车驱动装置述评[J]. 内燃机车，1988（2）：13-18.
[25] 葛来薰. 电动机架悬新型驱动装置的基本结构与分析比较[J]. 机车电传动，2005（2）：1-6.
[26] 景维钟. 几种体悬式高速动力车转向架驱动装置述评[J]. 内燃机车，1995（22）：31-35.

[27] 陈国胜，廖志伟，邹文辉. 弹性架悬式驱动装置的研究[J]. 机车电传动，2011（1）：6-9.

[28] 陈国胜. 高速列车动力转向架技术特点[J]. 铁道机车车辆，2004（12）：17-20.

[29] 张红军. 高速列车转向架技术[J]. 机车电传动，2004（3）：1-4.

[30] 张红军，陈喜红，孙永鹏，等. 我国200 km/h速度等级高速客运机车转向架设计分析[J]. 铁道学报，2007，Vol27（4）：101-106.

[31] 吴宝杰. 高速铁路动车组轴箱轴承润滑技术[J]. 轴承，2022（7）：42-47.